영 문 법 교 재 가 진 화 한 다

GRAMMAR
4th Edition
HUNTER

GRAMMAR HUNTER(그래머헌터)

지은이 장수용
펴낸이 임상진
펴낸곳 (주)넥서스

초판 14쇄 발행 2009년 7월 15일

3판 14쇄 발행 2014년 8월 10일

4판 1쇄 발행 2015년 2월 10일
4판 18쇄 발행 2024년 5월 20일

출판신고 1992년 4월 3일 제311-2002-2호
주소 10880 경기도 파주시 지목로 5
전화 (02)330-5500 팩스 (02)330-5555
ISBN 979-11-5752-196-8 13740

www.nexusbook.com

영문법 교재가 진화한다

편입 | 공무원 | TOEFL | TEPS | 수능 | 특목고

GRAMMAR HUNTER

4th Edition

그래머헌터

장수용 지음

넥서스

Preface

개정판을 내면서

수험서로서의 효율성과 고득점 확보를 위한 깊이의 정도를 수험생 분들에게 충족시킨 결과, 많은 수험생들의 사랑을 받은 점에 깊이 감사드리며 더욱 훌륭한 개정판을 만들기 위하여 많은 땀을 흘렸습니다.

3rd Edition에 이어 개정된 〈그래머헌터 4th Edition〉은 단순히 중요 목차만 만들어서 그 밑에 예문 몇 개만 소개하여 강의에 전적으로 의존하게 되는 강의용 교재가 아닌 독학생 누구라도 쉽게 알 수 있도록 수험 중요 쟁점을 정확한 해설과 함께 이해할 수 있고, 하나의 쟁점이 다른 쟁점들과 연결될 경우 그 연결사항을 Link Index를 통해 한 번에 정리할 수 있으며, 그 정리된 내용을 정확히 암기할 수 있도록 한 학습의 용이함과 그 깊이를 갖춘 수험 전문서입니다.

늘 강조하는 사항이지만, 수험 영어의 고득점을 위해서는 첫째, 내용의 정확한 이해 둘째, 이해된 내용의 간결한 정리 셋째, 정리된 내용의 집중적인 암기가 필요합니다. 본 교재 〈그래머헌터〉는 수험생들이 혼자 하기에 힘든 이해와 정리에 도움을 드릴 것이며, 효율적인 암기를 도모할 수 있는 도우미 역할을 충실히 해낼 것으로 믿습니다. 본 교재와 저에 대한 사랑에 보답하고자 최고의 영문법 교재를 만들기 위해 최선의 노력을 다했습니다. 진화하는 영문법 교재 〈그래머헌터〉의 진수를 느껴 보시기 바랍니다.

장수용

Contents

Contents

Structure & Features

[중요 쟁점에 대한 정확한 이해]

시험에서 출제되는 중요 쟁점을 담고 있는 예문은 단순히 소개에 그치지 않고, 간결하면서도 정확한 해설을 첨가했다.

[이해된 내용의 간결한 정리]

아무리 이해된 내용이라 할지라도 주력 교재에 단권화가 되어 있지 않고, 머릿속에 체계가 잡혀 있지 않은 지식은 시험장에서 무용지물이 되고 만다. 본 교재 〈그래머헌터〉는 수험생 스스로 하기에 버거운 단권화 작업을 최대한 압축시켜서 그 내용을 전달하며, 다른 Chapter와 연결 시켜야 할 부분이 있다면 해당 쟁점에 연결되어 있는 Link Index와 Check 박스를 통해서 정리가 가능하게끔 구성했다.

[정리된 내용의 암기의 극대화]

객관식 시험은 이해와 정리만으로 시험을 볼 수 없다. 아무리 이해가 되어 있고 정리가 되어 있다 하더라도 순간적인 기억력이 살아 있지 않다면 시험에서는 아무 쓸모없는 지식이 되어 버린다. 효과적인 암기를 위해 본 교재는 비교사항이 되는 예문 및 해설과 간단한 도표, 그리고 비교사항을 분석해서 제시했다.

[혁신적인 Link Index 기능 탑재]

국내 수험 영문법 교재에서는 볼 수 없었던 Link Index가 각각의 쟁점이 담긴 내용의 좌측 공간에 표기되어 있다. 특정 문법 사항과 비교해야 할 부분이 있거나, 그 단어가 다른 품사로 쓰였을 때 확장시켜서 정리를 해야 할 경우 그 쟁점의 설명 부분마다 다른 Link Index가 제시되어 최고의 학습 효과를 누릴 수 있다.

[핵심적인 내용을 담고 있는 700문제]

본 교재에는 모두 현직 대학교수들이 실제로 출제한 편입 기출문제들 70% 및 예상 문제 30%로 구성되어 있으며, 이를 토대로 이론에 대한 공부를 마친 후 바로 효과적인 학습 및 응용이 되도록 구성되어 있다.

[출제 예상 예문의 제시]

본 교재에 수록된 각각의 예문은 국내 저명 교수들의 논문과 저서, 그리고 그 교수들이 즐겨 보는 외국 저명 교재들의 contents를 연구하여 시험에 당장 출제될 수 있을 법한 기본적이면서도 그 문법적 내용을 충실히 전달할 수 있는 예문들을 간결한 해설과 함께 수록했다.

[정오 예문의 비교 제시]

시험에서는 옳은 문법을 담고 있는 지문뿐만 아니라 오답으로 고르게 하는 틀린 예문도 파악할 수 있어야 한다. 영어의 달인이 아닌 이상 모든 보기항의 옳고 그름을 안다는 것은 수험생에게는 불가능한 일이다. 본 교재 〈그래머헌터〉는 단순히 옳은 예문뿐만 아니라 틀린 예문까지도 적절한 수를 제시하여 비교하며 공부할 수 있도록 구성했다.

[사항색인]

어휘 책만 사항색인이 필요한 것이 아니다. 문법적 사항을 담고 있는 어휘들도 각 품사별로 구분되어 다양하게 각자의 문법적 기능을 수행하게 되므로, 이러한 단어들이 쓰이게 되는 여러 품사적 기능들을 효율적으로 정리할 수 있도록 사항색인에 Link Index를 첨가했다. 이 사항색인을 적절히 이용한다면 수험생 여러분들의 문법 실력에 많은 도움이 될 것이다.

GRAMMAR
HUNTER

동사

GRAMMAR
HUNTER

01 동사

01-01

❶ 1형식 완전자동사

1. 문형 → S + V

완전자동사라 함은 보어나 목적어가 필요 없이 동사 자체만으로 문장의 설명이 가능한 동사를 말한다. 1형식 구문에서 부사나 부사절, 부사구는 문형에 아무런 영향을 끼치지 않는다. 단지 수식어구일 뿐이기 때문이다.

- I experimented. 나는 연구했다.
  S   V1

- I experimented (earnestly). 나는 열심히 연구했다.
  S   V1   (부사)

- I experimented (until night). 나는 저녁까지 연구했다.
  S   V1   (부사구)

- I experimented (until I found the solution). 나는 그 해결책을 찾을 때까지 연구했다.
  S   V1   (부사절)

2. 완전자동사의 종류

완전자동사는 원래 목적어를 취할 수 없지만 전치사와 결합하여 목적어를 취하는 경우가 있는데 이를 타동사구라고 하며 두 개가 하나로 연결된 동사라 생각하면 쉽다.

※ 시험에서는 아래 동사들에서 전치사를 생략하여 함정을 파는 경우가 많다. 반드시 같이 연결된 전치사들과 함께 암기해두도록 하자.

01-02
동덕여대 2010
경기대 2003

(1) abstain from(= refrain from) : ~을 삼가다

- I abstained from going there. 나는 그곳에 가는 것을 삼갔다.
  I abstained ~~going~~ there. (×)

  ▶ abstain과 refrain은 명사 혹은 동명사를 목적어로 취하기 위해서는 전치사 from이 반드시 필요하다.

01-03
대구대 2004

(2) account for : ~의 원인이 되다, ~을 설명하다, (비율 등을) 차지하다

- He could not account for the missing funds. 그는 사라진 자금에 대해 설명하지 못했다.
  He could not account ~~to~~ the missing funds. (×)

  ▶ account가 목적어를 취하기 위해서는 전치사 for가 옳다.

01-04
성균관대 2003

(3) admit of : ~의 여지가 있다

- The situation admits of no delay. 상황이 연기할 수 있는 여지가 없다.

  cf. admit 동사가 '시인 · 자백 · 허락하다'라는 뜻으로 쓰이면 타동사 기능을 가진다. ★ 11-03 참조

- I admit my fault. 나는 나의 잘못을 시인한다.

(4) agree to + 사물, agree with + 사람 또는 사물 : 동의하다 vs. agree on + 내용 : 합의하다 ★ 03-35 참조

01-05A
성균관대 2003

- We **agreed to** the committee's plan. 우리는 그 위원회의 계획에 동의했다.

- I **agree with** my mother. 나는 어머니와 의견이 같다.

- He and I **agreed on** your proposal. 그와 나는 당신의 제안에 합의했다.

cf. agree는 to부정사와 that절을 목적어로 취할 수 있다.

- My teacher **agreed to let** me go early. 선생님은 내가 일찍 가도 좋다고 하셨다.

- We **agreed (that)** the proposal was a good one. 우리는 그 제안이 훌륭한 것이란 점에 동의했다.

01-05B
숙명여대 2010

> **CHECK | 자동사 disagree**
>
> 반대말인 disagree(의견이 다르다) 또한 자동사로서, with + 사람 / on · about + 사물 구조를 취한다.
>
> - He is tolerant of those who **disagree with** him.
>   He is tolerant of those who ~~disagree~~ him. (×)
>   그는 자신과 의견이 다른 사람들에게 관대하다.
>
> ▶ disagree 또한 목적어를 취할 경우 전치사가 꼭 필요하다.

(5) allow for : ~을 염두에 두다(= consider)

01-06
성균관대 2003

- We must **allow for** some delay. 다소 지연될 것을 염두에 두어야 한다.

cf. allow 동사가 '허락 · 허가 · 인정하다'라는 뜻으로 쓰이면 타동사로 쓰인다. ★ 01-03 참조

- I don't **allow** you to smoke. 나는 당신이 담배를 피우는 것을 허락할 수 없다.

(6) apologize to + 사람 / for + 이유 : ~에게 / ~에 대해 사죄하다

01-07A
대구대 2005

- Paul's parents **apologized to** Jimmie **for** their son's mistake.
  Paul's parents ~~apologized~~ Jimmie for their son's mistake. (×)
  아들의 실수 때문에 Paul의 부모가 Jimmie에게 사과했다.

  ▶ apologize는 자동사로서 목적어를 취할 경우 전치사가 꼭 필요하다.

(7) associate with : ~와 사귀다

01-07B
한국외대 2008

- I have been **associating with** layabouts.
  I have been ~~associating~~ layabouts. (×) 나는 게으름뱅이들과 사귀었다.

  ▶ associate의 뜻이 '~와 사귀다'일 경우 전치사 with가 있어야만 목적어를 취한다.

cf. associate의 뜻이 '~을 연상시키다, 연관시키다'일 경우 타동사가 된다.

01-08
대구대 2004
경희대 2003

- I **associate** him with my childhood. 나는 그를 보면 어릴 적이 연상된다.

(8) attend on : 시중들다, 돌보다 vs. attend + 장소 · 모임 : 참석하다 vs.

attend to : 유의하다(= give / pay attention to)

- The nurses **attended on** the sick day and night. 간호사들은 밤낮없이 환자를 간호했다.

- You must **attend** school. 너는 등교를 해야 한다.

- You must **attend to** all things. 너는 모든 일에 유념해야 한다.
  = You must **pay attention to** all things.
  You must pay attention ~~for~~ all things. (×)

  ▶ attend to의 구동사 표현인 pay attention 또한 목적어를 취할 경우 전치사 to가 옳다.

01-09
국민대 2014
가톨릭대 2003

(9) belong to : ~에 속하다 ★ 02-32 참조

- Many men **belong to** the organization. 많은 사람들이 그 조직에 속해 있다.
  Many men ~~are belonged~~ to the organization. (×)

  ▶ belong은 자동사로서 수동태가 불가능하다.

01-10
한양대 2006

(10) complain about · of · over + 사물 / to + 사람 : ~에 대해 / ~에게 불평하다

- People **complain about · of** high prices. 사람들은 높은 물가에 대해 불평한다.

- I **complained to** the manager **about** the service. 나는 지배인에게 서비스에 대해 불평했다.

cf. complain은 that절을 목적어로 취할 수 있다.

- He **complained that** service was bad. 그는 서비스가 엉망인 것을 불평했다.

01-11
성균관대 2006

(11) conform to(= comply with) : 순응하다, 동의하다, 승낙하다

- The Korean nation **conformed to** President Park's authority.
  한국 국민들은 박 대통령의 권위에 순응했다.

cf. conform이 '순응하게 하다'라는 뜻일 경우 타동사 기능을 가지게 된다.

- President Park **conformed** the Korean nation to his authority.
  박 대통령은 한국 국민들을 자신의 권위에 순응하게 했다.

01-12
경원대 2010
한국외대 2009
경원대 2007
국민대 2006
가톨릭대 2003

(12) consist of : ~으로 구성되다 vs. consist in : ~에 있다 vs. consist with : ~과 일치하다

- Water **consists of** hydrogen and oxygen. 물은 수소와 산소로 구성되어 있다.
  Water ~~is consisted~~ of hydrogen and oxygen. (×)

  ▶ consist는 자동사로서 수동태가 불가능하다.

- Freedom **consists in** the absence of oppressive laws.
  자유는 억압적인 법이 없을 때 존재한다.(= 억압적인 법이 없어야 자유가 존재한다.)

- Health does not **consist with** intemperance. 건강과 무절제는 양립하지 않는다.

01-13
경기대 2001

(13) contribute to : ~에 이바지하다, ~의 원인이 되다 ★ 11-50 참조

- He **contributed to** local community's advance. 그는 지역 발전에 이바지했다.

01-14
고려대 2012
서울여대 2009
경기대 2004
숙명여대 2005

(14) count on : ~에 의존하다(= rely on = depend on = hinge on = turn to = resort to)

- Don't **count on** me. 나에게 의존하지 마라.

cf. count는 ① 전치사 on 없이 쓰이면 '중요하다', ② 3형식으로 쓰이면 '(수를) 세다', ③ 5형식으

로 쓰이면 '간주하다'라는 뜻을 가진다. ★ 01-78 참조

- This case **counts**. 이 사안은 중요하다.

- Cars **are** automatically **counted** on the bridge. 그 다리에 있는 차량들은 자동으로 수가 세어진다.

- I **count** this case **(as)** important. 나는 이 사안을 중요한 것으로 간주한다.

(15) deal with : ~을 다루다, 처리하다(= see about)　　　　　　　　　　　01-15
국민대 2009

- I'll **deal with** the children later. 그 애들은 나중에 처리할게요.

(16) depend (up)on : ~에 의존하다, ~여하에 달려 있다, ~에 좌우되다　　　01-16

- His success **depends (up)on** effort and ability. 그의 성공은 노력과 능력 여하에 달렸다.

(17) dispose of : ~을 처리하다, 버리다　　　　　　　　　　　　　　　　01-17
한국외대 2006

- My mother **disposed of** much rubbish. 어머니께서 많은 쓰레기를 버리셨다.

(18) experiment on[with] : ~으로 실험하다　　　　　　　　　　　　　　01-18

- I **experimented on[with]** alcohol. 나는 알코올로 실험했다.

(19) graduate from 학교 : ~을 졸업하다 vs. **graduate in 전공 과목 :** ~을 전공하다　01-19
고신대 2004

- She **graduated from** Harvard last year. 그녀는 작년에 Harvard 대학을 졸업했다.
  She ~~graduated~~ Harvard last year. (×)

  ▶ 주어가 '사람'일 경우 graduate는 자동사가 되므로 전치사가 있어야 목적어를 취할 수 있다.

- Only forty students **graduated in** English last year. 딱 40명만 작년에 영어를 전공했다.

cf. graduate는 '~을 졸업시키다'라는 타동사로도 쓰인다.

- The college **graduated** 50 students last year. 그 대학은 작년에 50명의 학생들을 졸업시켰다.

(20) hope for : ~을 바라다 (= crave for = long for = yearn for)　　　　　　01-20
동아대 2003

- We were **hoping for** good weather. 우리는 날씨가 좋기를 바라고 있었다.
  We were ~~hoping~~ good weather. (×)

  ▶ hope는 명사를 목적어로 취할 경우 전치사 for가 필요하다.

cf. hope는 to부정사와 that절을 목적어로 취할 수 있다. ★ 01-86, 10-04 참조

- Joan is **hoping to study** law at Harvard. Joan은 하버드 대학에서 법을 공부하길 희망하고 있다.

- We were **hoping that** weather was good. 우리는 날씨가 좋아지기를 바라고 있었다.

(21) insist on : ~을 주장하다 · 우기다(= persist in = suggest)　　　　　　01-21
경희대 2009
경희대 2004

- She **insisted on** meeting Steve Lukather. 그녀는 Steve Lukather를 만나야겠다고 우겨댔다.

She insisted ~~to meet~~ Steve Lukather. (×)

▶ insist는 to부정사를 목적어로 취할 수 없다.

cf. insist는 that절을 목적어로 취할 수 있다. ★ 13-06 참조

· He **insisted that** he (should) go. 그는 자신이 가야 한다고 주장했다.

01-22
전남대 2001

(22) interfere with[in] : 방해하다, 간섭하다

· This movement will **interfere with[in]** cultural development.
이 운동은 문화의 발전을 저해할 것이다.

01-23

(23) laugh at : ~를 비웃다 ★ 03-35 참조

· Linda **laughed at** me. Linda는 나를 비웃었다.

01-24
강남대 2010
숙명여대 2008
한국외대 2006

(24) object to : ~에 반대하다 (= have an objection to)

· I **objected to** his suggestion. 나는 그의 제안에 반대했다.
I ~~objected~~ his suggestion. (×)

▶ object는 자동사로서 전치사 to와 함께 목적어를 취한다.

cf. object는 that절을 목적어로 취할 수 있으며, 같은 뜻을 가진 oppose는 타동사로서 전치사 to 를 수반하지 않는다. ★ 11-44 참조

· I **objected that** he would resign. 그가 사임하려 했던 것을 반대했다.

· I **opposed** his suggestion. 나는 그의 제안에 반대했다.

01-25
광운대 2008
단국대 2005

(25) occur to : ~에게 (생각 등이) 떠오르다, 발생하다 (= dawn upon = fall on)

· It **occurred to** me that I asked for help. 도움을 요청해야겠다는 생각이 떠올랐다.
= It **occurred to** me to ask for help.
It **occurred** ~~upon~~ me to ask for help. (×)

▶ occur는 목적어를 취할 경우 전치사 to가 옳다.

01-26
성균관대 2006
단국대 2005

(26) participate in : ~에 참가하다

· Tom didn't **participate in** the discussion. Tom은 토론에 참여하지 않았다.
Tom didn't participate ~~to~~ the discussion. (×)

▶ participate는 전치사 to와 결합하여 목적어를 취할 수 없다.

01-27
경희대 2005

(27) refer to : ~을 언급하다 (= touch on) ★ 03-35 참조

· Her mother never **referred to** him again. 그녀의 어머니는 그를 결코 다시는 언급하지 않았다.

한국외대 2006   **cf.** refer가 타동사로 쓰인 'refer A to B' 구문은 '① A를 B에게 보내다, ② ~에게 알아보도록 하다, 조회하다, ③ A의 탓을 B로 돌리다'라는 뜻을 가진다.

· She **referred** her sons **to** a hospital. 그녀는 자식들을 병원에 보냈다.

(28) 원인 result in 결과 : ~을 야기하다 vs. 결과 result from 원인 : ~로부터 비롯되다

01-28
대구대 2009

- The fire **resulted in** much damage. 화재가 많은 손해를 야기했다.
  = Much damage **resulted from** the fire.

(29) succeed in : ~을 성공하다

01-29
경희대 2004
단국대 2003

- The students **succeeded in** solving a problem. 그 학생들은 문제를 푸는 데 성공했다.
  The students succeeded ~~to solve~~ a problem. (×)

  ▶ succeed는 to부정사를 목적어로 취할 수 없다.

cf. succeed가 타동사로 쓰이면 '~의 뒤를 잇다, ~의 상속자가 되다'라는 뜻을 가지게 된다.

한국외대 2010
명지대 2003

- Who will **succeed** Obama as President? 누가 Obama 대통령의 뒤를 이을 것 같습니까?

(30) wait for : ~를 기다리다

01-30
중앙대 2002

- You should **wait for** me here. 당신은 이곳에서 나를 기다려야 한다.

cf. await는 타동사 기능을 가진다.

- You should **await** me here.

01-31
중앙대 2014
아주대 2014
서강대 2011
중앙대 2010
서울여대 2010
고려대 2007
경희대 2006
경희대 2005
서울여대 2004
이화여대 2001

추가 표현 정리	
interact with ~와 상호작용을 하다	dispense with ~없이 지내다
subscribe to ~에 동의하다	disappear 사라지다
amount to 총합이 ~가 되다	appear 나타나다
cooperate with 협력하다	suffer from ~로 고통 받다
lag behind 뒤처지다	listen to ~을 듣다
respond to 응답하다 *respond that S+V	dance to music/ with + 사람
correspond with · to 서신 왕래를 하다.	음악에 맞춰/ ~와 춤을 추다
(구조 · 기능 · 양 등이) 같다, 상당하다	dwell on ~을 곰곰이 생각하다 cf. dwell in ~에 거주하다
retire from ~에서 은퇴하다 *retired 은퇴한	dream of · about ~에 대한 꿈을 꾸다
sympathize with 공감하다, 동정하다	opt for ~을 선택하다
recover from ~로부터 회복하다	function 작용하다
lapse away (시간이) 경과하다	satisfied 만족한
preside at/ over 의장 역을 맡다	confused, embarrassed 당황한
vanish 사라지다	marvel at · over ~에 놀라다
sag 축 늘어지다	

3. there/here 유도부사 구문

01-32
아주대 2007
아주대 2006
세종대 2005
경원대 2005
가톨릭대 2003

there 또는 here가 문두로 위치할 경우, 일반명사가 주어이면 도치(V+S)가 되고, 대명사가 주어라면 도치가 되지 않는다(S+V). 이 경우 동사의 수와 태에 각별히 조심해야 한다. ★ 20-28-31 참조

※ there가 1형식 문형에서 문두에 위치한 경우 '그곳으로'라는 방향성을 가진 부사가 아니라 아무런 의미가 없는 말로서 따로 해석할 필요가 없다.

there/ here +	be/ come/ exist/ go/ live/ happen/ seem/ appear + 일반명사
	대명사 + be/ come/ exist/ go/ live/ happen/ seem/ appear

- There **seems** to be some **misunderstanding** between us.

There ~~seem~~ to be some **misunderstanding** between us. (×)

우리 사이에 오해가 있는 것 같다.

> 유도부사 **there**가 문두로 위치하여 도치가 발생했다. 주어는 뒤에 위치한 단수명사 'misunderstanding'이므로 동사의 수 또한 단수(seems)가 옳다.

· **Here is Jane.**

(이 사람은) Jane이에요.

· **There are two sides** to every question.

모든 문제에는 양면성이 있기 마련이다.

> 문장의 주어는 Jane, two sides라는 일반명사이므로 '동사 + 주어'라는 어순으로 도치가 됐다. 아래 문장은 대명사(they)가 주어이므로 도치가 되지 않았다.

· **There they come.**

그들이 와 있다.

01-33

명지대 2010
한국외대 2009
서울여대 2009
강남대 2009
한양대 2007
한국외대 2007
대구대 2007
아주대 2004
전남대 2001

4. 해석에 주의해야 할 완전자동사

count, do, go, pay, work 등의 동사는 타동사 기능도 있지만 그 의미가 다음과 같이 쓰인 경우에는 자동사이므로 수동태로 쓸 수 없다.

count 중요하다(=matter)	**pay** 이롭다
do 충분하다, 적합하다	**work** 작용하다, (약 등이) 든다, 효과가 있다
go 진행되다	

· In labor market, experience **counts**.

In labor market, experience ~~is counted~~. (×)

노동 시장에서는 경험이 중요하다.

· These shoes won't **do** for the party.

These shoes won't ~~be done~~ for the party. (×)

이 신발들은 그 파티에 적합하지 않다.

· Crime doesn't **pay**.

Crime ~~isn't paid~~. (×)

범죄는 이로울 게 없다.

> ▶ count, do, pay의 뜻이 '중요하다, 적합하다, 이롭다'의 뜻일 경우 자동사가 되어 수동태가 불가능하다.

· How is the work **going**?

그 일 어떻게 되어가니?

· This machine **works** well.

기계가 잘 작동된다.

01-34

국민대 2007
강남대 2006

5. 수동의 속뜻을 가지고 있는 완전자동사

drive, photograph, read, sell, shrink, iron, wash, write 동사 다음에 특성을 설명해주는 부사(구)가 동반될 경우 자동사로 써야 한다. 자동사로 쓰일 경우 의미 자체가 수동적 속성을 가지게 된다.

drive 질주하다	**shrink** 오그라들다
photograph (사진이) 찍히다	**iron** 옷이 다림질되다
read 읽히다	**wash** 세탁이 되다
sell 팔리다	**write** (펜 등이) ~하게 쓰이다

※ 과거에는 시험에 자주 출제되었지만 요즘엔 출제빈도가 떨어진다.

18

- I always **photograph** badly.

  I am always ~~photographed~~ badly. (×)

  나는 언제나 사진이 잘 받지 않는다.

- These books **sell** like hot cakes.

  These books ~~are sold~~ like hot cakes. (×)

  이 책들이 불티나게 팔린다.

> 'badly, well, like hot cakes(불티나게)'와 같은 부사구들이 'drive, photograph, read, sell, shrink, iron, wash, write' 동사들을 수식할 때에는 자동사 기능만 가지게 되어 수동태가 불가능하다.

CHECK |

위에 설명한 동사들이 수동태가 절대 안 된다는 것이 아니다. 위의 동사들은 본래 타동사이므로 아래 예문처럼 수동태도 물론 가능하지만, 양태부사가 수식할 경우에만 수동태가 안 된다는 것이다.

※ 양태부사란 말하는 이의 어떤 일에 대한 믿음이나 태도 등을 나타내는 부사이다.

- A friend photographed me yesterday. 친구가 어제 나의 사진을 찍어 주었다.

  = I **was photographed** by a friend yesterday.

예제

She dwells too much _____ her past.

① in   ② at   ③ over   ④ on   ⑤ into

해석 그녀는 자신의 과거에 너무 많이 연연해한다.

해설 dwell은 전치사 upon 혹은 on과 결합하여 '곰곰이 생각해보다'라는 뜻을 가진다. in과 결합하면 '~에 거주하다'라는 뜻을 가진다.

정답 ④

❷ 2형식 불완전자동사(연결동사)

1. 문형과 보어의 형태

(1) 문형 → S + V + S · C(주격보어)

01-35

동사만으로는 주어에 대한 충분한 설명을 할 수 없기 때문에, 주어를 설명해주는 보어(형용사, 명사 또는 그 상당어구)가 필요한 동사를 불완전자동사라 한다. 즉, 이 불완전자동사와 그 주격보어가 위치한 문장이 2형식 구문이다.

- Pat **seemed happy.** Pat은 행복해 보였다.

  S   V2   S·C

  Pat seemed ~~happily~~. (×)

> 부사는 동사와 부사, 형용사를 수식한다. 즉, 부사는 명사를 바로 수식할 수는 없으므로 위 문장은 틀린 것이다. 왜냐하면 주격보어는 결국 주어라는 명사를 보충 설명해주는 것이므로 명사를 수식하는 것은 형용사이기 때문이다.

(2) 주격보어의 형태

1) 형용사는 모든 2형식 동사의 주격보어가 될 수 있지만 부사는 절대로 2형식 동사의 주격보어가 될 수 없다.

- Pat looked **happy**.
  S   V2   S·C (형용사)

  Pat looked ~~happily~~. (×)

2) 명사 또한 2형식 동사의 주격보어가 될 수 있다.

- Ryan remains **a brave hero**. Ryan은 용감한 영웅으로 남아 있다.
  S   V2   S·C (명사구)

  ▶ 명사가 보어로 위치할 경우 주어의 '정의'를 설명하는 것이다.

3) '감각·판단·판명' 동사는 절을 주격보어로 취할 수 있다. ★ 01-46~48 참조

- The fair seems **that** it was a failure. 그 박람회는 실패작으로 보인다.
  S   V2   S·C (that절)

4) 형용사 기능을 하는 전치사구가 보어로 위치할 수 있다.

- I fall **in love with** her. 나는 그녀와 사랑에 빠졌다.
  S V2   S·C (전치사구)

2. 불완전자동사의 종류

(1) '변화'의 불완전자동사 → ~이 되다

1) become, get (변화, 추이)

become과 get이 2형식으로서 보어를 취할 경우, '이미 어떤 상태에서 다른 상태가 된 것'을 표현한다.

- Pat has **become** a teacher.
  Pat은 선생님이 되었다.

- Sophie is **getting** old.
  Sophie는 늙어 가고 있다.

> **CHECK** │ get은 to부정사를 보어로 취할 수 있지만 become은 불가능하다.
>
> - Your word will **get (to be)** a problem.
>   Your word will become ~~to be~~ a problem. (×)
>   당신의 말은 문젯거리가 될 것이다.

2) go, fall, run (부정적인 변화)

go, fall, run 동사가 2형식으로 보어를 취할 경우, '부정적인 상태로의 변화'를 가리키는 것을 표현한다.	
go	awry 결과가 잘못 되다 bad 썩다 bankrupt 파산하다 blind 장님이 되다 crazy 미치다 sour 신 내가 나다 unnoticed 무시당하다. 눈에 띄지 않다 unheard 들리지 않다
fall	asleep 잠들다 apart 헤어지다 blind 장님이 되다 ill 병이 들다 in love 사랑에 빠지다 short of 부족해지다 victim to ~에 희생이 되다
run	dry 말라버리다 out of 탕진하다. 바닥이 나다 short of 부족해지다 wild 난폭해지다

- Many companies **went bankrupt** in 2008.

  Many companies went ~~into~~ bankrupt in 2008. (×)

  많은 회사들이 2008년도에 파산했다.

  ▶ '파산하다'라는 표현을 전할 경우 go into bankrupt로 쓸 수 없다.

- Many people **fall victim to** terrorism.

  많은 사람들이 테러에 희생당한다.

- My car **ran out of** gas.

  내 차의 기름이 바닥났다.

3) come (실현 · 해결의 변화)

01-39
강남대 2002

come 동사가 2형식으로서 보어를 취할 경우 '실현 · 해결로의 변화'를 가리킨다.

come	alive 살아나다 easy 쉬워지다 loose 풀리다 true 실현되다 of age 성인이 되다

- The work will **come easy**.

  그 일은 수월해질 것이다.

- Our dreams will **come true**.

  Our dreams will ~~go~~ true. (×)

  우리의 꿈은 실현될 것이다.

  ▌ 'go' 동사 뒤에 'true'라는 형용사가 위치해서 2형식으로 쓰였다고 착각할 수 있지만, go가 2형식으로 쓰일 경우 앞(01-38)에
  서 보았듯이 보어에는 부정적인 형용사가 와서 부정적인 변화를 나타낸다.

4) grow (시간적인 변화)

01-40
동국대 2008

grow 동사가 2형식으로서 보어를 취할 경우, '시간적으로 점차적인 변화'를 가리킨다.

grow	angry 점점 화가 나다 dark 점점 어두워지다 old 점차 나이를 먹다

- It **grows dark**.

  점점 어두워진다.

5) turn (확연한 변화)

01-41

turn 동사가 2형식 동사로서 보어를 취할 경우, '나이 · 색깔의 변화' 또는 '주의 · 신념의 변화'를 가리킨다.

turn	green 파란 신호가 켜지다 red 정지 신호가 켜지다. 빨개지다 traitor 배신자가 되다 35 35세가 되다

- He **turned traitor**.

  그는 배신자가 되었다.

(2) '유지'의 불완전자동사 → ～한 상태에 있다

1) remain(여전히 ～이다, ～한 대로이다)

01-42A
한국외대 2009

remain 동사는 2형식 불완전자동사로서 보어를 취할 경우, '여전히 ~한 상태이다'를 가리킨다.

remain	equivocal 애매모호하다 a hero 영웅이다 seated 앉아 있다 silent 침묵을 지키다 motionless 움직이지 않다 unsolved 해결되지 않다

- Their final evaluations **remain equivocal**.

  그들의 최종 평가는 모호하다.

CHECK |

1. 'remain + to be ∼'에서 remain이 to be ∼ 구조를 취하면 '∼ 하지 않고 남아 있다'라는 뜻을 가지게 된다.

· A few jobs still **remained to be finished.** 몇 가지 일들이 끝나지 않고 남아 있다.

2. **remain**은 진행형과 수동태가 불가능하다. ★ 02-32, 03-20 참조

· Much evidence ~~is remaining~~ equivocal. (×)
· Much evidence ~~is remained~~ equivocally. (×)

2) hold (효력 · 타당성)

hold 동사가 2형식 불완전자동사로서 보어를 취할 경우, '효력이 있다, 타당성이 있다'를 가리킨다.

hold	effective · good · true 효과가 있다 steady 고정되어 있다. 안정성이 있다

· The promise still **holds true[good].**
  그 약속은 여전히 유효하다.

3) keep, stay, continue (계속 ∼한 상태이다)

keep, stay, continue 동사가 2형식 불완전자동사로서 보어를 취할 경우, '계속 ∼한 상태이다'라는 뜻을 가진다. continue 동사는 보어 앞에 to be를 위치시킬 수 있다. ★ 11-70 비교

continue (to be)	silent 여전히 조용하다 impenitent 여전히 뉘우치지 않고 있다
keep	busy 바쁘다 calm · quiet · silent 계속 조용하다 in touch with ∼와 연락하고 지내다
stay	busy 바쁘다 young 젊게 지내다 in touch with ∼와 연락하고 지내다

· I will **continue (to be) silent.**
  나는 계속 조용히 있을 것이다.

· **Keep in touch with** me.
  나와 계속 연락하고 지내자.

· My grandmother **stays young.**
  나의 할머니는 젊음을 유지하고 계시다.

4) lie, rest, stand

lie, rest, stand 동사가 2형식 불완전자동사로서 보어를 취할 경우, 'lie(가만히 있다), rest(안심하다), stand(∼한 상태 · 입장에 있다)'라는 뜻을 가진다.

lie	asleep 잠자고 있다 buried 묻혀 있다 dead 죽어 있다 hidden 숨어 있다
rest	assured 안심하다
stand	open 열려 있다 proud 당당하다 still 조용하다

· The valley **lies quiet and peaceful.**
  그 계곡은 조용하고 평화롭다.

· You may **rest assured.**
  너는 안심해도 좋다.

- She **stood still** there.
  그녀는 거기에 조용히 있었다.

(3) '감각'의 불완전자동사 → ~처럼 느끼다·보이다 등

01-46

경원대 2010
국민대 2010
고려대 2007
서울여대 2007
강남대 2006
고려대 2000

'feel(~한 기분이 들다), look(~게 보이다), smell(~한 냄새가 나다), taste(~한 맛이 나다), sound(~라고 들리다)' 동사들이 2형식 불완전자동사로서 보어를 취할 경우, like 명사/ 형용사/ as if·as though절을 취할 수 있다.

feel	fine 기분이 좋다　sleepy 졸리다　well 컨디션이 좋다　like an idiot 바보 같다
look	angry 화난 것처럼 보이다　like a mother 어머니처럼 보이다
smell	delicious 맛있는 냄새가 난다　like·of beer 맥주 냄새가 난다
taste	sweet 달콤한 맛이 난다　like·of strawberries 딸기 맛이 난다
sound	strange 이상하게 들린다　like a mother 어머니처럼 들린다

구어체에서는 like절을 취하기도 하지만, 문어체를 지향하는 국내 시험은 이 표현을 틀린 것으로 간주한다.
It looks ~~like~~ she is rich. (×)

- She **felt confident** of her success.
  She felt ~~confidently~~ of her success. (×)
  그녀는 성공을 확신했다.

  ▶ feel은 주어의 상태를 말하는 불완전자동사이기 때문에 뒤에 부사만 나오면 틀리며, 형용사가 보어로 필요하다.

- The room **smelt damp**.
  그 방은 습한 냄새가 났다.

- This drink **tastes like sherry**.
  이 음료는 백포도주 맛이 난다.

- His voice **sounded strange** on the phone.
  그의 목소리는 전화에서 이상하게 들렸다.

- It **looks as if/ as though** it's going to rain.
  비가 올 것처럼 보인다.

CHECK |

- It **looks as if/ as though** it's going to rain.
  = It **looks** rainy.
  = It **looks like** rain.
    비가 올 것 같다.

---

(4) '판단'의 불완전자동사 → ~인 것 같다

01-47

세종대 2010
영남대 2004

seem, appear가 2형식 불완전자동사로서 보어를 취할 경우에는 '(to be) 형용사·명사/ to부정사/ that S+V/ as if S+V'가 보어로 올 수 있다. that절과 as if절이 보어로 위치할 경우에는 가주어 it이 온다.

seem · appear + (to be) 형용사·명사/ to부정사/ that S+V/ as if S+V

① seem (to be) : seem to be rich/ a rich man 부자인 것 같다
② appear (to be) : appear to be honest/ an honest man 정직한 사람인 것 같다

- My son **seems to need** a lot of attention.

  = **It seems that** my son needs a lot of attention.

  = **It seems as if** my son needs a lot of attention.

  내 아들은 많은 관심을 필요로 하는 것 같다.

- His plan has **seemed (to be) uncertain**.

  His plan has seemed (to be) ~~uncertainly~~. (×)

  그의 계획은 불확실한 것으로 보였다.

  ▶ seem은 2형식 불완전자동사로서 부사가 아니라 형용사 혹은 명사가 보어로 와야 한다.

01-48A
경희대 2008

(5) '판명'의 불완전자동사 → ~로 판명되다

come out, turn out 등의 동사들이 2형식 불완전자동사로서 보어를 취할 경우에는 보어로서 '(to be) 형용사·명사/ that S + V' 등이 올 수 있다.

come out · turn out + (to be) 형용사 · 명사 / that S + V
prove   + (to be) 형용사 · 명사

① come out (to be) false/ true 거짓/ 진실로 판명되다

② prove (to be) false/ true/ guilty 거짓/ 진실/ 유죄로 입증되다

  prove (to be) innocent 무죄로 입증되다

③ turn out (to be) false/ true/ untrue 거짓/ 진실/ 거짓으로 판명되다

- The work **turned out (to be) difficult**.

  = **It turned out that** the work was difficult.

  = **It came out that** the work was difficult.

  = The work **proved (to be) difficult**.

  그 일은 어려운 것으로 판명됐다.

01-48B
고려대 2012

> **CHECK** | prove는 that절을 목적어로 취한다.
>
> prove 뒤에 나오는 that절의 해석은 '~을 증명하다'로서 '목적어' 역할을 해야 한다. 문맥상 '~으로 증명되다'라는 해석을 해서는 안 된다.
>
> - I prove that smoking low tar is dangerous.
>   나는 저 타르 담배가 해롭다고 증명한다.
>   ~~Smoking low tar proves that~~ it is dangerous. (×)
>
> ▶ 두 번째 문장 그대로 해석을 한다면 '저 타르 담배는 위험한 것으로 증명된다.'는 보어로서의 해석이 된다. prove가 that절을 목적어로 취했을 때 이런 해석은 틀린 표현이 된다.

01-49
가톨릭대 2012
단국대 2009

(6) 준 보어

인생사를 말하는 'live, die' 동사들과 'arrive, come, marry, return, sit, stand, go'와 같은 완전자동사들은 이 동사들만으로도 완전한 1형식 문장을 이룰 수 있다. 그러나 동사 뒤에 '명사, 형용사, 분사'의 보어가 위치하면 주어의 결과적 상태를 설명하게 된다.

- Linda **married young**.

  = When Linda married, she was young.

  Linda는 젊어서 결혼했다.

· Taylor **died a beggar**.

= When Taylor died, he was a beggar.
   Taylor가 죽었을 때 그는 거지였다.

① Even when he is ② obviously wrong, Johnson sounds so ③ confidently that it is
difficult ④ not to believe him.

해석 Johnson이 분명히 틀렸어도 너무 자신 있게 말해서 그를 믿지 않기가 힘들다.

해설 confidently → confident
      sound라는 2형식 불완전자동사의 보어로서 형용사가 필요하다.

정답 ③

❸ 3형식 완전타동사

1. 문형과 목적어의 형태   01-50

(1) 문형 → S + V + O

완전타동사는 동사의 동작을 받는 목적어가 필요하며 하나의 목적어만 취하여 완전한 문장의 성립이 가
능한 동사를 말한다. '주어+동사+목적어'를 제외한 부사, 부사구, 부사절은 문형에 아무런 영향을 주지
않는다.

· We discussed the problem.
   S   V3   O
  우리는 그 문제에 대해서 토론했다.

· The vicious bully robbed her of much money.
         S   V3   O   전치사구
  그 깡패가 그녀에게서 많은 돈을 빼앗았다.

(2) 목적어의 형태

1) 명사(구)

· The girl caught **the ball**.
  그 소녀는 공을 잡았다.

2) to부정사(구) ★ 10-04 참조

· I hoped **to see you again**.
  나는 당신을 다시 볼 수 있기를 희망했다.

· I don't know what **to do**.
  나는 무엇을 해야 할지 모르겠다.

3) 동명사(구) ★ 11-03 참조

· I remember **meeting her** again.
  나는 그녀를 다시 봤던 것을 기억한다.

4) 명사(절)

· I wish **that she treats us kindly**.
  나는 그녀가 우리를 친절하게 대해주기를 소망한다.

- I don't care **whether/ if you like me.**
  당신이 나를 좋아하든 말든 관심 없다.

- I don't know **what he likes.**
  나는 그가 무엇을 좋아하는지를 모른다.

01-51
단국대 2010
계명대 2010

CHECK 1 | that절을 목적어로 취할 수 있는 동사

인식을 나타내는 'think, feel, find, guess, know, suppose, believe, prove' 동사들은 that절을 목적어로 취할 수 있다. 따라서 수동태 전환 시 형태에 대해 각별히 조심해야 한다. ★ 03-07 참조
'제안, 주장, 명령, 충고, 요구'를 가리키는 동사들인 'demand, insist, suggest, move, order, recommend, require, urge' 등도 that절을 목적어로 취할 수 있다. ★ 13-06 참조

- I **think that** you're being unfair.
  나는 당신이 공정하지 못하다고 생각한다.

- Some of the parents **felt (that)** the school wasn't doing enough about bullying.
  몇몇 부모들은 학교 폭력에 대해 학교 측이 충분한 조치를 다하지 않고 있다고 생각했다.

- They **insisted that** everyone **(should) come** to the party.
  그들은 모든 사람들이 파티에 와야 한다고 주장했다.

계명대 2010

CHECK 2 | that절을 목적어로 취할 수 없는 동사

'want, would like' 동사는 that절을 목적어로 취할 수 없다.

- I ~~want that~~ you will find out what they're planning. (×)
- I **want** you **to find out** what they're planning.
  나는 그들이 무엇을 계획하고 있는지를 당신이 파악하기를 원한다.

---

2. 자동사로 착각하기 쉬운 완전타동사 ★ 01-01~32 비교

3형식 완전타동사는 전치사 없이 목적어를 취하므로 전치사가 오면 틀린다.

※ 아래에 등장하는 동사들은 한글 뜻으로 보면 전치사가 있는 것이 자연스러워 보여 혼돈스러울 때가 있지만 전치사가 오지 않는다.

01-52
강남대 2005

(1) 전치사 about 없이 목적어를 취하는 완전타동사

| ① announce 알리다 | ③ answer 대답하다 | ⑤ consider 고려하다 |
| ② discuss 토론하다 | ④ describe 묘사하다 | ⑥ mention 언급하다 |

- They met to **discuss the possibility** of working together.
  They met to discuss ~~about~~ the possibility of working together. (×)
  그들은 함께 일할 수 있는지를 토론하기 위해 만났다.

  ▷ discuss는 전치사 about 없이 목적어를 취한다.

01-53
대구대 2007
강남대 2005
홍익대 2002

(2) 전치사 after 없이 목적어를 취하는 완전타동사

| ① follow 따르다 | ② resemble 닮다 | ③ survive ~보다 오래 살다 |

cf. survive가 수동태를 취하여 be survived by가 되면, '(유족으로) ~을 남겨놓다'라는 뜻을 전할 수 있다.

• Linda's husband and children **survived her.**
Linda의 남편과 아이들은 그녀보다 오래 살았다.

• Linda **is survived by** her husband and children.
린다의 유족으로 남편과 자식들이 있다.

(3) 전치사 on 없이 목적어를 취하는 완전타동사

01-54
경기대 2003

① emphasize 강조하다 ② influence 영향을 미치다, 좌우하다

• Food **influences** our health.
Food influences ~~on~~ our health. (×)
음식이 우리의 건강을 좌우한다.

▶ influence가 동사로 쓰일 경우 전치사 없이 목적어를 취한다.

(4) 전치사 to 없이 목적어를 취하는 완전타동사

01-55
가톨릭대 2010
국민대 2010
서울여대 2007
경기대 2003
아주대 2002

① address 말을 걸다, 처리하다
② approach 접근하다
③ attack 공격하다
④ become 어울리다
⑤ greet 인사하다
⑥ obey 복종하다
⑦ oppose 반대하다(=object to, be opposed to)
⑧ reach 도착하다
⑨ enter 들어가다
cf. enter into 관계를 맺다, 시작하다
ex) enter into business 사업을 시작하다
enter into explanations 설명을 시작하다

• What's the best way of **approaching** this problem?
What's the best way of approaching ~~to~~ this problem? (×)
이 문제를 처리하기 위한 최고의 방법은 무엇인가?

▶ approach는 전치사 to 없이 목적어를 취한다. 다음 동사들도 마찬가지이다.

• Silence fell as I **entered** the room.
Silence fell as I entered ~~into~~ the room. (×)
내가 그 방에 들어갔을 때 침묵이 흘렀다.

▶ enter가 장소(room)를 목적어로 취하면 전치사 into가 불필요하다.

• The government refused to **enter into** discussions with the opposition.
The government refused to ~~enter~~ discussions with the opposition. (×)
정부는 야당과 토론하기를 거절했다.

▶ 목적어가 장소가 아닌 discussion, conversation일 경우 into가 필요하다.

(5) 전치사 with 없이 목적어를 취하는 완전타동사

01-56
가톨릭대 2010
고려대 2006
중앙대 2004
한양대 2004

① marry 결혼하다
② join 합류하다
③ surround 에워싸다, 둘러싸다
④ accompany 동반하다
⑤ face 직면하다(=confront)
⑥ revive 부흥시키다

cf. face가 수동태를 취하면 'be faced by/ with(= be confronted by/ with)'의 형태가 가능하다.

• My boss **married** her.
My boss married ~~with~~ her. (×)
내 사장은 그녀와 결혼했다.

- So many hotels **resemble** each other.

  So many hotels resemble ~~with~~ each other. (×)

  많은 호텔들이 서로 비슷하다.

  ▶ marry와 resemble은 전치사 with와 결합할 수 없는 타동사이다.

- Customers **confront(=face)** a bewildering choice.

  = Customers **are confronted(=are faced) with/ by** a bewildering choice.

  고객들은 당황스러운 선택에 직면한다.

01-57

(6) 전치사 없이 목적어를 취하는 기타 완전타동사

단국대 2014
가톨릭대 2014
서강대 2012
중앙대 2006
중앙대 2005

① **await** 기다리다(=wait for)
② **book** 예약하다(=make a booking for)
③ **encounter** 직면하다
④ **commission** 위탁하다, 위촉하다
⑤ **facilitate** (일을) 용이하게 하다, 촉진하다
⑥ **leave** (출발점을) 떠나다(=start from, depart from)
　cf. leave for (도착지로) 떠나다

⑦ **comprise** ~을 포함하다
　cf. be comprised of = be composed of
　　= consist of ~으로 구성되다
⑧ **forecast** 예보하다
⑨ **convert** 바꾸다
⑩ **share** 공유하다

- I **await** your reply.

  I await ~~for~~ your reply. (×)

  너의 회답을 기다릴게.

  ▶ await는 전치사 없이 목적어를 취하는 타동사이다.

- I will **leave** Seoul.

  나는 서울을 떠날 것이다.

01-58

국민대 2010
서강대 2007
고려대 2005
중앙대 2005
한국외대 2005
한양대 2004
경기대 2002

CHECK │ 타동사 표현 정리

① emphasize = lay/ place/ put emphasis on
　강조하다
② influence = have/ exert influence on/ over
　영향을 미치다
③ marry = be married to = get married to
　~와 결혼하다
④ leave = depart from = start from
　(출발점에서) 떠나다
⑤ leave for = depart for = head for = make for
　(도착지로) 떠나다
⑥ inhabit = live in = reside in = dwell in
　~에 거주하다

⑦ face = confront = be faced with/ by
　= be confronted with/ by 직면하다
⑧ hoist (무거운 것을) 천천히 감아올리다, 들어서 나르다
⑨ represent ~을 대표하다
⑩ bribe 뇌물을 주다
⑪ lament 슬퍼하다
⑫ liken 비유하다
⑬ content 만족시키다

28

- She **married** Bea in 1925.
  - = She **was married to** Bea in 1925.
  - = She **got married to** Bea in 1925.
    그녀는 Bea와 1925년에 결혼했다.

- The Council **influenced** many government decisions.
  - = The Council **had influence on/ over** many government decisions.
    의회는 많은 정부 결정에 영향을 미쳤다.

- I **faced** the awful job.
  - = I **was faced with/ by** the awful job.
  - = I **confronted** the awful job.
  - = I **was confronted with/ by** the awful job.
    나는 끔찍스러운 일에 직면했다.

- Mr. Kobayashi was chosen to **represent** the company at the conference.
    Kobayashi 씨가 그 회의에서 회사를 대표하기로 결정되었다.

3. 목적어 뒤에 '전치사구'를 수반하는 완전타동사

아래에 설명하는 동사들은 'A에게(서) B를 ~하다'라는 뜻을 가지므로 우리말로 해석을 하면 4형식 동사처럼 오인할 수 있다. 그러나 이들 동사들은 3형식 문형을 취할 뿐이다. 또한 각각의 전치사의 선택 여부에 대해서도 각별히 조심을 해야 한다.

(1) 칭찬 · 감사 · 비난동사 → S + V + O + for 명사

01-59
한국외대 2005

'**동사 + A for B**' 구조를 취함으로써, '**A에게 B를 감사·비난하다**'라는 뜻을 가지게 된다. 이들 목적어 A 자리에는 '**사람 또는 칭찬·비난받는 대상**'이 위치하게 된다.

칭찬·감사	① praise A for B B를 이유로 A를 칭찬하다(=compliment) ② thank A for B B에 대해 A에게 감사하다 ③ reward A for B B에 대해 A에게 보답하다
비난	① blame, criticize, rebuke, scold 비난하다. 꾸짖다 cf. blame A(사람) for B(이유) = blame B(이유) on A(사람) ② admonish A for B B에 대해 A를 훈계하다 ③ punish A for B B에 대해 A를 처벌하다

- I **thank** you **for** the present.
    (보내 주신) 선물에 대해 감사드려요.

- You can't **blame** your family **for** all your problems.
  - = You can't **blame** all your problems **on** your family.
    당신의 모든 문제를 이유로 가족을 비난해서는 안 된다.

(2) 금지 · 방해동사 → S+V+O+from ~ing

'동사 + A from ~ing' 구조를 취함으로써, 'A가 ~하지 못하게 하다'라는 뜻을 가지게 된다.

금지·방해	① keep A from ~ing ~하지 못하게 방해하다	⑥ hinder A from ~ing 방해하여 못하게 하다
	② stop A from ~ing ~하는 것을 중단하게 하다	⑦ dissuade A from ~ing (설득하여) 단념시키다
	③ prevent A from ~ing ~하는 것을 못하게 막다	⑧ discourage A from ~ing ~하는 것을 낙담하게 하다
	④ prohibit A from ~ing ~하는 것을 금지하다	⑨ disable A from ~ing ~하지 못하도록 무능하게 하다
	⑤ deter A from ~ing ~하는 것을 단념시키다	

· The noise would **prevent** her **from sleeping** at night.

The noise would prevent her ~~to sleep~~ at night. (×)

그 시끄러운 소리로 인해 그녀는 밤에 잠을 못 자곤 했다.

▶ 위 표에 언급된 '금지·방해' 동사들은 목적어 뒤에 to부정사를 취할 수 없다.

· He **dissuaded** his friend **from joining** the marines.

그는 친구가 해군에 입대하지 못하도록 단념시켰다.

CHECK | forbid

forbid는 현대영어에서 목적보어에 to부정사를 취할 수 있으며, 목적어 뒤에 from ~ing 구조 또한 가능하다. 과거 편입 시험과 고시 시험에서 forbid의 목적어 뒤에 from ~ing가 틀리다고 출제가 잘못된 경우가 종종 있었으므로 상대적인 보기항 선택을 해야 한다.

※ Longman, Macmillan, Oxford 및 외국 최고 어법사전에서 필자와 같은 견해를 취한다.

· Some countries **forbid** women **to go** out without a veil.

= Some countries **forbid** women **from going** out without a veil.

몇몇 국가들은 면사포를 착용하지 않고서 여성들이 외출하는 것을 금지하고 있다.

---

(3) 박탈 · 제거동사 → S+V+O+of 명사

'동사 + A of B' 구조를 취함으로써, 'A에게서 B를 박탈·제거하다'라는 뜻을 가지게 된다. 이들 목적어 A 자리에는 '사람 또는 장소'가 위치하게 된다.

박탈·제거	① clear/ rid A of B A에게서 B를 없애다	⑤ strip A of B A에게서 B를 벗기다, 제거하다
	② cure A of B A에게서 B(질병 등)를 치료하다	⑥ relieve A of B
	③ deprive/ divest/ rob A of B	A에게서 B(고통 등)를 덜어주다
	A에게서 B를 빼앗다	⑦ disburden A of B
	④ bilk A of B A에게서 B(돈)를 떼어먹다	A에게서 B(짐)를 덜어주다

cf. steal은 'steal + 사물 + from 사람·장소' 구조를 취한다. ★ 01-95 참조

· The armed man **robbed** a bank clerk **of** much money.

= The armed man **stole** much money **from** a bank clerk.

The armed man robbed much money ~~from~~ a bank clerk. (×)

The armed man stole a bank clerk ~~of~~ much money. (×)

무장 강도가 은행원에게서 많은 돈을 빼앗았다.

▶ rob은 from과 결합할 수 없으며, steal은 of와 결합할 수 없다.

(4) 통고·알림·확신동사 → S+V+O+of 명사

01-62A

가톨릭대 2012
숙명여대 2010
한국외대 2006
가톨릭대 2006
광운대 2003

	'동사 + A of B' 구조를 취함으로써 'A에게 B를 알리다'라는 뜻을 가지게 된다.	
통고·확신	① apprise/ inform/ notify A of B A에게 B를 통지하다 ② assure/ convince A of B A에게 B를 확신시키다	③ remind A of B A에게 B를 상기시키다 ④ accuse A of B B를 이유로 A를 비난·고발하다

- He **convinced** a judge **of** his innocence.

  = He **convinced** a judge **that** he was innocent.

  그는 판사에게 자신의 무죄를 확신시켰다.

- Smith **accused** her **of** lying.

  Smith accused her ~~for~~ lying. (×)

  Smith는 그녀가 거짓말을 했다는 이유로 비난했다.

  ▶ blame은 목적어 뒤에 for를 취하는 반면, accuse는 of를 취한다.

CHECK | 통고·확신동사가 that절을 목적어로 취하기 위해서는 앞에 간접목적어가 꼭 필요하다.

- The experience **convinced** him **that** he was right.

  The experience ~~convinced that~~ he was right. (×)

  그 경험은 그에게 자신이 옳다는 것은 확신시켜주었다.

  ▶ convince가 능동태에서 that절을 목적어로 취하기 위해서는 '~에게'의 간접목적어가 먼저 와야 한다.

---

(5) 공급동사 → S+V+O+with 명사

	'동사 + A with B' 구조를 취함으로써, 'A에게 B를 공급하다'라는 뜻을 가지게 된다.	
공급	① entrust A with B A에게 B를 맡기다 ② equip A with B A에 B를 갖추다 ③ furnish/ provide/ supply A with B A에게 B를 공급하다 ④ endow A with B A에게 B를 부여하다 ⑤ present A with B A에게 B를 제출하다	⑥ replenish A with B A에 B를 보충하다 ⑦ substitute A with B(=substitute B for A) A를 B로 대신하다 ⑧ share A with B A에게 B를 나누다 ⑨ credit A with B A가 B를 가지고 있다고 생각 하다

cf. 이들 동사들은 이하와 같이 문형의 변화가 가능하다.
- provide 사람 with 명사 = provide 명사 for/ to 사람
- supply 사람 with 명사 = supply 명사 to 사람
- substitute 사람 with 명사 = substitute 명사 for 사람
- furnish 사람 with 명사 = furnish 명사 to 사람

- Michael **provided** me **with** much advice.

  = Michael **provided** much advice **for** me.

  Michael은 나에게 많은 조언을 제공했다.

(6) 부가·전가동사 → S+V+O+to 명사

	'동사 + A of B' 구조를 취함으로써, 'A의 원인을 B에게 돌리다'라는 뜻을 가진다.
부가·전가	accredit/ ascribe/ attribute/ impute A to B A의 원인(탓, 덕분)을 B에게 돌리다

- The author **attributed** her success **to** her fans.

  그 작가는 자신의 성공의 이유를 자신의 팬에게 돌렸다.

4. 재귀대명사를 목적어로 취하는 완전타동사

아래의 타동사들은 재귀대명사를 목적어로 취할 수 있으며, 목적어 다음에 오는 전치사에 특히 유의해야 한다. ★ 19-19~23 참조

---

① absorb/ immerse oneself in
   (=be absorbed/immersed in =devote oneself
   to =be devoted to) ~에 몰두하다
② acquaint oneself with(=be acquainted with)
   ~을 잘 알다, ~에 익숙하다
   =accustom oneself to(=be accustomed to)
   ~에 익숙해지다
③ convince oneself of/ that절
   (=be convinced of/ that절) ~을 확신하다
④ concern oneself about/ that절
   (=be concerned about/ that절) ~에 대해 걱정하다
   cf. concern oneself with/ in
       (=be concerned with/ in) ~에 관계ㆍ관여하다
⑤ content oneself with(=be contented with)
   ~에 만족하다
⑥ help oneself to 마음껏 먹다

⑦ disguise oneself to(=be disguised to)
   ~를 속다
⑧ dress oneself in(=be dressed in) ~을 입다
⑨ seat oneself on/ at(=be seated on/ at)
   ~에 앉다
⑩ absent oneself from(=be absent from)
   ~에 빠지다
⑪ adjust oneself to(=adjust to)
   ~에 맞추다, 조정하다
⑫ avail oneself of(=avail of) ~을 이용하다
⑬ present oneself at(=be present at)
   ~에 참석하다
⑭ pride oneself on(=be proud of)
   ~을 자랑스러워하다
⑮ subject oneself to(=be subject(ed) to)
   ~에 시달리다, ~당하다, ~에 복종하다

- He **devoted himself to** the peace movement.
  = He **was devoted to** the peace movement.
  = He **was absorbed in** the peace movement.
  He ~~devoted to~~ the peace movement. (×)
  He ~~absorbed in~~ the peace movement. (×)
  그는 평화 운동에 몰두했다.

  ▶ devote와 absorb를 이용하여 '헌신하다'라는 뜻을 전하기 위해서는 재귀대명사를 목적어로 취하거나 수동태로 쓰여야 한다.

- The scientist **convinces himself that** nuclear energy is safe.
  = The scientist **is convinced that** nuclear energy is safe.
  그 과학자는 핵에너지의 안정성에 대해 확신을 한다.

- I **concerned myself about** her faults.
  = I **was concerned about** her faults.
  나는 그녀의 실수들에 대해 걱정했다.

- She **seated herself on** the desk.
  = She **was seated on** the desk.
  = She **sat on** the desk.
  그녀는 책상에 앉았다.

5. 동종목적어를 취하는 완전타동사

동사가 같은 어원이나 유사한 의미를 가진 목적어를 취해서 3형식 문형을 취하는 동사를 말한다. 이런 유형의 동사가 동종목적어를 취하기 위해서는 그 목적어 앞에 목적어를 수식하는 형용사가 위치해야 한다.

ex) die, dream, fight, laugh, smile 등 ※ 중요한 부분은 아니다.

- **I dreamed a bad dream.**
  나는 나쁜 꿈을 꾸었다.

- **I laughed a bitter laugh.**
  나는 쓴 웃음을 지었다.

6. 4형식 동사로 오인하기 쉬운 완전타동사 ★ 01-75 비교

01-67

가톨릭대 2010
경희대 2009
경원대 2006
국민대 2005
광운대 2003

① admit 시인하다	⑦ introduce 소개하다
② announce 알리다	⑧ propose 제의하다
③ confide 신임하다	⑨ say 말하다
④ demand 요구하다	⑩ suggest 제안하다
⑤ describe 묘사하다	⑪ prove 증명하다
⑥ explain 설명하다	

이 동사들은 '동사 + 간접목적어 + 직접목적어'의 4형식을 취하지 않고 '동사 + 목적어'와 같은 3형식 문형으로만 쓰인다. 즉, 3형식만 가능할 뿐 4형식으로는 쓰이지 않는다.

※ 다음 4형식 동사 편에서 공부할 동사들은 모두 공히 3형식으로 전환이 되는 것과 비교된다.

- **I explained those risks** (to her).
  I explained ~~her~~ those risks. (×)
  나는 그녀에게 위험 요소들을 설명했다.

- She left without **saying goodbye** (to me).
  She left without saying ~~me~~ goodbye. (×)
  그녀는 나에게 작별 인사도 하지 않고 떠났다.

01-68

고려대 2000

CHECK | 위의 타동사와 목적어 that절 사이에는 'to + 사람(전치사구)'을 둘 수 있다.

- A spokesman **explained to people that** the company had improved its safety standards.
  A spokesman explained ~~people~~ that the company had improved its safety standards. (×)
  A spokesman explained that the company had improved its safety standards ~~to people~~. (×)
  대변인은 사람들에게 회사가 안전기준을 향상시켰다고 설명했다.

▷ 이때 'to + 사람'의 전치사구는 explain과 that절 사이에만 위치할 수 있다.

예제

The physician said _____ that we should have a complete physical examination once six months.

① us   ② for us   ③ to us   ④ at us

해석 의사가 우리에게 6개월에 한 번씩 종합검진을 받아야 한다고 설명해주었다.

해설 say 동사는 4형식이 불가능한 완전타동사로서 that절을 목적어로 취했을 때, 내용상 간접목적어 역할을 하는 'to + 사람'은 that절 앞에 위치해야 한다.

정답 ③

❹ 4형식 수여동사

01-69

1. 문형 → S+V+I·O+D·O

간접목적어(I·O; ~에게)와 직접목적어(D·O; ~을)를 동시에 취하는 동사를 4형식 수여동사라고 한다.

- I gave her the book.
  S   V4   I·O   D·O

2. 4형식 동사의 3형식 문장으로의 전환

4형식 동사들은 대부분 3형식 동사 문형으로 전환이 가능한데, 3형식 문형으로 쓰일 경우 'S + V + D·O + (전치사 + 간접목적어)' 문형을 가지게 된다.

- I gave her the book. [4형식 문형]
  S   V4   I·O   D·O
  = I gave the book to her. [3형식 문형]
  S   V3   O   (전치사 + I·O)

01-70

(1) 간접목적어 앞에 전치사 'to'를 취하는 동사

① give/ grant/ hand 주다	⑥ pay 지불하다
② mail (우편물을) 보내다 send 보내다	⑦ recommend 추천하다
③ offer 제공하다	⑧ sell 팔다
④ promise 약속하다	⑨ show 보여주다
⑤ owe 빚지다	⑩ teach, tell, write

- I will **give you a book.**
  = I will **give a book (to you).**
    내가 너에게 책을 줄게.

01-71

한양대 2005
한성대 2002

(2) 간접목적어 앞에 전치사 'for'를 취하는 동사

① buy 사주다	④ cook ~을 요리해주다
② call ~를 불러주다	⑤ do 호의를 베풀다
③ choose 골라주다	⑥ find, get, make, order, spare

- His wife **made him a new suit.**
  = His wife **made a new suit (for him).**
    그의 부인이 그에게 양복을 새로 맞춰 주었다.

- **Buy me the book.**
  = **Buy the book (for me).**
    저에게 그 책을 사 주세요.

CHECK | **do의 용법** ★ 01-33 비교

1. do good/ harm to (~에게 이롭다/ 해롭다)

do 동사가 good/ harm을 목적어로 취해 '이롭다/ 해롭다'라는 뜻을 3형식으로 전할 경우 전치사 to가 간접목적어 앞에 온다.

· More exercise would **do you good**.
  = More exercise would **do good to you**.
  더 많은 운동을 하는 것이 당신에게 이로울 것이다.

2. do a favor for (~의 부탁을 들어주다)

do 동사가 favor를 목적어로 취해 '부탁을 들어주다'라는 뜻을 3형식으로 전할 경우 전치사 for가 간접목적어 앞에 온다.

· Could you **do** me a favor?
  = Could you **do a favor for** me?
  제 부탁을 들어주시겠어요?

(3) 간접목적어 앞에 전치사 'of'를 취하는 동사

ask 동사는 'ask + A of B' 구조를 취하여, 'A를 B에게 요청·요구하다'라는 뜻을 가지게 된다.

· May I **ask you a favor**?
  = May I **ask a favor of you**?
  당신께 부탁을 드려도 될까요?

CHECK | inquire, require는 4형식이 불가능하며 3형식만 취하게 된다.

· She inquired a question of me.
  She inquired ~~me a question~~. (×)
  그녀는 나에게 질문을 했다.

(4) 간접목적어 앞에 전치사 'on'을 취하는 동사

① play 놀리다   ② impose ~를 부과하다

· I **played her a trick**.
  = I **played a trick on her**.
  나는 그녀를 놀렸다.

3. 3형식으로 전환이 불가능하여 4형식만 가능한 동사 ★ 01-67 비교

아래 동사들은 'I·O + D·O' 4형식 구조만 가능할 뿐 3형식 구조는 불가능한 동사들이다.

① cost 비용이 들다. 대가를 치르다   ④ save (수고·어려움 따위를) 적게 하다. 면하게 하다
② forgive 용서하다   ⑤ take (시간·노력 따위를) 필요로 하다
③ pardon 용서하다

- Pocaro's rude behavior **cost him his job.**

  Pocaro's rude behavior cost his job ~~to him~~. (×)

  Pocaro는 무례한 행동을 한 대가로 직장을 잃었다.

- It **takes us three years** to complete the project.

  It takes three years ~~to us~~ to complete the project. (×)

  우리가 그 계획을 완수하는데 3년이 걸린다.

  ▷ us라는 간접목적어와 three years라는 직접목적어가 위치해야 옳지, 두 번째 문장처럼 간접목적어를 전치사구로 만들면 안 된다.

국민대 2006

> **CHECK** | 그러나 위 동사들도 직접목적어만 있는 3형식 문형은 가능하다.
>
> 단, 내용상 간접목적어에 해당하는 '전치사구'를 수반하지 않아야 한다.
>
> - Pocaro's rude behavior **cost his job.**
> - It **takes three years** to complete the project.

예제

It is expected that this new device will _____ us a lot of trouble.

① end   ② save   ③ help   ④ stop

해석 이 새로운 장비가 우리에게서 많은 어려움을 덜어 주리라 예상된다.

해설 빈칸 이하에 us라는 간접목적어와 a lot of trouble이라는 직접목적어가 위치했으므로 4형식 동사가 필요하다. save는 '(간접목적어)에게서 (직접목적어)를 덜어주다'라는 뜻이며, 나머지 동사들은 4형식으로 쓸 수 없다.

정답 ②

5 5형식 불완전타동사

1. 문형 및 목적보어의 종류

01-76

(1) 문형 → S+V+O+C

5형식 문형은 '주어+동사+목적어+목적보어' 형태로 나타나며, 불완전타동사는 목적어와 이 목적어를 부연 설명하는 목적격 보어를 필요로 하는 동사를 말한다. 이 문형에서 목적어는 목적격보어의 의미상의 주어가 된다. 수험의 초점은 목적보어의 형태에 있다.

(2) 목적보어의 종류

1) 명사(구)

- I called him **Ichiro.**

  S V5   O   C

  나는 그를 Ichiro라고 불렀다.

2) 형용사(구)

- I will make you **happy.**

  S 조동사 V5   O   C

  나는 당신을 행복하게 해줄 것이다.

> **CHECK** | 부사는 '형용사, 부사, 동사'를 수식하므로, 명사 역할을 하는 목적어를
> 부연설명 할 수 없다. 따라서 목적보어 자리에 부사가 오면 틀린다.
>
> · I will make you ~~happily~~. (×)

3) 부정사(구) ★ 10-18 참조

· I persuaded him **to finish his job**.
나는 그에게 직장을 그만 두라고 설득했다.

4) 원형부정사(to 없는 부정사구) ★ 10-50~53 참조

· I saw him **meet** her.
나는 그가 그녀를 만나는 것을 보았다.

5) 현재분사 ★ 09-13 참조

· I saw him **crying** outside.
나는 그가 밖에서 울고 있는 것을 보았다.

6) 과거분사

· I had my car **repaired** by the man.
나는 그 남자에게 자동차 수리를 받았다.

> **CHECK** | 자동사는 수동태가 불가능하므로 목적보어에 자동사의 과거분사 형태는 올 수 없다.
>
> · Don't leave her ~~waited~~ outside. (×)
>
> | wait는 자동사이므로 수동태가 불가능하다. 따라서 자동사는 주격보어 또는 목적격보어 자리에 과거분사화되어 위치할 수
> 없다.

2. 명사(구) 또는 형용사(구)가 목적보어인 5형식 구문

(1) 형용사나 명사를 목적보어로 취하는 동사

01-77A

경기대 2012
한양대 2008
세종대 2007

① call (목적어를) ~라고 부르다
② make, have (목적어를) ~하게 하다
③ leave (목적어를) ~으로 내버려두다
④ create (목적어를) ~으로 창조하다
⑤ render (목적어를) ~이 되게 하다
⑥ keep (목적어를) ~으로 간직하다

명사를 목적보어로 취하면 목적어의 '정의'를 나타내는 것이며, 형용사가 목적보어로 위치하면 목적어
의 '상태·결과'를 나타내는 것이다. ★ 03-12 참조
※ 이들 동사의 목적격보어 자리에 부사가 위치하면 틀린 점에 각별히 조심!

· The use of computers has **made it possible** for more people to work at home.
The use of computers has made it ~~possibly~~ for more people to work at home. (×)
컴퓨터의 사용은 더 많은 사람들이 집에서 일을 하는 것을 가능하게 했다.

> | make는 '~하게 하다'라는 뜻을 가진 5형식 동사이다. 따라서 목적보어가 필요한데 목적보어는 명사인 목적어를 수식하는 것이므
> 로 형용사가 옳을 뿐, 부사가 목적보어에 올 수 없다. 다음 문장들도 마찬가지 맥락이다.

- God **creates men equal.**
  신은 인간을 평등한 존재로 창조했다.

- The blow to his head was strong enough to **render him unconscious.**
  그의 머리에 가해진 타격이 너무나 강해서 그는 의식을 잃었다.

- You won't be able to **keep it secret** forever.
  당신은 그것을 영원히 비밀로 할 수는 없을 것이다.

01-77B

세종대 2006
서울여대 2005
경희대 2004

> **CHECK** | call 동사는 목적보어 자리에 명사 또는 형용사만 올 뿐, 보충수식어구인 전치사 as 또는 to be가 오지는 않는다.
>
> - They decided to **call** the baby **Brooklyn.**
>   그들은 그 아기를 Brooklyn이라고 부르기로 결정했다.
>
> - The baby is **called Brooklyn.**
>   그 아기는 Brooklyn으로 불린다.
>
>   They decided to call the baby ~~as~~ Brooklyn. (×)
>   They decided to call the baby ~~to be~~ Brooklyn. (×)
>   The baby is called ~~as~~ Brooklyn. (×)
>
> ▶ call 동사는 능동태이건 수동태이건 보어 앞에 절대 as 혹은 to be가 올 수 없다.

01-78A

서강대 2011
국민대 2010
영남대 2005
대구대 2005

(2) regard 유형 간주동사 → S + V + O + as 명사·형용사 ★ 03-13 참조

일반동사	accept consider count define describe(=portray) recognize regard see take imagine view strike 생각하다
구동사	look upon refer to speak of think of

- Lee Gun Hee **views** a crisis **as** a chance.
  Lee Gun Hee views a crisis ~~for~~ a chance. (×)
  이건희는 위기를 기회로 간주한다.

- He **referred to** his father **as** Steve.
  He referred to his father ~~to be~~ Steve. (×)
  그는 자신의 아버지를 Steve로 언급했다.

01-78B

경희대 2011
동국대 2008
경원대 2005

> **CHECK** | consider A (as = to be) B vs. regard A as B
>
> consider는 목적보어 앞에 as 혹은 to be가 자유롭게 위치할 수 있고 생략 또한 가능하다. 그러나 regard 는 목적보어 앞에 반드시 as가 꼭 필요하다.
>
> - I **regard** his advice **as** necessary.
>   = I regard his advice ~~to be~~ necessary. (×)
>   = I regard his advice ~~necessary~~. (×)
>   나는 그의 조언이 필수적이라고 본다.
>
> ▶ regard는 목적보어에 as가 반드시 필요하며 to be로 대체되거나 혹은 as가 생략될 수 없다.

- We all **considered** him **(as)** a hero.
  = We all **considered** him **(to be)** a hero.
  우리 모두 그를 영웅으로 생각했다.
  ▶ consider는 목적보어에 as 혹은 to be가 모두 올 수 있으며 생략 또한 자유롭다.

(3) think 유형 인식동사 → S + V + O + to be 명사 · 형용사

01-79A

세종대 2007
성균관대 2005
가톨릭대 2005
단국대 2003

① to be를 생략할 수 있는 동사	believe consider declare find suppose prove deem feel think
② to be를 생략할 수 없는 동사	discover know imagine

    cf. consider A as B = consider A to be B = consider A B
        imagine A as B = imagine A to be B
        think of A as B = think A to be B

※ 이 동사류에 대한 설명은 대학 교수님들의 논문과 각종 외국 사전들의 설명이 각기 다르다. 따라서 이들 동사의 목적보어에 to be가 올 수 있다는 점과 부사가 오면 틀린다는 것만 알아두면 족하겠다. ★ 03-14 참조

- Nobody seriously **thought of** him **as** a candidate for the job.
  = Nobody seriously **thought** him **(to be)** a candidate for the job.
  어느 누구도 그가 그 자리의 후보라고 진지하게 생각하지 않았다.

- We **know** her **to be** honest.
  우리는 그녀가 정직하다는 것을 알고 있다.

01-79B

세종대 2008

CHECK |

think 유형의 인식동사는 능동태 구문에서 목적보어 자리에 'to be 형용사 · 명사'의 형태가 가능하지만 'to + 일반동사' 형태는 틀린다. 결국 to be는 목적보어인 형용사와 명사를 보충 수식하는 어구에 불과한 것이기 때문이다. 그러나 수동태로 쓰였을 때에 'to + 일반동사'가 바로 뒤에 올 수 있다. ★ 03-07, 10-30 참조

- We know him ~~to marry~~ Lisa. (×)
- We **know that** he will marry Lisa.
- He **is known to marry** Lisa.

---

(4) for 명사 · 형용사를 목적보어로 취하는 동사 → S + V + O + for 명사 · 형용사

01-80

경원대 2010
강남대 2009
홍익대 2009

① take A for granted A를 당연시 여기다
② mistake A for B A를 B로 오해하다(=take A for B)
③ give up A for B B를 위해 A를 포기하다

- I **take** economic cooperation **for granted**.
  나는 경제 협력을 당연하게 여긴다.

3. 기타 형태의 목적보어를 취하는 5형식 구문

개별 동사에 따라서 목적어와 목적보어의 관계가 능동이라면 목적보어에 to부정사, 동사원형, 현재분사 등이 올 수 있으며, 목적어와 목적보어의 관계가 수동이라면 let 동사를 제외하고서는 모두 다 목적보어로서 과거분사(p.p.) 형태가 온다.

※ 목적어와 목적보어의 관계(태)에 따른 목적보어의 형태가 수험의 초점이다.

01-81A

고려대 2012
한국외대 2012
명지대 2010
계명대 2010
한양대 2009
중앙대 2007
단국대 2007
중앙대 2007
세종대 2006
중앙대 2005
경희대 2005
한국외대 2004
계명대 2004
경원대 2003
고려대 2002

(1) to부정사를 목적보어로 취하는 동사

> 이하의 동사들의 목적어와 목적보어의 관계가 '능동'이면 목적보어는 'to부정사'가 위치하게 되며, 목적어와 목적보어의 관계가 '수동'이면 목적보어는 '(to be) 과거분사'를 취하게 된다. 목적보어에 동사원형 또는 현재분사가 위치하면 틀린다. ★ 03-15 참조

원하다	ask beg desire expect want would like intend trust
부추기다	encourage motivate persuade convince cause require invite urge
강요하다	force compel coax get oblige order tell press
허락하다	allow permit enable entitle
알려주다	remind warn advise
기타	forbid promise set

1) 목적어와 목적보어의 관계가 능동인 경우 → S + V + O + to부정사

- She only **allows** the children **to watch** television at weekends.
  She only allows the children ~~watch~~ television at weekends. (×)
  She only allows the children ~~watching~~ television at weekends. (×)
  그녀는 아이들이 오직 주말에만 TV 보는 것을 허락한다. (아이들이 TV를 보다.)

  ▶ allow는 동사원형 혹은 현재분사를 목적보어로 취할 수 없다.

- I **want** my father **to stop** smoking.
  나는 아버지가 담배를 끊기를 원한다. (아버지가 담배를 끊다.)

- The loan **enabled** Jan **to buy** the house.
  융자 덕에 Jan은 그 집을 구입할 수 있었다. (Jan이 그 집을 구입하다.)

2) 목적어와 목적보어의 관계가 수동인 경우 → S + V + O + (to be) p.p.

- Miller **wants** the entire house **(to be) repainted**.
  Miller wants the entire house ~~to repaint~~. (×)
  Miller는 집 전체를 다시 페인트칠하기를 원한다. (집이 칠해지다.)

  ▶ 목적어인 '집'과 목적보어인 '다시 칠하다'의 관계는 수동이므로 to be repainted 또는 repainted가 옳다.

CHECK | '자동사 + 전치사 + 목적어 + to부정사'의 5형식 구문

일부 자동사는 '전치사(for) + 목적어 + to부정사' 표현을 통해 의미적으로 5형식 구문을 전할 수 있다.
이때 전치사의 목적어와 to부정사의 관계는 목적어와 목적보어의 관계가 된다.

arrange for(조치를 취하다), ask for(요청하다), call upon(요청하다), count on(기대하다), wait for(기다리다)
+ 목적어 + to부정사

- We have **arranged for** the bus **to pick** us up here.
  We have ~~arranged~~ the bus to pick us up here. (×)
  버스가 여기서 우리들을 태워가기로 되어 있다.

  ▶ arrange를 통해 '준비하다, 예정되어 있다'라는 뜻을 전할 경우 전치사 for가 꼭 필요하다.

(2) 지각동사 ★ 03-16~17 참조

이하의 동사들의 목적어와 목적보어의 관계가 능동일 경우, 그 상황 전체를 설명하면 '동사원형(R)'을 목적보어에 취하며, 그 목적보어의 진행 중인 동작 상태를 설명하면 '현재분사(~ing)'가 위치하게 된다. 그러나 목적어와 목적보어의 관계가 '수동'이면 목적보어는 '과거분사(p.p.)'를 취하게 된다. 목적보어에 'to부정사'가 위치하면 틀린다.

보다	see observe look at watch witness 목격하다
듣다	hear listen to
기타	feel 느끼다 notice 알아채다 perceive 감지하다

1) 목적어와 목적보어의 관계가 능동인 경우 → S + V + O + R(전체상황)/ ing(동작)

- I **saw** him **drive** my car yesterday.
  = I **saw** him **driving** my car yesterday.
  I saw him ~~to drive~~ my car yesterday. (×)
  나는 어제 그가 내 차를 몰고 있는 것을 보았다.

  │ see 동사의 목적어와 목적보어의 관계가 능동일 경우 목적보어에 동사원형 혹은 현재분사가 옳을 뿐, to부정사는 틀린 표현이
  │ 된다. 다음 문장도 마찬가지 맥락이다.

- I **noticed** them **come** to my house.
  나는 그들이 내 집으로 들어오는 것을 알아챘다.

- She **felt** something **crawling** up her leg.
  그녀는 무언가 그녀 다리 위로 기어오르는 것을 느꼈다.

2) 목적어와 목적보어의 관계가 수동인 경우 → S + V + O + p.p.

- I **saw** her **attacked** last night.
  나는 그녀가 지난밤 공격을 당하는 것을 보았다.

- Donna **felt** herself **watched** by someone.
  Donna는 누군가가 자신을 지켜보고 있는 것을 느꼈다.

01-83

경희대 2013
고려대 2010
경희대 2009
서강대 2009
대구대 2007
고려대 2005
단국대 2005
국민대 2003

(3) 사역동사

사역동사의 의미는 '목적어에게 목적보어를 하도록 시키다'이다. 목적어와 목적보어의 관계가 '능동'이면 목적보어로 '동사원형(R)'이 오며, 목적어와 목적보어의 관계가 '수동'이면 목적보어에 '과거분사(p.p.)'가 온다. 단, let 동사는 목적어와 목적보어의 관계가 수동이면 목적보어 자리에 'be + p.p.'가 온다. ★ 03-18 참조

구분	능동의 관계	수동의 관계
① make (강요)	R	p.p.
② have (부탁)	R 또는 ~ing	p.p.
③ let (허용, 방임)	R	be p.p. cf. 5형식 동사 중 유일하게 'be p.p.'를 취하는 경우이다.
④ help (도움)	(to) R	p.p.

1) 목적어와 목적보어의 관계가 능동인 경우 → S + make[have] + O + R, S + help + O + (to) R

- They **made** us **work** for 12 hours a day.
  They made us ~~to work~~ for 12 hours a day. (×)
  They made us ~~working~~ for 12 hours a day. (×)
  그들은 우리가 하루에 12시간 동안 일할 것을 강요했다.

  > 사역동사 make는 목적보어에 to부정사 혹은 현재분사를 취할 수 없다. 다음 문장들도 마찬가지 맥락이다.
  > ※ have 사역동사는 목적보어에 현재분사를 취하는 경우가 있다.

- She **had** a driver **bring** her car.
  그녀는 운전사에게 차를 가져오도록 했다.

- Now, **let** us **do** our job.
  이제 우리 일 좀 하게 해주세요.

- Can you **help** me **(to) find** my glasses?
  제가 안경을 찾는 것 좀 도와주실래요?

  ▶ help는 목적보어에 to부정사 혹은 동사원형 모두 가능하다.

2) 목적어와 목적보어의 관계가 수동인 경우 → S + make[have] + O + p.p., S + let + O + be p.p.

- She **had** her computer **mended**.
  그녀는 컴퓨터를 수리 받았다.

- Jenny **let** the computer **be repaired**.

- Jenny let the computer ~~repaired~~. (×)
  Jenny는 컴퓨터를 수리받았다.

  ▶ 모든 5형식 문형 중 목적어와 목적보어의 관계가 수동인 경우 목적보어에 be p.p.가 오는 것은 let뿐이다.

01-84

가톨릭대 2012
한국외대 2011
동덕여대 2010
영남대 2009
아주대 2005
국민대 2003

CHECK | 시험에 잘 나오는 사역동사 관련 표현

1. have 사역동사 관련 표현

have가 사역동사로 쓰일 경우 무생물 명사가 목적어로 왔을 때 목적보어에 과거분사가 위치하면 '시키다'의 의미가 아니라 '당하다'의 뉘앙스를 가진다.

- Where do you **have** your hair **cut/done**? 머리를 어디서 자르니?

- I **have** nothing **scheduled** in the evening. 저녁에는 아무런 스케줄이 없다.

- I **had** my house **painted**. 집에 페인트칠을 했다.

- Mullins **had** his nose **broken** in a fight. Mullins는 싸우다가 코가 부러졌다.

- I **had** my pictures **taken**. 나는 (사진관에서) 사진을 찍었다.

2. make oneself understood

make + 재귀대명사 + understood(자신을 상대에게 이해시키다)도 시험에 자주 나오는 표현이다.

- I couldn't **make myself understood** in English.
  나는 영어로 나를 소개할 수 없다.

3. help

help가 '돕다'라는 의미로 쓰일 경우에는 to부정사를 목적어 또는 목적보어로 취할 수 있는데, 이때 to를 생략하여 동사원형만 목적어 또는 목적보어로 둘 수 있다. ★10-07 참조

- Foreign tourists can **help (to) revitalize** our economy.
  Foreign tourists can **help** us **(to) revitalize** our economy.
  Foreign tourists can help revitalizing our economy. (×)
  외국 관광객들이 우리의 경제를 회복하는 데 도움을 줄 수 있다.

▶ help가 '돕다'라는 뜻일 경우 동명사를 목적어로 취할 수는 없다.

4. have + O + ~ing

have 동사의 목적어와 목적보어의 관계가 능동인 경우, 현재분사가 목적보어로 위치하는 경우를 종종 볼 수 있다. 이 경우 '목적어로 하여금 목적보어를 하게 하는데 성공하다' 또는 '~한 상황에 처하게 하다'라는 의미를 가지는데, 그 정도로 '주어의 능력이 대단하다'라는 뉘앙스를 가진다. make는 이러한 기능이 없다.

- The doctor will **have** you **walking** again in a few days.
  그 의사가 당신을 며칠 안에 다시 걸을 수 있게 해줄 것이다.

(4) 유지 · 발견 · 상상동사

유지·발견·상상의 의미를 가지는 아래에 열거된 동사의 목적어와 목적보어의 관계가 능동인 경우에는 그 목적보어에 '현재분사(~ing)'를 취하는데, 이 경우는 일시적 지속성을 강조하는 것이다. 목적어와 목적보어의 관계가 수동인 경우에 그 목적보어에 '과거분사(p.p.)'를 취한다. ★ 03-17 참조

① 유지	keep leave
② 발견	find catch discover
③ 상상	imagine remember

1) 목적어와 목적보어의 관계가 능동인 경우 → S + V + O + ~ing

- **I caught** her **stealing** a scarf at the store.

  I caught her ~~steal~~ a scarf at the store. (×)

  나는 그녀가 가게에서 스카프를 훔치는 것을 잡았다.

  ▶ catch 동사의 목적어와 목적보어의 관계가 능동일 경우 동사원형이 아니라 현재분사가 옳다. 다음 문장들도 마찬가지 맥락이다.

- **I found** a boy **running** down the street.

  나는 어떤 소년이 길 아래로 달려가는 것을 발견했다.

- She **imagined** her boyfriend **walking** into the office.

  그녀는 자신의 남자친구가 사무실로 들어오는 것을 상상했다.

2) 목적어와 목적보어의 관계가 수동인 경우 → S + V + O + p.p.

- **I found** my old house **renovated**.

  나는 내 오래된 집이 개조된 것을 발견했다.

01-86

광운대 2012
성균관대 2006
성균관대 2005

4. 5형식을 취할 수 없는 동사

'appreciate, demand, hope, say, suggest' 동사들은 5형식 동사처럼 '동사 + 목적어 + to부정사' 구문을 취할 수 없다.

- The UN has **demanded that** all troops be withdrawn.

  The UN has demanded all troops ~~to be withdrawn.~~ (×)

  UN은 모든 군대가 철수해야 한다고 요청했다.

- **I hope that** you will come soon.

  I hope you ~~to come~~ soon. (×)

  나는 당신이 곧 오기를 기대한다.

예제

Did you notice the young man ＿＿＿＿＿＿＿ away?

① took the jewel and ran   ② having taken the jewel and run

③ taking the jewel and ran   ④ take the jewel and run

해석 그 젊은 사람이 보석을 가지고 도망치는 것을 보았니?

해설 notice는 지각동사로서 목적어와 목적보어의 관계가 능동이면 동사원형 또는 현재분사, 수동의 관계라면 목적보어는 과거분사 형태를 취한다. 문맥상 '젊은 사람'과 '도망치다'의 관계는 능동이다.

정답 ④

---

6 혼동하기 쉬운 동사

1. affect vs. effect

01-87
경희대 2007
경희대 2005

affect	영향을 끼치다 (=have an effect on)
	타동사이며 명사 기능이 없음
effect	야기하다, 성취하다
	타동사이며 명사 기능이 있음

- Corn prices **affect** other food prices, too.
  = Corn prices **have an effect on** other prices, too.

  옥수수 가격은 다른 식료품 가격에도 영향을 미친다.

  Corn prices ~~effect~~ other food prices, too. (×)

  ▷ 논리상 옥수수 가격이 다른 식료품 가격에 영향을 미칠 뿐 '가격 그 자체의 효과'를 만들어 낼 수는 없다.

- If correctly administered, such drugs can **effect** radical cures.

  정확히 복용한다면 그 약들은 빠른 치료를 할 수 있다.

2. born vs. borne

01-88
대구가톨릭대 2001

> bear 동사는 ① '낳다' ② '참다, 견디다, 지니다'라는 뜻을 가지고 있다. 전자의 경우 과거분사 형태는 'born 또는 borne'이며, 후자의 과거분사 형태는 'borne'이다. 양자의 구분과 후자로 쓰였을 경우 개별적 용법의 선택이 출제 대상이다.

born	'낳다'의 과거분사로서 by를 수반하지 않는 수동에만 쓰인다.
borne	'참다, 견디다, 지니다'의 과거분사 기능을 가지며, '낳다'의 뜻으로는 완료형(have borne) 및 by를 수반하는 수동태(be borne by)에서만 쓰인다.

- He **was born** in 1975. 그는 1975년도에 태어났다.

- He **was borne by** an American woman. 그는 미국 여성에게서 태어났다.

- He was ~~borne~~ in 1975. (×)

  He was ~~born~~ by an American woman. (×)

  '태어나다'라는 뜻으로 쓰일 경우 수동태 문형으로서 'be born = be borne by'의 형태를 취한다. 뒤에 '전치사 + 의미상의 주어'가 없이 'be borne' 형태는 틀린다.

- She **had borne** six sons. 그녀는 6명의 아들을 낳았다.

  She had ~~born~~ six sons. (×)

  ▷ 완료 형태로 쓰이는 bear의 형태는 'have borne'이 옳다.

- She **has borne** the pain. 그녀는 고통을 견뎠다.

  She has ~~born~~ the pain. (×)

  ▷ '견디다'라는 뜻으로 쓰일 경우 'bear'의 과거분사는 'borne'이 옳다.

3. borrow vs. lend

01-89
동국대 2008
단국대 2003

borrow	빌리다
	3형식 타동사 기능만 가지며, 목적어 뒤에 전치사 from을 수반한다.
lend	빌려주다, 제공하다
	3·4형식 타동사 기능을 모두 가지며, 3형식 전환 시 목적어 뒤에 전치사 to를 수반한다.

- Can I **borrow an umbrella from you**? 당신에게서 우산을 빌릴 수 있을까요?
  Can I borrow ~~you an umbrella~~? (×)

  ▶ borrow 동사는 4형식 기능을 가질 수 없으므로 틀린 문장이다.

- I've **lent the car to a friend**. 나는 그 차를 친구에게 빌려줬다.
  = I've **lent a friend the car**.

01-90

세종대 2002

4. bring vs. take

| bring | 가지고 오다, 데리고 오다(화자나 청취자, 또는 언급 상대가 있는 곳으로 이동하는 뜻) |
| take | 가지고 가다, 데리고 가다(화자나 청취자, 또는 언급 상대가 있는 곳이 아닌 다른 곳으로 이동하는 뜻) |

- This is a nice restaurant. Thanks for **bringing** me here.
  This is a nice restaurant. Thanks for ~~taking~~ me here. (×)
  좋은 레스토랑이야. 나를 여기로 데리고 와줘서 고마워.

  ▶ 화자가 지금 있는 곳으로 '데리고 왔다'라는 설명이므로 'bring'이 옳다.

- Let's have another drink, and then I'll **take** you home. 한잔 더 마시고 집으로 데려다 줄게.
  Let's have another drink, and then I'll ~~bring~~ you home. (×)

  ▶ 화자가 지금 있는 곳이 아닌 다른 곳(당신의 집)으로 '데리고 갈 것'이라는 설명이므로 'take'가 옳다.

01-91

국민대 2010

5. find vs. found

| find - found - found | 발견하다, 깨닫다 |
| found - founded - founded | 설립하다, ~의 기초를 세우다 |

- He **found** that he was mistaken. 그는 자신이 실수를 범했음을 깨달았다.
  He ~~founded~~ that he was mistaken. (×)

  ▶ '발견하다, 깨닫다'의 과거 형태는 'found'가 옳지, 'founded'는 틀리다.

- He **founded** a house on a rock. 그는 집을 반석 위에 지었다.

6. hanged vs. hung

01-92

경기대 2002

| hang - hanged - hanged | 교수형에 처하다 |
| hang - hung - hung | 매달다, 걸다, 전화를 끊다(up) |

- He **was hanged** for murder. 그는 살인죄로 교수형에 처해졌다.

46

He was ~~hung~~ for murder. (×)

- I **hung** your coat up on a hanger. 내가 당신의 코트를 옷걸이에 걸어두었다.
  I ~~hanged~~ your coat up on a hanger. (×)

  ▶ '교수형에 처하다'의 과거 형태·과거분사는 hanged이며, '매달다·걸다'의 과거 형태·과거분사는 hung으로 쓰여야 옳다.

7. lie vs. lay

lie(눕다, ~에 있다)	lie - lay - lain
	자동사 기능만 있어서 수동태가 불가능하다.
lie(거짓말하다)	lie - lied - lied
	자동사 기능만 있어서 수동태가 불가능하다.
lay(놓다)	lay - laid - laid
	타동사 기능이 있어서 수동태가 가능하다.

- She **lies** on the bed. 그녀는 침대에 누웠다.
  She **lay** on the bed.
  She ~~lays~~ on the bed. (×)

  lay 형태는 '눕다(lie)'의 과거 형태와 '놓다; lay'의 기본 형태가 있다. '침대에 누웠다'라는 내용이며 목적어가 없으므로 전자의 과거 형태가 옳다.

- A book **is laid** on a shelf. 책이 선반에 놓여 있다.
  A book ~~is lain~~ on a shelf. (×)

  '놓다'라는 뜻을 가진 동사는 lay이며, 이 동사의 수동태는 be laid가 옳다. lain은 lie라는 자동사의 p.p. 형태이므로 위 예문처럼 수동태가 될 수 없다.

8. rise vs. raise vs. arise vs. arouse

rise - rose - risen	자동사: 일어나다, (물가·지위 등이) 오르다, (해·달이) 뜨다
raise - raised - raised	타동사: (물건·시가·수준을) 올리다, 기르다, 제기·거론하다
arise - arose - arisen	자동사: (사건·일 등이) 발생하다
arouse - aroused - aroused	타동사: 자극하다, 야기하다

- Smoke was **rising** from the chimney. 연기가 굴뚝에서 피어오르고 있었다.
  Smoke ~~was risen~~ from the chimney. (×)

  ▶ rise 동사는 자동사이므로 수동태가 불가능하다.

- Uma Thurman **raised** the gun and fired. Uma Thurman이 총을 들어서 발포했다.
  Uma Thurman ~~rose~~ the gun and fired.

  ▶ rise는 자동사로서 목적어를 취할 수 없다.

- A new crisis has **arisen**. 새로운 위기가 발생했다.

- His strange behaviour **aroused** our suspicions. 그의 이상한 행동이 우리의 의심을 자극했다.

01-95
국민대 2005

9. rob vs. steal ★ 01-61 참조

rob	rob A(사람·장소) **of** B(물건) A에게서 B를 강탈하다
	수동태 전환 시 'A(사람·장소) is robbed of B(물건)' 구문을 취한다.
steal	steal B(물건) **from** A(사람·장소) A에게서 B를 훔치다
	수동태 전환 시 'B(물건) is stolen from A(사람·장소)' 구문을 취한다.

- He **robbed** me **of** my wallet. 그가 나에게서 지갑을 강탈했다.
  = I **was robbed of my wallet** by him.
  ~~My wallet~~ was robbed of ~~me~~. (×)

  ▶ rob 동사는 수동태 전환 시 수동태의 문장 주어가 '사람 또는 장소'이어야 한다.

- He **stole** my wallet **from** me. 그가 나에게서 지갑을 훔쳤다.
  = My wallet **was stolen from me** by him.
  ~~I~~ was stolen from ~~my wallet~~ by me. (×)

  ▶ steal 동사는 수동태 전환 시 수동태의 문장 주어가 '물건'이어야 한다.

01-96

10. say/tell/talk/speak/ask

경원대 2002

(1) say

1) 3형식 타동사로서 that절을 비롯한 명사절을 목적어로 취할 수 있으며, 4형식은 불가능하다. ★ 01-67 참조

- I **said nothing** to her about it. 나는 그 점에 대해 그녀에게 아무 것도 얘기하지 않았다.
  I said ~~her nothing~~ about it. (×)

- She **said** (to me) **that** she liked dancing. 그녀는 자신이 춤을 좋아한다고 나에게 말했다.
  She said ~~me that~~ she liked dancing. (×)

  ▶ say 동사는 4형식이 불가능하므로 '간접목적어 + 직접목적어' 어순을 취할 수 없다.

2) (시계·신문·게시·편지·책 등에서) 표시되다, 나타나다

- The clock **said** three o'clock. 시계가 3시를 가리켰다.

명지대 2007
아주대 2003

(2) tell

1) 3형식으로서 'tell a story/ a joke/ a lie' 구문을 자주 취한다. 또한 간접목적어 하나만 위치시켜도 무방하다.

- He frequently **tells a joke**. 그는 종종 농담을 한다.

- Don't **tell me** (anything). 내게 (아무) 말도 하지 마세요.

2) 4형식으로서 '간접목적어 + 직접목적어 혹은 that/ 명사절'을 취할 수 있다. 이 경우 직접목적어인 명사 앞에 전치사 'of, about' 등이 위치해도 무방하다.

- She **told me that** she liked dancing.

  그녀는 자신이 춤을 좋아한다고 나에게 말했다.

- Can you **tell us (about)** climate change?

  우리에게 기후 변화에 대해 알려 주시겠어요?

3) 5형식으로서 목적보어로 'to부정사'를 둘 수 있다. ★ 01-81 참조

- My mother **told** me not **to trust** Robert.

  My mother s~~aid~~ me not to trust Robert. (×)

  어머니는 내게 Robert를 믿지 말라고 하셨다.

  ▶ say는 5형식 기능이 없으며, tell은 목적보어에 to부정사를 위치시킬 수 있는데 이 경우 '명령하다'라는 뜻을 가지게 된다.

4) tell A from B = tell the difference between A and B : A와 B를 구별하다

- It was hard to **tell** Tom **from** his brother.

  = It was hard to **tell the difference between** Tom and his brother.

  = It was hard to **tell** them **apart**.

  Tom과 그의 형을 구별하는 것은 어려웠다.

(3) talk

자동사로서 전치사 of/ about(사물), to/ with(사람)와 결합한다.

- They sat and **talked about** their trip.

  그들은 앉아서 여행에 대해 얘기했다.

  ▶ '대화하다'라는 뜻으로 쓰일 경우에는, 자동사로서 'talk of/ about/ over'처럼 전치사가 위치한다.

- They sat and **talked to** me.

  그들은 앉아서 나에게 얘기했다.

(4) speak

가톨릭대 2010
계명대 2007

1) 이야기를 하다: 자동사로서 전치사 of/ about(내용), to/ with(사람) 등과 결합한다.

- I must **speak with** you **about** the plan.

  나는 그 계획에 대해서 너와 얘기를 해야겠다.

2) (언어를) 구사하다: 타동사 기능을 하게 된다.

'speak Italian/ Korean/ English/ Chinese'처럼 언어를 목적어로 취하는 경우에는 전치사 없이 타동사 역할을 하게 된다.

- Can you **speak English**?

  Can you speak ~~with~~ English? (×)

  영어를 하실 수 있나요?

  ▶ speak 동사의 이하에 English라는 언어가 목적어로 등장했으므로 타동사로 쓰여야 옳다.

국민대 2005
조선대 2003

(5) ask

1) 물어보다

① 3·4형식으로서 '간·목 + 직·목' 어순을 취한다.
② 직접목적어 자리에 whether/ if 절을 둘 수 있다.

- **I asked (him) his name,** but he didn't answer.
  나는 (그에게) 이름을 물어보았지만 그는 대답하지 않았다.

- **Ask (your mom) whether/ if** you can come with us.
  네가 우리와 함께 올 수 있는지 (어머니에게) 물어보렴.

2) 요청하다

> ① 3·4형식으로서 '간·목 + 직·목' 어순을 취하며, 직접목적어 자리에 that절을 둘 수 있다. 이
> 경우 that절 안에는 should라는 조동사가 오거나 생략되고 동사원형이 와야 한다. ★ 13-06 참조
> ② 목적어와 목적보어에 to부정사가 올 수 있다. ★ 01-81 참조

- The committee **has asked (us) that** this scheme **(should) be** stopped for now.
  위원회는 이 계획이 당분간 중단되어야 한다고 요청했다.

- We **ask not to smoke** in the hotel.
  우리는 호텔 내에서 금연을 요구한다.

- We **ask guests not to smoke** in the hotel.
  우리는 손님들에게 호텔 내에서 금연을 요구한다.

3) 기타

ask for 요청하다	**ask about** 안부를 묻다

※ 위 표현들은 자동사처럼 쓰이는 것인데 문법 문제로서는 중요하지 않다. 관용적으로 참고할 것.

- He had the arrogance to **ask for** more money.
  그는 건방지게도 더 많은 돈을 요구했다.

01-97

경희대 2003
단국대 2003
고려대 2002

11. sit vs. seat vs. set

sit - sat - sat	자동사로서 '앉다'라는 뜻을 가진다.
seat - seated- seated	타동사로서 '~를 앉히다'라는 뜻을 가진다. '자신이 앉다'라는 뜻을 가지기 위해서는 재귀대명사를 목적어로 취하거나 수동태가 되어야 한다. **cf.** seat oneself = be seated = sit
set - set - set	'(물건을) 놓다'라는 뜻일 경우 타동사로 쓰인다. 그러나 '(해·달이) 지다'라는 뜻일 경우 '자동사'로 쓰인다.

- He **sat** on the chair.
  = He **seated himself** on the chair.
  = He **was seated** on the chair.
  He ~~seated~~ on the chair. (×)
  그는 의자에 앉았다.

> seat 동사를 이용하여 '자신이 앉다'라는 뜻을 전하기 위해서는 '재귀대명사'를 목적어로 취하거나 '수동태'가 되어야 한다.
> ★ 01-65/ 19-19~23 참조

- The sun **sets** in the west.
  The sun ~~is set~~ in the west.
  해는 서쪽으로 진다.

> ▶ set 동사의 뜻이 '(해·달 등이) 지다'일 경우 자동사로 쓰이기 때문에 수동태가 불가능하다.

12. thank＋사람 목적어 vs. appreciate 사물/동명사/it if절

01-98

성균관대 2004
중앙대 2004
경기대 2000

thank	+ 사람　★ 01-59 참조
appreciate	+ 사물 ('감사하다'라는 뜻으로 쓰일 경우 사람 목적어가 올 수 없음) + 동명사 + it if절 ('감사하다'라는 뜻으로 쓰일 경우 that절이 목적어로 올 수 없음)

- **I thank Mary** for the present.
  선물을 준 Mary에게 감사드린다.

- **I appreciate the present.**
  그 선물(을 주신 점)에 대해 감사드린다.

- **I appreciate** your **helping** me move.
  당신이 제가 이사 가는 것을 도와주셔서 감사드립니다.

- I'd **appreciate it if** you'd refrain from speaking for me.
  당신께서 저에 대한 말씀을 삼가주셨으면 고맙겠습니다.

  I appreciate ~~Mary~~. (×)

  I appreciate ~~that you helped me move~~. (×)

  > appreciate 동사는 사람 목적어(Mary)를 취할 수 없으며, that절을 목적어로 취할 경우 '~을 이해하다, 평가하다'라는 뜻을 가질 뿐, '고맙다'라는 뜻을 가질 수 없어서 틀리다.

예제

※ 다음 빈칸에 들어갈 말로 적당한 것은?

A: When did the lecture begin?

B: When all the students _____, the professor began his lecture.

① were seated　　　　　② seat

③ seated　　　　　　　④ sit

해석　A: 강의가 언제 시작됐니?
　　　　B: 학생 모두가 착석했을 때 교수님이 강의를 시작하셨어.

해설　seat는 타동사로서 '~를 앉히다', sit은 자동사로서 '앉다'라는 뜻을 가진다. 의미상의 주어가 '앉다'라는 표현을 쓰기 위해서는 'seat +재귀대명사 = be seated = sit'이 옳다. 따라서 ①, ④ 모두 가능하지만 주절의 과거시제와 일치하기 위해서 ①이 옳다.

정답　①

1 1형식 완전자동사

01   Janet felt uncomfortable, and ① complained for the service; after all, she ② was a guest ③ at the reception, ④ not the master.

02   Although she likes her job very much, it does not _____ well.
　　① earn　　　　　　　　　　　② pay
　　③ produce　　　　　　　　　　④ grow

03   If you do ① manage to get him ② to leave the hospital, there ③ is plenty of drug treatments ④ that could help.

04   If he insists _____ for dinner, we will buy lunch tomorrow.
　　① on paying　　　　　　　　　② to pay
　　③ for paying　　　　　　　　　④ in paying

05   ① In proportion to the ② sharp increase in the number of Internet surfers, cyber crimes have ③ been emerged as a serious evil with ④ the number of cyber victims ⑤ rising rapidly to 2 million in 2004 from 1.65 million in 2003 and 1.19 million 2002.

06   문법적으로 올바른 문장을 고르시오.
　　① We danced the music of Beatles.
　　② The story touches to the eternal theme of life and death.
　　③ It is the right time we should leave to the airport.
　　④ She dwells too much on her past.

07   It never _____ them that he is a victim to their greed.
　　① came to　　　　　　　　　　② happened
　　③ dawned upon　　　　　　　　④ occurred upon

01 ①   해석   Janet은 불편함을 느꼈고 그래서 서비스에 대해 불평했지만, 결국 환영회에서 그녀는 주인이 아니라 손님에 불과했다.

       해설   complained for → complained of/ about
complain 동사는 자동사로서 전치사 of 또는 about 뒤에 사물 목적어를 취하게 된다.

02 ②   해석   그녀는 자신이 하고 있는 일을 매우 좋아하지만, 수지는 썩 좋지 않다.

       해설   부사 well이 위치했으므로 타동사가 아닌 1형식 완전자동사가 필요하다. pay가 1형식 자동사로 쓰일 경우, '이롭다', '벌이가 되다'라는 뜻을 가지게 된다. ①, ③은 타동사이며, ④는 해석상 부적합하다.

03 ③   해석   당신이 어떻게 해서든 그를 퇴원하게 하려 한다면, 도움이 될 수 있는 많은 약물 치료가 존재한다.

       해설   is → are
plenty of는 형용사이므로, 뒤에 위치한 treatments가 주어이다. 따라서 동사의 수 또한 복수인 are가 옳다.

04 ①   해석   만일 그가 저녁식사를 사겠다고 고집하면, 우리가 내일 점심을 살 것이다.

       해설   insist는 전치사 on과 결합하여 명사 혹은 동명사를 목적어로 취한다.
* persist는 전치사 in과 결합 vs. suggest는 전치사 없이 명사 혹은 동명사와 결합!

05 ③   해석   인터넷 검색자 수의 급격한 증가에 비례하여, 사이버 범죄는 2002년의 119만 건과 2003년의 165만 건에서 2004년의 2백만 건에 이르기까지 피해자의 수가 빠르게 증가하는 심각한 악의 존재로 등장했다.

       해설   been → 삭제
emerge는 자동사로서 수동태가 불가능하다. 따라서 완료시제의 수동태를 만들 때 사용되는 been은 삭제되어야 한다.

06 ④   해설   ① danced → danced to
dance 동사는 'with + 사람(~와 함께 춤을 추다)/ to music(음악에 맞춰 춤을 추다)' 구조를 취한다.
② to → on
touch는 on 혹은 upon과 결합하여 '~을 언급하다'라는 뜻을 가진다.
③ to → for
leave는 '도착 지점'을 목적어로 취할 때 전치사 for와 결합한다.

       어휘   eternal 영원한, 불변의

07 ③   해석   그가 그들의 탐욕에 희생이 되리란 생각이 그들에게 결코 떠오르지 않았다.

       해설   '~에게 ~한 생각이 떠오르다'라는 뜻을 가진 구문은 'it occurs to(=dawns upon) 사람 that절' 구문이 옳다.

❷ 2형식 불완전자동사(연결동사)

08 I found Sophie _____ bankrupt only nine months after she went into business.
    ① went   ② had
    ③ reached   ④ came

09 Nevertheless, ① since no carbon dioxide ② is detected, this theory ③ does not seem ④ credibly.

10 He looked very ① badly after ② the operation, ③ and we were all ④ worried.

11 He died _____ that his friends had to pay for his funeral.
    ① too poorly   ② so poorly
    ③ too poor   ④ so poor

12 After ① working ② most of the night, I ③ felt asleep at ④ about five in the morning.

13 Improvisation is an important part of jazz. This means that the musicians make the music up as they go along, or create the music on the spot. This is why a jazz song might _____ each time it is played.
    ① sounds a little different   ② sound a little differently
    ③ sound little differently   ④ sound a little different

14 A: How about him?
    B: He came home _____.
    ① safe   ② safely
    ③ with safety   ④ with safeness

08 ①

해석 Sophie가 사업을 시작한지 9개월 만에 파산했다고 깨닫게 됐다.

해설 go는 부정적인 변화를 가리키는 2형식 불완전자동사로 쓰인다. come은 실현했다는 긍정적인 변화를 가리키며, have와 reach는 타동사이므로 틀리다.

09 ④

해석 그러나 이산화탄소는 감지되지 않기 때문에 이 이론은 신뢰할 만한 것으로 보이지 않는다.

해설 credibly → credible
seem은 2형식 불완전자동사로서 보어 자리에 부사가 아닌 형용사가 위치해야 한다.

어휘 carbon dioxide 이산화탄소   detect 감지하다

10 ①

해석 그는 수술을 받은 이후에 매우 상태가 좋지 않아 보여서 우리 모두는 걱정했다.

해설 badly → bad
look 동사가 2형식 불완전자동사로 쓰일 경우 보어 자리에 형용사가 위치해야 한다.

11 ④

해석 그는 너무 가난한 상태로 죽어서 그의 친구들이 장례식 비용을 지불해야 했다.

해설 die 동사 뒤에는 주어의 결과적 상태를 설명하는 형용사가 올 수 있으며, 그 형용사가 준 보어 역할을 하게 된다. too는 that이란 종속접속사와 결합할 수 없다.

12 ③

해석 밤새워 일한 이후 나는 아침 5시쯤 잠들었다.

해설 felt → fell
형용사 asleep과 결합해서 '잠들다'라는 뜻으로 쓰이기 위해서는 fall이란 동사를 써야 한다.
feel 동사는 sleepy와 결합하여 '졸리다'라는 뜻으로 쓰인다.

13 ④

해석 즉흥연주는 Jazz 음악의 중요한 요소이다. 연주가들이 함께 모였을 때 음악을 만들고 즉석에서 음악을 창조하는 것을 의미한다. 따라서 Jazz 음악이 연주될 때마다 약간씩 다르게 들리게 된다.

해설 might 조동사 뒤이므로 동사원형이 위치해야 한다. 또한 sound는 '감각'의 불완전자동사로서 그 보어 자리에는 형용사가 위치해야 하므로 different라는 형용사가 위치해야 한다. a little은 이 문장에서 형용사 different를 수식하는 부사로 쓰인 경우이다.

어휘 improvisation 즉석에서 하기

14 ①

해석 A: 그 사람 어떠니?
B: 집에 왔는데 무사해.

해설 1형식 완전자동사인 come 뒤에 형용사가 따라오면 '왔을 때 ~했다'라는 '추가적 상태나 결과'를 나타낸다. 즉, 'When he came home, he was safe.(그가 집에 왔을 때 무사한 상태였다.)'라는 표현이 된다. safely는 '안전하게'라는 뜻으로서 '집으로 오는 과정과 동작이 안전했다'라는 표현이 되므로 A에 대한 답변으로 적절치 못하다.

3 3형식 완전타동사

15 They encountered ① to many of the serious ② problems when two members ③ of the expedition were ④ injured.

16 In the summer, I usually _____ some kind of seminar at the urging of my company.
    ① enroll at   ② attend
    ③ go   ④ attend to

17 Moments before Shannon Lucid departed ① on her first space mission, a reporter ② approached to her and asked ③ what her thoughts were. She replied that she was extremely proud ④ to participate in such an important project.

18 The robber ① admitted the detective that she was ② the one who ③ had stolen the diamond necklace ④ from the display.

19 What happens when people of different origins, ① speaking different languages and ② professing different religions, ③ inhabit in the same locality and ④ live under the same political sovereignty?

15 ①   해석   두 명의 원정단원들이 부상을 입었을 때 그들은 많은 심각한 문제에 직면했다.

       해설   to → 삭제

            encounter는 목적어를 취할 경우 전치사가 필요 없는 완전타동사이다.

       어휘   expedition 탐험, 원정대

16 ②   해석   여름에는 늘 내 친구의 재촉에 이기지 못해 세미나 같은 것에 참석한다.

       해설   ②의 attend는 '참석하다'라는 뜻으로 쓰일 경우 타동사로 쓰이고, '~에 유의하다'라는 뜻을 가질 경우 전치사 to를 수반하며, '~를 시중들다'라는 뜻으로 쓰일 경우 전치사 on을 수반한다. ①의 enroll은 전치사 on/ for와 결합하며, ③의 go는 자동사이다.

17 ②   해석   Shannon Lucid가 자신의 첫 번째 우주비행을 떠나기 직전에, 한 기자가 그녀에게 다가가서 그녀가 무엇을 생각하고 있는지를 물었다. 그녀는 그와 같이 중요한 계획에 참여하게 돼서 매우 자랑스럽다고 대답했다.

       해설   approached to her → approached her

            approach는 타동사로서 전치사 to와 결합하지 않는다.

18 ①   해석   그 강도는 진열장에서 다이아몬드 목걸이를 훔친 사람이 자신이 맞다고 형사에게 인정했다.

       해설   admitted → admitted to

            admit 동사가 that절을 목적어로 취할 경우 3형식 동사만 가능하며, 내용상 간접목적어를 취하는 'to + 사람'은 that절 앞에 위치해야 한다.

       어휘   robber 강도

19 ③   해석   다른 언어를 구사하고 다른 종교를 갖고 있는 출신이 다른 사람들이 같은 장소에서 거주하고 동일한 정치적 통치권 하에서 산다면 무슨 일이 발생할까?

       해설   inhabit in → inhabit

            inhabit(=live in)은 타동사로서 전치사 in이 필요하지 않다.

       어휘   profess (특정 종교) 소속이다   sovereignty 통치권

20 With electrodes ① fixed to his skull, Mr. Styffe ② absorbed in game characters, ③ such as a juggler or a ④ Pac-Man-like blob ⑤ fleeing ghosts in a maze.

21 Neither visiting the school nor spending time with the students and teachers _____ the manner in which education is conducted in the local district.
    ① has prevented Mr. Renalli to criticize
    ② has prevented Mr. Renalli from criticizing
    ③ have kept Mr. Renalli of expressing opinions about
    ④ has kept Mr. Renalli expressing opinions of

22 A Frenchman that ① survived from the terrorist ② attack on the World Trade Center ③ escaped with his life again when a bomb blast ④ ripped through a busy street in Jerusalem.

23 Needless to say, it is a privilege to ① address to such a prominent audience like you all. I came back home for the first time in ten years simply for this presentation. I could not escape from my duty to present a detailed report to you, significant opinion leaders of our society, ② any more than I ③ could escape from my duty to ④ persevere in what I have been doing abroad.

24 다음 중 어법상 틀린 것을 고르시오.
    ① Shock deprived his power of speech from president Roh.
    ② All teachers should give slow learners more of the attention.
    ③ She confided to me that Pat had asked her to marry him.
    ④ The look of shyness on his face made her feel sorry for him.

20 ②

해석   전극을 자신의 두개골에 고정시킨 채로, Styffe 씨는 요술쟁이 또는 미궁 속에서 유령들을 피해 다니는 Pac-Man 종류의 물방울 같은 게임 캐릭터들에 빠져들었다.

해설   absorbed → was absorbed 또는 absorbed himself
absorb는 '(사람 마음을) 몰입하게 하다'라는 뜻을 가진 타동사이다. 따라서 목적어가 없으면 무조건 틀린 문장이다. 의미상의 주어가 '몰입하다'라는 뜻을 가지려면 재귀대명사를 목적어로 취하거나 수동태 문형이 되어야 하므로 absorbed himself 또는 was absorbed가 옳다.

어휘   **electrode** 전극   **skull** 두개골   **blob** 방울   **flee** 달아나다, 도망가다   **maze** 미로

21 ②

해석   학교에 방문하지도 않고 학생과 선생님들과 시간을 보내지도 않게 되어 Renalli 씨는 교육이 지역구에서 실시되는 방식을 비판하지 못하게 됐다.

해설   prevent 동사는 목적어 뒤에 from ~ing 구문을 취하게 되어 '목적어가 ~하지 못하게 하다'라는 뜻을 가지게 된다.

22 ①

해석   세계무역센터의 테러 공격에서 생존한 프랑스인이 예루살렘의 분주한 거리에서 폭탄이 터졌을 때에도 다시 생존했다.

해설   survived from → survived
'(위험한 사태에서) 살아남게 되다'라는 뜻을 가질 경우 survive는 from 없이 타동사로 쓰이게 된다.

어휘   **rip** 째지다, 찢어지다

23 ①

해석   말할 필요도 없이, 여러분들과 같은 훌륭한 분들에게 연설을 하게 된 것은 영광입니다. 저는 단지 이 강연을 위해서 10년 만에 처음으로 조국에 돌아왔습니다. 저는 우리 사회의 중요한 여론 주도자이신 여러분들에게 자세한 보고를 해야만 하는 저의 의무를 회피할 수 없었습니다. 해외에서 해왔던 일을 계속 해야만 하는 저의 의무를 피할 수 없었듯이 말입니다.

해설   address to → address
address는 타동사로서 전치사 없이 명사 목적어를 취하게 된다.

어휘   **persevere** 인내하며 계속하다

24 ①

해설   his power of speech from president Roh → president Roh of his power of speech
deprive 동사는 '사람(president Roh) + of 사물(his power of speech)' 구조를 취한다.

25 ① According to many scientists, the ② release of man-made chemicals into the atmosphere ③ has made much damage to the ④ fragile ozone layer.

26 In his New Year address, a representative ① complained that programs to create jobs and ② expand the social safety net require ③ the public significant financial support, and the government ④ barely has the means to support them.

27 Yesterday was my birthday. My mother _____.
① made a cake to me
② made a cake me
③ made for me a cake
④ made me a cake

28 빈칸에 공통적으로 들어갈 단어로 알맞은 것은?

1) I'll _____ the cleaning.
2) The photograph didn't _____ her justice.
3) The medicine will _____ you good.

① do
② ask
③ keep
④ have

29 다음 중 어법상 틀린 것을 고르시오.
① He presented me with a watch.
② He introduced his girlfriend to me.
③ He informed me of her death.
④ The house cost a great deal of money to him.
⑤ He sent a long letter to me.

30 다음 중 문법적으로 틀린 것을 고르시오.
① The tower rises above the other buildings.
② You should not ask such questions to your parents.
③ When you fill in the form, I'll have the baggage brought in.
④ I don't know whether he has a ticket to the show and whether he will go.

25 ③ 해석 많은 과학자들에 따르면 인공화학물질이 대기로 방출되어 취약한 오존층에 많은 해를 가했다고 한다.

해설 has made → has done
damage, good과 결합이 되는 동사는 do이다.
ex) It does much damage to the ozone layer. (3형식)
    = It does the ozone layer much damage. (4형식)

26 ③ 해석 신년 연설에서 한 대표는 일자리 창출과 사회 안전망 강화를 위한 프로그램을 위해선 엄청난 자금을 대중에게 필요로 하는데 이를 지원할 정부 자금이 여의치 않다고 말했다.

해설 the public significant financial support → significant financial support of the public
require 동사는 목적어를 두 개 취하는 4형식 기능이 없다. 따라서 A of B 구조로 바꿔 주어야 한다.

27 ④ 해석 어제는 내 생일이었어. 어머니가 나를 위해서 케이크 하나를 만들어주셨어.

해설 make 동사는 '사람 + 물건'이라는 4형식 구조와 '물건 + for 사람'이라는 3형식이 모두 가능하다. ①은 made a cake for me라면 맞다.
ex) She made me a cake. = She made a cake for me.

28 ① 해석 1) 나는 청소를 할 것이다.
2) 사진이 그녀의 실물대로 나오지 않았다.
3) 그 약은 당신에게 효과가 있을 것이다.

해설 do the cleaning: 청소하다
do justice: (사람·물건을) 실물대로 나타내다; (인정할 점은 인정하여) 정당하게 취급하다, 공평하게 평가하다
do good: 효력이 있다; 친절을 베풀다

29 ④ 해설 a great deal of money to him → him a great deal of money
cost 동사는 '직접목적어 + 전치사 + 간접목적어'와 같이 전치사구를 동반한 3형식이 불가능하다. 완전한 4형식 또는 간접목적어가 동반된 전치사구가 없는 3형식만 가능하다.
ex) The house cost him a great deal of money.
    = The house cost a great deal of money.

30 ② 해설 ~ to your parents → ~ of your parents
ask 동사가 'A(사물)를 B(사람)에게 요청하다'라는 뜻으로 쓰일 경우 3형식으로서 'ask A of B' 또는 4형식으로서 'ask B(사람) A(사물)' 구조를 취하게 된다. 따라서 전치사 to를 of로 고쳐야 한다.

31   ① Certain zoologists regard crows and ravens ② to be the most ③ intelligent of
      ④ birds.

32   The press is so powerful in ① this respect that ② it is sometimes referred ③ to the
      ④ fourth estate.

33   The desire ① to make a profit motivates business managements ② organizing and
      operating ③ their firms ④ efficiently.

34   Last night ① while I was trying ② to fall asleep, I heard ③ the people in the next
      apartment ④ sang and laughed.

35   ① Not content with having given to the jackal and the vulture, ② the roles of being
      the scavengers of the America bush, Nature seems ③ to have gone out of her way
      also to make them ④ looked as unattractive as possible.

36   ① Owing to the often dreadful, although lifesaving, nature of diagnostic tests,
      ② many of us are becoming experts at the art of procrastination. Who can be
      accused ③ of letting "colonoscopy" ④ to slip to the bottom of the to-do list?

31 ②

해석 어떤 동물학자들은 까마귀와 갈가마귀가 새들 중에서 가장 영리하다고 간주한다.

해설 to be → as
regard는 5형식 동사로서 목적보어에 'as+형용사/ as+명사' 형태를 취한다.

어휘 **zoologist** 동물학자   **crow** 까마귀   **raven** 갈가마귀

32 ③

해석 언론은 이와 같은 면에서 너무나 강력하여 때때로 제4의 계급으로 일컬어진다.

해설 to → to as
refer to 동사는 목적보어에 as 명사/ as 형용사를 위치시켜서 5형식 동사가 가능하다. 수동태 전환 시, be referred to as 형태를 취해야 한다.
ex) We referred to it as the fourth estate. = It was referred to as the fourth estate.

어휘 **the fourth estate** 제4계급

33 ②

해석 이윤을 내고자 하는 갈망이 사업체 경영진들로 하여금 회사를 효율적으로 조직하고 운영하도록 한다.

해설 organizing and operating → to organize and operate
motivate 동사는 목적어와 목적보어의 관계가 능동인 경우 목적보어에 to부정사를 위치시킨다.

34 ④

해석 지난밤에 내가 잠을 자려고 노력하는 동안에 이웃 아파트에 사는 사람들이 노래를 부르고 웃는 것을 들었다.

해설 sang and laughed → sing(ing) and laugh(ing)
hear가 지각동사로 쓰일 경우 목적어와 목적보어의 관계가 능동이라면 목적보어에 동사원형(전체) 또는 현재분사(순간)를 취한다. '사람들'과 '노래를 부르고 웃다'의 관계는 능동이므로 동사원형 또는 현재분사가 옳다.

35 ④

해석 미국의 오지에서 썩은 고기를 먹는 역할을 자칼과 독수리에게 맡긴 것에 만족하지 못한 조물주는 일부러 그들의 모습을 최대한 흉측하게 보이도록 한 것 같다.

해설 looked ~ → look ~
make가 사역동사로 쓰인 경우이므로 목적어와 목적보어의 관계가 능동인 경우 목적보어에 동사원형이 위치한다. '그들'과 '보이다'의 관계는 능동이므로 동사원형이 옳다.

어휘 **go out of one's way** 일부러 ~하다   **vulture** 독수리   **scavenger** 쓰레기 더미를 뒤지는 사람, 죽은 동물을 먹는 동물/ 조류

36 ④

해석 생명을 구하는 것이지만 종종 무서운 의학진단의 특성 때문에, 우리들 중 많은 사람들은 질질 끄는데 있어 전문가가 되어가고 있다. 해야 할 일들의 목록의 가장 밑 부분에 "결장 내시경검사"를 슬쩍 밀어 넣는다고 해서 누가 비난받을 것인가?

해설 to slip → slip
let이 사역동사로 쓰일 경우, 목적어와 목적보어의 관계가 능동이라면 목적보어에 동사원형을 취한다. 따라서 '결장 내시경술'과 '슬며시 두다(slip)'의 관계는 능동이므로 동사원형이 옳다. slip은 또한 자동사이므로 수동형 과거분사가 있을 수 없다.

어휘 **procrastination** 꾸물거림, 지연   **colonoscopy** 결장경 검사

37 Demir was able to call a lawyer, _____ the main military headquarters and see the campaigner.
① arrange for him to visit
② arrange him to visit
③ arrange for his visiting
④ arrange for him to visiting

38 Our priest is always raising money for one cause or another, but he has never managed to get enough money to have the church clock _____.
① repaired   ② repairing
③ repair   ④ to repair

39 ① At Acxiom, we help you ② inventing new ways ③ to build ④ more meaningful customer relationships every day.

40 Camouflage helps predators such as tigers and leopards _____ without being seen.
① for ambushing his prey   ② ambush their prey
③ to ambush his prey   ④ ambushing

41 The idea of ① surrogate parenting has kept professional ethicists and jurists ② wring their hands ③ ever since the first case ④ surfaced in 1978.

42 Choose the sentence that is NOT grammatically correct.
① The hotel must not allow smoking indoors.
② The restaurant does not allow its guests to drink or smoke.
③ The doctor helped the patient to stand on his or her own feet.
④ A program host had the viewers laughing heartily.
⑤ The vice president made his secretary cleaning his office.

37 ①

해석 　Demir는 변호사를 부르고, 그 변호사가 군 본부에 방문해 노병을 볼 수 있게 준비했다.

해설 　'arrange for + 명사 + to부정사' 표현은 '~가 ~하도록 준비하다'라는 뜻을 전한다.

어휘 　campaigner 노병, 운동가

38 ①

해석 　우리 목사는 이런 저런 명분으로 돈을 계속해서 모금하고 있지만 교회 시계를 고칠 만큼의 충분한 돈을 결코 마련하지 못했다.

해설 　have가 사역동사로서 목적어와 목적보어의 관계가 수동인 경우, 목적보어에는 과거분사가 위치해야 한다. '시계'와 '수리하다'의 관계는 수동이므로 과거분사가 옳다.

39 ②

해석 　Acxiom에서 우리는 당신이 매일 보다 더 의미 있는 고객관계를 개발할 수 있는 새 방법들을 창안하도록 돕는다.

해설 　inventing → (to) invent
help 동사는 목적어와 목적보어의 관계가 능동이라면 to부정사 또는 동사원형이 목적보어에 위치한다. '당신'과 '창안하다'의 관계는 능동이므로 (to) invent가 옳다.

40 ②

해석 　위장은 호랑이들과 표범들과 같은 육식동물들이 눈에 띄지 않고서 먹이를 습격하는데 도움을 준다.

해설 　help 동사는 목적어와 목적보어의 관계가 능동이라면 to부정사 또는 동사원형이 목적보어에 위치한다. '맹수들'과 '습격하다'와의 관계는 능동이므로 (to) ambush가 맞다. 또한 predators는 복수명사를 의미하므로 복수형태인 their가 옳다.

어휘 　camouflage 위장　predator 포식동물, 약탈자　ambush 매복했다가 습격하다

41 ②

해석 　대리모 사건이 1978년에 처음 발생한 이후 대리모 노릇에 관한 생각이 도덕가들과 배심원들로 하여금 서로 개탄하게 했다.

해설 　wring → wringing
keep 동사가 5형식 동사로서, 목적어와 목적보어의 관계가 능동이라면 목적보어는 현재분사가 위치해야 한다. '도덕가와 배심원들'과 '개탄하다'의 관계는 능동이므로 현재분사가 옳다.

어휘 　surrogate parenting 대리모를 이용한 출산　wring one's hands 개탄하다

42 ⑤

해설 　cleaning → clean
make 사역동사는 목적어와 목적보어의 관계가 능동일 경우 목적보어에 동사원형이 옳다.

43　Choose the sentence that is NOT grammatically correct.
　　① I wanted him not to tell a lie.　　② I trusted my friend not to tell a lie.
　　③ I told my friend not to tell a lie.　　④ I persuaded my friend not to tell a lie.
　　⑤ I let my friend not to tell a lie.

44　다음 중 어법상 틀린 것을 고르시오.
　　① He entered into conversation with the lady.
　　② I hope her to come tomorrow.
　　③ Would you explain the problem to me?
　　④ We expected him to succeed in business.
　　⑤ He tried to convince us of his innocence.

45　The person that commits one criminal act, perhaps on a sudden impulse, must be regarded by society _____ a different person from the habitual criminal that has made a profession _____ crime.
　　① as — of　　　　　② as — into　　　　　③ of — as
　　④ from — in　　　　⑤ to — of

46　The result is ① what he ② thought of a cultural bouillabaisse, ③ yet members of the nation's educational and cultural elite still ④ cling to the notion that the nation belongs to Western civilization.

47　An elderly widow with ① terminal disease wanted her pregnant three-year-old dog ② was put to sleep because she couldn't ③ afford the cost of a Caesarean procedure and she was afraid, in any case, no one would care for her dog after she herself ④ was gone.

48　아래 문장을 올바르게 영작한 문장을 고르시오.

　　┌───┐
　　│ 나는 오전 일정은 바쁜데, 오후에는 아무런 일정이 없다.　　　　　│
　　└───┘

　　① I'm scheduled busily in the morning, but I will be behind schedule in the afternoon.
　　② I have busy schedules in the morning, but I have no hectic schedules in the afternoon.
　　③ I have a busy schedule in the morning, but I have nothing scheduled in the afternoon.
　　④ I have many schedules in the morning, but I don't have schedules in the afternoon.

43 ⑤ 해설 to tell → tell
let 동사는 목적어와 목적보어의 관계가 능동일 경우 목적보어에 동사원형이 위치하는 사역동사이다. 따라서 to가 없는 동사원형이 목적보어로 나와야 한다. ①, ②, ③, ④의 want/ trust/ tell/ persuade는 목적보어에 to부정사를 취한다.

44 ② 해설 I hope her to come tomorrow. → I hope that she will come tomorrow.
hope 동사는 5형식 동사로 쓰일 수 없으며 that절을 목적어로 취한다.

45 ① 해석 혹시라도 갑작스러운 충동에 범죄를 저지르는 사람은 범죄를 직업으로 하는 상습범죄인과는 다른 사람으로 사회가 간주해야 한다.
해설 첫 번째 빈칸 : regard 동사는 'as 명사/ as 형용사'가 목적보어에 위치하므로, 수동태 전환 시에 be regarded as 형태를 취한다. by society는 수동태의 의미상의 주어로서 삽입된 형태이다.
두 번째 빈칸 : '~을 직업으로 삼다'라는 표현은 make a profession of 형태를 취한다.

46 ② 해석 그 결과는 그가 문화적 혼합수프라고 생각하는 것이다. 그러나 그 국가의 교육 및 문화 엘리트 구성원들은 아직도 나라가 서부의 문명에 속해 있다는 의견을 고집한다.
해설 thought of → thought of as
think of의 목적어는 what 관계사가 포함하고 있는 선행사이다. 따라서 think of A as B 구문을 취해야 명사구인 a cultural bouillabaisse를 수식할 수 있다.

47 ② 해석 불치병에 걸린 나이 든 미망인은 자신의 3살 된 임신한 강아지가 죽기를 원했다. 왜냐하면 그녀는 제왕절개 수술비용을 감당할 수 없고 어떠한 일이 있어도 자신이 죽은 뒤에 어느 누구도 자신의 강아지를 돌보지 않을 것이 두려웠기 때문이다.
해설 was → (to be)
want 동사는 목적어와 목적보어의 관계가 수동인 경우 (to be) p.p. 형태를 취한다. 따라서 'dog'와 'put to sleep(죽이다, 기절시키다)'의 관계는 수동이므로 (to be) put의 형태가 옳다.
어휘 Caesarean 제왕절개 수술

48 ③ 해설 ① behind schedule은 '예정보다 늦은'을 의미한다.
② have no hectic schedules의 뜻은 '바쁜 일정이 없다'라는 의미이므로 제시된 한국어와 차이가 있다.
③ have를 사역동사로 활용한 경우이며, 사물(nothing)이 목적어로 나왔으므로 수동의 형태로 쓰였다.
어휘 hectic 몹시 바쁜

49 Pollution ① will effect more people ② living in the future ③ than it ④ does those today.

50 Although a great man ① has born plenty of ② burdens in his lifetime, he has not ceased ③ to protest oppression and despotism whenever he ④ encounters them.

51 If you go ① past the library tomorrow, please ② bring this book to the librarian ③ who ④ sits at the desk in the ⑤ children's room.

52 The dieter ① was dismayed ② to found that her weight yo-yoed, going down 20 pounds and then ③ going up 25 pounds, changing ④ constantly.

53 Tom made Jane so angry ① on the telephone that she ② hanged up ③ on him without ④ saying good-bye.

54 The math skills of the nation's public school students _____ steadily for more than a decade.

① has risen   ② have arisen
③ have risen   ④ has arisen

49 ①

해석 공해는 현재보다 미래에 사는 더 많은 사람들에게 영향을 미칠 것이다.

해설 will effect → will affect

effect는 '초래하다'라는 뜻을 가지고 있고, affect는 '영향을 미치다'라는 뜻을 가진 바, 문맥상 후자가 옳다.

50 ①

해석 그의 인생에서 많은 부담을 견뎌냈을지라도, 그가 탄압과 폭정에 직면할 때마다 저들에게 반기를 드는 것을 멈추지 않아 왔다.

해설 has born → has borne

born은 bear 동사가 by를 동반하지 않은 수동태 문형으로서 '태어나다'라는 뜻일 때에만 쓰인다. 따라서 '지탱하다, 견디다'라는 뜻으로 쓰일 경우 과거분사는 borne이 옳다.

어휘 despotism 폭정

51 ②

해석 당신이 내일 도서관을 지나가면 아이들 방의 책상에 앉아 있는 사서에게 이 책을 갖다 주세요.

해설 bring → take

bring은 '~을 데리고 오다'라는 뜻이며, take는 '~을 데리고 가다'라는 뜻이다. 조건절에서 간다고 했으므로 주절의 내용 또한 간다는 속뜻을 가진 take가 옳다.

52 ②

해석 그 식이요법자는 자신의 체중이 20~25파운드까지 계속 바뀌면서 요동치는 것을 알고서는 경악했다.

해설 to found → to find

found는 '설립하다, 기초를 세우다'라는 뜻을 가지고 있는 반면, find는 '발견하다, 깨닫다'라는 뜻을 가지고 있는 바, 문맥상 후자가 옳다.

어휘 dismay 경악하게 만들다

53 ②

해석 Tom은 전화통화를 하면서 Jane을 매우 화나게 하여 Jane은 인사도 하지 않은 채 전화를 끊었다.

해설 hanged up → hung up

hang은 '전화를 끊다, 매달다'라는 뜻과 '교수형에 처하다'라는 뜻을 가지고 있는데, 전자의 과거시제는 hung이며, 후자의 과거시제는 hanged이다. 따라서 문맥상 전자가 옳다.

54 ③

해석 전국 공립학교 학생들의 수학 실력이 10년 넘도록 꾸준히 상승했다.

해설 주어는 복수명사인 skills이므로 동사 또한 복수 have가 옳다. 문맥상 실력이 상승했다는 논리가 적합하므로 rise가 옳다.

55 The secret to blocking for the Oakland Raiders' quarterback Rich Gannon, according to tackle Lincoln Kennedy, _____ the defensive linemen's eyes.

① lie along   ② lay down

③ lies in   ④ lays aside

56 Choose the item that is NOT grammatically correct.

① Every student has a right to his own opinion.

② The audience took their seats as soon as the lights went off.

③ I knew it to be my brother by the tone of his voice.

④ Why don't you let her lay down on the sofa?

57 다음 중 어법상 올바른 것을 고르시오.

① He is a hard worker. Naturally he has succeeded to the exam.

② Did you remember the time when we climbed the mountain together and saw the sun raise?

③ We did our shopping at a store on the main street.

④ The Nile is longer than any other rivers in the world.

58 밑줄 친 단어의 쓰임이 적절하지 않은 것은?

① The new law will be put into effect next month.

② The incident effected a profound change in her.

③ Their opinion will not affect my decision.

④ Alcohol has a very bad affect on drivers.

70

55 ③

해석 Oakland Raider 팀의 쿼터백 선수인 Rich Gannon을 막아내는 비법은 수비수 Lincoln Kennedy에 따르자면 수비 라인맨의 눈에 있다고 한다.

해설 lie는 자동사로서 'lie-lay-lain'의 변화를 취하며, lay는 타동사로서 'lay-laid-laid'의 변화를 취한다. 자동사 구실을 할 수 있는 것은 ①과 ③이며 lie in(=consist in)은 '~에 있다'라는 뜻이 되어 문맥상 적합하다.

56 ④

해설 ~ lay down → ~ lie down

let은 목적어와 목적보어의 관계가 능동인 경우 목적보어에 동사원형을 취하는데, lay는 타동사로서 목적어가 없으므로 틀린다. 따라서 자동사 lie가 옳다.

57 ③

해설 ① succeeded to → succeeded in

succeed in은 '~에 성공하다'라는 뜻을 가진 반면 succeed to + 명사는 '직위를 계승하다'라는 뜻을 가졌으므로 틀렸다.

② raise → rise

'해가 뜨다'에 필요한 동사는 자동사 rise이다.

④ any other rivers → any other river

비교급을 이용한 최상급 의미 표현은 '비교급 than any other + 단수명사'를 취한다.

58 ④

해설 affect → effect

affect는 명사로 쓰이지 않는다.

① put ~ into effect: ~을 실시하다

② effect: 야기하다

③, ④ affect(=have an effect on): ~에 영향을 미치다

GRAMMAR
HUNTER

Chapter

02

시제

GRAMMAR
HUNTER

02 시제

❶ 현재시제

02-01

1. 현재시제로 나타내는 일반적인 경우

계명대 2003
고려대 2001
강남대 2000

(1) 불변의 진리 · 보편적 사실

진리 · 보편적 사실 · 작가의 입장에서 바라본 확신을 가리킬 때에는 기준시제에 상관없이 현재시제로 쓴다.

· The earth **moves** round the sun.
  The earth ~~moved~~ round the sun. (×)
  지구는 태양 주위를 돈다.

· Two and three **make** five.
  2 더하기 3은 5이다.

  ▶ 과학적 사실 및 불변의 진리 등을 가리키는 경우 현재시제가 쓰인다.

(2) 현재의 동작 · 상태

· I **love** you more than her.
  나는 그녀보다 당신을 더 사랑한다.

· It **is** spring now.
  지금은 봄이다.

  ▶ 현재의 상태나 사건 등을 가리킬 경우 현재시제가 쓰인다.

고려대 2001

(3) 현재의 습관적인 행위 또는 반복적인 동작

'as a rule(대개), in general(일반적으로, 보통)'과 같은 부사가 위치하여 현재의 습관적인 동작이나 반복 행위 혹은 일반적 습성을 가리킬 경우 현재시제로 나타낸다.

· **As a rule**, Koreans **are** gregarious.
  대개 한국인들은 사교적이다.

· My children **in general are** fond of candy.
  나의 아이들은 일반적으로 사탕을 좋아한다.

  ▶ 위의 두 문장과 같이 현재의 습관적 동작이나 일반적 습성을 가리키는 경우 현재시제가 쓰인다.

(4) 속담

속담도 상대적으로 보편적 진리를 내포하므로 현재시제로 쓰여야 한다.

· The early bird **catches** the worm.
  일찍 일어나는 새가 벌레를 잡는다.

2. 미래시제를 대신하는 현재시제

02-02
명지대 2010
서울여대 2007
한국외대 2006
서울여대 2005
세종대 2003

(1) 시간 · 조건 · 양보의 부사절 속에서 미래시제를 대신하는 현재시제

시간과 조건을 가리키는 부사절에서는 그 내용이 미래의 일일지라도 미래시제 대신 현재시제가 쓰인다.
★ 05-29, 05-32 참조

· I'll phone you again when I **get** home tomorrow.
I'll phone you again when I ~~will get~~ home tomorrow. (×)

내일 집에 도착하면 다시 전화할게.

▶ 시간 부사절에서는 미래시제의 형태로 쓰일 수 없으며, 현재시제 형태가 대신 위치한다.

· Plastic will melt if it **gets** too hot.
Plastic will melt if it ~~will get~~ too hot. (×)

플라스틱은 과열이 되면 녹을 것이다.

▶ if 이하가 조건 부사절로서, 주절이 미래를 가리키지만 if 부사절 내에는 미래시제로 쓰일 수 없으며, 현재시제가 쓰여야 한다.

02-03
아주대 2014

> **CHECK** | 그러나 '형용사절(=관계사절)'이나 '명사절' 속의 미래시제에 대해서는 그대로 '미래시제'를 쓴다.
>
> · They don't say **when** they **will** meet us tomorrow.
> 타동사 + 의문사 when이 이끄는 목적어 기능의 명사절
> 그들은 내일 언제 나를 만날 것인지 말하지 않고 있다.
>
> | 이 문장의 when절은 say라는 타동사의 목적어 기능을 하는 '의문사 when(언제)을 사용한 명사절'인 것이다.
> ★ 12-16~18 참조 그 명사절 내의 시점 통제부사가 미래시제인 tomorrow이므로 동사의 시제 또한 will meet이라는 미래시제가 옳은 것이다.
>
> · I doubt **if** it **will** snow tomorrow.
> 타동사 + 접속사 if가 이끄는 목적어 기능의 명사절
> 내일 눈이 올지 의심스럽다.
>
> | if절은 doubt라는 타동사의 목적어로서 쓰인 명사절이며, ★ 05-55 참조 명사절 내에 시점 통제부사인 tomorrow라는 명백한 미래시제 부사가 있으므로 if절의 시제는 미래가 되는 것이다.

02-04
한국외대 2006

(2) 미래시제를 대신하는 왕래 · 발착동사의 현재시제

'왕래(go, come), 발착(arrive, leave, start)' 동사와 가까운 미래를 나타내는 부사(구)와 함께 쓰면 미래시제 대신 현재시제를 사용해도 되며, '확정된 미래'를 가리키게 된다. ★ 02-26 참조

---

go, come, start, leave, arrive, reach, open, end, close + 미래를 나타내는 부사(구)
왕래·발착동사(현재시제)

· John **will** come back **next Saturday**.
= John **comes** back **next Saturday**.

John은 다음 토요일에 돌아올 것이다.

· I **will** leave for Paris **tomorrow**.
= I **leave** for Paris **tomorrow**.

나는 내일 파리로 떠날 것이다.

| 위의 예문들은 come, leave, reach와 같은 동사들이 인접한 미래를 가리키는 next Saturday, tomorrow, next week 등과 함께 쓰여서 현재시제로 쓰여도 무방한 경우이다.

If they ① will get a warning of a cyclone or a tidal wave, they ② will climb onto their roofs and tie ③ themselves and their family down, hoping that the rushing waters will carry them away and put them ④ safely.

해석 사람들은 폭풍우나 해일의 경고를 받는다면 지붕으로 올라가서 자신들과 가족들을 묶어 놓고서 밀려드는 물이 그들을 휩쓸어 가서 안전하게 내려주기를 소망한다.

해설 will get → get
if 조건절이 부사절로 쓰일 경우, 미래시제 대신 현재시제가 쓰이게 된다.

정답 ①

❷ 과거시제

1. 과거시제로 나타내는 일반적인 경우

(1) 역사적 사실 · 사건

· **Did** the Korean War break out **in 1950**?
1950년도에 한국 전쟁이 일어났는가?

▶ 과거의 역사적 사실을 설명하는 것이므로 과거시제가 쓰였다.

(2) 과거의 동작 · 사실 · 상태 · 습관

· He **failed** to see me **yesterday**.
그는 어제 나를 보지 못했다.

· I **used to** prefer listening to Jazz.
나는 재즈음악 듣는 것을 좋아하곤 했었다.

2. 과거완료를 대신하는 과거시제

시간을 나타내는 after, before, till 등의 시간 접속사에 의해 주절과 종속절 간의 시간 전후 관계가 명백한 경우 과거완료대신 과거시제가 쓰일 수 있다.

· She went out after she **had finished** the work.
= She went out after she **finished** the work.
그녀는 그 일을 마친 후에 외출했다.

> after라는 시간 접속사에 의해 주절과 종속절의 시간 전후 관계가 명백하므로 과거완료 대신 과거시제가 쓰인 경우이며, 이하의 문장도 마찬가지 맥락이다.

· The thief **had run** away before the police arrived.
= The thief **ran** away before the police arrived.
경찰이 도착하기 전에 그 도둑은 도망쳤다.

3. 과거시제에서 주의할 사항

(1) 과거시제 통제부사

02-07

경기대 2014
가톨릭대 2010
한국외대 2010
한국외대 2009
경기대 2006
총신대 2005
세종대 2003

| ago 전에   yesterday   last night   in 2005   in the 1990's   as early as 1990   then 그때   at that time 그때에   that day 그날   in those days   in the past 과거에   just now 방금   when   ★ 02-16 비교 |

위와 같은 과거를 내포하는 부사(구)가 올 때 동사의 시제는 '과거'를 쓴다.

· The little girl you **saw a moment ago** was my niece.
  The little girl you ~~had seen~~ a moment ago was my niece. (×)
  당신이 방금 전 보았던 소녀가 나의 조카딸이었다.

· His father **was** wounded **last night**.
  His father ~~has been~~ wounded last night. (×)
  그의 아버지는 지난밤에 부상을 입으셨다.

· **Did** you see the actress **yesterday**?
  ~~Have~~ you ~~seen~~ the actress yesterday? (×)
  당신은 어제 그 여배우를 보셨는지요?

  ▷ 'last + 시간명사', 'yesterday'라는 과거시제만 꾸미는 부사가 위치했으므로 현재완료는 틀린 표현이 된다.

(2) 과거의 일을 시간 순서로 나열할 경우 과거시제를 사용해야 한다.

02-08

서울여대 2008

· A stewardess **went** to New York, **took** a room in a cheap hotel, and **spent** a following week.
  A stewardess went to New York, took a room in a cheap hotel, and ~~had spent~~ a following week. (×)
  승무원은 뉴욕으로 가서 저렴한 호텔에서 방을 잡았으며 다음 주를 보냈다.

  ▷ 과거에서부터 발생하는 사건들을 시간순서대로 나열하고 있으므로 '과거 + 과거 + 과거완료' 열거 형태는 틀리다.

예제

다음 빈칸에 들어갈 적절한 것은?

A: Did you visit your sister last weekend?
B: Well, I intended to, but she called up saying she _____ out of town, so
   I went to Chicago instead.

① were   ② would be   ③ shall be   ④ will be

해석 A: 지난주에 여동생을 방문했었니?
        B: 그러려고 했지만 동생이 딴 데 간다고 전화를 해서 대신 시카고에 갔었어.
해설 과거시제에 여동생이 (과거를 기준으로 미래에) 도시를 떠나려고 했으므로 과거에서 바라본 미래(would)가 된다.
정답 ②

1. will과 be going to

(1) 공통점 : 단순히 미래의 추측을 할 때에는 구분하지 않고 쓴다.

- Johns **will** be given some cake.

    = Johns **is going to** be given some cake.

    Johns는 약간의 케이크를 받을 것이다.

(2) 차이점

will	즐거운 마음으로 기꺼이 하려는 '의지와 의도'를 나타내는 미래는 will로만 쓰인다.	
	My mother is distressed, and I **will** help her. 어머니가 속상해 하셔서 내가 도와드릴 거야.	
be going to 동사원형	개인의 예정된 계획을 가리키는 미래는 be going to로만 쓰인다.	
	A: What **are** you **going to** do tomorrow? 내일 뭐 할 거니?(= 뭐 할 계획이니?) B: I **am going to** study. 나는 공부할 거야.(= 나는 공부할 계획이야.)	

2. 의지미래

> 일부 영국영어에서 쓰이는 표현들인데, 화자나 주어의 결심 또는 의지를 나타내거나 상대의 결심과 의지를 확인할 때에 사용된다.
> 과거 일부 영국식 구식 영어이므로 참고만 하자.
> ※ 미국영어에서 shall은 2인칭, 3인칭과 함께 쓰이지 않는다.

	화자(speaker)의 의지	상대방(hearer)의 의지	주어의 의지
1인칭	I will ~하겠다	Shall I 제가 ~할까요?	I will 나는 ~하겠다
2인칭	You shall 당신이 ~하도록 만들겠다	Will you ~하시겠어요?	You will 너는 ~할 것이다
3인칭	He shall 그가 ~하도록 만들겠다	Shall he 그가 ~하도록 할까요?	He will 그는 ~할 것이다

- **You shall** have my answer later. [화자의 의지: 영국 구식 영어]

    나중에 제 대답을 들을 수 있도록 할게요.

- **Will you** show me the way to the station? [상대방의 의지]

    역까지 가는 길을 가르쳐주시겠어요?

- **I will** go there. [주어의 의지]

    나는 그곳에 갈 것이다.

3. 미래시제에서 주의할 구문

(1) It will not be (a) long (time) before S + 현재시제 : 머지않아 ~할 것이다

'It will not be long before S + 현재시제'는 '머지않아 ~할 것이다'라는 표현으로서, before 다음
에 미래시제가 올 수 없으며, before 대신에 when이나 that이 위치해도 틀린 표현이 된다.

- It will not be long **before** she **meets** him.

  = **Soon** she **will** meet him.
  머지않아 그녀는 그를 만날 것이다.

  It will not be long before she ~~will meet~~ him. (×)

  It will not be long ~~when~~ she meets him. (×)

  ▶ before 이하도 결국 시간을 가리키는 시간 부사절이므로 현재시제로 쓰여야 옳다. 또한 before 대신에 when이 쓰일 수도 없다.

> **CHECK** | 'It was not (a) long (time) before S + 과거시제'를 사용하는 경우
>
> - **It was not long before** she **met** him.
>   머지않아 그녀가 그를 만났다.

(2) It will be (a) long (time) before S + 현재시제 : 한참 후에야 ~할 것이다 `02-12`

부정어가 빠진 'it will be (a) long (time) before'도 마찬가지로 before절 안에 현재시제가 와야 한다.

- **It will be long before** she **meets** him.
  한참 후에야 그녀는 그를 보게 될 것이다.

예제

Perhaps it will be a long time _____ from abroad.

① when Tom comes back   ② when Tom will come back

③ before Tom comes back   ④ that Tom come back

⑤ Tom comes back

해석 아마도 오랜 시간이 지나서야 Tom이 외국에서 돌아올 것이다.

해설 'It will be a long time before 주어+현재시제' 표현은 '한참 후에야 ~ 할 것이다'라는 뜻이며, 이 경우 before 대신에 that/when이 쓰일 수 없다.

정답 ③

❹ 완료시제

1. 현재완료 → have + p.p.

현재완료는 과거의 어느 시점에서부터 현재까지의 완료, 결과, 계속, 경험 등을 나타내는 것으로서 'have + p.p.' 형태를 취한다.

(1) 현재완료의 일반적 용법 `02-13`

1) 완료

과거의 불특정한 시점에 이미 끝난 행위 혹은 상태를 설명하며 'just, already' 등과 함께 자주 쓰인다.

- I **have already finished** my homework.
  나는 이미 숙제를 끝냈다.

Chapter 02 시제 **79**

2) 결과

현재완료 '결과'의 용법은 과거에 시작된 행위이지만 그 결과가 현재까지 계속 지속되고 있는 행위 혹은 상태를 가리킬 수도 있다.

· She **has broken** her arm.

= Something bad happened in the past, and still her arm is broken.

그녀는 팔이 부러졌다.

3) 계속

현재완료 '계속'은 과거에 시작되어 현재까지 계속 이어지는 행위 혹은 상태를 가리키며, 'for + 기간' 혹은 'since + 특정 시점'의 부사구와 자주 쓰인다.

· Insung Cho and I **have known** each other **since 2001**.

= Insung Cho and I started to know at 2001. We still know each other.

Insung Cho와 나는 2001년 이후로 서로를 알고 지낸다.

4) 경험

현재완료 '경험'의 용법은 정확한 시점은 언급되지 않지만 과거부터 현재까지 반복된 경험을 가리킬 때 쓰인다. 'ever, never, once, before, many times' 등과 함께 자주 쓰인다.

· I **have never been** to Japan.

나는 일본에 가본 적이 없다.

· She **has been** to Japan **many times**.

그녀는 일본에 여러 번 갔었다.

02-14

계명대 2010

CHECK | have gone to vs. have been to

have gone to는 '~에 가버리다(지금 여기에 없다)'라는 결과를 나타내며, have been to는 '~에 갔다 왔다'라는 경험을 나타낸다.

· She **has gone to** Boston.

그녀는 보스턴으로 가버렸다. (결과)

· She **has been to** Boston.

그녀는 보스턴에 갔다 왔다. (경험)

· I **have been to** Boston.

나는 보스턴에 갔다 왔다. (경험)

~~I have gone to~~ America. (×)

~~You have gone to~~ America. (×)

마지막 두 문장이 틀린 이유는, 주어진 문장 그대로 해석을 하게 되면 '나(당신)는 미국에 가버렸다'가 되어 버리는데, 이것은 '나(당신)는 미국에 가고 지금 여기 없다'라는 엉터리 해석이 되기 때문이다. go는 '여기서 저기로 가버리다'라는 느낌이 강하다. 즉, have gone은 1인칭 또는 2인칭에는 쓰일 수 없다.

(2) 미래완료를 대신하는 현재완료

02-15

시간·조건을 가리키는 부사절속의 시제가 '미래완료'일 경우 미래완료를 쓰지 않고 현재완료를 쓴다.

성균관대 2009
총신대 2005
성균관대 2004
영남대 2004

★ 02-02 참조

· I will lend you the DVD **if** I **have finished** watching it.

I will lend you the DVD if I ~~will have finished~~ watching it. (×)

내가 그 DVD를 다 보고 나면 너에게 빌려줄게.

> 논리상 빌려주는 시점보다 보는 것을 끝내는 것이 이전 시제이므로 미래완료가 타당하겠지만, '시간·조건'을 가리키는 부사절에서는 미래완료 대신 현재완료가 쓰여야 한다. 다음 문장도 마찬가지 맥락이다.

· Please call me **when** you **have met** him.

Please call me when you ~~will have met~~ him. (×)

그를 만나고 나면 나에게 꼭 전화를 해주세요.

(3) 현재완료 시제에서 주의해야 할 용법

1) 현재완료 통제부사(구)

02-16A

한국외대 2010
홍익대 2009
건국대 2007
단국대 2005
총신대 2004
동아대 2003

---

lately(=of late) 최근에   since 과거시점 ~이래로   so far 지금까지   up to now(=till now) 지금까지
for the last/ past three years(=during the last/ past three years) 지난 3년 동안   ★ 02-07 비교

· **I've had** trouble sleeping **lately**.

I ~~had~~ trouble sleeping lately. (×)

난 최근에 잠을 이루는데 고생해 왔어.

· The factory **has been** here **since** the 1970s.

The factory ~~was~~ here since the 1970s. (×)

그 공장은 1970년대 이후 이곳에 있다.

· Ichiro and Lee **have known** each other **for the last two years**.

Ichiro and Lee ~~knew~~ each other for the last two years. (×)

Ichiro와 Lee 씨는 지난 2년간 서로 알고 지냈다.

2) '~한지 ~가 되다' 시간 경과 구문

02-16B

국민대 2012
홍익대 2010

> It is 시간·세월 since S + 과거동사
> = It has been 시간·세월 since S + 과거동사
> = 시간·세월 have passed since S + 과거동사
> = S + 과거동사 + 시간·세월 ago

· **It is four months since** Tom **married** Jenna.

= **It has been four months since** Tom **married** Jenna.

= **Four months have passed since** Tom **married** Jenna.

= Tom **married** Jenna **four months ago**.

It ~~was~~ four months since Tom married Jenna. (×)

Tom이 Jenna와 결혼한 지 4개월이란 세월이 지났다.

> 원칙적으로 'since S + 과거시제(~한 이후로)'와 이어지는 주절의 시제는 현재완료임이 분명하다. 그러나 대명사 it을 이용한 시간경과 구문은 현재시제가 대신 쓰여도 하자가 없는 예외적인 경우이다.

CHECK | Since

1. 원칙

접속사 since가 '~한 이래로'를 뜻할 경우, since 부사절은 과거시제, 주절은 현재완료를 취한다. 이 부분이 출제가 가장 많이 된다. ★ 05-31 참조

· **I haven't played** rugby **since I left** university.
  나는 대학을 떠난 이후로는 럭비를 하지 않았다.

2. 예외

(1) since절 안의 시제가 과거완료일 경우

since절 안의 시제가 과거완료일 경우 주절은 과거 혹은 과거완료 시제로 쓰인다. 혹은 논리상 since의 목적어인 명사가 '과거완료'를 가리킬 경우에도 주절은 과거 혹은 과거완료 시제로 쓰인다.

· **I didn't** play rugby **since I had left** university. (=hadn't played)
  나는 대학을 떠난 이후로는 럭비를 하지 않았다.

· An old person said that he **had lived** in Japan **since retirement**.
  한 노인이 은퇴 후 일본에서 살았다고 말했다.

(2) 기타

주절에 '최상급(the -est), 서수(first), the only'가 있을 경우 주절의 시제는 '현재, 과거, 미래'가 모두 가능하다.

· Eric Clapton **is/ was/ will be the greatest** guitarist **since** Jimi Hendrix.
  Eric Clapton은 Jimi Hendrix 이후 가장 위대한 기타리스트이다/ 이었다/ 가 될 것이다.

3) when 의문문은 현재완료와 함께 쓰이지 못한다. ★ 12-16~18 참조

· **When did** you see him?
  When ~~have you seen~~ him? (×)
  그를 언제 보았니?

2. 과거완료 → had+p.p.

과거완료는 'had+p.p.' 형태를 취하며, 과거의 어떤 때를 기준으로 하여 그 이전부터 상태가 계속되는 것을 말한다. 즉, (과거 이전의) 대과거 시점으로부터 (기준이 되는) 과거 시점까지의 연속 선상에 걸쳐있는 시제를 말한다.

(1) 과거완료의 일반적 용법

1) 완료

과거 이전의 불특정한 시점에 이미 완료한 행위 혹은 상태를 설명하며 'just, already' 등과 함께 자주 쓰인다.

· When students entered the classroom, the lesson **had already begun**.
  학생들이 교실에 들어갔을 때 수업이 이미 시작했었다.

2) 계속

과거완료 '계속'은 과거 이전에 시작되어 과거까지 계속 이어지는 행위 혹은 상태를 가리킨다.

- Jennifer **had lived** here for ten years, when I **saw** her.
  내가 Jennifer를 봤을 때 그녀는 10년 동안 여기서 살았었다.

  ▶ 보았던 과거 시점보다 이전부터 10년 동안 살아왔다는 설명을 하므로 과거완료로 쓰인 경우이다.

3) 경험

과거완료 '경험'의 용법은 정확한 시점은 언급되지 않지만 과거 이전부터 과거까지 반복된 경험을 가리킬 때 쓰인다.

- Until last Saturday, my wife **had** never **visited** Busan.
  지난주 토요일까지만 해도 내 부인은 부산에 방문해 본 적이 없었다.

4) 결과

과거완료 '결과'의 용법은 과거 이전에 끝이 난 행위이지만 과거와 관련된 행위 혹은 상태를 가리킬 수도 있다.

- By the time Sam got to the reception, the wedding **had ended**.
  Sam이 피로연에 방문했었을 때 쯤 결혼식은 끝이 났다.

  ▶ 방문했을 때 쯤 결혼식이 끝이 난 결과를 설명하므로 과거완료로 쓰인 것이다.

(2) 대과거　02-18

대과거는 과거완료와 같은 'had p.p.' 형태를 취하지만, 시간의 연속성 개념은 없으며 과거의 일정시점보다 이전의 한 시점을 말한다. 이 대과거 시제는 과거완료의 완료, 계속 용법과 구분이 되지 않는다.

- She gave me the book which she **had bought** for me.
  그녀는 나를 위해 구입한 책을 주었다.

  ▶ 책을 준 과거 시점보다 한 시제 이전인 구입한 시점을 대과거로 표현하고 있다.

(3) 과거완료 시제에서 주의해야 할 용법

1) 미래동사의 과거완료 시제　02-19

want, hope, wish, expect, remember, forget과 같은 '미래를 내포하는 동사의 과거형 + 완료부정사' 또는 '미래동사의 had p.p. + 단순부정사'는 '~하려 했으나 ~하지 못했다'라는 뜻을 가진 과거에 이루지 못한 소망을 나타낸다.

> 미래동사의 과거 + to have p.p.
> = 미래동사의 had p.p. + to부정사
> = 미래동사의 had p.p. + that절

- I **hoped to have gone** abroad last year. [미래동사의 과거 + to have p.p.]
  = I **had hoped to go** abroad last year. [미래동사의 had p.p.+ to부정사]
  = I **had hoped that** I **would go** abroad last year. [미래동사의 had p.p. + that절]
  = I **hoped to go** abroad last year, **but I couldn't.** [미래동사의 과거 + to부정사, but S + couldn't]
  나는 작년에 해외에 나가고 싶었지만 그러지 못했다.

  첫 번째 문장과 두 번째 문장처럼 '미래동사의 과거시제 + to have p.p.'와 '미래동사의 had p.p.+ to부정사'는 과거의 희망한 것에 대한 이루지 못한 소망을 나타낸다.

  I ~~had hoped to have gone~~ abroad last year. (×)

  ▶ '미래동사의 had p.p. + 완료부정사' 형태는 틀린다.

2) '~하자마자 ~했다' 구문 ★ 05-28 참조

> Hardly(= Scarcely) had + S1 + p.p. + when + S2 + 과거동사
> = No sooner had + S1 + p.p. + than + S2 + 과거동사

- My sister had **hardly(= scarcely)** sat down **when(= before)** the phone rang.

  = **Hardly(= Scarcely)** had my sister sat down **when(= before)** the phone rang.

  = My sister had **no sooner** sat down **than** the phone rang.

  = **No sooner** had my sister sat down **than** the phone rang.

  = **As soon as** my sister sat down, the phone rang.

  = **Directly(= Immediately = Instantly)** my sister sat down, the phone rang.

  = **The moment(= The minute)** my sister sat down, the phone rang.

  = **On** my sister's **sitting** down, the phone rang.

  내 누나가 앉자마자 전화가 울렸다.

My sister hardly ~~sat~~ down when the phone rang. (×)

Hardly(=Scarcely) had my sister sat down ~~than~~ the phone rang. (×)

No sooner had my sister sat down ~~when~~ the phone rang. (×)

No sooner ~~did~~ my sister sit down than the phone rang. (×)

> 주절에 hardly, scarcely가 위치하여 '~하자마자 ~했다'라는 뜻을 전할 경우 주절에 과거시제(sat)는 틀린다. hardly, scarcely는 when 또는 before와 짝이 맞아야 하며, no sooner는 than과 짝이 맞아야 함이 중요하다. 마지막 틀린 문장의 경우, no sooner과 짝을 이루는 than 뒤의 시제가 과거(rang)일 경우 주절은 과거완료가 옳다.

3) '미처 ~하기도 전에 ~ 했다' 구문

> S1 + had not p.p. + 시간/ 거리 + before + S2 + 과거시제

- I **had not gone** one mile before I **felt** thirsty.

  = I **had not gone** one mile when I **felt** thirsty.

  나는 1마일도 가지 않아 갈증을 느꼈다.

4) by the time (that) (~할 때쯤)

by the time (that)은 접속사 역할이 가능하므로 종속절을 이끌 수 있는데, 종속절의 시제가 과거시제일 경우, 주절의 시제는 과거완료가 옳다. ★ 05-28 참조

- By the time we **arrived**, the other guests **had** already **left** there.

  우리가 도착했을 때 쯤, 다른 손님들은 그곳을 이미 떠났었다.

CHECK | **명사절 안의 과거완료 시제**

인식동사 say, think, believe, find가 과거시제일 경우, 그 목적어인 that절 안의 시제는 현재완료가 불가능하다.

- Officials said that prices **had risen**.

  Officials said that prices ~~have risen~~. (×)

  공무원들은 물가가 상승했다고 전했다.

▶ 주절의 동사가 과거일 경우 목적어인 that절 안의 시제는 현재완료가 불가능하다.

---

3. 미래완료

미래의 어떠한 특정시점을 기준으로 그때까지의 행위나 동작의 완료, 경험, 계속을 나타낸다.

(1) 미래완료의 일반적 용법

02-23

- **I will have finished** the work by five o'clock. [완료]
  5시까지 그 일을 끝낼 것이다.

- **I will have read** the book three times if I read it again. [경험]
  그 책을 다시 읽는다면 총 세 번을 읽게 될 것이다.

- It **will have rai**ned for ten days by tomorrow. [계속]
  내일까지 10일 동안 비가 올 것이다.

(2) 미래완료 시제 주의 용법

02-24
중앙대 2005
동국대 2004

1) by + 미래시간: by next month/ next week/ this time

by의 목적어로서 미래 시점이 위치할 경우 주절의 시제는 미래완료가 옳다.

- **I will have written** this book **by next month.**
  다음 달까지는 이 책을 다 쓸 것이다.

2) by the time (that)

02-25
아주대 2005
경기대 2003

by the time (that)은 접속사 역할이 가능하므로 종속절을 이끌 수 있는데, 시간을 나타내는 부사절이 므로 미래시제 대신 현재시제가 쓰인다. by the time이 이끄는 종속절의 시제가 현재시제일 경우, 주절 의 시제는 미래완료가 옳다. ★ 05-28 참조

- **By the time (that) I reach** San Francisco, the weather **will have been** cold.
  By the time (that) I ~~will reach~~ San Francisco, the weather will have been cold. (×)
  내가 샌프란시스코에 도착했을 때쯤이면 날씨가 추울 것이다.

  ▶ **by the time** 또한 '시간'을 가리키는 '구접속사'이므로 부사절 내에 미래시제가 위치할 수 없다.

예제

The population of this country _____ since 1945.

① double   ② has doubled   ③ doubled   ④ shall double

해석 이 나라의 인구는 1945년 이래로 두 배가 되었다.
해설 'since + 특정 시점'은 현재완료만 통제한다.
정답 ②

---

5 진행시제

진행형은 어느 시점에서 어떤 동작이 진행되고 있음을 나타낸다. 진행형은 기본적으로 'be ~ing' 형태를 띤다.

① 현재진행형: am(are, is) ~ing	② 과거진행형: was(were) ~ing
③ 미래진행형: will(shall) be ~ing	④ 현재완료진행형: have(has) been ~ing
⑤ 과거완료진행형: had been ~ing	⑥ 미래완료진행형: will(shall) have been ~ing

1. 현재진행형 → am(are, is) ~ing

(1) 현재 진행 중인 동작

· Jane **is writing** a letter.
　Jane이 편지를 쓰고 있다.

(2) 비교적 긴 시간의 현재 진행

비교적 긴 시간에 걸쳐서 진행 중인 행위를 가리킬 수 있으며, 'more and more/ less and less/ this week/ this year/ this month' 부사와 함께 자주 결합한다.

· He **is getting** up early this week.
　그는 이번 주에 일찍 일어나고 있다.

단국대 2003

(3) 현재에서 예정된 미래

'come, go, start, leave, arrive'와 같은 왕래·발착동사들이 'tonight, tomorrow, next week, this week' 등과 같은 인접한 미래부사구와 함께 쓰여서 진행형으로 표기되면 현재를 기준으로 예정된 미래를 나타낸다. ★ 02-04 참조

· We **are going to** leave for Japan tomorrow. [예정된 미래의 조동사 be going to]
　= We **are leaving** for Japan tomorrow. [예정된 미래]
　= We **leave** for Japan tomorrow. [확정된 미래]
　우리는 내일 일본으로 떠날 것이다.

> CHECK | 그러나 현대영어에서는 왕래·발착동사뿐만 아니라 일반 동사들도 광범위하게 위의 이론이 적용되고 있다.
>
> · He **will meet** a professor next Saturday.
> 　= He **is meeting** a professor next Saturday.
> 　　그는 다음 토요일에 교수님을 만날 것이다.

2. 과거진행형 → was(were) ~ing

(1) 과거 진행 중인 동작

· When we arrived, she **was making** coffee.
　우리가 도착했을 때 그녀는 커피를 만들고 있었다.

(2) 과거에서 예정된 미래

'come, go, start, leave, arrive'와 같은 왕래·발착동사들이 인접한 미래부사구와 함께 쓰여서 진행형으로 표기되면 과거를 기준으로 예정된 미래를 나타낸다.

· He **was going** to leave for Paris **that night**.
　= He **was leaving** for Paris **that night**.
　　그는 그날 밤 파리로 떠날 예정이었다.

3. 미래진행형 → will(shall) be ～ing

미래진행형은 현재의 상황으로 보아 '미래의 한 시점에 진행 중일 행위'를 나타낸다.

- **I'll be living** in San Francisco this time **next year**.
  내년 이맘때면 나는 샌프란시스코에서 살고 있을 것이다.

> **CHECK** | 미래의 시간(next year, tomorrow 등)이 표기되지 않을 경우 미래진행과
> 미래시제는 동일한 의미를 가리킨다.
>
> - **I'll be living** in San Francisco. [미래진행]
>   = **I'll live** in San Francisco. [미래]
>   나는 샌프란시스코에 살 예정이다.

4. 현재완료진행형 → have(has) been ～ing

02-29

현재완료진행형은 어떤 동작이 과거로부터 현재까지 일정기간 계속되었음을 나타낸다.

- They **have been playing** tennis for two hours.
  그들은 두 시간 동안 테니스를 치고 있다.

5. 과거완료진행형 → had been ～ing

02-30

과거완료진행형은 어떤 동작이 대과거로부터 과거까지 일정기간 계속되었음을 나타낸다.

- He **had been living** in Busan before he moved to Seoul two years ago.
  그는 2년 전에 서울로 이사 오기 전에 부산에서 살았다.

6. 미래완료진행형 → will(shall) have been ～ing

02-31

미래완료진행형은 미래의 어느 시점까지 일정한 기간 동안 동작이 계속되는 것을 말한다.

- If it does not clear up tomorrow, it **will have been raining** for five days.
  내일도 날이 개지 않으면 5일 동안 비가 오는 셈이다.

7. 진행형으로 나타내지 않는 동사

(1) 원칙

02-32

계명대 2010
한양대 2009
계명대 2007
광운대 2006
국민대 2005
한국외대 2000

진행형으로 쓴다는 것은 중단이나 반복이 가능하다는 의미이기 때문에 '무의지 상태'를 의미하는 동사들은 원칙적으로 진행형을 쓸 수 없다.

소유·존재	have own belong consist include exist be 존재하다
무의지 지각동사	feel hear see taste smell sound
감정·심리의 상태	love like prefer want hate mind
인식의 상태	know believe think remember forget mean
표면적·계속적 상태	resemble seem appear remain
기타	lack enable matter need measure (치수·길이·양 등이) ～이다

- The watch is belonging to me. (×)

  이 시계는 나의 것이다.

- I'm having a watch. (×)

  나는 시계를 소유하고 있다.

- Salt is existing in the sea. (×)

  소금은 바다에 존재한다.

- Are you seeing the house over there? (×)

  저쪽에 있는 집이 보이십니까?

- I'm thinking he is reliable. (×)

  나는 그가 신뢰할 만하다고 생각한다.

(2) 예외: 진행형이 가능한 경우

02-33
한국외대 2010

1) have가 소유가 아닌 '먹다, 시간을 보내다, 경험하다'라는 뜻으로 쓰일 때

- I am having a good friend/ much time. (×)

  나는 좋은 친구를 가지고 있다./ 많은 시간이 있다.

- I was having a good/ terrific/ hard time. (○)

  나는 즐거운/ 훌륭한/ 힘든 시간을 보내고 있었다.

  > 첫 문장은 '친구가 있다, 많은 시간이 있다'라는 소유의 의미로 쓰였지만, 두 번째 문장은 'have a good/ terrific/ hard time (즐거운/ 훌륭한/ 힘든 시간을 보내다)'라는 '시간을 보내다'라는 의미로 쓰여서 진행이 가능하다.

02-34
총신대 2005

2) 감각동사 중에서 'feel(더듬다), taste(맛을 보다), smell(냄새를 맡다)'라는 뜻으로 쓰일 때

- The milk is smelling sour. (×)

  _{V2}

  그 우유에서 상한 냄새가 나고 있다.

- She is smelling the milk. (○)

  _{V3}

  그녀는 그 우유의 냄새를 맡고 있다.

  > 첫 문장의 smell은 2형식 동사로 쓰인 경우인데, 이렇게 주어의 '상태'를 설명하는 경우 진행형이 불가능하다. 두 번째 문장의 smell은 '그녀에서 우유 냄새가 나고 있다'라는 의미가 아니라, '그녀가 우유 냄새를 맡고 있다'라는 의미로 쓰여서 진행이 가능한 것이다. smell의 의미는 해석에 따라 '주어의 냄새가 ~하게 나다'와 '주어가 ~의 냄새를 맡다'와 같이 두 개로 구분된다.

02-35

3) see, think(타동사)는 진행형이 되지 않지만, 'watch, look at, think of(자동사), consider'는 진행형이 가능하다.

- We were seeing his shadow. (×)

  We were watching his shadow. (○)

  We were looking at his shadow. (○)

  우리는 그의 그림자를 보고 있었다.

02-36
국민대 2005

4) 일시적 상태를 강조하면 상태동사들도 진행형이 가능하다.

  resemble 동사는 진행형이 불가능하지만, 'more and more(점점 더)'와 같은 강조를 나타내는 부사가 오면 진행형이 가능하다. 또한 see 동사도 원칙적으로는 진행형이 되지 않지만, 'see the sights' 처럼 '관광하다'라는 의미로 바뀔 경우 진행형이 가능하다.

- Mary is resembling her mother. (×)

  Mary is resembling her mother more and more. (○) [일시적 상태 강조]

  Mary는 점점 더 어머니를 닮아가고 있다.

- I **am seeing the sights** of New York. (○) ['보다'가 아닌 '관광하다'의 뜻]
  나는 뉴욕을 관광하고 있다.

- This watch ~~is belonging~~ to me. (×)

  This watch **belonging** to him will be mine. (○) [현재분사 구문]
  그의 소유인 이 시계는 내 것이 될 것이다.

예제

> They have been _____ the question for several months.
> ① considering   ② considering about
> ③ discussing about   ④ mentioning about
> ⑤ thinking
>
> **해석** 그들은 수개월 동안 그 문제에 대해 생각했다.
> **해설** ②, ③, ④ consider, discuss, mention은 모두 타동사로서 전치사 없이 목적어를 취한다. ⑤ think는 진행형이 불가
> 능하다. 단, think of(자동사로 전환 시)와 consider는 진행형이 가능하다는 것을 알아두자!
> **정답** ①

6 시제의 일치

1. 주절이 현재시제일 때
02-37

주절이 현재시제일 경우 종속절의 시제는 과거완료를 제외하고 자유롭게 쓰일 수 있다.

- He thinks that it **has snowed**.
  He thinks that it **snowed**.
  그는 눈이 내렸다고 생각한다.

- He thinks that it **will snow**.
  그는 눈이 내릴 것이라고 생각한다.

  He thinks that it ~~had snowed~~. (×)

2. 주절이 과거시제일 때
02-38

고려대 2004

주절이 과거시제일 경우 종속절의 시제는 과거 또는 과거완료를 쓰게 된다.

- He thought that it **had snowed**.
  He thought that it **snowed**.
  He thought that it ~~has snowed~~. (×)
  그는 눈이 내렸다고 생각했다.

  ▶ 주절이 과거시제일 경우 목적어 기능을 하는 that절 안의 시제는 현재완료가 올 수 없다.

❶ 현재시제

01 In general, pilots ① rarely ② concentrated on one particular instrument on the flight deck, but ③ rather check them all ④ at intervals.

02 Stained glass becomes even more beautiful if it _____ because the corrosion diffuses light.
① will age   ② are aging
③ aged   ④ ages

03 When a Third World country ① will try ② to hit America with a missile ③ for ten years, a rudimentary protection system will cost ④ at least $10 billion.

04 ① The world is a very pleasant place ② to live in as soon as we ③ will accept the fact ④ that other people have a right to live ⑤ as well as we.

05 I'll tell him so _____.
① before he would come home   ② if he will come back
③ when he would come back   ④ after he will come home
⑤ when he comes back tomorrow

06 다음 문장 중 어법상 옳지 않은 것은?
① Columbus proved that the earth was round.
② My parents kept on encouraging me to study.
③ Please remember to put out the cat before you go to bed.
④ The hotel has been closed for many years.

01 ② 해석 일반적으로 조종사들은 조종실의 하나의 특정 기계에 집중하기보다는, 이따금씩 기계 전부를 점검한다.

해설 concentrated on → concentrate on
in general이라는 일반적 사실을 가리키는 부사가 왔으므로 현재시제가 옳다.

02 ④ 해석 착색 유리는 부식되면 빛을 발산하기 때문에 시간이 지나면서 더욱 아름다워진다.

해설 if가 이끄는 조건 부사절 안에서는 ① 미래시제가 들어갈 수 없으며, 미래시제를 써야 할 경우라면 ④ 현재시제로 써야만 한다. ② 주어와 수가 일치하지 않으며, ③ 주절의 시제와 일치하지 못한다.

어휘 corrosion 부식   diffuse 분산시키다, 퍼지다

03 ① 해석 제3세계 국가가 미국을 미사일로 10년간 공격하게 될 때 기본적인 방어 체계를 구축하는 것에 적어도 100억 달러의 비용이 들 것이다.

해설 will try → tries
시간과 조건의 부사절 내에서는 미래시제가 쓰일 수 없으며, 현재시제로 대체되어야만 한다.

어휘 rudimentary 가장 기본적인

04 ③ 해석 세상은 우리뿐만 아니라 다른 이들도 살 권리가 있다는 사실을 우리가 받아들이자마자 매우 즐거운 곳이 된다.

해설 will accept → accept
시간을 나타내는 부사절의 경우(as soon as 이하) 미래시제가 쓰일 수 없으며, 현재시제가 쓰이게 된다.

05 ⑤ 해석 그가 내일 돌아오면 그렇게 전해드릴게요.

해설 before/ when/ after 모두 시간을 나타내는 종속접속사이므로 이하에 미래시제를 쓰지 못하며 현재시제로 써야 한다. ② if 또한 조건을 나타내는 종속접속사이므로 마찬가지이다.

06 ① 해설 was → is
지구가 둥근 것은 불변의 진리이므로 기준시제가 무엇이든 간에 현재시제로 쓰여야 한다.

2 과거시제

07   ① Years ago the people of what is now the Pacific Northwest ② begins to develop an economic system ③ based ④ mostly on fishing.

08   ① Born in Massachusetts in 1852, Albert Farbanks ② has begun ③ making banjos in Boston in ④ the late 1870s.

09   ① According to a new *Time* poll, more than six in ten Americans ② have bought organic products last January. A lot of us ③ have bought an energy-efficient lightbulb ④ too.

10   I ① thought that ② this moment had arrived, but suddenly I ③ had noticed before me ④ an utterly different ⑤ sight.

11   다음 대화에서 어법상 틀리거나 어색한 부분은?
   ① A: When have you come back from your trip?
   ② B: Two days ago.
   ③ A: How was the trip? Did you enjoy every moment of it?
   ④ B: Of course, I did.

07 ②

해석 지금은 북서태평양인 곳의 주민들은 대체로 어업에 기반을 둔 경제 시스템을 수년 전에 개발하기 시작했다.

해설 begins → began
ago는 다른 시간명사(years)와 결합하여 과거시제를 통제한다.

08 ②

해석 1852년에 매사추세츠에서 태어난 Albert Farbanks는 1870년대 후반에 보스턴에서 밴조를 만들기 시작했다.

해설 has begun → began
in the late 1870s라는 과거시제 통제부사가 있으므로 과거시제가 옳다.

어휘 banjo 밴조(목이 길고 몸통이 둥근 현악기)

09 ②

해석 <Time>의 새로운 여론조사에 따르면 미국인 10명 중 6명 이상이 지난 1월에 유기농 상품을 구입했다고 한다. 우리들 중 다수는 또한 에너지 절약형 전구를 구입했다.

해설 have bought → bought
'last + 과거시점'이 나오면 주절의 시제는 현재완료시제가 아니라 과거시제가 옳다.

어휘 organic 유기농의   energy-efficient 에너지 절약형의, 연료 효율이 좋은

10 ③

해석 이 순간이 왔다고 생각했다. 그런데 갑자기 완전히 다른 광경이 내 앞에 펼쳐져 있는 것을 깨달았다.

해설 had noticed → noticed
접속사 but에 의해 단순히 시간의 발생 순서를 언급할 때에는 시제를 일치시킨다.

어휘 utterly 완전히

11 ①

해설 have you come → did you come
when이 의문문으로 쓰일 경우 현재완료시제는 쓰일 수 없으며, 과거시제로 쓰여야 한다.

12   **다음 빈칸에 들어갈 적절한 것은?**

A: Do you have any toothpaste left?
B: No, but I _____ some for you when I go downtown.

① will get   ② have got
③ am getting   ④ get

13   We need ① more effective ways of ② dealing with the labor movement ③ or the situation ④ gets worse.

14   Taylor is cleaning the house because he _____ a birthday party.

① have   ② will have
③ will have had   ④ is going to have

15   Have you ever been to America _____?

① before   ② prior
③ ago   ④ previous

16   ① Learning a foreign language is especially difficult for ② those who ③ had never learned ④ one before.

17   The world-famous painting has been hanging on the wall _____.

① for a little while   ② ever since his son's death
③ in 1978   ④ many an year ago

12 ①   해석   A: 치약 남아 있니?

                B: 없어. 하지만 시내에 갈 때 몇 개 사다 줄게.

         해설   현재는 없다(No)고 대답을 했으므로, (미래에) 사다 준다는 내용이 적합하다.

13 ④   해석   우리는 노동 운동에 대처하는 보다 효율적인 방법이 필요하다. 그렇지 않다면 상황은 더 악화될 것이다.

         해설   gets → will get

                문맥상 현재 시점에서 방법을 못 찾아낸다면 미래에 악화될 것이라는 내용이 알맞다.

14 ④   해석   Taylor는 생일 파티를 열려고 집을 청소하고 있다.

         해설   청소를 하고 있다는 것은 생일 파티 개최가 예정되어 있음을 알 수 있다. 따라서 예정된 일(파티 개최)에 대한 미래를 가리키는 be going to가 옳다.

15 ①   해석   이전에 미국에 갔다 온 적이 있니?

         해설   현재완료 · 과거 · 과거완료 모두에 쓰이는 부사는 before가 옳다.

16 ③   해석   외국어를 공부하는 것은 전에 외국어를 공부해 본 경험이 없는 이들에게는 특히나 힘들다.

         해설   had → have

                주절의 시제가 현재시제일 경우 종속절에 과거완료는 위치할 수 없다. 따라서 경험을 나타내는 현재완료가 옳다.

17 ②   해석   그의 아들이 죽은 이후 세계적으로 유명한 그림이 벽에 걸려 있었다.

         해설   ③, ④의 'in + 연도'와 '시간명사 + ago'는 과거시제를 통제하는 부사이므로 현재완료가 어울리지 않으며, ①은 '잠깐(for a little while) 걸려 있었다'라는 내용이 되어 상대적으로 부적절하다.

18 It has ① always been thought ② that cell mutation ③ is a random event; however, geneticists ④ find evidence to the contrary over the past two years.

19 _____ reached shelter when the storm broke.
① Hardly they   ② Hardly they had
③ Hardly had they   ④ They hardly have

20 The system could not meet the needs of a population which _____, between 1831 and 1871, from fourteen million to nearly twenty three.
① had risen   ② had rised
③ has rose   ④ has risen
⑤ has been rising

21 The euro is ① not new: ② it's used in electronic dealings and ③ by banks and international ④ firms since July 1997.

22 다음 중 문법적으로 틀린 문장은?
① When my visitor arrives, will you please send him in?
② In the last few years, baseball has become more popular than football in Korea.
③ It is a long time since we talked to her.
④ It has been three years since we have left Seoul.
⑤ They left the city in 1987 and have lived here since then.

23 The poor listener thinks he ① had done his duty when he has said his piece to the best of his ability, ② but the good listener is ③ as keen on his work after he has spoken as ④ while he was speaking.

96

18 ④   해석 세포의 돌연변이는 항상 우연적인 사건이라고 여겨져 왔지만, 유전학자들은 지난 2년 동안 그것과 반대되는 증거를 발견했다.

        해설 find → have found
          'over the past ~'라는 현재완료 통제부사구가 있으므로 시제 또한 현재완료시제가 옳다.

        어휘 mutation 돌연변이   geneticist 유전학자

19 ③   해석 그들이 오두막에 다다르자마자 폭풍이 몰아쳤다.

        해설 They had hardly reached shelter when the storm broke.
          = Hardly had they reached shelter when the storm broke.
          '주어 + had hardly p.p. when/ before + 주어 + 과거시제'는 '~하자마자 ~했다'라는 구문으로서,
          hardly가 문두로 위치하면 의문문처럼 도치가 발생한다.

20 ①   해석 그 제도는 1831년부터 1871년 사이에 1,400만에서 거의 2,300만까지 증가한 인구의 수요를 충족시킬 수 없었다.

        해설 충족을 못 시킨 시점이 과거(could)이므로, 그 대상인 인구의 증가는 과거 이전인 과거완료가 옳다.
          rise의 시제 변화는 'rise-rose-risen' 형태를 취한다.

21 ②   해석 유럽 화폐단위는 새로운 게 아니다. 1997년 7월 이후로 은행과 국제 사업체들이 전자 상거래에서 이용해왔다.

        해설 it's used → it's been used
          'since + 특정 시점'은 현재완료를 통제하며, '유럽 화폐단위'와 '이용하다'의 관계는 수동이므로 현재완료 수동태가 옳다.

22 ④   해설 have left → left
          since절이 '~한 이후로'라는 의미로 쓰일 경우에는 since 종속절은 과거시제가 옳다.

23 ①   해석 서투른 경청자는 자신의 최대치 능력까지 의견을 밝혔을 때 자신의 의무를 이행했다고 생각한다. 그러나 훌륭한 경청자는 자신이 말하고 있던 동안 그랬던 것처럼 자신이 말한 뒤에도 자신의 일(= 경청)에 대해서 열중한다.

        해설 had done → has done
          주절의 시제가 현재(thinks)일 경우 목적어인 명사절 안의 시제는 과거완료가 쓰일 수 없다. 따라서 현재완료가 옳다.

        어휘 say one's piece 할 말을 하다

24   I had hoped ① to have learned French before my trip ② to Paris, but ③ I did not have any ④ extra money for a course.

25   No sooner ① had we sat ② cross-legged on the dining mats ③ when I began ④ to receive the first smiles and laughter of the day.

26   Smith ① didn't go two miles when he ② arrested one ③ of the suspected persons for raping his daughter, and Smith cried to him to know ④ if he had seen the true culprit.

27   Only three or four minutes _____ after the patient's arrival in the emergency room when Dr. Lee took charge of his case.
      ① had passed   ② were passing
      ③ have passed   ④ had been passed

28   ① By the time he retires, ② professor Parlmer ③ will be teaching here ④ for over thirty five years, but his classes ⑤ are never dull.

29   Returning from the hospital, mother says father _____ in the hospital for half a year by the end of this month.
      ① has been   ② will has been being
      ③ will have been   ④ is

30   문법적으로 올바른 문장은?
      ① I have finished my work an hour ago.
      ② When have you returned from the journey abroad?
      ③ If it is fine tomorrow, I will go fishing.
      ④ I told my teacher that I left my books at home.

24 ①   해석 파리로 떠나기 전에 나는 불어를 공부하기를 희망했다. 그러나 나는 강의를 들을 여분의 돈이 없었다.

해설 to have learned → to learn

'want, hope, wish, expect, remember, forget' 동사를 이용하여 과거에 이루지 못한 소망을 나타낼 때에는, '미래동사의 과거형 + 완료부정사 또는 미래동사의 had p.p. + 단순부정사' 형태가 옳을 뿐, '미래동사의 had p.p. + 완료부정사' 형태는 틀린다.

25 ③   해석 우리가 식당 매트에 다리를 포개고 앉자마자 나는 하루의 첫 미소와 웃음을 받기 시작했다.

해설 when → than

'No sooner + had + S1 + p.p. + than + S2 + 과거시제'로서 'S1이 ~하자마자 S2가 ~했었다'라는 뜻을 갖는다. when이 아닌 than이 옳다.

어휘 **cross-legged** 책상다리를 하고

26 ①   해석 그녀의 아버지인 Smith는 2마일도 가지 않아서 자신의 딸을 강간한 용의자 중 한 명을 잡아서 진범이 누구인지 아느냐고 그에게 소리쳤다.

해설 didn't go → hadn't gone

'S1 + had not p.p. + 시간/ 거리 + before/ when + S2 + 과거시제' 구문은 '미처 ~하기도 전에 ~하다'라는 구문으로서 주절의 시제는 과거완료이어야 옳다. 주의할 점은 부드러운 해석을 위해서 주절부터 종속절로, 앞에서 뒤로 해야 한다는 것이다.

어휘 **suspected** 의심나는   **rape** 강간하다   **culprit** 범죄자, 범인

27 ①   해석 Lee 박사가 그의 환자를 맡게 된 것은 환자가 응급실에 도착한 후 딱 3~4분이 지났을 때였다.

해설 의사가 환자를 돌본 시점이 과거시제라면, 그 환자가 응급실에 도착한 것은 그 이전이다. 따라서 과거완료가 옳다. pass 동사는 시간명사(three or four minutes)와 결합할 경우 자동사로만 쓰이므로 수동태가 될 수 없다.

어휘 **take charge of** ~을 맡다, ~을 책임지다   **case** 병(증)

28 ③   해석 Parlmer 교수가 은퇴할 때쯤이면 그는 여기서 35년 이상 가르치는 것이 될 것이다. 그러나 그의 수업은 결코 지루하지 않다.

해설 will be teaching → will have been teaching

by the time은 접속사 역할(~할 때 쯤)을 할 수 있으며, 시간을 나타내는 부사절은 미래시제 대신 현재시제가 쓰이므로 by the time절의 시제 속뜻은 미래시제임을 알 수 있다. 이렇게 by the time 종속절의 시제가 현재시제일 경우, 주절의 시제는 미래완료를 취하게 된다.

29 ③   해석 병원에서 돌아오신 어머니는 아버지가 이달 말까지 반 년간 병원에 있어야 할 것이라고 말씀하신다.

해설 'by the end of + 미래시점'은 미래완료시제의 동사를 필요로 한다.

30 ③   해설 ① have finished → finished

'시간명사 + ago'는 과거시제만 이긋다.

② have you returned → did you return

when 의문문 내에서는 현재완료시제는 쓸 수 없으며, 과거시제가 옳다.

④ left → had left

선생님에게 설명을 한 시점이 과거(told)이므로 책을 두고 온 사실은 그 이전인 과거완료가 옳다.

31   ① Despite many arguments ② against the idea, Al Martin ③ is still believing that men are ④ much superior to women.

32   Peterson was having _____ ten years ago.
   ① plenty of time   ② so much money
   ③ a big company   ④ a terrific time

33   A: Was the driving pleasant when you vacationed in Mexico last summer?
   B: No, it _____ for four days when we arrived, so the roads were very muddy.
   ① was raining   ② would be raining
   ③ had been raining   ④ have rained

34   문법적으로 가장 어색한 문장을 고르시오.
   ① The red car is belonging to me tomorrow.
   ② By the end of the 1920s, women in the United States had won the right to vote.
   ③ That tree is going to fall tomorrow.
   ④ By the year 2030, the information of superhighway will have become accessible to all.

35   다음을 영어로 가장 적절히 옮긴 것은?

오전 내내 그녀에게 전화를 했었지만 아직 통화하지 못했다.

   ① I ringed her all morning but so far I was not able to get in touch.
   ② I ringed her all morning but so far I haven't been able to get in touch.
   ③ I have been ringing her all morning but so far I was not able to get through.
   ④ I have ringed her all morning but so far I haven't been able to get through.
   ⑤ I have been ringing her all morning but so far I haven't been able to get through.

31 ③ 해석 그 생각과 반대되는 많은 주장들에도 불구하고, Al Martin은 남자가 여자보다 훨씬 더 뛰어나다고 여전히 믿고 있다.

해설 is still believing → believes
believe는 진행형이 불가능한 동사이다. 따라서 단순 현재시제로 바꾸어야 한다.

32 ④ 해석 Peterson은 10년 전에 즐거운 세월을 보내고 있었다.

해설 ① have의 목적어로서 단순히 시간(time)이 오면 소유의 의미로 쓰여서 진행형이 불가능하지만, ④ time 앞에 a terrific/ hard/ good이 위치하면 have의 의미가 경험으로 바뀌어서 진행형이 가능해진다. ②, ③도 소유의 의미가 되므로 have는 진행형이 불가능하다.

33 ③ 해석 A: 작년 여름에 멕시코에 휴가를 갔을 때 운전이 즐거웠니?
B: 아니, 우리가 도착했을 때 나흘 동안 비가 오고 있었어. 그래서 길이 너무 질척거렸어.

해설 종속절의 시제가 과거시제(arrived)이고 'for + 기간'이 나왔다. 따라서 이전부터 도착할 때까지 계속 비가 내리고 있었음을 알 수 있으므로 과거완료 진행형이 옳다.

어휘 muddy 진창인, 진흙투성이인

34 ① 해설 is belonging → will belong
belong은 진행형이 불가능한 자동사이다.

어휘 information superhighway 초고속 정보 통신망

35 ⑤ 해설 so far는 현재완료 통제부사어구이며, '아직 통화하지 못했다'라는 내용은 '지금까지도 전화를 하고 있는 것'을 말한다. 또한 ring 동사는 'ring-rang-rung'으로 변화하게 된다.

어휘 get in touch with ~와 연락하다, ~와 접촉하다   get through 연락이 닿다

GRAMMAR
HUNTER

GRAMMAR
HUNTER

03 수동태

❶ 수동태의 개념

능동태는 주어가 '~하다'라는 의미를 가지므로 주어가 행위의 주체가 되는 반면, 수동태는 주어가 '~되다, 당하다'의 의미를 가지므로 주어가 행위의 대상이 된다. 즉, 능동태는 '타동사 + 목적어'의 구조를 취하며, 수동태는 능동태의 목적어를 주어로 삼고 동사는 'be + 과거분사'의 구조를 취하게 된다. 수동태에서 능동태의 주어는 'by + 명사' 형태로 나타낸다.

- I respect **the professor.** [능동태]
  S V3   O

- The professor **is respected** by me. [수동태]
  그 교수님은 나에 의해 존경받고 있다. (나는 그 교수님을 존경한다.)

❷ 수동태의 시제

시제	능동태	수동태
현재	She **writes** a letter.	A letter **is written** by her.
과거	She **wrote** a letter.	A letter **was written** by her.
미래	She **will write** a letter.	A letter **will be written** by her.
현재완료	She **has written** a letter.	A letter **has been written** by her.
과거완료	She **had written** a letter.	A letter **had been written** by her.
미래완료	She **will have written** a letter.	A letter **will have been written** by her.
현재진행	She **is writing** a letter.	A letter **is being written** by her.
과거진행	She **was writing** a letter.	A letter **was being written** by her.

※ 현재완료진행형, 과거완료진행형, 미래완료진행형의 수동태가 실제에서 쓰이는 경우는 거의 없다.

❸ 수동태를 쓰는 경우

1. 동작을 당하는 대상을 강조할 때

동작의 행위자(능동태의 주어)보다 '동작을 당하는 대상'을 강조하고 싶을 때 수동태로 쓰인다.

- This car **was designed** by Dylan.
  이 차는 Dylan에 의해 디자인되었다.

  ▶ 차를 디자인한 Dylan이라는 주어보다 Dylan이 디자인한 이 차(this car)를 강조하고 싶은 경우이다.

2. 동작의 행위자를 알 수 없을 때

03-04

동작의 행위자(능동태의 주어)가 불분명하거나, 쉽게 밝히기 어려울 때 또는 굳이 밝힐 필요가 없는 일반인일 경우 수동태로 쓰인다. 수동태는 이러한 경우에 많이 쓰이다 보니, 'by + 명사'가 쓰이는 경우는 상대적으로 적다.

- **Many soldiers were killed in Iraq war.**
  많은 군인들이 이라크 전에서 전사했다.

- **Africa is not well supplied with food.**
  아프리카는 식량 공급이 잘 되지 않는다.

  ▶ 위 두 문장의 경우 '누가 죽었는지' 또는 '누가 식량 공급을 못 하는지' 그 행위자를 분명히 밝히기 어려우므로 수동태 문형으로 쓰였다.

3. 감정을 나타내는 경우

03-05

사람의 감정 · 상태를 나타내는 동사들의 경우 수동태로 많이 쓰인다.

- **She was alarmed at the news.**
  그녀는 그 소식에 놀랐다.

- **I was disappointed with his idleness.**
  나는 그의 게으름에 실망했다.

▣ 수동태로의 전환

1. 3형식 구문의 수동태

(1) 일반적인 형태 → be + p.p.

03-06A

능동태의 목적어가 수동태의 주어가 되며, 'be p.p.' 형태를 취하게 된다. 이 경우 '주어 + 동사 + 목적어'에서 '목적어'가 사라지므로 '주어 + 동사'만 남게 된다. 즉, 1형식 문장이 성립된다. ★ 01-52~68 참조

- **The committee discussed the bill.** [3형식]
      S   V   O
  → **The bill was discussed** by the committee. [1형식]
        S   V   부사구
  그 위원회는 그 법안을 논의했다.

03-06B

CHECK | 중요 3형식 동사의 수동태 구문

능동태	수동태
blame A for B A를 B 때문에 비난하다	A is blamed for B A는 B 때문에 비난을 받다
prevent A from B A를 B로부터 금지하다	A is prevented from B A가 B의 금지를 당하다
rob A of B A에게서 B를 빼앗다	A is robbed of B A가 B를 빼앗기다
remind A of B A에게 B를 상기시키다	A is reminded of B A가 B를 기억하다
ascribe A to B A의 탓을 B에게 돌리다	A is ascribed to B A의 탓은 B이다

- TK telecom **is prevented from** signing new subscribers.
  TK 텔레콤은 신규가입이 금지된다.

- Suddenly I **am reminded of** the school days.
  학창시절이 문득 기억난다.

(2) 목적어가 that절인 수동태

일반인 주어(we/ they/ people 등)가 say 및 think, believe, expect, suppose와 같은 인식류 동사를 취하여 that절을 목적어로 취할 수 있다.

※ that절이 수동태의 주어로 쓰이는 것을 피하는 것이 현대영어의 특성이다 보니, 이 구문의 수동태는 it을 가주어로 위치시키거나, 또는 that절 안의 주어를 주절의 주어로 위치시킨 수동태가 가능하다. ★ 01-51, 10-30, 19-13 참조

> 일반인주어 + say + that S2 +V2 ~
> = It is + said/ thought/ believed/ expected/ supposed + that S2 + V2 ~
> = S2 is + said/ thought/ believed/ expected/ supposed + to부정사 (V2)

- **People say that** the taste of love **is** bitter.
  = **It is said that** the taste of love is bitter.
  = **The taste of love is said to be** bitter.
  사랑의 맛은 쓰다고 전해진다.

  that절이 수동태의 주어로 쓰는 것을 피하므로, that절이 목적어인 문장을 수동태로 전환할 경우에는 that절 대신 가주어 it이 수동태의 주어로 위치한 후, 'be p.p.' 이하에 진주어 that절을 위치시킨다. 아래 예문도 마찬가지 맥락이다.

- **We think that** language **is** the source of human life and power.
  = **It is thought that** language **is** the source of human life and power.
  = **Language is thought to be** the source of human life and power.
  언어는 인간의 삶과 힘의 근원이라고 여겨진다.

> **CHECK** | 가주어 it을 이용한 수동태의 경우 tell을 사용할 수 없다.
>
> It ~~is told~~ that politics is the art of the possible. (×)
>
> ▶ 가주어 it이 위치했을 때 수동태로 전할 경우, '말하다'의 뜻을 전하는 say와 tell 중 say만이 가능하다.

예제

A telephone _____ in your office next week.
① installed
② will install
③ will be installed
④ installs
⑤ is being installed

해석 전화기는 다음 주에 당신의 사무실에 설치될 것입니다.
해설 '전화기'와 '설치하다(install)'의 관계는 수동이므로 ①, ②, ④는 틀리며, next week이라는 미래시제 부사가 있으므로 ⑤ 현재시제는 틀리다.
정답 ③

2. 4형식 구문의 수동태

(1) 간접목적어와 직접목적어 모두 수동태의 주어로 쓰이는 경우

03-08

4형식 동사의 목적어는 간접목적어와 직접목적어로 구성되어 있으므로, 원칙적으로 간접목적어와 직접 목적어를 모두 수동태의 주어로 만들 수 있다. 즉, '주어 + 동사 + 간·목 + 직·목' 구문에서 '간·목'과 '직·목' 모두 원칙적으로는 수동태의 주어가 될 수 있다. 따라서 4형식 문형의 수동태는 3형식이 성립 된다. ★ 01-69~75 참조

· Pat gave me some English books.

= **I was given some English books** by Pat.
   S   V   O   전치사구

= **Some English books were given me** by Pat.
              S   V   O   전치사구

나는 Pat에게서 몇 권의 영어책을 받았다.

▶ 간접목적어였던 me와 직접목적어였던 some English books가 수동태의 주어로 둘 다 쓰일 수 있다.

03-09

> **CHECK** | 대부분의 4형식 동사들은 3형식 또한 가능하므로 3형식에서 수동태로 전환된 경우에는 1형식이 된다.
>
> · Pat gave some English books to me. [3형식]
>   S   V   O   전치사구
>
> = Some English books were given to me by Pat. [1형식]
>   S   V   전치사구 전치사구

(2) 직접목적어만 수동태의 주어가 가능한 동사

03-10

3형식 문형이 되었을 경우, 간접목적어 앞에 전치사 for가 위치하는 동사들과 간접목적어 앞에 전치사 to가 위치하는 동사들로 분류할 수 있다. ★ 01-70~71 참조
※ 4형식의 수동태만 익히면 될 뿐 그다지 중요한 부분이 아님.

① 간접목적어 앞에 전치사 for가 오는 동사	buy get read make
② 간접목적어 앞에 전치사 to가 오는 동사	bring send hand sell write

· Mother made daughters dolls.

= **Dolls were made (for) daughters** by mother.

~~Daughters~~ were made dolls by mother. (×)

어머니는 딸들에게 인형을 만들어주셨다.

> 간접목적어인 daughters를 수동태의 주어로 전환시킬 경우 daughters가 '만들어지는 것'이므로 해석상 어색해서 틀린 문장이 된다. 아래의 예문도 마찬가지 맥락이다.

· I wrote her a letter.

= **A letter was written to her** by me.

~~She~~ was written a letter by me. (×)

나는 그녀에게 편지를 썼다.

▶ 그녀가 써질 수는 없는 논리이므로 틀린 문장이다.

(3) 간접목적어만 수동태의 주어가 가능한 동사

간접목적어만 수동태의 주어가 될 수 있는 동사: answer, call, kiss, save, envy

※ 4형식의 수동태만 익히면 될 뿐 그다지 중요한 부분이 아님.

- Sally kissed me good-by.

  = **I was kissed good-by** by Sally.

  ~~Good-by~~ was kissed me by Sally. (×)

  Sally는 나에게 작별 키스를 해주었다.

  > 직접목적어인 good-by가 수동태의 주어로 전환될 경우, 결국 good-by가 '키스되어지는 것'이므로 해석상 어색해서 틀린 문장이 된다.

예제

My wife was not upset when she ① was dismissed from her job because she ② had told, ③ when hired, that it was ④ only a temporary office.

해석 내 와이프는 고용 당시에 임시직이라고 들었기 때문에, 해고되었을 때 속상해 하지는 않았다.

해설 had told → had been told

tell 동사는 that절을 바로 목적어로 취할 수 없으며, 이하의 that절을 들었다는 내용이 되어야 하므로 수동태가 적합하다.

정답 ②

---

3. 5형식 구문의 수동태

5형식 문형의 능동태가 목적어를 수동태의 주어로 삼아 수동태 문형이 이루어지면, 5형식 문형이 2형식 문형으로 이루어진다. 이 경우 그 보어의 형태가 바로 수험대상이 된다.

(1) 형용사/명사가 보어인 경우 → be + p.p. + 형용사/명사

목적보어로 형용사 또는 명사를 두는 'call, leave, render, create'와 같은 동사들은 'be called/ left/ rendered/ created + 형용사/명사' 형태를 취하게 된다. 형용사 대신에 부사가 오면 틀리는 점을 조심할 것! ★ 01-77 참조

- If the baby is a boy, the couple **call** him **William**.

  = If the baby is a boy, he will **be called William** by the couple.

  아기가 남자애라면 그 부부는 아기를 William을 부를 것이다.

- Tsunami **rendered** thousands of people **homeless**.

  = Thousands of people **were rendered homeless** by Tsunami.

  쓰나미로 인해 수천 명의 사람들이 집을 잃었다.

(2) as + 형용사/명사가 보어인 경우 → be + p.p. + as + 형용사/명사

> regard 유형의 동사들은 수동태가 될 경우 'be p.p. as' 구조를 취하며 'think of' 같은 구동사가 수동태로 전환 시에는 전치사 as가 탈락되어서는 안 된다. ★ 01-78 참조

능동태	수동태
① look upon A as B	A is looked upon as B
② refer to A as B	A is referred to as B

③ think of A as B	A is thought of as B
④ speak of A as B	A is spoken of as B

- I **thought of** you **as** unfair.
  - = I **thought** you **to be** unfair.
  - = You **were thought of as** unfair.
  - = You **were thought to be** unfair.
  - = You **were thought** unfair.
    나는 당신이 불공정하다고 생각했다.

- People **refer to** him **as** 'Doctor Khee.'
  - = He **is referred to as** 'Doctor Khee.'
    사람들은 그를 Khee 박사라고 언급한다.

  You ~~were thought of~~ unfair. (×)
  He ~~is referred as~~ 'Doctor Khee.' (×)

  ▶ 5형식 문형을 취하는 구동사가 수동태 전환 시에는 전치사가 누락되면 틀린다.

(3) to be 형용사/ 명사가 보어인 경우 → be + p.p. + (to be) + 형용사/ 명사

03-14
총신대 2005
가톨릭대 2005
경기대 2004

think 유형의 동사는 'be thought/ believed/ found (to be) 형용사/ 명사' 형태를 취한다. 이때 to be는 생략되어도 무방하다. 단, know 유형의 동사는 to be를 생략할 수 없다. ★01-79 참조

- I **believed** you **(to be)** unfair.
  - = You **were believed (to be)** unfair (by me).
    나는 당신이 불공정하다고 믿었다.

- I **know** the story **to be** true.
  - = The story **is known to be** true (by me).
    나는 그 이야기를 사실로 알고 있다.

(4) to부정사가 보어인 경우 → be + p.p. + to부정사

03-15
단국대 2004

목적보어에 to부정사를 취하는 타동사의 수동태는 'be p.p. to부정사' 형태를 취한다. ★01-81참조

- I **told** you **to be** here on time this morning.
  - = You **were told to be** here on time this morning by me.
    나는 너에게 오늘 아침 시간에 맞춰 여기 있으라고 말했다.

- Law **obliges** parents **to send** their children to school.
  - = Parents **are obliged to send** their children to school by law.

  Parents are obliged ~~sending~~ their children to school by law. (×)
  법률은 부모들이 그들의 자녀를 학교에 보내도록 강요하고 있다.

  ▶ oblige는 목적보어에 to부정사를 취하기 때문에 수동태 전환 시에도 to부정사가 옳다.

(5) 지각동사 및 유지동사의 수동태

1) 보어에 동사원형이 위치한 경우 → be + p.p. + to부정사 ★01-82 참조

03-16

능동태 문장에서 목적보어에 지각동사나 유지동사의 동사원형이 오는 경우에는 수동태 전환 시 그 목적보어가 to부정사로 전환된다.

- I **saw** her **enter** the building.

  = She **was seen to enter** the building by me.

  She was seen ~~enter~~ the building by me. (×)

  나는 그녀가 그 건물에 들어가는 것을 보았다.

03-17
동국대 2006

2) **보어에 현재분사 또는 과거분사가 위치한 경우** → be + p.p. + ~ing/p.p.

능동태 문장에서 목적보어에 현재분사 또는 과거분사가 위치한 경우 수동태 전환 시 그 목적보어는 현재분사와 과거분사 형태 그대로 쓰이게 된다. ★ 01-82/85 참조

- I **saw** her **entering** the building.

  = She **was seen entering** the building by me.

  나는 그녀가 그 건물에 들어가고 있는 것을 보았다.

- She **caught** him **staring** at her.

  = He **was caught staring** at her by her.

  그녀는 그가 자신을 보고 있음을 눈치챘다.

- I **saw** her car **stolen**.

  = Her car **was seen stolen** by me.

  나는 그녀의 차가 도난당하는 것을 목격했다.

03-18

(6) 사역동사의 수동태 ★ 01-83 참조

① make	→ be made to부정사
	능동태 문장에서 목적보어로 있던 동사원형은 to부정사로 전환된다.
② have	→ be asked/ forced to부정사
	사역동사로서의 have는 수동태가 불가능하며 be asked to부정사 또는 be forced to부정사로 전환된다.
③ let	→ be allowed/ permitted to부정사
	let 동사 또한 have와 마찬가지로 수동태가 불가능하여 be allowed to부정사 또는 be permitted to부정사 형태로 전환된다. cf. let 동사의 목적어 뒤에 'out, off' 같은 부사어구가 위치하면 'be let'의 형태로 수동태 전환이 가능하다. ex) She **was let off** with a warning. 그녀는 경고만 받고 풀려났다.

- I **made** her **enter** the building. 나는 그녀에게 그 건물에 들어가라고 시켰다.

  = She **was made to enter** the building by me.

  She was made ~~enter~~ the building by me. (×)

- A clerk **had** her **buy** this car. 점원은 그녀가 이 차를 사게끔 했다.

  = She **was asked/ forced to buy** this car by a clerk.

  She ~~was had~~ to buy this car by a clerk. (×)

- Jane **let** me **go**. Jane은 날 가도록 해줬다.

  = I **was allowed/ permitted to go** by Jane.

  I ~~was let~~ to go by Jane. (×)

  5형식 동사의 수동태 전환 시 목적보어가 동사원형(R) 그대로 오는 경우는 없다. 또한 have와 let 동사는 'be had, be let' 형태로 수동태 전환이 불가능하다.

(7) 명령문의 수동태 → 명령문의 수동태는 let으로 시작한다. 03-19

- Do it at once.

  = **Let** it be done at once.
  즉시 시작하자.

예제

J. Robert Oppenheimer, who was perhaps the most brilliant nuclear physicist in the 20th century, _____ "the father of the atomic bomb."

① often referring as   ② often refers as

③ is often referred to   ④ is often referred as

⑤ is often referred to as

해석 아마도 20세기의 가장 뛰어난 핵물리학자였던 J. Robert Oppenheimer는 종종 "원자폭탄의 아버지"로 불리어진다.

해설 refer to A as B 구문이 수동태로 전환 시 'A be referred to as B' 구문을 취하며, 빈도부사 often은 be 동사 뒤에 위치한다.

정답 ⑤

5 수동태가 불가능한 경우

1. 자동사는 수동태가 불가능하다.

1·2형식 자동사는 단독으로 목적어를 취할 수 없으므로 수동태가 불가능하다. ★01-01-49 참조

03-20
중앙대 2014
경기대 2014

- He ~~was seemed~~ to be a student. (×)
- Much money ~~was disappeared~~. (×)
- An officer ~~has been refrained~~ from criticizing the government in public. (×)
- The islands ~~are belonged~~ to Spain. (×)

2. 일부 타동사

03-21

상태동사와 일부 소유동사들은 무의지 상태이므로 타동사라 할지라도 수동태가 불가능하다.

① become 어울리다(=suit, fit)   ⑤ resemble 닮다
② befall 닥치다   ⑥ equal ~과 맞먹다
③ have 가지다(=own)   ⑦ escape 모면하다
④ lack 부족하다

- The two species **resemble** each other.
  The two species ~~are resembled by~~ each other. (×)
  그 두 종은 서로 닮았다.

- He **had** a new car and a boat.
  A new car and a boat ~~was had by~~ him. (×)
  그는 새 차와 보트가 있었다.

3. to부정사와 동명사가 수동태의 주어가 될 수 없다.

to부정사와 동명사는 원칙적으로는 수동태 문장의 주어가 될 수 없다.

- Cedric hoped **to go** to university.

  To go to university ~~was hoped~~ by Cedric. (×)
  Cedric은 대학에 가고 싶어 했다.

- Andrew enjoyed **going** abroad.

  Going abroad ~~was enjoyed~~ by Andrew. (×)
  Andrew는 해외에 가는 것을 좋아했다.

4. 재귀대명사가 목적어인 경우

재귀대명사는 수동태이건 능동태이건 문장의 주어가 될 수 없으며 능동태 문장의 주어가 그대로 수동태의 주어로 유지된다. ★ 19-19~23 참조

- She **devoted herself** to her business.

  = She **was devoted** to her business.

  ~~Herself~~ was devoted to her business. (×)
  그녀는 자신의 사업에 헌신을 다했다.

5. 상호대명사가 목적어인 경우

상호대명사 each other와 one another는 수동태이건 능동태이건 문장의 주어가 될 수 없다. ★ 19-49 참조

- They could hardly see **each other** in the fog.

  ~~Each other~~ could hardly be seen in the fog. (×)
  그들은 안갯속에서 서로를 거의 볼 수가 없었다.

6. 절이 목적어인 경우

현대영어에서는 that절, if절, whether절은 수동태의 주어로 쓰는 것을 피하는 경향이 강하며, 가주어 it이 수동태 문장의 주어로 대신 위치하여, 'It is p.p. that/ if/ whether' 구문을 취하는 것이 일반적이다. ★ 05-45/ 52 참조

- They agree that she is sincere.

  = **It is agreed that** she is sincere.
  그녀가 성실하다는 점에 그들은 동의한다.

- He asked if/ whether they were coming.

  = **It was asked if/ whether** they were coming.
  그는 그들이 오고 있는지를 물었다.

▶ 위 문장들은 가주어 it이 형식상 문장의 주어로 위치하여 수동태 문장을 이룬 후, 그 이하에 that/ if/ whether절이 위치한 경우이다.

7. 주어의 의지대로 할 수 없는 경우

03-26

주어의 뜻대로 동사의 행위를 가할 수 없는 '상황적 목적어'가 위치한 경우, 수동태는 불가능하다. 직접적인 수험대상은 아니며 그동안 출제된 소수의 표현들만 간추린다.

① turn the corner 모퉁이를 돌다	④ approach the apartment 아파트에 가까이 가다
② enter the building 건물로 들어가다	⑤ meet her 그녀를 만나다
③ leave Seoul 서울을 떠나다	

· A few reporters **enter the war zone**.
  The war zone ~~is entered~~ by a few reporters. (×)
  소수의 기자들이 전쟁 지역에 들어간다.

  ▶ '전쟁 지역이 들어가진다'라는 엉뚱한 의미가 전달이 된다. 즉, 이렇게 상황적 설명만 전할 때에는 수동태로 쓰지 않는 것이 옳다.

❻ 부정 주어의 수동태

03-27

부정 주어(nobody, nothing, none, no one 등)가 주어인 구문을 수동태로 전환할 경우, by 다음에 부정 주어 또는 부정어를 둘 수 없다. 즉, 'by nobody/ nothing/ none/ no one'은 틀리며, 'not ~ by anybody/ anything/ any one' 형태가 맞다. ★ 19-85 참조

· **Nobody** can settle the argument.
  = The argument can not be settled **by anybody**.
  The argument was settled ~~by nobody~~. (×)
  누구도 그 논쟁을 해결할 수 없다.

· **No one** could solve the problem.
  = The problem could not be solved **by any one**.
  The problem was solved ~~by no one~~. (×)
  어느 누구도 그 문제를 풀 수 없었다.

· **Nothing** made the woman stop crying.
  = The woman was not made to stop crying **by anything**.
  The woman was made to stop crying ~~by nothing~~. (×)
  어느 것도 그녀의 울음을 그치게 하지 못했다.

❼ 동작 수동태와 상태 수동태

1. 동작 수동태

03-28

'be, get, become, grow + p.p.' 형태를 취하여 주어의 '변화·동작'을 강조한다.

be(get, become, grow) + p.p. (~하게 되다) → 동작·변화·과정

· He **was buried** by his wife.
  그의 부인이 그를 묻었다. (그의 부인에 의해 그가 묻혔다.)

· My wife **got drunk** yesterday.
  내 부인이 어제 취해 버렸다.

· Slowly my eyes **became accustomed** to the darkness.
  천천히 내 눈이 어둠에 적응했다.

2. 상태 수동태

'be, remain, lie, stand, rest + p.p.' 형태를 취하여 주어의 지속적인 상태의 '유지'를 강조한다.

> be(remain, lie, stay, stand, rest) + p.p. (~되어 있다) → 상태의 유지

- He **was buried** in Mangwoo-ri.
  그는 망우리에 묻혔다.

- Please **remain seated** until all the lights are on.
  모든 불이 켜질 때까지 앉아 있으시기 바랍니다.

> cf. In 2000 Pat <u>was not married</u>, but he <u>got married</u> in 2005.
>   상태 수동   동작 수동
> Pat은 2000년에는 미혼이었지만 2005년에는 결혼했다.

8 수동태에 쓰이는 전치사

1. by + 행위자의 생략

일반인 주어인 we, they, people 등이 능동태 문장의 주어일 경우, 수동태 문장으로 전환 시 by us/ by them/ by people은 모두 생략할 수 있다. 또한 그 행위자가 정확히 누구인지 알 수 없을 때에도 별도의 'by + 행위자' 부사구는 표기하지 않는다.

- We make books of paper.
  = Books **are made** of paper (by us).
  우리는 종이로 책을 만든다.

2. by 이외의 기타 전치사를 쓰는 중요 표현

by 이외의 수동태 행위자를 표현하는 경우는 너무나 많고 엄격한 규칙이 있는 게 아니므로, 아래에서는 시험에서 실제로 출제된 바 있는 표현들만 정리한다.

(1) 전치사 at

① be annoyed at ~에 화가 나다
② be disappointed at ~에 실망하다
③ be amazed/ surprised/ shocked/ startled at ~에 놀라다

- You surprised me.
  = I'm **surprised at** you.
  나는 너에게 놀랐다.

홍익대 2010

(2) 전치사 to

① be married to ~와 결혼하다
② be engaged to ~와 약혼하다
   cf. be engaged in
   ~에 종사하다(=be occupied with)
③ be addicted to ~에 중독되다

④ be related to
   ~와 관계가 있다; ~에 적절하다(=be relevant to)
⑤ be known to ~에게 알려지다
   cf. be known for ~ 때문에 유명하다
     be known as ~로서 유명하다
     be known by ~을 보면 안다. ~에 의해 알려지다

- His fame as a social scientist **is known to** the world.
  사회학자로서 그의 명성은 세계에 알려져 있다.

cf. The teacher **is known for** his sincerity.
그 선생님은 성실함 때문에 유명하다.
My father **is known as** a great poet.
나의 아버지는 위대한 시인으로 알려져 있다.
A man can **be known by** the company he keeps.
사람은 교제하는 이를 보면 알 수 있다.

(3) 전치사 with

03-33

① be satisfied with ~에 만족하다
② be pleased with ~에 기뻐하다
③ be engaged with ~으로 바쁘다
cf. be booked up 선약이 있다, 조금도 틈이 없다; 예약이 끝나다
④ be surrounded with ~으로 둘러싸여 있다
⑤ be covered with ~으로 덮여 있다
⑥ be crowded with ~으로 붐비다, 꽉 차다

- What she has got never **satisfies** her.
  = She **is** never **satisfied with** what she's got.
  그녀는 자신이 가진 것에 대해 결코 만족하지 않는다.

(4) 전치사 in

03-34

① be located/ situated in ~에 위치하다
② be engrossed in ~에 열중하다, ~에 빠지다
(=be lost in, be indulged in, be absorbed in, be immersed in, be involved in)

- The business **is located/ situated in** the center of town.
  그 사업체는 마을 중심에 위치해 있다.
- He **was engrossed in** watching TV.
  그는 TV 보는 데 정신이 팔려 있었다.

9 구동사(= 타동사구)의 수동태

특정 동사들은 전치사 혹은 부사와 결합하여 타동사 기능을 가지게 되어 목적어를 수반할 수 있게 된다. 따라서 수동태로 전환도 가능한데, 이렇게 수동태로 전환 시 그 부사 또는 전치사가 누락되면 틀리는 점을 조심해야 한다.

1. '자동사 + 전치사'의 수동태

03-35
상명대 2014
숙명여대 2007
한국외대 2006

① on	agree on ~에 합의하다 rely on ~에 의존하다 look (up)on ~을 간주하다
② at	laugh at ~를 비웃다
③ for	care for ~을 돌보다(=look after) account for ~을 설명하다 ask for ~을 요구하다
④ to	refer to ~을 언급하다 speak to ~에게 말하다 listen to ~을 경청하다
⑤ 기타	deal with ~을 다루다 dispose of ~을 처리하다 run over ~을 차로 치다 speak of/ about ~에 대해 말하다 go over 검토하다

- He **laughed at** me.
  = I **was laughed at** by him.
  I ~~was laughed~~ (by him). (×)
  그는 나를 비웃었다. (나는 그에게 비웃음을 받았다.)

- We will have to **deal with** this matter.
  = This matter will have to **be dealt with** (by us).
  This matter will have to ~~be dealt~~ (by us). (×)
  이 문제는 우리가 해결해야만 한다.

  > laugh, deal이란 동사는 원래는 자동사이므로 단독으로 수동태가 될 수는 없다. 그러나 각기 at, with와 결합하여 목적어를 취할 경우에는 타동사 기능을 가지게 되므로 수동태 전환 시에도 그 전치사가 생략되어서는 안 된다.

2. '자동사＋부사＋전치사'의 수동태

① with	match up with ~과 조화가 잘 되다 catch up with ~을 따라잡다 do away with ~을 없애다 keep up with ~에 뒤처지지 않다 put up with ~을 견디다
② of	speak well/ highly of ~을 칭찬하다 speak ill/ badly of ~을 비난하다
③ to	look forward to ~을 기대하다. 예상하다
④ from	stay away from ~을 피하다
⑤ for	stand up for ~을 지지하다

- An author **speaks highly of** his work.
  = His work **is highly spoken of** by an author.
  His work is spoken ~~highly~~ of by an author. (×)
  작가는 자신의 작품을 칭찬한다.

  ▶ speak well/ highly/ badly of가 수동태로 바뀔 경우, 부사 well/ highly/ badly는 spoken 앞에 와야 한다.

3. '타동사＋부사'의 수동태

① up	bring up ~을 양육하다. ~을 거론하다 use up ~을 다 써버리다 give up ~을 포기하다 turn up ~의 소리를 키우다
② down	pin down 식별하다. 구분하다 turn down ~의 소리를 줄이다
③ off	walk off (체중을) 줄이다 turn off ~을 끄다 get off ~에서 내리다 call off ~을 취소하다
④ on	turn on ~을 켜다
⑤ over	take over ~을 인수하다
⑥ out	make out 이해하다
⑦ back	bounce back 회복하다. 역습하다

- I **turned off** the copier two hours ago.
  = The copier **was turned off** by me two hours ago.
  나는 두 시간 전에 복사기를 껐다.

03-38

고려대 2010
총신대 2005

CHECK | 타동사 + 일반명사 + 부사(=타동사 + 부사 + 일반명사) vs. 타동사 + 대명사 + 부사

일반명사가 목적어인 경우 '타동사와 부사 사이' 또는 '부사 뒤'에 모두 위치할 수 있지만, 대명사가 목적어인 경우 '타동사와 부사 사이'에만 위치할 수 있으며 '부사 뒤'에는 위치할 수 없다. 이 구동사 단원에서 가장 중요한 쟁점이다.

· They **turned on the light.**

= They **turned the light on.**

▶ the light라는 일반명사가 목적어이므로 on이라는 부사 앞 또는 뒤에 모두 위치가 가능하다.

· They **turned it on.**

They turned ~~on it.~~ (×)

▶ it이라는 대명사가 목적어인 경우 부사 뒤에 위치할 수 없다.

4. '타동사 + 명사 + 전치사'의 수동태

03-39

중앙대 2014
국민대 2006

① catch sight of ~을 발견하다   make fun of ~을 놀리다   take care of ~을 돌보다
   take notice of ~을 주목하다   place trust in ~를 믿다

② find fault with ~을 비난하다

③ pay attention to ~을 주목하다

※ '타동사 + 명사 + 전치사'의 구조에서 수동태 전환 시 타동사의 명사(sight, fault, attention 등)도 문장의 주어가 가능하다. 단, 그 명사 앞에 수식어(special, good 등)가 위치해야만 한다. 전치사의 목적어가 수동태의 주어로 올 경우 구동사의 마지막 단어인 전치사가 꼭 위치해야 한다.

· People **made serious fun of** her.

= She **was made serious fun of** by people.

= **Serious fun was made of** her by people.

She was made serious ~~fun~~ by people. (×)

사람들이 심각하게 그녀를 비웃었다.

▶ make serious fun of의 목적어인 her가 수동태의 주어로 왔기 때문에 전치사 of가 추가적으로 필요하다.

예제

① My cat ② went out and ③ ran over ④ by a car on the street.

해석 내 고양이는 길에 나갔다가 차에 치였다.

해설 ran over → was run over

'고양이(cat)'와 '(차로) 치다(run over)'의 관계는 수동이므로 수동태가 옳다. 능동태 문장은 'A car on the street ran over my cat.'이었다. 이렇게 '자동사 + 전치사'인 타동사구가 수동태가 되었을 때에 그 전치사가 생략되면 안 된다.

정답 ③

기출 및 예상문제 총정리 ^{Chapter}03

1 수동태의 개념 ~ **4** 수동태로의 전환

01 The advantages of computerized ① typing and editing are now being ② extending ③ to all the languages ④ of the world.

02 The story I loved best, ① as a child, was ② of my grandfather opening every box of Cracker Jack in the general store he ran, ③ in search of the particular tin toy my mother ④ was coveted.

03 다음 중 문법적으로 틀린 문장을 고르시오.
    ① The window broke yesterday.
    ② The incident occurred before anyone knew about it.
    ③ The accident was happened last night.
    ④ A snowy winter was forecast this year.

04 ① Everyday our own bodies ② are exposing to harmful ③ organisms that can ④ cause us ⑤ to get sick.

05 I _____ unhappy businessmen would increase their happiness more by walking six miles everyday.
    ① convince   ② am convincing
    ③ am convinced   ④ have convinced

06 ① Though Johnson knew his serious defects, he ② was broad-minded enough ③ to appoint the man to the important position because he ④ was convincing of his ability.

118

01 ②   해석   컴퓨터화된 타이핑과 편집의 장점이 세상의 모든 언어들로 지금 확대되고 있다.

    해설   extending → extended
          문장의 주어 '장점들'과 '확대하다'의 관계는 수동이므로 현재진행형 수동태가 옳다.

02 ④   해석   소년이었을 때 내가 가장 좋아했던 이야기는 할아버지께서 운영하셨던 상점에서 어머니가 탐내셨던 주석으로 된 인형을
          찾으려고 할아버지가 모든 Cracker Jack 상자를 열어보았다는 이야기이다.

    해설   was coveted → coveted
          my mother coveted는 앞의 선행사 toy를 꾸며주는 목적격 관계대명사절이다. covet는 3형식 타동사
          구조를 해야만 목적어를 취할 수 있으므로 능동태가 옳다.

    어휘   tin 주석   covet 탐내다, 갈망하다

03 ③   해설   was happened → happened
          happen은 1형식 완전자동사로서 수동태가 불가능하다. 따라서 능동태가 옳다. ④ forecast의 과거시제
          와 과거분사는 forecast와 forecasted 모두 가능하다.

04 ②   해석   우리의 몸은 매일같이 병을 야기하는 해로운 미생물들에 노출되고 있다.

    해설   are exposing → are exposed
          expose는 타동사로서 '~을 노출시키다'라는 뜻을 가졌다. 따라서 주어인 '신체들'과의 관계는 수동이므로
          수동태가 옳다.

    어휘   organism 유기체, 생물체

05 ③   해석   나는 즐겁지 못한 비즈니스맨도 매일 6마일을 걸음으로써 행복감이 상승할 것이라고 확신한다.

    해설   빈칸과 unhappy 사이에는 that이 생략되어 있는 형태이다.(타동사의 목적어인 that절의 접속사 that
          은 생략이 가능) convince는 간접목적어가 없는 상태에서는 that절을 취할 수 없는 특이 동사(inform,
          notify와 같은 통고·알림동사)이다. 따라서 convince myself that절을 수동태로 전환시킨 경우가 옳다.
          * I convince myself that절 = I am convinced that절

06 ④   해석   Johnson은 그에게 심각한 결점들이 있음을 알았지만, 그 사람의 능력에 대해 확신하고 있었기 때문에 그를 중요한 자
          리에 임명할 만큼 속이 넓은 사람이었다.

    해설   was convincing → was convinced 또는 convinced himself
          convince는 '~를 확신시키다'라는 뜻을 가진 타동사이다. 따라서 '(자신이) 확신을 하다'라는 뜻으로 쓰
          이기 위해서는 재귀대명사를 목적어로 취하거나 수동태가 되어야 옳다.

07 For the past twenty years or so students of literature _____ a seemingly endless series of challenges to the consensus of common sense.
① troubled   ② have troubled
③ were troubled by   ④ have been troubled by

08 Elizabeth's grandfather, Henry Tudor, became King Henry VII of England in 1485. He _____ his son Henry VIII in 1509.
① succeeded   ② was succeeded by
③ succeeded to   ④ was succeeded to

09 Paradoxically speaking, I think that politics _____ to be the art of the impossible.
① is told   ② are told
③ is said   ④ are said
⑤ is saying

10 It was agreed that the prisoner _____ the right to see visiting people and to receive letters and newspapers.
① deprive of   ② deprived of
③ will be deprived of   ④ would deprive of
⑤ would be deprived of

11 ① As is the case in many cultures, the degree ② to which a minority group was seen ③ as different from the characteristics of the dominant majority ④ was determined the extent of that group's acceptance.

12 It can be ① told that of all of ② the planets in the solar system, Venus and Mercury ③ don't have natural ④ satellites.

07 ④   해석 지난 20년간 문학 전공 학생들은 상식의 일치에 대한 외관상 무한의 일련의 도전에 고통 받았다.
        해설 for the past twenty years는 현재완료를 통제하는 부사구이며, trouble은 '고생시키다'라는 뜻을 가졌
             으므로, 문맥상 문장의 주어인 학생들이 '고생했다'라는 수동의 개념이 어울린다.
        어휘 consensus 의견 일치, 합의

08 ②   해석 Elizabeth의 할아버지인 Henry Tudor는 1485년도에 영국의 Henry 7세가 되었다. 그의 왕위는 1509년에 아들
             인 Henry 8세에 의해서 계승됐다.
        해설 succeed는 자동사로서 '~을 성공하다', 타동사로서 '~의 뒤를 잇다, ~의 상속자가 되다'라는 뜻을 가졌다.
             수동태가 되어야 문장의 주어가 아들에게 왕위를 물려준다는 수동의 개념이 된다.

09 ③   해석 역설적으로 말하자면 나는 정치는 불가능의 예술이라고 생각한다.
        해설 politics의 의미가 '정치'일 경우에는 단수 취급을 한다.
             They say that politics is the art of the impossible.
             = It is said that politics is the art of the impossible.
             = Politics is said to be the art of the impossible.
             that절을 수동태의 주어로 쓰는 것을 피하므로 이런 문장들이 가능해진다.
        어휘 paradoxically 역설적으로

10 ⑤   해석 그 죄수는 사람들과 면회를 하고 편지와 신문을 수령할 권리가 박탈될 것이라는 점에 대해서 합의가 되었다.
        해설 박탈·제거동사인 rob, deprive, cure, strip 동사의 경우 목적어 뒤에 전치사 of를 수반한다. 문제의
             지문은 deprive 동사가 수동태화된 경우이므로 ①, ②, ④는 틀리다. 시제 또한 주절이 과거 형태이므로
             ③ 또한 틀리다.

11 ④   해석 많은 문화권에서도 그러하겠지만, 소수민족은 지배적인 다수 단체의 특징과 달라 보이는 정도에 의해 그 단체를 받아들
             일 것인가에 대한 범위가 결정되었다.
        해설 was determined → determined
             문장의 주어인 '다수 단체의 특징과 달라 보이는 정도'가 '수용의 범위'를 결정한다는 능동의 관계가 옳다.
             determine은 3형식 동사이므로 수동태가 된다면 이하에 추가적으로 명사가 올 수 없는 것도 유념할 것!
             ①의 as는 주절 전체를 수식하는 주격 관계대명사로 쓰였다.

12 ①   해석 태양계에 있는 모든 행성들 중 금성과 수성은 자연 위성이 없다고 전해지는 것 같다.
        해설 told → said
             진주어인 명사절(that절)을 대신하여 가주어 it이 앞에 나오면 say를 이용한 수동태가 옳으며, tell을
             이용한 수동태 구문을 취할 수 없다.

13   Professor Bueno Mequitta says that authoritarian governments around the world, ① including China's, ② are shown that they can reap the benefits of economic development while ③ resisting any pressure ④ to relax their power.

14   The construction _____ this month.
① expects to be completed   ② expects to complete
③ is expected to be completed   ④ is expected to complete

15   Jefferson _____ the office by anyone.
① didn't notice to enter   ② wasn't noticed entering
③ wasn't noticed enter   ④ wasn't noticed to enter into

16   ① The scientific study of the motion of bodies and the action of forces ② that ③ change or cause motion ④ calls dynamics.

17   The Chinese constructed the Great Wall _____ a marvel even today.
① it is considered   ② which is considered
③ is considered   ④ which considered
⑤ considering

18   She has ① often been referred ② to the respected mother and great woman in the North's media, which is a description ③ seen by many ④ as a sign of the North's effort ⑤ to lay the foundation for a hereditary power succession.

19   The dolphin has an echo system that works while it sleeps. This system sends out clicking sounds every 15 or 20 seconds. The sounds bounce back from anything in the water and tell the dolphin what is nearby. Some dolphins _____ open and close their eyes while they sleep. They may do this to watch for enemies in the open sea. Of course, the clever dolphins may also just be watching the people who are watching them. But the dolphin's restless way of sleeping lets it breathe and _____.
① have been seen to — keep it safe
② have been seen to — keeps it safe
③ have been seen — keep it safe
④ have been seen — keeps it safe

13 ②   해석   Bueno Mequitta 교수는 중국 정부를 포함하여 세계 각지의 권위주의 정부들이 자신의 권력을 약화시키려는 모든 압박에 저항을 하면서 경제 발전의 이점을 얻을 수 있다는 사실을 보여주고 있다고 말한다.

        해설   are shown → are showing
전치사구 around the world와 분사구문 including China's가 주어인 governments와 동사 are 사이에 삽입된 형태이다. 권위적인 정부라 할지라도 경제 발전의 이점을 얻을 수 있다는 사실을 보여준다는 능동의 논리가 옳다.

        어휘   authoritarian 권위주의적인   reap 거두다

14 ③   해석   그 공사는 이번 달에 끝날 것으로 예상된다.

        해설   공사가 기대할 수는 없으며, 기대되어지는 수동의 관계이다. '건설'과 '완성하다'와의 관계 또한 수동이므로 to부정사의 수동형이 옳다.

15 ②   해석   어느 누구도 Jefferson이 사무실로 들어가는 것을 보지 못했다.

        해설   notice는 5형식 동사로서 수동태 전환 시 'be noticed to부정사/ ~ing/ p.p.' 형태를 취하며, enter 동사는 '~에 들어가다'라는 뜻을 취할 경우 타동사 기능을 가지게 된다.

16 ④   해석   물체의 동작과 동작을 변화시키거나 야기해내는 힘의 작용에 대한 과학적 연구는 역학이라고 불리운다.

        해설   calls → is called
call은 5형식 동사로 쓰일 경우 'call + 목적어 + 명사' 구조를 취한다. 문제대로 풀이하면 '과학 연구가 역학을 부른다'라는 내용이 되는데 이는 논리상 부적절해진다. 따라서 5형식 문형이 수동태가 된 것으로 보아야 적합하다.

        어휘   dynamics 역학

17 ②   해석   중국인들은 심지어 오늘날까지도 불가사의한 것으로 여겨지는 만리장성을 쌓았다.

        해설   consider 동사는 목적보어에 '(as/ to be) 명사/ 형용사'를 취할 수 있다. 이 경우 as 또는 to be는 생략할 수 있으므로 수동태 전환시 'be considered 명사' 구조가 가능하다.

18 ②   해석   그녀는 북한 언론에서 종종 경애하는 어머니와 위대한 여성으로 불리었는데 이 표현을 두고 북한이 권력 세습을 위한 입지를 다지기 위해 노력한다는 신호로 보는 사람이 많다.

        해설   to → to as
refer to A as B 구문이 수동태가 됐을 경우, to와 as가 생략되어서는 안 된다.

        어휘   hereditary 세습되는

19 ②   해석   돌고래는 잠자는 동안에도 작용하는 반향체계를 가지고 있다. 이 체계는 15초에서 20초마다 한 번씩 딸깍하는 소리를 내 보낸다. 그 소리는 물속에 있는 어떤 물체에도 반사되어 돌아오고 근처에 있는 것이 무언인지 돌고래에게 알려준다. 몇몇 돌고래들은 잠자는 동안 눈을 깜박거리는 것이 목격됐다. 돌고래들이 광활한 바다에서 적들을 감시하기 위해 이렇게 하는 것 같다. 물론, 영리한 돌고래들은 자기들을 관찰하고 있는 사람들 또한 지켜보고 있을지도 모른다. 그러나 돌고래의 부단히 활동하면서 수면을 취하는 방식이 그들로 하여금 호흡할 수 있고 안전하게 해준다.

        해설   첫 번째 빈칸 : have been seen to
see 동사는 능동태에서는 목적보어에 동사원형이 위치하지만, 수동태 전환 시에는 보어에 to가 꼭 필요하다.
두 번째 빈칸 : keeps it safe
lets와 keeps 동사가 주어 way와 일치하여 and에 의해 병치된다.

20 Classicism which ① was originated in Greece and ② continued in ancient Rome, was the principal contributor ③ to that aspect of our life which ④ is usually referred to as ⑤ secular.

21 Tsunami ① is commonly occurred in Asian countries, ② especially in coastal countries ③ like Japan ④ during the fall and spring.

22 다음 중 문법적으로 틀린 문장을 고르시오.
   ① He was killed in the Vietnamese War.
   ② William is called Bill for short.
   ③ His father is resembled by John.
   ④ This bed was not slept in.

23 Choose the one that is grammatically correct.
   ① The homeless man arrested and charged with pickpocketing the commuters.
   ② She is disappointed that you didn't tell her.
   ③ Plenty of money has been disappeared.
   ④ He was died last night by the murderer.
   ⑤ It is not occurred to me to insure the home.

24 The two new students _____ during the coffee break.
   ① being acquainted   ② acquainting themselves
   ③ got acquainted   ④ made known to each other

25 Some years ago Mt. Mitchell, the ① highest summit ② east of the Mississippi, was covered ③ in a ④ magnificent forest.

26 다음 중 문법적으로 잘못된 문장은?
   ① The roses reminded her of her garden.
   ② England was divided into about 600 constituents.
   ③ The mayor obviously isn't worried about general opinion.
   ④ I felt acutely annoyed with his lack of sensitivity.

20 ①   해석   그리스에서 기원했고 고대 로마에서 지속되었던 고전주의는 흔히 세속적인 것으로 부르는 우리 일상생활의 측면에 중요한 기여를 했다.

      해설   was originated → originated
          originate(비롯되다, 생기다)는 자동사이므로 수동태가 불가능하다.

      어휘   **secular** 세속적인

21 ①   해석   쓰나미는 아시아 국가에서 흔히 발생하며, 특히 가을과 봄에 일본과 같은 연안 국가에서 그렇다.

      해설   is commonly occurred → commonly occurs
          '발생하다'라는 뜻을 가진 occur, emerge, happen은 자동사로서 수동태가 불가능하다.

22 ③   해설   His father is resembled by John. → John resembles his father.
          resemble은 타동사이지만 수동태가 불가능한 동사이다. 따라서 능동태가 옳다.

23 ②   해설   ① arrested and charged → is arrested and charged
          '노숙자'와 'arrest(체포하다)'의 관계는 수동이므로 수동태가 옳다.
         ③ has been disappeared → has disappeared
          disappear는 자동사로서 수동태가 불가능하다.
         ④ was died → died
          die는 자동사로서 수동태가 불가능하다.
         ⑤ is not occurred → doesn't occur
          occur는 자동사로서 수동태가 불가능하다.

      어휘   **pickpocket** 소매치기

24 ③   해석   두 명의 새 학생들이 커피를 마시며 쉬는 동안 알게 되었다.

      해설   get 동사는 2형식 불완전자동사로서 동작 수동태를 나타낼 수 있다. '학생들'과 '익히 알게 하다'의 관계는 수동이므로 과거분사가 옳다.

25 ③   해석   몇 년 전 Mississippi 동쪽의 가장 높은 곳인 Mitchell 산이 엄청난 숲으로 덮여 있었다.

      해설   in → with
          '~으로 덮여 있다'라는 표현은 be covered with로 쓰인다.

26 ④   해설   with → about 혹은 by
          be annoyed는 사람을 목적어로 취할 때 at 혹은 with가 필요하다. 반면 사물을 목적어로 취할 때에는 about 혹은 by가 필요하다.
         ex) I am annoyed at/ with her.
                 I am annoyed about/ by her behavior.

      어휘   **acutely** 강력히, 몹시

🔟 구동사(= 타동사구)의 수동태

27 It is polite not to speak at the dinner table until you are _____.
① spoken to   ② of speaking
③ speaking   ④ in speaking

28 There are about 10,000,000 children under five years old who need care while their mothers work. ① Relatives care for about half of these preschool children. The other half ② is looking after by people outside of the family. Some working mothers hire baby-sitters ③ to come into their homes. However, this choice is ④ too expensive for many people.

29 우리말을 영어로 옮긴 것 중 옳지 않은 것을 고르시오.
① 그 일을 한다면, 어떤 아이라도 비웃음을 받을 것이다.
　→ Any child, who should do that, would be laughed.
② 그는 곧 집에 돌아올 것이다.
　→ It will not be long before he comes back home.
③ 어떤 사람들은 별들이 하늘에 붙어 있는 불빛이라고 생각했다.
　→ Some thought that the stars were lights attached to the sky.
④ 그가 유죄임에는 의심의 여지가 없다.
　→ There is no doubt that he is guilty.

30 Pro-life and pro-choice forces ① are braced for ② competing observances on Jan. 22, the twelfth anniversary of the Supreme Court decision that ③ was struck down most legal ④ restrictions on abortion.

31 문법적으로 올바른 문장을 고르시오.
① The chairman put the meeting off.
② They looked the picture at.
③ They turned on it.
④ They learned to deal any sort of emergency with.
⑤ They lived berries and wild herbs on.

27 ① 해석 저녁식사 테이블에서 누가 말을 걸어오기 전에는 말을 하지 않는 것이 예의이다.

해설 speak는 자동사로서 바로 명사 목적어를 취할 수 없으며, 수동태 또한 불가능하다. 단, 전치사 to, about과 결합해서는 목적어를 취할 수 있으므로, 수동태 전환 시에도 전치사가 필요하다. someone spoke to you. = you were spoken to ③ '당신이 말을 할 때서야 비로소 말을 하는 것이 바람직하다'는 해석상 옳지 못하다.

28 ② 해석 어머니들이 직장에 나간 동안 5살 미만의 약 천만 명의 어린이들을 돌봐줄 사람이 필요하다. 친척들이 미취학 아동의 50%를 돌봐준다. 나머지 50%는 가족 외 사람이 돌봐주는데, 어떤 어머니들은 집에 와서 아기를 봐주는 사람을 고용하기도 한다. 그러나 이런 선택은 너무 돈이 비싸서 많은 사람이 이용할 수 없다.

해설 is looking after → are looked after
'the other half(나머지 50%의 아이들)'와 '돌보다'의 관계는 수동이므로 수동태가 옳다. 또한 half는 그 자체를 보고 동사 수 판단을 할 수 없으며, half가 가리키는 것이 무엇인지 파악해야 한다. 앞서 나온 children을 가리키므로 복수 동사 are가 옳다.

29 ① 해설 be laughed → be laughed at
laugh는 자동사로서 이 동사 자체로서는 수동태가 불가능하다. 하지만 전치사 at과 결합하여 목적어를 위치시킬 수 있으며 목적어가 위치함에 따라 타동사 기능을 하게 되므로 그 전치사의 목적어가 수동태의 주어로 바뀔 수 있는 것이다. 이 논리에 따라 수동태 전환 시에도 전치사가 생략되어서는 안 된다.

30 ③ 해석 임신중절의 합법화를 반대하는 단체들과 지지하는 단체들은 낙태에 관한 법적 제한을 폐지시킨 대법원 판결의 12주년이 되는 1월 22일에 경쟁적으로 행사를 준비하고 있다.

해설 was struck down → struck down
strike down은 '타동사 + 부사'의 타동사구로서 '쓰러뜨리다, 폐지하다'라는 뜻을 가지며, 선행사 decision(판결)과의 관계는 능동(판결이 폐지했다)이므로 능동태가 옳다.

31 ① 해설 ② looked the picture at → look at the picture
look at에서 at은 전치사이므로 목적어 앞에 위치해야 한다.
③ turned on it → turned it on
turn on에서 on은 부사이므로 대명사 목적어 뒤로 위치해야 한다.
④ deal any sort of emergency with → deal with any sort of emergency
deal with에서 with는 전치사이므로 목적어 앞에 위치해야 한다.
⑤ lived berries and wild herbs on → lived on berries and wild herbs
live on에서 on은 전치사이므로 목적어 앞에 위치해야 한다.

어휘 live on ~을 먹고 살다   berries 장과류   wild herb 들풀

GRAMMAR HUNTER

GRAMMAR HUNTER

04 조동사

04-01

❶ 조동사의 기능

조동사는 본동사를 도와서 그 본동사의 동작·상태의 기준이 되어주거나, 화자의 심적 태도·분위기를 전달하는 역할, 그리고 주어와 동사 간의 태를 설명하고 의문문이나 부정문을 만들어 주는 보충 동사이다.

① 조동사는 주어의 수에 영향을 받지 않고 뒤에 동사원형이 오는 것이 원칙이다.
② 부정어 not은 조동사 바로 뒤·동사원형 앞에 오는 것이 원칙이며, 조동사가 두 개가 나오는 경우에는 첫 번째 조동사 다음에 오는 것이 원칙이다. ★ 04-56 참조

❷ be·do·have (특수한 형태의 조동사)

04-02

1. be

진행형	She **is waiting** for you. 그녀는 당신을 기다리고 있습니다.
수동태	He **is trusted** by everyone. 그는 누구에게나 신뢰를 받고 있다.
be to 동사원형	We **are to meet** at 6. 우리는 여섯 시에 만나기로 되어 있다.

04-03

2. do

의문문, 부정문	What **does** he do? 그는 무엇을 하고 있나요? You **didn't** read that book, **did you?** 자넨 그 책을 읽지 않았지, 그렇지?
동사의 강조	I think it's a pity. = I **do** think it's a pity. 정말이지 안 됐다고 생각한다. ▶ think라는 동사를 강조하기 위해서 do 동사가 쓰인 경우이다.
도치 ★ 20-21~27 참조	Not only **does** he understand it, but he remembers it. 그는 그것을 이해할 뿐 아니라 기억한다.
일반동사의 대동사	I think as you think. = I think as you **do**. 내 생각도 당신과 같습니다.

04-04

3. have : 완료형

- I **have written** *Grammar Hunter*.
  나는 <Grammar Hunter> 교재를 다 썼다.

❸ can · could

1. 능력

능력의 can은 '~할 수 있다'라는 의미를 가진다.	
~할 수 있다	can 동사원형 = be able to 동사원형 = be capable of ~ing = manage to 동사원형 = succeed in ~ing
~할 수 없다	can't 동사원형 = be unable to 동사원형 = be incapable of ~ing = don't manage to 동사원형 = don't succeed in ~ing = fail to 동사원형

- Even a child **can swim** faster than you!
  심지어 어린 아이도 당신보다 더 빨리 헤엄칠 수 있다.

> **CHECK | can vs. be able to**
>
> can과 be able to 모두 같은 의미이므로, 'can be able to 동사원형'은 사용할 수 없는 표현이다. 또한 'be able to 동사원형'은 '사물' 주어를 쓸 수 없음이 원칙이다.
>
> - The child **can** walk.
>   = The child **is able to** walk.
>   The child ~~can be able to~~ walk. (×)
>   그 아이는 걸을 수 있다.
>
> - This compact ~~car is able to~~ carry many people. (×)
>   이 소형차는 많은 사람을 태울 수가 있다.

2. 추측 · 추정

'이론적 가능성'을 나타내어 부정문에서 많이 쓰인다. 부정어와 함께 써서 '~일 리 없다'라는 뜻을 가진다. 이 경우 could는 can보다 조금 약한 '현재의 추측'을 가리킬 수 있다.

- That rumor **can't** be true.
  = That rumor **couldn't** be true. [can보다 약한 현재의 추측]
  저 루머는 사실일 리 없어.

3. 허가

허가의 can은 '~해도 좋다'라는 뜻을 가진다. 또한 의문문으로 쓰일 경우 '공손한 부탁'을 나타낸다.

- You **can't** smoke in the building.
  당신은 건물 내에서 담배를 피울 수 없다.

- **Can** you give me some money?
  저에게 돈을 좀 주실 수 있나요?

4. 현재시제로 쓰일 수 있는 could

해석에 따라 could는 can의 과거가 아닌, ① can보다 약한 현재의 '추측', ② 현재사실과 반대되는 '가정법 과거', ★13-01~02 참조 ③ can보다 '정중'한 현재의 표현을 나타낼 수 있다.

※ 정답으로 요구되기보다는 지나가는 함정 보기로 밑줄이 잘 그어지니 이해가 요구된다.

- Most accidents in the home **could** be prevented now. [can보다 약한 현재의 추측]
  가정 내의 대부분의 사고는 이제 방지될 수 있다.

- If you were not careful, you **could** get into even worse trouble. [현재사실과 반대되는 가정법 과거]
  당신이 조심하지 않으면 심지어 더 악화된 상황에 빠질 수 있다.

- **Could** you do me a favor? [can보다 정중한 현재의 표현]
  부탁 하나 드려도 될까요?

5. can 관용표현

04-10
국민대 2007

(1) cannot (help/choose) but 동사원형 : ~하지 않을 수 없다 ★ 11-22 참조

- We **cannot (help) but think** about our future. 우리는 우리의 미래에 대해서 생각하지 않을 수 없다.
  = We **cannot (choose) but think** about our future.
  = We **cannot help thinking** about the our future.

04-11

(2) cannot 동사원형 too much : 아무리 ~해도 지나치지 않다

이 경우 too much 대신에 'enough, fully' 등이 쓰일 수 있으며, 접두어 over로 시작되는 'overestimate, overstate, overpraise' 등이 cannot과 결합해도 같은 뜻을 가지게 된다. 단, too much나 enough 등과 함께 쓰면 안 된다. ★ 20-57 참조

- I **cannot** praise his ability **too much.** 그의 능력을 아무리 칭찬해도 지나친 것이 아니다.
  = I **cannot** praise his ability **enough.**
  = I **cannot overpraise** his ability.
  I cannot ~~overpraise~~ his ability ~~too much~~. (×)

  ▶ overpraise와 too much가 같은 뜻으로서 반복이 된다.

04-12

(3) cannot … without ~ing = cannot … but 문장 : …하면 반드시 ~하다

현대영어에서는 주절에 꼭 cannot이 있어야만 이 의미가 성립되는 것은 아니다. don't ~와 같은 단순 부정문이어도 족하다. ★ 11-27 참조

- We **cannot** ignore natural disasters **without facing** bigger ones.
  = We **cannot** ignore natural disasters **but** we face bigger ones.
  자연 재해를 무시하면 반드시 더 큰 재해에 직면하게 된다.

예제

We _____ the corrupt conditions of this society.
① cannot but deplore　　　　　② cannot help deplore
③ had no choice but deplore　　④ cannot choose but deploring
⑤ had no alternative but deploring

해석 이 사회의 부패상을 보고 탄식하지 않을 수 없다.
해설 '~하지 않을 수 없다'라는 표현은 'cannot(help/ choose) but 동사원형'으로 쓰인다.
정답 ①

132

4 may · might

1. 능력
04-13

can의 능력보다 더 약한 뉘앙스를 가진다.

- He **may** succeed in passing the entrance exam. 그는 입학 시험에 합격할 수 있다.

2. 추측
04-14

can, could의 추측 기능보다 '희박한 현실적 가능성'을 의미한다. might는 이 경우에 may보다 조금 약한 '현재의 추측'을 가리킬 수 있다.

- That rumor **may** be true. 저 루머는 사실일지도 모른다.
  = That rumor **might** be true. [can, could, may보다 더 약한 현재의 추측]

3. 허가
04-15

can의 허가 기능보다 '공손의 정도'가 더 높음을 말한다.

- You **may** go now. 이제 가셔도 좋습니다.
  = I permit you to go now.

04-16

> CHECK | **불허의 may not**
>
> '~이 허용되지 않는다'라는 의미를 전달할 경우 might not은 쓰이지 않는다.
>
> - Prisoners **may not** go out freely. 죄수들은 자유롭게 외출하는 것이 허용되지 않는다.

4. 기원
04-17

may가 기원문으로 쓰일 경우 의문문 어순처럼 'May + S + 동사원형' 순서를 취한다.

- **May** God show mercy to all people! 신이시여 모든 이에게 자비를 베푸소서!

5. 양보
04-18

양보의 부사절에서 흔히 조동사 may를 수반한다.

- However humble it **may** be, there is no place like home. 아무리 보잘것없어도 집만 한곳은 없다.

6. 현재시제로 쓰일 수 있는 might
04-19

해석에 따라 might는 may의 과거가 아닌, ① may보다 약한 현재의 '추측', ② 현재사실과 반대되는 '가정법 과거', ★ 13-01-02 참조 ③ may보다 '정중'한 현재의 표현을 나타낼 수 있다.

※ 정답으로 요구되기 보다는 지나가는 함정 보기로 밑줄이 잘 그어지니 이해가 필요로 된다.

- It **might** rain tonight. [may보다 약한 현재의 추측]
  (어쩌면) 오늘 밤 비가 내릴 것 같아.

- If he went there, he **might** be in trouble. [현재사실과 반대되는 가정법 과거]
  그가 저 곳으로 가면 곤란에 빠질 수도 있다.

- **Might** I ask your name? [may보다 정중한 현재의 표현]
  당신의 성함을 여쭈어도 될까요?

7. may 관용표현

04-20
총신대 2007

(1) so that 주어 may ~ : ~하기 위해서, ~하도록

콤마(,) 없이 위치하는 so that절 안에는 조동사 may, can 또는 will, shall 모두 위치할 수 있다. 이때 주절의 동사와 시제 일치를 해야 한다. ★ 05-38 참조

- He stood in the shadow **so that** I **might/ could/ would** not see his face clearly.

    He stood in the shadow so that I ~~may/ can/ will~~ not see his face clearly. (×)

    내가 그 사람의 얼굴을 제대로 볼 수 없도록 그는 컴컴한 곳에 서 있었다.

    ▶ 목적의 so that절 안의 시제는 주절의 시제와 일치해야 하므로 조동사의 과거 형태가 옳다.

04-21
고려대 2011

(2) may/ might well 동사원형 : ~하는 것도 당연하다, 무방하다

- You **may well think** so. 당신이 그렇게 생각하는 것은 당연하다.

04-22

(3) may/ might as well 동사원형 : ~하는 편이 낫다

- We **may/ might as well go** home. There's nothing more to do.

    우리는 집으로 가는 편이 낫겠다. 더 할 일이 없다.

04-23
경희대 2008

CHECK | may/ might as well A as B ★ 16-39 참조

- You **might as well persuade** the wolf **as try** to persuade the man.

    You might as well persuade the wolf as ~~tried~~ to persuade the man. (×)

    네가 그를 설득하려고 노력하는 것보다 늑대를 설득하는 것이 더 낫다.

    ▶ may/ might as well A as B 구문에서 A와 B에는 동사원형이 위치해야 한다.

---

5 will · would

04-24

1. will

(1) 의지

주어의 고집, 의지 또는 거절을 의미한다.

- I'll be the best lecturer in Korea. 나는 한국 최고의 강사가 되겠다.

- My boss **will** not work late. 나의 사장은 늦게 일하려 하지 않는다.

(2) 경향

현재의 습성 · 경향을 의미하며 중요한 부분은 아니다.

- Accidents **will** happen. 사고는 발생하기 마련이다.

(3) 요청

의문문에서 2인칭 you와 함께 쓰여서 '요청'을 나타낸다.

- **Will you** phone me later? 나중에 전화주시겠어요?

> **CHECK** | 정중한 부탁의 정도
>
> will → can → would → could
> 위에 언급한 조동사의 화살표 순서대로 그 부탁의 정도가 더 공손해짐을 말한다.
>
> · **Will/ Can/ Would/ Could** you lend me some books? 책 좀 몇 권 빌려 주시겠어요?

2. would

(1) 과거시점에서의 추측 미래

would는 '과거시점에서 본 미래'를 가리키는 것이 기본용법이다.

· When his wife died, he was 52 years old, and **would** be 53 years old next year.
그의 부인이 죽었을 때 그는 52세였으며, 다음 해에 53살이 되었을 것이다.

(2) 과거의 불규칙적 습관

과거의 규칙적 습관은 used to로 나타내는 반면, 과거의 불규칙적 습관은 would로 나타낸다. 이 경우 sometimes 또는 often 같은 빈도부사를 흔히 수반한다.

· When John was young, he **would sometimes** travel alone.
John이 젊었을 때 종종 혼자서 여행을 다니곤 했었다.

(3) 과거의 의지

과거시제에서 주어의 고집, 의지 또는 거절을 의미한다.

· He **wouldn't** give us any money.
그는 우리에게 한 푼도 주지 않으려 했다.

(4) 가정법 과거와 미래

· If they were married, they **would** be happier. [가정법 과거]
그들이 결혼했다면 더 행복할 텐데.

· If they **would** be happy, they would be kind. [가정법 미래]
그들이 행복하다면 친절할 것이다.

(5) will 보다 더 정중한 요청

would는 자체 형태로서 will 보다 더 정중한 요청을 의미한다.

· **Would** you come here, please? 여기로 좀 와주시겠어요?

3. would 관용표현

(1) **would like/ love/ prefer to 동사원형 : ~하고 싶다** ★ 11-70 참조

'현재의 바람'을 가리키는 표현으로서, like/ love/ prefer가 조동사 would와 결합할 경우 동명사가 아닌 to부정사를 목적어로 취한다. 또한 like/ love/ prefer는 will과는 결합할 수 없다.

· My mother **would like to meet** you. 저의 어머님이 당신을 만나보고 싶어 하십니다.
My mother would like ~~meeting~~ you. (×)
My mother ~~will~~ like to meet you. (×)

▶ like가 조동사 would 뒤에 있을 경우 동명사를 목적어로 취하지 않는다.

04-28
(2) would you mind ~ing : 죄송하지만 ~ 좀 해주시겠어요?

- **Would you mind waiting** outside? 죄송하지만 바깥에서 좀 기다려주시겠어요?
Would you mind ~~to wait~~ outside? (×)

  ▶ 'would you mind to부정사' 형태로 쓰이지는 않는다.

6 shall · should

1. shall

04-29
(1) 단순미래

현대에서는 영국에서만 쓰인다고 볼 수 있는 용법으로서, '1인칭과 함께 단순미래'를 나타낸다.

- **I shall** be happy to take your invitation. 기꺼이 초대에 응하겠습니다.

04-30
(2) 의지

1) 평서문

2인칭 혹은 3인칭과 쓰여서 '말하는 화자의 의지'를 나타낸다.

- **You shall** have a new watch for your birthday. 너의 생일에 새 시계를 사 주겠다.
= **(I promise that) I will** give you a new watch for your birthday.

2) 의문문

1인칭 혹은 3인칭과 쓰여서 '상대방(청자)의 의지'를 물어보는 데 쓰인다.

- **Shall we** dance? 춤추실래요?

- **Shall he** wait for you till you come back? 당신이 돌아올 때까지 그를 기다리게 할까요?
= **Shall I** ask him to wait for you till you come back?

04-31
2. should

(1) 당위적 의무 : ~해야 한다

should가 당위적 의무로서 '~해야 한다'라는 뜻을 가질 경우, '화자의 주관적 판단'을 가리킨다.

긍정: should 동사원형 = ought to 동사원형	부정: should not 동사원형 = ought not to 동사원형

- You **should not** drive fast. 과속하지 말아야 한다.
= You **ought not to** drive fast.

(2) 과거에서 바라본 미래

주절의 과거시제 동사와 일치하여 과거에서 바라본 미래를 가리킨다.

- She **told** me she **should** answer the question the next day.
그녀는 다음날 대답하겠노라고 나에게 말하였다.

(3) 감정적 판단의 근거 : ~하다니

유감 · 놀라움 · 기쁨을 가리키는 단어(angry, mad, crazy, a pity) 뒤에 나오는 that절 안에는 'should + 동사원형' 혹은 '일반동사의 과거시제'로 나타낸다. 이때 해석은 '~하다니'로 한다.

· He is **crazy** that he **should beat** his daughter.
딸을 때리다니 그는 미쳤다.

CHECK | **should가 종속절에 위치해야만 하는 경우**

각각의 심도 있는 내용은 가정법 단원에 가서 집중적인 공부를 하도록 하고 본 check에서는 개괄적인 정리만 한다.

1. 주관적 판단동사의 당위 목적절 → should 생략 가능 ★ 13-06 참조

· I **insisted** that my grandmother (**should**) **come** to the party.
할머니가 파티에 오셔야 한다고 나는 주장했다.

2. 이성적 감정 판단의 형용사 that절 → should 생략 가능 ★ 13-09 참조

· It's **important** that she (**should**) **understand** the danger.
그녀가 그 위험성을 이해해야 하는 것은 중요하다.

3. lest절 → should 생략 가능 ★ 05-36 참조

· Helen turned the radio down **lest** she (**should**) **miss** the phone ringing.
Helen은 전화벨 소리를 놓치지 않기 위해 라디오 소리를 줄여 놓았다.

4. It's time that → should 생략 불가 ★ 13-22 참조

· It's **time that** our team **should win**.

= It's **time that** our team **won**.

It's **time that** our team ~~win~~. (×)
우리 팀이 승리할 때가 되었다.

'It's time that' 구문의 경우에는 should가 생략된 채로 동사원형만 또는 현재시제로 쓰일 수 없으며, 'should + 동사원형' 또는 '과거시제'만 가능한 점을 조심할 것!

---

7 must

1. 추측

'강한 추측'을 나타내어, '~임에 틀림이 없다'라는 뜻을 가진다.

① 과거의 강한 추측은 must have p.p. 형태로 나타낸다.

② '강한 추측'을 가리키는 must의 부정 형태는 mustn't = cannot으로 쓰인다.

· Her grandfather **must** be 80 years old now.
그녀의 할아버지는 현재 80살임에 틀림이 없다.

· Her grandfather **must have been** 80 years old three years ago.
그녀의 할아버지는 3년 전에 80살이었음에 틀림이 없다.

· Her grandfather **mustn't** (=**cannot**) be 80 years old now.
그녀의 할아버지는 지금 80살일 리가 없다.

2. 의무

'객관적 의무'를 나타내어, '~해야 한다'라는 뜻을 가진다.

~해야 한다	must = have to = have got to = be required to = need to

- All passengers **must** wear seat belts. 모든 승객들은 안전벨트를 착용해야 한다.
  = All passengers **have to** wear seat belts.
  = All passengers **need to** wear seat belts.
  = All passengers **are required to** wear seat belts.

CHECK |

1. **must**의 의미가 '~해야 한다(의무)'로 쓰일 경우의 과거시제는 **had to** 동사원형(~해야 했다), 미래시제는 **will have to** 동사원형(~해야 할 것이다)으로 쓰여야 한다.

- We **had to** rush, for there was not plenty of time.
  우리는 서둘려야만 했다. 왜냐하면 시간이 충분하지 않았기 때문이다.

- We **will have to** rush, for there will not be plenty of time.
  우리는 서둘러야 할 것이다. 왜냐하면 시간이 충분하지 않을 것이기 때문이다.

2. 그러나 주절에 과거시제의 동사(**thought**)가 있다면 종속절에는 **must**로 써도 무방하다.

- I **thought** that I **must** go. = I **thought** that I **had to** go.
  나는 가야 한다고 생각했다.

  주절의 동사가 thought여서 had to만 옳은 것처럼 보이지만, 위 예문처럼 주절에 과거시제(thought)가 위치했을 때에는 종속절에 must를 통해 과거의 의무를 전달할 수 있다.

3. **must not**(cannot)은 '~해서는 안 된다'라는 '금지'가 되며, **don't have to**는 '~할 필요가 없다(**need not**)'라는 '불필요'가 된다.

- You **must not** talk to your mother like that.
  당신은 어머니에게 그런 식으로 말을 해서는 안 된다.

- We **don't have to** rush, for there's plenty of time.
  우리는 서두를 필요가 없다. 왜냐하면 시간이 충분하기 때문이다.

🎱 ought to

ought to는 should와 동일한 뜻(~해야 한다)을 가지며, not을 이용하여 부정문을 전할 경우 not은 to 앞에 와야 한다.

- You really **ought not to** smoke in this area.
  You really ought ~~to not~~ smoke in this area. (×)
  당신은 이 지역에서 흡연을 해서는 안 된다.

  ▶ 부정어 not은 to부정사 앞에 위치해야 하므로 'ought not to' 형태가 옳다.

🎱 used to

과거의 규칙적인 습관(~하곤 했었다) 또는 과거의 상태(~이었다)를 설명할 때 쓰이는 조동사이다. 부정 형태는 'used not to 동사원형' 형태를 취한다.

- I **used to** go sailing on the lake in summer. [과거의 규칙적인 습관]

  나는 여름에 그 호수에 요트를 타러 가곤 했었다.

- Jimmy **used to** be a friend of mine. [과거의 상태]

  Jimmy는 내 친구였다.

04-38
강남대 2009
국민대 2007

CHECK | be used to 동사원형/ for 명사(~하기 위해 사용되다) vs.

be used to ~ing(~에 익숙하다) ★ 11-49 참조

- This computer **is used to write** my writings.

  = This computer **is used for writing** my writings.

  나는 이 컴퓨터를 이용하여 글을 쓴다.

- I **am used to going** swimming.

  I am used ~~to go~~ swimming. (×)

  나는 수영하는 데 익숙하다.

  ▶ 문장 그대로 해석하면 '나는 수영하러 가기 위해 이용된다.'라는 이상한 해석이 되므로 틀린다.

---

10 need · dare

1. need

(1) 조동사 용법

04-39

조동사로서는 '부정문과 의문문'에서만 사용되며 긍정문에서는 조동사로 쓰일 수 없다. need 조동사 자체는 수의 개념과 과거형이 없으며, 3인칭이 주어일지라도 need 조동사 다음의 본동사는 '동사원형' 이 위치한다.

- Jessica **need not go** there. [부정문]

  Jessica는 그곳에 갈 필요가 없다.

  need가 조동사로 쓰인 형태이므로 수 또한 needs라는 형태를 취할 필요가 없으며, 본동사인 go가 동사원형으로 위치했으며, 부정어 not 또한 조동사 need와 본동사 go 사이에 위치한 것이다. 다음 문장은 의문문으로 쓰인 형태이다.

- **Need Jessica go** there? [의문문]

  Jessica가 그곳에 가야 할 필요가 있는가?

(2) 일반동사 용법

04-40
광운대 2006

- Jessica **needs to** go there. Jessica는 그곳에 가야 할 필요가 있다.

- Jessica **doesn't need to** go there. Jessica는 그곳에 갈 필요가 없다.

- Jessica **didn't need to** go there. Jessica는 그곳에 갈 필요가 없었다.

- **Does** Jessica **need to** go there? Jessica가 그곳에 갈 필요가 있는가?

  need는 조동사가 아닌 일반동사의 용법도 가지고 있으므로, 수 또한 Jessica라는 단수에 맞춰서 doesn't로 쓰였고 의문문은 Does Jessica need로 쓸 수 있으며, to부정사를 목적어로 취할 수 있는 것이다.

(3) 잘못 쓰인 예

· Jessica ~~need go~~ there. (×)

> need 뒤에 동사원형 go가 위치했으므로, 조동사 역할을 하고자 하는 것인데, need는 긍정문의 경우 조동사 역할을 할 수 없다.

· Jessica ~~needs~~ not go there. (×)

> needs 뒤에 동사원형 go가 위치했으므로 조동사 역할을 하는 것인데, 조동사 need는 문장 주어의 수에 관계없이 항상 need로 만 쓰이고 needs로 쓸 수 없다.

· Jessica ~~needed~~ not go there. (×)

> 부정어 not과 동사원형 go가 위치했으므로 조동사로 쓴 것인데, 조동사 need는 과거 형태가 없으므로, 과거의 부정문과 의문문 에서는 본동사 need의 용법을 써야 한다.

CHECK | need 동사를 이용하여 부정문을 만들 때에는 'need not to부정사' 형태로 쓰지 않는다.

Jessica ~~needs not to go~~ there. (×)

2. dare

need의 기능과 똑같지만, dare는 조동사의 과거 형태(dared)가 있으며 바로 뒤에 본동사인 동사원형이 위치할 수 있다.

· She **dare not go** there. [조동사]
· She **dared not go** there. [dare는 조동사로서 과거시제가 가능함]
· She **doesn't dare to go** there. [일반동사]
· **Does** she **dare to go** there? [일반동사]

예제

A: How did you spend your time in Busan?
B: I _____ enjoy walking by the sea.

① was used   ② was using   ③ used to
④ was used to   ⑤ was being used

해석 A: 부산에서 뭐 하고 지냈니?
       B: 바닷가 산책을 즐기곤 했어.
해설 문맥상 과거의 습관에 대해 답변하므로 'used to 동사원형'이 옳다.
정답 ③

11 had better · would rather/ sooner

1. had better

04-44
계명대 2001

권유의 '~하는 것이 좋겠다'라는 뜻을 가지며, 부정어 not은 better 뒤에 위치한다.

· You **had better** phone her.
당신은 그녀에게 전화하는 것이 좋겠다.

· We **had better not** say our plans.
· We had ~~not~~ better say our plans. (×)
우리의 계획을 말하지 않는 것이 낫겠다.

▷ had better의 부정 형태는 'had better not'이 옳다.

2. would rather＝would sooner

04-45
경희대 2011
계명대 2010
삼육대 2003
경희대 2003

선호의 '오히려 ~하겠다'라는 뜻을 가지며, 부정어 not은 rather 뒤에 위치한다. would rather A than B 구조를 자주 취하며 이때 A와 B 자리에는 '동사원형'이 와야 한다.

· I'd **rather** die **than** give a speech.
내가 말할 바에는 차라리 죽겠다.

· My uncle said that I **would rather not** meet him.
My uncle said that I would ~~not~~ rather meet him. (×)
삼촌께서는 내가 그를 만나지 않는 편이 오히려 낫겠다고 말씀하셨다.

▷ would rather의 부정 형태는 'would rather not'이 옳다.

04-46
계명대 2005

> **CHECK** | 같은 뜻을 가진 would do well/ better는 to부정사와 결합하며, be better off는
> 동명사와 결합한다.
>
> You **would do well/ better to go** with your father.
> = You **would be better off going** with your father.
> 당신은 아버님과 함께 가는 편이 더 낫겠다.

12 조동사 + have p.p.

조동사 뒤에 have p.p.가 올 경우 과거에 대한 추측 혹은 가정법 과거완료(과거와 반대되는 가정 · 상상 · 소망)을 가리키며, 조동사 부분에서 가장 출제가 많이 되는 유형이다.

1. 종류

(1) must have p.p.

04-47
국민대 2009
서강대 2009
경희대 2006
한양대 2004

'~했음이 틀림이 없다'라는 뜻으로서 '과거사실에 대한 강한 추측'을 나타낸다.

· Hanna **must have bought** a Bentley.
= It **is certain** that Hanna **bought** a Bentley.
Hanna가 벤틀리를 구입했음이 틀림이 없다.

(2) cannot have p.p.

'~했을 리가 없다'라는 뜻으로서 '과거사실에 대한 강한 부정의 추측'을 나타낸다.

- Hanna **cannot have bought** a Bentley. Hanna가 벤틀리를 구입했을 리가 없다.
  = It **is improbable** that Hanna **bought** a Bentley.

(3) may(might) have p.p.

'~했을지도 모른다'라는 뜻으로서 '과거의 약한 추측'을 나타낸다. might have p.p.는 더 불확실한 표현을 나타낸다.

- Hanna **may(might) have bought** a Bentley. Hanna가 벤틀리를 구입했을지도 모른다.
  = It **is probable** that Hanna **bought** a Bentley.

(4) should have p.p. = ought to have p.p.

'~했어야 했는데 안했다'라는 뜻으로서, '과거사실에 대한 강한 유감 혹은 후회'를 나타낸다.

- Hanna **should have studied** hard while she was young.
  = Hanna **ought to have studied** hard while she was young.
  = Hanna **had to** study hard while she was young, but she **didn't**.
  Hanna는 어렸을 때 공부를 열심히 했어야 했는데 (하지 않았다).

(5) had better have p.p. = would rather have p.p.

'~하는 게 좋았을 텐데 안했다'라는 뜻으로서, '이루지 못한 일에 대한 회고적 충고 표현'을 나타낸다.

- Hanna **had better have gone** there. Hanna가 저기에 가는 게 좋았을 텐데 (가지 않았다).
  = Hanna **would rather have gone** there.
  = It **is regrettable** that Hanna **didn't** go there.

(6) may(might) as well have p.p.

'~하는 게 좋았을 것인데 안했다'라는 뜻으로서, '이루지 못한 일에 대한 아쉬움'을 나타낸다.

- I **may(might) as well have read** the book. 그 책을 읽어 보는 게 좋았을 텐데 (못 읽었다).

(7) need not have p.p.

'~할 필요가 없었는데 했다'라는 뜻으로서, '과거의 불필요한 행위에 대한 실행 표현'을 나타낸다.

- Hanna **need not have spent** all that money.
  = Hanna **didn't need to** spend all that money, but she **did**.
  Hanna가 그 돈 전부를 쓸 필요가 없었는데 (그런데 썼다).

(8) could have p.p.

'~이었을는지도 모른다'라는 과거의 추측 또는 '~했을 수도 있었으나 하지 않았다'라는 뜻을 전한다.

- Hanna **could have gone** there. Hanna가 저 곳에 갔을지도 모른다.
  = It **may be probable** that Hanna **went** there.

2. 부정어의 위치

04-55
계명대 2007

각 조동사와 have p.p. 사이에 위치하게 된다. 이 중에서 'ought not to have p.p./ had better not have p.p./ would rather not have p.p.'를 조심해야 한다.

· Hanna **need not have gone** there.
  Hanna need have ~~not~~ gone there. (×)

· Hanna **had better not have gone** there.
  Hanna had better have ~~not~~ gone there. (×)

· Hanna **would rather not have gone** there.
  Hanna would ~~not~~ rather have gone there. (×)

· Hanna **ought not to have gone** there.
  Hanna ought to ~~not~~ have gone there. (×)

04-56
동국대 2004

CHECK |

1. 조동사가 두 개일 경우 부정어는 첫 번째 조동사 뒤에 위치한다.

· The project should **never** have been begun.
  그 계획은 결코 시작되지 말았어야 했는데.

▶ should라는 조동사와 have라는 조동사 사이에 부정어가 위치했다.

2. 그러나 부정어의 강조를 위해서 첫 번째 조동사 앞으로 위치시키기도 한다.

· The project **never** should have been begun.
  The project ~~should have never~~ been begun. (×)

이와 같이 부정어의 강조를 위해서 첫 번째 조동사 should 앞으로 부정어가 위치할 수 있다. 즉, 이러한 부정어는 '일반동사 뒤와 be 동사 앞'에만 위치하지 않으면 옳다고 판단해야 한다. ★ 15-34 참조

예제

This rule has become quite out of date; it _____ a long time ago.

① had been abolished   ② should have been abolished

③ shall be abolished   ④ should be abolished

해석 이 규정은 매우 구식이 되었다. 오래 전에 폐지되어야만 했었는데 (그러지 못했다).

해설 '시간명사 + ago'는 과거시제만 이끌기 때문에, ①은 과거완료, ③은 미래시제, ④는 현재의 당위·의무를 가리키므로 ② 가 옳다. should have p.p.는 '~해야 했는데 그러지 못했다'라는 표현이다.

정답 ②

기출 및 예상문제 총정리 ^{Chapter} 04

1 조동사의 기능 ～ 9 used to

01 After the accident ① it was ② a long time ③ before she ④ could be able to walk again.

02 A: I'll take a trip to New York during coming vacation.
    B: Oh, I envy you. I _____ it this year.
    ① do afford   ② don't afford
    ③ can afford   ④ can't afford
    ⑤ can't afford to

03 I have known many who could not when they _____, for they had not done it when they _____.
    ① would — could   ② did — were
    ③ might — should   ④ should — would

04 The sign on the lawn says clearly that people _____ not walk on the grass.
    ① may   ② will
    ③ might   ④ have

05 다음 우리말을 영어로 가장 잘 옮긴 것은?

> 그들은 이번 방안이 대학의 구조 개혁을 촉진시킬 것이라고 말했다.

    ① They said this measure would be facilitate structural reforms of the university.
    ② They said this measure will facilitate with a structural reform of the university.
    ③ They said this measure must facilitate structural reform of a university.
    ④ They said this measure would facilitate with structural reform of universities.

01 ④　해석　그녀는 사고를 당한 후 한참 후에서야 다시 걸을 수 있었다.

　　　해설　could be able to → could 혹은 was able to
　　　　　　can과 be able to 표현은 함께 쓰일 수 없다.

02 ④　해석　A: 이번 휴가는 뉴욕으로 갈 거야.
　　　　　　B: 부럽다. 올해에 나는 여행을 갈 여유가 없어.

　　　해설　afford 동사는 can 또는 be able to하고만 결합이 가능할 뿐, do 동사와는 결합할 수 없으며, I envy
　　　　　　you의 내용으로 보건데 부정문이 옳다. '~할 여유가 있다'라는 표현은 'can afford 명사/ to 동사원형'
　　　　　　이다.

03 ①　해석　나는 무언가 하고자 했을 때 할 수 없었던 많은 사람들을 알고 있다. 왜냐하면 그들은 할 수 있었을 때 하지 않았기 때문이다.

　　　해설　would는 '과거의 의지'를 나타내며, could는 '과거의 능력'을 나타낸다. 따라서 문맥상 전자는 첫 번째
　　　　　　빈칸에 어울리며, 후자는 두 번째 빈칸에 어울린다.

04 ①　해석　잔디 표시에 따르자면 잔디 위에서 도보가 허용되지 않는다.

　　　해설　① may not은 '불허, 금지'로서 '~이 허용되지 않는다'라는 뜻이며, ② will not은 '의지'로서 '~하지
　　　　　　않을 것이다'의 뜻이다. ③ 부정에는 '불허가'의 뜻으로 may not, '금지'의 뜻으로 must not 혹은 can
　　　　　　not이 쓰일 뿐, might not은 쓰이지 않는다.

05 ③　해설　① be facilitate → facilitate
　　　　　　　facilitate는 동사이므로 'be + facilitate' 형태는 불가능하다.
　　　　　　② will facilitate with → would facilitate
　　　　　　　주절이 과거시제이므로, 과거에서 바라본 미래는 would가 옳다.
　　　　　　③ 주절에 인식동사의 과거시제(said)가 위치했다면 종속절에 had to뿐만 아니라 must를 사용해도
　　　　　　　무방하다.
　　　　　　④ facilitate with → facilitate
　　　　　　　facilitate는 타동사이므로 전치사 with가 불필요하다.

06   Just ① <u>go to</u> the dry cleaners, show ② <u>them the dress</u>, ③ <u>and demand</u> that they
      ④ <u>paid for</u> the damage.

07   Bin Laden wanted to show his troops that "the final weapons are being readied,"
      as Hitler _____ his military.
      ① is used to promising
      ② was used to promise
      ③ used to promise
      ④ used to be promised

08   문법적으로 틀린 문장을 고르시오.
      ① In a crisis situation, it is essential that passengers remain calm.
      ② It's high time guests leave the bar.
      ③ All the evidence suggests that the problem has improved in recent years.
      ④ Sue turned away from the window lest anyone see her.

09   Seven months after my husband, George, ① <u>died</u>, I was still ② <u>getting used</u> ③ <u>to</u>
      <u>live</u> ④ <u>alone</u> on our cattle ranch ⑤ <u>in</u> South Dakota.

06 ④ 해석 세탁소에 바로 가서 그들에게 옷을 보여 주고 그들보고 손해를 보상해야 한다고 요구해라.

해설 paid for → (should) pay for
demand 동사의 목적어 that절 이하의 내용이 당위를 가리킬 경우 '(should) + 동사원형'을 취한다.

07 ③ 해석 Hitler가 자기 군부에 약속하곤 했던 것처럼, Bin Laden은 자기 병사들에게 "최후의 무기들이 준비돼 있다"는 것을 보여 주기를 원했다.

해설 Hitler의 과거행위를 가리키므로, 과거의 규칙적인 습관 또는 과거의 상태를 가리키는 조동사 used to가 옳으며, 태 또한 군부에게 약속을 한 능동이 옳다.

08 ② 해설 ② leave → should leave 또는 left
It's time (that) 구문에서 종속절에 'should + 동사원형' 또는 '과거시제'가 옳지, 동사원형만은 틀린다.

③ suggest의 목적어 that절 이하에 '(should) + 동사원형' 형태를 안 취한 이유는 당위의 내용이 아닌 지나간 사실의 전달에 불과하기 때문이다.

어휘 crisis 위기

09 ③ 해석 남편 George가 죽은 지 7개월이 지났지만 나는 South Dakota에 있는 소목장에서 혼자 사는 것에 아직도 적응하고 있는 중이었다.

해설 to live → to living
문맥상 '~에 익숙 · 적응하다'는 be/ get used to ~ing 표현이 옳다.

어휘 ranch 목장

10 According to a recent Bien-Aller Internet survey of 523 single men and women in ① their 20s and 30s, a third of respondents said ② they would have become doctors, lawyers, accountants or professors, ③ who they believe need ④ not to worry about layoffs ⑤ or low pay.

11 The thought of outer space colonies may appear ① to be farfetched at present, but ② as the earth's population grows and its resources ③ diminish, the thought will ④ need be considered ⑤ seriously.

12 When we are ① divided, there is ② little we can do — for we ③ dare not to meet a powerful change and ④ split asunder.

13 A: Doesn't Mary want to go to that movie?
    B: Yes, but she says _____ tonight.
    ① she'd not rather go   ② she won't rather go
    ③ she'd rather not go   ④ she'll rather not go

14 A: We can eat dinner either before or after the performance.
    B: Which _____ do?
    ① you would rather   ② do you rather
    ③ would you rather   ④ will you rather
    ⑤ we should rather

15 I _____ the book, but I hardly remember I have.
    ① cannot read   ② may read
    ③ may have read   ④ can read

16 You ① had not better ② quit your job until you find another one. ③ Once you are out of work, you may find ④ it hard ⑤ to get another.

10 ④

해석 최근 Bien-Aller가 20대와 30대 미혼남녀 523명을 대상으로 인터넷으로 조사한 결과에 따르면 응답자의 1/3이 의사, 변호사, 회계사, 교수 등이 되었을 것이라고 답했으며, 이들은 해고나 저임금을 걱정하지 않아도 된다고 믿는다.

해설 not to worry → not worry
need 뒤에 부정어 not이 위치할 경우에는 need는 오로지 조동사로만 쓰인다. 따라서 to를 제거해야 한다.

11 ④

해석 우주 식민지의 생각은 현재에는 무리인 것으로 보인다. 그러나 지구의 인구가 증가하고 자원이 감소할 때 그 생각은 신중히 고려할 가치가 있을 것이다.

해설 need be → need to be
주어진 문장은 need 동사 뒤에 바로 이어서 동사원형 be가 위치했으므로 need가 조동사로 쓰인 형태인데, 이는 틀린 문장이다. 왜냐하면 앞에 조동사 will이 위치했으므로 will 뒤에 또다시 조동사 need는 쓰일 수 없기 때문이다. 따라서 본동사처럼 to부정사를 목적어로 취하는 형태이어야 옳다.

어휘 farfetched 무리한, 빙 둘러서 말하는, 부자연한 diminish 줄어들다

12 ③

해석 나뉘어 있을 때 우리가 할 수 있는 것은 거의 없다. 왜냐하면 우리는 강한 도전을 감당하지 못하여 산산이 흩어져 버리기 때문이다.

해설 dare not to meet → dare not meet
need 동사와 dare는 부정문에서 조동사로 쓰일 경우 뒤에 동사원형이 위치한다. 따라서 '조동사 + 부정어 + 동사원형' 형태로 쓰여야 한다.

어휘 asunder 산산이

13 ③

해석 A: Mary가 그 영화 보러 가고 싶어 하지 않니?
B: 보고 싶어 하는데, 오늘 저녁에는 보지 않는 게 나을 것 같다고 말하네.

해설 'would rather + 동사원형'의 부정어 not은 'would rather not + 동사원형'처럼 rather 뒤에 위치한다.

14 ③

해석 A: 공연 전이나 공연이 끝난 후에 식사를 할 수 있어.
B: 어느 것이 더 좋니?

해설 'would rather + 동사원형'은 '~을 하고 싶다'라는 관용표현이다.

15 ③

해석 나는 그 책을 읽었을지도 모르지만 기억이 거의 나지 않는다.

해설 I hardly remember I have 문장은 I hardly remember (that) I have read it이었는데 한 문장 안에서 동사가 반복이 될 경우에는 생략할 수 있다. 읽었던 시점이 기억하는 시점보다 이전이므로, 기준보다 이전 사실에 대한 약한 추측인 may have p.p.가 옳다.

16 ①

해석 다른 직장을 구할 때까지 직장을 그만 두지 않는 편이 낫다. 일단 직장을 잃고 나면 다른 직장을 얻는다는 것이 어렵다는 것을 알게 될 것이다.

해설 had not better → had better not
had better의 부정은 had better와 동사원형 사이에 위치하게 된다.

Chapter 04 조동사 149

17 다음 중 어법상 옳은 문장을 고르시오.

① I never heard him to speak English.

② My friend, whom I thought would pass in the examination, has failed.

③ We dared not move for fear that the enemy should see us.

④ The amount of money is enough to live.

18 Our holidays were ruined by the weather: we _____ at home!

① may as well stay   ② might as well have stayed

③ should not have stayed   ④ would rather stay

19 He _____ have done it. He was not even near the scene of the crime, and he can prove it.

① must   ② shouldn't

③ should   ④ couldn't

20 That was very kind of you, but you _____ have done it.

① need not   ② can no

③ may   ④ had better

21 A: I wish we'd been to the stadium last weekend.

B: You _____ it sooner.

① should mention   ② would have mentioned

③ rather mention   ④ should have mentioned

⑤ might mention

22 A: Please accept my apology for breaking one of your favorite glasses.

B: Well, I suppose it might have been worse. All of my glasses _____.

① won't never be broken   ② must have been broken

③ could have been broken   ④ should have been broken

23 문법적으로 올바르지 않은 문장을 고르시오.

① You would do well follow his advice.

② We have come a long way because of technology.

③ The government should be geared to the needs of the blind.

④ John decided to play it by ear when he went out for his interview.

17 ③　해설　① to speak → speak

hear 지각동사의 목적어와 목적보어가 능동이면 목적보어에 동사원형이 위치한다.

② whom → who

I thought는 삽입절이므로 would pass의 주어 역할을 할 수 있는 주격 관계사가 옳다.

③ dare는 조동사의 과거형태로서 dared가 가능하다.

④ live → live on

'~에 의존해서/ ~을 근거로 하여 살다'라는 표현은 live on을 쓴다.

18 ②　해석　우리는 날씨 때문에 휴가를 망쳤다. 집에 있는 게 좋았을 텐데!

해설　앞 문장의 시제가 과거이기 때문에, 현재를 나타내는 ①과 ④는 틀리며, ③ should not have stayed는 '집에 머무르지 말아야 했는데 (집에 있었다)'라는 표현이므로 앞 문장과 어울리지 않는다. ② might as well have stayed는 '집에 머무르는 게 좋았을 텐데 머무르지 않고 나가서 날씨 때문에 휴가를 망쳤다'라는 의미이다.

19 ④　해석　그가 그 범행을 저질렀을 리가 없다. 그는 범죄 현장의 근처에 있지도 않았고 그는 그것을 입증할 수 있다.

해설　과거에 대한 강한 추측은 must have p.p.이지만, 그 부정 형태는 can/ could not have p.p.이다.

20 ①　해석　당신은 매우 친절했지만 그럴 필요는 없었다.

해설　need not have p.p. 구문은 '과거에 그럴 필요가 없었는데 (그랬다)'라는 내용이다.

21 ④　해석　A: 지난 주말에 경기장에 갔으면 좋았을 텐데.

B: 더 일찍 말했어야 했는데 네가 그러지 못했어.

해설　과거사실에 대한 강한 유감을 나타내는 should have p.p. 형태가 문맥상 옳다.

22 ③　해석　A: 네가 좋아하는 유리잔 중 하나를 깨뜨려서 미안해.

B: 글쎄. 더 나쁘게 됐을는지도 모르겠어. 유리잔 모두가 다 깨졌을 수도 있었을 거야.

해설　앞 문장에서 '더 나빠졌을는지도 모른다'라는 내용으로 보건데, 추측의 내용을 전하는 could have p.p. 형태가 옳다.

23 ①　해설　① follow → to follow

'would do well to 부정사' 표현이 되어야 '~하는 편이 낫다'라는 뜻이 된다.

② come a long way: 발전하다

③ be geared to: 만반의 준비가 되어 있다

④ play it by ear: 일이 되어가는 대로 처신하다; 임기응변의 조치를 취하다

GRAMMAR
HUNTER

GRAMMAR
HUNTER

05 접속사

🔳 등위접속사

1. and

05-01

(1) 기본용법

단어와 단어 / 구와 구 / 절과 절 / 문장과 문장의 대등관계를 이끈다.

- **She** didn't speak to anyone **and nobody** spoke to her.
  그녀는 누구에게도 말을 하지 않았으며, 누구도 그녀에게 말을 걸지 않았다.

- You must **wait and see** what happens.
  당신은 기다리면서 무슨 일이 일어나는지를 지켜봐야만 한다.

- He's gone to buy some **fish and meat**.
  그는 약간의 생선과 고기를 구입하기 위해 갔다.

05-02

(2) 명령문, and S + V

명령문 뒤에 and로 문장이 연결되면 '~해라, 그러면 ~할 것이다'라는 뜻을 가지게 된다. ★ 05-12 비교

- Be patient, **and** you will have good luck.

  = If you are patient, you will have good luck.
  인내하라. 그러면 당신에게 행운이 따를 것이다.

05-03

(3) try / be sure / wait / come / go / run + and + V

이들 동사 뒤에 나오는 and + V는 to부정사 기능을 가지게 된다. 이때 to부정사는 '목적 · 의도'의 의미를 나타내며 '~하러, 하기 위해'로 해석하면 된다.

- **Try and take** some daily exercise.

  = **Try to take** some daily exercise.
  매일 조금씩 운동을 하기 위해 노력하시오.

- **Come and have** a drink.

  = **Come to have** a drink.
  와서 한 잔 마셔라.

05-04

2. but

(1) 기본용법

단어와 단어 / 구와 구 / 절과 절 / 문장과 문장의 대등관계를 이끈다.

- It's an old car **but** it's very reliable.
= It's an old car **but** is very reliable.
= It's an old car **but** very reliable.

그것은 오래된 차이긴 하지만 매우 믿을 만하다.

▶ 문장의 주어인 it과 동사인 is가 but에 의해서 똑같이 나열되기 때문에 보어인 'an old car'와 'reliable'만 병치시킬 수 있다.

(2) but의 다양한 용법

1) 부사

but이 부사 기능을 할 경우 'only(오직, 단지)'의 뜻을 가진다.

05-05
계명대 2007

- **We can but** hope that things will improve.

우리는 단지 상황이 개선되기만을 바랄 뿐이다.

▶ 이때 but은 동사 hope를 수식하는 부사(단지)일 뿐이다.

2) 전치사

전체를 가리키는 대명사, 부정어가 포함된 대명사, 서수 또는 최상급 뒤에 위치한 but은 전치사로서 'except(~을 제외하고서)'의 뜻을 가지게 된다. ★ 07-35 참조

05-06
중앙대 2011
성균관대 2007
세종대 2003

전체	anything/ all/ every	but + 명사/ to부정사
부정	no one/ none/ nobody/ nothing	~을 제외하고서
기타	the first/ second/ last / 최상급/ who	

- **All but** him are present.
All but ~~he~~ are present. (×)

그를 제외하고서 모두 참석한다.

▶ 전체(all)를 가리키는 표현 뒤에 'but + 명사'는 전치사구가 된다. 즉, 이때 but은 전치사가 되므로 목적어 또한 목적격(him)이 옳다.

- I have **no choice but to** resign.

나는 사임하지 않을 수 없다.

3) 관계대명사/ 가정법 구문

05-07

※ 이는 각각 관계대명사와 가정법 단원에서 설명한다. ★ 08-49, 13-14 참조

- There are few men **but** would risk all for such a purpose.

그러한 목적을 위해서라면 모든 것을 내걸지 않을 사람이란 없다.

3. yet

(1) 기본용법

05-08
한국외대 2000

but보다 더 강한 역접의 느낌을 나타내는 접속사로서 문장과 문장, 단어와 단어, 구와 구, 절과 절을 연결시킨다.

- Her advice seems strange, **yet** I believe she's right.

그녀의 조언은 이상해 보이지만, 나는 그녀가 옳다고 믿는다.

(2) yet의 다양한 용법

1) 접속부사

yet은 접속부사로도 쓰여서 문장 간의 관계가 역접임을 강조시킬 수 있으며, and yet의 형태로 많이 쓰인다. ★ 06-01~07 참조

· Her advice seems strange, **and yet** I believe she's right.
그녀의 조언이 이상해 보일지 몰라도, 나는 그녀가 옳다고 믿는다.

▶ and라는 접속사가 두 문장을 연결시키면서, 의미적으로 대조 관계에 있음을 접속부사로서의 yet이 설명하는 경우이다.

05-10

2) 부사

yet은 '아직도, 이미'라는 뜻의 부사 기능도 가지고 있는데, 이는 부사 편에서 설명을 한다. ★ 15-09 참조

· I didn't receive a call from her **yet**.
나는 아직도 그녀로부터 전화를 못 받았다.

4. or

05-11

(1) 기본용법

단어와 단어/ 구와 구/ 절과 절/ 문장과 문장의 대등관계를 이끈다. 해석은 '혹은, 또는, 아니면' 정도로 하면 된다.

· You can have **ham, cheese or tuna.** [단어와 단어]
당신은 햄, 치즈, 혹은 참치를 드실 수 있습니다.

· He will come probably **at** lunch **or in** a meeting. [구와 구]
그는 아마도 점심때나 모임 때 올 것이다.

· Sonja **cleans or even washes** the dishes. [절과 절]
Sonja는 청소를 하거나 설거지를 한다.

05-12
강남대 2002

(2) 명령문, or S + V

명령문 뒤에 or로 문장이 연결되면 '~해라, 그렇지 않다면 ~할 것이다'라는 뜻을 가진다. ★ 05-02 비교

---

or (else) = otherwise = if not = unless

· Wear your coat **or** (else) you'll catch cold.

= **If** you don't wear your coat, you'll catch cold.

= **Unless** you wear your coat, you'll catch cold.
코트를 입지 않으면 감기에 걸릴 것이다.

05-13

CHECK |

명령문뿐만 아니라, 평서문 뒤에 등장하는 or 또한 문맥에 따라 '그렇지 않으면'이란 뜻을 가질 수 있다.

· I had to defend myself **or (else)** he would have killed me.
나는 방어를 해야만 했다. 그렇지 않았으면 그가 나를 죽였을 것이다.

---

(3) 즉, 달리 말하자면

or는 문맥에 따라 '즉, 달리 말하자면'이란 뜻을 가진다.

---

or = namely = in other words = that is (to say)

· My major is Geology, **or** the science of the earth's crust.
  나의 전공은 지질학이다. 즉, 달리 말하자면 지구 표면에 대한 학문이다.

5. nor

nor는 앞에 서술된 문장이 부정문일 경우 또 하나의 부정문을 만들 때 쓰인다. '~도 ~하지 않다'라는 뜻을 가지게 되며, nor 다음 문장은 의문문처럼 도치가 발생한다. ★ 20-21 참조 또한 nor 자체에 부정의 의미를 담고 있으므로, nor 절 이하에 부정어가 또 나오지 못한다. ★ 15-10~12 참조

---

nor = and neither = and not either

· He **neither** smiled **nor** spoke.
  = He didn't **either** smile **or** speak.
  = He didn't smile, **nor** did he speak.
  = He didn't smile, **and neither** did he speak.
  = He didn't smile, **and** he didn't speak **either**.
    그는 웃지도 말하지도 않았다.

6. for

'추가적인 이유'를 나타내는 for는 문장과 문장을 연결시키며, for 다음에는 완전한 문장이 와야 한다. 또한 for가 이끄는 문장은 주절보다 먼저 위치할 수 없으며, 완전한 문장 뒤에 위치해야 한다. 일반적으로 for 앞에 콤마(,)를 둔다.

· I can't know his ability, **for** I have never seen him.
  ~~For I have never seen him~~, I can't know his ability. (×)
  그를 전에 본 적이 없어서 그의 능력을 모르겠다.

  ▶ for가 이끄는 문장은 주절보다 먼저 앞에 위치할 수 없다.

7. so

'추가적인 결과'를 나타내는 so의 경우 절과 절을 연결시키므로 so 다음에 완전한 문장이 와야 한다. so 앞에 콤마(,)가 위치하며, ', so that'과 같은 뜻을 가진다.

· There were not many beds, **so** I had to sleep on the floor.
  = There were not many beds, **so that** I had to sleep on the floor.
    침대가 많지 않아서 나는 바닥에서 잠을 자야만 했다.

> **CHECK** | 지금까지 공부한 등위접속사는 새로운 문장이 시작될 때 맨 앞에 올 수 있다.
>
> · He bought a Fender bass guitar made in 1975. **And** he has played hard.
> 그는 1975년도에 제작된 Fender 베이스 기타를 구입했다. 그리고 열심히 연주했다.
>
> ▶ 'and, or, nor, but, yet, for, so'는 문장 맨 앞에서 새로운 문장의 시작을 알릴 수 있다.

예제

Put your coat on, _____ you'll catch cold.

① then   ② so   ③ if   ④ or   ⑤ and

해석 코트를 입어라. 그렇지 않으면 감기에 걸릴 것이다.
해설 '명령문 + or + 평서문' 구문에서 or는 'otherwise(그렇지 않다면)'의 뜻을 가진다. * put ~ on (옷을) 입다
정답 ④

8. 등위접속사에 의한 병치

`05-18`
고려대 2009

(1) 병치라 함은 두 개 이상의 단어, 구, 절 혹은 문장을 같은 형태로 나란히 둔다는 것으로서, 병치될 경우 문장의 전후로 보아 생략이 되어도 뜻이 명백한 부분은 생략할 수 있다. ★ 20-13~18 참조

· I wanted **to finish** my homework, **to meet** Jane, and **to go** to a movie with her.

= I wanted to **finish** my homework, **meet** Jane, and **go** to a movie with her.
나는 과제를 마치고, Jane을 만나서 영화를 함께 보고 싶었다.

· The government **will raise** employment, **will cut** interest rates, and **will contribute** to economic development.

= The government will **raise** employment, **cut** interest rates, and **contribute** to economic development.
정부는 직장을 늘리고 이자율을 감소시키고 경제 발전에 기여할 것이다.

· This book was written **by Peter** and **by Jane**.

= This book was written by **Peter** and **Jane**.
이 책은 Peter와 Jane이 저술했다.

`05-19`
서강대 2013
계명대 2009
삼육대 2004

(2) 병치되는 대상은 일관되어야 한다.

· I wanted <u>to finish</u> my homework, <u>to meet</u> Jane, and <u>go</u> to a movie with her. (×)

I wanted <u>to finish</u> my homework, <u>meet</u> Jane, and <u>to go</u> to a movie with her. (×)

> to부정사가 병치될 경우, 두 번째 to부정사에서부터는 to 없이 원형부정사만으로도 병치가 될 수 있지만, 이러할 경우 그 다음에 오는 병치까지도 일관되어야 한다. 아래 예문도 마찬가지 맥락이다.

· The government <u>will raise</u> employment, <u>will cut</u> interest rates, and <u>contribute</u> to economic development. (×)

The government <u>will raise</u> employment, <u>cut</u> interest rates, and <u>will contribute</u> to economic development. (×)

158

9. 등위상관접속사

(1) 개념

-20

등위접속사 중 'and, but, or, nor'는 다른 어구와 어울려 상관어구를 이루는데, 이를 등위상관접속사라고 한다.

(2) both A and B

05-21

대구대 2008
세종대 2003

both A and B는 'A와 B 둘 다'라는 뜻을 가지며 동사의 수는 복수 취급한다. ★ 19-70~72 참조, 20-04 비교

---

both A and B = at once A and B = A and B alike = A and B as well

---

- She can **both** speak **and** write Japanese.
  = She can **at once** speak **and** write Japanese.
  = She can speak **and** write Japanese **alike**.
  = She can speak **and** write Japanese **as well**.
  그녀는 일본어를 말하는 것은 물론 쓸 수도 있다.

- **Both** she **and** he write Japanese.
  그녀와 그는 둘 다 일본어를 쓸 수 있다.

> **CHECK** | both A, B, and C 구조는 불가능하다.
>
> - ~~Both~~ China, Russia, and the United States agreed on these issues. (×)
>   중국, 러시아 및 미국은 이 주제들에 대해 합의를 보았다.

(3) not A but B

05-22

고려대 2008
동국대 2008
서울여대 2005
가톨릭대 2005

not A but B 구문은 'A가 아니라 B'라는 뜻을 가지며 동사의 수 판단은 'B'에 일치시킨다. ★ 20-04 비교

---

not A but B = B, (and/ but) not A

- **Not Handerson but his peers** complain about our decision.
  = **His peers, not Handerson** complain about our decision.
  Handerson이 아니라 그의 동료들이 우리의 결정에 불평을 토로한다.

  > not A but B 구문에서 동사의 수는 B에 일치시키므로, peers가 복수명사이어서 동사의 수 또한 complain이라는 복수로 처리했다.

- The purpose of the scheme is **not to help** the employers **but to provide** work for young people.
  그 계획의 목적은 고용주들을 돕는 것이 아니라 젊은이들에게 일자리를 제공하는 것이다.

(4) not only A but (also) B

05-23

성균관대 2009
중앙대 2007
서울여대 2005
중앙대 2001

not only A but also B 구문은 'A뿐만 아니라 B도'라는 의미이며 그 수 판단은 'B'에 일치시킨다. 또한 also는 생략이 가능하다. ★ 20-04 비교

cf. only 대신에 'just/ simply/ merely' 등이 위치할 수 있다.

---

not only A but (also) B = not only A but B (as well) = B as well as A = B in addition to A

- **Not only** you **but also** he has to go there.
  당신뿐만 아니라 그도 그곳에 가야 한다.

- He is **not only** an actor **but (also)** a scientist.
  = He is **not only** an actor **but** a scientist **(as well)**.
  = He is a scientist **as well as** an actor.
  = He is a scientist **in addition to** an actor.
  그는 배우일 뿐만 아니라 과학자이다.

05-24

(5) not that S + V but that S + V

'A 때문이 아니라 B 때문에'라는 뜻을 가지며, 이때 that은 because로 대신할 수 있다.

---
not that S + V but that S + V = not because S + V but because S + V

- You will fail **not that** you are incompetent **but that** you are arrogant.
  = You will fail **not because** you are incompetent **but because** you are arrogant.
  네가 무능해서가 아니라 거만하기 때문에 실패할 것이다.

05-25

고려대 2010
동덕여대 2003
서울교대 2000

(6) either A or B

either A or B 구문은 'A 또는 B'라는 뜻이며, 그 수 판단은 'B'에 일치시킨다. ★ 19-73~76 참조, 20-04 비교

- **Either** Pat's friends **or** his mother is coming.
  Pat의 친구들 혹은 그의 어머니가 오고 있어.

- It's your choice! **Either** you leave **or** I will!
  너의 선택에 달렸어. 네가 떠나든 내가 떠나든.

05-26

중앙대 2011
명지대 2010
아주대 2004

(7) neither A nor B

neither A nor B는 'A와 B 모두 아니다'라는 양자 부정을 나타내며, 그 수 판단은 'B'에 일치시킨다.
★ 19-73~76 참조, 20-04 비교

---
neither A nor B = not either A or B

- **Neither** Oleg's father **nor** his brothers speak English.
  Oleg의 아버지뿐만 아니라 그의 형제들도 영어를 하지 못한다.

- My car is **neither** big **nor** small.
  = My car is **not either** big **or** small.
  내 차는 크지도 작지도 않다.

05-27

(8) 등위상관접속사에 의한 병치

등위상관접속사에 의한 병치는 그 병치 대상이 동일한 문법 기능을 가진 것이어야 한다. 예컨대, 'both 명사 and 명사/ both 동사 and 동사/ both 부사 and 부사' 형태로 와야 한다. 따라서 'both 명사 and 동사/ both 동사 and 명사/ both 부사 and 형용사' 형태는 틀리다. ★ 20-19 참조

- The purpose of the scheme is not **to help** the employers but **to provide** work for young people.

  The purpose of the scheme is not to help the employers but ~~provide~~ work for young people. (×)
  그 계획의 목적은 고용주를 돕기 위한 것이 아니라 젊은이들에게 일자리를 제공하기 위한 것이다.

160

to부정사인 to help와 to provide가 'not A but B'에 의해 병치되어야 옳지, B 자리에 to가 빠진 provide를 병치시킬 수는 없다. 아래의 예문들도 마찬가지 맥락이다.

- You can contact us either **by phone** or **by e-mail**.

  = You can contact us by either **phone** or **e-mail**.

  You can contact us by either phone or ~~by~~ e-mail. (×)

  당신은 우리에게 전화 또는 이메일로 연락해도 좋다.

- Peter was not only **young** but also **handsome**.

  Peter는 젊을 뿐 아니라 잘생겼다.

- Peter was not **young** but **old**.

  Peter는 젊지 않고 늙었다.

- This book was written neither **by Peter** nor **by Jane**.

  이 책은 Peter와 Jane 둘 다 저술하지 않았다.

예제

Neither Mary nor Lisa _____ so pretty as Ruth.

① are   ② have   ③ has   ④ is

해석 Mary와 Lisa 둘 다 Ruth만큼 예쁘지 않다.

해설 neither A nor B는 B 자리에 위치한 명사에 따라 동사의 수를 일치시키며, pretty는 형용사이므로 보어를 취할 수 있는 be 동사가 와야 한다.

정답 ④

2 부사절을 이끄는 종속접속사

'내가 그녀를 만났을 때 사랑에 빠졌다'라는 문장을 가만히 살펴보면 '내가 그녀를 만났다'라는 문장과 '내가 사랑에 빠졌다'라는 두 문장이 결합된 것으로 볼 수 있다. 앞 문장을 '시간'의 의미로 부사화시킨 것인데, 영어에서는 문장을 주절에 종속화시킬 때 접속사가 반드시 필요하다. 아래에서 공부하게 될 접속사 다음에 완전한 문장이 위치하여 주절에 종속된다.

1. 시간을 나타내는 종속접속사

05-28
세종대 2005
동국대 2004

일반접속사	after ~한 이후로 while ~하는 동안 before ~하기 전에 until(=till) ~할 때까지 whenever ~할 때마다 when/ as ~할 때 since ~한 이후
구 접속사	by the time ~쯤 ★ 02-22/ 24 참조 every time(= each time) ~할 때마다 the first/ second/ last/ next time ~을 처음/ 두 번째/ 마지막/ 다음에 할 때 as soon as(= immediately = instantly = the instant = the moment = the minute) ~하자마자 ★ 02-20 참조

- Zimmerman changed his name **after** he left Germany.

  Zimmerman은 독일을 떠난 후 개명을 했다.

- I had seen her **before** she died.

  그녀가 죽기 전에 나는 그녀를 보았었다.

- Let's wait **until** the rain stops.
  비가 멈출 때까지 기다리자.

- Cath hasn't phoned **since** she went to Berlin.
  Cath는 베를린으로 간 후로 전화를 하지 않았다.

- They arrived **while** we were having dinner.
  우리가 저녁을 먹는 동안 그들이 도착했다.

- **By the time** this letter reaches you, I will have left Berlin.
  이 편지가 당신에게 도착할 때쯤이면 나는 베를린을 떠났을 것이다.

- **Immediately** I began to speak, she started crying.
  내가 말을 시작하자마자, 그녀는 울기 시작했다.

- **The first time** I met her, I was angry about her behavior.
  그녀를 처음 만났을 때, 나는 그녀의 행동을 보고서 화가 났다.

05-29

한국외대 2006
숭실대 2006

CHECK |

1. 시간 부사절에서는 미래시제가 쓰이지 못하며, 현재시제가 대체한다. ★ 02-02 참조

- **As soon as I return**, I will call you.
  As soon as I ~~will~~ return, I will call you. (×)
  내가 돌아오자마자 너에게 전화를 할게.

2. after, before, since는 접속사 기능 이외에 '전치사와 부사' 기능이 추가로 있다.

- Many soldiers stayed in France **after** the war. [전치사]
  전쟁이 끝난 이후 많은 군인들이 프랑스에 주둔했다.

- This message arrived **after**. [부사]
  이 메시지는 나중에 도착했다.

3. during과 while의 의미는 '～동안에'로 같지만, while은 종속접속사인 반면, during은 전치사 기능만 있다.

- They arrived **during** our dinner. [전치사 during]
  They arrived ~~during~~ we were having dinner. (×)
  우리가 저녁 식사를 하고 있는 동안 그들이 도착했다.

  ▶ during 다음에 완전한 문장이 오므로 전치사 during이 아닌 접속사 while이 옳다.

4. not until : ～하고 나서야 비로소
until은 부정문과 결합하여 '～하고 나서야 비로소'라는 뜻을 가지며, 흔히 not until 구문을 취한다. 'not until ～' 구문이 문두로 나올 경우 의문문처럼 도치가 발생한다. 또한 '전치사' 기능도 있다. ★ 20-21~22 참조

- He didn't start to read **until** he was ten years old.
  = **Not until** he was ten years old **did he start** to read.
  그는 열 살이 되어 비로소 책을 읽기 시작했다.

---

2. 이유를 나타내는 종속접속사

05-30

일반접속사	because = since = as ~이기 때문에
구 접속사	in that ~라는 점에서 now (that) 이제는 ~이기 때문에

- We didn't enjoy the day **because** the weather was so bad.
  날씨가 너무나 나빴기 때문에 우리는 낮을 즐길 수가 없었다.

- **Since** you are unable to answer, we should ask someone else.
  당신이 답변을 하지 못하기 때문에, 우리는 다른 사람에게 물어보아야 한다.

- **As** you are late, I will scold you.
  네가 늦었기 때문에 혼을 내야겠다.

- **Now** (**that**) I'm married, I don't go out in the evenings.
  (이제는) 내가 결혼했기 때문에, 밤에 외출하지 않는다.

- The new system is better **in that** it provides much information.
  새로운 시스템이 많은 정보를 제공해 준다는 점에서 더 좋다.

CHECK |

05-31
단국대 2010

1. since 부사절의 시제가 과거이고, 주절의 시제가 현재완료이면 '~한 이후로', 그렇지 않다면 '~이기 때문에'라는 뜻으로 쓰인 것이다. ★ 02-16 참조

- He **has been** unhappy **since** he **left** home.
  그는 집을 떠난 이후로 불행했다.

- **Since** it **was raining**, she **took** an umbrella.
  비가 오고 있었기 때문에 그녀는 우산을 가지고 갔다.

2. now (that)은 '이전과는 다른 지금의 이유'를 강조할 때 쓰이며, that은 생략이 가능하다.

- **Now** (**that**) we know each other better, we like each other.
  우리는 이제 서로를 더 잘 알기 때문에 서로를 좋아한다.

---

3. 조건을 나타내는 종속접속사

05-32
광운대 2008
중앙대 2002

일반접속사	if = given = supposing/ suppose = providing/ provided 만일 ~이면 ★ 09-35 참조 once 일단 ~을 하면, ~하자마자 unless ~하지 않는다면
구 접속사	only if ~해야지만 in case (that) ~할 경우에 대비하여, ~할 경우라면 as long as ~하는 한 on the condition (that) ~라는 조건으로, 만일 ~이라면

- **If** it rains, we'll stay at home.
    = **Providing/ Provided** it rains, we will stay at home.
    = **Supposing/ Suppose** it rains, we will stay at home.
    = **On the condition** (**that**) it rains, we will stay at home.
    = **In case** (**that**) it rains, we will stay at home.
    = **As long as** it rains, we will stay at home.
      비가 내리면 우리는 집에 머무를 것이다.

CHECK |

1. 조건 부사절에서는 미래시제가 쓰이지 못하며, 현재시제가 대체한다. ★ 02-02 참조

- **Providing** you **ask** him tomorrow, he will help you.

  Providing you ~~will~~ ask him tomorrow, he will help you. (×)
  내일 그에게 요청하면, 그가 당신을 도와줄 것이다.

2. **unless**는 '~이 아니라면'의 부정의 의미를 포함하므로, **unless**가 이끄는 부사절 내에 부정어가 오지 못한다.

- He won't go to sleep **unless** you tell him a story.

  He won't go to sleep unless you ~~don't~~ tell him a story. (×)
  당신이 그에게 이야기를 들려주지 않으면, 그는 잠들지 않을 것이다.

4. 양보를 나타내는 접속사

although = though = even though/ if ~일지라도	while = whereas ~이긴 하지만

- **(Al)though** her books are boring, she's a very popular author.

  = **Even though/ Even if** her books are boring, she's a very popular author.

  = **While** her books are boring, she's a very popular author.

  = **Whereas** her books are boring, she's a very popular author.

  = Her books are boring, **but** she's a very popular author.
  그녀의 책이 따분할지라도, 그녀는 매우 인기 있는 작가이다.

CHECK |

1. 양보 부사절 내의 보어나 부사가 맨 앞으로 위치할 수 있다. 이 경우 **although**는 틀리며, **as** 혹은 **though**만 가능하다.

- **Although** her books are boring, she's a very popular author.

  = **Boring as** her books are, she's a very popular author.

  = **Boring though** her books are, she's a very popular author.

  Boring ~~although~~ her books are, she's a very popular author. (×)

2. 명사 보어의 관사 탈락

양보 부사절 내의 명사가 '단수가산명사'이고, 그 명사가 as 혹은 though보다 앞에 위치할 경우 '관사' 없이 위치한다. ★ 18-29 참조

- **Although** he was a soldier, he was very timid.

  = **Soldier** as he was, he was very timid.

  A soldier as he was, he was very timid. (×)
  그는 군인이었지만 매우 겁이 많았다.

5. 목적을 나타내는 종속접속사

05-36
동국대 2007
한국외대 2000

긍정의 목적	so that = so = in order that ~하기 위하여
	콤마(,) 없이 위치하며, 조동사 can·may·will·shall 등이 위치한다.
부정의 목적	lest (should) = for fear (that) should·might = so that ~ not = in order that ~ not ~하지 않기 위하여
	lest는 자체에 부정의 뜻을 내포하고 있으므로 부정어가 또 나오게 되면 틀린다. lest ~ should의 경우 should는 생략이 가능하며 뒤에 동사원형이 온다. ★ 04-32 참조

· The door was open **so (that)** she **could** see inside.

= The door was open **in order that** she **could** see inside.

그녀가 안을 볼 수 있도록 문이 열려 있었다.

· The door was closed **so (that)** she **could not** see inside.

= The door was closed **in order that** she **could not** see inside.

= The door was closed **lest** she **(should)** see inside.

= The door was closed **for fear (that)** she **should** see inside.

The door was closed lest she saw inside. (×)

The door was closed lest she not see inside. (×)

그녀가 안을 볼 수 없도록 문이 닫혀져 있었다.

> lest는 자체에 부정의 뜻을 가지고 있으므로 다음에 부정어 'not, no 등'이 올 수 없으며, 조동사 should가 생략이 되는 경우 동사원형(see)만 올 수 있는 것도 유의해야 한다.

6. 결과를 나타내는 종속접속사

05-37
대구대 2009
항공대 2007

① , so (that) 따라서
② so ~ that …(= such ~ that …) 너무 ~해서 …하다
③ not so ~ that … …할 만큼 ~하지 않다

cf. 결과를 나타내는 so that/ such that 구문은 'so + 형용사 + a(n) + 명사/ so + 형용사(부사) 또는 such + a(n) + 형용사 + 명사'로 바꿀 수 있다. ★ 18-32~33 참조

· Lina was weak, **so (that)** she could hardly stand up.

= Lina was **so weak a woman that** she could hardly stand up.

= Lina was **so weak that** she could hardly stand up.

= Lina was **such a weak woman that** she could hardly stand up.

Lina는 너무나 허약해서 좀처럼 일어서 있지 못했다.

> **CHECK** |
>
> 1. 주절에 부정문이 위치했을 경우, 뒤에서 앞으로 올라오는 방식으로 '(that절 이하) ~할 만큼 그 정도로 (주절의 내용)~하지는 않다'로 해석해야 한다.
>
> · He was **not so** excited **that** he could **not** speak.
>   그는 말도 못 할 만큼 흥분하지는 않았다.
>
> · **No** one is **so** busy **that** he **cannot** telephone his girlfriend.
>   자신의 여자친구에게 전화를 걸 수 없을 만큼 바쁜 이는 없다.
>
> 2. 주절과 that절 모두에 부정문이 위치했을 경우, 'that + 부정문'은 'but + 긍정문' 형태로 바꿀 수 있다. 이 경우 but 이하는 '~하지 않을 만큼'으로 해석한다.
>
> · He was **not so** excited **but** he could speak.
>
> · **No** one is **so** busy **but** he can telephone his girlfriend.
>
> 3. that절은 **very, too**와 결합할 수 없다.
>
> · The student was **so** erudite **that** most of the peers gathered around him.
>   The student was ~~very/too~~ erudite that most of the peers gathered around him. (×)
>   그 학생은 너무나 박식하여 또래 대부분이 그의 주위에 몰려들었다.

7. 양태를 나타내는 종속접속사

① as ~처럼, ~하는 대로, ~하듯이
② as if = as though 마치 ~처럼 ★13-20~21 참조
③ the way ~하듯이
④ just as ~, so … 마치 ~하듯이 그렇게 …하다

cf. just as ~, so … 구문은 just와 so를 생략할 수 있으므로 문맥상 판단해야 한다.

· **As** I explained on the phone, I had been ill.
  전화로 설명했듯이 아팠었어.

· You treat your sons **as if** they were your parents.
  당신은 아들들을 마치 부모처럼 대하는군요.

· You will fail **the way** your friends did.
  당신의 친구들이 그랬던 것처럼 당신도 실패할 것이다.

· **(Just) as** body needs exercise, **so** mind needs meditation.
  신체가 운동을 필요로 하듯이 정신 또한 명상을 필요로 한다.

8. 제한을 나타내는 종속접속사

① as/ so far as ~에 관한 한 (거리·정도·범위)
② as/ so long as ~하는 동안만큼(시간)
③ in so far as = insofar as = inasmuch as ~하는 한(관념)
④ so much so that ~할 만큼

cf. 앞에 부정어가 위치하거나 강조를 하고자 할 경우 'so far as, so long as'처럼 as 대신에 so를 즐겨 쓴다. 그러나 절대적인 원칙이 아니어서 잘 지켜지지는 않는다.

- **As/ So far as** I know, he is an honest man.

  내가 알고 있는 한 그는 정직한 사람이다.

- The situation was worse, **so much so that** everyone was sad.

  The situation was worse, so much as that everyone was sad. (×)

  그 상황은 악화됐다. 모든 이가 슬퍼할 만큼.

  ▶ '~할 만큼'의 뜻을 전할 때 so much so that이 옳다.

- That's true, **in so far as** I know it.

  내가 알고 있는 한 그것은 사실이다.

9. 장소를 나타내는 종속접속사 05-41

① where ~한 곳	② wherever 어디에나, 어디든지

- I like to live **where** simple folks dwell.

  나는 검소한 사람들이 사는 곳에서 살기를 좋아한다.

- **Wherever** she goes, there are crowds of people waiting to see her.

  그녀가 어디를 가든지 그녀를 보려고 기다리는 군중들이 있다.

10. 부사절의 축약 (부사절의 분사화)

(1) 부사절의 주어와 주절의 주어가 같은 경우 05-42

접속사와 주어를 생략하고, 동사를 ~ing 형태로 바꾼다. 부사절의 동사가 be 동사일 경우, 그 분사 형태는 being 또는 having been이 되는데, be 동사를 이용한 being과 having been은 생략이 가능하다.
★ 09-16~22 참조

- **When she** finished the meal, **Rachel** washed up and made coffee.

  = **Finishing** the meal, Rachel washed up and made coffee.

  식사를 마쳤을 때 Rachel은 설거지를 하고 커피를 만들었다.

(2) 부사절의 주어와 주절의 주어가 다른 경우 05-43

부사절의 주어와 주절의 주어가 다를 경우 분사로 축약 시에 부사절의 주어는 생략할 수 없다. 이와 같이 주절의 주어와 분사구문의 의미상의 주어가 달라서 분사구문에 별도의 의미상의 주어를 위치시킨 구문을 '독립분사구문'이라고 한다. ★ 09-33 참조

- **We**'ll leave tomorrow, **if weather** permits.

  = We'll leave tomorrow, **weather permitting**.

  날씨가 좋다면 우리는 내일 떠날 것이다.

(3) 접속사 + 분사 05-44

분사구문이 성립이 되었을 때, 주절과 분사구문의 관계를 명확히 설명하기 위해서 접속사를 생략하지 않고 '접속사 + 분사' 형태로 남겨둘 수 있다. 부사절의 주어와 주절의 주어가 다를 경우, 접속사를 내버려 둔 채 분사구문이 위치할 수 없다. 즉, '접속사 + 독립분사구문'은 불가능하다.

- **When it** happened, **the accident** caused casualties.

  = **When happening**, the accident caused casualties.

  사고가 일어났을 때, 사상자가 나왔다.

A baby might show fear to an unfamiliar adult _____ he is likely to smile at another infant.

① if   ② so that   ③ whenever
④ of which   ⑤ whereas

해석   아기는 낯선 어른에게는 두려움을 보이지만, 다른 아기에게는 웃어줄 가능성이 높다.
해설   빈칸 앞뒤로 완전한 문장이 위치했고 앞 내용은 '두려움을 보이다'이며, 뒤 내용은 '웃음을 보이다'의 '대조' 관계이므로 whereas만이 옳다.
정답   ⑤

❸ 명사절을 이끄는 종속접속사

05-45

1. 명사와 명사절의 차이

명사는 ① 한 단어로 구성되어 있으며, ② 구체적이지는 않다. 반면에 명사절은 ① 명사 기능을 하지만, ② 명사절을 이끄는 접속사 이하에 완전한 문장으로 구성되어 있으며, ③ 그 내용이 구체적이다.

- **The fact** is common knowledge today. [주어 명사]
  그 점은 오늘날 상식이다.

- **That the earth is round** is common knowledge today. [주어 명사절]
  지구가 둥글다는 것은 오늘날에는 상식이다.

- My opinion is **it**. [보어 명사]
  내 생각은 그것입니다.

- My opinion is **that the earth is round**. [보어 명사절]
  내 의견은 지구가 둥글다는 것이다.

- She said **something**. [동사의 목적어 명사]
  그녀는 무엇인가를 말했다.

- She said **that she liked dancing**. [동사의 목적어 명사절]
  그녀는 춤을 좋아했다고 말했다.

- She takes after her mother in **it**. [전치사의 목적어 명사]
  그 점에 있어서 그녀는 어머니를 닮았다.

- She takes after her mother in **that she likes dancing**. [전치사의 목적어 명사절]
  그녀는 춤을 좋아한다는 점에서 그녀의 어머니를 닮았다.

- **It** is mine. [주어 명사]
  그것은 내거야.

- The opinion **that she likes dancing** is mine. [the opinion과 동격의 명사절]
  그녀가 춤을 좋아한다는 것이 내 생각이다.

2. 단순 사실절을 이끄는 that

that이 이끄는 명사절의 that 이하에는 완전한 문장이 오게 되며, 문장 전체의 '주어, 보어, 타동사의 목적어' 기능을 수행한다. 해석은 '~이라는 사실, ~이라는 점'으로 하면 된다.

(1) 주어 기능

05-46

that절이 주어로 사용될 경우, 가주어 it이 먼저 오고, 뒤에 진주어 that절이 위치하는 것이 현대영어의 일반적인 추세이다. ★ 19-13 참조

- **That** everybody likes that music is interesting.
  <u>주어인 명사절</u>

= **It** is interesting **that** everybody likes that music.
  가주어   진주어
  모든 사람들이 그 음악을 좋아한다는 사실이 흥미롭다.

(2) 보어 기능

05-47

be, seem, appear와 같은 2형식 동사 뒤에 that절이 오면 '~것'으로 해석하면 된다.

- Her belief is **that** violent crime is increasing.
  그녀는 폭력 범죄가 증가하고 있다는 것을 믿고 있다.

(3) 타동사의 목적어 기능

05-48
국민대 2014
가톨릭대 2006
경기대 2004

타동사의 목적어로서 쓰인 that절의 that은 생략이 가능하다.

- Dawkins believes (**that**) his sister was murdered.
  Dawkins는 자신의 누나가 살해당했다고 믿는다.

05-49

CHECK |

1. 형용사 뒤에 나오는 that절

감정이나 인식을 가리키는 형용사 'afraid, aware, fearful, glad, happy' 뒤에 that절이 나올 수 있다. 이 경우 '~것, ~하다니'로 해석해야 한다.

- I was **aware that** something was wrong.
  나는 무언가가 잘못되었음을 알고 있었다.

- I am **happy that** he has succeeded.
  그가 성공해서 기쁘다.

2. 'in that절(~라는 점에서)'과 'except/but/save that절(~라는 점을 제외하고서)' 구문을 제외하고는, 어떠한 일이 있어도 종속접속사 that 앞에 전치사가 오는 경우는 없다.

- He takes after his father **in that** he is fond of music.
  He takes after his father ~~for that~~ he is fond of music. (×)
  그는 음악을 좋아한다는 점에서 그의 아버지를 닮았다.

- I forgot everything **except that** I wanted to go home.
  집에 가기를 원했던 점을 제외하고서는 나는 아무것도 기억이 나지 않았다.

---

(4) 동격절을 이끄는 that

※ 표에 열거된 명사들은 동격의 that절을 수반하여 동격을 나타낸다. 동격을 나타내는 명사들 다음에 that절이 왔을 경우 주격 관계사나 목적격 관계사로 오인하지 말아야 한다. 이때 접속사 that은 생략이 불가능하다.

① 사실	fact, truth
② 생각	belief, idea, notion, opinion
③ 증거	evidence, proof
④ 당위	suggestion, order, insistence, requirement, demand
⑤ 기타	conviction, news, criticism, possibility, hypothesis

· **The belief that the world is round** was not peculiar to Columbus. [주어 동격]
  이 세상이 둥글다는 신념은 Columbus만의 것은 아니었다.

· I will make **the suggestion that houses (should) be built on this site.** [목적어 동격]
  나는 주택들이 이 지역에 지어져야 한다는 주장을 할 것이다.

· The most preposterous fact is **the evidence that he can be a suspect.** [보어 동격]
  가장 터무니없는 사실은 그가 용의자일 수 있다는 증거이다.

CHECK | 종속접속사 that과 관계대명사 that의 차이

명사절을 이끄는 접속사 that 다음에는 반드시 '완전한 문장'이 와야 하지만, 관계대명사 that의 경우 선행사가 앞에 있어야 하며 that절 안에는 '문장의 주어나 동사의 목적어, 전치사의 목적어 또는 명사 보어 가 생략'되어 있어야 한다. ★ 08-24~27 참조

· **The fact that** he is your brother should not affect your decision. [동격의 that절]
  그가 너의 형이라는 사실이 너의 결정에 영향을 미쳐서는 안 된다.

· Did you see **the letter that**(=which) came today? [주격 관계대명사]
  오늘 온 편지 보았니?

---

3. 선택절을 이끄는 whether와 if

(1) whether와 if절의 비교

whether와 if절이 명사절로 쓰일 경우 해석은 '~인지 아닌지'로 하면 된다.
whether절은 아래 표처럼 모든 명사절 기능을 수행할 수 있지만, if절이 명사절로 쓰일 경우에는 오로지 '타동사의 목적어'만 가능하다.

	whether	if
주어	O	X
보어	O	X
타동사의 목적어	O	O
전치사의 목적어	O	X
부사절	O	O

or not	O (문두, 문미, 생략 모두 가능)	X
동격	O	X
to부정사와 결합	O	X

(2) 주어 역할

05-53A

whether 명사절은 주어 역할이 가능하며, 현대영어에서는 가주어 it을 먼저 두는 경향이 강하다. 반면 if 명사절은 주어 역할이 불가능하다.

- **Whether** people know his fame is not important.

  = **It** is not important **whether people know his fame.**

  If people know his fame is not important. (×)

  사람들이 그의 명성을 알고 있는지 아닌지는 중요하지 않다.

  ▷ 문장 전체의 동사 'is'의 주어 기능을 if절은 할 수가 없다.

05-53B

CHECK | 가주어 it이 있을 경우 진주어에는 if절이 올 수 있다.

- **It** doesn't matter **if she loves me.**

  그녀가 나를 사랑하는지는 중요하지 않다.

  ▷ 가주어 it이 대신하는 진주어 if절이 나온 문장이다. 이렇게 가주어 it이 있을 경우에는 진주어 자리에 if절이 올 수 있다.

---

(3) 보어 역할

05-54

whether 명사절은 보어 역할이 가능하지만, if 명사절은 보어 역할이 불가능하다.

- The question was **whether** her behavior was unlawful.

  The question was if her behavior was unlawful. (×)

  문제인 즉 그녀의 행동이 법에 어긋났느냐 아니냐였다.

  ▷ be 동사의 보어로서 whether절은 가능하지만, if절은 불가능하다.

(4) 타동사의 목적어 역할

05-55

whether 명사절과 if 명사절 모두 타동사의 목적어 역할이 가능하다.

- Maurice asked (me) **whether** I needed help.

  = Maurice asked (me) **if** I needed help.

  Maurice는 (나에게) 내가 도움을 필요로 하는지 아닌지를 물어보았다.

  ▷ ask라는 타동사의 직접목적어로서 whether절과 if절 모두 가능하다.

(5) 전치사의 목적어 역할

05-56

whether 명사절은 전치사의 목적어 역할이 가능하지만, if 명사절은 전치사의 목적어 역할이 불가능하다.

- The question arose about **whether** her behavior was unlawful.

  The question arose about if her behavior was unlawful. (×)

  그녀의 행동이 법에 어긋났느냐에 관한 문제가 불거졌다.

  ▷ about과 같은 전치사의 목적어로서 if절은 불가능하다.

(6) 부사절 역할

명사절이 아닌 부사절을 이끄는 접속사는 whether와 if절 모두 가능하다.

- **Whether** you like it or not, you must do it.
  네가 좋아하든 싫어하든 너는 그것을 해야 한다.

- **If** you need money, I can lend you some.
  네가 돈이 필요하다면 내가 조금은 빌려 줄 수 있어.

(7) or not 여부

whether는 or not과 결합이 자유로우며, whether 바로 뒤 또는 whether절 맨 뒤 모두에 위치할 수 있지만, if는 or not이 올 수 없음이 문어체의 원칙이다. not이 빠진 or를 통해 선택을 가리킬 때에도 whether만이 가능하다.

- He asked me **whether** I would go there **or not**.
  = He asked me **whether or not** I would go there.
  He asked me if or not I would go there. (×)
  그는 내가 거기에 갈 것인가를 물어보았다.

  ▶ whether와 or not의 결합은 자유이며, 문두 또는 문미에 위치할 수 있다. 반면 if는 or not과 결합할 수 없다.

- The point of this case is **whether** the death of an unborn child was a miscarriage **or** an abortion.
  The point of this case is if the death of an unborn child was a miscarriage or an abortion. (×)
  이 사건의 쟁점은 태어나지 않은 아이의 죽음이 유산이었는지 낙태이었는지 이다.

  ▶ 선택을 가리키는 'A or B' 구문이 있을 경우 if가 아닌 whether가 옳다.

(8) 동격 여부

whether는 'question, doubt, trouble'과 같은 명사 뒤에서 완전한 문장을 이끌어 동격의 명사절도 가능하지만, if절은 불가능하다.

- There is some doubt **whether** economics is easy to study.
  There is some doubt if economics is easy to study. (×)
  경제학이 공부하기 쉬운지에 대해 약간의 의심이 존재한다.

  ▶ doubt라는 명사 뒤에서 whether절이 동격으로 수식하는 형태이다. if절은 앞에 나온 명사에 대한 동격 기능이 없다.

(9) to부정사와 결합 여부

whether절 내의 문장이 문장 전체의 주어와 같거나 일반인(people)이 주어일 경우 'whether + to부정사' 구문으로 축약할 수 있다. 이때 whether는 의문사로 보는 것이 일반적이다. 반면 if는 이러한 기능이 없다. ★ 12-29~32 참조

- Axel and John now have to decide **whether** they will buy the car.
  = Axel and John now have to decide **whether to buy** the car.
  Axel and John now have to decide if to buy the car.
  Axel과 John은 그 차를 구입할 것인지 말 것인지를 지금 결정해야만 한다.

  ▶ whether는 to부정사와 결합할 수 있지만 if는 불가능하다.

4. 의문사가 이끄는 간접의문문

의문사로 시작되는 명사절을 간접의문문이라고 하는데, 이 경우 어순은 '의문사 + 주어 + 동사'처럼 평서문 어순을 취한다는 점을 유의해야 한다. ★ 12-01~02 참조

- **Why she left so early** is incomprehensible. [주어 명사절]
  그녀가 왜 그리 일찍 떠나려 했는지 이해가 가지 않는다.

- I don't know **who the man is.** [목적어 명사절]
  나는 그 남자가 누구인지 모른다.

- I don't know **whom the girl is waiting for.** [목적어 명사절]
  I don't know whom ~~is the girl~~ waiting for. (×)
  나는 그 소녀가 기다리고 있는 사람이 누구인지 모른다.

  ▶ know라는 타동사의 목적어로서 간접의문문이 쓰였으므로 '의문문 어순'이 아닌 '평서문 어순'이 옳다.

5. what 관계대명사절

what은 자체에 선행사를 포함하고 있는 관계대명사이므로, what절 이하에 주어, 목적어, 보어 중 하나가 빠져야 한다. 이에 대한 자세한 설명은 관계대명사 편에서 다룬다. ★ 08-31~36 참조

- That is **what we want to know.**
  그것이 우리들이 알고자 하는 것이다.

- **What we need most** are books.
  우리가 가장 필요로 하는 것은 책이다.

6. 복합관계사절

복합관계사가 이끄는 문장들 또한 명사절 기능을 가질 수 있다. 자세한 내용은 관계대명사 편에서 다루기로 한다. ★ 08-59~68 참조

예제

What these applicants have in common _____ they all have overseas experience.
① for that   ② that is
③ with that   ④ is that

해석 이 지원자들의 공통점은 모두 다 해외 경험이 있다는 것이다.

해설 문장 전체의 주어인 what절의 동사인 is와 문장 전체의 보어 역할을 하면서 'they all have overseas experience' 를 이끌 수 있는 명사절 접속사 that이 옳다.

정답 ④

1 등위접속사

01 The ① adult gorilla looks ② fierce, ③ and it is actually a shy, friendly animal ④ that needs companionship and attention.

02 Put your coat on, _____ you'll catch cold.
① then
② so
③ if
④ or
⑤ and

03 Recently doctors warned that too much animal fat in the diet can lead to heart disease, _____ special types of margarine made with vegetable oils are becoming popular.
① so
② because
③ and since
④ except

04 Learn to save now, _____ you may want in old age.
① and
② if
③ therefore
④ otherwise

05 Our body needs food and oxygen, and these must be supplied constantly. Food can be stored in the body, _____ a person need not eat all the time in order to satisfy this need.
① so that
② but that
③ as if
④ even if
⑤ for fear

01 ③

해석 다 큰 고릴라는 사나워 보이지만, 실제로는 교제와 관심을 필요로 하는 수줍음 많고 우호적인 동물이다.

해설 and → but
앞 문장의 내용(사나움)과 뒤 문장의 내용(수줍고 우호적임)은 역접 관계이므로 문맥상 but이 옳다.

어휘 companionship 교제, 동료애

02 ④

해석 코트를 입어라. 그렇지 않으면 감기에 걸릴 것이다.

해설 '명령문 + or + 평서문' 구문에서 or는 'otherwise(그렇지 않다면)'이란 뜻을 가진다.

03 ①

해석 최근에 의사들은 식사에 너무나 많은 동물성 지방은 심장병을 야기할 수 있다고 권고했다. 그리하여 식물성 기름으로 만들어진 특수한 형태의 마가린이 인기를 얻어가고 있다.

해설 앞 문장에 따른 추가적인 결과를 설명해주는 ', so that'이 옳으며, 이때 that은 생략이 가능하다.

04 ④

해석 당장 아끼는 법을 배워라. 그렇지 않으면 나이 들어서 궁핍해질 것이다.

해설 ④ '명령문, or (혹은 otherwise) 문장'은 '~하시오. 그렇지 않으면 ~할 것이다'라는 의미이고, ① '명령문, and 문장'은 '~하시오. 그러면 ~할 것이다'라는 의미이다. want는 자동사로 쓰일 경우 '궁핍하다'라는 뜻을 가질 수 있다.

05 ①

해석 인간의 신체는 음식과 산소를 필요로 하며, 이것들은 지속적으로 공급되어야만 한다. 음식은 신체 내에 비축될 수 있으므로, 이 욕구를 충족시키기 위하여 언제나 먹을 필요는 없다.

해설 빈칸 앞의 내용이 원인이며, 다음의 내용이 결과가 되므로, so that(따라서)이 적합하다. ② but that은 앞 문장이 가정법, 뒤 문장이 직설법인 문장에 들어갈 수 있다.

06 I couldn't attend the meeting, _____.
    ① and nor I did want   ② nor did I want to
    ③ neither I wanted to   ④ I didn't want, either

07 Choose the item that is grammatically correct.
    ① They didn't read the play. Neither they acted it.
    ② They didn't read the play. They didn't acted it, either.
    ③ They didn't read the play. Neither acted they it.
    ④ They didn't read the play. Nor they acted it, too.
    ⑤ They didn't read the play. Nor did they act it.

08 "Know yourself" is the key not only to Greek culture _____ the classical culture of the Western world as well.
    ① and is   ② but to
    ③ but also to   ④ but

09 Neither your hat nor your shirts _____ with this pair of jeans.
    ① goes   ② go
    ③ becomes   ④ become

10 Neither John ① nor Brown, working ② for IBM, presented ③ their sales reports before the deadline ④ for doing so.

06 ②   해석   나는 모임에 참석할 수 없었으며 원하지도 않았다.

            해설   ① and와 nor는 둘 다 접속사이므로 틀리며, ③ neither는 두 문장을 연결시키는 접속사가 아니며,
                 ④ 접속사나 관계사 없이 '주어 + 동사'가 연결될 수 없다. ② nor는 부정어를 포함하고 있으므로 의문문
                 처럼 도치가 발생한다.

07 ⑤   해설   ① Neither they acted it. → Neither did they act it.
                 neither가 문두로 위치할 경우 의문문처럼 도치가 발생한다.
             ② They didn't acted it, either. → They didn't act it, either.
                 일반동사의 과거 부정문 형태는 'didn't + 동사원형'이 옳다.
             ③ Neither acted they it. → Neither did they act it.
                 일반동사를 도치할 경우 do 동사를 이용하여 '부정어 + do + 주어 + 동사원형' 구조를 취하게 된다.
             ④ Nor they acted it, too. → Nor did they act it.
                 nor라는 부정어를 포함한 접속사가 위치했을 경우 의문문처럼 도치가 발생한다.

08 ②   해석   "너 자신을 알라" 라는 말은 그리스 문화뿐만 아니라 서양의 고전 문화에 대한 해결책이기도 하다.

            해설   not only A but also B = not only A but B as well 문형에서 as well과 also는 결국 같은 의미이
                므로 이 구문 안에서 같이 쓰여서는 안 된다.

09 ②   해석   너의 모자와 셔츠 모두 이 청바지와 어울리지 않는다.

            해설   neither A nor B 구문은 B에 수 일치를 시키며, '~과 어울리다'라는 표현은 go with = become 형태
               를 취하므로 복수동사인 go가 옳다.

10 ③   해석   IBM에서 일하는 John과 Brown 모두 마감시한 전에 판매 보고서를 제출하지 않았다.

            해설   their → his
               neither A nor B는 B(Brown)에 수 일치를 시키므로 소유격 또한 단수 형태가 옳다.

11 I was some twenty paces behind, when I saw Captain Ahab _____ and run towards me.
① turn   ② turning
③ turned   ④ turns

12 In spite of the claims that an anti-smoking cigarette holder and low-tar tobacco make smoking slightly safer, in fact they only marginally reduce, _____ eliminate the hazards.
① no   ② not
③ nor   ④ none

13 ① Cooking utensils should be chosen ② for their utility and ③ ease of care ④ the same as their attractive appearance.

14 David _____ loves Joan, nor wants to marry her.
① not only   ② either
③ but   ④ neither
⑤ no

15 French anthropologist Claude Levi-Strauss, who died last year, said that the scientific mind does _____.
① not to provide the right answers but to ask the right question
② not as much provide the right answers so ask the right question
③ not to ask the right answers but to provide the right question
④ not so much provide the right answers as ask the right question

11 ①

해석   Ahab 선장이 몸을 돌려서 나에게 달려오는 것을 보았을 때 나는 약 20보 뒤에 있었다.

해설   see 동사의 목적보어로 동사원형 형태가 왔으며 두 개가 and에 의해서 나란히 병치되어야 한다.

12 ②

해석   금연 파이프와 저 타르 담배가 흡연을 약간이나마 안전하게 해준다는 주장들에도 불구하고, 사실 저것들은 위험요소를 제거하는 것이 아니라 단지 약간 위험을 감소시킬 뿐이다.

해설   not A but B 문장은 B, (and) not A로 바꿀 수 있다.
They don't eliminate but reduce the hazards.
= They reduce, not eliminate the hazards.

어휘   marginally 아주 조금

13 ④

해석   조리 기구는 멋진 외관뿐만 아니라 효용성과 관리의 용이함으로 선택해야 한다.

해설   the same as → as well as
the same as는 접속사 기능이 없으므로 'B as well as A(A뿐만 아니라 B도)' 구문을 통해 연결하는 것이 올바르다.

14 ④

해석   David는 Joan을 사랑하지 않으며 그녀와 결혼하고 싶어 하지도 않는다.

해설   nor와 합쳐져서 등위상관접속사를 이룰 수 있는 것은 neither이다.

15 ④

해석   작년에 사망한 프랑스 인류학자 Claude Levi-Strauss는 과학적 정신은 적절한 답변을 제공하는 것이라기보다는 적절한 질문을 하는 것이라고 말했다.

해설   ①, ③ not A but B 구문에 의해서 to부정사가 병치되고 있다. 그러나 앞서 나온 do 동사는 뒤에 동사원형이 나와야 하는 조동사이므로 틀리다. ④ not so much A as B 구문에 의해서 A와 B가 동사원형으로 병치되고 있다.

어휘   anthropologist 인류학자

16 Although her first business, a health food store, went bankrupt, _____.
  ① she eventually launched a successful mail-order business
  ② a successful mail-order business, successfully launched
  ③ and a successful mail-order business was eventually launched
  ④ but she eventually launched a successful mail-order business
  ⑤ and a eventually launched a successful mail-order business

17 다음 세 문장 속에 있는 빈칸에 들어갈 단어를 차례대로 짝지은 것으로 가장 올바른 것은?

  1) You must take care _____ you should catch cold.
  2) _____ you have no objection, I will come tomorrow.
  3) My teacher's remark, strange _____ it may seem, encouraged me.

  ① but — Unless — how   ② but — Unless — as
  ③ lest — If — as   ④ lest — If — however

18 ① Even though the hotel was ② already full, the hotel manager did not have rooms for visitors who ③ had been stranded ④ by the storm.

19 _____ blocked traffic on the Mississippi River, Jim Waison left his job as a river pilot and moved west to Carson City.
  ① During the Civil War   ② Because the Civil War was
  ③ That the Civil War was   ④ When the Civil War

20 Stupid _____ it appears, we had little sense of when it started or ended.
  ① although   ② maybe   ③ as if   ④ as

21 A: I wonder how John's trip was.
  B: I don't know. I haven't seen him _____.
  ① because he arrived   ② until he arrived
  ③ when he arrived   ④ since he arrived

22 Even when fingerprints are hidden at the scene of a crime, they can be dusted with aluminum powder _____ they can be seen and photographed.
  ① so that   ② in order to
  ③ although   ④ as well as

16 ①

해석 그녀의 첫 사업이었던 건강식품 상점이 파산했지만 결국 그녀는 성공적으로 통신판매 사업을 시작했다.

해설 although라는 종속접속사가 이끄는 종속절 다음에 주절이 빈칸에 와야 한다. ③, ④, ⑤는 다시 등위접속사가 나왔으므로 틀렸다. 따라서 주절을 나타내는 ①번이 옳다.

17 ③

해석 1) 당신은 감기에 걸리지 않도록 조심해야 한다.
   2) 당신이 반대하지만 않는다면 내일 올게요.
   3) 선생님 말씀이 이상해 보일지는 몰라도 나에게 격려가 되었다.

해설 1) 문맥상 부정 목적의 'lest ~ should(~하지 않도록)'가 적합하다.
   2) lest 뒤에는 부정어가 나올 수 없으므로, 단순 조건 접속사인 if가 옳다.
   3) 원래 문장은 Though it may seem strange이며, 보어인 strange가 문두로 위치하여 as가 활용됐다.

18 ①

해석 호텔이 이미 만실이었기 때문에 호텔 매니저는 폭풍으로 진퇴양난에 빠진 사람들을 위한 방을 마련할 수 없었다.

해설 Even though → Because
   '호텔이 이미 만실이다'와 '매니저가 방을 마련하지 못하다'의 관계는 인과이므로 because가 옳다. even though는 '심지어 ~일지라도'라는 양보의 의미를 전한다.

어휘 strand 오도 가도 못하게 하다

19 ④

해석 남북전쟁이 미시시피 강의 교통을 혼잡하게 했을 때, Jim Waison은 수로 안내인 직업을 버리고 카슨 시티를 향해 서부로 이동했다.

해설 3형식 타동사 block이 목적어 traffic을 취하고 있다. 따라서 was가 들어가면 수동태가 되기 때문에 ②, ③은 무조건 틀렸다.

20 ④

해석 그것이 어리석게 보이겠지만, 우리는 그것이 언제 시작됐거나 끝났는지 거의 알 수 없었다.

해설 although it appears stupid 문장에서 보어인 stupid가 문두로 나온 형태이다. 이때 접속사는 as 혹은 though가 쓰일 수 있다.

21 ④

해석 A: John의 여행이 어땠는지 궁금해.
   B: 나도 잘 모르겠어. 그가 도착한 이래로 보지를 못했어.

해설 주절의 시제인 현재완료를 통제하는 'since + 과거시제'가 옳다.

22 ①

해석 심지어 지문이 범죄현장에 숨겨져 있을 때에도, 지문을 보이게 하고 사진을 찍기 위해서 알루미늄 가루를 지문 위에 뿌릴 수 있다.

해설 주절과 빈칸 다음 종속절은 목적의 관계이므로 so that(~하기 위하여)이 옳다.

어휘 dust 털어내다, 뿌리다

23 다음 문장을 올바르게 영작한 것은?

> 엿들으면 안 되므로 그들은 언제든지 낮은 소리로 이야기한다.

① They always speak low less they should be overheard.

② They always speak low less they should not be overheard.

③ They always speak low lest they should be overheard.

④ They always speak low lest they should not be overheard.

24 The cost of a college education ① has risen ② very rapidly ③ during the past several years that it is now ④ beyond the reach of many people.

25 A few natural elements exist in _____ that they are rarely seen in their natural environments.

① such small quantities   ② small quantity

③ very small quantities   ④ so a small quantity

26 ① Cruelly as this may seem to Westerners, the myth of caste does ② give Indian society a stability it might ③ otherwise lack and does make life ④ bearable to the ⑤ impoverished low castes.

27 다음을 영어로 가장 적절히 옮긴 것은?

> 사람은 아무리 나이를 먹어도 배울 수 있다.

① No one is so old but he may learn.

② No one is so old but he may not learn.

③ Anyone cannot be so old but he may learn.

④ Anyone cannot be so old that he may learn.

28 Choose the one that is NOT grammatically correct.

① It is ten years since we got married.

② She is living beyond her means.

③ Who is there but loves his own home?

④ Since this is fragile, be careful lest you should not break it.

29 Choose the sentence that is NOT grammatically correct.

① Who do you think is the smartest student in this class?

② How come you are so late?

③ Hardly had the game begun, when it started raining.

④ The next time I will go to New York, I am going to see a ballet.

⑤ Temporary jobs decreased by 108,000, pulling down overall employment.

23 ③
  해설 ① less → lest
    less는 little의 비교급 형태로서 접속사 역할을 할 수 없다.
    ② less they should not → lest they should
    less 또한 틀렸으며, lest라는 접속사는 자체에 부정어를 가지고 있으므로 종속절 안에 부정어가 또 포함될 수 없다.
    ④ not 삭제
    lest가 이끄는 부사절 안에는 부정어를 위치시킬 수 없다.
  어휘 **overhear** 우연히 듣다

24 ②
  해석 대학 교육의 비용이 지난 여러 해 동안 빠르게 증가해서 그 비용은 많은 사람들이 감당할 수 있는 능력을 벗어났다.
  해설 very rapidly → so rapidly
    '너무나 ~해서 …하다'라는 구문은 'so ~ that …' 구문을 취한다. 'very ~ that …' 구문은 존재하지 않는다.

25 ①
  해석 일부 천연 원소들은 자연 환경에서는 거의 보이지 않을 정도로 작은 양으로 존재한다.
  해설 이하의 that절과 결합하면서 일반 복수명사를 수식할 수 있는 such가 옳다.

26 ①
  해석 이것이 서양 사람들에게 잔인해 보일지라도 카스트의 신화는 인디언 사회에 부족했을지도 모르는 안정성을 부여해 주고 가난한 하위층 사람들에게 삶을 견디게 해준다.
  해설 Cruelly → Cruel
    원래 문장 Although this may seem cruel to Westerners에서, 보어인 형용사 cruel이 문두로 위치한 경우이다. cruelly는 부사로서 2형식 불완전자동사의 보어 역할을 할 수가 없다.
  어휘 **stability** 안정(성)   **impoverished** 빈곤한

27 ①
  해설 ② may not → may
    주절에 부정어(no one)가 위치한 채 'so ~ that 부정문' 구문이 쓰일 경우, that 이하 부정문은 'but + 긍정문'으로 쓰일 수 있다.
    No one is so old that he may not learn.
    = No one is so old but he may learn.
    ③, ④의 경우 부정문의 주어로 any(one)를 사용하지 않으므로 틀렸다.

28 ④
  해설 not → 삭제
    lest 접속사는 그 자체에 부정의 의미를 포함하고 있으므로 그것이 이끄는 부사절 내에는 부정어가 위치할 수 없다.
  어휘 **live beyond one's means** 분수에 넘치게 살다

29 ④
  해설 will go → go
    the next time은 '~을 다음에 할 때에'라는 시간을 가리키는 종속접속사이다. 따라서 시간 부사절 내에는 미래시제가 못 쓰이며 현재시제로 쓰여야 한다.

30 다음 두 문장이 같은 내용이 될 수 있는 보기를 고르시오.

> As I haven't met him before, I don't know him.
>
> = _____, I don't know him.

① Not meeting him before

② Having not met him before

③ Meeting not him before

④ Not having met him before

31 Her homework _____, Robert went out with Emily.

① has been done   ② was done

③ is done   ④ done

32 According to the conditions of my scholarship, _____, I will be employed by the university.

① to finish my degree

② after finishing my degree

③ after my degree finished

④ after my degree finish

30 ④   해석 나는 그를 이전에 만난 적이 없어서 그를 모르겠다.

        해설 주절의 주어와 부사절의 주어가 같으므로 부사절의 접속사와 주어를 생략하고 동사를 '~ing'화 시키면
            분사구문이 된다. 이 경우 부정어는 분사 앞에 위치하게 된다.

31 ④   해석 그녀가 숙제를 다 해서 Robert는 Emily와 밖으로 나갔다.

        해설 주절의 주어와 부사절의 주어가 다를 경우, 부사절의 접속사는 생략을 한 후 주절의 주어는 내버려 두고 동
            사만 '~ing'화 시킨다. 이 경우 수동태 문장은 'being p.p.'가 성립이 되는데, 분사에서 being/ having
            been은 생략할 수 있다.
            After her homework had been done, Robert went out with Emily.
            = Her homework (having been) done, Robert went out with Emily.

32 ②   해석 내 장학금의 조건에 따르자면 학위를 마친 후 나는 대학에 고용될 것이다.

        해설 주절의 주어와 부사절의 주어가 같을 경우 접속사를 생략하지 않은 채 분사구문을 만들 수 있다.
            After I finish my degree, I will be employed by the university.
            = (After) finishing my degree, I will be employed by the university.

33   A: Susan asked if she should get a ride with us to the party.
     B: Well, I'll speak to her. _____ we will have room is still not clear.
     ① What if   ② If or not so
     ③ Only if   ④ Whether or not
     ⑤ As if

34   _____ kinds of dinosaurs were dying out all through the age of Reptiles
     may be true.
     ① Many   ② When
     ③ Many were   ④ That many

35   _____ medieval Europe and caused the fall of formerly stable
     governments has been accepted by the majority of historians.
     ① Epidemics scourged   ② That epidemics scourged
     ③ Epidemics had scourged   ④ That epidemics had scourged

36   I don't know ① as you ② can recognize her ③ from here, but the girl ④ reading the
     newspaper is Susan.

37   If women are dissatisfied ① with always being in the listening position, the
     dissatisfaction may be mutual. ② What a woman feels she has been assigned
     the role of silently listening audience ③ does not mean that a man feels he has
     consigned her ④ to that role — or that he necessarily likes the rigid alignment
     either.

38   If you've watched ① a Walt Disney film ② lately, you have probably received the
     impression ③ which every child ④ should own a pet.

39   The ① studies he plans to conduct may help answer such questions as how
     people ② construct racial prejudice and why ③ do lonely people have ④ greater
     health risks.

33 ④　해석　A: Susan이 파티에 우리와 함께 타고 갈 수 있는지 물어봤었어.
　　　　　　B: 글쎄, 내가 그녀한테 얘기할게. 자리가 있는지 없는지 아직도 분명치 않거든.
　　　해설　주어 역할을 하면서 완전한 절을 이끌 수 있고, or not과 바로 결합할 수 있는 접속사는 whether이다.

34 ④　해석　많은 종류의 공룡들이 파충류 시대 동안에 멸종했다는 것은 아마도 사실일 것이다.
　　　해설　'kinds of dinosaurs were dying out all through the age of Reptiles'이라는 완전한 문장을 이끌
　　　　　　면서 주어 역할을 할 수 있는 접속사는 that이다. 또한 kinds라는 복수명사를 수식하는 many도 옳다.
　　　어휘　reptile 파충류

35 ②　해석　전염병이 중세유럽을 괴롭혔고 이전에는 안정적이었던 정부의 몰락을 야기했다는 것이 대다수의 역사가들에 의해서
　　　　　　인정되어 왔다.
　　　해설　'medieval epidemics scourged medieval Europe and caused the fall of formerly stable
　　　　　　governments'라는 완전한 문장을 이끌면서 전체 문장의 주어 역할을 할 수 있게끔 연결하는 접속사는
　　　　　　that이다. 또한 and 뒤의 동사가 과거동사(caused)이므로 과거동사로 병치시키는 것이 옳다.
　　　어휘　epidemic 전염병　　scourge 재앙; 몹시 혼내다

36 ①　해석　나는 당신이 여기서 그녀를 알아 볼 수 있을지 없을지 모르겠으나 신문을 읽고 있는 소녀는 Susan이다.
　　　해설　as → if/ whether
　　　　　　as는 명사절을 만드는 접속사 기능이 없으므로 know 동사의 목적어 역할이 불가능하다. 따라서 타동사의
　　　　　　목적어로 쓰일 수 있는 if 또는 whether가 옳다.

37 ②　해석　여성들이 항상 (남성의 말을) 듣고 있어야 하는 위치에 있다는 것에 불만이 있다 하더라도, 그 불만은 상호적인 것일 수
　　　　　　도 있다. 여성이 자신은 가만히 듣기만 하는 경청자의 역할을 할당받아 왔다고 생각한다는 것이 곧 남성이 여성에게 그런
　　　　　　역할을 맡겼다거나 아니면 남성이 반드시 경직된 서열을 좋아한다고 생각한다는 것을 의미하는 것은 아니다.
　　　해설　What → That
　　　　　　what이 옳다면 뒤에 주어, 목적어, 보어가 빠져야 하는데, 완전한 3형식 문장이 왔다. a woman feels와
　　　　　　she 사이에는 feel 동사의 목적어인 명사절의 접속사 that이 생략된 형태이다. (타동사의 목적어인 that
　　　　　　절의 that은 생략 가능!) 그렇다면 완전한 문장이 ③번 앞까지 나온 것이므로 완전한 문장을 명사절로 만
　　　　　　들 수 있는 접속사 that이 옳다.
　　　어휘　consign 처하게 만들다　　alignment 정렬

38 ③　해석　만일 당신이 최근에 월트 디즈니 영화를 관람했다면 모든 아이는 애완동물을 소유해야만 한다는 인상을 아마도 받았을
　　　　　　것이다.
　　　해설　which → that
　　　　　　which가 옳다면 그 다음 문장에 주어, 목적어 중 하나가 빠져 있어야 하는데 완전한 3형식 문장이 등장
　　　　　　했으므로, 선행사인 impression과 동격의 내용을 연결시키는 that이 옳다.

39 ③　해석　그가 계획하고 있는 연구들은 사람들이 인종 편견을 어떻게 만들어 내며 외로운 사람들이 어째서 보다 높은 건강의 위험
　　　　　　을 갖게 되는지에 관한 질문에 해답을 줄 수 있도록 도움을 줄 수 있을 것이다.
　　　해설　do → 삭제
　　　　　　why절 이하는 전치사 as의 목적어로서, 간접의문문이기 때문에 평서문 어순대로 쓰여야 옳다.
　　　어휘　construct 구성하다, 건설하다　　prejudice 편견

GRAMMAR
HUNTER

접속부사와 구두점

GRAMMAR
HUNTER

06 접속부사와 구두점

Chapter

■ 접속부사

`06-01`
1. 접속부사의 정의
접속부사라 함은 '문장과 문장 혹은 문장과 구·절을 의미적으로만 연결시켜주는 부사'를 말한다.

`06-02`
2. 접속부사의 종류

종 류	
열거	first second for one thing to begin with in the first place 처음으로, 우선
첨가	furthermore moreover in addition above all 게다가
인과	therefore then thus so(종속접속사 기능도 있음) hence consequently accordingly to sum up 따라서, 그 결과
예시	for example for instance 예를 들어
대조·양보	yet(등위접속사 기능도 있음) though(종속접속사 기능도 있음) however nevertheless nonetheless notwithstanding(전치사 기능도 있음) rather instead besides(전치사 기능도 있음) on the other hand on the contrary by contrast in comparison
기타	otherwise in other words that is to say namely by the way meantime

`06-03`
단국대 2009
고려대 2005
한국외대 2000

3. 접속부사의 기능

(1) 등위접속사 기능이 없다.

접속사 기능이 없으므로 문법적으로 연결시킬 수 없으며, 새로운 문장에 위치한다.

- It wasn't a good thing. **On the contrary** it was a huge mistake.

  It wasn't a good thing, ~~on the contrary~~ it was a huge mistake. (×)
  그것은 좋지 않았다. 반대로 그것은 엄청난 실수였다.

  > 첫 문장 뒤에서 새로운 문장을 시작할 때 접속부사가 위치할 수 있지만, 두 번째 문장처럼 쉼표 뒤에서 마치 but처럼 문장을 연결시킬 수 없다.

`06-04`
(2) 새로운 문장 앞 또는 문중, 문장 맨 뒤에 위치할 수 있다.

대부분의 접속부사는 위치가 자유롭다.

- What you said was true. **Nevertheless** it was a little unkind. [문두]

  = What you said was true. It was, **nevertheless**, a little unkind. [문중]

  = What you said was true. It was a little unkind, **nevertheless**. [문미]
  당신이 한 말은 옳았다. 그러나 약간은 매정했다.

190

(3) semicolon과 쉼표 사이에 위치하여 문장을 연결할 수 있다.

06-05

쉼표(,) 뒤에서 문장과 문장을 연결시킬 경우 등위접속사를 대신하는 semicolon(;) 뒤에 쓰이는 것이 원칙이다.

- It wasn't a good thing; **on the contrary**, it was a huge mistake.
- What you said was true; **nevertheless**, it was a little unkind.

(3) 등위접속사 뒤에 쓰일 수 있다.

06-06

- She does not speak our language **and yet** she seems to understand what we say.
  = She does not speak our language, **yet** she seems to understand what we say.
  = She does not speak our language **yet** seems to understand what we say.
  그녀는 우리말을 쓰지 않는다. 그러나 우리가 하는 말이 무엇인지 이해하는 듯 보인다.

  ▶ 등위접속사만으로도 열거시킬 수 있지만, 그 관계를 강조하기 위해서 등위접속사 뒤에 접속부사가 위치할 수 있다.

(4) 분사구문 앞에서도 자주 쓰인다.

06-07

접속부사는 반드시 문장과 문장만 연결시키는 것이 아니라, '문장 + 분사구문'의 경우에도 의미적으로 연결시켜 주는 기능을 한다.

- He passed the examination, **therefore** surprising most friends.
  그는 시험에 붙어서 대부분의 친구들을 놀라게 했다.

  접속부사가 없어도 무방하지만, 주절과 분사구문의 관계가 '인과'임을 강조하기 위해 'therefore(그리하여)'라는 접속부사가 위치했다.

06-08

CHECK |

1. 접속부사의 위치

대부분의 접속부사는 '문두, 문중, 문미'에 자유롭게 위치할 수 있지만, though는 '문중, 문미'에만 위치할 수 있음이 특징이다. 즉, 문두에 접속부사로서 though가 위치하면 틀린다.

성균관대 2003
한국외대 2003

- **However**, this disease is not easy to read. [문두]
  This disease, **however**, is not easy to read. [문중]
  This disease is not easy to read, **however**. [문미]
  그러나 이 질병은 파악하기가 쉽지 않다.

- George said one nice thing, **though**. [문미]
  George, **though**, said one nice thing. [문중]
  ~~Though~~, George said one nice thing. (×)
  하지만 George는 훌륭한 말을 했다.

2. in contrast vs. on the contrary

서강대 2009

in contrast는 차이점에 대한 설명으로서 '대조해 보건대'라는 뜻을 가지며, on the contrary는 앞서 나온 내용에 대한 강한 반박으로서 '정반대로'라는 뜻을 가진다.

- I read a lot as a child, but my daughter, **in contrast**, just seems interested in television.
  나는 아이였을 때 독서를 많이 했다. 그러나 나의 딸은 대조적으로 TV에만 관심이 있는 것 같다.

- A: You probably aren't interested in my opinion.

  B: **On the contrary**, any ideas you suggested were very welcome.

  A: 당신은 저의 의견에 관심이 없으신 것 같군요.

  B: (아닙니다. 오히려) 정반대로 당신이 주장하셨던 생각들은 어느 것이라도 매우 좋았습니다.

❷ 구두점

1. 종류

마침표, 콤마(,), 세미콜론(;), 콜론(:), 아포스트로피('), 하이픈(-), 대시(―), 괄호, 물음표, 느낌표가 있으며, 이 중 마침표, 물음표, 느낌표에 대한 설명은 생략한다.

2. Comma (,)

06-10
서강대 2010

(1) 세 개 이상 열거할 때

두 개가 병치될 때에는 접속사만 있으면 쉼표가 없어도 무방하지만, '세 개' 이상이 병치될 때에는 각각 병치되는 앞에서 쉼표가 꼭 있어야 한다.

- Erica tried **to** breathe, **to** keep from fainting, **and to** remember her first aid.

  Erica는 숨을 쉬고, 기절하지 않고, 응급치료를 기억하려고 노력했다.

  cf. 현대영어에서는 두 개가 병치될 때에도 쉼표를 간혹 사용한다. 또한 '중간에 삽입되는 표현'이 있거나, '병치 대상이 길 때'에도 쉼표가 위치한다.

- Erica tried to breathe(,) **and** to keep from fainting. [to부정사구 + to부정사구]

- You could only really tell the effects of the disease in the long term(,) **and** five years wasn't long enough. [문장 + 문장]

  그 질병의 영향은 장기적으로만 식별이 가능한데, 5년은 충분히 길지 않았다.

06-11

(2) 등위접속사를 통해 두 개 이상의 문장을 열거할 때

두 문장을 병치할 때에는 쉼표가 들어갈 수도 있고 들어가지 않을 수도 있다. 단, 세 개 이상의 문장이 병치될 때에는 첫 문장 바로 뒤부터 반드시 쉼표가 위치해야 한다.

- Peter was usually a shy child(,) **but** he shouted upon entering the class.

  Peter는 평소에 수줍어하는 아이였는데 교실에 들어오자마자 소리를 질렀다.

- Peter went home, he arrived late, **and** he was very tired.

  Peter went ~~home he~~ arrived late, and he was very tired. (×)

  Peter는 집으로 갔고 늦게 도착했으며 매우 피곤했다.

  ▶ 세 개의 문장이 병치되므로, 첫 문장이 끝난 Peter went home 바로 뒤에 쉼표가 위치해야 한다.

06-12

(3) 접속부사를 이용해 문장 혹은 구를 연결할 때

세미콜론 이하에 위치한 접속부사 뒤에는 쉼표가 있어야 한다.

- The blue dress was warmer. **On the other hand**, the purple one was prettier. [문두]

  = The blue dress was warmer. The purple one was prettier, **on the other hand**. [문미]

  = The blue dress was warmer; **on the other hand**, the purple one was prettier.

The blue dress was warmer; ~~on the other hand~~ the purple one was prettier. (×)
그 파란 드레스는 더 따뜻했다. 반면 자주색 드레스는 더 귀여웠다.

> 세미콜론 뒤에 접속부사가 위치하면 쉼표가 등장해야 한다. 참고로 현대영어의 독해 지문에서는 이 원칙이 반드시 지켜지는 것 같지는 않다.

(4) 부사절과 주절 사이에 위치한다.
06-13

부사절과 주절 사이에 쉼표가 위치해도 되며, 위치하지 않아도 상관없다.

- If you are ever in London(,) come and see me. 언제든 런던에 있다면 나를 보러 오렴.

(5) 계속적 용법의 관계대명사나 동격을 알려 줄 때
06-14

계속적 용법의 관계대명사 앞에 쉼표가 위치하며 ★08-23 참조, 동격을 설명할 때에는 접속사 없이 '명사, 명사' 구조로 표현이 가능하다. ★17-37 참조

- Rice, which is grown in many countries, is a staple food.
  쌀은 많은 국가들에서 재배되는 주요 식량이다.
- Rice, a staple food, is decreasing over the world. 주요 식량인 쌀이 세계적으로 감소하고 있다.

(6) 문장 중간에 삽입되는 단어나 구를 표기할 때
06-15

- My father, **however**, did not agree. 그러나 아버님은 동의하지 않으셨다.

(7) 부가의문문 앞에 위치한다. ★20-37~47 참조
06-16

- That's what you want, **isn't that**? 저것이 당신이 원하는 거야. 그렇지?

(8) 형용사를 열거할 때
06-17

형용사가 병치될 때에는 접속사 없이 쉼표만으로 열거를 할 수 있다.

- This is an **expensive, ill-planned, wasteful** project.
  이 일은 비용이 많이 들고, 계획이 치밀하지 못하며, 낭비적인 사업이다.

3. Semicolon (;)

(1) 대등 관계를 좌우로 연결할 때
06-18

아주대 2014
서강대 2013
서강대 2012
서강대 2011
한국외대 2010

세미콜론만 가지고서 두 개의 문장 혹은 구를 연결시킬 수 있다. 의미는 'and, but, or, for' 등 다양하게 쓰인다.

- It is a fine idea; he has prepared to do it. 그가 그것을 하기 위해 준비를 해왔기 때문에 좋은 생각이다.
  = It is a fine idea, **for** he has prepared to do it.
- Some people work best in the mornings; others do better in the evenings.
  = Some people work best in the mornings **but** others do better in the evenings.
  어떤 사람들은 아침에 가장 일을 잘하지만, 다른 사람들은 저녁에 더 일을 잘한다.

(2) 두 개의 문장 혹은 구를 접속부사와 함께 연결할 때
06-19

- My parents lent me the money; **otherwise**, I couldn't have afforded the trip.
  부모님들은 내게 돈을 빌려주셨다. 만약 그렇지 않으면, 나는 여행 경비를 댈 수 없었다.

> **CHECK | otherwise의 접속사 용법**
>
> otherwise는 현대영어에서는 세미콜론 없이 쉼표 뒤에서 접속사처럼 쓰일 수 있다. ★ 05-12~13 참조
>
> - He must be fairly intelligent, **otherwise** he wouldn't have got into university.
>   그는 매우 영리함에 틀림이 없다. 그렇지 않다면 그는 대학에 진학하지 못했을 것이다.

06-21

(3) 열거하는 대상의 길이가 상대적으로 길 경우

- We will increase our cooperation to **stop** the spread of weapons of mass destruction; **work** together on the peaceful use of nuclear energy; **expand** America's efforts to promote the rule of law in China; **cooperate** to protect the environment.

  = We will increase our cooperation **to stop** the spread of weapons of mass destruction, **(to) work** together on the peaceful use of nuclear energy, **(to) expand** America's efforts to promote the rule of law in China and **(to) cooperate** to protect the environment.

  우리는 대량살상무기의 확산을 중단시키고, 핵에너지의 평화적인 사용에 함께 노력하며, 중국의 법치주의를 촉진시키려는 미국의 노력을 확장하고, 환경을 보호하려는 우리의 노력을 증진시킬 것이다.

4. Colon (:)

06-22

서강대 2013
서강대 2012
서강대 2011
서강대 2010

(1) 앞 내용이 상위 진술 혹은 일반적 진술이고 뒤 내용이 하위 진술 혹은 구체적 진술일 때

- We need three kinds of support: economic, moral, and political.
  우리는 세 가지 지원이 필요하다: 경제, 도덕 그리고 정치.

06-23

(2) 인용구나 설명 부분을 소개할 때

- Stewart opened his eyes and said: 'Who's your beautiful girlfriend?'
  Stewart는 눈을 뜨고서는 '누가 너의 아름다운 애인이니?'라고 말했다.

5. Apostrophe (')

06-24

(1) 소유격을 나타낼 때 단수명사는 명사 바로 뒤에, 복수명사는 –s 뒤에 아포스트로피를 붙인다.

- the **girl's** father 그 여자아이의 아버지
- my **parents'** house 내 부모님의 집

06-25

(2) 소유격을 나타낼 때 복수명사가 –s로 끝나지 않거나 고유명사에 –s가 있는 경우 's를 추가한다.

- the **women's** fingers 여자들의 손가락
- **Charles's** wife Charles의 부인

06-26

(3) 개별 소유의 경우 단어마다 's를 붙이고, 공동 소유의 경우 마지막 단어 뒤에 's를 붙인다.

- **John's** and **Marty's** rooms are sunny. John의 방과 Marty의 방은 햇볕이 잘 든다.

  ▶ John과 Marty가 각각 개별적으로 소유하는 경우에는 두 단어 모두에 's를 붙인다.

- **John and Marty's** room is sunny. John과 Marty의 방은 햇볕이 잘 든다.

  ▶ John과 Marty가 함께 공동으로 소유하는 경우에는 마지막 단어에만 's를 붙인다.

(4) 축약을 할 때

- **I'll** give her a valuable present. (= I will) 나는 그녀에게 귀중한 선물을 줄 것이다.

- **He's** the president of the United States. (= He is) 그는 미국의 대통령이다.

- **I've** lived in Seoul since 2000. (= I have) 나는 2000년부터 서울에서 살았다.

- **I can't** forget the accident. (= I cannot) 나는 그 사고를 잊을 수 없다.

CHECK |

1. is와 has의 축약

is와 has는 's로 줄일 수 있지만, was는 's로 줄일 수 없다.

- He **is** walking with his wife **now.** 그는 지금 그의 아내와 함께 걷고 있다.
  = He's walking with his wife **now.**

- He **was** walking with his wife **yesterday.** 그는 어제 그의 아내와 함께 걷고 있었다.
  He's walking with his wife yesterday. (×)
  ▶ 's를 'is'의 축약 형태라고 본다면 과거시제만 통제하는 yesterday와 어울릴 수 없다.

2. 부정어의 축약

의문문에서 부정어가 앞으로 나올 경우, 조동사와 바로 붙어서 apostrophe를 통해 축약이 되어야 한다.

- **Wouldn't** he know that she already left? 그녀가 떠난 것을 그가 몰랐을까요?
  = **Would** he **not** know that she already left?
  ~~Would not~~ he know that she already left? (×)
  ▶ 의문문에서 부정어(not)가 맨 앞으로 나와 조동사(would)와 결합할 경우 축약(n't)되어야 한다.

---

(5) 숫자, 알파벳, 약자의 복수를 나타낼 때

- There are two m's in 'comma.' 'comma'라는 단어에는 m이라는 알파벳이 두 개가 있다.

6. Hyphen (‒)

둘 또는 세 개의 단어를 연결해서 하나의 단어로 만들 경우 쓰인다. ★ 09-41, 14-28 참조

- a **well-known** teacher 유명한 선생님
- a **seventeen-year-old** boy 열일곱 살 소년
- a **first-class** work 최상급의 작품
- **one-third** 1/3
- an **up-to-date** product 최신상품

7. Dash (—)

열거의 시작을 알리거나 앞서 등장한 내용의 부연설명을 위해 많이 사용된다. colon과 같은 기능을 가진다.

- There are three things I can never remember — names, faces, and height.
  내가 결코 기억할 수 없는 세 가지 것들이 있다. 즉, 이름, 얼굴, 키가 그렇다.

1 접속부사 ~ **2** 구두점

01   We thought the school you had before was not good enough, _____ to build the best school for you.
   ① so we wanted   ② that we wanted
   ③ therefore   ④ concluded
   ⑤ so as

02   ① Cliff's and Al's car ② broke down again, but ③ luckily they knew ④ how to fix it.

03   The Western Museum preserves more than seventy-eight million items of scientific, historical, or artistic interest, _____, winning the popular title, "warehouse of the nation."
   ① and   ② thus
   ③ however   ④ moreover

04   Benjamin Franklin was indeed a practical man; _____ who gave a large part of his life to the service of the American colonies.
   ① that he was also an idealist   ② nevertheless, he was also an idealist
   ③ also an idealist   ④ also as an idealist

05   문법적으로 옳은 문장을 고르시오.
   ① We had a heavy rain, as a result, we had to cancel our picnic.
   ② Larry wanted to fly to the moon, however, he did not know how.
   ③ If he tells me how to get there, so I will follow his directions.
   ④ Marry is always punctual. Her sister, in contrast, never arrives on time.
   ⑤ My friends insisted me to come with them.

01 ①　해석　우리는 당신의 예전 학교가 무척 좋은 것은 아니라고 생각했다. 따라서 당신을 위한 최고의 학교를 지어주기를 원했다.

　해설　② ', so that(따라서)' 접속사에서 so는 생략할 수 없으며, that이 생략될 수 있다. ③ therefore는 접속부사이므로 쉼표만으로 연결할 수 없다. ④ 동사를 병치시킬 수 있는 접속사가 없으며, ⑤ so as to 부정사는 '~하기 위하여'라는 구이다.

02 ①　해석　Cliff와 Al의 자동차가 또 고장이 났지만 다행히도 그들은 수리하는 법을 알고 있었다.

　해설　Cliff's and Al's → Cliff and Al's
　'Cliff and Al's car broke down.' 문장은 수식받는 명사의 수가 단수인 car가 되므로, 공동 소유가 되는 것이다.

03 ②　해석　Western박물관은 과학적으로, 역사적으로, 혹은 예술적으로 흥미로운 7천 8백만 개 이상의 아이템들을 보관하여, '국가의 창고'라는 유명한 이름을 얻게 되었다.

　해설　빈칸 앞에 완전한 문장이 있으며 이하는 분사구문으로 주절과의 관계가 인과이므로 thus가 옳다.

　어휘　preserve 지키다, 보존하다

04 ②　해석　Benjamin Franklin은 정말로 실용적인 사람이었다. 그럼에도 그는 자신의 삶의 많은 부분을 미국 식민지의 공역에 바친 이상주의자이기도 했다.

　해설　실용적인 사람이라는 내용과 이상주의자라는 내용은 역접의 관계이므로 semicolon과 결합될 수 있는 접속부사 nevertheless가 옳다.

05 ④　해설　① as a result는 접속부사일 뿐 접속사는 아니므로 앞에 세미콜론이 위치해야 한다.
　② however는 접속사가 아닌 접속부사이므로 마찬가지로 세미콜론이 위치해야 한다.
　③ If는 종속접속사이며 so 또한 등위접속사이므로 so를 삭제해야 한다.
　⑤ insist는 자동사로서 '전치사 on + 명사/ 동명사' 또는 that절을 목적어로 취하므로 insisted me that I should come with them으로 바꿔야 옳다.

06   Choose the one that is grammatically correct.

① Taylor didn't want to meet her, yet said nothing.

② Taylor went to bed early, nevertheless is tired.

③ John didn't like my proposal, for was obstinate.

④ Pat was looking well, although slept little.

⑤ Jane felt tired, so that went to bed early.

07   Choose the sentence that is correct.

① The theatrical company has performed the following plays Macbeth Hamlet King Lear and Romeo and Juliet.

② The theatrical company has performed the following plays; Macbeth, Hamlet, King Lear, and Romeo and Juliet.

③ The theatrical company has performed the following plays: Macbeth Hamlet King Lear and Romeo and Juliet.

④ The theatrical company has performed the following plays: Macbeth Hamlet, King Lear, and Romeo and Juliet.

08   Choose the sentence that is correct.

① Benson went to bed early last night for he was fatigued.

② Benson went to bed early last night; because he was fatigued.

③ Benson went to bed early last night: because he was fatigued.

④ Benson went to bed early last night because he was fatigued.

06 ① 해설 ② nevertheless → but/ yet

nevertheless는 접속부사로서 went와 is를 병치할 수 없다. 따라서 등위접속사 역할이 가능한 yet 또는 but이 옳다.

③ for → for he

for 또한 등위접속사이지만 for 이하에는 완전한 문장이 와야 한다. 따라서 주어가 있어야 한다.

④ although → although he

although 또한 종속접속사로서 이하에 완전한 문장이 위치해야 한다.

⑤ so that → so that she

so that 또한 추가적인 결과를 나타내는 등위접속사이지만 완전한 문장이 위치해야 한다.

07 ④ 해설 ① plays라는 작품의 추가 설명을 뒤에서 하고 있기 때문에 plays 뒤에 콜론(:)이 필요하며, 세 작품을 연결하기 위해 쉼표가 필요하다.

② 세미콜론(;)은 접속사 역할을 할 뿐 앞서 나온 '다음 작품들(the following plays)'에 대한 추가설명을 할 수 없다.

③ 세 개의 작품들이 나오기 때문에 쉼표가 꼭 나와야 한다.

어휘 **theatrical** 연극의

08 ④ 해설 ① for → for 앞에 쉼표 추가

for가 문장을 이끄는 접속사일 경우 앞에 꼭 쉼표가 있어야 한다.

② because → 삭제

세미콜론 자체가 접속사 기능을 수행하므로 because가 불필요하다. 혹은 세미콜론을 삭제하여 접속사 because를 사용하면 된다.

③ : → 삭제

콜론은 앞 문장의 추가설명이나 답변을 할 때 쓰인다.

GRAMMAR
HUNTER

GRAMMAR
HUNTER

07 전치사

1 시간의 전치사

07-01
한국외대 2012
중앙대 2005
대구대 2004
동국대 2004

1. by vs. until

by (~까지)	동작의 '완료'를 의미한다.
until (~까지)	동작의 '계속'을 의미하며, 주절에 동사 'wait, keep, remain' 등이 자주 쓰인다.

- He returned **by** noon. 그는 점심시간까지 돌아왔다.
  He returned ~~until~~ noon. (×)

  ▶ 돌아왔다는 사실은 돌아옴이 계속될 수 없으므로 '완료'의 by가 옳다.

- He continued to wait for her **until** noon. 그는 점심시간까지 그녀를 기다렸다.
  He continued to wait for her ~~by~~ noon. (×)

  ▶ 그녀를 기다린 행위가 점심시간까지 '계속'됐다는 내용이므로 동작의 완료를 말하는 by는 부적합하다.

07-02
동덕여대 2010
동국대 2007
경기대 2006
동국대 2004
세종대 2004
한국외대 2004

2. for vs. during vs. since

for (~동안)	언제인지 모르는 '불특정' 기간을 가리킬 때 쓰이며, 수사(two, five)를 많이 동반한다.
during (~동안)	언제인지 아는 '특정' 기간을 가리킬 때 쓰이며, 한정사(the, my)를 많이 동반한다.
since (~한 이후)	기간이 아닌 '시점'을 목적어로 취하며, 현재완료시제와 결합한다.

- I had been waiting **for two** hours. 나는 두 시간 동안 기다렸다.
  I had been waiting ~~during~~ two hours. (×)

- **During the** summer season, all the hotels were full. 여름 시즌 동안 모든 호텔은 만실이 되었다.
  ~~For~~ the summer season, all the hotels were full. (×)

  첫 예문은 언제부터 언제까지 특정 두 시간이 아니기 때문에 for가 위치했으며, 두 번째 예문은 언제인지 알기 때문에, 정관사 the가 수반되어 during이 위치했다.

- He has been seriously ill **since then**. 그는 그때 이후 매우 아팠다.
  He has been seriously ill ~~for~~ then. (×)

  ▶ then(그때)은 '특정 시점'이 되므로, '기간'을 목적어로 취하는 for와 결합할 수 없다.

3. after vs. before

07-03

after (~한 이후에)	이 두 단어는 '접속사와 전치사' 기능까지 모두 있다.
before (~하기 이전에)	

- I went for a swim **after** breakfast. 아침을 먹은 후에 수영을 했다.

- I went for a run **before** breakfast. 아침을 먹기 전에 조깅을 했다.

4. at vs. on vs. in

07-04
국민대 2012
계명대 2010

at	한 시점의 '때'를 가리켜서 몇 시, 몇 분, 몇 초, 정오, 새벽, 밤을 나타낼 때 쓰인다.
on	요일, 날짜를 가리킬 때 쓰인다.
in	년, 월, 계절, 오후, 오전을 가리킬 때 쓰인다.

※ 특정 요일 혹은 특정 날짜의 시간, 오전, 오후를 가리키면 in이 아니라 on을 사용한다.

- It rained **at** night/ **at** noon/ **at** 6. 밤에/ 정오에/ 6시에 비가 내렸다.

- It rained **on** October 2. 10월 2일에 비가 내렸다.

- It rained **in** the afternoon/ **in** the morning. 오후에/ 오전에 비가 내렸다.

- It shined **on** the afternoon of Feb 10. 2월 10일 오후에는 날씨가 맑았다.

  ▶ 마지막 문장의 경우 막연한 오후가 아닌 '2월 10일'이라는 특정 날짜의 오후이기 때문에 on이 쓰였다.

❷ 위치 · 공간의 전치사

1. in vs. on vs. to vs. at

07-05

in (내부)	공간, 장소, 지역의 '내부'를 가리킨다.
on (접촉, 인접)	장소, 표면의 '접촉' 혹은 '인접'되어 있는 것을 가리킨다.
to (떨어져서)	공간, 지역과 '분리'되어 있는 것을 가리킨다.
at (장소의 한 지점)	장소의 '한 지점'을 가리킨다.

- Daechi-dong is located **in** the south of Seoul. [내부]
  대치동은 서울의 남쪽에 위치해 있다.

- South Korea is located **on** the south of North Korea. [인접]
  대한민국은 북한의 남쪽에 위치해 있다.

- Japan is located **to** the east of Korea. [분리]
  일본은 한국의 동쪽에 위치해 있다.

- She is a student **at** Harvard. [지점]
  그녀는 하버드 학생이다.

주소의 번지는 기수로 표기하며 전치사 at의 목적어로 쓰인다. 반면 거리 이름은 'on + 관사 없는 서수'로 사용한다.

- He lives **at 144** Wall Street.
- He lives **on** East **144th** Street.

▶ 즉, street 앞에 기수(144)가 위치하면 at이며, 서수가(144th) 나오면 on이 옳다.

`07-06`

2. above vs. below vs. off

above (위로)	'공간, 지리, 우월, 초월'의 '위, 아래'를 의미한다.
below (아래로)	
off (분리)	'원점, 표면으로부터의 분리'를 의미한다.

- Mike lives **above** his means. Mike는 분수에 넘치는 생활을 하고 있다.
- There are many things **below** the table. 테이블 아래에 많은 것들이 있다.
- There is a narrow lane **off** the main road. 간선 도로에서 갈라진 작은 길이 있다.

`07-07`

3. over vs. under

over (위로)	수직 개념으로서, '(다른 사람·사물이 덮이도록) ~위에, 가로질러'라는 의미가 있다.
under (아래로)	수직 개념으로 '~아래'라는 의미이며, 나이 미만을 가리킬 경우, 'under = below = less than'을 사용한다.

- Many planes fly **over** America. [가로질러]
  많은 비행기들이 미국을 가로질러 간다.
- Passengers put their luggage **under** their seats. [수직으로 아래]
  승객들이 수화물을 좌석 밑에 놓는다.
- No one **under** eighteen is admitted. 18세 미만은 입장불가이다.

`07-08`

4. beneath vs. beyond

beneath (아래)	'접촉'의 '위, 아래'를 말하지만, beneath는 '~할 가치도 없는', beyond는 '~이상으로'라는 의미로도 자주 쓰이며 이하의 관용표현들이 매우 중요하다.
beyond (위)	

- **beneath** contempt(= notice) 너무 하찮은, 경멸할 가치도 없는
- **beneath** criticism 비난할 가치도 없는
- **beneath** one's dignity 위엄을 손상시키는
- **beyond** the reach 감당할 수 없는
- **beyond** grasp 이해할 수 없는
- **beyond** all hope 아주 절망적인

5. after vs. before vs. ahead of vs. in front of vs. behind vs. amid

after (~뒤에)	'순서 개념'의 '앞·뒤'를 의미한다.
before (~앞에)	
ahead of (~보다 앞에)	'공간·시간'의 '앞'을 의미한다.
in front of (~의 앞에)	'공간'의 '앞'을 의미한다.
behind (~의 뒤에)	'장소·위치'의 '뒤'를 의미한다.
amid (~의 한가운데에, ~의 한창 중에)	'정중앙' 혹은 '한창 중'을 의미한다.

- Come **after** me. 저의 뒤를 따라오시오.

- The accused person appeared **before** a judge. 피고인이 재판관보다 먼저 출두했다.

- Try to get **ahead of** him. 그를 앞지르도록 노력해라.

- Everybody gets nervous when they are **in front of** an examiner.
  누구든지 시험관 앞에 나가면 긴장한다.

- Put your hands **behind** your head. 머리 뒤로 손 올려.

> **CHECK** |
>
> **1.** ahead가 단독으로 쓰이면 부사 기능을 가진다.
>
> - He stared right **ahead**. [부사]
>   그는 바로 앞을 응시했다.
>
> - A hill loomed **ahead of** them. [ahead of는 전치사]
>   A hill loomed ~~ahead~~ them. (×)
>   언덕이 그들 앞에 나타났다.
>
> ▶ them을 목적어로 취하기 위해서는 ahead가 of와 함께 결합해야 한다.
>
> **2.** amid는 of와 결합할 수 없다.
>
> - Many crises came **amid** increased competition with Apple.
>   Many crises came ~~amid of~~ increased competition with Apple. (×)
>   Apple 사와의 경쟁이 한창일 때 많은 위기가 나타났다.

❸ 방향의 전치사

1. to vs. for vs. towards vs. from

to (~로)	'목적지'를 가리킨다.
for (~로)	'정확한 행선지'를 가리킨다.
toward(s) (~쪽으로)	'방향'을 가리킨다.
from (~에서)	'출발점'을 가리킨다.

- My family travelled **to** Europe ten years ago. 나의 가족은 10년 전에 유럽으로 여행을 갔었다.

- That train is bound **for** Berlin. 저 기차는 베를린 행이다.

- They will go **toward(s)** the river. 그들은 강 쪽으로 갈 것이다.

- The flight **from** San Francisco to Seoul is delayed because of heavy snow.
폭설 때문에 샌프란시스코에서 서울로 가는 비행기가 지연되고 있다.

07-12

> **CHECK** |
>
> 1. 전치사 **to**를 취하는 동사 : **come, get, go, return + to**
> - She **returned to** her school. 그녀는 학교로 돌아왔다.
>
> 2. 전치사 **for**를 취하는 동사 : **leave, start, depart, head, make, be bound + for**
> - She **departed for** London. 그녀는 런던으로 출발했다.

예제

Flight 1029 _____ for Seoul will begin boarding immediately at the gate.
① departed   ② departures
③ arriving   ④ departing
⑤ arrived

해석 서울 행 1029편 비행기는 개찰구에서 즉시 탑승을 시작할 것이다.
해설 문장 동사가 will begin으로 위치해 있으므로, 본동사의 과거시제로 쓰인 ①, ⑤는 틀리다. 또한 arrive는 in 혹은 at과 결합하므로 전치사 for와 결합하는 자동사 depart를 이용한 현재분사가 옳다.
정답 ④

07-13A

2. in(to) vs. out of

in(to) (~안으로)	공간의 '외부에서 내부'로 이동하는 속성을 가진다.
out of (~로부터)	공간의 '내부에서 외부'로 이탈하는 속성을 가진다.

- Let's go **into** the house. 집안으로 들어가자.

- People look **out of** the window. 사람들이 창밖을 내다본다.

07-13B

세종대 2009

> **CHECK** | **out of**는 '~중에서(=in)'라는 뜻을 가질 수 있다.
>
> - Nine times **out of**(=in) ten she gives the right answer.
>   십중팔구 그녀는 올바른 답변을 해준다.

3. up vs. down

up (위로)	(낮은 곳에서) '높은 곳으로'의 속성을 가진다.
down (아래로)	(높은 곳에서) '낮은 곳으로'의 속성을 가진다.

· They went **up** the stairs. 그들은 위층으로 올라갔다.

· They went **down** the stairs. 그들은 아래층으로 내려갔다.

4. (a)round vs. by vs. through vs. across vs. along

(a)round (주변에, 사방에)	'중심 지역 둘레'를 의미한다.
by (옆에, 곁에)	'옆, 곁, 가까이'를 의미한다.
through (통하여)	'통과, 통로, 관통'을 의미한다.
across (가로질러)	길, 바다, 강을 '가로지르는 것'을 의미한다.
along (~을 따라)	'따라서, 끼고서' 가는 것을 의미한다.

· The Earth goes **around** the Sun. 지구는 태양 주위를 돈다.

· There is a house **by** the seaside. 바닷가 옆에 집이 있다.

· Let's walk **through** a wood. 걸어서 숲을 통과하자.

· Let's walk **across** the street. 길을 건너가자.

· Let's walk **along** the street. 길을 따라 걸어가자.

CHECK | along with

· Our teacher **along with** his students went to a movie yesterday.
Our teacher ~~along~~ his students went to a movie yesterday. (×)
선생님은 학생들과 함께 어제 영화를 보러 가셨다.

▶ along은 '~을 따라서, ~을 끼고서'라는 뜻을 가지므로 along만 쓰여서는 문맥상 부적합하다.

---

④ 원인 · 이유의 전치사

1. because of : 가장 일반적인 이유

강남대 2009

---

due to = owing to = on account of = thanks to

· I didn't go out **because of**(= owing to = due to) bad weather.
날씨가 나빴기 때문에 외출하지 않았다.

CHECK |

1. be due to 명사/동명사

'A is due to 명사 혹은 동명사'가 위치하면 'A는 B 때문에 비롯되다' 혹은 'A는 B 때문이다'로 해석한다.

- The accident **was due to** the driver's **failing** to give a signal.
  사고는 운전사가 신호를 보내지 못했기 때문에 일어난 것이었다.

2. be due to 부정사

A is due to 부정사는 'A는 ~할 예정이다'로 해석한다.

- The train **is due to arrive** at ten o'clock. 기차는 10시에 도착하기로 되어 있다.

3. 형용사로서 '지급 기일이 된, 만기(滿期)가 된'

- This bill is **due.** 이 어음은 만기가 되었다.

4. 부사로서 '바로', '(방위가) 정(正)'

- We can go **due** south. 우리는 정남으로 갈 수 있다.

2. for

전치사 for는 특정 동사 또는 형용사 뒤에 위치하여 추가적·부가적 이유를 가리키기도 한다.	
동사	apologize to, blame, criticize, praise, scold, thank A + for B ★01-59 참조
형용사	sorry, grateful, thankful + for 명사

- They **blamed/ criticized** me **for** the accident. 그들은 내가 그 사고의 책임자라고 비난했다.

- We are **sorry for** being late. 늦어서 죄송합니다.

3. die of/ from : 죽음의 이유

- My husband's sister **died of/ from** cancer. 남편의 여동생이 암으로 사망했다.

4. out of : 감정의 동기

out of가 '감정의 동기'를 나타내는 경우 이하에 '감정을 나타내는 명사'와 결합한다.	
out of +	pity/ curiosity/ envy/ friendship/ jealousy/ gratitude

- He agreed **out of pity** for her children. 그는 그녀의 아이들을 동정하는 마음에서 동의했다.

5. through : 부정적인 이유

'fault, mistake(잘못, 실수)'와 같은 부정적인 의미를 가진 명사를 목적어로 취하여, '부정적인 이유'를 가리킨다.

- The accident happened **through** my fault. 내 실수 때문에 그 사고가 발생했다.

The failure of Exxon Oil Company in the 1980s _____ in large part to high salaries paid to executives.

① was due with   ② was due to   ③ was due

④ had been   ⑤ has been

해석 1980년대 Exxon 석유회사의 파산은 상당 부분 경영진들에게 높은 임금이 지불되어진 것에 기인한 것이다.

해설 문장의 동사가 필요하며, 형용사 due는 전치사 to와 결합하여 '인과'를 나타내는데, 바로 뒤에 위치한 in large part는 삽입어구이다. ②는 이하 to high의 to와 충돌하게 된다.

정답 ③

5 목적의 전치사

1. for : 일반적인목적

07-23

가장 일반적인 목적을 나타낸다.

- **This present is for you.** 이 선물은 당신을 위한 것이다.

2. on : 종사,용무의목적

07-24

| on business 사업차 | on an errand 심부름차 | on leave 휴가 중인 |

- **She is here on business.** 그녀는 사업차 여기에 있다.

- **His daughter is here on an errand.** 그의 딸이 심부름차 여기에 있다.

3. after : 추구,욕망의목적

07-25

| take after ~을 닮다, 흉내 내다 | chase after 추적하다 | be named after ~의 이름을 따라지었다 |

- **I take after mother more than father.** 나는 아버지보다 어머니를 더 닮았다.

4. at : 목표의목적, 공격의 대상

07-26

단국대 2002

- **I will aim at success.** 나는 성공을 목표로 삼을 것이다.

6 관련사항의 전치사: ~에 관해, ~에 대한, ~에 관하여

1. about : 가장일반적인경우

07-27

삼육대 2003

| about = as to = as for = concerning = respecting = regarding = as regards   ★ 09-34 참조 |

- **There are many jokes about/ as to/ concerning the president.**
  대통령에 관한 많은 농담들이 존재한다.

2. on : 주제에 관한 경우

- I have to write a report **on the Civil War.** 나는 남북전쟁에 관한 보고서를 작성해야만 한다.

3. over : 감정에 관한 경우

- There are worries **over** the future of the steel industry. 철강 산업의 미래에 대한 걱정들이 있다.

7 양보의 전치사

07-30
고려대 2010
강남대 2010
국민대 2010
경희대 2006
한양대 2004
1. despite =in spite of

despite와 in spite of는 전치사일 뿐 접속사 기능이 없다.

- He attended the meeting **in spite of** his illness.
  = He attended the meeting **despite** his illness.
  He attended the meeting in spite his illness. (×)
  He attended the meeting despite of his illness. (×)
  He attended the meeting despite he was ill. (×)
  그는 아픔에도 불구하고 회의에 참석했다.

  ▶ in spite와 despite of 형태로 전치사 기능을 발휘할 수 없다. 또한 문장을 연결시키는 접속사 기능도 없다.

- He attended the meeting **in spite of the fact that** he was ill.
  = He attended the meeting **despite the fact that** he was ill.

  ▶ 이 문장의 경우 in spite of와 despite는 the fact라는 명사를 목적어로 취했을 뿐이고, that절은 the fact와 동격이 됐을 뿐이다.

2. with all =for all : ~에도 불구하고

- **With all** her wealth, she is still unhappy. 재산이 상당함에도 불구하고 그녀는 여전히 불행하다.
  = **For all** her wealth, she is still unhappy.

3. notwithstanding : ~에도 불구하고

notwithstanding은 전치사 기능을 하게 되는데, 명사어구를 앞·뒤에서 모두 수식이 가능하다.

- **Notwithstanding** your opinion, I won't accept it.
  = Your opinion **notwithstanding**, I won't accept it.
  당신의 의견에도 불구하고 나는 그것을 수용할 수 없다.

> **CHECK** | irrespective of = regardless of : ~에 상관없이
>
> - Our company will hire all the talents of the world **irrespective of** age.
>   우리 회사는 연령에 상관없이 세상의 모든 인재를 채용할 것이다.

8 포함·예외의 전치사

1. between vs. among

between (~사이에)	'둘'의 개념을 가진 복수명사 혹은 집단을 목적어로 취한다. between A and B 구조를 많이 취한다.
among (~사이에)	'셋 이상'의 개념을 가진 복수명사 혹은 집단을 목적어로 취한다. ★ 20-30 참조

- The distance **between** two places are long. 두 장소 간의 거리가 멀다.

The distance ~~among~~ two places are long. (×)

> ▸ among은 셋 이상의 명사를 목적어로 취하기 때문에 'two'가 들어간 명사를 목적어로 취할 수 없다.

· The chairman will be chosen **among** the members. 의장은 회원들 중에서 선출될 것이다.

2. beside vs. besides

07-34
동국대 2003

beside	전치사	~곁에, ~과 비교하여, ~을 벗어나서
besides	전치사	~외에도 ★ 11-37 참조
	접속부사	게다가(in addition)

· He sat **beside** me. 그는 내 곁에 앉아 있었다.

· He seemed small **beside** her. 그는 그녀에 비해 작아 보였다.

· He was **beside** himself with grief. 그는 비탄에 빠져 이성을 잃었다.

· **Besides** the mayor, many other notables were present. 시장 외에도 많은 명사들이 참석했다.

· I'm tired. **Besides** I am sleepy. 나는 피곤하다. 게다가 졸리다.
  I'm tired. ~~Beside~~ I am sleepy. (×)

> ▸ beside는 '접속부사' 기능이 없기 때문에 문장 맨 앞에 홀로 나올 수 없다.

3. except vs. except for : ~을 제외하고

07-35
한양대 2011

공통점	all/ any/ every/ no 뒤에서는 except와 except for가 모두 쓰일 수 있다.
차이점	① all/ any/ every/ no가 주어로 있을 경우 그 앞에 except for만 가능하다. ② to부정사/ 명사절/ 부사절/ 전치사구는 except만 결합이 가능하다.

except와 but은 명사절 및 to부정사를 목적어로 취할 수 있다. ★ 05-49, 10-07 참조
※ 이 부분은 Oxford에서 출간된 Practical English Usage의 내용을 참조했다.

· I've cleaned all the rooms **except (for)** the bathroom. 나는 욕실을 제외한 모든 방을 청소했다.

> ▸ 부정형용사 all 뒤에는 except와 except for 모두 옳다.

· **Except for** John and Mary, nobody came. John과 Mary를 제외하고는 어느 누구도 오지 않았다.
  ~~Except~~ John and Mary, nobody came. (×)

> ▸ 부정대명사 nobody 앞에 except를 이용한 전치사구는 틀린 표현이다.

· This room is no use **except** as a storeroom. 이 방은 창고 용도를 제외하고서는 쓸모가 없다.
  This room is no use ~~except for~~ as a storeroom. (×)

> ▸ 전치사구 as a storeroom을 except for로 연결할 수 없다.

🟦 기타 전치사

1. from vs. of : 재료

from	'화학적 변화'로서 재료가 변해서 제품이 되는 경우에 쓰인다.
of	'물리적 변화'로서 재료의 형태가 제품에 남아 있는 경우에 쓰인다.

※ 주로 make, build, construct와 같은 '만들다' 동사들과 함께 쓰인다.

- Bread **is made from** flour. 빵은 밀가루로 만든다.

- The table **is made (up) of** wood. 식탁은 나무로 만든다.
  The table is made ~~up~~ wood. (×)

  ▶ '~으로 구성되다'라는 뜻을 전할 경우 'be made (up) of/ from'이 옳다. 이 경우 of나 from이 없으면 틀린 표현이 된다.

2. by vs. with : 수단

by	'~에 의하여'라는 뜻으로, '이동·전달·방법'을 나타낸다.
with	'~을 사용하여, ~으로'라는 뜻으로, '도구'를 나타낸다.

교통수단은 'by + (관사 없이) 명사'로 나타내지만, 관사를 쓸 경우 'in a bus, on a train'처럼 나타낼 수도 있다. ★ 18-15/ 24 참조

- All supplies are transported **by air/ sea/ land/ road/ rail**.
  모든 보급품들은 공중/ 바다/ 육지/ 도로/ 철도로 수송된다.

- What will you buy **with** the money? 그 돈으로 당신은 무엇을 구입할 겁니까?

> CHECK | by means of = by way of = by dint of = by virtue of :
> '~에 의하여, ~덕택에' 구 전치사
>
> - Steve Jobs has made a fortune **by virtue of** frugality. Steve Jobs는 검소함 덕택에 큰돈을 벌었다.

3. as vs. like

as (자격)	~로(서)
like (유사성)	~처럼, ~같은

- **As** a managing director, I expected to provide effective leadership.
  ~~Like~~ a managing director, I expected to provide effective leadership. (×)
  전무이사로서 나는 효과적인 지도력을 제공하길 기대했다.

- Her hair is dark brown **like** mine. 그녀의 머리는 나의 머리처럼 짙은 갈색이다.
  Her hair is dark brown as mine. (×)

  ▶ as는 주절의 주어인 'I'의 자격을 밝히는 것이며, like는 '그녀의 머리와 나의 머리 색깔'의 유사성을 설명하고 있다.

CHECK |

1. as의 특수한 기능

as는 전치사구를 연결할 수 있는데, 이 경우 '~처럼'의 뜻을 가진다.

· This year, **as in the past**, the newspaper is going to hold special conferences.

This year, ~~as the past~~, the newspaper is going to hold special conferences. (×)
과거처럼 올해에 그 신문사는 특별 회의를 개최할 예정이다.

> year는 this, last와 결합하여 부사 기능을 가질 수 있지만 the past는 그렇지 않다. 따라서 전치사 in이 추가적으로 필요하다. 이때 as가 전치사구인 in the past를 연결하고 있다.

2. same은 전치사 like가 아니라 as와 결합한다.

· It was the **same** color **as** the wall. 이것은 벽과 같은 색이었다.

It was the same color ~~like~~ the wall. (×)

4. by : ~만큼

목적어로 '수량'을 위치시키면, '차이, 정도'를 설명할 수 있다.

· House prices rose **by** an average 23% last year. 부동산 시세가 작년에 평균 23%까지 증가했다.

· Owen broke the world record **by** 2.4 seconds. Owen은 2.4초로 세계기록을 깼다(=세웠다).

5. at : 속도 · 가격

'~(의 비율)로, ~하게'라는 뜻으로 값 · 비용 · 속도 · 정도를 나타낸다.

· He gained the victory, but **at** a heavy price(=cost = expense = sacrifice).
그는 승리는 얻었지만 대가는 컸다.

· I bought a fountain pen **at** the price of 1,000 dollars. 나는 천 달러를 주고 만년필을 구입했다.

6. for : 교환 · 대가 · 대리

'~에 대해; ~의 금액 값으로'라는 뜻으로 물건 · 상품 · 돈의 상환(相換)을 나타낸다.

· I bought a fountain pen **for** 1,000 dollars. 나는 천 달러를 주고 만년필을 구입했다.

7. in : 상태

in은 condition, trouble, danger, ruins, a jam 등과 결합하여 '~한 상태의'라는 뜻을 전한다.

· Our country is **in trouble** because of ideological confrontation.
우리의 나라는 이념대립 때문에 곤경에 빠졌다.

예제

_____ all his faults, he is loved by all.

① At   ② By   ③ In   ④ With

해석 그의 단점에도 불구하고 모든 사람들이 그를 사랑한다.

해설 '단점'과 주절의 내용인 '사랑받는다'는 '역접/ 양보'의 관계이며, with all = for all은 '~에도 불구하고'라는 뜻을 가졌다.

정답 ④

기출 및 예상문제 총정리

1 시간의 전치사 ~ **2** 위치 · 공간의 전치사

01   I had ① <u>a great</u> career ② <u>ahead</u> me, ③ <u>yet</u> I resigned after six months ④ <u>with</u> <u>company</u> and joined the Marine Corps to learn ⑤ <u>how to fly</u>.

02   Heather was born _____ Lima _____ August 7, 1996 _____ 3:30 in the afternoon.
    ① at — by — on   ② in — in — in
    ③ in — on — at   ④ at — at — at

03   Before the World War Ⅱ, travel for pleasure was limited to the wealthy, but _____ then, improved standards of living and the availability of transportation have allowed more people to indulge.
    ① only   ② nonetheless
    ③ since   ④ still

04   They have met many people _____ the two years they have been in London.
    ① about   ② for
    ③ in   ④ during

05   Tom has been the manager of the sales department _____ ever since he moved to the city.
    ① since sixteen years ago   ② for sixteen years
    ③ for sixteen years ago   ④ since sixteen years

01 ② 해석 내 앞에 멋진 직장이 있었지만, 6개월 후에 동료와 함께 그만두고 도약하는 방법을 배우기 위해 해병대에 지원했다.

해설 ahead → ahead of
ahead는 부사이므로 명사를 목적어로 취할 수 없기 때문에 전치사 ahead of가 옳다.

어휘 Marine Corps 해병대

02 ③ 해석 Heather는 1996년 8월 7일 오후 3시 30분에 Lima에서 태어났다.

해설 Lima는 도시 명이므로 비교적 넓은 장소에 쓰이는 전치사 in이 쓰여야 한다. 구체적으로 정해진 특정 날짜, 요일, 특정 날의 아침·오후·저녁에는 전치사 on이 쓰여야 한다. 시각 앞이나 새벽, 정오, 밤에는 전치사 at을 쓴다.

03 ③ 해석 2차 대전 이전에 즐거움을 위해 누리던 여행이 부자들에게만 국한됐지만, 그 이래로 생활수준의 향상과 교통의 발달은 더 많은 사람들을 (여행에) 빠져들게 했다.

해설 이어지는 문장의 시제가 현재완료인 have allowed가 나오므로, 'since + 특정 시점'이 옳다.

04 ④ 해석 그들이 런던에 있는 2년 동안 많은 이들을 만났다.

해설 during은 언제인지 아는 특정 기간을 나타내며, 흔히 한정사인 the, one's, this, that 등을 동반한다.

05 ② 해석 Tom은 그 도시로 이사를 온 후 16년 동안 판매부장 역할을 담당했다.

해설 ①, ④ since 이하에는 2001/ the war와 같이 특정 시점이 등장해야 하며, ② for는 불특정 기간인 sixteen years/ vacation/ ever 등을 목적어로 취한다. ③ '시간 + ago'는 과거시제만 이끈다.

06 A: Can you repair my watch _____ Tuesday?
    B: No, I'll need to keep it _____ Saturday.
    ① by — by   ② until — by
    ③ by — until   ④ until — until

07 Doctoral students who are preparing to take their qualifying exams have been
    studying in the library every night _____ the last three months.
    ① until   ② since
    ③ for   ④ from

08 다음 중 문법적으로 틀린 문장을 고르시오.
    ① Have you seen him since we last met?
    ② I have known Smith during a very long time.
    ③ They remained calm throughout the conference.
    ④ I hope to get to your company by 9:00 at the latest.

09 다음 우리말을 영어로 가장 잘 옮긴 것은?

    5세 미만 아이들 9백만 명이 적어도 한 명의 흡연자가 있는 집에 산다.

    ① Nine million children below the age of five live in homes with one smoker.
    ② Nine million children above the age of five live in home with at least one smoker.
    ③ Nine million children of the age of five live in homes where both parents smoke.
    ④ Nine million children under the age of five live in homes where at least one
       person smokes.

10 Choose the sentence which is NOT grammatically correct.
    ① Practically all of the water comes from the Pacific Ocean.
    ② The guest should come back until 7 p.m.
    ③ The organization strives for better health throughout the world.
    ④ An ability to control impulses is at the root of the problem.
    ⑤ Given a choice, I would probably opt for toys that encourage creativity.

06 ③

해석 A: 화요일까지 제 시계를 고쳐주실 수 있으세요?

B: 안 되겠는데요. 토요일까지 이 시계를 가지고 있어야겠어요.

해설 by는 동작의 완료를 가리키는 반면, until은 동작의 계속을 말한다. 문맥상 첫 번째 빈칸은 '수리의 완료'를 말하므로 by가 옳고, 두 번째 빈칸은 '보관의 유지'를 말하므로 until이 옳다.

07 ③

해석 자격시험을 치르기 위해 준비하는 박사과정 학생들은 지난 3개월 동안 매일 밤 도서관에서 공부했다.

해설 for는 수사를 동반하여 일정한 시간의 기간을 나타내며, for the past 15 years, for the last three weeks와 같은 형태를 취하여 현재완료를 통제한다.

어휘 qualifying exam 자격시험

08 ②

해설 during → for

during은 특정 기간의 명사를 수반하며, 흔히 한정사인 the, one's, this, that 등을 동반한다. 반면 for는 언제인지 모르는 불특정 단위 기간을 나타내며, 흔히 수사를 동반한다.

09 ④

해설 ① '적어도(at least)'라는 표현이 누락되었으며, ② above는 '미만'이란 말과 반대 개념이며, ③ of the age of(딱 그 나이를 의미함)가 아닌 under the age of가 옳으며, where절 속의 내용은 '두 부모 모두'가 되므로 한글 제시문과 상반된다. '미만'의 의미로 활용되는 전치사 및 표현은 under = below = less than이 된다.

10 ②

해설 until → by

by는 완료의 기능인 반면 until은 계속의 기능을 가진다. 문장에 위치한 come back으로 보아 완료의 기능을 나타내는 by가 옳다.

11 A: Whose fault?

B: The accident resulted _____ your carelessness.

① in   ② on

③ from   ④ for

12 우리말을 영어로 옮긴 것 중 어색한 것을 고르시오.

① 어머니는 지갑을 잃어버렸기 때문에 그날 내내 기분이 언짢으셨다.

→ All that day my mother was out of bad humor as she lost her wallet.

② 이 책은 지구 온난화의 결과로 일어날 것 같은 기후 변화들에 대해서 주로 다루고 있다.

→ This book is mainly concerned with climate changes that are likely to take place as a result of global warming.

③ 우연히도 길모퉁이에 경찰관이 있어서, 나는 그에게 길을 물어볼 수 있었다.

→ There happened to be a policeman on the corner, so I could ask him the way.

④ 그가 직면한 임무는 그의 선임자가 직면했던 것과 다르지 않다.

→ The task which confronts him is not different from that which faced his predecessor.

13 _____, the world is still a dangerous place.

① Despite of the end of the Cold War

② Owing to the end of the Cold War

③ On account of the end of the Cold War

④ By means of the end of the Cold War

⑤ The end of the Cold War notwithstanding

14 In the church she was praying alone, _____ tears streaming her face.

① as   ② with

③ when   ④ amid

15 The welfare reform bill was ① segmented ② and then divided ③ between three different subcommittees ④ of the Congress.

16 He doesn't read _____ a magazine once in a while.

① except   ② without

③ except for   ④ but for

11 ③　해석　A: 누구 잘못이니?

　　　　　B: 그 사고는 네가 부주의해서 발생한 거야.

　　해설　result 동사는 '결과 + result from + 원인' 또는 '원인 + result in + 결과' 형태를 취하며, 본 지문은 문맥상 전자가 옳다.

12 ①　해설　out of bad humor → out of humor 또는 in a bad humor

　　　　　out of는 '분리·이탈'의 속성을 가지고 있으므로, 직역만 해보아도 '언짢은 기분으로부터 벗어나 있다'라는 해석이 되어 제시문과 달라진다.

　　　　　* 언짢은: out of humor = in a bad humor = in an ill humor = in a bad mood

　　　　　* '하루 종일'이란 표현은 all day(=from morning to evening)로 쓰이는데, 정관사 the는 되도록 피한다. 현대영어에서는 all that day도 많이 쓰인다.

13 ⑤　해석　냉전의 시대가 종결되었을지라도, 세상은 여전히 위험한 곳이다.

　　해설　'냉전의 종식'과 '세상이 위험하다'는 내용은 역접의 양보 관계이므로 이를 충족시킬 수 있는 전치사는 명사 앞·뒤에서 모두 수식이 가능한 notwithstanding이다.

　　　　　① despite ~에도 불구하고(=in spite of)

　　　　　② owing to ~덕택에

　　　　　③ on account of ~ 때문에

　　　　　④ by means of ~에 의하여

14 ②　해석　그녀는 혼자서 눈물을 흘리면서 교회에서 기도를 하고 있었다.

　　해설　부대상황을 나타내는 분사구문은 'with + 명사 + 분사' 구조를 취한다.

　　어휘　**stream** 줄줄 흐르다

15 ③　해석　복지개혁안이 분리되어 세 개의 다른 국회 소위원회로 나뉘었다.

　　해설　between → among

　　　　　between은 두 개의 개체를 포함하며, among은 세 개 이상의 개체를 포함하므로 본 지문에서는 among을 써야 한다.

　　어휘　**segment** 나누다　　**subcommittee** 소위원회

16 ③　해석　그는 이따금씩 잡지를 읽는 것 이외에는 아무 것도 읽지 않는다.

　　해설　except와 except for의 차이점은 비교 대상이 있을 경우에는 except를 사용하며, 비교 대상이 없을 경우에는 except for를 사용한다. 본 지문에서는 비교 대상이 없으므로 후자가 옳다.

17 The panel of judges will surely be considering some of the contestant's attributes
    _____ their physical beauty.
    ① but   ② besides
    ③ except   ④ unlike

18 Let us inform you that we had much trouble _____ through the snow.
    ① driving   ② on driving
    ③ to drive   ④ with driving

19 _____ my surprise, I found him sitting _____ himself _____
    the corner.
    ① In — for — on   ② To — by — in
    ③ To — for — in   ④ For — in — at

20 ① The Metropolitan Museum of Art ② in N.Y. city ③ is located ④ nearby Central
    Park.

21 The bond issue, proposed ① as a way of ② financing ③ a centennial celebration,
    failed ④ in a narrow margin.

22 The strike, which involves more than 120 hospitals and ① is causing widespread
    fears, is due to ② going to arbitration Saturday but a final decision ③ is put off
    when talks appeared to make ④ progress.

17 ②

해석 심사위원진은 참가자들의 신체적 아름다움 외에 몇몇 특성들도 당연히 고려할 것이다.

해설 고려하는 대상에 대해서 두 가지를 첨가하는 내용이 올바르므로, 전치사로서 '~이외에도', 부사로서 '게다가, 그뿐만 아니라'라는 뜻을 가진 besides가 옳다.

어휘 **attribute** 자질, 속성

18 ①

해석 우리가 눈길을 운전해 오느라 매우 고생했다는 얘기를 해드리고 싶네요.

해설 have trouble 이하에 'with + 명사' 또는 '(in) ~ing' 형태가 옳다.

19 ②

해석 놀랍게도 나는 그가 혼자 모퉁이에 앉아 있는 것을 발견했다.

해설 추상명사 surprise는 전치사 to와 결합하여 '놀랍게도'라는 뜻을 가지며, by oneself는 '혼자서, 스스로'라는 뜻을 가진다.

20 ④

해석 뉴욕 시에 있는 메트로폴리탄 미술관은 센트럴 공원 근처에 있다.

해설 nearby → near
문장 구조상 '~ 근처에 위치해 있다'라는 뜻이 되기 위해서 is located 뒤에 전치사가 필요하다. 따라서 Central Park라는 목적어를 취할 수 있는 전치사 near가 옳다. nearby는 형용사로서 '가까운, 근처의', 부사로서 '가까이에, 근처에'라는 뜻을 가진다.

21 ④

해석 100주년 기념행사 자금을 조달하기 위한 수단으로 제시된 채권 발행이 아슬아슬하게 실패했다.

해설 in → by
전치사 by는 '~의 정도만큼'의 의미를 가져서 '정도 혹은 비율의 차이·폭'을 의미한다.
ex) little by little 조금씩   by a minute 1분의 차이로   by a narrow margin 간발의 차이로

어휘 **bond issue** 채권 발행   **centennial** 100년마다의, 100년간의, 100년제의

22 ②

해석 120개 이상의 병원이 가담해 우려가 확산되고 있는 이번 파업은, 토요일에 중재에 부치게 되나 협상이 진전을 보일 때에는 최종 결정이 보류된다.

해설 going → go
'be due to 명사 혹은 ~ing'는 '~ 때문이다'라는 뜻이며, 'be due to 부정사'는 '~할 예정이다'라는 뜻이다. '파업이 중재에 회부되어서 발생한 것'이 아니라 '파업이 중재에 회부될 것이다'라는 논리가 합당하다.

어휘 **go to arbitration** 중재에 부쳐지다

23 A: Where is she sitting?

B: She is sitting _____ me.

① near to   ② next by

③ next   ④ next to

24 _____ his knowledge and academic background, he is basically stupid.

① According to   ② But for

③ For all   ④ Thanks to

25 Choose the one that is grammatically correct.

① Today thank to the Internet, you can do all your Christmas shopping from home.

② Despite of all our efforts to save the school, the authorities decided to close it.

③ The children seemed tiny beside him.

④ As many women of her age, she struggled to find a balance between her career and her children.

⑤ Accused for a two million pound investment fraud, a former businessman has gone on trial.

26 The fact is that the world is not increasing its population _____ 80 million a year.

① at the rate of   ② in the speed of

③ as soon as   ④ in place of

⑤ in proportion to

27 No political party which respects itself _____ that measure.

① are in favor of   ② is in the favor of

③ favor   ④ is in favor of

23 ④ 　해석　A: 그 여자는 어디에 앉아 있죠?

　　　　　B: 제 옆에 앉아 있네요.

　해설　next는 형용사로서 '다음의'라는 의미를 갖지만, 부사로서는 '다음에, 다음번에'라는 뜻으로서, 전치사 to와
　　　　결합하여 '~의 옆에'라는 구 전치사 기능을 가진다.

24 ③ 　해석　그의 지식과 학력에도 불구하고 그는 근본적으로 멍청하다.

　해설　'지식과 학력이 있다'는 내용과 '어리석다'의 관계는 역접의 관계이므로 이를 충족시킬 전치사구는 for all
　　　　= with all(~에도 불구하고)이다.

25 ③ 　해설　① thank to → thanks to
　　　　　　thanks to는 전치사로서 's'가 탈락되어서는 안 된다.
　　　　　② Despite of → Despite 또는 In spite of
　　　　　　'~에도 불구하고'라는 표현은 despite 또는 in spite of가 옳다.
　　　　　④ As → Like
　　　　　　as가 전치사로 쓰이면 '~로서'라는 자격·동격을 나타내며, like가 전치사로 쓰이면 '~처럼'이란 유사
　　　　　　성을 나타낸다. 문맥상 '그녀 또래의 많은 여자들처럼'이라는 유사성의 like가 옳다.
　　　　　⑤ for → of
　　　　　　accuse 동사는 'A of B' 구조를 취하여 'B라는 이유로 A를 기소·고발하다'라는 뜻을 가진다.

26 ① 　해석　세계 인구가 연간 8천만 명의 속도로 증가하지 않는다는 것은 사실이다.

　해설　문맥상 '연간 8천만 명의 속도로'라는 해석이 적합하며, '비례·수량·가격'을 나타내는 at이 옳다.
　　　　ex) at the price of/ at the age of/ at the speed of/ at the height of

27 ④ 　해석　자존심이 있는 정당이라면 그 조치에 찬성하지 않을 것이다.

　해설　주어가 party이므로 단수 형태의 be 동사가 옳다. be in favor of는 '~을 찬성하다'라는 표현이다.

GRAMMAR
HUNTER

관계대명사

GRAMMAR
HUNTER

08 관계대명사

08-01

1 관계대명사의 기능

두 문장을 잇는 방법에는 앞서 공부한 등위접속사 및 종속접속사 이외에 명사를 수식하는 관계대명사를 이용하는 방법도 있다. 문장을 예를 들어 설명하겠다.

· I discussed it with **my brother**. 나는 내 형과 그것을 상의했다.

· **He** is a lawyer. 그는 변호사이다.

  ▶ my brother과 He가 동일인인 경우 두 문장을 아래와 같이 한 문장으로 이을 수 있다.

· I discussed it with **my brother who** is a lawyer. (who = and he)
  나는 변호사인 내 형과 그것에 대해 상의했다.

  관계대명사절 who is a lawyer는 선행사인 my brother를 수식해 주는 역할을 한다. 즉, 관계대명사는 앞의 선행사를 대신하는 '대명사' 기능과 문장과 문장을 이어주는 '접속사' 역할을 하며 관계대명사가 이끄는 절은 명사를 수식하는 형용사절 기능을 한다.

08-02

2 관계대명사의 종류

구분	주격 관계대명사 (원칙적으로 생략 불가능)	목적격 관계대명사 (생략 가능)	소유격 관계대명사 (생략 불가능)
선행사가 사람인 경우	who, that	whom, that	whose
선행사가 사물인 경우	which, that	which, that	whose, of which
전치사의 목적어인 경우	—	전치사 + whom/ which	—

3 주격 관계대명사

08-03

숭실대 2010
광운대 2009

1. 주격 관계대명사의 격과 일치

주격인지 아닌지는 선행사를 기준으로 하는 것이 아니라 관계사절 자체의 역할에 따라 결정되는 것이다. 또한 주격 관계사가 주어를 대신하므로, 주격 관계사절 안에 다시 주어가 나오면 틀린다. 주격 관계사절 안의 동사의 수는 선행사에 일치시킨다.

· He is a man **who** used to live in Russia.
  He is a man who ~~he~~ used to live in Russia. (×)
  그는 러시아에서 살았던 사람이다.

· **References** to work that adopts this perspective **are** provided in Section 3.
  References to work that adopts this perspective ~~is~~ provided in Section 3. (×)
  이 관점을 채택한 작품에 대한 언급은 섹션 3에서 제공된다.

2. 선행사가 사람일 경우 : who 또는 that

08-04

선행사가 사람일 경우 관계대명사의 주격은 who 또는 that이 위치하며, 이 주격 관계대명사는 생략이 불가능하다. ★ 12-03~05 비교

- **The people** live over the road. **And they** are my fellows.

  The people **who** live over the road are my fellows.

  = The people **that** live over the road are my fellows.

  The people ~~live~~ over the road are my fellows. (×)

  길 건너편에 사는 사람들은 내 동료들이다.

  ▶ 마지막 문장은 주격 관계대명사가 생략이 되어서 틀린 표현이 된다.

3. 선행사가 사물일 경우 : which 또는 that

08-05

중앙대 2009
이화여대 2008
경희대 2007
경기대 2003

선행사가 사물, 동물인 경우에 관계대명사의 주격은 which 또는 that이 위치하며, 주격 관계대명사 which는 생략할 수 없다.

- I read **the letter**. **And it** came yesterday.

  = I read the letter **which** came yesterday.

  = I read the letter **that** came yesterday.

  I read the letter ~~came~~ yesterday. (×)

  내가 읽은 편지는 어제 온 것이다.

  ▶ 마지막 문장은 주격 관계대명사가 없으므로 틀린 문장이다.

08-06

경원대 2010
경원대 2005

CHECK | which의 특별용법(선행사가 사람인 경우에 which를 쓰는 경우)

1. 선행사가 형용사, 구, 절, 문장인 경우

선행사가 '구, 절, 문장 전체, 형용사'일 경우 which를 쓴다.

- I want **to marry Nathali, which** is impossible. [to부정사구가 선행사]

  나는 Nathali와 결혼하기 원하지만 그것은 불가능한 일이다.

- Cathy told me that **she was a model, which** was a lie. [that 이하의 문장이 선행사]

  Cathy는 나에게 자신이 모델이라고 말했지만 거짓말이었다.

  선행사가 얼핏 보기에 Nathali와 model이라는 '사람'처럼 보이지만, 해석상 각각 'to부정사구'와 '문장'이므로 which가 사용되었다.

- They think him **bright, which** he is not really. [형용사 bright가 선행사]

  그들은 그가 영리하다고 생각하는데, 실제로는 그렇지가 않다.

2. 사람 선행사가 관계사절의 보어인 경우

선행사가 사람일 경우 주격 관계대명사는 who 또는 that이지만, 콤마 뒤에서 계속적 용법으로 쓰이면서 그 선행사가 사람의 성격 · 지위 · 신분을 나타내는 관계사절의 보어 역할을 한다면, 선행사가 사람일지라도 which를 쓴다.

- He seems to be a **good teacher, which** he is really.

  그는 좋은 선생님처럼 보이며, 정말 그렇다.

  ▶ 관계사절 내 is(2형식 be 동사)의 보어가 선행사 a good teacher이므로 which가 옳다.

---

4. 주격 관계대명사와 삽입절

주격 관계사절 안에 주관적 판단을 나타내는 'I think, I believe, I suppose, I know 등'의 삽입절이 들어가 있는 경우에는 삽입절을 제외하고 관계대명사의 격을 판단해야 하므로 주격 관계대명사가 옳지, 목적격 관계대명사는 틀린다.

주어 + think/ guess/ believe/ find/ imagine/ know/ say/ be sure/ be afraid

---

- **The soldier** betrayed us. **But** I thought **he** was our force.
  = The soldier **who** was our force betrayed us.
  = The soldier **who I thought** was our force betrayed us.
    아군이라고 생각했었던 그 군인이 우리를 배신했다.

  The soldier ~~whom~~ I thought was our force betrayed us. (×)

  ▶ I thought는 삽입절에 불과하므로 주격 관계대명사가 와야 한다.

  The soldier who I thought ~~he~~ was our force betrayed us. (×)

  ▶ who가 곧 주어 역할을 하므로 뒤의 he는 빠져야 한다.

  The soldier who I thought ~~were~~ our force betrayed us. (×)

  ▶ 선행사가 soldier라는 단수명사이므로 동사 또한 단수가 옳다. 아래의 문장도 마찬가지 맥락이다.

- **The man who (you know)** is always on time will be late for this meeting.
    언제나 정각에 오는 그 사람이 이번 모임에는 늦을 것 같다.

> **CHECK** | 단, 관계대명사절 안의 동사구문에 따라 삽입절인지의 여부를 결정해야 한다. ★ 01-79 참조
>
> - The soldier **whom** I thought to be our force betrayed us.
>   <u>V5</u> <u>목적격보어</u>
> - The man **whom** you know to be always on time will be late for this meeting.
>   <u>V5</u> <u>목적격보어</u>
>
> | 이 두 문장에서 think와 know가 'A to be B' 구조로서 5형식 동사로 쓰였다. 따라서 think와 know의 목적어를 선행사로 선택한 것이므로 '목적격 관계대명사'가 옳은 것이다.

5. 선행사 뒤에 전치사구가 있는 경우

선행사와 주격 관계대명사 사이에 전치사구가 있는 경우 주격 관계대명사절 안의 동사 수 판단은 해석에 따라야 한다.

- There are many **products** in the supermarket which **are** worth buying.
    구입할 가치가 있는 많은 상품들이 슈퍼마켓 안에 있다.

  ▶ '구입할 가치'가 있는 것은 슈퍼마켓이 아니라 '상품들(products)'이 옳다. 따라서 동사의 수는 복수인 are가 옳다.

- There are many items in the **supermarket** which **is** worth visiting.
    방문해볼 가치가 있는 슈퍼마켓 안에 많은 상품들이 있다.

  ▶ '방문할 가치'가 있는 것은 상품들(products)이 아니라 '슈퍼마켓(supermarket)'이 옳다.

예제

It was raining in the mountains, _____ made the fresh green of the leaves all the more graceful.

① that   ② those

③ which   ④ what

해석 산 속에 비가 내리고 있었고, 그로 인해 신선한 녹색의 나뭇잎이 더 우아해졌다.

해설 의미적으로 앞 문장 전체가 선행사이며, 뒤에 주어가 비어 있으므로, 앞 문장 전체를 선행사로 수식할 수 있는 which가 옳다. ① that은 쉼표 뒤에 쓰일 수 없으며, ④ what은 선행사 없이 불완전한 문장을 명사절로 취하게 된다.

정답 ③

◢ 목적격 관계대명사

1. 목적격 관계대명사의 격

08-09

목적격인지 아닌지는 선행사를 기준으로 하는 것이 아니라 관계사 절 자체 내에서 결정하며, 관계사 절 안에 동사의 목적어 또는 전치사의 목적어가 없어야 한다.

- Stewardesses **whom** I met at the airport were very kind.

  Stewardesses whom I met ~~them~~ at the airport were very kind. (×)

  Stewardesses ~~who~~ I met at the airport were very kind. (×)

  내가 공항에서 만났던 여승무원들은 매우 친절했다.

2. 선행사가 사람일 경우 : whom 또는 that

08-10

선행사가 사람일 경우 목적격 관계대명사로 whom 또는 that을 취할 수 있으며, 생략이 가능하다. ★12-06~08 참조

- **Stewardesses** were very kind. **And** I met **them** at the airport.

  = Stewardesses **whom** I met at the airport were very kind. [목적격 관계대명사 whom]

  = Stewardesses **that** I met at the airport were very kind. [that으로 대신]

  = Stewardesses I met at the airport were very kind. [목적격 관계대명사는 생략이 가능]

  내가 공항에서 만났던 여승무원들은 매우 친절했다.

3. 선행사가 사물일 경우 : which 또는 that

08-11

고려대 2010
한국외대 2009
국민대 2005
경희대 2004
동국대 2003

선행사가 사물일 경우 목적격 관계대명사로 which 또는 that을 취할 수 있으며, 생략이 가능하다.

- Is this **the church**? **And** his father built **it** 27 years ago.

  = Is this the church **which** his father built 27 years ago? [목적격 관계대명사 which]

  = Is this the church **that** his father built 27 years ago? [that으로 대신]

  = Is this the church his father built 27 years ago? [목적격 관계대명사는 생략이 가능]

  이것이 그의 아버지가 27년 전에 만드신 교회입니까?

4. 전치사의 목적어로 쓰인 목적격 관계대명사

08-12
단국대 2009

(1) 목적격 관계대명사가 생략이 되면 전치사는 관계사절의 끝에만 위치할 수 있다.

- **Sally** is a native speaker. **And** we talked **with her.**

  = Sally **whom** we talked **with** is a native speaker.

  = Sally **that** we talked **with** is a native speaker. [목적격 관계대명사 that]

  = Sally we talked **with** is a native speaker. [목적격 관계대명사가 생략된 형태]
  우리와 대화를 나누었던 Sally는 원어민이다.

  ▶ talk는 자동사로서 목적어를 둘 경우 전치사 with가 필요하다.

- **Tsunami** was **a disaster**. **And** people were totally unprepared **for it.**

  = Tsunami was a disaster **which** people were totally unprepared **for.**

  = Tsunami was a disaster **that** people were totally unprepared **for.** [목적격 관계대명사 that]

  = Tsunami was a disaster people were totally unprepared **for.** [목적격 관계대명사가 생략된 형태]
  쓰나미는 사람들이 전혀 예기치 못했던 재난이었다.

08-13
한양대 2007

(2) 전치사가 관계대명사 앞에 위치한 경우 관계대명사는 생략이 불가능하며, 이때 that은 쓸 수 없다.

- Sally **with whom** we talked is a native speaker.

  Sally ~~with that~~ we talked is a native speaker. (×)

  Sally ~~with~~ we talked is a native speaker. (×)

- Tsunami was a disaster **for which** people were totally unprepared.

  Tsunami was a disaster ~~for that~~ people were totally unprepared. (×)

  Tsunami was a disaster ~~for~~ people were totally unprepared. (×)

08-14A
서울여대 2010

CHECK | 전치사 + 목적격 관계대명사의 pattern

1. 전치사＋목·관＋주어＋자동사 ★ 01-01~31 참조

- There are many matters **which** we will **deal with.**

  = There are many matters **with which** we will **deal.**

  There are many matters ~~which~~ we will deal. (×)
  우리가 처리해야 할 문제들이 많다.

  > deal은 자동사로서 선행사인 matters를 목적어로 취하려면, 전치사 with가 필요하며, 이 전치사는 관계대명사 바로 앞, 혹은 동사 뒤에 위치할 수 있다.

2. 전치사＋목·관＋주어＋is＋형용사 ★ 03-31~34, 14-49 참조

- We will discuss natural resources **which** Norway's economy **is dependent on.**

  = We will discuss natural resources **on which** Norway's economy **is dependent.**
  우리는 노르웨이의 경제가 의존하는 천연자원 문제를 토론할 것이다.

  > be dependent는 동사와 같은 의미(의존하다=depend)를 가진다. 따라서 선행사인 resources를 목적어로 취하려면 전치사 on이 필요하며, 이 전치사는 관계대명사 바로 앞 혹은 형용사 뒤에 위치할 수 있다.

---

3. 전치사＋목·관＋주어＋be p.p.(수동태)

· We rarely remember the rules **which** virtues **are based on.**

= We rarely remember the rules **on which** virtues **are based.**
우리는 가치관들의 토대가 되는 규칙들을 좀처럼 기억하지 못한다.

4. 전치사＋목·관＋주어＋타동사＋명사 ★ 03-39 참조

· There were many miserable children **whom** parents' violence **has an effect on.**

= There were many miserable children **on whom** parents' violence **has an effect.**
부모의 폭력에 영향을 받은 많은 비참한 아이들이 있다.

구동사인 have an effect는 전치사 on이 있어야만 선행사인 children을 목적어로 취할 수 있으며, 전치사는 관계대명사 바로 앞, 혹은 명사 뒤에 위치할 수 있다.

5. 전치사를 뒤로 보낼 수 없는 경우

age, extent, rate, temperature, manner와 같이 '정도, 비율, 속도, 가격, 무게' 등의 명사가 선행사인 경우 관계대명사를 목적어로 취하는 전치사는 관계사절 맨 뒤로 보낼 수 없다.

· They experimented on **the extent to which** parents' violence has an effect on their children.
그들은 부모의 폭력이 아이들에게 얼마나 많이 영향을 미치는지를 연구했다.

CHECK | **부정대명사/ 부분 표시어 of ＋ 목적격 관계사** ★ 19-46/ 58/ 65/ 70/ 73/ 77/ 80/ 83 참조

부정대명사(some, any, most, all, both, either, neither 등)는 '전치사 + 관계대명사' 패턴을 쉼표 뒤에서 쓸 수 있다. 이때 관계대명사의 격은 목적격(whom, which)이 옳으며, 뒤에는 주어가 없어야 한다. 관계사절 내의 동사의 수 판단은 부정대명사의 수 일치 어법을 적용한다.

· I met many students, **and some of them** speak English.

= I met many students, **some of whom** speak English.
나는 많은 학생들을 만났으며, 그들 중 일부는 영어를 구사한다.

· I met two students, **and both of them** speak English.

= I met two students, **both of whom** speak English.
나는 두 학생을 만났으며, 그들 둘 모두 영어를 구사한다.

· I met two students, **and neither of them** speaks English.

= I met two students, **neither of whom** speaks English.
나는 두 학생을 만났으며, 그들 누구도 영어를 구사하지 못한다.

In ① my evaluating feelings and beliefs, there ② is a moral ground ③ which I am ④ absolutely certain.

해석 나의 감정과 신념을 평가할 때 내가 절대적으로 확신하는 것은 도덕적 근거이다.

해설 which → of which
be certain of(~을 확신하다)의 목적어로 앞의 선행사 a moral ground가 있으므로, be certain of의 구문에서 전치사 of가 관계대명사 which 앞으로 위치할 수 있다.

정답 ③

5 소유격 관계대명사

`08-15`

1. 개념 및 종류

whose와 of which 다음에는 '주어, 목적어, 보어'가 포함된 완전한 문장이 위치해야 한다. 앞의 선행사와 소유격 관계대명사 뒤에 나오는 명사는 '~의'라는 소유 관계가 성립해야 한다.	
사람 · 사물 + whose	선행사로 사람·사물 모두를 수식한다.
사물 + of which the	선행사가 사물일 경우에만 쓰이며, 'of which + the 사물 = the 사물 + of which'로 바뀔 수 있다.

`08-16`
서울여대 2014
한국외대 2009
가톨릭대 2006

2. whose는 선행사로 사람 · 사물 모두를 수식한다.

· There is a **woman. And her** sick husband is very old.
= There is a woman **whose** sick husband is very old.
나이가 매우 많고 병든 남편의 여자가 있다.

· I have the **house. And its** roof is green.
= I have the house **whose** roof is green.
나에게는 지붕이 초록색인 집이 있다.

▶ 위 두 문장처럼 선행사가 사람이건 사물이건 구분하지 않고 whose로 모두 수식이 가능하다.

`08-17`

3. 선행사가 사물인 경우에는 'of which + the 명사' 혹은 'the 명사 + of which'도 가능하다.

· I have the house **whose** roof is green.
= I have the house **of which the roof** is green.
= I have the house **the roof of which** is green.

▶ 선행사가 the house라는 사물이므로 whose 또는 of which로 모두 수식이 가능하다.

`08-18`
경원대 2006
한양대 2002

CHECK	이 경우 the가 생략되면 안 된다.

· I have the house ~~of which roof~~ is green. (×)
· I have the house ~~roof of which~~ is green. (×)

4. whose 바로 뒤에 위치하는 명사는 앞에 위치한 선행사와 의미적으로 소유 관계에 있어야 한다.

08-19
성균관대 2007
덕성여대 2002

이때 관계사절 내 문장의 '주어, 목적어, 보어' 중 하나가 선행사와 소유 관계에 있어야 하며, 설령 목적어와 보어라 할지라도 whose 바로 뒤에 위치하게 된다.

· This is a grammar **book, and** I have never met **its** author.
  = This is a grammar **book, whose author** I have never met.
목적어 주어   동사

  This is a grammar book, whose I have never met ~~author~~. (×)
  이것은 문법책이며, 나는 그 책의 저자를 만난 적이 없다.

> whose 바로 뒤에 위치한 명사(author)는 그것이 동사 뒤에 등장해야 할 목적어라 할지라도 whose의 선행사(book)와 의미적으로 소유 관계에 있다면 whose 바로 뒤(whose author)에 위치해야 한다.

5. whose 바로 뒤에 위치한 명사는 정관사 및 소유격이 위치할 수 없다.

08-20
가톨릭대 2006

· I have the house whose ~~the~~ roof is green. (×)

> the(정관사)는 한정사이고 whose 역시 소유격(한정사)을 내포하고 있으므로 whose와 the가 함께 쓰일 수 없다. ★ 14-17 참조

6. that이 대신할 수 없으며, 생략이 불가능하다.

08-21
단국대 2006

· I know a man ~~that~~ father is a teacher. (×)
· I know a man ~~father~~ is a teacher. (×)

7. 전치사의 목적어로도 가능하다.

08-22
성균관대 2009
성균관대 2006

· There is a case **whose** problem we will deal **with**. 우리가 해결해야 할 문제가 있는 사건이 있다.
  = There is a case **with whose** problem we will deal.

예제

There ① are many organizations ② which purpose is ③ to help ④ endangered animals.

해석 멸종위기에 처한 동물들을 돕고자 하는 목적을 가진 많은 기관들이 존재한다.

해설 which → whose 또는 of which the
organizations(기관들)과 뒤에 위치한 명사 purpose(목적)의 관계가 '소유'가 되며, 이하에 완전한 문장이 위치했으므로 whose가 옳다. 또한 선행사가 사물이므로 of which the도 옳다.

정답 ②

🔟 관계대명사의 계속적 용법

08-23A
단국대 2010

	제한적 용법	계속적 용법
① 콤마(,) 여부	×	○
② that의 대체가능 여부	○	×
③ 수식 대상	관계사절이 선행사를 수식	관계사절이 선행사를 설명
④ 목적격 관계대명사의 생략 가능여부	○	×

- John has three sons, who became judges.
  John has three sons, ~~that~~ became judges. (×)
  John은 아들이 셋 있는데 모두 판사이다.

- My friend lent me a book, which I found very boring.
  My friend lent me a book, ~~that~~ I found very boring. (×)
  My friend lent me a book, I found very boring. (×)
  친구가 나에게 책 한 권을 빌려 주었는데, 나는 그 책이 매우 지루함을 알게 되었다.

  ▶ 콤마(,) 뒤에 관계대명사 that은 쓸 수 없으며, 계속적 용법에서 목적격 관계대명사는 생략이 불가능하다.

08-23B

서강대 2010

> **CHECK** |
>
> **1.** 제한적 용법과 계속적 용법의 해석상 구분
>
> - The elderly had two daughters **who** became doctors. [제한적 용법]
>   그 노인들은 의사가 된 두 딸이 있었다.
>
>   ▶ 의사가 된 두 딸이 있었지만, 의사가 아닌 다른 딸들이 있었는지는 불분명한 의미를 전한다.
>
> - The elderly had two daughters, **who** became doctors. [계속적 용법]
>   그 노인들은 두 딸이 있었고 그들은 의사가 되었다.
>
>   ▶ 딸이 둘 뿐이었으며, 관계사절에서 그 추가 설명을 해주고 있다.
>
> **2.** 쉼표 뒤에 관계대명사 **that**이 쓰일 수 있는 경우
> 쉼표 앞에 삽입절이나 삽입구가 있을 경우 쉼표 뒤에 관계대명사 that이 쓰일 수 있다.
>
> - It is what you eat, not how hard you try to lose weight, **that** matters.
>   = It is what you eat, not how hard you try to lose weight, **which** matters.
>   중요한 것은 체중을 줄이려고 얼마나 노력하는 것이 아니라 무엇을 먹는가이다.
>
>   ┃ 쉼표 두 개를 통해 가운데 not how hard you try to lose weight가 삽입된 형태이다. 이렇게 삽입절 뒤에 '쉼표 + 관계
>   ┃ 대명사 that'은 허용이 된다.

고려대 2010

7 관계대명사 that

08-24
서울여대 2007

1. that이 대신할 수 있는 경우

제한적 용법의 주격 관계사 who, which와 목적격 관계사 whom, which를 대신할 수 있다. ★ 05-46~48 비교

- I'd like to buy the house **that**(=which) stands on a hill. [주격]
  나는 언덕 위에 있는 그 집을 구입하고 싶다.

- The handsome man **that**(=whom) many women had loved blindly was found dead. [목적격]
  많은 여성들이 맹목적으로 사랑했던 그 잘생긴 남자가 죽은 채 발견됐다.

2. that이 대신할 수 없는 경우

08-25

(1) 계속적 용법인 콤마에 이어서 쓰일 수 없다.

- There are lots of things, ~~that~~ I need to buy before the trip. (×) [which가 옳음]
  많은 것들이 있으며, 그것들은 여행 가기 전에 구입할 필요가 있다.

(2) 전치사의 목적어인 관계사로서 쓰일 수 없다.

08-26
명지대 2007
한성대 2005

- Mr. Park is my colleague from ~~that~~ I borrowed $2,000 last year. (×) [whom이 옳음]
  Park 씨는 내가 작년에 2,000달러를 빌렸던 동료이다.

(3) 소유격 관계대명사 대신 쓰일 수 없다.

08-27
동국대 2006

- Peter is the man ~~that~~ car was made in German. (×) [whose가 옳음]
  Peter는 독일제 차를 소유하고 있는 사람이다.

3. that으로만 쓰이는 경우

1) 선행사 앞에 the only/ the same/ the very/ the first/ the last/ all/ no + 명사/ -body/ -thing/ little/ much 등이 있을 때

08-28

- She is **the only** woman **that** I want to marry in the world.
  그녀는 이 세상에서 내가 결혼하고픈 유일한 여성이다.

- This is **all that** I want.
  이것이 내가 원하는 전부이다.

  > 현대영어에서는 앞의 선행사가 사람이면 그 격에 따라서 who, whom을 쓰기도 하고, 앞의 선행사가 사물이면 which를 쓰기도 하므로 절대적인 원칙은 아니다. 문법 문제에서는 상대적인 보기항 선택을 해야 한다.

2) 선행사가 '사람 + 동물 전체'일 경우

08-29

- **A girl and her dog that** are crossing this bridge are lovely.
  이 다리를 건너고 있는 소녀와 강아지가 사랑스럽다.

  > 관계사절 안의 동사가 복수(are crossing)로 나왔기 때문에 다리를 건너는 주체가 소녀와 강아지 중 하나가 아니라 모두를 가리키고 있다. 따라서 사람과 동물 모두를 수식할 수 있는 that이 옳다.

3) 의문대명사 who가 선행사일 때 ★ 12-03~05 참조

08-30

- **Who (that** has common sense) can believe such a lie?
  상식이 있는 사람이라면 누가 그런 거짓말을 믿을 것인가?

  ▶ 선행사가 who라는 의문대명사이므로, 재차 who로 그 주격을 나타내지는 않는다.

예제

She spent all evening ① <u>talking about</u> her latest books, ② <u>that</u> ③ <u>none of us</u> had ever heard ④ <u>of</u>.

해석 그녀는 밤새 자신의 최근 책들에 대해 얘기했으나 우리들 모두 들어본 적이 없었던 것들이었다.

해설 that → which
쉼표 뒤에 관계대명사 that은 쓰일 수 없다.

정답 ②

8 관계대명사 what

1. what의 격

지금까지 공부한 who, whom, which, whose, that 관계대명사들은 선행사를 수식하는 형용사절 기능을 했지만, what은 명사절 기능을 수행하며, 선행사를 포함하고 있으므로 what이 이끄는 절 안에는 주어, 타동사의 목적어 또는 전치사의 목적어가 생략되어 있어야 한다.

08-31

성균관대 2011
중앙대 2010
경희대 2006

(1) 주격

- You should not delay **what** can be done today.
  = You should not delay **the thing which** can be done today.
  You should not delay what it can be done today. (×)
  오늘 해야 하는 일을 미루어서는 안 된다.

  ▶ 관계대명사 what 뒤에는 '주어, 목적어, 보어' 중 하나가 빠져야만 한다.

08-32

고려대 2011
고려대 2010
성균관대 2004

(2) 목적격

- **What** I said was not trivial.
  = **The thing that** I said was not trivial.
  내가 말했던 것은 사소한 것이 아니었다.

- This matter is **what** we have complained about.
  = This matter is **the thing that** we have complained about.
  이 문제는 우리가 불평해 왔던 것이다.

2. what의 기능

what은 명사절 기능을 하므로 문장 전체 내에서 주어, 보어, 타동사의 목적어, 전치사의 목적어 역할이 가능하다.

08-33

(1) 주어

- **What** is good and right is always beautiful. 선하고 올바른 것은 언제나 아름답다.
  　　S　　　　　　　　V2　　　　　S·C

08-34

(2) 목적어

- Can you understand **what** she said? 그녀가 말했던 것을 이해할 수 있니?
  　　S　　V3　　　　　　O

- We are very sorry for **what** we did. 우리가 했던 행동에 대해 정말 유감입니다.
  　　　　　　　　전치사의 목적어

  ▶ 첫 문장은 타동사 understand의 목적어로 쓰였으며, 두 번째 문장은 전치사 for의 목적어로 쓰인 문장이다.

08-35

(3) 보어

- This computer is **what** I really wanted. 이 컴퓨터는 정말로 내가 원하던 것이다.
  　　S　　　V2　　　S·C

3. what의 관용표현

① what one is 인품·성격	⑦ what is called = what they call = so called 소위
② what one does 직업	
③ what one has 재산, 가지고 있는 것	⑧ A is to B what/ as C is to D = What/ As C is to D, A is to B A와 B의 관계는 C와 D의 관계와 같다
④ what is more 더욱이	
⑤ what is better 더욱 좋은 것은, 금상첨화로	⑨ what with A and (what with) B = what by A and (what by) B A 때문이기도 하고 B 때문이기도 하고
⑥ what is worse = what makes matters worse 설상가상으로	

- A man should be judged not by **what he has** but by **what he is**.
  인간은 재산이 아니라 성품으로 판단되어져야 한다.

- We lost our car, and **what was worse**, we ran out of food.
  = We lost our car, and **what made matters worse**, we ran out of food.
    우리는 차를 잃어 버렸고, 설상가상으로 먹을 것도 다 떨어졌다.

- A mother **is to** a child **what** a doctor **is to** a patient.
  = A mother **is to** a child **as** a doctor **is to** a patient.
  = **What** a doctor **is to** a patient, a mother **is to** a child.
  = **As** a doctor **is to** a patient, a mother **is to** a child.
    어머니와 아이의 관계는 의사와 환자와의 관계와 같다.

- **What with** fear, and (**what with**) hunger, he has become very weak.
  두려움과 허기로 인해 그는 매우 약해졌다.

CHECK | **what절이 주어일 경우 be 동사의 수 판단**

what절이 주어이고 정동사가 be 동사일 때, 명사 보어가 있다면 그 보어에 수를 일치시킨다.

- **What** we want **are mangers** with originality.
  What we want is managers with originality. (×)
  우리가 원하는 것은 창의력이 풍부한 관리자들이다.

- **What** we want **is a manager** with originality.
  What we want are a manager with originality. (×)
  우리가 원하는 것은 창의력이 풍부한 관리자이다.

  두 문장 모두 what절이 주어이며, 정동사는 be 동사이다. 이 경우 be 동사의 보어로 위치한 명사가 있다면 그 명사에 동사의 수를 일치시킨다.

---

① That the judge has to do during the trial ② includes taking notes so that he can sum up ③ what ④ is said by the counsel for both sides and the witnesses.

해석 판사가 재판 동안 해야 하는 일에는 양 당사자의 변호사와 증인들이 말하는 내용을 취합할 수 있도록 메모를 하는 것이 포함된다.

해설 That → What
조동사 has to의 본동사인 do 동사의 목적어를 선행사로 포함시켜서, 전체 동사인 includes의 주어 역할을 할 수 있는 what이 옳다.

정답 ①

⑨ 관계대명사의 생략

08-37

1. 목적격 관계대명사

· He is my professor (**whom**) I can't criticize at all.
그는 내가 전혀 비판할 수 없는 교수님이시다.

08-38

2. 주격 관계대명사 + be 동사

· The breakfast (**which was**) cooked by my wife goes bad.
내 아내가 차려 놓았던 아침식사가 상해 버렸다.

▶ 주격 관계대명사 + be 동사가 생략됨으로써 명사 뒤에서 수식하는 분사구문이 성립된다.

08-39

3. 관계대명사가 주격보어를 대신하는 경우

· Erica is not the woman (**that**) she used to be.
Erica는 예전의 그녀가 아니다.

▶ be 동사의 보어인 선행사를 수식하고 있으므로 that이 선택되었고 이 경우 that은 생략이 가능하다.

08-40

4. 삽입절이 위치한 주격 관계대명사 (구어체에서만 허용)

· He is the first man (**that**) I think came here.
내가 생각하기에 그는 여기에 온 첫 번째 사람이다.

원래 주격 관계대명사는 생략할 수 없지만, I think라는 주관적 판단의 삽입절이 왔으므로 주격 관계사가 구어체에서 생략될 수 있다. 문법 문제에서는 크게 중요하지 않지만 독해에 가끔 등장하는 표현이다.

08-41A

5. There is 구문과 Here is 구문의 주격 관계대명사

· He is the best lecturer (**that**) **there is** in Korea.
그는 한국 최고의 강사이다.

· **There is** a child (**who**) has cried at the door.
문에서 우는 아이가 하나 있다.

CHECK | 관계대명사의 이중제한

공통된 선행사 뒤에서 다수의 관계대명사절이 쉼표만으로 수식할 수 있다. 이때 같은 격의 관계대명사절만 나올 필요도 없으며, 관계대명사절을 병치하기 위한 접속사가 있어야 하는 것도 아니다.

· There are many items, **which are** necessary to live on, **which** we have long hoped to **buy**.
많은 물건들이 있는데, 그것들은 삶의 유지에 필수적이며, 우리가 오랫동안 구입하기를 희망했던 것들이다.

> items라는 공통된 선행사를 '주격 관계대명사절(which are)'과 '목적격 관계대명사절(which we ~ buy)'이 공통으로 수식하고 있다.

🔟 유사관계대명사

1. 정의

유사관계대명사란 as, than, but이 다른 어구와 어울려 관계대명사의 역할을 하는 경우를 말한다.

2. as

선행사 앞에 the same/such/so/as의 어구가 올 때 뒤에 오는 as가 관계대명사로 쓰인다. 또한 앞 문장 전체를 의미적으로 선행사로 수식할 때에도 마찬가지이다.

(1) such/so ~ as ★ 19-36 참조

· You should read **such** books **as** are informative. [주격]
당신은 유익한 책들을 읽어야 한다.

· You should read **so** many books **as** you bought. [목적격]
당신은 구입해 놓은 많은 책들을 읽어야만 한다.

You should read such books ~~which~~ are informative. (×)
You should read so many books ~~that~~ are informative. (×)

> books라는 사물 명사가 위치했으므로 위의 두 문장처럼 which 혹은 that이 올 수 있을 것처럼 보이지만, 각각 such와 so가 선행사 books 앞에 위치했으므로 관계대명사는 as가 와야 한다.

(2) as ~ as ★ 16-03~04 참조

· Would you show me **as** many ways **as** are necessary? [주격]
꼭 필요한 많은 방법들을 저에게 알려 주실 수 있나요?

· Would you lend me **as** much money **as** you have? [목적격]
당신이 가지고 계신 많은 돈을 저에게 빌려 주실 수 있나요?

Would you show me as many ways ~~which~~ are necessary? (×)
Would you lend me as much money ~~which~~ you have? (×)

> ways와 money라는 사물 명사가 위치했으므로 which 혹은 that이 올 수 있을 것처럼 보이지만, as가 선행사 ways와 money 앞에 위치했으므로 뒤의 관계대명사 또한 as가 와야 한다.

(3) 앞 문장 전체가 선행사일 때

- **He is intelligent**, **as** is evident from his speech and conduct.

  = **He is intelligent**, **which** is evident from his speech and conduct.

  말하는 것과 행동에서 드러나듯이 그는 영리하다.

  관계대명사절의 내용을 가리키는 선행사가 논리상 앞 문장 전체가 되는데, 이렇게 앞 문장 전체가 선행사일 경우 관계대명사는 as 와 which 모두 가능하다. ★ 08-06 참조

> **CHECK** |
>
> **1. as is often the case (with 명사)**
>
> '~에게 흔히 있는 경우로서'라는 의미이며, 이때 as 대신에 which를 쓸 수 없다.
>
> - The lecturer is late for that lesson, **as is often the case with** him.
>
>   The lecturer is late for that lesson, ~~which~~ is often the case with him. (×)
>
>   강사는 그 수업에 늦는데, 그것은 종종 있는 일이다.
>
> **2. 앞 문장 전체를 선행사로 수식하는 'as 관계사절'을 주절보다 먼저 둘 수 있다. 이 경우 as 대신에 which를 쓸 수 없다.**
>
> - **As** is evident from his speech and conduct, he is intelligent.
>
>   ~~Which~~ is evident from his speech and conduct, he is intelligent. (×)
>
>   말하는 것과 행동에서 드러나듯이 그는 영리하다.
>
> - **As** is often the case with him, the lecturer is late for that lesson.

(4) the same ~ as(동종물) vs. the same ~ that(동일물)

과거영어에서는 'the same + 명사' 뒤에 as 관계대명사가 위치하면 '동종물', 'that + 관계대명사'가 위치하면 '동일물'이라고 판단했지만, 현대영어에서는 거의 구분하지 않고 쓰는 추세이다. ★ 19-43 참조

- I'll buy **the same** book **as** I lost yesterday. [동종물]

  어제 잃어버린 것과 같은 종류의 책을 살 것이다.

- I'll find **the same** book **that** I lost yesterday. [동일물]

  어제 잃어버린 바로 그 책을 찾을 것이다.

3. more/ -er ~ than

선행사에 비교급 'more/ -er'이 있을 경우 than이 관계대명사로 쓰인다. ★ 16-18~21 참조

- You can't use **more** words **than** are necessary. [주격]

  You can't use **more** words **than** you need. [목적격]

  필요 이상의 단어를 사용하지 말아야 한다.

- You can't use more words than ~~is~~ necessary. (×)

  You can't use more words than ~~they~~ are necessary. (×)

  more와 than 사이에 명사(words)가 있으므로 than을 관계대명사로 봐야 한다. 따라서 동사는 복수 are가 옳고 주어는 재차 필요 없다.

4. 부정어 not/no/never/none/few/little/who~but

08-49
홍익대 2008
경원대 2005

부정의 의미를 가진 not, no, never, none, few, little 혹은 의문사인 who 등이 선행사로 있을 경우에 but 이 관계대명사로 쓰이는데, 이때의 but은 that ~ not(~하지 않는, ~이 아닌)이란 부정의 뜻을 자체에 가지고 있다. 따라서 관계대명사 but 뒤에는 부정어가 올 수 없다.

- There is **nobody but** has his faults. [주격]
  = There is **nobody that** does **not** have his faults.
  There is nobody ~~but~~ does not have his faults. (×)
  단점이 없는 사람은 없다.

  > 선행사에 부정어인 nobody가 온 상태에서 but이 관계대명사로 쓰이면 다음에는 부정어가 절대 올 수 없다. 의문사가 선행사인 다음 문장도 마찬가지 맥락이다.

- **Who** is there **but** loves his family? 자신의 가족을 사랑하지 않는 사람이 누가 있을까?
  = **Who** is there **that** does **not** love his family?

예제

Mary was absent that day, _____ is often the case with her.

① who   ② as   ③ what
④ that   ⑤ which

해석 Mary는 그날 결석을 했는데, 그것은 종종 있는 일이다.
해설 앞 문장 전체를 선행사로 삼을 경우 which와 as 모두 가능하지만, is often the case와 결합을 할 경우에는 as만 옳다.
정답 ②

11 관계부사

1. 개념

08-50

관계대명사는 선행사를 대신하는 '대명사 + 접속사' 역할을 하는 반면에, 관계부사인 'when(때)/ where(장소)/why(이유)/how(방법)'는 '접속사 + 부사'의 역할을 한다. 관계부사는 '전치사 + 관계사' 로 바꿀 수 있으며, 관계대명사와 마찬가지로 선행사를 가진다. 관계부사가 이끄는 문장은 완전한 문장이어야 한다.

2. when

08-51

선행사가 시간 명사인 time, day, year, week, month 등일 경우, 완전한 문장을 when이 이끌어서 선행 사를 수식하는 형용사절을 만든다. 이때 when은 that 혹은 '전치사 + 관계대명사'로 바꾸어 사용할 수 있으 며 생략 또한 가능하다. ★12-16~17 비교

- I remember the day. And I first met you on the day.
  = I remember the day **when** I first met you. [관계부사 when]
  = I remember the day **that** I first met you. [that으로 대신]
  = I remember the day I first met you. [생략 가능]
  = I remember the day **on which** I first met you. [관계부사 = 전치사 + 관계대명사]
  = I remember **when** I first met you. [선행사가 빠지면 명사절이 됨]

I remember the day ~~on when~~ I first met you. (×)
나는 당신을 처음 본 그 날을 기억한다.

▶ 관계부사는 '전치사 + 관계대명사'가 되는 것이므로 '시간명사 + 전치사 + 관계부사 when'은 허용될 수 없다.

3. where

08-52
국민대 2012
항공대 2007
한국외대 2005
단국대 2005

선행사가 place, apartment, building, park, city, country 등의 장소 명사인 경우, 완전한 문장을 where가 이끌어서 선행사를 수식하는 형용사절을 만든다. 이때 where는 that 또는 '전치사 + 관계대명사'로 바꾸어 사용할 수 있지만 문어체에서는 보통 생략하지 않는다. ★12-19 비교

- This is the city. And my grandmother was born in the city.
  = This is the city **where** my grandmother was born. [관계부사 where]
  = This is the city **that** my grandmother was born. [that으로 대신]
  = This is the city **in which** my grandmother was born. [관계부사 = 전치사 + 관계대명사]
  = This is **where** my grandmother was born. [선행사가 빠지면 명사절이 됨]
  This is the city ~~in where~~ my grandmother was born. (×)
  이곳은 할머니께서 태어나신 도시이다.

▶ 마지막 문장처럼 '장소명사 + 전치사 + 관계부사 where' 형태는 틀린다.

08-53

> **CHECK | 관계부사 where의 특수용법**
>
> 선행사가 장소 명사(building, house)가 아닌 '상황, 입장, 경우, 환경, 수준(case, circumstance, point, situation, level)'일 때에도 where가 관계부사로 쓰일 수 있다.
>
> - She is in trouble **situation where** she is forced to fail.
>   그녀는 실패할 수밖에 없는 힘든 상황에 처해 있다.

4. why

08-54
성균관대 2001

선행사가 이유를 의미하는 명사인 reason일 경우, 완전한 문장을 why가 이끌어서 reason을 수식하는 형용사절을 만든다. 이때 why는 that 또는 for which로 바꾸어 사용할 수 있으며, 생략 또한 가능하다. 단, reason이 주어로 등장했을 경우, 보어 자리에는 why, because, due to 등이 올 수 없다. ★12-25 비교

- I don't know the reason **why** my brother became angry. [관계부사 why]
  = I don't know the reason **that** my brother became angry. [that으로 대신]
  = I don't know the reason my brother became angry. [생략 가능]
  = I don't know the reason **for which** my brother became angry. [관계부사 = 전치사 + 관계대명사]
  = I don't know **why** my brother became angry. [선행사가 빠지면 간접의문문이 됨]
  나는 형이 화가 난 이유를 모르겠다.

- The **reason why** my brother became angry was **that** I lied.
  The reason why my brother became angry was ~~why~~ I lied. (×)
  형이 화가 났던 이유는 내가 거짓말을 했기 때문이다.

5. how

선행사가 way, manner 등의 방법인 경우, that 또는 in which로 바꾸어 사용할 수 있으며 생략이 가능하다. 단, the way how 형태로는 쓰지 못한다. ★12-21/23 참조

08-55A
대구대 2009
서울여대 2009
건국대 2007
아주대 2004

- He explained **how** the system worked. [관계부사 how]

  = He explained **the way that** the system worked. [the way + that]

  = He explained **the way in which** the system worked. [the way + in which]

  = He explained **the way** the system worked. [that 혹은 in which의 생략]

  He explained ~~the way how~~ the system worked. (×)

  그는 시스템이 어떻게 작동했는지 설명했다.

  ▷ the way와 how는 절대로 함께 쓰일 수 없다.

08-55B
한국외대 2009

CHECK | **특수한 관계부사 whereby**

'~에 의해, ~에 따라, ~을 수단으로'의 뜻을 가진 특수한 형태의 관계부사이다. 풀어 쓰면 'by which'의 뜻을 가지며 선행사로서 plan, proposal 등 사물이면 족하다.

- He thought of a plan **whereby** he might escape.

  = He thought of a plan **by which** he might escape.

  그는 도망칠 수 있겠다는 계획을 생각해 냈다.

예제

The reason I didn't go to China was _____ a new job.

① due to   ② that I got

③ because I got   ④ because of my getting

해석 내가 중국에 가지 않았던 이유는 새로운 직장을 구했기 때문이다.

해설 주어가 reason으로 쓰였기 때문에 보어에는 ①, ③, ④처럼 '이유'를 가리키는 연결사를 쓸 수 없다. 따라서 완전한 문장을 명사절로 이끄는 that이 옳다.

정답 ②

---

12 관계형용사

which와 what이 주격 또는 목적격으로 쓰이지 않고 명사를 수식하는 형용사 역할을 하는 것을 관계형용사라고 한다.

1. 관계형용사 which

(1) 계속적 용법

08-56

계속적용법으로 쓰이는 'which + 명사'의 경우 'and/ but + the/ this/ that + 명사'와 같은 역할을 하게 된다. 즉, 관계형용사 which는 '접속사 + 한정사' 기능을 수행하는 것이다. 이 경우 which 뒤에 위치하는 명사는 관계사절 내에 위치한 목적어와 보아도 가능하다.

- Monica may have missed the train, in **which** case she will not arrive in an hour.
  = Monica may have missed the train, **and** in **that** case she will not arrive in an hour.

Monica가 기차를 놓쳤을 수도 있으며, 만일 그러한 경우라면 한 시간 내에 도착하지 못할 것이다.

- He spoke to her in English, **which** language she couldn't understand.
  = He spoke to her in English, **but** she couldn't understand **the** language.

그는 그녀에게 영어로 말했고, 그녀는 그 언어를 이해할 수 없었다.

  > 두 번째 문장의 경우 language는 understand의 목적어인데, 이렇게 관계형용사 which의 수식을 받게 될 경우 주어 앞으로 이동한다.

(2) 제한적 용법

제한적 용법으로 쓰이는 'which +명사'의 경우 선택을 제한하는 기능을 하여 '(~하는 것은) 어느 ~이든지'라는 뜻으로 쓰인다.

- Take **which books** you want from the bookshelves.
  = Take **any (of the) books that** you want from the bookshelves.

어느 책이든지 원하는 책을 서가에서 가져가라.

2. 관계형용사 what

관계형용사 what은 막연한 선택으로서 종종 '얼마 되지 않지만'이란 의미를 가지며, 명사 앞에 little/ few를 부가하여 '얼마 되지 않음'을 강조하기도 한다. what이 관계형용사로 쓰일 경우에는 콤마 뒤에 계속적 용법으로 쓰이지 않는다.

관계형용사 what + (few/ little) 명사 = all the (few/ little) 명사 + that   ~하는 것 (얼마 되지 않지만) 모두

- I gave my friend **what** (little) cash I had.
  = I gave my friend **all the** (little) cash **that** I had.
  I gave my friend what cash ~~that~~ I had. (×)

(얼마 되지 않지만) 내가 가진 현금 모두를 친구에게 주었다.

  ▶ 관계형용사 what이 cash 앞에서 수식을 하고 있으므로 관계대명사 that은 불필요하다. 다음 문장도 마찬가지 맥락이다.

- The man sold me **what** (few) books he had.
  = The man sold me **all the** (few) books **that** he had.

그 남자는 몇 권 안 되지만 자신이 가지고 있는 모든 책을 나에게 팔았다.

🔟 복합관계사

1. 복합관계대명사

(1) whoever

1) 명사절

whoever가 명사절에 쓰인 경우 '~인(할) 사람은 누구든지'라는 의미이고 풀어쓰면 'anyone who'가 된다. 따라서 whoever 이하에는 주어 또는 주격보어인 명사가 빠져야 한다.

- I may give this ring to **whoever** loves you.

  = I may give this ring to **anyone who** loves you.

  = I may give this ring to **whoever** I think loves you. [삽입절이 위치한 경우]

  I may give this ring to ~~whomever~~ (I think) loves you. (×)

  너를 사랑하는 사람이라면 누구든지 나는 이 반지를 줄 수 있다.

  > I think는 삽입절이며 다음에 동사(loves)가 나오므로 주격인 'whoever = anyone who'가 옳다. 전치사 to의 목적어라고 해서 목적격인 whomever가 옳은 것은 아니다.

2) 부사절

08-60

whoever가 부사절로 쓰인 경우 '~인(하는) 누구라도'라는 의미이고 풀어쓰면 'no matter who'가 된다. 따라서 whoever 이하에는 주어 또는 주격보어인 명사가 빠져야 한다.

- **Whoever** she may be, I can't believe her.

  = **No matter who** she may be, I can't believe her.

  ~~Whomever~~ she may be, I can't believe her. (×)

  그녀가 누구이던 간에 나는 그녀를 믿을 수 없다.

  ▶ be 동사의 주격보어가 빠져 있으므로 주격인 'whoever = no matter who'가 옳다.

(2) whomever

1) 명사절

08-61

숙명여대 2008
동덕여대 2006

whomever가 명사절로 쓰인 경우 '누구를 ~하던지'라는 의미이며 풀어쓰면 'anyone whom'이 된다. 따라서 whomever 이하에는 타동사의 목적어 혹은 전치사의 목적어가 빠져야 한다.

- **Whomever** you like may be invited to this party.

  주어 기능하는 명사절

  = **Anyone whom** you like may be invited to this party.

  네가 좋아하는 사람이면 누구든 이 파티에 초대해도 좋다.

- **Whomever** you complain to may do harm to you.

  = **Anyone whom** you complain to may do harm to you.

  당신이 불평하는 누구라도 너에게 해를 입힐 수도 있다.

  ~~Whoever~~ you like may be invited to this party. (×)

  ~~Whoever~~ you complain to may do harm to you. (×)

  > 전체 문장의 주어라고 해서 주격인 whoever가 아니라, whomever 안에 like라는 타동사와 전치사 to의 목적어가 빠졌으므로 목적격인 'whomever = anyone whom'이 옳다.

2) 부사절

08-62

whomever가 부사절로 쓰일 경우 '~할 누구라도'라는 의미를 가지며, 풀어쓰면 'no matter whom'이 된다. 따라서 whomever 이하에는 타동사의 목적어 혹은 전치사의 목적어가 빠져야 한다.

- **Whomever** you ask, you won't be able to get the answer to the difficult question.

  = **No matter whom** you ask, you won't be able to get the answer to the difficult question.

  누구에게 물어보든 간에 당신은 그 어려운 문제에 대한 답변을 얻을 수 없을 것이다.

- **Whomever** you may speak to, you must always be polite.
  = **No matter whom** you may speak to, you must always be polite.
  당신이 누구와 대화를 하던지 간에 언제나 정중해야 한다.

  ▶ 각각 타동사 ask와 전치사 to의 목적어가 필요하므로 목적격인 whomever 혹은 no matter whom이 옳다.

08-63
성균관대 2007

> **CHECK** | 복합관계대명사가 whoever인지 whomever인지 판단은 절의 내부를 통해 판단해야 한다.
>
> - I'll take **whoever** wants to go.
>   I'll take ~~whomever~~ wants to go. (×)
>   가고자 하는 사람은 누구든지 데려갈 것이다.
>
> take라는 타동사의 목적어가 필요하므로 목적격인 whomever가 옳은 것처럼 보이지만, 복합관계대명사의 격은 복합관계대명사절 내부를 보고 판단해야 한다. whoever 이하에 wants라는 동사가 등장하고 주어가 없으므로 주격인 whoever가 옳은 것이다.

(3) whichever

08-64

1) 명사절

whichever가 명사절로 쓰일 경우 '~인(할) 어느 것이라도'라는 의미이며 풀어쓰면 'anything that'이 된다. 따라서 whichever 이하에는 주어, 주격보어, 목적어 중 하나가 빠져야 한다.

- **Whichever** you like shall be yours.
  _{주어 기능하는 명사절}
  = **Anything that** you like shall be yours.
  네가 좋아하는 것이면 어느 것이라도 네 것이 될 것이다.

- **Whichever** of these books you like shall be yours.
  _{전치사구가 삽입된 형태}
  Whichever you like it shall be yours. (×)
  네가 좋아하는 것이면 이 책들 중 어느 것이든 네 것이 될 것이다.

  whichever가 복합관계대명사로 쓰일 경우, 이하에는 '주어, 주격보어, 목적어' 중 하나가 빠져야 되므로 목적어인 it을 제거해야 한다.

08-65

2) 부사절

whichever가 부사절로 쓰일 경우 '어느 것을 ~할지라도'라는 의미이며 풀어쓰면 'no matter which'가 된다. 따라서 whichever 이하에는 주어, 주격보어, 목적어 중 하나가 빠져야 한다.

- **Whichever** you may choose, you won't regret it.
  = **No matter which** you may choose, you won't regret it.
  네가 어느 것을 선택하든, 너는 그것을 후회하지 않을 것이다.

(4) whatever

08-66

1) 명사절

whatever가 명사절로 쓰일 경우 '무엇을 ~하더라도' 혹은 '무엇이 ~이라도'라는 의미이며 풀어쓰면 'anything that'이 된다. 따라서 whatever 이하에는 주어, 주격보어, 목적어 중 하나가 빠져야 한다.

- The scientist succeeds in **whatever** he undertakes. 그 과학자는 무엇을 맡든 성공한다.
  = The scientist succeeds in **anything that** he undertakes.

08-67

2) 부사절

whatever가 부사절로 쓰일 경우 '무엇이 ~일지라도' 또는 '무엇을 ~할지라도'라는 의미이며 풀어쓰면 'no matter what'이 된다. 따라서 whatever 뒤에는 주어, 주격보어, 목적어 중 하나가 빠져야 한다.

- **Whatever** may happen, you must be calm.
  = **No matter what** may happen, you must be calm.
  어떤 일이 일어나든 너는 침착해야 한다.

08-68

(5) whosever

1) 명사절

whosever가 명사절로 쓰일 경우 '~인 어느 누구(것이)라도'라는 의미이며 풀어쓰면 'anyone whose'가 된다. 따라서 whosever 뒤에는 완전한 문장이 와야 한다.

- Please present the I-Pad to **whosever** love for tablet PC is real.
  = Please present the I-Pad to **anyone whose** love for tablet PC is real.
  태블릿 PC에 대한 애정이 진실한 누구에게라도 그 아이패드를 선물로 주세요.

2) 부사절

whosever가 부사절로 쓰일 경우 '~인 어느 누구(것이)라도'라는 의미이며 풀어쓰면 'no matter whose'가 된다. 따라서 whosever 뒤에는 완전한 문장이 와야 한다.

- **Whosever** love for tablet PC is real, you may present the I-Pad to him.
  = **No matter whose** love for tablet PC is real, you may present the I-Pad to him.
  태블릿 PC에 대한 애정이 진실한 사람이라면 누구라도, 당신은 그 아이패드를 선물로 주어도 괜찮다.

2. 복합관계형용사

(1) whichever

1) 명사절

08-69

whichever는 제한된 선택으로서 명사절 내의 주어, 목적어, 보어를 수식하여, '~인(할) 어느 것'이라는 의미이며 풀어쓰면 'any (one) of the + 명사 + that' 구조가 된다.

- You may take **whichever** books you want to read.
  　　　　　　　　　　　목적어　주어　동사　to부정사(의미적으로 books를 목적어로 취함)
  = You may take **any (one) of the** books **that** you want to read.
  네가 읽고 싶은 책은 그 중 어느 것이라도 가져가도 좋다.

2) 부사절

08-70

whichever는 제한된 선택으로서 부사절 내의 주어, 목적어, 보어를 수식하여, '어느 것을 ~할지라도'라는 의미이며 풀어쓰면 'no matter which' 구조가 된다.

- **Whichever** book may be borrowed, you should return it tomorrow.
  = **No matter which** book may be borrowed, you should return it tomorrow.
  어느 책을 빌려가든 그 책을 내일 반납하셔야만 합니다.

(2) whatever

08-71
1) 명사절

whatever는 막연한 선택으로서 명사절 내의 주어, 목적어, 보어를 수식하여, '무엇을 ~하더라도' 혹은 '무엇이 ~이라도'라는 의미이며, 풀어쓰면 'any + 명사 + that' 구조가 된다.

- You may ask **whatever** questions you want to know.
  = You may ask **any** questions **that** you want to know.
  당신이 알고 싶으신 문제라면 무엇이든 물어 보셔도 좋습니다.

08-72
건국대 2004
2) 부사절

whatever는 막연한 선택으로서 부사절 내의 주어, 목적어, 보어를 수식하여 '어느 것을 ~할지라도'라는 의미를 가지며, 풀어쓰면 'no matter what' 구조가 된다.

- **Whatever** questions you may ask, I'll answer them.
  = **No matter what** questions you may ask, I'll answer them.
  당신이 어느 질문을 하셔도 저는 답변해 드리겠습니다.

08-73
한국외대 2010

> **CHECK | 복합관계형용사 + 복수명사**
>
> 복합관계형용사의 수식을 받는 명사가 복수명사이고, 그 명사가 주어일 경우 동사의 수는 복수로 일치한다.
>
> - **Whatever** errors were made in the process **were** minor.
>   = **Any** errors **that** were made in the process were minor.
>   그 과정에서 벌어진 어느 실수라 하더라도 미비했다.

3. 복합관계부사

08-74
(1) whenever

whenever가 시간 부사절로 쓰이면 '~할 때는 언제나(at any time when 또는 every time)'라는 뜻을 가진다. 반면 양보 부사절로 쓰일 경우에는 '언제 ~할지라도(no matter when)'라는 뜻을 가지나 두 개의 구분이 엄격한 것은 아니다.

- **Whenever** you may come, I will consult you.
  = **No matter when** you may come, I will consult you.
  당신이 언제 오시더라도 상담해 드리겠습니다.

08-75
(2) wherever

wherever가 장소 부사절로 쓰이면 '~하는 곳은 어디든지(at any place where)'라는 뜻을 가진다. 반면 양보 부사절로 쓰이면 '어디에 ~할지라도(no matter where)'라는 뜻을 가지나 두 개의 구분이 엄격하지는 않다.

- The man will get lost **wherever** he goes.
  = The man will get lost **no matter where** he goes.
  그 남자는 어디를 가든, 길을 잃을 것이다.

(3) however

however는 양보 부사절로서 '아무리 ~일지라도 · 할지라도(no matter how)'의 뜻을 가진다.

· **However** tired you may be, you must do homework.

= **No matter how** tired you may be, you must do homework.
아무리 피곤하더라도 숙제는 해야 한다.

CHECK |

1. however + 형용사 / 부사

however가 이끄는 부사절 내에 부사 또는 보어로서 형용사가 있다면, 그 부사와 형용사는 however 바로 뒤에 위치해야 한다. ★ 12-22 참조

· **However carefully** I explained it, she still didn't understand.

= **No matter how carefully** I explained it, she still didn't understand.

However I explained it, ~~carefully~~, she still didn't understand. (×)
아무리 신중히 설명을 할지라도 그녀는 여전히 이해를 하지 못했다.

2. however와 whatever의 특수한 기능

however는 형용사 / 부사와, whatever는 명사와의 결합이 동사 없이도 가능하다.

· **However hard**, the challenge must go on.
아무리 힘들어도, 그 도전은 계속되어야 한다.

· **Whatever the order**, soldiers must obey it.
그 명령이 무엇이라 하더라도, 군인들은 그 명령에 복종해야만 한다.

예제

He tells the same story to _____ will listen.

① whoever   ② whom   ③ whichever

④ who   ⑤ whomever

해석 그의 말을 듣고자 하는 누구에게라도 그는 같은 이야기를 한다.

해설 전치사 to의 목적어로서, 이하의 will listen이라는 동사의 주어까지 포함한 복합관계대명사의 주격 whoever가 옳다. ③ whichever는 사물을 의미하므로 들을 수 없는 주체이다.

정답 ①

1 관계대명사의 기능 ～ **6** 관계대명사의 계속적 용법

01 In ① such a large crowd Ellena ② was having considerable difficulty ③ locating the man ④ which had called for help.

02 The prisoner's desire ① to make amends ② to the victims ③ who had wronged indicated that he was truly penitent, ④ so the judges let him out of the penitentiary.

03 Children _____ curiosity survives parental discipline and _____ manage to grow up are invited to join the Yale college.
① and — who   ② whose — who
③ whom — who   ④ whose — which

04 Choose the sentence that is correct.
① Seoul University which has a pretty big campus is one of the best universities in the world.
② Seoul University, which has a pretty big campus, is one of the best universities in the world.
③ Seoul University that has a pretty big campus is one of the best universities in the world.
④ Seoul University, that has a pretty big campus, is one of the best universities in the world.

05 Censors delete scenes from movies shown on television _____ younger family members should not see.
① that thinks   ② that they think
③ to think   ④ when thinking

06 I also have to look at my brother, _____ I have done so many times in my life, when I'm faced with a situation.
① which   ② who
③ whom   ④ that

01 ④

해석 많은 인파 속에서 Ellena는 도움을 청했던 남자의 위치를 파악하는데 상당한 고생을 하고 있었다.

해설 which → who
선행사가 man이라는 사람이고 뒤에 동사가 나오기 때문에 사람 주격 관계대명사인 who가 옳다.

02 ③

해석 피해를 입혔던 희생자들에게 보상하기를 원하는 죄수의 소망이 완전히 죄를 뉘우친다는 것을 보여주었기 때문에 판사들은 그의 출옥을 허락했다.

해설 who → whom he
who had wronged가 주어진 그대로 주격 관계대명사라고 한다면, 그 선행사는 희생자가 되며, 해를 끼친 희생자라는 틀린 논리가 된다. 따라서 목적격 관계사절로서 whom he had wronged가 옳으며, 이렇게 함으로써 he는 the prisoner가 될 수 있다.

어휘 make amends 보상해 주다   wrong 부당하게 취급하다, 모욕을 주다   penitent 뉘우치는
penitentiary 교도소

03 ②

해석 부모의 훈육(쓸데없는 짓을 하지 말라는)에도 불구하고 호기심이 살아 있고 꿋꿋하게 성장한 아이들은 예일대학에 입학하도록 초청받았다.

해설 curiosity의 소유격 역할을 하며, manage to 동사의 주격이 될 수 있는 소유격과 주격 관계대명사가 옳다.

어휘 parental 부모의

04 ②

해설 쉼표 없이 나오는 관계대명사를 제한적 용법이라고 한다. 제한적 용법으로 쓰인다면 서울대학교가 전 세계에 몇 개가 있다는 가정이 된다. 그러나 서울대학교는 오로지 하나밖에 없기 때문에 제한적 용법으로 쓸 수 없고, 계속적 용법으로만 쓰여야 하는 것이다. ③ 제한적 용법의 관계대명사 which를 대신하는 that이기 때문에 마찬가지로 틀린 표현이 된다.

05 ②

해석 검열관들은 TV에 방영되는 영화들에서 어린 가족 구성원들이 시청해서는 안 될 것으로 생각되는 장면을 삭제한다.

해설 ②의 that은 관계대명사이며, they think (that) younger family members should not see 문장에서 see 동사의 목적어인 선행사 scenes를 수식하는 목적격 관계대명사절이다.

어휘 censor 검열관

06 ①

해석 나는 또한 내 형을 보아야만 하는데, 이는 내가 내 삶에서 어떤 상황에 직면했을 때 여러 번 했던 것이다.

해설 선행사가 my brother라는 사람이 아닌, 주절 전체를 말하므로 which가 옳다.

07   From time to time we must look up words _____.
     ① meanings of which we do not know them
     ② whose meanings we do not know
     ③ we do not know their meanings
     ④ whose meanings we are not familiar

08   Like the human body, an industrial society has its vital organs, _____
     paralyzes the whole organism.
     ① the destruction of which   ② of which destruction
     ③ destruction of which   ④ to destroy which

09   Write a letter of complaint ① to a company ② which you have ③ recently
     purchased something ④ that does not work well.

10   In ① most parts of the United States there ② is many ③ an organization which
     persons ④ interested in cats may ⑤ belong.

11   There was a kind policeman at the corner, ① which asked me if I was all right.
     I fortunately escaped with ② a few bad bruises on my right elbow and shin,
     ③ which prevented me ④ from enjoying my summer holiday to the full.

12   Most doctors are profoundly troubled over the extent _____ the medical
     profession today is taking on the trappings of a painkilling industry.
     ① of which   ② to which
     ③ on which   ④ which

07 ②　　해석　때때로 우리는 의미를 알지 못하는 단어들을 찾아봐야 한다.

　　해설　소유격 관계대명사는 그 선행사가 사물일 경우 'of which + the 명사' 또는 'the 명사 + of which' 형태로 쓸 수 있다. ① meanings 앞에 정관사가 없으며, know의 목적어 them은 불필요하다. ② whose는 사람·사물 선행사 모두를 취할 수 있으며, ③ 완전한 문장 두 개가 접속사 없이 연결되어서 틀리며, ④ familiar 뒤에 전치사 with가 있어야 meanings를 수식할 수 있다.

08 ①　　해석　인간의 신체처럼 산업사회는 중요한 기관들을 갖고 있다. 그 기관들의 파괴는 전체 조직을 마비시킨다.

　　해설　소유격 관계대명사는 그 선행사가 사물일 경우 'of which + the 명사' 또는 'the 명사 + of which' 형태로 쓸 수 있다. 이 경우 정관사가 탈락해서는 안 된다.

　　어휘　paralyze 마비시키다

09 ②　　해석　작동이 잘 되지 않는 물건을 최근에 구입한 회사에 항의서를 작성하시오.

　　해설　which → from which
　　which가 옳다면 뒤에 '주어, 목적어, 보어'가 빠져야 되는데, 완전한 문장이 위치했으며, purchase A from B 구문을 통해서 B라는 선행사는 앞에 있는 company가 된다.

10 ⑤　　해석　미국 대부분 지역에 고양이들에게 관심을 가지는 사람들이 소속된 많은 조직들이 있다.

　　해설　belong → belong to
　　belong은 자동사로서 전치사 to를 취해야만 목적어를 수반할 수 있다. '전치사 + 관계대명사' 구문에서 그 전치사가 관계사절 안의 동사 또는 형용사와 수반될 수 있는 경우, 관계사절 안에 전치사가 그 동사 또는 형용사 뒤에 위치할 수 있다.

11 ①　　해석　골목에 친절한 경찰관이 있었고 그는 나에게 별 일이 없는지 물어 보았다. 나는 다행히 오른쪽 팔꿈치와 정강이에 심한 멍이 든 채 사고를 피했다. 그런데 그 상처 때문에 나는 여름휴가를 충분히 즐길 수 없었다.

　　해설　which → who
　　뒤이어 나오는 동사가 asked이다. 물어볼 수 있는 주체는 골목(corner)이 아니라 policeman이므로 사람 주격 관계대명사인 who가 옳다.

　　어휘　bruise 멍, 타박상　shin 정강이

12 ②　　해석　대부분의 의사들은 현재 의료계가 진통제 산업의 덫에 어느 정도까지 걸려든 것에 깊이 염려하고 있다.

　　해설　앞의 선행사를 관계사절 속에 넣어보면 이미 관계사절 전체가 완전한 문장이 되어 있어서 주격 또는 목적격 관계사절이 될 수가 없다. 따라서 앞의 선행사 the extent를 대신하면서 전치사 to의 목적어로 쓰인 '전치사 + 관계대명사' 구문인 to which가 옳다. extent는 전치사 to와 결합하기 때문이다.

　　어휘　painkilling 진통의

13　About twenty persons, _____ Bill, Maria and my boss, will attend my wedding.

① and they are　　　　　　　　② among whom are
③ of which they are　　　　　　④ some of whom there are

14　다음 중 문법적으로 옳은 문장을 고르시오.

① The movie that Loretta and Jack went yesterday was Rain Man, which they loved.
② My economics professor will let me take my final exam after vacation, for which I am very grateful.
③ 96.5 F.M. is one radio station that I listen a lot.
④ This is the kind of plant that you usually have to fertilize it regularly.

15　Sheila is an English teacher ① whose voice is very husky, but she is one of the very few teachers ② whom I know can control their classes without raising voice, ③ which is an ability ④ which children appreciate highly.

16　문법적으로 틀린 문장을 고르시오.

① The sister whom I am going to visit is single.
② My maternal grandmother, who lived until she was 95, was active in the civil rights movement.
③ There are other psychologists, many of which theories about motivation are not well known.
④ The prison to which many prisoners of conscience were sent was filthy.

7 관계대명사 that ～ 8 관계대명사 what

17　① Desperate for ② money, she called her sister, ③ that she hadn't spoken ④ to ⑤ in 20 years.

13 ②

Bill, Maria와 내 사장님을 포함하여 대략 20명이 내 결혼식에 참석할 것이다.

해설 ① and 앞에 절이 위치하지 않으므로 뒤 문장과 병치법상 하자가 있으며, ③ 선행사는 사람이므로 which 가 쓰일 수 없으며, ④ '부분 표시어(some) + 관계사'는 뒤에 주어가 없어야 한다. ② '전치사 + 목적격 관계사' 구문으로서, 이하 문장의 주어는 Bill, Maria, and my boss이며 동사는 be 동사로서 도치가 된 문장이다. 'among + 관계대명사' 구문 이하는 도치가 발생한다.

14 ②

해설 ① that → to which
went to의 목적어가 선행사인 the movie이므로 '전치사 + 관계사' 구문을 취해야 한다.
③ that → to which
listen to의 목적어가 선행사인 one radio station이므로 '전치사 + 관계사' 구문을 취해야 한다.
④ it → 삭제
fertilize(비료를 주다)의 목적어가 관계사절의 선행사인 the kind of plant이므로 관계사절 안에 목적어가 없어야 한다.

15 ②

해석 Sheila는 허스키한 목소리를 가진 영어 선생님이다. 그러나 그녀는 아이들이 높이 평가하는 능력인 목소리를 높이지 않 고 학급을 통제할 줄 아는 내가 아는 매우 드문 선생님이시다.

해설 whom → who
I know는 삽입절로서 관계대명사의 격을 결정하는 역할을 하지 못한다. 이하에 동사 can이 등장하므로 주격이 옳다.

16 ③

해설 many of which → whose
'부정대명사 + 관계사' 이하의 문장에서는 문장 구성성분 요소인 주어가 생략되어야 한다. 그러나 본 지문 은 이하에 완전한 절이 있으므로, 소유격 관계사 whose가 옳다.

어휘 filthy 불결한, 부정한, 음탕한

17 ③

해석 돈이 절박했던 그녀는 누이에게 전화를 했었는데, 그 누이는 그녀가 20년 동안 말 한번 해보지 않았던 사람이다.

해설 that → whom
관계대명사 that은 콤마 뒤에서 계속적 용법으로 쓰일 수 없으며, speak to의 목적어로서 sister를 수식 할 수 있는 whom(목적격 관계대명사)이 옳다.

18 ① Strictly speaking, she is a good manager ② that ③ biggest asset is her ability
    ④ to organize a project.

19 He was the first man _____ came here at the party.
    ① who   ② whom
    ③ that   ④ which

20 _____ becomes the beginning of a whole stream of
    development in another.
    ① When the goal of one culture   ② It is the goal of one culture
    ③ What is the goal of one culture   ④ The goal of one culture which

21 The concern we have always had is ① that if Asian countries don't recover, this
    ② could spread to other countries and ③ that is a minor problem for our country
    ④ could become a severe problem.

22 Then he remembered ① that had ② happened after the evening party. ③ It ④ was
    decided ⑤ that lawyer should live in a garden wing of the banker's house.

23 ① Since the poets and philosophers discovered the unconscious ② before him,
    ③ that Freud discovered was the scientific method ④ by which the unconscious
    can ⑤ be studied.

24 Of course I am quite unable to judge the attitude of her mind, but I think, _____
    I knew of her, that there had been a misunderstanding between you and her.
    ① from which   ② what
    ③ from what   ④ from that
    ⑤ of that

18 ②

해석 엄밀히 말하자면 그녀는 훌륭한 관리자이며 그녀의 가장 큰 자질은 계획을 조직할 수 있는 능력이다.

해설 that → whose
that은 소유격 관계대명사를 대신해서 쓰일 수 없다. 이하에 완전한 문장이 위치했으며 선행사 'manager(관리자)'와 'asset(자질)'의 관계는 소유가 된다.

19 ③

해석 그는 여기에서 열린 파티에 첫 번째로 온 사람이었다.

해설 선행사 앞에 the only/ the same/ the very/ the first/ the last 등이 있을 때 관계사는 that을 쓰는 것이 일반적이다.

20 ③

해석 한 문화의 목표가 되는 것이 다른 문화의 전체적인 발전의 흐름의 시작이 된다.

해설 문장 전체의 주어 역할을 하는 명사절을 이끌면서 명사절 자체의 주어 역할을 하는 선행사를 포함하는 what이 있어야 한다.

21 ③

해석 우리가 항상 가지고 있었던 염려는 만일 아시아 국가들의 경기가 회복되지 않는다면 이것이 다른 나라들로 확산될 수 있으며, 우리나라에서는 작은 문제인 것이 심각한 문제로 될 수 있다는 것이다.

해설 that → what
concern ~ is 이하에 be 동사의 보어 역할을 하면서 명사절 내부에서는 주어 역할을 할 수 있는 것이 와야 한다. 자체에 선행사를 포함하고 있는 what이 옳다.

22 ①

해석 그때 그는 저녁 파티를 마친 후에 발생했던 일들을 기억했다. 그 변호사가 은행가의 집의 정원에 딸린 부속건물에 살아야 한다고 결정되었다.

해설 that → what
접속사 that은 뒤에 완전한 문장이 와야 한다. 그러나 주어가 없이 had happened가 등장하기 때문에 불완전한 문장을 명사절로 만드는 관계대명사 what이 옳다.

23 ③

해석 시인들과 철학자들이 Freud보다 먼저 무의식의 상태를 발견했기 때문에, Freud가 발견한 것은 무의식 상태를 연구할 수 있는 과학적 방법이었다.

해설 that → what
was가 동사이므로 앞의 문장은 명사절이 되어야 한다. that 이하에는 완전한 문장이 와야 하며, what 이하에는 주어, 목적어, 보어 중 하나가 누락되어 있어야 한다. 타동사 discover의 목적어가 없으므로 what이 옳다.

어휘 the unconscious 무의식

24 ③

해석 물론 내가 그녀의 마음가짐을 완전히 판단할 수는 없지만, 내가 그녀에 대해 아는 바에 의하면 당신과 그녀 사이에 어떤 오해가 있었다고 생각된다.

해설 I think와 목적어인 that절 사이에 삽입된 표현을 선택해야 한다. ① which의 선행사로서 앞에 사물이 없으며, ② what절만 등장하면 명사절이 되어 삽입절이 될 수 없다. ③ what은 이하의 knew 동사의 목적어를 선행사로 가지며, 전치사 from의 목적어인 명사절이 가능하다. ④, ⑤ that절의 that은 전치사의 목적어가 될 수 없다.

25 Egypt is ① currently playing an important role in ② facilitating Israeli-Palestinian talks, ③ which was often the case ④ during the Arafat-Rabin era.

26 우리말을 영어로 옮긴 것 중 어색한 것은 ?

① 조국을 사랑하지 않는 사람은 아무도 없다.

　→ There is no man but does not love his country.

② 적은 지식은 네가 그것이 적다는 것을 알고 있는 한 위험하지 않다.

　→ A little learning is not dangerous so long as you know that it is little.

③ 부모의 사랑만큼 그렇게 이타적인 사랑은 없다.

　→ There is no love so unselfish as parental love.

④ 우리의 인생은 짧은 것이 아니라 우리가 그렇게 만드는 것이다.

　→ Our life is not short, but we make it so.

27 Who's there now _____ knows the earth is not the center of the universe?

① that　　　　　　　　　　② which

③ but　　　　　　　　　　④ who

28 Mary was obstinate enough to refuse to accept the idea _____.

① I suggested to her　　　　　　② that I suggested her

③ which to her I suggested　　　　④ by which I suggested to her

29 My best friend, Paul Smith, ① has had a toothache since a childhood. There are more teeth, ② strictly speaking, than ③ is necessary. Sooner or later he will have to ④ have some of his teeth pulled.

25 ③   해석   아라파트-라빈 시대에 흔히 있었던 경우로서 이집트는 현재 이스라엘-팔레스타인 협상을 촉진하는 데 중요한 역할을 하고 있다.

       해설   which → as

          앞 문장 전체를 수식할 경우 as와 which 모두 가능하다. 그러나 뒤에 is (often) the case가 있을 경우에는 as만 가능하다.

26 ①   해설   does not love → loves

          선행사에 부정어인 not, no, never, none, few, little 등이 있을 경우에 but이 관계대명사로 쓰이는데 이 but은 자체에 부정어를 담고 있으므로 재차 부정어가 포함되어서는 안 된다.

27 ③   해석   지구가 우주의 중심이 아니라는 사실을 알지 못하는 사람이 누가 있겠는가?

       해설   Who's there now that doesn't know the earth is not the center of the universe?

          = Who's there now but knows the earth is not the center of the universe?

          선행사에 부정어(no, none) 또는 의문사(who)가 왔을 때, '관계대명사(that) + 부정어(not)'는 but으로 바꿔 쓸 수 있다.

28 ①   해석   Mary는 내가 그녀에게 제안했던 생각을 거절할 만큼 완고했다.

       해설   suggested의 목적어를 선행사로 취하고 있으므로 관계대명사 없이 I suggested to her의 형태로 가능하다. ② suggest는 4형식 동사가 불가능하다.

       어휘   **obstinate** 고집 센, 완고한

29 ③   해석   나의 가장 친한 친구인 Paul Smith는 유년시절 이래로 이가 아팠다. 엄밀히 말하자면 필요 이상으로 치아가 많다. 조만간 그는 치아의 일부를 뽑아야 할 것이다.

       해설   is → are

          more와 than 사이에 복수명사 teeth(tooth의 복수 형태)가 위치했다. than은 관계대명사가 되며, 뒤에 동사가 있기 때문에 주격으로 보아야 한다. 그렇다면 선행사가 복수명사이므로 복수동사 are가 옳다. strictly speaking은 무인칭 독립분사구문(부사 기능)으로서 선행사가 될 수 없다.

30 **Many people who** ① spoke to the newspaper agreed ② that black propaganda should be controlled, but ③ remained confused about the way ④ how the election commission ⑤ makes a distinction between offenses and free expressions of political views.

31 During the War of 1812, the British attacked Washington, D.C., and the White House, _____ the president works and lives, was burned and important government buildings were destroyed.

① which   ② where
③ what   ④ that

32 To be sure, human beings have turned almost every technological advance to the service of the destructive impulse. But mankind ① has already brought war — making powers to the point ② which civilization can be destroyed in a day. We can't save ourselves in this respect ③ by banning robots. All over the world, people fear war, and this general fear, which grows yearly, ④ may succeed in putting an end to war — in which case there will be no warrior robot.

33 One of my patients was self-made man ① used to getting his way. A cynic, he never trusted his workers to do their jobs. He always double-checked them, and this often led to conflict and angry outbursts. But he believed his temper had contributed to his success. One autumn afternoon a motorist ② cut him off as he rushed from one job site to another. Ordinarily he would have leaned on the horn. But suddenly he felt as though a red-hot poker ③ was being thrust into his chest. He barely managed to drive to the nearest hospital, ④ which he was admitted to the coronary-care unit.

34 Scientists have discovered a similarity between _____ chocolate and love affect one's body chemistry.

① a way which   ② the way
③ which way   ④ the ways that

30 ④ 　해석　그 신문사에 의견을 밝힌 많은 사람들은 흑색 선전이 규제되어야 한다는 데 동의하면서도 선관위가 위반 행위와 정치적 견해의 자유로운 표현을 어떻게 구분할 것인가에 대해서는 여전히 의아해 했다.

　　　　해설　how → in which/ that 혹은 생략
　　　　the way와 how는 함께 쓰일 수 없으며, how절 = the way in which절 = the way that절 = the way절 형태를 취하게 된다.

　　　　어휘　black propaganda 허위 정보　offense 위법 행위

31 ② 　해석　1812년에 벌어진 전쟁 동안에, 영국이 워싱턴을 공격하였고, 대통령이 일하고 거주하는 백악관이 불에 탔으며, 중요한 정부 건물들이 파괴되었다.

　　　　해설　빈칸 다음에 완전한 문장이 왔고, the White House라는 장소가 있으므로 이를 수식하는 where가 오는 것이 옳다.

32 ② 　해석　확실히, 인간은 거의 모든 과학 기술 발전을 파괴적인 충동을 만족시키는 데 이용했다. 그러나 인간들은 문명이 하루 만에 파괴될 수 있을 만큼의 군대를 구성하면서 이미 전쟁을 일으켰었다. 우리는 이러한 면에서, 로봇 제작을 금지하는 것으로 우리 자신을 지킬 수는 없다. 전 세계에 걸쳐, 사람들은 전쟁을 두려워하고, 이러한 전반적인 공포는 해마다 커져서 전쟁을 종식시키게 할지도 모른다. 그리고 이러한 경우에는 어떤 전투 로봇도 존재하지 않을 것이다.

　　　　해설　which ~ → where ~
　　　　which는 주격 또는 목적격 관계대명사로 쓸 수 있지만, which 이하의 문장이 완전하므로 which는 틀렸다. 따라서 the point(정도)를 수식하는 관계부사 where가 옳다.

　　　　어휘　warrior 전사

33 ④ 　해석　내 환자 중에 한 명은 자기 마음대로 하는데 익숙한 자수성가한 사람이었다. 냉소적인 그는 결코 자기 직원들이 일을 하는 것을 믿지 못했다. 그는 항상 그 일들을 두 번 확인했고, 그래서 이것이 종종 갈등과 분노의 폭발을 초래했다. 그러나 그는 그의 이 같은 성격이 그의 성공에 기여했다고 믿고 있었다. 어느 가을 오후에 그가 한 일터에서 다른 일터로 급히 가고 있는데 한 운전자가 그의 길을 가로막았다. 평상시로 보면 그는 경적소리를 눌렀어야 했다. 그러나 갑자기 벌겋게 달아오른 부지깽이가 그의 가슴속을 찌르는 것같이 느꼈다. 그는 근처 병원까지 간신히 운전해 갔고, 그 병원 심장 병동에 입원을 하게 되었다.

　　　　해설　which ~ → to which ~
　　　　which가 옳다면 이하에 주어, 목적어 중 하나가 빠져야 되는데, 완전한 문장이 위치했다. be admitted to the hospital은 '병원에 입원하다'라는 뜻으로서, 전치사 to가 추가적으로 들어가야 한다.

　　　　어휘　poker 부지깽이　thrust 밀다, 찌르다　coronary 관상 동맥의, 심장의

34 ④ 　해석　과학자들은 초콜릿과 사랑이 인간의 신체 화학작용에 미치는 방법들 사이의 유사성을 발견해냈다.

　　　　해설　how 관계부사는 'the way in which = the way (that)'으로 바꿀 수 있지만, between이라는 전치사는 복수명사를 목적어로 취하므로 ④가 옳다.

35 ① Contrary to the opinion of the members, the president ② should appoint ③ whomever he thinks can do the job ④ most adequately.

36 문법적으로 옳지 않은 것은?

① She runs on average 15 miles a day, whatever the circumstances, whatever the weather.

② Everybody who goes into this region, whomever he is, is at risk of being taken hostage.

③ He moved carefully over what remained of partition walls.

④ Whichever fitness classes you opt for, trained instructors are there to help you.

37 Employees are obligated to obey their employer _____ he happens to be.

① whomever   ② who

③ whom   ④ whoever

38 Choose the one that is grammatically incorrect.

① Give it to whomever you want.

② Feel free to invite whoever you wish.

③ You can take whichever plane is most convenient for you.

④ Please give it to whoever wants it.

39 She waited ① for final instructions ② about ③ giving the reward to ④ whomever the owner thought had found the ⑤ missing dog.

40 다음 우리말을 영어로 가장 잘 옮긴 것은?

아무리 배가 고파도 천천히 먹어야 한다.

① How hungry you are, you have to eat slow.

② How you are hungry, you have to slowly eat.

③ However hungry you are, you should eat slowly.

④ However you are hungry, you should eat slowly.

35 ③　해석　회원들의 의견과는 반대로 의장은 그 일에 가장 적절한 사람이라면 누구든지 임명해야 한다고 생각한다.

해설　whomever → whoever
복합관계사의 격은 그 복합관계사절 자체 내에서 결정한다. he thinks는 삽입절로서 can do ~의 주어 역할을 할 수 있는 whoever가 옳다.

36 ②　해설　whomever → whoever
이하에 is라는 be 동사(2형식)가 위치하므로 주격보어가 필요하다. 따라서 복합관계대명사의 격 또한 주격이 옳다.

어휘　hostage 인질　partition 칸막이

37 ④　해석　고용인들은 고용주가 누구이든지 간에 그에게 복종해야만 한다.

해설　종속절 he happens to be에서 be 동사의 보어 역할을 하면서, 동시에 양보의 부사절 역할을 하는 whoever가 옳다.

38 ②　해설　whoever → whomever
you wish의 목적어가 필요하므로 목적격 복합관계대명사인 whomever가 옳다.

39 ④　해석　그녀는 실종된 강아지를 찾았다고 주인이 생각한 누구에게게라도 보상을 주는 것에 관한 최종 지시를 기다렸다.

해설　whomever → whoever
뒤에 등장하는 the owner thought는 삽입절이다. 동사 had found가 나오기 때문에 주격인 whoever가 옳다.

40 ③　해설　양보절을 이끄는 however 다음에는 형용사나 부사가 바로 뒤에 온다. 또한 eat는 자동사이기 때문에 부사가 필요하다.

GRAMMAR HUNTER

GRAMMAR HUNTER

09 분사

09-01

1 분사의 형태

현재분사	자동사의 ~ing	능동, 진행 (~하고 있는)
	타동사의 ~ing	능동, 사역 (~하는)
과거분사	자동사의 p.p.	완료 (~해버린, ~한)
	타동사의 p.p.	수동 (~되어진, ~당한)

09-02

2 분사의 동사적 용법

be + ing(현재분사) → 진행시제	You're **spending** much money these days. 너는 요즘 많은 돈을 쓰고 있다.
be + p.p.(과거분사) → 수동태	The telephone **was invented** by Bell. 전화기는 Bell에 의해 발명됐다.
have + p.p.(과거분사) → 완료시제	The man **has** never **seen** snow. 그 남자는 이제껏 한 번도 눈을 본 적이 없다.

3 분사의 형용사적 용법

09-03

1. 개념

분사의 형용사적 용법은 한정적 용법과 서술적 용법으로 구분할 수 있다.

① 한정적 용법: 분사가 명사의 앞이나 뒤에서 수식하는 형태

② 서술적 용법: 분사가 주격보어 또는 목적격보어로서 위치한 형태

2. 분사의 한정적 용법

(1) 명사 앞에서 수식하는 경우

분사가 명사를 앞에서 수식할 경우 그 분사의 의미상의 주어는 분사 뒤에 있는 명사가 된다.

09-04
한국외대 2009
중앙대 2008

1) 자동사의 현재분사 → 능동 및 진행의 의미

- My parents are worried about **rising** costs.

  My parents are worried about ~~risen~~ costs. (×)

  부모님께서는 물가상승에 대해 걱정하신다.

  about의 목적어는 명사 costs인데, 명사 앞에서 '자동사' rise를 이용한 분사가 형용사로 수식하는 형태이다. 자동사는 수동태가

불가능하므로 과거분사 또한 불가능하다. 아래 문장도 마찬가지 맥락이다. ★ 01-01~31 참조

- A **rolling** stone gathers no moss.
  A ~~rolled~~ stone gathers no moss. (×)
  구르는 돌은 이끼가 끼지 않는다.

2) 타동사의 현재분사 → 능동의 의미

09-05
국민대 2010

- In our divided world, laughter is a **unifying** force.
  In our divided world, laughter is a ~~unified~~ force. (×)
  우리가 사는 분열된 세상에서 웃음은 단결력이 된다.

- A **surprising** number of people came.
  A ~~surprised~~ number of people came. (×)
  놀라울 정도로 많은 사람들이 왔다.

  두 문장 모두 각각 force와 number라는 명사 앞에서 unify(단일화하다)와 surprise(놀라게 하다)를 이용한 분사로 수식하고 있다. '힘과 단일화하다', 그리고 '숫자와 놀라게 하다'의 관계는 '능동'이므로 현재분사가 옳다.

3) 자동사의 과거분사 → 원칙적으로 불가능

09-06
중앙대 2008
한국외대 2006
고려대 2003

자동사는 수동태가 불가능하므로 명사 앞에 수동의 과거분사는 올 수 없다.

- The project seems to be impossible under the ~~existed~~ circumstances. (×)
  현재 상황에서는 그 계획은 불가능한 것으로 보인다.

  자동사 exist(존재하다)를 이용한 과거분사가 명사 circumstances 앞에 위치한 경우이다. exist는 자동사로서 수동태가 불가능하므로 명사 앞에 과거분사로 올 수 없고 existing이 옳다. 다음 문장도 마찬가지 맥락이다.

- A **participating** man stands among crowd.
  참가하는 사람이 무리 속에 서 있다.

09-07
성균관대 2005

CHECK | 자동사의 과거분사

자동사는 수동태가 불가능하므로, 자동사가 과거분사화 된 경우에는 그 의미상의 주어와 관계가 수동이 아니라 '완료 또는 결과적 상태'를 의미한다.

- The road was blocked by a **fallen** tree. (fallen 쓰러진, 죽은)
  길이 쓰러진 나무에 의해 막혀 있었다.

- "Is Tom here?" "No, he was **gone** before I arrived."
  "Tom 여기 있어요?" "아니, 내가 오기 전에 가버렸어."

- She was a **retired** doctor. (retired 은퇴한)
  그녀는 은퇴한 의사였다.

---

4) 타동사의 과거분사 → 수동의 의미

09-08
상명대 2014
성균관대 2010
세종대 2010
국민대 2010
단국대 2009
세종대 2007
경기대 2004
울산대 2003

- **Extended** families will be larger in the future.
  ~~Extending~~ families will be larger in the future. (×)
  대가족들은 미래에 더 많아질 것이다.

  명사 앞에 위치한 분사의 의미상의 주어는 그 명사가 된다. '가족'과 '확대하다(extend)'의 관계는 수동(확대된)이므로 과거분사가 옳다. 대가족을 말할 때 extended family가 옳다.

- I don't like **frozen** peas.

  I don't like ~~freezing~~ peas. (×)

  나는 얼린 완두콩을 좋아하지 않는다.

  > like의 목적어인 peas(완두콩)를 수식하는 분사이다. '완두콩'과 '얼리다(freeze)'의 관계는 '얼려진 완두콩'의 수동 관계이므로 과거분사가 옳은 것이다. 다음 문장들도 마찬가지 맥락이다.

- There are certain **established** procedures in the company. ['절차'와 '확립하다'는 수동]

  그 회사에는 어떤 확립된 절차가 있다.

- I often bought many **used** clothes. ['옷'과 '이용하다'는 수동]

  나는 종종 중고 옷을 많이 구입했다.

- My friends want to help **abandoned** children. ['아이들'과 '유기하다'는 수동]

  나의 친구들은 버림받은 아이들을 돕고 싶어 한다.

CHECK | 자동사와 타동사 기능이 모두 있는 동사의 분사

일부 동사들은 자동사와 타동사 기능이 모두 있어 능동의 현재분사와 수동의 과거분사가 모두 가능하다. 따라서 문맥상 분사의 태를 결정해야 한다.

- Don't drink **boiling** water unless your tongue is burned. [자동사의 ~ing]

  Don't drink ~~boiled~~ water unless your tongue is burned. (×)

  혀가 데이지 않으려면 끓고 있는 물을 마시지 마라.

- A baby must drink a **boiled** water. [타동사의 p.p.]

  A baby must drink a ~~boiling~~ water. (×)

  아기는 끓인 물을 마셔야 한다.

  > boil은 그 의미가 '끓이다(자동사)'와 '끓다(타동사)'라는 뜻을 모두 가지고 있다. 첫 문장의 경우 마시지 말아야 할 물은 '끓고 있는(boiling) 물'이며, 두 번째 문장의 경우 아기가 마셔야 할 물은 '끓인(boiled) 물'이다.

09-09

(2) 명사 뒤에서 수식하는 경우

분사가 의미상의 목적어 또는 보어를 취하거나 부사(구)등의 수식어구를 동반할 때에는 명사 뒤에 위치한다. 이는 '주격 관계대명사 + 동사'가 분사로 축약된 형태로 보아도 무방하다. 이러한 원칙에 따라 자동사의 과거분사가 명사 뒤에 위치하면 무조건 틀린 것으로 간주된다.

한양대 2008
성균관대 2005

1) 자동사의 현재분사 → 능동 및 진행의 의미

- The man **standing** outside seems to cry.

  = The man who is standing/ stands outside seems to cry.

  The man ~~stood~~ outside seems to cry. (×)

  밖에 있는 남자는 우는 것처럼 보인다.

  ▷ stand는 자동사이므로 명사 뒤에서 수동의 과거분사로 올 수 없다.

경희대 2004

2) 타동사의 현재분사 → 능동의 의미

- The man **watching** a game is my friend.

  The man who is watching/ watches a game is my friend.

268

경기를 보고 있는 남자는 내 친구이다.

3) 타동사의 과거분사 → 수동의 의미

가톨릭대 2014
고려대 2010
숙명여대 2010
고려대 2007
중앙대 2007
명지대 2007
성균관대 2005
단국대 2005
한양대 2004
계명대 2004

· All of the people **invited** to the party seem to come.

= All of the people who are invited to the party seem to come.

All of the people ~~inviting~~ to the party seem to come. (×)

그 파티에 초대받은 사람들은 모두 온 것 같다.

> 명사 뒤에 있는 분사의 의미상의 주어는 앞에 있는 명사이다. '사람들'과 '초대하다'의 관계는 수동이다. invite는 타동사이므로 추가적으로 목적어가 필요하지만 이 문장에서는 없으므로 수동의 과거분사가 옳은 것이다. 다음 문장도 마찬가지 맥락이다.

· Here are members **involved** in the project.　['사람들'과 '관련시키다'는 수동]

Here are members ~~involving~~ in the project. (×)

여기에 그 계획과 관련된 사람들이 있다.

· You should take care of that matter **recommended**.　['문제'와 '권고하다'는 수동]

You should take care of that matter ~~recommending~~. (×)

당신은 권고된 저 문제를 해결해야만 한다.

`09-10`

CHECK | 분사 문제풀이 skill

1. 명사 뒤에 수식하는 분사

고려대 2007
서울여대 2004

(1) 타동사가 분사로 나온 경우

능동의 현재분사(~ing)가 나왔으면 그 목적어가 와야 한다. 그러나 수동의 과거분사(p.p.)가 나왔다면 목적어가 없어야 한다.

· The man **meeting** president Obama is my old friend.

The man ~~met~~ president Obama is my old friend. (×)

Obama 대통령을 만난 남자는 나의 오랜 친구이다.

▶ 명사 man 뒤에서 타동사 meet이 president라는 목적어를 수반하고 있으므로 무조건 현재분사가 옳다.

(2) 자동사가 분사로 나온 경우

자동사는 수동태가 불가능하므로 현재분사 ~ing만 가능하다.

· The apartment **standing** on a hill is very spectacular.

The apartment ~~stood~~ on a hill is very spectacular. (×)

언덕 위에 있는 아파트의 풍경이 장관이다.

▶ stand는 자동사이기 때문에 과거분사가 불가능하다.

2. 명사 앞에 위치하는 분사

성균관대 2007

명사 앞에 위치하는 분사의 경우, 자동사는 수동형의 과거분사가 불가능하다. 그러나 타동사를 이용한 분사의 경우에는 철저히 해석에 따라서 그 '태'를 결정해야 한다.

· Many **overwhelming** attacks happened in Iraq, and many **overwhelmed** people were distressed.

압도적인 수많은 공격이 이라크에서 일어났으며, 압도당한 많은 사람들은 비통에 빠졌다.

> overwhelm은 타동사로서 '압도하다'라는 뜻을 가졌고 각각 attacks와 people을 수식하고 있는데, 공격은 압도를 하는 '주체'이므로 '능동'의 현재분사로 쓰였고, 사람들은 그 공격에 압도당하는 '객체'이므로 '수동'의 과거분사로 쓰였다.

3. 분사의 서술적 용법

09-11
경기대 2009

(1) 2형식 불완전자동사의 보어

2형식 불완전자동사들은 모두 그 주격보어에 형용사 기능을 하는 분사들을 위치시킬 수 있다.

· How did they **become acquainted**?
그들이 서로 어떻게 알게 되었는가?

· She **looks satisfied** at her school record.
그녀는 학교 성적에 만족하는 것 같다.

09-12
단국대 2009
단국대 2003

(2) 1형식 완전자동사의 유사보어

arrive, come, die, lie, marry, return과 같은 완전자동사가 이끄는 문장 뒤에 분사가 위치하여 주어의 결과적 상태를 설명할 수 있다.

· She **arrived smiling** at me.
그녀는 나를 보고 웃으면서 도착했다.

· The boys **returned** home **exhausted** after playing baseball.
The boys returned home ~~exhausting~~ after playing baseball. (×)
그 소년들은 야구를 한 후에 지쳐서 집에 돌아왔다.

▶ 야구를 했기 때문에 'boys(소년들)'과 'exhaust(지치게 하다)'의 관계는 '수동'이 옳다.

09-13

(3) 목적격보어로 온 경우

목적어와 목적보어의 관계가 능동이면 현재분사를 둘 수 있는 동사는 지각동사와 유지 · 발견 · 상상동사이며 ★ 01-82/85 참조, 수동의 관계이면 동사의 종류에 상관없이 목적보어에 과거분사를 둔다.

· I **saw** two policemen **chasing** a murderer.
나는 두 경찰관이 살인범을 쫓고 있는 것을 보았다.

· We **saw** the mountains **covered** in snow.
우리는 그 산들이 눈으로 덮여 있는 것을 보았다.

09-14
계명대 2010
한국외대 2009
국민대 2007
강남대 2006
한국외대 2004

4. 현재분사 · 과거분사의 완전 형용사화(분사형용사)

애당초 분사는 동사의 형태에 변화를 가해서 현재분사는 '진행 또는 능동'의 속성, 과거분사는 '수동 또는 완료'의 속성을 가지게 된다. 그러나 감정동사를 분사화 시킬 경우 능동 · 수동의 속성이 약해지고 일반형용사 역할을 하게 된다.

※ 물론 대부분 분사가 형용사적으로 사용되기는 하지만, 여기서 말하는 감정동사의 분사화는 완전히 별개의 형용사로 굳어진 것을 의미한다.

현재분사의 형용사화	과거분사의 형용사화
alarming, surprising 놀라운 amazing 놀랄 정도의 astonishing 놀라운 frightening, thrilling 무서운 shocking 충격적인	alarmed, surprised 놀란 amazed 놀란 astonished 놀라버린 frightened, thrilled 흥분한, 오싹한 shocked 충격을 받은
amusing 즐거운 entertaining 즐거운 pleasing 즐거운, 호감이 가는 interesting, exciting, intriguing 흥미로운	amused 즐거워하는 entertained 즐거워하는 pleased 즐거워하는 interested, excited, intrigued 흥미를 가진
boring 지루한 tiring 지치게 하는	bored 지루한 tired 지친

charming 매력적인 fascinating 매혹적인	charmed 매혹된 fascinated 매혹된
disappointing 실망스러운 convincing 설득력 있는	disappointed 실망한 convinced 확신한
satisfying 만족시키는 confusing, embarrassing 혼란스러운	satisfied 만족한 confused, embarrassed 당황한

· I don't think that this novel is **interesting**.
  나는 이 소설이 흥미롭다고 생각하지 않는다.

· I am not **interested** in this novel.
  나는 이 소설에 흥미를 느끼지 못한다.

· French wine labels can be very **confusing**.
  프랑스 와인 라벨은 매우 혼란스러울 수 있다.

· I'm totally **confused**. Could you explain that again?
  정말 혼란스럽네요. 다시 설명해주실 수 있나요?

09-15
경원대 2010
계명대 2007
성균관대 2006

CHECK 1 | 감정동사로 만들어진 분사의 태

감정동사가 분사화되어 의미상의 주어가 사람이면 '과거분사'를 취하며, 의미상의 주어가 사물이면 '현재분사'를 취한다는 설명은 잘못된 논리이다.
(※ 대다수의 교재에서 이런 식으로 설명을 하고 있는데, 그동안 시험에서 감정동사를 과거분사화하면 사람이 그 의미상의 주어가 많았고, 현재분사화하면 사물이 그 의미상의 주어가 많아서 저런 논리가 만들어진 것인데 틀린 설명이다.)
감정동사를 이용하여 사람을 수식할 경우, '감정을 불러일으킨다면 현재분사'이고 '감정이입을 당한다면 과거분사'이다. 그러나 감정동사가 사물을 수식한다면 무조건 '현재분사'가 옳다. 사물은 감정을 불러일으킬 뿐, 감정이입을 당할 수는 없기 때문이다.

· Mr. Kang is an **interesting** man.
  Kang 씨는 흥미롭게 하는 사람이다.

▶ Kang 씨가 (우리를) 즐겁게 해주는 '능동'의 논리

· Mr. Kang is **interested** in receiving a prize.
  Kang 씨는 상을 받는 것에 관심을 가지고 있다.

▶ Kang 씨가 상을 받아 즐거움의 감정이입을 받은 '수동'의 논리

· It was an **interesting** tennis match.
  흥미로운 테니스 경기였다.

▶ 경기는 사물이므로 무조건 현재분사

· My cat is **interested** in yours.
  내 고양이가 너의 고양이에 관심을 가진다.

▶ 고양이도 감정이 있으므로 감정이입을 받은 '수동'의 논리

· My cat is an **interesting** animal.
  내 고양이는 흥미로운 동물이다.

▶ (사람들에게) 흥미를 불러일으키는 '능동'의 현재분사

CHECK 2 | 기타 중요 분사형용사

아래 언급되는 분사는 동사의 성질을 상실하고 하나의 형용사로 굳어진 단어들이다.

현재분사 형태의 형용사	과거분사 형태의 형용사
missing 사라진, 실종된	missed (연락이) 두절된
demanding 벅찬, 부담이 큰	complicated 복잡한
promising 유망한	sophisticated 정교한, 세련된
striking 현저한	unchecked 억제되지 않은
following 다음의	unsolved 미해결의
breathtaking 움찔 놀랄만한	unexpected 예기치 않은

· The **missing** child was found safe and well.
그 실종된 아이는 안전하고 건강한 것으로 밝혀졌다.

· A novel consists of many **complicated** devices.
소설은 많은 복잡한 장치들로 구성되어 있다.

예제

Observe ① closely your surroundings, the ② positions of the cars ③ involving, license numbers and ④ any other pertinent details.

해석 주변 환경, 관련 차량의 위치와 차량 번호 그리고 다른 관련 세부사항들을 면밀히 관찰하시오.

해설 involving → involved
명사(cars) 뒤에 위치한 분사의 의미상의 주어는 앞에 위치한 명사(cars)가 된다. 따라서 '차량'과 '관련시키다'의 관계는 수동이므로 '과거분사'가 옳다.

정답 ③

🄳 분사의 부사적 용법

주절의 앞·뒤 혹은 중간에 위치한 분사구문의 의미상의 주어는 주절의 주어와 일치해야 한다. 주절의 주어가 동작을 하는 능동이라면 '현재분사(~ing)'이며, 동작을 당하는 수동이라면 '과거분사(p.p.)'가 옳다.

1. 분사구문

(1) 시간 (= when, while)

· **Reading** fashion magazines, I heard the doorbell ring.
= When I read fashion magazines, I heard the doorbell ring.
Read fashion magazines, I heard the doorbell ring. (×)
패션 잡지를 읽고 있었을 때 초인종 소리를 들었다.

▶ 의미상의 주어 'I'와 'read(읽다)'의 관계는 능동이므로 현재분사가 옳다.

(2) 이유 (= as, since, because)

09-17
성균관대 2010
영남대 2003

- Not **knowing** her phone number, I couldn't phone her.

  = Because I didn't know her phone number, I couldn't phone her.

  Not ~~known~~ her phone number, I couldn't phone her. (×)

  그녀의 전화번호를 몰랐기 때문에 그녀에게 전화를 걸 수 없었다.

  ▶ 의미상의 주어 'I'와 '알다(know)'의 관계는 능동이므로 현재분사가 옳다.

(3) 조건 (= if)

09-18
한성대 2010

- **Built** after this month, the apartment will be perfect.

  = If it is built after this month, the apartment will be perfect.

  ~~Building~~ after this month, the apartment will be perfect. (×)

  이번 달 건축 후에는 아파트가 완벽해질 것이다.

  ▶ 의미상의 주어 '아파트'와 '건설하다(build)'의 관계는 수동이므로 과거분사가 옳다.

(4) 양보 (= though, although)

09-19
고려대 2010

- **Written** in English, the book is easy for Koreans to understand.

  = Although it was written in English, the book is easy for Koreans to understand.

  ~~Writing~~ in English, the book is easy for Koreans to understand. (×)

  영어로 쓰였어도 그 책은 한국인들이 이해하기에 쉽다.

  ▶ 의미상의 주어 'it(the book)'과 '쓰다(write)'의 관계는 수동이므로 과거분사가 옳다.

(5) 부대상황

09-20

1) 동시동작

- **Exercising** outdoors, my daughter injured her legs.

  = While she was exercising outdoors, my daughter injured her legs.

  실외에서 운동을 하다가 내 딸이 다리를 다쳤다.

  ▶ 의미상의 주어 '딸'과 '운동을 하다'의 관계는 능동이므로 현재분사가 옳다.

2) 연속동작

- His wife opened a champagne bottle, **pouring** the drinks.

  = His wife opened a champagne bottle, and poured the drinks.

  그의 부인이 샴페인을 따고 몇 잔 따랐다.

  ▶ 의미상의 주어 '부인'과 '따르다'의 관계는 능동이므로 현재분사가 옳다.

3) 결과

- Bush's final speech was a poor excuse, **irritating** everybody.

  = Bush's final speech was a poor excuse, so it irritated everybody.

  Bush의 마지막 연설은 서투른 변명이었으며, 모든 이를 짜증나게 했다.

  ▶ 의미상의 주어인 '앞 문장 전체'와 '짜증나게 하다'의 관계는 능동이므로 현재분사가 옳다.

(6) 주절보다 앞에 위치한 분사구문의 태와 해석

엄밀하게 구분한다면 주절보다 먼저 앞에 위치한 분사구문의 해석은 위의 경우처럼 '시간, 이유, 조건, 양보'로 해석해야 되지만, 빠른 독해를 위해서는 마치 형용사처럼 '주절의 주어'를 수식하면 된다.

- **Reading** fashion magazines, I heard the doorbell ring.
- **Written** in English, the book is easy for Koreans to understand.

> '패션 잡지를 읽던 나는 초인종 소리를 들었다.' '영어로 저술된 그 책은 한국인들이 이해하기 쉽다.'처럼 주절의 주어로 이어서 해석하면 된다.

(7) 주절보다 뒤에 위치한 분사구문의 태와 해석

이때 의미상의 주어는 문장의 주어가 될 수도 있다. 일부 문장에 있어서는 '문장 전체, 구'가 의미상의 주어가 될 수도 있으므로 그 의미상의 주어를 판단해야 한다. 주절 뒤에 위치한 분사구문의 해석은 '그리고, 그래서' 또는 '~하면서'로 한다.

- His wife opened a champagne bottle, **pouring** the drinks.
  그의 아내는 샴페인 병을 따서는 몇 잔 따랐다.

> 이 문장의 경우 pouring 바로 앞에 위치한 술병이 잔을 따를 수는 없다. 즉, pouring의 의미상의 주어는 문장 전체의 주어인 his wife가 되는 것이다.

- A man hit a girl, **being** a catastrophe.
  한 남자가 여자아이를 때렸는데, 대참사가 되었다.

> ▷ 이 문장에서 의미상의 주어는 앞문장 전체이다.

CHECK |

1. 'being + 보어'로 이루어진 분사구문에서 being은 생략을 할 수가 있다.

- **(Being)** Angry at my words, he made no reply.
  = As he was angry at my words, he made no reply.
  내 말에 화가 난 그는 답변을 하지 않았다.

2. 분사구문의 위치는 주절보다 앞, 혹은 문장의 중간이나 끝에 위치할 수 있다.

- **Devoted** to their children, the parents seem tired. [주절 앞]
  = The parents, **devoted** to their children, seem tired. [중간]
  = The parents seem tired, **devoted** to their children. [주절 뒤]
  아이들에게 헌신을 한 그 부모들은 지쳐 보인다.

---

2. with 부대상황

'with + 목적어 + 분사'는 '~한 채, ~하면서, ~할 때'라는 의미이며 분사구문의 일종이다. 목적어 다음에는 현재분사, 과거분사, 형용사, 부사(구)가 모두 올 수 있는데, 형용사와 부사(구)앞에는 being이 생략된 것으로 본다.

09-24
경희대 2012
성균관대 2009
서울여대 2009
서울여대 2007
서울여대 2006

(1) with + 목적어 + 현재분사/ 과거분사

- **With** Steven **living** in London, I still don't meet him.
  Steven이 런던에서 살 때 나는 그를 보지 못했다.

> ▷ 'Steven'과 '살다'의 관계는 능동이므로 현재분사가 위치했다.

- Nancy waited for me, **with** her eyes **closed**. Nancy는 눈을 감은 채 나를 기다렸다.
  Nancy waited for me, with her eyes ~~closing~~. (×)

  ▷ '눈'과 '감다'와의 관계는 '감긴 눈'이라는 수동이므로 과거분사가 옳다.

(2) with + 목적어 + 형용사
09-25

- **With** that presentation (**being**) **satisfactory**, we gave a clap.
  그 발표가 만족스러워서 우리는 박수를 보냈다.

  ▷ with + 목적어 뒤에 형용사가 위치하면 그 형용사 앞에 being이 빠진 것으로 보아야 한다.

(3) with + 목적어 + 부사(구)
09-26

- **With** many children (**being**) **at school**, we can't drive fast there.
  학교에 아이들이 많이 있어, 우리는 그곳에서 과속을 할 수 없다.

예제

_____ the importance of education, modern states invest in institutions of learning.

① Convince
② Convinced
③ Convincing
④ Convinced of

해석 교육의 중요성을 확신한 현대 국가들은 교육기관에 투자를 한다.

해설 의미상의 주어인 주절의 주어 '현대 국가들'과 '확신시키다(convince)'의 관계는 수동이므로 과거분사 convinced가 옳으며, 주어가 '~을 확신하다'라는 표현은 be convinced of이다.

정답 ④

5 분사구문의 동사적 특성

1. 분사구문의 시제

(1) 개념
09-27

분사는 주어의 수에 영향을 받지 않지만, 본질적으로 동사로서의 성질이 있으므로 시제를 가지고 있다.
분사의 시제 형태로는 '단순 분사구문인 ~ing'와 '완료 분사구문인 having p.p.' 형태를 가진다.

	단순형 (기준시제와 같을 때)	완료형 (기준시제보다 이전일 때)
능동태	ing	having p.p.
수동태	(being) p.p.	(having been) p.p.

(2) 단순 분사구문
09-28

~ing(능동)/ (being) p.p.(수동)의 형태를 가지며, 주절의 동사와 같은 시제를 말한다. ★ 10-27, 11-07
비교

- **Repairing** the machine, Robert felt sleepy. 기계를 고칠 때, Robert는 졸음이 왔다.
  = When he repaired the machine, Robert felt sleepy.

  ▷ 주절의 시제와 종속절의 시제가 같은 과거시제이며, 'Robert'와 '수리하다'의 관계는 능동이므로 ~ing 형태로 축약됐다.

- **Used** in the university, the system is very useful.
  = As it is used in the university, the system is very useful.
  대학에서 이용되기 때문에, 그 시스템은 매우 유용하다.

  | 주절의 주어인 '시스템'과 '이용하다'의 관계는 수동이며, 주절의 시제와 종속절의 시제가 일치하므로 수동형의 단순 과거분사구문으로 쓰였다.

09-29
경원대 2010
서울여대 2003

(3) 완료 분사구문

having p.p.(능동)/ (having been) p.p.(수동)의 형태를 가지며 주절 동사의 시제보다 앞선 시제의 일을 가리킨다. ★10-29, 11-08 비교

- **Having studied** hard since childhood, he becomes so good a teacher.
  = As he has studied hard since childhood, he becomes so good a teacher.
  유년 시절부터 열심히 공부했기 때문에, 그는 훌륭한 선생님이 되었다.

  ▶ 주절의 시제는 현재시제인 반면, 종속절의 시제는 현재보다 이전의 현재완료시제이므로 having p.p. 형태를 취했다.

2. 분사구문의 태

의미상의 주어와 관계가 능동이면 'ing'를 취하고 수동이면 'p.p.'를 취한다. 기준시제보다 이전이라면 능동의 경우 'having p.p.'를 취하며, 수동이면 'having been p.p.'를 취한다. being과 having been은 얼마든지 생략이 가능하다.

09-30
한국외대 2009
성균관대 2008

(1) 현재 분사구문

- **Feeling** tired, I went to bed early.
  = As I felt tired, I went to bed early.
  피곤을 느껴서, 나는 일찍 잠자리에 들었다.

  | 주절의 주어인 '나'와 '피곤함을 느끼다'의 관계는 능동이기 때문에 현재분사로 쓰였으며, 주절의 시제와 일치하기 때문에 feeling이 옳다.

- **Having gone** to bed late last night, I feel tired.
  = As I went to bed late last night, I feel tired.
  어젯밤에 늦게 잤기 때문에, 나는 피곤하다.

  | 주절의 주어인 '나'와 '잠을 자다'의 관계는 능동이며, 기준시제인 현재보다 '어젯밤'이라는 과거를 가리키므로 완료 분사구문으로 쓰였다.

09-31A
고려대 2009
아주대 2005
숭실대 2004

(2) 과거 분사구문

- **(Being) Given** examination papers, many students started to sweat.
  = When they were given examination papers, many students started to sweat.
  시험지를 받았을 때, 많은 학생들이 땀을 흘리기 시작했다.

  ▶ 주절의 시제와 종속절의 시제가 같은 과거시제이므로 수동형 단순 부정사 being p.p.가 위치했으며, being은 생략이 가능하다.

- **(Having been) Written** in plain Japanese, the novel is easy to understand.
  = As it was written in plain Japanese, the novel is easy to understand.
  쉬운 일본어로 쓰였기 때문에, 그 소설은 이해하기 쉽다.

  | 주절의 주어인 '소설'과 '쓰다'의 관계는 수동이며, 쓰인 시점이 주절의 현재시제보다 이전이기 때문에 완료 분사구문 형태인 having been p.p.로 쓰였으며, having been은 얼마든지 생략이 가능하다.

> **CHECK | 4형식·5형식 동사를 이용한 과거분사 구문**
>
> 4형식 동사(give, ask, show, teach 등)가 수동의 과거분사가 될 경우 명사 목적어가 추가로 나올 수 있으며, 5형식 동사(call, make, render, think, find)가 수동의 과거분사가 될 경우 명사 혹은 형용사가 추가적으로 보어로 등장할 수 있다. 이 경우 해석에 따라 그 태를 맞춰야 한다.
>
> · **Asked** why he had abducted the child, the accused answered a devil had ordered him to.
>   ~~Asking~~ why he had abducted the child, the accused answered a devil had ordered him to.
>   아이를 왜 유괴했느냐는 질문을 받았을 때, 그 피고인은 악마가 그렇게 하라고 명령했다고 답했다.
>
>   ▶ 피고인이 답을 하기 위해서는 질문을 물어보는 것이 아닌 질문을 받는 수동이 옳다. 다음 문장도 마찬가지 맥락이다.
>
> · **Called** Toto, the rock band scored great success in the 1980s.
>   Toto라고 불리는 그 록 밴드는 1980년대에 엄청난 성공을 누렸다.

3. 분사구문의 의미상의 주어

(1) 별도의 의미상의 주어를 갖지 않는 경우

주절보다 앞에 위치한 분사구문의 의미상의 주어와 주절의 주어가 동일한 경우 의미상의 주어는 별도로 두지 않는다. 주절 뒤에 위치한 분사구문의 의미상의 주어가 문장 전체의 주어, 분사 앞에 위치한 명사, 구, 절인 경우에도 별도의 의미상의 주어를 두지 않는다.

· **Opening** the door, she found a stranger sleeping.
  = **When she** opened the door, **she** found a stranger sleeping.
  문을 열었을 때, 그녀는 낯선 사람이 자고 있는 것을 알았다.

  ▶ 주절의 주어(she)와 분사구문의 의미상의 주어가 같기 때문에 분사구문에 별도로 의미상의 주어를 두지 않았다.

(2) 별도의 의미상의 주어를 갖는 경우 (독립분사구문)

09-33

서강대 2011
영남대 2010
국민대 2005
숭실대 2004
단국대 2003

분사구문의 의미상의 주어와 주절의 주어가 다를 경우 의미상의 주어가 분사 앞에 별도로 명시되어야 한다. 단, 그 의미상의 주어가 대명사라면 I, we, she, he, they는 위치할 수 없으며, it만 가능하다.

· **The weather permitting**, we'll leave tomorrow. [주절보다 앞]
  = We'll leave tomorrow, **the weather permitting**. [주절보다 뒤]
  = We'll leave tomorrow, if the weather permits.
  ~~Permitting~~, we'll leave tomorrow. (×)
  날씨만 좋다면 내일 출발할 것이다.

· **It being** fine, we will go fishing to nearby river. [주절보다 앞]
  = We will go fishing to nearby river, **it being** fine. [주절보다 뒤]
  = When it is fine, we will go fishing to nearby river.
  ~~Being~~ fine, we will go fishing to nearby river. (×)
  날씨가 좋을 때 근처의 강으로 낚시하러 갈 것이다.

  | 두 문장 모두 주절의 주어(we)와 종속절의 주어(the weather, it)가 다르기 때문에 분사구문 앞에 별도의 의미상의 주어인 'the weather, it'이 위치했다. 다음 예문처럼 분사구문 앞에 대명사 I, we, he, she 등이 위치할 수는 없다.

· If he felt well, his friends said he would attend the meeting.
  ~~He feeling~~ well, his friends said he would attend the meeting. (×)
  그가 컨디션이 좋으면 모임에 참석할 것이라고 그의 친구들이 말했다.

예제

A: Why are they taking all the equipment away?
B: The job _____, they are packing up to leave.

① did   ② done
③ was did   ④ to done

해석   A: 그들이 왜 장비를 모두 가지고 나갑니까?
          B: 일이 끝나서 떠나려고 짐을 꾸리고 있어요.

해설   원래 문장은 'As the job is done, they are packing up to leave.'였으며, 주절의 주어(they)와 종속절의 주어 (the job)이 다르기 때문에 독립분사구문으로 형성됐다. 의미상의 주어인 '일(the job)'과 '하다(do)'의 관계는 수동 이기 때문에 과거분사가 옳다.

정답   ②

4. 무인칭 독립분사구문

분사구문의 의미상의 주어와 주절의 주어가 다를 경우, 별도의 의미상의 주어를 두는 것이 원칙이다. 그러나 그 의미상의 주어가 일반인(they, we, people)을 가리킬 때에는 이들을 생략하고 바로 분사구문을 만든다. 이렇게 의미상의 주어인 일반인이 생략되어 관용적으로 쓰이는 표현이 무인칭 독립분사구문이라 한다.

★ 10-41/11-18~19비교 이들은 전치사 기능과 접속사 기능을 하는 것으로 분류할 수 있다.

09-34
동국대 2007
단국대 2007

(1) 전치사 기능을 하는 분사

① concerning = regarding = respecting = pertaining to ~에 관하여
② notwithstanding ~일지라도
③ judging from ~을 고려해보건대
④ according to = depending on ~에 따라서
⑤ excepting ~을 제외하고서
⑥ including ~을 포함하여

- There is a newspaper article **concerning** the problems of overcrowded cities.
  인구과잉 도시의 문제점에 관한 신문기사가 있다.

  ▶ concerning은 의미상의 주어가 무엇인지 판단할 필요가 없는 일종의 전치사이다.

09-35

(2) 접속사 기능을 하는 분사

① supposing/ suppose (that) = providing/ provided (that) = assuming (that) ~이라 가정하면
② granting/ granted (that) = admitting (that) ~일지라도
③ seeing (that/ as) ~을 고려해 보건대

- **Providing/ Provided (that)** I didn't apologize, I'd feel guilty.
  = **Supposing/ Suppose (that)** I didn't apologize, I'd feel guilty.
  사죄하지 않았을 경우 나는 죄의식을 느꼈을 것이다.

  ▶ 주절의 주어와 태를 일치시킬 필요가 없으며 I didn't apologize라는 문장을 종속절로 만드는 접속사일 뿐이다.

(3) 접속사와 전치사 기능이 모두 있는 분사

> considering (that) = given (that) ~을 고려해 보건대

· They've made remarkable progress, **considering (that)** they only started last week.

  = They've made remarkable progress, **given (that)** they only started last week.
  겨우 지난주에 시작한 것을 고려해 보건대, 그들은 비약적인 발전을 이루었다.

CHECK |

1. considering을 이용한 다양한 pattern

· **Considering** all things, the dog must be missing. [무인칭 독립분사구문]

  = **All things considered**, the dog must be missing. [독립분사구문]

  = **As all things are considered**, the dog must be missing. [부사절]
  모든 것을 고려해 보건대, 그 개는 길을 잃었음이 틀림없다.

2. 부사 + speaking = to speak + 부사 : ~하게 말하자면

> generally/ frankly/ strictly/ historically speaking
>
> = to speak generally/ frankly/ strictly/ historically
> 일반적으로/ 솔직히/ 엄밀히/ 역사적으로 말하자면

· **Generally speaking**, a dog is a faithful animal.

  = **To speak generally**, a dog is a faithful animal.
  일반적으로 말하자면 강아지는 충성스러운 동물이다.

---

5. 분사구문의 부정

분사구문의 부정어는 분사 앞(not ~ing, not having been)에 둔다. ★ 10-40, 11-21 비교

· **Not having** earned much money, I buy only a pair of shoes.

  Having ~~not~~ earned much money, I buy only a pair of shoes. (×)
  많은 돈을 벌지 못했기에 나는 딱 한 켤레의 신발을 구매한다.

  ▶ 완료 분사구문을 부정할 경우 부정어는 having 앞에 두어야 한다.

6 분사의 특수용법

09-39A

가톨릭대 2012
이화여대 2011
국민대 2010
동국대 2010
한국외대 2009
한국외대 2003

1. 접속사 + 분사구문

주절의 주어와 부사절을 이끄는 접속사 내의 주어가 같을 경우 분사구문으로 줄일 수 있는데, 이 경우 주절과 분사구문의 내용적 관계를 분명히 하기 위해서 접속사를 생략하지 않을 수 있다. 단, 접속사를 그대로 두는 경우는 주절의 주어와 분사구문의 주어가 같을 때이다.

· **(When) Using** a dictionary, you must learn various meanings.

= When you use a dictionary, you must learn various meanings.
사전을 이용할 때에는 다양한 의미를 익혀야 한다.

· **(If) Turning** to the right, you will find a library.

= If you turn to the right, you will find a library.
우측으로 돌면 도서관이 보일 것이다.

· **(Although) Falling** in love with each other, they cannot marry.

= Although they fall in love with each other, they cannot marry.
그들이 서로 사랑할지라도 결혼할 수는 없다.

09-39B

국민대 2010

CHECK | 접속사 + 형용사/ 명사/ 부사(구)

부사절의 주어와 주절의 주어가 같을 경우, 부사절의 주어와 be 동사가 생략될 수 있다. 이 경우 be 동사 뒤에 있었던 '형용사/ 명사/ 부사(구)'가 접속사 뒤에 나오게 된다.

· **When angry**, you must breathe deep.

= When you are angry, you must breathe deep.
화가 날 때 숨을 깊이 들여 마셔야 한다.

· **When a child**, I was very slender.

= When I was a child, I was very slender.
아이였을 때 나는 무척 말랐었다.

· **While in London**, I was tired.

= While I was in London, I was tired.
런던에 있는 동안 나는 피곤했다.

09-40

계명대 2006

2. 이유 분사구문

시간, 조건, 양보 부사절과 달리 이유를 나타내는 부사절에서는 주절의 주어와 그 이유를 나타내는 부사절의 주어가 같은 경우에도 접속사를 그대로 둘 수 없다. (즉, because + 분사 형태는 틀리다.) 따라서 이유 분사구문의 강조 형태는 '현재분사 + as + 주어 + do 동사' 또는 '과거분사 + as + 주어 + be 동사' 구문을 취한다. 해석은 '바로 ~이기 때문에, 정말로' 등으로 하면 된다.

① **능동의 이유**	현재분사(~ing) + as + 주어 + do 동사

280

- **Standing (as it does)** on a hill, the building is beautiful.

  = Standing on a hill, the building is beautiful.

  = Because it stands on a hill, the building is beautiful.

  Standing as it ~~is~~ on a hill, the building is beautiful. (×)

  그 건물이 언덕 위에 위치해 있기 때문에 아름답다.

  > stand는 자동사이기 때문에 현재분사로 만들어졌고, 주절과의 관계가 이유임을 강조하기 위해서 as it does가 활용됐는데, 이렇게 현재분사(standing)가 왔을 때에는 as절 내에 do 동사를 활용해야 한다.

- **Located (as it is)** on a hill, the building is beautiful.

  = Located on a hill, the building is beautiful.

  = Because it is located on a hill, the building is beautiful.

  Located as it ~~does~~ on a hill, the building is beautiful. (×)

  그 건물이 언덕 위에 위치해 있기 때문에 아름답다.

  > locate는 타동사로서, 의미상의 주어가 사물일 경우 수동형이 옳기 때문에 과거분사로 만들어졌고, 주절과의 관계가 이유임을 강조하기 위해서 as it is가 활용됐는데, 이렇게 과거분사(located)가 왔을 때에는 as절 내에 be 동사를 활용해야 한다.

3. 복합형 분사 (분사와 다른 품사를 hyphen으로 연결한 형태)

`09-41`

성균관대 2014
서강대 2013
아주대 2007

(1) 명사 + 분사	'명사 + 현재분사'는 '목적어 + 동사'의 관계를 가지며, '명사 + 과거분사'는 '주어 + 동사'의 관계를 가지므로 이에 맞춰서 태를 따지면 된다. oil-producing countries 산유국　　a Italy-made tie 이탈리아제 넥타이 ground-dwelling insects 땅에 사는 곤충들 The countries produce oil.　　　Italy made a tie. 　　　　　　동사　목적어　　　　　　주어　　동사
(2) 형용사 + 분사	angry-looking 화나 보이는　　ready-made clothes 기성복
(3) 부사 + 분사	keenly-interested 깊은 관심을 보이는　　long-standing 오래 지속되는
(4) 분사 + 전치사	sought-after 수요가 있는　　unlooked-for 뜻밖의
(5) 형용사 + 명사의 과거분사화(의사분사)	형용사가 hyphen에 의해 명사와 결합될 경우 그 명사는 과거분사로만 변형될 수 있을 뿐 현재분사로는 변형될 수 없다. a green-eyed woman 초록색 눈의 여자　　a thirty-storied building 30층 건물

4. the + 분사 (명사 기능으로서 복수 취급) ★ 18-18 참조

`09-42`

- **The wounded** were carried to the hospital.

  부상자들이 병원으로 이송됐다.

1 분사의 형태 ～ **3** 분사의 형용사적 용법

01   A robot acts ① <u>in accordance with</u> a ② <u>giving</u> program; it cannot formulate ③ <u>its</u> own goals ④ <u>or</u> purposes.

02   We see ① <u>interesting</u> movies in ② <u>crowding</u> theaters ③ <u>but</u> it's an ④ <u>individual</u> experience.

03   ① <u>Freezing</u> foods are the ② <u>fastest</u> ③ <u>growing</u> segment of the food ④ <u>industry</u>.

04   ① <u>The means</u> of communication mentioned so far have two features ② <u>in common</u>: they ③ <u>last</u> only a short time, and ④ <u>the persons involving</u> must be relatively ⑤ <u>close</u> to each other.

05   ① <u>Even if</u> Detroit could provide ② <u>nonpolluted</u> cars by the original deadline to meet ③ <u>prescribed</u> Federal standards for clean air, the effect in big cities would be slight because ④ <u>only</u> new cars would be properly equipped.

01 ②

해석 로봇은 주어진 프로그램에 따라 행동한다. 즉, 자신만의 목표와 목적을 형성할 수 없다.

해설 giving → given

명사 앞에 나온 분사의 의미상의 주어는 뒤에 있는 명사이다. 로봇이 행동을 하려면 '주어진(수동) 프로그램'이 옳다.

어휘 in accordance with ~에 부합되게, ~에 따라

02 ②

해석 우리는 사람이 붐비는 극장에서 재미있는 영화를 보지만 그것은 개개인의 경험일 뿐이다.

해설 crowding → crowded

명사(theaters) 앞에 위치한 분사의 의미상의 주어는 뒤의 명사가 된다. 극장이 붐비게 만들 수는 없으므로 수동 관계인 과거분사(crowded)가 옳다.

03 ①

해석 냉동식품들은 식품업계에서 가장 빨리 증가하는 분야이다.

해설 Freezing → Frozen

의미상의 주어 'foods'와 '얼리다(freeze)'의 관계는 수동이므로 과거분사가 옳다.

04 ④

해석 지금까지 언급된 통신 수단은 두 가지 공통된 특징을 갖는다. 즉, 아주 짧은 시간만 지속되며, 관련자들은 비교적 서로 가까이 있어야 한다.

해설 the persons involving → the persons involved

'관련시키다(involve)'와 의미상의 주어 'the persons'의 관계는 수동이므로 과거분사가 옳다.

05 ②

해석 디트로이트는 깨끗한 공기를 위한 규정된 연방 기준을 충족시키기 위해 최종기한까지 무공해 자동차들을 공급할 수 있었을지라도 오직 새 자동차들만 적절히 공급되어질 것이기 때문에 대도시들에 대한 영향은 미비할 것이다.

해설 nonpolluted → nonpolluting

'자동차'와 '공해를 일으키지 않다'의 관계는 '차가 오염되지 않은'의 수동이 아닌 '차가 오염을 일으키지 않는'의 능동이 옳다. 따라서 '무공해의'라는 분사형용사는 능동형 현재분사가 옳다.

어휘 prescribed 규정된

06   The controllers ① assign to United Airlines Flight 175 suspected that it ② had been hijacked as it flew off its ③ assigned route. But they did not learn that another plane had been hijacked until a minute before Flight 175 ④ struck the building.

07   A ① relatively dense population ② provided labor, while the seaports made ③ possible the easy ④ import of raw materials and the export of ⑤ finishing products.

08   Companies ① lose billions of dollars each year ② due to employees suffering ③ from illness ④ bringing on by stress.

09   When the young ① look at the older, they think how ② terrified it must be ③ to be nearing the end of your life. But older people know what ④ matters most.

10   ① Now that everyone from Ted Turner to George Bush, Dow to Exxon has ② professed love for Mother Earth, how are we to choose among the dozens of ③ conflicting proposals, restrictions, projects, regulations and laws ④ advance in the name ⑤ of environment?

06 ①

해석 United Airlines 175편 항공기에 배속된 감사관들은 항공기가 지정 비행로로 비행하고 있을 때 공중 납치됐다는 것을 알아챘다. 그러나 175편 항공기가 건물과 충돌할 때까지 다른 항공기가 공중 납치 됐다는 사실은 알지 못했다.

해설 assign to → assigned to
의미상의 주어 'controllers'와 'assign(배속시키다)'의 관계는 수동이므로 과거분사가 옳다.

어휘 hijack 납치하다

07 ⑤

해석 항구들이 원자재들을 쉽게 수입하고 완성품의 수출을 가능케 하는 반면에, 비교적 빽빽한 인원이 노동력을 제공했다.

해설 finishing → finished
의미상의 주어 'products'와 '마치다, 완성하다'의 관계는 수동이므로 과거분사가 옳다.

08 ④

해석 스트레스에 의해 발생된 질병을 앓고 있는 직원들 때문에 회사들은 매해 수십억의 손해를 보고 있다.

해설 bringing on → brought on
bring on(타동사 + 부사)은 '~을 야기하다, 발생시키다'라는 타동사구이다. 타동사는 목적어가 위치해야 능동 형태로 쓰이는데, 목적어가 없으므로 무조건 수동형이 옳다. 의미적으로 파악해도 '질병'과 '발생시키다'의 관계는 수동(발생된 질병)이다.

09 ②

해석 젊은이들이 노인들을 바라볼 때면 인생의 마지막 순간에 가까워지고 있다는 것이 얼마나 무서운 일일지 생각한다. 그러나 노인들은 가장 중요한 것이 무엇인지 알고 있다.

해설 terrified → terrifying
how가 이끄는 간접의문문 내에서 2형식 동사의 보어는 how 바로 뒤에 와야 한다. 가주어 it은 사물을 취급하기 때문에 감정동사(terrify; 무섭게 하다)를 이용한 분사는 능동의 현재분사가 옳다.

10 ④

해석 Ted Turner에서부터 George Bush로, Dow에서 Exxon에 이르기까지 모든 이가 지구에 대한 사랑을 공언해 왔으니 우리는 환경이란 명목으로 제출된 수십여 개의 상충되는 제안, 규제, 사업, 단속과 법률들 중에 어떻게 선택해야 할까?

해설 advance in the name → advanced in the name
의미상의 주어 'proposals, restrictions, projects, regulations and laws'와 'advance(제출하다)'의 관계는 수동이므로 과거분사가 옳다. 또한 하나의 문장 안에 두 개의 동사 are와 advance가 접속사나 관계사 없이 위치할 수는 없다.

어휘 profess 주장하다, 공언하다

11 I am not quite prepared ① to encounter an old lady with gray hair facetiously
    ② switch the topic of conversation ③ to the weather when the conversation
    without ④ any fault of mine naturally ⑤ drifted toward her age.

12 Most experts agree ① that there ② has never been such an ③ excited series of
    ④ breakthroughs in the search for a cancer cure as we have seen recently.

13 The behavior of the earth's magnetic poles is _____.
    ① not only mysterious, but most annoying
    ② not only mysteriously, but most annoying
    ③ not only mysterious, but most annoyed
    ④ not only mysteriously, but most annoyed
    ⑤ not only mysteriously, but more annoyed

14 There are certain ① establishing procedures ② that must ③ be followed in
    ④ conducting.

15 Choose the sentence that is NOT grammatically correct.
    ① Rescue workers searched the remote areas of the park trying to locate the
       missed man.
    ② The entry fee to the exposition will be reduced for tickets purchased in
       advance.
    ③ We have decided not to commission new project.
    ④ Immigrants must obtain a certificate of alien registration.
    ⑤ You look sick. You had better consult a doctor.

11 ②　해석　나는 대화가 아무런 나의 잘못이 없이 저절로 그녀의 나이로 이동했을 때 화제를 날씨로 익살스럽게 바꾸는 백발을 한 노파를 대할 준비가 되지 않았다.

해설　switch → switching
하나의 문장 안에 am not ~ prepared와 switch라는 두 개의 동사가 있을 수 없다. 따라서 의미상의 주어 'an old lady'와 'switch(얘기 화제를 바꾸다)'의 관계는 능동이므로 현재분사가 옳다.

어휘　facetiously 농담으로, 익살맞게

12 ③　해석　대부분의 전문가들은 암 치료 연구에 있어서 우리가 최근에 발견한 것처럼 흥미진진한 일련의 획기적 발견은 없었다는 것에 동의한다.

해설　excited → exciting
'excite(흥분시키다)'와 의미상의 주어인 'breakthroughs(획기적인 발견)'의 관계는 능동이므로, 현재 분사가 옳다. 감정을 나타내는 excite, interest, alarm, amaze, surprise, disappoint 동사들이 분사 화될 경우 그 의미상의 주어가 사물일 경우에는 현재분사인 ing 형태를 취해야 한다.

어휘　breakthrough 돌파구, 눈부신 발견

13 ①　해석　지구의 자극(磁極) 작용은 신비할 뿐만 아니라 가장 짜증난다.

해설　not only A but (also) B 구문으로서 A와 B 모두 be 동사의 보어로서 병치가 된다. 의미상의 주어는 문장의 주어인 'behavior(행위)'이고 'annoy(성가시게 하다)'와의 관계는 능동이므로 현재분사가 옳다.

어휘　magnetic pole 자극(磁極)

14 ①　해석　(업무) 수행에 있어서 반드시 따라야만 하는 어떤 확립된 절차가 있다.

해설　establishing → established
명사(procedures) 앞에 위치한 분사의 의미상의 주어는 뒤의 명사가 된다. '절차'와 '확립하다'의 관계는 '확립된 절차'로서 수동 관계이므로 과거분사가 옳다.

15 ①　해설　missed → missing
'실종된'을 의미하는 형용사는 현재분사 형태의 missing이 옳다.

어휘　commission 의뢰하다　alien registration 외국인 등록

4 분사의 부사적 용법

16 ① When ② frightening or exciting, elephants sometimes ③ use their trunks to make ④ a loud, shrill cry.

17 다음 중 어법상 틀린 것을 고르시오.
  ① It was an exciting game.
  ② He can make himself understood in English.
  ③ Things done by halves are never done right.
  ④ He stood leaned against the wall.
  ⑤ I was pleased at the news.

18 ＿＿＿＿＿＿＿＿ by the decision, the lawyer quickly left the courtroom.
  ① Having angered   ② Being angry
  ③ Angered   ④ Angering

19 To my surprise, she was fast asleep, with her hat and boots ＿＿＿＿＿＿＿.
  ① on   ② putting on
  ③ to put on   ④ putting
  ⑤ put

20 Twenty current and former AT&T Corp. employees ① from around the country are accusing ② the phone company of racial, gender and age discrimination, ③ have claimed that AT&T ④ failed to act on their repeated complaints about improper behavior in the workplace.

21 A few years ago, ① traveling through Italy, the idea for a history ② of Florentine architecture ③ occurred ④ to him.

16 ②

해석 겁을 먹거나 흥분할 때 코끼리들은 때때로 자신의 코를 이용하여 시끄럽고 날카로운 소리를 낸다.

해설 frightening or exciting → frightened or excited
의미상 주어인 주절의 주어 '코끼리'와 'frighten(무섭게 하다) or excite(흥분시키다)'의 관계는 수동이므로 과거분사가 옳다.

어휘 trunk (코끼리의) 코   shrill 날카로운

17 ④

해설 leaned → leaning
stand라는 1형식 자동사의 준보어로서 lean(기대다)을 이용한 분사가 위치했다. 준보어이므로 의미상의 주어는 문장 전체의 주어인 he이고 lean(기대다)과의 관계는 능동이므로 현재분사가 옳다.

18 ③

해석 판결에 화가 난 변호사는 서둘러 법정을 떠났다.

해설 분사구문의 의미상의 주어인 주절의 주어 '변호사'와 '화나게 하다(anger)'의 관계는 수동이므로 과거분사가 옳다. ② angry는 형용사로서 전치사 at과 결합한다.

19 ①

해석 놀랍게도, 그녀는 모자를 쓰고 부츠를 신은 채로 깊이 잠들었다.

해설 'with + 목적어 + 분사구문'으로서 put on(~을 입다, 신다)을 이용할 경우 '모자와 부츠'와 '쓰다, 신다'와의 관계는 수동(모자를 쓰고 부츠를 신은)이므로, 과거분사인 'with her hat and boots put on'이 옳다. 또한 'She is on boots(그녀는 부츠를 착용했다)'처럼 be 동사를 이용한 표현도 가능하다. 따라서 'with her hat and boots (being) on'도 옳다. being은 생략이 가능하다.

20 ③

해석 나라 전역에 있는 20명의 전, 현직 AT&T 근로자들은 AT&T 사가 근무지에서 부적절한 행위에 대한 반복되는 불만들에 대해 제대로 조치를 취하지 않는다고 주장하면서 인종, 성, 연령 차별을 이유로 그 전화 회사를 고소했다.

해설 have claimed → having claimed
동사 두 개가 동시에 접속사나 관계사 없이 올 수는 없다. 따라서 의미상의 주어 'employees'와 '주장하다(claim)'의 관계는 능동이므로 현재분사가 옳다.

21 ①

해석 몇 해 전 그가 이탈리아를 여행하고 있었을 때, Florentine 건축의 역사에 관한 생각이 그에게 떠올랐다.

해설 traveling → when he travelled
분사구문의 의미상의 주어 the idea가 여행을 할 수는 없다. 즉, 분사구문이 성립되기 위해서는 부사절의 주어와 주절의 주어가 같아야 한다.

22 Mowing the many-acred lawn, _____.

   ① the skies began to darken, so Bob went inside

   ② Bob went inside, being as the skies began to darken

   ③ Bob, the skies darkened, went inside

   ④ Bob saw the skies begin to darken and went inside

23 _____ no bus in the street, I had to go home on foot yesterday.

   ① There was   ② As it was

   ③ Because   ④ There being

   ⑤ Being

24 ① Forbidding to speak ② to each other, the ③ Danes communicated in stolen glances and occasional whispered words. This is not the way their new life ④ was supposed to work out.

25 ① The side of Rousseau's thought that arouses nostalgia for nature came to the United States ② early on. ③ Recently, ④ joining to many other movements, it ⑤ came to full flower and found a wide public.

26 _____, Renaldo Nehemiah decided to take up professional football in 1982.

   ① Nevertheless he was unbeatable as a hurdler

   ② As a hurdler he was virtually unbeatable

   ③ He was virtually unbeatable as a hurdler

   ④ Virtually unbeatable as a hurdler

27 "Come on, Lisa. How can I feel relaxed with _____ me like that?"

   ① his watching   ② him to watch

   ③ him watching   ④ him to be watching

28 G & G is proud ① that it should announce its second annual competition for Europe's best business plans. The ② winning submission will ③ advance to the semi-final round of NPM's annual business competition, with that winner ④ walks away with up to $1,000,000 ⑤ in prize awards.

22 ④ 해석 많은 에이커의 잔디를 깎은 Bob은 하늘이 어두워지기 시작하는 것을 보고 안으로 들어갔다.

해설 분사구문 mowing(풀을 베다)의 의미상의 주어가 되기 위해서는 사람 Bob이 주절의 주어가 되어야 한다. ③ 하늘이 어두워지는 걸 당하는 과거분사는 논리상 부적절하다.

어휘 acred (몇) 에이커 되는

23 ④ 해석 거리에 버스가 없었기 때문에 나는 어제 걸어서 집에 가야만 했다.

해설 원래 문장은 'As there was no bus in the street, ~'였다. 주절의 주어와 종속절의 주어가 다르기 때문에, 접속사만 없앤 채 독립분사구문인 'There being no bus in the street'로 축약됐다. ②는 '그것이 거리에 있는 버스가 아니다.' ⑤는 '내가 거리의 버스가 아니다.'라는 엉뚱한 문장이 된다.

24 ① 해석 서로에게 말하는 것이 금지된 덴마크 사람들은 은밀한 눈빛과 가끔씩은 속삭이는 말로 대화를 나눴다. 새로운 삶이 좋은 결과가 있으리라 예상되지는 않았다.

해설 Forbidding → Forbidden
분사구문의 의미상의 주어는 주절의 주어 덴마크 사람들(the Danes)이므로 '금지하다'와 '덴마크 사람들'과의 관계는 수동이므로 과거분사가 옳다.

25 ④ 해석 자연에 대한 향수를 불러일으킨 Rousseau의 사상의 단면이 미국에 일찍이 상륙했다. 최근에는 많은 다른 운동들과 결합된 그 생각이 화려하게 꽃을 피워 널리 알려졌다.

해설 joining → joined
'결합하다, 합류하다(join)'와 의미상의 주어인 주절의 주어 'it'과의 관계는 수동이므로 과거분사가 옳다.

어휘 nostalgia 향수

26 ④ 해석 허들 선수로서는 사실상 무적이었던 Renaldo Nehemiah는 1982년에 프로 축구를 시작하기로 결심했다.

해설 주절의 주어와 부사절의 주어가 같아서 As he was라는 '접속사 + 주어 + be 동사'가 생략된 형태이다.

어휘 unbeatable 무적의

27 ③ 해석 "Lisa. 그가 나를 지켜보고 있는데 어떻게 내가 편한 기분을 느끼겠니?"

해설 'with + 명사 + 분사' 구문으로서, '그'와 '보다'의 관계는 능동이므로 현재분사가 옳으며, 그 의미상의 주어는 전치사의 목적어이므로 목적격이 옳다.

28 ④ 해석 G&G 사는 제2회 유럽 최고의 연례 사업계획 대회를 발표하게 되어 기쁩니다. 당선작은 NPM의 연례 사업대회의 준결승전에 진출하게 되며 당선자는 상금으로 100만 달러까지 받게 됩니다.

해설 walks away → walking away
'with + 명사 + 분사' 구문으로서 의미상의 주어 'that winner'와 '상품을 타다(walk away with)'의 관계는 능동이므로 현재분사가 옳다.

어휘 walk away with ~을 수월하게 차지하다

5 분사구문의 동사적 특성

29 ① Reading two novels ② by Hemingway during the summer vacation, I ③ look forward to reading ④ more of his works.

30 The sun _____, we stayed there for the night.
   ① being set   ② has set
   ③ had set   ④ having set
   ⑤ having been set

31 ① Seriously burned in a terrible car accident, the doctor was not sure that John could be protected from infection long enough for his body to begin to heal itself.

32 Having been selected to represent the Association of American Engineers at the International Convention, _____.
   ① the members applauded him
   ② he gave a short acceptance speech
   ③ a speech had to be given by him
   ④ the members congratulated him
   ⑤ the members rejected him

33 On Saturday evenings guests are entertained in the garden _____.
   ① weather permitting   ② permitting weather
   ③ to permit weather   ④ weather permitted

29 ①　해석　여름방학동안 Hemingway의 소설 두 권을 읽고 나서 나는 더 많은 그의 작품을 읽기를 고대한다.

　해설　Reading → Having read
'또 다른 책을 읽기를 기대한다'라는 주절의 내용으로 미루어보아, 두 권의 소설을 읽은 것은 이전 시점을 말하므로 완료 분사구문이 옳다.

30 ④　해석　해가 졌기 때문에 우리는 잠자기 위해 그곳에 머물렀다.

　해설　원래 문장은 'As the sun had set, we stayed there for the night.'이었다. 주절의 주어(we)와 종속절의 주어(the sun)가 다르기 때문에 독립분사구문으로 형성됐다. set이 '(해가) 지다'라는 의미인 경우에는 자동사로서 수동태가 될 수 없으므로, ①, ⑤처럼 수동형 분사구문이 불가능하다.

31 ①　해석　John은 끔찍한 자동차 사고로 심한 화상을 입었기 때문에, 의사는 John의 신체가 자연 치유되기에 충분할 정도로 오랫동안 감염으로부터 보호될 수 있을지 확신을 가지지 못했다.

　해설　Seriously burned → As John was seriously burned
주어진 지문 그대로 해석한다면 주절과 분사구문의 주어가 같으므로 화상을 입은 사람이 의사가 된다. 따라서 부사절을 분사구문으로 간소화시키지 않고 그대로 부사절로 만든다.

32 ②　해석　국제회의에서 미국 엔지니어 협회를 대표하기 위해 선출된 그는 짧은 수락 연설을 발표했다.

　해설　미국 엔지니어 협회를 대표하기 위해 선출될 수 있는 주체가 주절의 주어로 등장해야 한다.
①　주절 → he was applauded by the members
　　박수갈채를 받는 자가 주절의 주어로 와야만 논리적으로 분사구문의 수식을 받는다.
③　주절 → he had to give a speech
　　연설할 수 있는 자가 주절의 주어로 와야만 논리적으로 분사구문의 수식을 받는다.
④, ⑤　주절 → he was congratulated/ rejected by the members
　　축하받고, 거절당할 수 있는 자가 주절의 주어로 와야만 논리적으로 분사구문의 수식을 받는다.

33 ①　해석　토요일 저녁마다 손님들은 날씨가 좋으면 정원에서 접대를 받는다.

　해설　'날씨가 좋다면'이라는 구문은 'if the weather permits = if the weather is good enough'이다. 주절의 주어와 부사절의 주어가 다르기 때문에 부사절의 주어를 내버려 둔 채 분사구문으로 줄인 독립분사 구문, 'weather permitting'이 옳다.

34   Many studies have been conducted worldwide _____ the advantages and disadvantages of having women work outside their homes.

① concerning   ② to concern

③ concerned   ④ concern

35   어법상 옳지 않은 문장을 고르시오.

① He counted it, all things considered, as the happiest part of his life.

② The sun having set, we gave up looking for them.

③ Please arrive back here a day early, in case there will be some details to talk over.

④ Two bags which should have gone to Rome are being loaded aboard a flight to Paris.

36   다음 중 문법적으로 옳지 않은 문장은?

① The programs on public television are generally superior on educational content to the programs on commercial television.

② We have only three days to practice until the band concert, but I forgot to have my uniform repaired.

③ Referring to your request of July 13, the matter is being reviewed by our board.

④ Realizing how they had failed, I regretted taking part in the program.

37   The Los Angeles riot of 1992 was arguably the worst race riot the nation had ever experienced. Over three days of rioting, over 50 people were killed and thousands more were injured. By the time the fires were put out, 8,000 buildings had been destroyed or damaged by fire, _____ over $1 billion in property damage. As the smoke cleared, Americans were left _____ and wondering what had just happened.

① amount to — dazing   ② accounting for — to daze

③ amounting to — dazed

④ which accounts for — dazing

⑤ that amounts to — dazed

34 ①　해석　세계적으로 여성들이 집 밖에서 일을 하는 것에 대한 이익과 손실들에 관한 많은 연구들이 이루어져 왔다.

　　　해설　concerning은 의미상의 주어와 태를 따질 필요가 없는 무인칭 독립분사구문으로서 '~에 관하여'라는 뜻을 가진다.

35 ③　해설　will be → are

　　　in case 다음에 완전한 문장이 올 경우에는 '~할 경우에 대비하여' 또는 '~이라면'의 의미로서 조건절을 이끌게 되므로, 미래시제가 쓰일 수 없고 현재시제를 써야 한다.

36 ③　해설　the matter is being reviewed by our board → our board is reviewing the matter

　　　주절의 주어인 the matter(문제)가 언급할 수 있는 능동의 주체가 되지 못하므로, 주절의 문장 전체를 능동태 문장으로 전환시키면 된다.

37 ③　해석　1992년의 LA 폭동은 거의 틀림없이 미국이 이제껏 경험해 본 것들 중 최악의 인종 폭동이었다. 폭동이 일어난 3일 동안 50명이 넘게 죽었으며 수천 명이 넘게 부상을 입었다. 화재가 진압됐을 때 8,000개의 건물이 화재에 의해 파괴되었거나 손실을 입었으며, 재산 손실의 총액이 10억 달러가 넘었다. 연기가 걷혔을 때, 미국인들은 얼떨떨한 상태에 있었으며, 무슨 일이 있었는지 의아해 했다.

　　　해설　첫 번째 빈칸 : amounting to

　　　account for는 '~을 설명하다, ~의 공간을 차지하다'라는 뜻을 가지며, amount to는 '결국 ~이 되다, (총액이) ~가 되다'라는 뜻을 가지는데, 이하에 손실액이 나오므로 후자를 선택해야 한다. 또한 접속사가 없으므로, 분사구문으로 처리해야 한다.

　　　두 번째 빈칸 : dazed

　　　능동태 문장은 'it left Americans dazed'였다. leave 동사는 목적어와 목적보어의 관계가 능동이면 목적보어에 현재분사가 위치하며, 수동이면 과거분사가 위치한다. '미국인들'과 '얼떨떨하게 하다'의 관계는 수동이므로 과거분사가 옳다.

　　　어휘　riot 폭동　daze 멍하게 하다

38 It is impossible to say how first the idea entered my brain; but once _____, it
    haunted me day and night.
    ① conceiving   ② conceived
    ③ which conceived it   ④ conceived it

39 The fight instructor, _____ at the air base, said that orders not to fight had
    been issued.
    ① when interviewed   ② when be interviewed
    ③ when to interview   ④ when interviews

40 Optimism is ① a good characteristic, but ② if carrying ③ to an excess, it ④ can
    become foolishness.

41 _____, early approaches for coping with workplace stress dealt with
    the problem only after its symptoms had appeared.
    ① Although well intending
    ② Although it is a good intention
    ③ Although a good intention
    ④ Although well intended

42 We all know that a little bit of stress can be a good thing, as it can motivate a
    person to take action. A lot of stress, though, can seriously affect one's mental
    and physical health and can prevent a person _____. Many people
    know that a job, schoolwork, or lifestyle can cause negative stress levels to
    increase dramatically, but very few are aware that certain kinds of food and drink,
    _____, can lead to higher levels of stress.
    ① from doing things effectively — if consumed regularly
    ② doing thing effectively — if it consumed regular
    ③ from doing things effectively — if it consumed regular
    ④ doing thing effectively — if consuming regularly

43 다음 문장 중에서 문법적으로 옳지 않은 것은?
    ① Standing as it is on a hill, the apartment commands a fine view.
    ② Please call me whenever it is convenient for you.
    ③ Don't read such books as will do you harm.
    ④ I'd rather you didn't come with me.

38 ②

해석 그 생각이 처음에 어떻게 내 머릿속에 들어왔는지 말하기는 불가능하지만 일단 생각이 떠오르기만 하면 밤낮으로 나를 괴롭힌다.

해설 의미상의 주어인 주절의 주어 'it(=the idea)'과 '(생각을) 착상하다'의 관계는 수동이므로 과거분사가 옳다.

어휘 conceive (생각을) 마음속으로 하다 　 haunt 뇌리에서 떠나지 않다

39 ①

해석 공군기지에서 인터뷰를 할 때 전투교관은 전투금지명령이 내려졌다고 말했다.

해설 부사절의 주어와 주절의 주어가 같을 경우 접속사를 생략하지 않은 채 분사로 줄일 수 있다.

어휘 air base 공군기지 　 issue (명령을) 내리다

40 ②

해석 낙관주의는 좋은 특성이지만 도가 지나치면 어리석음이 될 수 있다.

해설 if carrying → if carried

부사절의 주어와 주절의 주어가 같을 경우 접속사를 생략하지 않은 채 분사로 줄일 수 있지만, 이 경우에도 역시 의미상의 주어와 태를 따져야 한다. 의미상의 주어는 'it'이며, '옮기다'와의 관계는 수동이므로 과거분사가 옳다.

어휘 carry to an excess 지나치게 하다, 도를 넘다

41 ④

해석 직장 스트레스에 대처하는 초기 접근법들은, 비록 그것이 잘 의도되었다고 해도, 그 증상들이 나타난 직후에야 문제들을 다뤘다.

해설 분사구문의 의미상의 주어 'early approaches'와 '의도하다'의 관계는 수동이므로 과거분사가 옳다.

42 ①

해석 적은 양의 스트레스는 개인으로 하여금 조치를 취할 수 있게 하는 동기를 부여하기 때문에 괜찮다는 것을 우리 모두는 안다. 그렇지만 많은 양의 스트레스는 정신과 육체적 건강에 심각한 영향을 미칠 수 있으며 효과적으로 일하지 못하게 할 수도 있다. 일, 학업 혹은 생활방식이 부정적인 스트레스의 정도를 급격히 증가시킬 수 있다는 것은 많은 사람들이 알고 있지만, 특정 음식과 음료를 자주 섭취하면 상당한 수준의 스트레스를 야기할 수 있다는 사실은 거의 모르고 있다.

해설 첫 번째 빈칸 : from doing things effectively

prevent A from ~ing 구조를 취하여 'A가 ~하지 못하게 하다'라는 뜻을 가진다.

두 번째 빈칸 : if consumed regularly

원래 문장은 'if it is consumed regularly'에서 접속사를 내버려 두고 분사구문으로 만든 형태이다.

43 ①

해설 Standing as it is → Standing as it does

이유 분사구문의 능동형은 '~ing + as + 주어 + do 동사' 형태로 쓰이며, 수동형은 'p.p.+ as + 주어 + be 동사' 형태를 취한다. stand 동사는 자동사로서 수동태가 애당초 불가능하므로 능동형이 옳다.

어휘 command 위치에 있다

GRAMMAR HUNTER

GRAMMAR HUNTER

10 부정사

🔳 to부정사의 개념과 역할

to부정사는 'to + 동사원형(R)'의 형태를 취하는 것으로서 개별 동사의 본래 성질 및 기능을 그대로 유지하면서 문장 내에서 명사, 형용사, 부사의 역할을 하는 것을 말한다. 즉, to부정사는 명사적 용법, 형용사적 용법, 그리고 부사적 용법을 수행한다.

🔳 부정사의 명사적 용법

10-01

1. 개념

to부정사의 명사적 용법이라 함은 '주어', 타동사와 전치사의 '목적어', 2형식·5형식 동사의 '보어', 동격의 자리에 위치하는 '명사'의 역할을 하는 것을 의미한다.

10-02

2. 주어 기능(~하는 것)

현대영어에서 to부정사 그 자체를 주어로 표기하는 문장의 개수가 줄어들고 있다. to부정사를 주어로 그 뜻을 전할 경우 가주어 it을 표기하고 진주어 역할을 하는 to부정사는 맨 뒤로 보낸다. 이 경우 동명사가 뒤에 진주어로 오면 틀리는 것이 원칙이다.

- **To understand this theory** is very difficult.
  문장의 주어

  = **It** is very difficult **to understand this theory**.
  가주어   진주어

  It is very difficult ~~understanding~~ this theory. (×)
  이 이론을 이해한다는 것은 너무 어렵다.

  ▶ 가주어 it + 진주어 to부정사 구문에서 to부정사 자리에 동명사가 대신할 수 없음이 문어체의 원칙이다.

10-03

국민대 2003

3. 보어 기능(~하는 것)

다음의 명사가 주어로 올 경우 2형식 동사의 보어로 to부정사가 온다. 이때 동명사가 보어로 오면 틀린 표현이 된다.

aim, ambition, duty, function, objective, purpose, wish

- The **purpose** of this meeting is **to elect** a new chairman.
  The purpose of this meeting is ~~electing~~ a new chairman. (×)
  이번 모임의 목표는 새로운 의장을 선출하는 것이다.

  ▶ 주어가 미래지향인 purpose(목표)이므로 그 주격보어 또한 to부정사가 옳다.

4. 목적어 기능(~하는 것)

(1) 타동사의 목적어

10-04

고려대 2012
이화여대 2011
한국외대 2010
세종대 2007
계명대 2007
국민대 2005
단국대 2005
서울여대 2002

to부정사를 목적어로 취하는 타동사(내용적으로 미래를 내포하고 있는 경우)
※ 이들 동사의 목적어 자리에 동명사가 오면 틀린 표현이 된다. ★ 11-03 비교

① 원하다	care, desire, wish ~을 바라다 expect ~을 예상하다 hope ~을 희망하다 need ~을 필요로 하다 want, would like ~을 원하다 endeavor 노력하다
② 계획·결심하다	aim 작정하다 decide 결정하다 dare 감히 ~을 하다 determine, resolve 결심하다 plan 계획하다
③ 제안·약속/ 동의·거절	ask, seek 바라다 offer 제공하다 demand 요구하다 choose 결정하다 promise, swear 약속하다 propose 제안하다 agree, consent, assent 동의하다 refuse 거절하다(=decline) hesitate 주저하다
④ 기타	afford ~할 여유가 있다 serve ~에 도움이 되다 pretend ~인체하다 manage 어떻게든 ~하다 tend ~하는 경향이 있다 threaten 위협하다 bother 괴롭히다 fail ~하지 못하다 happen 우연히 ~하다(=chance) deserve ~할 만하다

· I **would like to see** that film.
  I would like ~~seeing~~ that film. (×)
  나는 그 영화를 보고 싶다.

· She **pretends to understand** all.
  She pretends ~~understanding~~ all. (×)
  그녀는 모든 것을 이해하는 척 한다.

10-05

세종대 2003

CHECK |

1. believe/find/make/think + it(가목적어) + 목적보어 + 진목적어(to부정사) 구문

· Most people think **it wrong to tell a lie.** [5형식]
  　　　　　　　　　 가목적어 목·보　　진목적어

▶ 5형식 구문에서는 목적어 자리에 바로 to부정사가 올 수는 없다.

  Most people think to tell a lie wrong. (×)
  　　　　　　　　동사　　목적어　　목·보

  이 문장의 경우 to tell a lie가 목적어이며, wrong이 목적어를 설명하는 목적보어인데 이는 틀린 문장이다. 따라서 to부
  정사의 목적어를 갖춘 문장을 쓰고자 하는 경우 비인칭대명사 it을 이용하여, 우선 가짜 목적어 it과 목적보어를 위치시킨 후
  진목적어인 to부정사를 문장 뒤에 위치시키면 된다. ★ 19-10~14 참조

2. 인식동사는 to부정사를 곧바로 목적어로 취할 수 없다. ★ 12-29~32 참조

· Jim **believed that** he would win the game.
  Jim believed ~~to win~~ the game. (×)
  Jim은 그가 경기에서 승리하리라 믿었다.

▶ say, believe, think, know와 같은 인식동사들은 능동태에서 to부정사를 목적어로 취할 수 없다.

한국외대 2005

(2) 전치사의 목적어

전치사는 명사, 동명사 또는 명사 상당어구를 목적어로 취하므로 to부정사를 목적어로 취할 수 없음이 원칙이다. ★11-04 비교

- For fifty years, she did her job **without complaining**.
  For fifty years, she did her job without ~~to complain~~. (×)
  50년 동안 그녀는 불평 없이 직장생활을 했다.

  ▶ 전치사 without의 목적어로서 to부정사는 올 수 없으며, 동명사만 가능하다.

> **CHECK | 예외: 전치사가 to부정사를 목적어로 취하는 경우**
>
> but(save, except ~을 제외하고)은 to부정사를 목적어로 취할 수 있다.
>
> > have no choice(=alternative) but to부정사 ~하지 않을 수 없다
> > = cannot help but 동사원형 = cannot choose but 동사원형
> > = cannot but 동사원형 = cannot help ~ing ★11-22 참조
>
> - President Lee **has no choice but to resign**. [choice = alternative] [but = except]
>   = President Lee **cannot (choose/ help) but resign**.
>   = President Lee **cannot help resigning**.
>   이 대통령은 사임하지 않을 수 없다.

5. 동격

아래의 '의지'의 속성을 가진 명사들이 to부정사 앞에 오면 대개 동격으로 온다. ★11-05 비교

---

ability, attempt, decision, effort, plan, proposal, will

- What is lacking is the political **will to get** anything done against terrorism.
  What is lacking is the political ~~will get~~ anything done against terrorism. (×)
  부족한 것은 테러에 대비해 무엇이라도 하겠다는 정치적인 의지이다.

  ▶ 여기서 will은 조동사가 아닌 명사로서 to부정사의 수식을 받아 동격이 된 경우이다.

예제

> ① There being low sales, ② companies decided ③ developing new ④ products.
>
> **해석** 판매가 저조해서, 회사들은 신상품을 개발하기로 결정했다.
> **해설** developing → to develop
>   decide 동사는 to부정사를 목적어로 취한다.
> **정답** ③

❸ 부정사의 형용사적 용법

1. 개념

10-09

to부정사의 형용사적 용법은 한정적 용법과 서술적 용법으로 구분할 수 있다. 한정적 용법은 to부정사가 명사 또는 대명사의 뒤에서 수식하는 형태이며, 서술적 용법은 be동사의 보어로 위치한 형태이다.

2. to부정사의 한정적 용법

(1) 한정적 용법

1) 수식을 받는 명사가 to부정사의 의미상의 주어가 되는 경우

10-10
경원대 2008

문맥에 따라 to부정사의 행위를 하는 것이 앞에 위치한 명사가 될 경우가 있다. 즉, '명사 + to부정사 (~하는 사람)' 형태로서 to부정사 앞에 위치한 명사가 to부정사의 의미상의 주어가 되는 경우이다.

- We need the **man to help** us.
  = We need the man who will help us.
    우리를 도와줄 사람이 필요하다.

- He has no **supporters to deal with** this problem.
  = He has no supporters who will deal with this problem.
    이 문제를 처리해 줄 후원자들이 그에게는 없다.

2) 수식을 받는 명사가 to부정사의 목적어가 되는 경우

10-11
경희대 2010
한국외대 2001

문맥에 따라 to부정사의 동작을 받는 것이 앞에 위치한 명사가 될 경우가 있다. 즉, '명사 + to부정사 (~하는 것)' 형태로서 명사가 to부정사의 목적어로 되는 경우이다.

- He has lots of **books to read**.
  = He has lots of books which he will read.
    그는 읽을 많은 책들이 있다.

- There is a **bench to sit on**.
  = There is a bench which we will sit on.
    우리가 앉을 벤치가 있다.

10-12
국민대 2010

CHECK |

'the first/ second/ last/ next/ only + 명사' 다음에는 능동이라면 to부정사, 수동이라면 (to be) p.p.가 온다. 단순 현재분사는 올 수 없다.

- He is the first man that knows the theory.
  = He is **the first man to know** the theory.
  He is the first man ~~knowing~~ the theory. (×)
    그는 그 이론을 알고 있는 최초의 사람이다.

---

(2) to부정사 뒤에 전치사가 오는 경우 = 전치사 + 목적격 관계사 + to부정사

10-13
중앙대 2005
한국외대 2001

'명사 + to부정사' 형태로서 to부정사 구문이 앞의 명사를 수식할 때 원형 부정사가 자동사인 경우에는 전치사가 필요하다. 단, '전치사 + 목적격 관계사 + to부정사' 구문으로 쓰일 경우, 전치사는 목적격 관계사 앞에만 위치해야 하며, 그 부정사의 의미상의 주어는 주절의 주어와 같거나 일반인 주어이어야 한다.

- Jimmie has no **house to live in.** [명사 + to부정사(live가 자동사이므로 전치사 in 필요)]

  = Jimmie has no **house in which he can live.** [전치사 + 관계사절 형태] ★ 08-12~14 참조

  = Jimmie has no **house which he can live in.** [전치사를 관계사절 안으로 넣은 형태]

  = Jimmie has no **house that he can live in.** [목적격 관계사는 that이 대신할 수 있음]

  = Jimmie has no **house he can live in.** [목적격 관계사는 생략이 가능]

  = Jimmie has no **house in which to live.** ['전치사 + 관계대명사'와 'to부정사'가 결합된 형태]

  Jimmie has no house ~~to live~~. (×)

  Jimmie는 거주할 집이 없다.

  ▶ 앞의 선행사 house를 수식하기 위해서는 자동사 live 또한 전치사 in이 있어야 한다.

  Jimmie has no house ~~which~~ to live ~~in~~. (×)

  ▶ '목적격 관계사 + to부정사' 구문 뒤에 전치사가 올 수 없으며 전치사를 관계대명사 앞으로 위치시켜야 한다.

  Jimmie has no house ~~in~~ to live. (×)

  ▶ to부정사는 전치사의 목적어가 될 수 없다.

`10-14`

CHECK | 전치사 + 목적격 관계사 + to부정사 주요 예문

※ 이 쟁점은 상당히 중요하므로 예문을 통해서 조금 더 살펴보자.

- a pen **to write with** = a pen **with which to write** 가지고 쓸 펜
- a piece of paper **to write on** = a paper **on which to write** 거기에다 글을 쓸 종이
- small money **to live on** = small money **on which to live** (의지하며) 살아갈 적은 돈
- a chair **to sit on** = a chair **on which to sit** 앉을 의자
- a friend **to talk** about the matter **with** = a friend **with whom to talk** about the matter
  그 문제에 대해 함께 얘기할 친구

---

3. to부정사의 서술적 용법

`10-15`

(1) 개념

부정사의 서술적 용법이라 함은 2형식 불완전자동사의 보어 또는 be 동사의 보어로서 위치한 to부정사가 예정, 의무, 가능, 의도, 운명의 의미를 가지는 경우와 타동사의 목적보어로서 위치하는 to부정사를 말한다.

`10-16`

광운대 2009
명지대 2008

(2) be to부정사

이 다섯 가지의 용법 중 무엇이 쓰였는지는 형태상 구분할 수는 없으며, 해석상 구분할 수 있을 뿐이다. 현대영어는 이 be to 용법을 일종의 조동사로 간주하므로 뒤에 오는 동사원형의 태를 조심해야 한다.

1) 예정 → ~할 예정이다

- Their meeting **is to be held** two weeks later.
  그들의 모임이 2주 뒤에 개최될 예정이다.

2) 의무 → ~해야 한다

- You **are to remember** my advice.
  너는 나의 조언을 기억해야만 한다.

3) 가능 → ~할 수 있다

- Many fans **are to be seen** from the stadium.
  많은 팬들은 경기장에서 볼 수 있다.

4) 의도 → ~하려 하다

- If you **are to succeed**, you must study hard.
  성공하려면 너는 열심히 공부해야 한다.

5) 운명 → ~할 운명이다

- Many people **are to die**.
  많은 사람들은 죽을 운명이다.

(3) 2형식 불완전자동사의 주격보어인 to부정사

10-17

이하에 열거되는 동사들은 부정사를 보어로 취하므로 동명사와 결합할 수는 없는 것이 수험의 초점이다.

seem/ appear to부정사 ~처럼 보이다	prove/ turn out to부정사 ~으로 판명되다
get/ come to부정사 ~하게 되다	grow to부정사 차차 ~이 되다

- I **got to learn** how to solve this problem.
  나는 이 문제를 푸는 법을 알게 되었다.

- After a while the kids **grew to like** Mr. Cox.
  잠시 뒤에 아이들은 Cox 씨를 차차 좋아하게 됐다.

(4) 5형식 동사의 목적보어로서 to부정사

10-18

동사 편에서 이미 공부한 목적보어에 위치하는 to부정사 또한 목적어의 추가 동사로서 이를 to부정사의 서술적 용법이라고 부른다. ★ 01-81 참조

- She asked me **to get** her a cup of coffee.
  그녀는 나에게 커피 한 잔을 타 달라고 요청했다.

- I got a baby **to stop** crying.
  나는 아기에게 울음을 그치라고 했다.

예제

38 years ago Barbara Chung became the first Asian _____ elected mayor in America.

① to   ② was to   ③ she was   ④ to be

해석 38년 전에 Barbara Chung은 미국에서 시장으로 당선된 최초의 아시아인이었다.

해설 앞의 선행사 Asian을 후치 수식하는 형용사 기능어구가 필요하다. 주절이 이미 성립되었으므로 동사인 ②, ③은 모두 틀리며, the 서수 (+ 명사)는 to부정사가 수식하게 된다. 능동이라면 to부정사, 수동이라면 (to be) p.p.가 온다.

정답 ④

🄳 부정사의 부사적 용법

1. 개념

to부정사의 부사적 용법은 to부정사가 '목적 · 결과 · 원인 · 조건 · 정도'를 나타내어 부사 기능을 수행하는 것을 말한다.

2. 목적 (~하기 위해)

목적의 to부정사는 '~하기 위해'라는 뜻을 가지며, 'so as to부정사 = in order to부정사' 또한 목적을 가리키는 to부정사 구문이다. 또한 'so that' 또는 'in order that' 다음에 조동사 can이나 may 혹은 will 이 결합이 되면 부사절로서 '목적'을 나타낸다. ★ 05-36 참조

(1) 긍정문

· Many students study hard **to pass** the exam.
   = Many students study hard **in order to pass** the exam.
   = Many students study hard **so as to pass** the exam.
   = Many students study hard **in order that they can/ may pass** the exam.
   = Many students study hard **so that they can/ may pass** the exam.
   많은 학생들은 시험을 합격하기 위해 열심히 공부한다.

(2) 부정문

· Many students study hard **not to fail.**
   = Many students study hard **in order not to fail.**
   = Many students study hard **so as not to fail.**
   = Many students study hard **in order that they could/ might not fail.**
   = Many students study hard **so that they could/ might not fail.**
   = Many students study hard **lest they (should) fail.**
   많은 학생들은 실패하지 않기 위해 열심히 공부한다.

> **CHECK** |
>
> to부정사가 '목적'을 가리켜서 문두에 위치할 경우, to부정사의 과거 형태인 to have p.p. 형태는 취할 수 없다.
>
> · **To find out** more about university courses, you can write to this address.
> ~~To have found~~ out more about university courses, you can write to this address. (×)
> 대학 과정에 대해서 좀 더 알아보려면, 이 주소로 편지하면 된다.

3. 결과 (결국 ~하다)

이하의 표현들은 주절의 내용에 추가적으로 발생하는 '결과'적 표현을 가리킨다.

awake/ live/ grow up + to부정사	~하여 결국 ~하게 되다
only to부정사	~했으나 결국 ~되다
never to부정사	~했으나 ~하지 못하다

- Sophie **grew up to be** a beautiful actress.
  Sophie는 성장해서 아름다운 배우가 되었다.
- My colleague did her best, **only to fail** to get promotion.
  내 동료는 최선을 다했으나 승진하지 못했다.
- Lenny went to Japan **never to return**.
  Lenny는 일본으로 갔으나 돌아오지 못했다.

4. 감정의 원인

감정을 나타내는 동사들인 smile, weep, rejoice 또는 형용사 glad, happy, sorry, shocked, surprised 뒤에 위치하는 부정사는 '~하고, ~해서'라는 뜻을 가진 원인의 의미로 쓰인다.

형용사	surprised ashamed astonished delighted glad happy kind sorry
동사	smile weep rejoice laugh

- She **smiled to see** the sight.
  그녀는 그 광경을 보고 미소를 지었다.
- She'll be really **surprised to see** me.
  그녀는 나를 보게 되면 정말로 놀랄 것이다.

5. 조건 (~한다면)

부정사가 if 조건절의 의미를 가지고 있는 경우로서, '~한다면'의 뜻을 가질 수 있다. ★ 05-32 참조

- **To want** to come and stay with us, you can do.
  = **If you want to** come and stay with us, you can do.
  오셔서 우리와 함께 있고 싶으시다면 그러셔도 좋습니다.

6. 정도 (~하기에 …하다)

부정사가 형용사 · 부사를 수식하는 경우로서, '~하기에 …하다'라는 뜻을 가질 수 있다.

- This stone is **too heavy to lift**.
  이 돌은 들기에 너무나 무겁다. (= 이 돌은 너무나 무거워서 들 수가 없다.)
- This water is not **good to drink**.
  이 물은 마시기에 좋지 않다.
- This problem is **difficult to solve**.
  이 문제는 풀기에 어렵다.

CHECK |

1. 정도의 부정사와 대명사

형용사 뒤에 나오는 to부정사의 목적어가 앞에 나온 명사일 수 있다. 이 경우 부정사의 목적어로 대명사가 또 등장하면 틀린 표현이 된다.

- This stone is too heavy to lift it. (×)
  This water is not good to drink it. (×)

  > 각각 to lift와 to drink의 의미상 목적어가 전체 문장의 주어 stone, water이다. 이렇게 형용사 뒤에 나온 부정사의 목적어가 앞서 나온 명사일 경우 그 목적어로 대명사를 취할 수 없다. 다음 5형식 문장의 경우도 마찬가지 맥락이다.

- I think this bag heavy to lift.
  나는 이 가방이 들기에 무겁다고 생각한다.

- I find this water good to drink.
  나는 이 물이 마시기에 적합하다고 판단한다.

2. 자동사를 이용한 to부정사

형용사 뒤에 등장하는 부정사가 앞서 나온 명사를 목적어로 취할 경우 자동사라면 전치사가 필요하다.

- The chair is attractive to look at.
  The chair is attractive to look. (×)
  그 의자는 보기에 매력적이다.(= 외관이 매력적이다.)

  > 보다(look)의 의미상 목적어가 앞서 나온 주어(chair)이다. look은 자동사이므로 전치사가 있어야 목적어를 취하므로 전치사 at이 추가적으로 필요하다.

예제

Liberal politicians are very ① dissatisfied with economic programs ② that control inflation ③ by increasing unemployment so as ④ causing recession.

해석 자유주의 정치인들은 경기후퇴를 야기하기 위하여 실업을 증가시킴으로써 인플레이션을 통제하는 경제 계획에 대해서 매우 불만족스러워한다.

해설 causing → to cause
'so as to부정사'는 '~하기 위하여'라는 목적을 가리킨다. so as ~ing 구문은 존재하지 않는다.

정답 ④

⑤ 부정사의 동사적 특성

1. 부정사의 시제

(1) 개념

부정사는 주어의 수에 영향을 받지 않지만, 기본적으로는 동사로서의 성질이 있으므로 완료형을 가지게 된다. 부정사의 시제 형태로는 단순 부정사인 'to + 동사원형'과 완료부정사인 'to have p.p.' 형태를 가진다.

	단순형	완료형
능동태	to 동사원형	to have p.p.
수동태	to be p.p.	to have been p.p.

(2) 단순 부정사

to 동사원형(능동)/ to be p.p.(수동)의 형태를 가지며 문장의 동사와 같은 시제 또는 나중의 시제를 말한다. ★ 09-28/ 11-07 비교

1) 문장의 동사와 같은 시제　10-27

- The decision **seems to be** wrong.

    = It **seems** that the decision **is** wrong.

    그 결정은 잘못된 것처럼 보인다.

    ▶ 단순 부정사의 시제는 문장의 동사 시제와 같으므로 to be는 seems와 같은 현재시제이다.

- The decision **seemed to be** wrong.

    = It **seemed** that the decision **was** wrong.

    그 결정은 잘못된 것처럼 보였다.

    ▶ 단순 부정사의 시제는 문장의 동사 시제와 같으므로 to be는 seemed와 같은 과거시제이다.

2) 문장의 동사보다 이후의 시제　10-28

'hope, expect, intend, want, wish'와 같은 '기대'의 의미를 가진 동사의 목적어 또는 목적보어의 to부정사는 미래의 내용을 가리킨다.

- I **hope to meet** Bin Laden.

    = I **hope** that I **will meet** Bin Laden.

    나는 Bin Laden을 만나기를 희망한다.

    ▮ 문장의 동사 hope는 현재시제이지만 동사의 속성 자체가 '미래'의 일을 희망하는 것이므로, 목적어인 부정사 to meet은 미래의 내용을 가리키게 된다. to부정사의 미래시제는 to 동사원형이라는 단순 부정사 형태로 취한다.

- I **hoped to meet** Bin Laden.

    = I **hoped** that I **would** meet Bin Laden.

    나는 Bin Laden을 만나기를 희망했다.

    ▮ 기준시점이 과거(hoped)이므로, 기준시점인 과거시점보다 미래에 대한 기대는 단순 부정사인 to 동사원형으로 나타낸다. 복문으로 조동사 would를 사용할 수 있다.

(3) 완료 부정사

1) 문장의 동사보다 앞선 시제　10-29　서경대 2007

to have p.p.(능동)/ to have been p.p.(수동)의 형태를 가지며, 문장 동사의 시제보다 앞선 시제의 일을 가리킨다. ★ 09-29, 11-08 비교

- The decision **seems to have been** wrong.

    = It **seems** that the decision **has been/ was** wrong.

    그 결정은 잘못된 것처럼 보인다.

    ▮ 기준시점은 seems라는 현재시제이지만, 그 대상이 되는 내용의 시제가 이전 시제인 '현재완료 또는 과거'임을 말하기 위해서 완료 부정사(to have p.p.) 형태를 취하는 것이다.

- The decision **seemed to have been** wrong.

  = It **seemed** that the decision **had been** wrong.

  그 결정은 잘못된 것처럼 보였다.

  | 기준시점은 seemed라는 과거시제이지만, 그 대상이 되는 내용의 시제가 이전 시제인 '과거완료'임을 전하기 위해서 완료 부정사
  | (to have p.p.) 형태를 취하는 것이다.

10-30

국민대 2010
고려대 2009
아주대 2005
아주대 2004

CHECK | 인식동사의 수동태 전환 시 to부정사의 시제 ★ 03-07 참조

- People **believe** that the bridge **was** built twenty years ago.

  = **It is believed that** the bridge **was** built twenty years ago.

  = The bridge **is believed to have been built** twenty years ago.

  그 다리는 20년 전에 만들어졌다고 여겨진다.

  | 과거시제를 통제하는 twenty years ago는 주절의 시제를 통제하는 것이 아닌 to부정사구의 시제를 통제하는 것이다.
  | 주절의 시제가 현재이며 twenty years ago의 수식을 받는 to부정사구가 명백히 이전 시제이므로 '완료 부정사'로 쓰인
  | 경우이다.

- The couple **is said to have left** the country last year.

  그 부부는 작년에 그 나라를 떠났다고 전해진다.

10-31A

가톨릭대 2003

2) 과거에 이루지 못한 소망

희망·기대·의도 등을 나타내는 소위 미래동사들은 '미래동사의 과거형 + to have p.p.' 형태를 취하여 '과거에 이루지 못한 일에 대한 아쉬움·회환'을 나타낸다.

미래동사	expect hope intend like mean promise want wish be to(의도)

S + had p.p. + to부정사
= S + had p.p. + that S + 과거시제
= S + 과거동사 + 완료 부정사

- I **had hoped to see** her yesterday. 나는 어제 그녀를 보기를 희망했다 (그러나 그러지 못했다).

  = I **had hoped that I would** see her yesterday.

  = I **hoped to have seen** her yesterday.

  = I hoped to see her yesterday, but I couldn't.

  I ~~had~~ hoped to have seen her yesterday. (×)

  ▶ 미래동사의 과거완료 + to have p.p. 형태는 취하지 않는다.

10-31B

가톨릭대 2010

CHECK | 완료 부정사는 함부로 사용해서는 안 된다.

주절 앞이나 목적보어 자리에 완료 부정사가 올 수 없다.

- ~~To have got~~ well, you must become a vegetarian. (×)

  건강해지려면 당신은 채식가가 되어야 한다.

  ▶ 주절 앞에 완료 부정사는 올 수 없다.

- Fats cause food ~~to have remained~~ longer. (×)

  지방은 음식을 더 오래 남도록 한다.

  ▶ 5형식 동사 cause의 목적보어 자리에 완료 부정사는 올 수 없다.

---

2. 부정사의 의미상의 주어

부정사의 의미상의 주어가 문장의 주어와 일치하거나 목적어와 일치할 경우 부정사의 의미상의 주어는 별도로 두지 않는다. 그러나 그것이 다를 경우에는 원칙적으로 'for + 명사/목적격'을 부정사 앞에 둔다. 예외적으로 인성형용사는 'of + 명사/목적격'을 부정사 앞에 둔다. ★ 11-10-15 비교

(1) 의미상의 주어가 문장의 주어와 일치할 경우 → 의미상의 주어 생략 `10-32`

· **Tina** decides **to go** to Rome next year.
Tina는 내년에 로마로 가기로 결정했다.

> 타동사(decide)의 목적어로 쓰인 to부정사(to go)의 의미상의 주어가 문장의 주어(Tina)일 경우 to부정사의 의미상의 주어를 별도로 to부정사 앞에 위치하지 않는다.

(2) 의미상의 주어가 문장의 목적어와 일치할 경우 → 목적어가 의미상의 주어 `10-33`

· I believed **him to be** honest.
나는 그가 정직하다고 믿었다.

· I want **Tina to go** to Rome next year.
나는 Tina가 내년에 로마로 갔으면 한다.

> '주어 + 동사 + 목적어 + to부정사' 구문은 5형식 구문으로서, 이때 위치한 to부정사는 목적어를 보충 설명하는 목적보어의 역할을 한다. 결국 목적어가 to부정사의 의미상의 주어가 되는 것이다.

(3) 의미상의 주어를 'for + 목적격'으로 나타내는 경우 → 일반인 주어 및 특정 명사

1) 일반인 주어가 의미상의 주어인 경우 `10-34`

to부정사의 의미상의 주어가 일반인인 us, them 인 경우 'for + 목적격'은 생략이 가능하다.

· It's natural **for us to pass** the exam.
　　　　　가주어　　　　　　　　진주어
= It's natural **to pass** the exam.
우리가 그 시험에 합격하는 것은 당연하다.

> 첫 문장의 경우 to부정사의 의미상의 주어를 위치시키기 위해서 to부정사 앞에 for 목적격(us)을 위치시켰다. 그러나 일반인이 의미상의 주어일 경우에는 두 번째 문장처럼 생략할 수 있다.

2) 특정 명사가 의미상의 주어인 경우 `10-35`

일반인이 아닌 특정 명사가 to부정사의 의미상의 주어인 경우 'for + 명사' 구조를 취하며, 이는 생략할 수 없다.

광운대 2009
숭실대 2008

· It's not natural **for a child to be** quiet.
　　가주어　　　　　　　　　진주어
It's not natural **of a child to be** quiet. (×)
아이가 조용한 것은 당연한 것이 아니다.

> ▷ to부정사의 별도의 의미상의 주어는 'for + 명사'가 옳다.

(4) 의미상의 주어를 'of + 목적격'으로 나타내는 경우

> 인간의 성격·성질을 나타내는 인성형용사 뒤에 위치한 부정사의 의미상의 주어는 'of + 목적격'을 취한다. 따라서 의미상의 주어가 'for + 목적격'이 위치하면 틀린다.

인성형용사	bad clever cruel foolish good kind nice rude stupid considerate

- It's very **cruel of** him **to abduct** two children.
  가주어   의미상 주어   진주어

  It's very cruel ~~for~~ him to abduct two children. (×)
  두 명의 아이를 납치하다니 그는 매우 잔인하다.

- It was **kind of** you **to say** so.
  당신이 그렇게 말해주시다니 감사합니다.

- It would be **foolish of** you **to ignore** his advice.
  당신이 그의 조언을 무시한다면 어리석은 꼴이다.

3. 부정사의 태

부정사는 그 의미상의 주어와 관계가 능동이면 'to 동사원형(문장 동사의 시제와 같거나 나중의 일) 또는 to have p.p.(문장 동사의 시제보다 한 시제 이전의 일)' 형태이고, 이와는 달리 그 의미상의 주어와의 관계가 수동이면 'to be p.p.(문장 동사의 시제와 같거나 나중의 일) 또는 to have been p.p.(문장 동사의 시제보다 한 시제 이전의 일)' 형태를 취한다.

	단순형 부정사	완료형 부정사
능동태	to 동사원형	to have p.p.
수동태	to be p.p.	to have been p.p.

(1) 능동형 부정사 → to 동사원형 / to have p.p. ★ 09-30, 11-16 비교

- He seems **to sponsor** the organization.
  그가 그 단체를 후원하는 것 같다.

  > 문장의 주어인 he와 sponsor의 관계는 '그가 후원하는 동작의 주체'이므로 능동형 to 동사원형이 옳다. 다음의 5형식 구문에서 목적어와 목적보어의 관계도 마찬가지 맥락이다.

- I want **him to sponsor** the organization.
  나는 그가 그 단체를 후원하기를 원한다.

(2) 수동형 부정사 → to be p.p. / to have been p.p. ★11-17 비교

- A great deal of **information** needs **to be stored**.

  A great deal of information needs ~~to store~~. (×)
  상당량의 정보가 보관될 필요가 있다.

  > 타동사 need의 목적어로서 위치한 to부정사이다. 따라서 주어와 태를 맞춰야 한다. 주어인 '정보'와 '보관하다'의 관계는 '수동'이 옳다.

- The organization seems **to be sponsored** by someone.
  그 기관은 누군가에 의해 후원받는 것 같다.

  > 문장의 주어인 'The organization'과 'sponsor'의 관계는 '후원을 받는 수동의 관계'이므로 to be p.p.가 옳다. 아래 예문의 주절보다 앞에 위치한 to부정사의 경우에도 마찬가지 맥락이다.

- **To be sponsored** by someone, **the organization** must do its best.
  누군가에 의해 후원을 받기 위해서는, 그 기관은 최선을 다해야 한다.

10-39
국민대 2014

CHECK | 특수한 태의 to부정사 용법

1. have 동사의 목적어 뒤

have가 '소유하다'라는 뜻을 가질 경우, 목적어 뒤 to부정사는 능동만 가능하다.

- I **have** work **to finish** tonight.
  I have work ~~to be finished~~ tonight. (×)
  나는 오늘 밤 끝낼 일이 있다.

  ▶ have 동사의 목적어 뒤에는 수동형 부정사가 올 수 없다.

2. 난이형용사 뒤

난이형용사(easy, difficult, hard, possible) 뒤 to부정사는 능동만 가능하다.

- A polite man is not **easy to find** nowadays.
  A polite man is not easy ~~to be found~~ nowadays. (×)
  요즘 공손한 사람은 찾기 쉽지 않다.

  ▶ 난이형용사(easy, difficult, hard, possible) 뒤 to부정사는 능동만 옳다.

3. there is 명사 뒤

there가 이끄는 문장 내에서, be 동사 뒤에 있는 주어를 수식하는 to부정사의 태가 의미적으로 수동이라면, 능동과 수동의 부정사가 모두 가능하다.

- **There is** work **to finish** tonight.
  = **There is** work **to be finished** tonight.
  오늘 밤 끝낼 일이 있다.

4. to blame과 to let이 be 동사의 보어로 쓰일 경우

to blame(비난받을)과 to let(세놓을)은 능동 형태로 수동의 의미를 전달할 수 있다.

- He **is to blame** for lying to father.
  = He **is to be blamed** for lying to father.
  그는 아버지에게 거짓말을 했으므로 비난받을 만하다.

한양대 2008
아주대 2004

대구대 2004

---

4. 부정사의 부정

부정사의 부정은 to 바로 앞에 부정어를 두며, to 다음에 부정어를 두면 안 된다. ★ 09-38, 11-21 비교

10-40
한국외대 2007

- I wanted you **not to go** to the club.
  I wanted you ~~to not~~ go to the club. (×)
  나는 네가 그 클럽에 가지 않기를 원했다.

- I make it a rule **never to eat** between meals.
  I make it a rule ~~to never~~ eat between meals. (×)
  나는 절대 간식을 하지 않는 것을 원칙으로 삼고 있다.

Jane ① quickly stepped ② on the brakes, and her car stopped just ③ in time ④ to be avoided an accident.

해석 Jane은 빠르게 브레이크를 밟았고, 사고를 피할 수 있도록 그녀의 차가 제때 멈췄다.

해설 to be avoided → to avoid
stop은 to부정사를 목적어로 취하여 '~하기 위해 멈추다'라는 뜻을 가지며, 의미상의 주어 '차'와 '피하다'의 관계는 능동이므로 능동형 부정사가 옳다.

정답 ④

10-41A

6 독립부정사

독립부정사는 문장을 수식하는 일종의 접속부사구로서, 문장의 다른 부분과는 아무런 관계없이 독립적으로 쓰이는 관용구이다. 다시 말하자면, to부정사의 의미상 주어가 전체 주어로부터 독립한 부정사구를 독립부정사라 하며, 문장 전체를 수식하는 즉, '문장부사(구)'의 역할을 한다. ★ 09-34~37, 11-18~20 비교

독립부정사의 유형	
to + 동사	to tell the truth 사실을 말하자면 to begin with 우선 to make matters worse 설상가상 to put it in another way 바꿔 말하자면 to put it in a nutshell 줄여 말하자면 to say nothing of(=not to speak of, not to mention) ~은 말할 것도 없이 so to speak 말하자면
to be + 형용사	to be sure 확실히 to be brief/ short 간단히 말해서 to be honest/ frank/ plain with you 솔직해 보자면
형용사 + to 동사	strange to say 이상하지만 lucky to say 다행히도 needless to say 말할 필요조차 없이

· **To tell the truth**, statistics is hard to understand completely.
   진실을 말하자면 통계학은 완벽하게 이해하기 어렵다.

   ▷ To tell의 의미상의 주어는 statistics가 아니다.

· Bill is, **so to speak**, the leader of the human rights organization.
   말하자면 Bill은 인권단체의 지도자이다.

   ▷ to speak의 의미상의 주어는 Bill이 아니다.

10-41B

> **CHECK** |
>
> 독립부정사와 마찬가지로서 to부정사의 용법 중 '목적'이나 '조건'을 가리키는 경우도 독립부정사와 마찬가지로 문두에 위치할 수 있다. 이 경우 주절의 주어와 to부정사의 의미상의 주어가 일치해야 하며, to부정사의 의미상 주어가 주절의 주어와 다를 경우 별도의 의미상의 주어를 'for + 목적격'으로 위치해야 한다.
> ★ 11-13, 11-38 비교
>
> · **To get well**, he needs an operation.
>   건강해지기 위해 그는 수술이 필요하다.
>
>   주절의 주어보다 먼저 위치한 to부정사의 경우 그 의미상의 주어는 주절의 주어와 일치해야 하며, '그가 건강하기 위한 것'이 옳다.

~~To get well~~, an operation is necessary. (×)

▶ 수술이 건강해질 수는 없으므로 틀린 표현이다. 아래 문장도 마찬가지 맥락이다.

- **To write** a good novel, you must think what to say to the readers.
  ~~To write~~ a good novel, ~~the first thing~~ is to think what to say to the readers. (×)
  좋은 소설을 쓰기 위해서는, 당신은 독자들에게 무엇을 전할지 생각해야 한다.

⑦ 대부정사와 분리 부정사

1. 대부정사

10-42
동국대 2003

대부정사란 앞에 나온 동사가 뒤에서 다시 to부정사에 반복될 때, to 뒤의 동사원형을 생략하고 to만 남겨두는 것을 말한다. 이는 문장의 간소함을 위함이다.

- A: Do you want to see your ex-girlfriend again?
  B: I **want to**, but I promise **not to**.
    I want to ~~do~~, but I promise not to ~~do~~. (×)
  A: 예전 여자친구를 다시 만나고 싶니?
  B: 만나고 싶지만, 그러지 않을 것이라고 약속할게.

  위 문장에서 I want와 I promise not 다음의 to는 그 다음에 동사가 생략되어 있음을 보여준다. 즉, 'I want to (see my ex-girlfriend again), but I promise not to (see my ex-girlfriend again).'이 축약된 형태이다.

2. 분리 부정사

10-43

분리 부정사란 to와 동사원형 사이에 수식하는 부사가 삽입되는 경우를 말한다. to와 동사원형 사이에 부사가 위치하여 수식하는 대상이 분명해지는 경우를 제외하고서는 이러한 형태를 피하는 것이 수험상의 원칙이다.

- I discussed the problem **to understand it clearly**.
  I discussed the problem to ~~clearly~~ understand it. (×)
  나는 그 문제점을 분명히 이해하기 위해서 토론했다.

  ▶ 수험영어에서는 to와 동사원형 사이에 부사를 삽입시키지 않는 것이 원칙이다.

예제

① After studying hard ② to become an accountant, he discovered ③ that it was not
④ what he wanted ⑤ to do.

해석 회계사가 되려고 열심히 공부한 뒤에, 그는 회계사가 되는 것이 자신이 원하는 것이 아니라는 것을 알게 되었다.

해설 to do → to
앞서 나온 동사인 become을 want to의 목적어로 다시 쓰이는 경우이므로 문장의 간소화를 위해서 to만 위치한다.

정답 ⑤

8 부정사의 관용표현

10-44
경희대 2008
경원대 2005

1. A enough to부정사 = so A as to부정사 = such A as to부정사 : ~하기에 충분히 A한

enough는 to부정사와 결합하여, '~할 만큼 너무나 ~하다'라는 의미를 가진다. ★ 15-22 비교

- It was fine **enough to take** a walk. [단문]

  = It was **so** fine (a day) **as to take** a walk. [단문]

  = It was **so** fine (a day) **that** we took a walk. [복문]

  = It was **such** a fine day **as to take** a walk. [단문]

  = It was **such** a fine day **that** we took a walk. [복문]

  교외에서 산책을 할 만큼 날씨가 너무나 좋다.

10-45
경기대 2006

2. too A to부정사 : ~할 수 없을 만큼 너무나 A한, ~하기에는 너무나 A한

too A to부정사(= so A that ~ can't 동사원형)은 A enough to부정사(~하기에 충분한)의 반대이다.

- This chair is **too** heavy for me **to lift**. [단문]

  이 의자는 내가 들 수 없을 만큼 너무나 무겁다.

10-46

> ### CHECK | too 관련 관용표현
>
> **1. too A not to부정사 :** 너무 A 해서 ~하지 않을 수 없다
>
> - He is **too** careful **not to prepare** for all.
>   그는 너무 신중해서 모든 일을 준비하지 않을 수가 없다.
>
> **2. not too A to부정사 :** ~할 수 없을 만큼 너무나 A 하지는 않다
>
> - A person is **not too** old **to learn**.
>
>   = A person is **not so** old **that** he **cannot** learn.
>   배울 수 없을 만큼 나이 든 사람은 없다.(=제 아무리 늙어도 배울 수 있다.)
>
> **3. only too glad / pleased to부정사 :** ~하게 되어 더할 나위 없이 기쁘다
>
> - I'd be **only too pleased to assist** you.
>   기꺼이 당신을 도와 드리지요.(=당신을 돕게 되어 너무 기쁩니다.)

10-47
국민대 2006

3. It takes (+ 사람) + 시간·거리 + to부정사 : ~하는데 (~만큼의) 시간·거리가 걸리다

이때 it은 가주어이며, 진주어는 to부정사가 된다. 유의할 것은 사람 명사가 위치할 경우 '4형식'이 되는데, 이 간접목적어가 뒤로 이동할 경우 '전치사 for'와 결합하여, to부정사의 의미상의 주어가 된다. ★ 01-75 참조

- It took (me) long **to do** the work.

  = It took long (**for me**) **to do** the work.

  (내가) 그 일을 하는데 오래 걸렸다.

4. have no choice/ alternative but to부정사 : ~하지 않을 수 없다

10-48
한국외대 2006
가톨릭대 2004

> have no choice/ alternative but to부정사
> = cannot (help/ choose) but 동사원형
> = cannot help ~ing

- I had no alternative but to report him to the police.
  - = I had no choice but to report him to the police.
  - = I couldn't (help/ choose) but report him to the police.
  - = I couldn't help reporting him to the police.
    나는 경찰에게 그를 신고하지 않을 수 없었다.

5. the last + 명사 + to부정사 : 결코 ~하지 않는 사람/사물

10-49A
숭실대 2009

> the last + 명사 + to부정사 = far from ~ing = above ~ing ★ 11-39 참조

- My son is the last man to tell a lie.
  - = My son is far from telling a lie.
  - = My son is above telling a lie.
    내 아들은 결코 거짓말을 할 사람이 아니다.

10-49B
경원대 2009

CHECK |

'the last + 명사 + to부정사'는 'the last + 명사 + 관계대명사절'로 바꿔 말할 수 있다.

- Joseph Williams is the last student to be late for school.
  - = Joseph Williams is the last student that will be late for school.
    Joseph Williams는 결코 지각을 할 학생이 아니다.

---

6. 기타 관용표현

10-50
국민대 2014
고려대 2010
영남대 2009
영남대 2005
중앙대 2005
울산대 2005
중앙대 2003

① know better than to부정사 ~할 만큼 어리석지 않다	② have good/ every reason to부정사 ~하는 것도 당연하다(=may well 동사원형)
③ make up one's mind to부정사 ~하겠다고 결심하다	④ be willing/ ready/ eager to부정사 기꺼이 ~을 하다
⑤ be apt/ likely/ liable to부정사 ~하는 경향이 있다	⑥ be available to부정사 ~을 이용할 수 있다. ~할 수 있다
⑦ go so far as to부정사 심지어 ~까지 하다	⑧ be unwilling/ hesitant/ reluctant to부정사 ~할 마음이 없다. 마음 내켜하지 않다
⑨ be supposed to부정사 ~하기로 되어 있다	⑩ be about to부정사 막 ~하려 하다

- The doctor knows better than to lie to his patient.
  The doctor knows better than lie to his patient. (×)
  그 의사는 환자에게 거짓말을 할 만큼 어리석지 않다.

  ▶ know better than 뒤에 동사원형은 올 수 없으며, to부정사만 가능하다.

- **Is** there anyone **available to replace** her?

  Is there anyone available to ~~replacing~~ her? (×)

  그녀를 대신할 사람이 있습니까?

  ▶ available은 to ~ing가 아니라 to부정사가 옳다.

19-51

한국외대 2004

7. 4형식 구문에서 직접목적어에 to부정사가 오는 경우

promise 동사는 간접목적어 뒤에 직접목적어를 둘 수 있다. 이 직접목적어에 to부정사를 위치할 수 있으며, 다시 이 부정사의 목적어의 형태가 중요하다.

- **Hendrix promised** his daughter **to respect** him.

  Hendrix는 딸에게 그를 존중해 주겠다고 약속했다.

  ▶ 이때 him은 제3자가 된다.

- **Hendrix promised** his daughter **to respect** himself.

  Hendrix는 딸에게 자신(=Hendrix)을 존중해 주겠다고 약속했다.

  ▶ 이때 himself는 문장의 주어인 Hendrix를 가리키고 있다.

❾ 원형부정사

1. 원형부정사의 개념

to 없이 동사원형만을 취하는 것을 원형부정사라고 하며, 지각동사 · 사역동사의 목적보어 또는 기타 관용적 표현에 쓰인다.

10-52

한국외대 2004

2. 지각동사 · 사역동사의 목적어와 목적보어의 관계가 능동인 경우

지각동사 · 사역동사의 목적어와 목적보어의 관계가 능동인 경우, 목적보어에 원형부정사를 위치시킨다.

※ 동사 편에서 자세히 살폈으니 예문 소개로 마친다. ★ 01-82~84 참조

- **I saw** him **leave** a few minutes ago.

  몇 분 전에 그가 떠나는 것을 보았다.

- **I** like him because he **makes** me **laugh**.

  그는 나를 웃게 하기 때문에 나는 그를 좋아한다.

10-53

성균관대 2004

3. all, the best, the only 등이 주어로 쓰이는 절의 보어

all, the best, the only 등이 문장 전체의 주어이고 이를 수식하는 형용사절 내의 동사가 do 동사일 경우, 전체 be 동사의 보어는 to부정사 또는 원형부정사가 올 수 있으며, 동명사가 오게 되면 틀린다.

- **All you have to do is (to) pay** me what you owe me.

  당신이 해야 할 모든 것은 나에게 빚진 것을 갚는 것이다.

- **The best I must do is (to) stick** it out.

  내가 해야만 하는 최상의 것은 버티는 것이다.

4. 관용표현

① make believe ~인 체하다(=pretend)	② make do with 임시변통하다(=manage)
③ let go of ~을 놓아주다	④ do nothing but 동사원형 ~하기만 하다
⑤ get/ be rid of ~을 제거하다	⑥ had better 동사원형 ~하는 편이 낫다

· The boys **make believe** that they are cowboys.
  그 소년들은 카우보이인 척 한다.

· On Saturday he **does nothing but play** soccer.
  토요일에 그는 축구만 한다.

예제

The world is not at all like those school mathematics problems in which all the information is given and all you have to do is _____ the right process and extract the result.

① applying
② apply
③ to be applied
④ having applied
⑤ being applied

해석 세상은 모든 정보가 주어져 있고 그것을 바르게 적용하여 답을 도출하기만 하면 되는 학교 수학문제와 전혀 같지 않다.

해설 all, what, the first, the best 등이 문장 맨 앞에 등장하는 절이 be 동사의 주어 역할을 할 때에는 그 be 동사의 보어는 to부정사 또는 동사원형이 가능하며 동명사는 불가능하다.
　　ex) All I have to do is **(to) love** her. [loving (x)]

정답 ②

2 부정사의 명사적 용법

01 Space exploration is ① so costly that ② no single nation ③ can hope ④ sustaining a major program indefinitely.

02 ① For government positions ② in the field of city administration, ③ it is necessary ④ passing a ⑤ civil service examination.

03 Computer networks ① make possible for people to work ② without leaving their ③ residential area and potentially will ④ increase work opportunities.

04 Recently, she has been quite ① depressed because she would like ② having a special man in her life, ③ which she deserves because she is a ④ wonderful, caring person.

05 People laugh when they are nervous or afraid because they want _____.
① to pretend in control   ② to pretend being in control
③ to pretend to be in control   ④ to pretend been in control

06 Mannerist artists tended _____ artistic invention and imagination more important than the faithful reproduction of nature.
① to consider   ② to neglect
③ considering   ④ neglecting

07 The number of young men ① aged 25 to 29 ② who give up efforts to search for jobs or ③ choose leaving the workforce ④ has reached a new high, reflecting the ⑤ tightening job market for youths.

01 ④

해석 우주탐험은 비용이 너무 많이 들어서 어느 국가도 중요 프로그램을 단독으로 유지하기를 희망할 수는 없다.

해설 sustaining → to sustain
hope 동사는 to부정사를 목적어로 취한다.

02 ④

해석 시 행정에 대한 관리의 직책을 위해서는 공무원 시험에 합격하는 것이 필수적이다.

해설 passing → to pass
가주어 it이 대신할 수 있는 준동사는 to부정사이고, 동명사는 진주어로 올 수 없다.

어휘 civil service 공무원 조직[업무]

03 ①

해석 컴퓨터 네트워크는 사람들이 거주지를 떠나지 않고서도 일을 할 수 있게끔 해주며 잠재적으로 일할 기회를 증가시킬 것이다.

해설 make possible → make it possible
make는 5형식 동사로서 '가목적어 it + 형용사 + to부정사'를 취하는데, 이 경우 it이 이하의 to부정사를 대신하는 기능을 하게 된다. 따라서 가목적어 it이 위치해야 한다.

04 ②

해석 최근 그녀는 인생에서 특별한 남성을 만나고 싶어하며 아주 의기소침해 있는데 그녀는 훌륭하고 상냥한 사람이라 그런 남성을 사귈 자격이 충분하다.

해설 having → to have
would like는 to부정사와 결합할 뿐 동명사를 목적어로 취할 수 없다.

어휘 caring 돌보는, 배려하는

05 ③

해석 사람들은 아무렇지 않은 체 하기를 원하기 때문에 긴장하거나 두려울 때 웃는다.

해설 pretend 동사는 to부정사를 목적어로 취하며, 그 때 또한 능동이므로 '~ pretend to be in control'이 옳다.

어휘 be in control ~을 장악하다. 평정을 잃지 않다

06 ①

해석 매너리즘 예술가들은 자연의 충실한 재현보다 예술적 창조와 상상을 보다 더 중요한 것으로 고려하는 경향이 있었다.

해설 tend는 to부정사와 결합하며 목적어 artistic invention and imagination과 more important라는 목적보어 기능을 하는 형용사를 받을 수 있는 동사는 5형식 간주동사인 consider이다.

07 ③

해석 25세에서 29세 사이의 청년층에서 구직활동을 포기하거나 직장생활을 그만 두는 사람의 수가 청년층의 고용시장 악화와 더불어 사상 최대를 기록했다.

해설 choose leaving → choose to leave
choose는 to부정사를 목적어로 취할 뿐, 동명사를 목적어로 취할 수 없다.

08 ① It is ② extremely important for ③ an engineer to know ④ to use a computer.

09 ① In line with the government's strong will ② curb real estate speculation, the tax rate for capital gains for those ③ who own three or more houses ④ will sharply rise up to 60 percent, and the gift tax rate on real estate ⑤ will also increase.

❸ 부정사의 형용사적 용법

10 Moreover, lawmakers have so many other issues to ① deal during the remainder of the 20-day inspection. Foremost among them are deteriorating economic conditions, ② ranging from slowing growth and the ③ worsening job market to property bubbles and wilting entrepreneurship. Lawmakers would earn our praise if they drew public attention to those ④ pressing issues and present alternatives to failing government policies.

11 He ① liked to invite some sensible friend or neighbor ② to talk, and always ③ took care of starting some useful topic for discussion, ④ which might improve the minds of his children.

12 The coldest and most difficult place in the world _____ is Antarctica. Antarctica is the land of snow and ice.
    ① in which to live   ② which to live in
    ③ in which to live in   ④ to live

13 At just about every stop I ① have made so far on my book tour, what I have come to ② thinking of as the important question comes up. I ③ talk about the origins of the long right-wing dominance of American politics, and the reasons I believe that dominance ④ is coming to an end.

08 ④ 해석 기술자가 컴퓨터를 사용하는 방법을 아는 것은 상당히 중요하다.

해설 to use → how to use
know 동사는 의문사 없이 to부정사를 곧바로 목적어로 취할 수 없다. 따라서 문맥상 컴퓨터를 사용하는 방법을 안다는 내용이 적합하므로 how가 같이 위치해야 한다.

09 ② 해석 부동산 투기를 억제하기 위한 정부의 강한 의지의 일환으로 집을 3채 이상 보유한 자에 대한 양도 소득세가 최대 60% 오르며 부동산 증여세도 높아질 것이다.

해설 curb → to curb
will이 명사로 쓰일 경우 그 동격은 to부정사와 결합한다. 문제의 will은 조동사가 아닌 전치사 with의 목적어인 명사 will로 쓰인 경우이다.

어휘 capital gains 양도 소득   gift tax 증여세

10 ① 해석 게다가 국회의원들은 20일의 남은 감사 기간 중 처리해야 할 너무나 많은 다른 문제들이 있다. 그런 것들 중에 우선 정체된 성장과 악화된 취업시장에서부터 부동산 거품에 이르기까지의 악화된 경제 상황과 시들은 기업가 정신이 있다. 만약 의원들이 문제점을 부각시키고 정부 정책의 실패에 대한 대안을 제시하는 사람들에게로 대중의 관심을 끌 수 있다면 그들은 찬사를 얻을 것이다.

해설 deal → deal with
명사 뒤에서 후치 수식하여 형용사적 용법으로 쓰인 to부정사이다. 명사 뒤에서 to부정사가 수식할 경우, 그 to부정사의 동작을 앞의 명사가 하는 것인지 아니면 받는 것인지 부터 판단해야 한다. 문장의 주어인 입법가들이 많은 기타 사안들을 처리하는 것이므로, deal의 동작을 issues가 받는 것이다. 따라서 deal이란 자동사는 전치사 with가 있어야 목적어를 취하므로 with가 추가적으로 필요하다.

어휘 foremost 가장 중요한   wilt 시들다. 지치다

11 ② 해석 그는 현명한 친구나 이웃을 초대해서 이야기 하는 것을 좋아했다. 그리고 항상 그의 아이들의 사고를 향상시킬 수 있는 토론에 대한 몇 가지 유용한 화제를 꺼내는 것에 중점을 두었다.

해설 to talk → to talk with
명사를 수식하는 to부정사의 형용사적 용법에서 to부정사의 동사가 자동사인 경우 전치사가 와야 한다. talk는 '사람과 이야기하다'라는 표현을 할 경우 전치사 with가 필요하다.

12 ① 해석 지구에서 살기에 가장 춥고 힘든 지역은 남극이다. 남극은 눈과 얼음의 땅이다.

해설 전치사 + 관계대명사절 내의 주어가 일반인(people, we)일 경우 '전치사(in) + 관계대명사(which) + to부정사(to live)'로 쓰일 수 있다. ③ 전치사 in이 반복되므로 틀렸다. ④ live는 자동사이므로 world를 후치 수식하기 위해서는 전치사가 필요하다.

ex) The coldest and most difficult place in the world <u>in which we live</u> is Antarctica.
= The coldest and most difficult place in the world <u>which we live in</u> is Antarctica.
= The coldest and most difficult place in the world <u>in which to live</u> is Antarctica.
= The coldest and most difficult place in the world <u>to live in</u> is Antarctica.
= The coldest and most difficult place in the world <u>where we live</u> is Antarctica.

어휘 Antarctica 남극 대륙

13 ② 해석 지금까지 내가 도서 관광을 하면서 이제껏 내가 발걸음을 멈추었던 곳마다, 중요한 문제라고 생각하게 된 것이 나타난다. 나는 미국 정치에서 우익세력의 오랜 지배의 기원과 이제 그 지배가 종식되고 있다고 생각하는 이유에 대하여 이야기를 해준다.

해설 thinking of → think of
come은 to부정사와 결합하여 '~하게 되다'라는 뜻을 가지며, 이 부정사는 보어로 쓰인 경우이다. 이때 to ~ing 형태는 틀린 표현이 된다.

어휘 right-wing 우익의

14 다음 중 문법적으로 옳지 않은 문장은?

    ① The house is much too small to live.

    ② Forgive me for ringing you up so early.

    ③ The poor mother has borne a lot of children.

    ④ Not for more than five minutes did he hesitate.

15 Most of the foreign teachers ① are complaining over the country's new immigration law ② to ask them to ③ submit police background checks and medical ④ documents.

16 Which of the following is grammatically correct?

    ① There is a bench on which to sit.

    ② There is a bench which to sit on.

    ③ He fixed the refrigerator which to put the beer.

    ④ He fixed the refrigerator in which for you to put the beer.

    ⑤ He bought a book which to give Alice.

■4 부정사의 부사적 용법

17 _____ energy for growth or recovery, plants must carry out photosynthesis.

    ① To have obtained   ② To be obtained

    ③ For obtaining   ④ To obtain

18 The ① number of teaching assistants required ② meeting ③ undergraduate course ④ needs is rapidly increasing.

19 In order _____ children _____, they must be treated with respect.

    ① that — felt loved   ② to — for feel loved

    ③ for — to feel loved   ④ that — to feel loved

14 ①

해설 ~ to live → ~ to live in
①번 문장에서 to부정사의 의미상의 주어는 for us로서 일반인이 주어일 경우에는 생략이 가능하다. 그렇다면 문장의 주어를 to부정사가 의미상의 목적어로 취하는 것이므로, live는 자동사이기 때문에 전치사 in이 필요하다.

15 ②

해석 대부분의 외국인 교사들은 그들에게 경찰신원조회서와 의료검진 서류 제출을 요구하는 정부의 새로운 이민법에 대해 불평하고 있다.

해설 to ask → which asks
교사들이 불평하는 법률이 되기 위해서는 미래에 벌어질 내용이 아니라, 기준시제에서 벌어지고 있는 내용이어야 한다. 명사 뒤에 수식하는 부정사는 '~할'이라는 '미래지향'이 된다. 따라서 현재 요구하고 있다는 현재시제를 사용한 관계대명사절이 옳다.

16 ①

해설 ② which to sit on → to sit on 또는 on which to sit
'관계사 + to부정사' 구문에서 동사와 선행사의 수식 여부에 따라 전치사가 쓰일 경우, 그 전치사는 관계대명사 앞에 위치해야 하며, ②의 문장처럼 to부정사 뒤에 위치할 수 없다. 그러나 관계대명사 없이 to부정사구만으로 앞의 선행사를 수식할 경우 전치사는 to부정사구 뒤에 위치해야 한다.
③ which to put the beer → in which to put the beer
관계대명사가 전치사의 목적어로 위치하지 않는다면 관계대명사 뒤에 to부정사가 위치할 수 없다.
④ in which for you to put the beer → in which to put the beer
'전치사 + 관계사 + to부정사' 구문은 주절의 주어와 to부정사의 의미상이 주어가 같을 경우에 사용될 수 있으므로 별도의 의미상의 주어 for you를 삭제해야 한다.
⑤ which to give ~ → to give ~
'목적격 관계사 + to부정사' 구문은 전치사의 목적어로 쓰일 때에만 성립이 가능하다. 따라서 which를 삭제하여 to give Alice가 앞의 a book을 직접 수식하는 형태가 옳다.

17 ④

해석 성장이나 회복을 위한 에너지를 얻기 위해서는 식물은 광합성을 해야만 한다.

해설 문맥상 목적의 의미를 가진 준동사가 필요하므로 to obtain이 옳다. 또한 문두에 위치한 to부정사는 'to have p.p.' 형태를 취할 수 없으며, 문두에는 'for ~ing' 구문 또한 위치할 수 없다.

어휘 photosynthesis 광합성

18 ②

해석 대학과정의 수요를 충족시키기 위해 요구되는 학습 조교의 수가 빠르게 증가하고 있다.

해설 meeting → to meet
required는 assistants를 수식하는 과거분사이다. 수동태 혹은 과거분사로 사용된 required 뒤에는 현재분사가 아닌 to부정사가 위치해야 한다.

19 ③

해석 아이들이 사랑을 받는다고 느끼기 위해서 아이들은 존중을 받아야 한다.

해설 to부정사의 의미상의 주어를 별도로 위치시키기 위해서는 그 to부정사 바로 앞에 위치시켜야 한다. 따라서 in order to부정사의 의미상의 주어를 별도로 위치시키기 위해서는 in order와 to부정사 사이에 위치시켜야 하며, 그 의미상의 주어는 전치사 for와 결합된다. 또한 '아이들'과 '사랑하다'의 관계는 수동이므로 과거분사 loved가 옳다.

5 부정사의 동사적 특성

20　① At the beginning of that year a particularly bad smog, ② which lasted for many weeks, ③ was estimated ④ to be caused between 4,000 and 8,000 deaths.

21　They begged him ① to not sell it for three days, and they ② got him to promise that he would buy it back for ③ thirty-four thousand dollars, ④ in case they should find the lost necklace by the end of February.

22　The grenade is a small bomb ① made to ② be thrown by hand or ③ to shoot from a ④ modified rifle.

23　다음 문장 중 어법상 옳지 않은 것은?
　　① It is foolish for you to do such a thing.
　　② He ordered that it be done at once.
　　③ I was really amazed when I was offered the job.
　　④ The heavy rain kept them from going on a picnic.

24　It is necessary ＿＿＿＿＿＿＿ how to cope with the new problems.
　　① his deciding　　　　　　　② what he decides
　　③ that he decides　　　　　　④ of him to decide
　　⑤ for him to decide

25　It was ① considerate ② for you ③ to send me the information so ④ promptly.

326

20 ④　해석　그 해 초에는 특히나 나쁜 스모그가 몇 주 동안이나 지속되었는데, 4,000명에서 8,000명 사이의 사망자를 발생시켰다고 추정되었다.

해설　to be caused → to cause
의미상의 주어 'smog'와 '야기하다(cause)'의 관계는 '사상자를 야기했다'라는 능동이므로 to cause가 옳다.

21 ①　해석　그들은 그에게 3일 동안 그것을 팔지 말라고 간청했고, 그들이 2월 말까지 잃어버린 목걸이를 찾아온다면 그가 34,000달러에 되사겠다는 약속을 받았다.

해설　to not sell → not to sell
부정사·동명사·분사와 같은 준동사의 부정어는 그 준동사 바로 앞에 위치해야 한다.

22 ③　해석　그 수류탄은 손으로 던지거나 개량형 총으로 발사할 수 있는 소형 폭탄이다.

해설　to shoot → to be shot
의미상의 주어 'a small bomb'과 '발사하다(shoot)'의 관계는 수동이므로 to be shot이 옳다. 또한 make 사역동사는 수동태로 전환 시 'be made to부정사' 구문을 취하므로 to부정사가 옳다.

어휘　grenade 수류탄　rifle 소총

23 ①　해설　for → of
인성형용사인 foolish가 위치했으므로 진주어 to부정사의 의미상의 주어 또한 'for + 명사'가 아닌 'of + 명사'가 옳다.

24 ⑤　해석　그가 새 문제들에 대처할 방법을 결정하는 것이 필요하다.

해설　necessary는 가주어 it을 위치시키고 그 이하에 진주어 to부정사를 위치시킬 수 있다. to부정사의 의미상의 주어는 원칙적으로 'for + 목적격'이 옳다. necessary는 that절을 진주어로 삼을 수 있는데 이 경우 that절의 동사는 'should + 동사원형' 또는 '동사원형'을 취하므로 ③은 틀렸다.

25 ②　해석　그렇게 빨리 정보를 보내 주시다니 당신은 사려가 깊군요.

해설　for → of
to부정사의 의미상의 주어는 'for + 목적격'으로 쓰는 것이 원칙이지만, 사람의 인성을 나타내는 형용사 (considerate; 사려 깊은)의 경우 'of + 목적격'을 써야 한다.

26   The original Olympic races are said   (A)   with Oenomaus, who used to compel any suitor who sought his daughter's hand   (B)   against him in a race.

	(A)	(B)
①	to begin	to be running
②	to be begun	run
③	to have begun	to run
④	as having begun	running
⑤	to have been begun	to have run

27   다음 중 어법상 올바른 것을 고르시오.

① She allowed herself to kiss by him.

② I got him take my child to the public amusement park.

③ You had better not to go to such a place.

④ Let it be not done.

⑤ He is reported to have been killed in the war.

6 독립부정사 ～ **7** 대부정사와 분리 부정사

28   A: Did sister participate in the English competition?

B: No. She finally _____.

① decided not to do   ② decided not to

③ decided to go   ④ did not decide to go

29   We had better fix the car now, or we will have _____ on during our trip.

① to do lately   ② to later

③ to do later   ④ to lately

30   A: Bobby, can you type my paper?

B: I don't have time _____ right now.

① to do   ② to

③ to doing   ④ having reviewed

31   ① To completely solve the problem ② requires more thought ③ than we have given ④ so far.

26 ③

해석 본래 올림픽 경주는 Oenomaus와 함께 시작됐다고 전해지는데, 그는 자신의 딸과 결혼을 원하는 모든 구혼자들로 하여금 자신과 경주를 할 것을 강요했었다.

해설 (A) to have begun
문맥상 전해지는 현재시점(are said)보다 이전의 내용이므로 to부정사의 과거형태인 'to have p.p.' 가 옳으며, begin은 전치사 with와 결합하여 자동사 기능을 하므로 태 또한 능동이 옳다.
(B) to run
compel 동사의 목적어(any suitor)와 목적보어(run)의 관계가 능동인 경우 목적보어는 to부정사(to run)가 옳다.

어휘 suitor 구혼자

27 ⑤

해설 ① to kiss → (to be) kissed
allow 동사의 목적어와 목적보어의 관계가 수동일 경우 목적보어에 '(to be) p.p.'가 위치한다. '그녀 자신'과 '그가 키스를 하다'의 관계는 그녀가 키스를 받는 수동이다.
② take → to take
get 동사는 목적어와 목적보어의 관계가 능동일 경우 목적보어에 to부정사가 위치한다.
③ to go → go
had better는 조동사로 다음에 동사원형이 와야 한다.
④ be not → not be
let 동사의 목적보어를 부정할 경우 동사원형 앞에 부정어가 위치한다.

28 ②

해석 A: 영어경시대회에 누나가 참여했었니?
B: 아니요. 누나는 결국 참여하지 않기로 결심했어요.

해설 완전한 문장은 'She finally decided not to participate in the English competition.'이었으며, to participate in the English competition이 반복되므로 to만 남겨둔 대부정사이다. 이 경우 to do 로 쓰면 안 된다.

29 ②

해석 우리는 지금 자동차를 수리하는 편이 낫겠어. 그렇지 않으면 나중에 여행을 하는 동안 수리를 해야 될 거야.

해설 앞서 나온 fix가 have to(~해야 한다)의 동사원형으로 다시 반복하려고 할 때 do를 사용하지 않고, to만 사용하여야 한다. 앞서 나온 동사가 to부정사의 동사원형으로 반복이 될 때에는 to만 사용하며, lately는 현재완료만 통제하기 때문에 틀리다.

30 ②

해석 A: Bobby, 내 논문 좀 타이핑 해줄 수 있니?
B: 지금 당장은 그거 할 시간이 없어.

해설 have가 '소유하다'의 의미일 경우, 목적어를 수식하는 준동사는 to부정사이며, 이때 동사원형은 앞서 등장했던 동사인 type을 말하므로, 앞서 나온 동사의 반복을 피하기 위해서 to만 위치하는 것이 옳다.

31 ①

해석 그 문제를 완전히 해결하는 것은 지금껏 해온 것보다 더 많은 생각을 필요로 한다.

해설 To completely solve → To solve 또는 To solve the problem completely
to부정사를 수식하는 부사는 to와 동사원형 사이에 둘 수 없다.

32   Trenches in the ocean floor are ① of great interest because they are lines
      ② where ③ the earth's crust often is ④ so weak to resist the impact of frequent
      earthquakes.

33   Is life so dear or peace so sweet as ___(A)___ at the price of chains and slavery? I do
      not know what course others ___(B)___ now, but as for me, give me liberty or give
      me death.

              (A)   (B)
      ① to be purchased   may take
      ② might be purchased   might have taken
      ③ is purchasable   would have taken
      ④ will be purchased   may have been taken
      ⑤ a purchase   being taken

34   다음 중 문법적으로 옳은 것은?

      ① It was tough to get a cab.
      ② It was too boring a book to read it.
      ③ That is a very hard question to answer it.
      ④ Many youngsters find difficult to get jobs.

35   우리말을 영어로 잘못 옮긴 것은?

      ① 나는 기꺼이 그것을 받아들이겠다.
          → I am only too glad to accept it.
      ② 그녀는 전적으로 행복한 것은 아니다.
          → She is not at all happy.
      ③ 그러한 사람은 있다고 해도 거의 없다.
          → There are few, if any, such men.
      ④ 비용은 말할 것도 없고 시간도 많이 걸린다.
          → It takes up too much time, let alone the expenses.

36   Children ① whose fathers are alcoholics are ② many times more likely than other
      children ③ of becoming alcoholics ④ themselves.

32 ④ 해석 바다의 바닥에 있는 해구들은 매우 흥미롭다. 왜냐하면 해구들은 지각이 종종 너무 약해서 잦은 지진의 충격을 견딜 수 없
     는 곳에 있는 선이기 때문이다.

    해설 so weak → too weak
      문맥상 '충격을 견딜 수 없다'라는 부정적인 내용이 와야 하므로 '너무나 ~해서 ~할 수 없다'라는 'too ~
      to부정사' 구문이 옳다.

    어휘 trench 해구 crust 딱딱한 층

33 ① 해석 삶이 그토록 소중하고 평화가 그토록 달콤해서 쇠사슬과 노예의 몸이라는 대가를 지불하고서라도 얻어야 하겠는가?
     다른 이들이 지금 어떤 길을 선택할지 나는 모르지만, 나로서는 자유가 아니면 죽음을 달라.

    해설 (A) to be purchased
      'so A as to부정사(~할 만큼 너무나 A하다)' 구문으로서 to부정사가 위치해야 한다. 의미상의 주어인
      'life(삶), peace(평화)'와 '얻다'의 관계는 수동이므로 to be p.p. 형태가 옳다.
      (B) may take
      문맥상 그리고 now라는 현재시제 통제부사가 있으므로 추측의 조동사 may가 옳다.

    어휘 at the price of ~을 희생하여

34 ① 해설 ② to read it → to read
      to부정사가 앞의 명사를 수식하는 경우 to부정사의 목적어는 없어야 하므로 to read의 형태가 옳다.
     ③ to answer it → to answer
      ②번 해설과 같은 논리이다.
     ④ find difficult → find it difficult
      가목적어 it이 진목적어 to부정사를 대신할 때에는 그 가목적어 it이 생략되어서는 안 된다.

35 ② 해설 ② not at all → not wholly
      '부정어 + at all'은 '결코 ~하지 않다'라는 완전 부정이 된다. 따라서 '부정어 + 강조' 표현이 부분 부
      정이 되므로 wholly(전적으로)가 옳다.
     ① 'too A to부정사' 표현을 무조건 '너무나 A해서 ~할 수 없다'로 해석해서는 안 된다. 앞에 등장한
      only too라는 표현은 단순한 강조의 역할을 하므로 뒤의 to부정사는 부정의 의미를 가지지 않게 된다.

36 ③ 해석 아버지가 알코올 중독자인 아이들은 그렇지 않은 아이들보다 알코올 중독자가 될 가능성이 몇 배는 더 높다.

    해설 of becoming → to become
      be likely는 of ~ing가 아닌 to부정사와 결합한다.

GRAMMAR
HUNTER

GRAMMAR
HUNTER

11 동명사

1 동명사의 기본 개념

동명사는 '동사 + ~ing' 형태를 취하며 동사 본래의 성질과 기능을 유지한 채 문장 내에서 명사가 하는 역할을 수행한다. 즉, 문장의 주어, 보어, 타동사 · 전치사의 목적어 역할을 수행하게 된다.

2 동명사의 명사적 용법

동명사는 동사의 성질을 가지는 명사적 용법의 준동사이다. 즉, 동명사는 '동사의 성질 + 명사의 역할'이라고 요약할 수 있는 바, 일반적인 명사의 용법처럼 '문장의 주어, 목적어, 보어의 자리'에 올 수 있는 것이다.

`11-01A`

1. 주어 기능

· **Teaching students English** requires tact.
　　　　　주어　　　　　　　　　동사　　목적어
학생들에게 영어를 가르치는 것은 재치를 필요로 한다.

　▶ Teaching은 동사 teach의 ~ing 형태로서 문장의 주어 자리에 위치한 동명사이다.

`11-01B`

중앙대 2009
한국외대 2006
고려대 2005

한국외대 2006
고려대 2005

중앙대 2009

> **CHECK | 동명사의 수**
>
> **1.** to부정사구와 동명사구가 주어로 하나씩 있을 때에는 단수 취급이 옳다.
>
> · **To become** a lawyer **was** my ambition.
> 　변호사가 되는 것은 나의 꿈이었다.
>
> · **Collecting** stamps **is** my hobby.
> 　우표를 수집하는 것이 나의 취미이다.
>
> **2.** 부정사구와 동명사구가 **and**로 연결되어 두 가지 이상의 별개의 행위를 가리킨다면 복수 취급이 원칙이다. 그러나 이 경우 또한 엄밀히 지켜지지 않는 것이 현대영어의 흐름이다.
>
> · **Delivering** pizza and **doing** my homework **leave** me tired.
> 　피자를 배달하고 학교 숙제를 하는 것은 나를 지치게 한다.
>
> · **To teach** and **to learn are** completely different.
> 　가르치는 것과 배우는 것은 완전히 다른 일이다.
>
> 　│ '피자 배달과 학교 숙제', '가르치는 것과 배우는 것'은 전혀 다른 별개의 행위이다. 이렇게 별개의 행위가 to부정사와 동명사
> 　│ 구로 병치된다면 복수 취급을 하게 된다.
>
> **3.** 그러나 **and**로 연결되어 단일개념을 가리킨다면 단수 취급이 옳다.
>
> · Early **to bed** and early **to rise makes** us healthy.
> 　일찍 자고 일찍 일어나는 것은 우리를 건강하게 해준다.

2. 보어 기능

11-02

· One of the most important things is **keeping your promise**.
  　　　　　　　주어　　　　　　　　　　　동사　　　　　　주격보어

가장 중요한 것들 중 하나는 약속을 지키는 일이다.

▶ keeping이라는 동명사는 문장의 주어를 설명해주는 보어 기능을 하는 것이다.

3. 목적어 기능

(1) 타동사의 목적어

11-03

국민대 2014
상명대 2014
숙명여대 2014
국민대 2012
한국외대 2010
계명대 2010
국민대 2010
동덕여대 2010
경희대 2009
숙명여대 2008
홍익대 2008
세종대 2007
단국대 2007
경기대 2007
숭실대 2007
동덕여대 2005
중앙대 2004
성균관대 2002

동명사를 목적어로 취하는 동사 ★10-04 비교
※ 아래 동사들은 동명사를 목적어로 취하고 to부정사를 목적어로 취할 수 없음이 수험의 초점이다.

① 완료	abandon 포기하다　give up, quit 그만두다　finish 마치다
② 회피·연기	avoid, evade 회피하다　mind 반대하다　miss 까딱 ~할 뻔하다 postpone, delay, defer, put off 연기하다
③ 좋음·싫음	enjoy 즐기다　favor 찬성하다　anticipate 예상하다　stand 견디다　dislike 싫어하다
④ 시인·부인	allow, permit 허락하다　admit, acknowledge 인정하다　deny, resist 저항하다
⑤ 후회·용서	resent 분노하다　forgive 용서하다
⑥ 기타	contemplate 심사숙고하다　consider 고려하다　imagine 상상하다　recall 회상하다 appreciate 감사하다　risk ~을 무릅쓰다　involve 연루시키다　keep (on) 계속 ~을 하다 recommend 충고하다　practice 연습하다　advise 충고하다

· Young children **enjoy helping** their mother.
  Young children enjoy ~~to help~~ their mother. (×)
  어린 아이들이 어머니를 돕는 것을 즐긴다.

· The authorities do not **allow smoking** in the park.
  당국은 공원에서 흡연을 허용하지 않는다.

· I seriously **considered resigning**.
  나는 사임을 진지하게 고려했다.

(2) 전치사의 목적어

11-04

to부정사와 달리 동명사는 전치사의 목적어가 가능하다. ★10-06 비교

· **By selling** insurance, she earns her living.
  그녀는 보험을 팔아서 생계를 유지한다.

· The professor is accused **of stealing** his student's ideas.
  그 교수는 학생들의 생각을 훔쳐서(표절해서) 기소당했다.

> **CHECK | 동격**
>
> **1. to부정사와 of + 동명사를 모두 동격으로 연결할 수 있는 명사**
>
> intention, opportunity, reason, right, way 등의 명사들은 '명사 + of ~ing(=명사 + to부정사)' 형태로 서 동격을 나타낸다. ★ 10-08 비교
>
> - The students are learning new **ways of communicating** in writing.
>   = The students are learning new **ways to communicate** in writing.
>   그 학생들은 작문으로 의사소통하는 새로운 방법들을 배우고 있다.
>
> **2. chance of ~ing vs. chance to부정사**
>
> chance of ~ing은 '~할 가능성'이란 뜻이며, chance to부정사는 '~할 기회'라는 뜻을 가진다.
>
> - There is little **chance of** her **being** found alive.
>   There is little chance for her ~~to be~~ found alive. (×)
>   그녀가 생존한 채로 발견될 가능성이 거의 없다.
>   ▶ chance의 뜻이 '가능성'일 경우 of ~ing가 옳을 뿐, to부정사는 틀린 표현이다.
>
> - Ralph was waiting for a **chance to introduce** himself.
>   Ralph was waiting for a chance ~~of introducing~~ himself. (×)
>   Ralph는 자신을 소개할 기회를 기다리고 있었다.
>   ▶ chance의 뜻이 '기회'일 경우 to부정사가 옳을 뿐, of ~ing는 틀린 표현이다.

예제

Darwin avoided ① <u>to discuss</u> the sociological aspects of his work. However, various ② <u>other</u> writers ③ <u>used</u> Darwin's ideas to support ④ <u>the belief</u> that people in a society must ⑤ <u>compete</u> for survival.

해석 Darwin은 그의 작품의 사회학적 관점에 대해 토론하는 것을 피했다. 그러나 사회인은 생존을 위해 경쟁해야 한다는 믿음을 뒷받침하기 위해 여러 다른 작가들이 Darwin의 생각들을 이용했다.

해설 to discuss → discussing
avoid는 동명사를 목적어로 취한다.

정답 ①

❸ 동명사의 동사적 특성

1. 동명사의 시제

(1) 개념

문장의 동사의 시제 또는 그 전후 관계를 통하여 동명사가 나타내는 시제가 결정되며, 다음 네 가지 형태가 동명사의 시제이다.

	단순형	완료형
능동태	ing	having p.p.
수동태	being p.p.	having been p.p.

(2) 단순 동명사

단순형 동명사(doing)는 문장의 동사 시제와 같은 때를 가리키는 것이 일반적이지만, 문장의 동사의 의미에 따라 '이전, 이후'를 가리키기도 한다. ★ 09-28, 10-27 비교

- I'm sure that he is a teacher now.
    = I'm sure of his **being** a teacher now.
    나는 그가 현재 선생님이라고 확신한다.

    ▶ 확신하는 시점과 그가 선생님인 시점이 모두 현재로서 일치한다.

- I was sure that he was a teacher ten years ago.
    = I was sure of his **being** a teacher ten years ago.
    나는 그가 10여 년 전에 선생님이었다고 확신했다.

    ▶ 확신하는 시점과 그가 선생님인 시점이 모두 과거로서 일치한다.

- I'm sure that he will be a teacher next year.
    = I'm sure of his **being** a teacher next year.
    나는 그가 내년에 선생님이 될 것이라고 확신한다.

    확신하는 시점보다 그가 선생님이 될 시점이 미래인데, 이렇게 기준시제보다 이후의 내용을 동명사로 가리킬 때 단순 동명사로 사용하게 된다.

(3) 완료 동명사

단국대 2014

완료형 동명사 having p.p. 또는 having been p.p.는 문장의 동사가 나타내는 시점보다 이전의 시점을 나타낸다. ★ 09-29, 10-29 비교

- I'm sure that he was a teacher ten years ago.
    = I'm sure of his **having been** a teacher ten years ago.
    나는 그가 10년 전에 선생님이었다고 확신한다.

- I'm sure that he has been a teacher since then.
    = I'm sure of his **having been** a teacher since then.
    나는 그때 이후 그가 선생님이 되었다고 확신한다.

- I was sure that he had been a teacher.
    = I was sure of his **having been** a teacher.
    나는 그가 선생님이 됐다고 확신했다.

    ▶ 위의 세 문장 모두 확신하는 시점보다 그가 선생님이었던 시점이 이전이므로 완료 동명사로 쓰였다.

CHECK |

forget, remember, regret 동사는 단순 동명사인 ing 형태만으로 이전 시제를 가리킬 수 있다.
★ 11-64~66 참조

- I remember **meeting** him two years ago.
    = I remember **having met** him two years ago.
    나는 2년 전 그를 만났던 것을 기억한다.

2. 동명사의 의미상의 주어

동명사의 의미상의 주어는 문장의 주어와 같거나 일반인 주어인 경우 생략되며, 동명사의 의미상의 주어를 별도로 밝힐 경우 '인칭대명사는 소유격'으로, '인칭대명사가 아닌 생물체는 소유격 또는 목적격'으로, '기타의 경우에는 목적격'으로 쓰인다. ★ 10-32~36 비교

(1) 의미상의 주어를 표시하지 않는 경우

11-10

1) 동명사의 의미상의 주어가 문장 주어와 동일한 경우

- I cannot help **falling** in love with her.
  나는 그녀와 사랑에 빠지지 않을 수 없다.

  ▶ 사랑에 빠지는 것이 문장의 주어인 'I'이므로 별도로 의미상의 주어를 위치시키지 않는다.

11-11

2) 동명사의 의미상의 주어가 목적어와 동일한 경우

- His back injury may prevent **him** from **playing** in tomorrow's game.
  그의 허리 부상으로 인해 내일 경기에 그는 참여하지 못할 것 같다.

  ▶ 문장의 목적어인 him이 전치사의 목적어 동명사 playing의 의미상의 주어가 되므로 별도로 의미상의 주어를 위치시키지 않는다.

11-12

3) 의미상의 주어가 일반인인 경우

- **Seeing** is **believing**.
  보는 것이 믿는 것이다.

  ▶ 동명사의 의미상의 주어가 일반인인 'they, we, one'일 경우 의미상의 주어를 생략한다.

(2) 의미상의 주어를 별도로 표시하는 경우

11-13
광운대 2008
성균관대 2003

1) 주절의 주어와 동명사의 의미상의 주어가 다를 경우

주절의 주어와 동명사의 의미상의 주어가 다를 경우, 그 의미상의 주어가 인칭대명사 혹은 사람일 때 동명사 앞에 소유격을 위치시키는 것이 원칙이다. ★ 10-35 비교

- I insisted on **his phoning** me before he leaves.
  = I insisted that he should phone before he leaves.
  I insisted on ~~him~~ phoning me before he leaves. (×)
  나는 그가 떠나기 전에 나에게 전화를 걸라고 주장했다.

- We were frightened of **John's driving** the car in the race.
  We were frightened of ~~John~~ driving the car in the race. (×)
  우리는 John이 경주에서 차를 운전하는 것을 보고서 겁을 먹었다.

  위 두 예문 모두 동명사의 의미상의 주어가 주절의 주어와 다르다. 이렇게 의미상의 주어가 주절의 주어와 다른 사람일 경우 원칙적으로 목적격이 아닌 소유격이 옳다.

CHECK | 사람 명사를 소유격이 아닌 그대로 의미상의 주어로 쓸 수 있는 경우

동명사의 태가 수동(being p.p.)일 경우, 그 의미상의 주어가 사람인 일반명사라면 그 일반명사 그대로 의미상의 주어로 쓸 수 있다.

· Charles doesn't like his **son('s) being advised** by others.
　Charles는 자신의 아들이 다른 사람들에게 조언을 듣는 것을 좋아하지 않는다.

> 수동형 동명사인 being advised 앞에 사람을 가리키는 일반명사(son)가 의미상의 주어로 위치했다. 이렇게 수동형 동명사의 의미상의 주어로 사람을 가리키는 일반명사가 올 경우 소유격 혹은 그대로 써도 무방하다.

2) 무생물 명사, 부정대명사, 지시대명사는 그대로

동명사의 의미상의 주어가 '무생물 명사(car, water), 부정대명사(all, both), 지시대명사(this)'일 경우 소유격이 아닌 그대로 쓰게 된다.

· I objected to **the project being** promoted.
　나는 그 계획이 추진되는 것을 반대했다.

· My father doesn't like **either drinking**.
　내 아버지는 둘 중 누구라도 술 마시는 것을 좋아하지 않으신다.

3. 동명사의 태

	단순형 동명사	완료형 동명사
능동태	ing	having p.p.
수동태	being p.p.	having been p.p.

(1) 능동형 동명사 ★ 10-37 비교

· **On hearing** the surprising news, he shed tears suddenly.
　= As soon as he heard the surprising news, he shed tears suddenly.
　　놀라운 뉴스를 듣자마자 그는 갑자기 눈물을 흘렸다.

> ▶ 주절의 주어가 '듣다'라는 능동의 설명을 해주면서 주절의 시제와 일치시키는 단순형 동명사가 쓰인 경우이다.

· The person was suspected of **having killed** many children.
　= The person was suspected that he had killed many children.
　　그는 많은 아이들을 살해했다는 혐의를 받았다.

> ▶ '살인하다'라는 능동의 설명을 해주면서 주절의 과거시제 이전부터 그 행위를 해왔다는 완료형 동명사가 쓰인 형태이다.

(2) 수동형 동명사 ★ 10-38 비교

· I object to **being treated** like a child.
　= I object that I am treated like a child.
　　나는 아이 취급 받는 게 싫다.

> ▶ 주어 'I(나)'와 '다루다(treat)'의 관계는 수동(be treated)이며, 주절의 시제와 일치하므로 단순형 수동태 동명사가 쓰인 경우이다.

- Most people seldom give up their privileges without **being coerced** into doing so.

  Most people seldom give up their privileges without ~~coercing~~ into doing so. (×)
  대부분의 사람들은 강요받지 않는다면 자신들의 특권을 좀처럼 포기하지 않는다.

  > coerce는 타동사이므로 목적어 없이 능동의 동명사는 불가능하다. 포기하도록(doing so = giving up) 강요받는(= being coerced) 수동이 옳다.

(3) 동명사의 태에 관한 특수 용법

독립부정사, 무인칭 독립분사구문과 마찬가지로 동명사의 의미상의 주어와 태를 일치시킬 필요없이 정해진 형태로 쓰이는 표현들이다. ★ 09-34~36, 10-41 비교

11-18

계명대 2010
국민대 2008
경기대 2002

1) 사물주어 + need/ want/ require/ deserve + 능동형 동명사 또는 수동형 부정사

need/ want/ require/ deserve와 같이 '~을 필요로 하다, ~을 원하다' 동사들의 주어와 목적어인 to부정사의 관계가 수동일 경우 능동형 동명사로 쓰일 수 있다. 이 경우 수동형 동명사는 불가능하다.		
주어 +	need/ want/ require/ deserve +	~ing (능동형 동명사)
		to be p.p. (수동형 부정사)

- This shirt **needs to be ironed.**

  = This shirt **needs ironing.**

  This shirt needs ~~being ironed~~. (×)
  이 셔츠는 다림질 할 필요가 있다.

  > '이 셔츠는 다림질 할 필요가 있다'라는 뜻을 가지므로 수동의 관계이지만 need, want, require 등과 같은 동사 뒤에는 수동형 동명사 대신 능동형 동명사 또는 수동형 부정사가 위치한다. 다음의 예문도 마찬가지 맥락으로서 이해하면 된다.

- This car **wants repairing.**

  = This car **wants to be repaired.**

  This car requires ~~being repaired~~. (×)
  이 차는 수리가 필요하다.

11-19

고려대 2010
한양대 2008
단국대 2005
서울여대 2004

2) be worth + 능동형 동명사 (~ing) 혹은 명사

worth는 형용사와 전치사 기능을 동시에 가지고 있으므로 능동형 동명사 또는 명사만 위치할 수 있을 뿐 수동형 동명사 또는 to부정사는 절대 위치할 수 없다.		
주어 +	be worth +	명사
		~ing (능동형 동명사)

- The area **is** definitely **worth visiting.**

  The area is definitely worth ~~to visit~~. (×)

  The area is definitely worth ~~being visited~~. (×)
  그 지역은 분명히 방문할 가치가 있다.

- The area **is** definitely **worth many visits.**
  그 지역은 여러 번 방문해볼 가치가 분명히 있다.

  > '그 지역은 분명히 방문할 가치가 있다'는 해석으로 인해 수동형 동명사가 위치해야 할 것으로 보이지만 능동형 동명사 또는 명사만 가능할 뿐이다.

CHECK |

1. worthwhile + to부정사

- It is worthwhile **to read** the book carefully. [가주어 it = 진주어 to read]

  = The book is worthwhile **to read** carefully. [worthwhile을 수식하는 to read]
    그 책은 꼼꼼히 읽을 만한 가치가 있다.

  ▶ worthwhile은 to부정사와 결합하는 것이 원칙이다. 단 구어체에서는 동명사가 worthwhile 뒤에 올 수 있다.

2. worthy of ~ing / to부정사는 태를 일치시킨다.

- This book is **worthy of being read**.
- This book is **worthy to be read**.

  This book is worthy of ~~reading~~. (×)

  This book is worthy ~~to read~~. (×)
    이 책은 읽을 가치가 있다.

  위에서 본 worth 또는 worthwhile과는 다르게 worthy 구문은 영어의 태전환의 원칙을 그대로 수행하는 경우이다.
  '이 책'과 '읽다'의 관계는 수동이므로 역시 수동형 동명사를 위치시킨 가장 원칙적인 동명사 형태이다.

4. 동명사의 부정

부정사·분사와 마찬가지로 부정어는 동명사의 바로 앞에 둔다. ★ 09-38, 10-40 비교

- I am accustomed to **not eating** this food.

  I am accustomed ~~not to eating~~ this food. (×)
    나는 이 음식을 먹지 않는 것에 익숙하다.

- I am sure of his **not having been** polite.

  I am sure of his ~~having not been~~ polite. (×)
    나는 그 사람이 공손하지 않았다는 것을 확신한다.

예제

A: What happens to your shoes?

B: They want _____.

① mend   ② mended   ③ mending   ④ to mend

해석   A: 신발에 무슨 일이 생긴 거야?
      B: 수선할 필요가 있어.

해설   want/ need 동사의 목적어로서 수동의 to부정사가 필요한 경우, 능동형의 동명사로 대체될 수 있다. 이 경우 수동형
      동명사는 틀리다.
      My shoes want to be mended. = My shoes want mending.

정답   ③

🄃 동명사의 관용적 표현

1. 동명사 관련 중요 표현

11-22
국민대 2007
한국외대 2006

(1) cannot help ~ing : ~하지 않을 수 없다 ★ 04-10, 10-07 비교

cannot help ~ing = cannot (help/ choose) but 동사원형 = have no choice(alternative) but to부정사

· **I couldn't help thinking** about the past. 나는 과거에 대해 생각하지 않을 수 없었다.

= **I couldn't (help/ choose) but think** about the past.

= **I had no choice but to think** about the past.

I couldn't help ~~think~~ about the past. (×)

▶ cannot help 뒤에 but이 없다면 동명사가 옳다.

11-23
광운대 2009

(2) There is no ~ing : ~은 불가능하다

there is no ~ing = it is impossible to부정사

· **There is no knowing** what will happen in the future.

= **It is impossible to know** what will happen in the future.
미래에 무슨 일이 발생할 것인지 알 수는 없다.

11-24
명지대 2008

(3) It is no use/ no good ~ing : ~해봤자 소용없다

It is no use/ no good ~ing = it is of no use to부정사 = there is no use/ no good/ no point (in) ~ing

· **It is no use/ no good trying** to persuade her. 그녀를 단념시키려 노력해봤자 소용없다.

= **It is of no use to try** to persuade her.

= **There is no use (in) persuading** her.

It is no use ~~to try~~ to persuade her. (×)

▶ it is no use 뒤에서는 진주어로서 동명사가 옳다.

11-25

(4) of one's own ~ing : 자신이 손수 ~한

· I want to live in a house **of my own building.** 내가 직접 지은 집에서 살고 싶다.

= I want to live in a house which is built by myself.

11-26
영남대 2009

(5) make a point of ~ing : ~을 원칙으로 삼다, ~을 꼭 하다

make a point of ~ing = make it a rule to부정사 = be in the habit of ~ing

· **I make a point of going** shopping every Sunday.

= **I make it a rule to go** shopping every Sunday.

= **I am in the habit of going** shopping every Sunday.

I ~~make a rule~~ to go shopping every Sunday. (×)
나는 일요일마다 꼭 쇼핑을 하러 간다.

▶ make it a rule to부정사 표현에서 it이 생략되면 틀린 표현이 된다.

(6) 부정어 + A without ~ing : A하면 반드시 ~하다 ★ 04-12 참조

11-27

숭실대 2008

never A without ~ing = never A but + 문장

- I **never** see this watch **without remembering** her.
  - = I **never** see this watch **but** I remember her.
  - = **Whenever** I see this watch, I remember her.

    이 시계를 볼 때마다 그녀가 생각난다.

> **CHECK** | 정도의 접속사 but (~하지 않고서)
>
> 부정문 뒤에 but이 긍정문을 이끌 경우 해석에 따라 '~하지 않고서'의 뜻을 가진다. 이때 but 뒤에는 부정어가 재차 들어갈 수 없다. 해석은 의역을 이용하여 'A(주절)할 때마다 B(종속절)하다, A(주절)하면 B(종속절)하기 마련이다'로 한다.
>
> - **Not** a single day passed by **but** I met her.
>   - = **Not** a single day passed by **without** my **meeting** her.
>
>   Not a single day passed by without ~~meeting~~ her. (×)
>   그녀를 만나지 않은 날은 단 하루도 없었다.
>
>   동명사(meeting) 앞에 별도의 의미상의 주어가 없다는 것은 결국 주절의 주어인 '하루(a day)'가 '그녀를 만나다'라는 논리인데 그녀를 만나기 위해서는 사람이 필요하다. 따라서 동명사 앞에 별도의 의미상의 주어가 소유격(my)으로 위치해야 옳다.

(7) It goes without saying that절 : ~은 말할 것도 없다, ~은 당연하다

11-28

it goes without saying that절 = it is needless to say that절

- **It goes without saying that** we have used nature.
  - = **It is needless to say that** we have used nature.

    우리가 자연을 이용했다는 것은 말할 것도 없이 당연하다.

(8) feel like ~ing : ~하고 싶다

11-29

단국대 2005

feel like ~ing = feel inclined to부정사

- I **feel like buying** this suit.
  - = I **feel inclined to buy** this suit.

    I fell like ~~to buy~~ this suit. (×)
    이 정장을 구입하고 싶다.

  ▶ feel like에서 like는 전치사이므로 뒤에 동명사가 옳다.

(9) be on the edge/ point/ verge/ brink of ~ing : 막 ~하려는 찰나에 있다

11-30

한양대 2010
영남대 2009

- Bin Laden **was on the edge/ the point/ verge/ brink of leaving** Afghanistan.

  Bin Laden was on the edge ~~to leave~~ Afghanistan. (×)
  Bin Laden이 아프가니스탄을 막 떠나려는 찰나에 있었다.

  ▶ be on the edge 뒤에 to부정사는 올 수 없다.

(10) come/ go near (to) ~ing : 하마터면 ~할 뻔하다

> come near ~ing = come close to ~ing = nearly/ barely/ narrowly escape ~ing

- Her daughter **came near being run** over by a bus.

  = Her daughter **came close to being run** over by a bus.

  = Her daughter **narrowly escaped being run** over by a bus.

  Her daughter came near ~~to be run~~ over by a bus. (×)

  그녀의 딸이 하마터면 버스에 치일 뻔 했다.

  ▶ near는 전치사 기능이 있으므로 to부정사가 연결될 수 없다.

(11) in ~ing : ~할 때, ~하는데 있어서

- **In protecting** the queen, a policeman was shot by an assassinator.

  여왕을 보호했을 때 경찰관이 암살자에게 총을 맞았다.

(12) by ~ing : 함으로써

- **By stoping** smoking, you can be more healthy.

  금연함으로써 당신은 더욱 건강해질 수 있다.

(13) (up)on ~ing : ~하자마자 ★ 05-28 참조

- **(Up)On hearing** of the news of Tsunami, children escaped to the schoolyard.

  = **As soon as/ The moment/ Directly/ Immediately** they heard of the news of Tsunami, children escaped to the schoolyard.

  쓰나미 소식을 듣자마자 아이들은 운동장으로 피신했다.

(14) far from ~ing : ~하기는커녕, 결코 ~하지 않다

- **Far from helping** the situation, you've just made it worse.

  당신은 그 상황을 돕기는커녕 더 악화만 시켜놓았다.

(15) instead of ~ing : ~인 대신에, ~이 아니라

- **Instead of being prohibited**, playing the guitar should be encouraged.

  Instead of ~~prohibiting~~, playing the guitar should be encouraged. (×)

  기타 연주는 금지할 것이 아니라 장려되어야 한다.

  ▶ 주절의 주어인 '기타를 연주하는 것'과 '금지하다'의 관계는 수동이므로 수동형 동명사가 옳다.

(16) besides ~ing : ~뿐만 아니라

> besides ~ing = in addition to ~ing

- **Besides making** a fortune, he contributes much money to an orphanage.

  = **In addition to making** a fortune, he contributes much money to an orphanage.

  그는 많은 돈을 벌뿐만 아니라 고아원에 기부도 한다.

CHECK | 주절보다 먼저 앞에 위치한 '전치사 + 동명사'의 태

주절보다 먼저 위치한 '전치사 + 동명사'의 의미상 주어는 주절의 주어와 일치해야 한다. 그렇지 않다면 동명사 앞에 별도의 의미상의 주어를 소유격으로 위치해야 한다. ★ 09-21 참조

· **In my arriving** home, it rained.
   = When I arrived home, it rained.
   ~~In arriving~~ home, it rained. (×)
   내가 집에 도착했을 때 비가 쏟아졌다.

> 주절보다 먼저 앞에 in arriving이 나왔기 때문에 그 의미상의 주어는 주절의 주어와 일치해야 한다. 그러나 예문에서 주절의 주어인 비인칭 주어 it은 '날씨'를 가리킨다. 날씨가 집에 도착할 수는 없기 때문에 틀린 문장이 된다. 따라서 집에 도착할 수 있는 주체를 동명사 앞에 소유격으로 위치하면 옳은 문장이 된다.

(17) above ~ing : ~일 리가 없는

---

above ~ing = the last 명사 to부정사 = far from ~ing

· The man is **above doing** such a doltish behavior.
   = The man is **the last man to do** such a doltish behavior.
   = The man is **far from doing** such a doltish behavior.
   그는 그와 같은 어리석은 행동을 할 사람이 아니다.

(18) be busy (in) ing/ with + 명사 : ~하느라 바쁘다

· Rachel **is busy with** her exams.
   = Rachel **is busy (in) studying** for her exams.
   Rachel is busy ~~to study~~ for her exams. (×)
   Rachel은 시험공부를 하느라 바쁘다.

> ▶ be busy 뒤에는 to부정사가 올 수 없다.

(19) have trouble/ difficulty/ a hard time/ a real problem + (in) ~ing/ with + 명사 :

   ~하는데 어려움을 겪다

· We **had a hard time with** loss of money.
   우리는 돈이 부족해서 고생했다.

· We **have trouble (in) finding** the path.
   We have trouble ~~to find~~ the path. (×)
   우리는 길을 찾느라 애를 먹었다.

> ▶ have trouble/ difficulty/ a hard time 뒤에 to부정사는 올 수 없다.

(20) spend/ waste + 돈 · 시간 · 노력 + (in) ~ing/ on + 명사 : ~하는 데 ~을 소비하다

· Stacey **spent** her free time **(in) reading** many novels.
   Stacey는 자신의 여가 시간을 소설을 읽는 데 할애했다.

· Stacey **spent** her free time **on clothes**.
   Stacey는 자신의 여가 시간을 옷에 할애했다.

(21) be capable of ~ing : ~할 수 있다

---

be capable of ~ing = be able to부정사

※ be incapable of ~ing = be unable to부정사 : ~할 수 없다

· I'm perfectly **capable of looking** after myself.

= I'm perfectly **able to look** after myself.

I'm perfectly capable ~~to look~~ after myself. (×)

나는 자신을 완벽히 돌볼 수 있다.

▶ capable은 of ~ing와 결합할 뿐, to부정사와 결합할 수 없다.

2. 동명사를 목적어로 취하는 전치사 to

다음은 동명사를 목적어로 취하는 전치사 to의 관용표현이다. 이것은 to부정사의 연결 장치인 to와 구분해야
한다. 즉, 아래의 구문들은 'to + 동사원형(to부정사)'이 오면 틀리는 표현이 된다.

(1) object to : ~에 반대하다 ★ 01-24 참조

---

object to ~ing = oppose ~ing = be opposed to ~ing = have an objection to ~ing

---

· I **object to modifying** the article.

= I **oppose modifying** the article.

= I **am opposed to modifying** the article.

= I **have an objection to modifying** the article.

I object ~~to modify~~ the article. (×)

나는 그 기사의 수정에 반대한다.

▶ object는 자동사로서 전치사 to와 결합하므로 동명사를 목적어로 취해야 한다.

(2) look forward to ~ing : ~을 기대하다

· Do you **look forward to debating**, or **making** deals?

Do you look forward to ~~debate~~, or ~~make~~ deals? (×)

당신은 논쟁을 기대하는가, 아니면 타협을 바라는가?

▶ look forward는 to부정사의 to가 아닌 전치사 to와 결합하므로 동명사가 필요하다.

(3) devote oneself to ~ing : ~에 헌신하다, ~에 열중하다 ★ 01-65 참조

---

devote oneself to ~ing = dedicate oneself to ~ing = commit oneself to ~ing
= immerse oneself in ~ing = absorb oneself in ~ing

· Ham **devoted/ committed** himself to writing.

= Ham **was devoted/ committed** to writing.

Ham was devoted/ committed ~~to write~~. (×)

Ham은 저술에 헌신했다.

▶ be devoted는 to부정사가 아닌 전치사 to와 결합하므로 동명사가 목적어로 옳다.

(4) with a view to ~ing : ~하기 위해서

11-47

with a view to ~ing = for the sake of ~ing = for the purpose of ~ing
= with the intention of ~ing = in order to부정사 = so as to부정사

- **With a view to gaining** scholarship, you must study hard.
  = **For the sake/ purpose of gaining** scholarship, you must study hard.
  = **With the intention of gaining** scholarship, you must study hard.
  = **In order to gain** scholarship, you must study hard.
  = **So as to gain** scholarship, you must study hard.
  장학금을 타기 위해서는 당신은 열심히 공부해야 한다.

(5) What do you say to ~ing? : ~하는 게 어때?

11-48
홍익대 2004

- **What do you say to going** out this afternoon?
  What do you say ~~to go~~ out this afternoon? (×)
  오후에 외출하는 게 어떻겠니?

(6) be accustomed/ used to ~ing : ~하는데 익숙하다 ★ 04-37~38 참조

11-49
광운대 2007
국민대 2007

- We **were accustomed to working** together.
  = We **were used to working** together.
  우리는 같이 일하는데 익숙했다.

(7) contribute to ~ing : ~하는데 기여·공헌·이바지하다

11-50
경기대 2001

- City employees cannot **contribute to conducting** political campaigns.
  시 공무원들은 정치적 선거운동을 하는데 공헌할 수 없다.

> **CHECK** |
>
> contribute는 전치사 없이 목적어를 취해서 '기고·기부하다'라는 뜻의 타동사로도 쓰인다.
>
> - He **contributed an article** to a magazine.
>   그는 잡지에 기사를 기고했다.

(8) confess to ~ing : ~을 시인하다

11-51

- Bin Laden **confessed to terrorizing** the peace of the world.
  Bin Laden은 세계평화를 위협하려 했음을 시인했다.

(9) when it comes to ~ing : ~에 관한 한

11-52
총신대 2008
고려대 2004

when it comes to ~ing = with regard to ~ing

- **When it comes to skiing**, you can't beat Rodgers.
  = **With regard to skiing**, you can't beat Rodgers.
  When it comes to ~~being skied~~, you can't beat Rodgers. (×)
  스키에 대해서라면 너는 Rodgers를 이길 수 없다.

  ▶ 주절의 주어인 '당신'과 '스키를 타다'의 관계는 능동이므로 능동의 동명사가 옳다.

(10) fall to ~ing : ~을 시작하다

- She **fell to talking** about the accident.
  그녀는 그 사고에 대해 이야기하기 시작했다.

(11) see to ~ing : ~에 신경 쓰다, 유념하다

- **See to buying** the ticket, please!
  그 티켓을 꼭 사두기 바란다!

> **CHECK | see (to it) that절**
>
> see가 that절을 목적어로 취하면 '깨닫다, 이해하다'라는 뜻이며, that 앞에 to it을 삽입하여 강조할 수 있다.
>
> - She could **see (to it) that** the furniture got ugly.
>   그녀는 그 가구의 형태가 흉하다는 것을 깨달을 수 있었다.

(12) be addicted to ~ing : ~에 빠져들다

be addicted to ~ing = be given to ~ing = take to ~ing

- Her son **was addicted/ given to smoking** and **drinking**.
  = Her son **took to smoking** and **drinking**.
  그녀의 아들은 담배와 술에 빠져있었다.

(13) lead to ~ing : ~을 야기하다

lead to ~ing = end in ~ing = result in ~ing

- His actions could **lead to losing** his job.
  = His actions could **end in losing** his job.
  = His actions could **result in losing** his job.
  그의 행동들이 그의 일자리를 잃게 만들었다.

> **CHECK |**
>
> lead가 5형식 구문을 이끌 경우 타동사가 되어 목적격보어 자리에 to부정사가 위치한다.
>
> - His actions could **lead him to lose** his job.
>   그의 행동들이 그로 하여금 일자리를 잃게 만들었다.

(14) the key to ~ing : ~에 대한 비책, 해결책

the key to ~ing = the answer to ~ing = the secret to ~ing

- Properly planning is **the key to guaranteeing** success.
  적절하게 계획을 수립하는 것이 성공을 보장하기 위한 해결책이다.

CHECK | clue to/ as to/ about ~ing : ~에 대한 단서 · 실마리

· We now have a **clue to identifying** the time of the murder.
  We now have a clue ~~to identify~~ the time of the murder. (×)
  우리는 그 살인 사건의 시간을 확인할 수 있는 단서를 갖고 있다.

  ▷ clue는 전치사 to와 결합하기 때문에 동사원형이 올 수 없다.

(15) amount to ~ing : 결국 ~이 되다, (총계 · 금액이) ~가 되다

· The information we received **amounted to doing** harm.
  우리가 얻은 정보는 결국 해를 끼치는 것이 되어 버렸다.

예제

John, scolded by his teacher, finally confessed to _____ the book.

① stealing   ② steal   ③ have stolen   ④ having stolen

해석 John은 선생님에게 야단을 맞자 마침내 자신이 그 책을 훔쳤다고 자백을 했다.
해설 자백한 시점보다 훔친 사실이 더 과거의 일이므로 'having p.p.' 형태가 옳으며, confess는 to ~ing를 취한다.
정답 ④

5 동명사 vs. 부정사

동명사를 목적어로 취하는 동사들은 '(과거부터) 지금까지 그래왔던 일'에 대한 내용들이 주된 반면, 부정사를 목적어로 취하는 동사들은 '지금의 내용 또는 미래의 일'을 가리킨다.

동명사를 목적어로 취하는 동사	과거지향적, 일반적, 보편적, 습성적
부정사를 목적어로 취하는 동사	미래지향적, 구체적, 특정적, 일시적

1. 목적어로 동명사와 부정사를 취하여 의미 차이가 있는 동사

(1) stop ~ing ~을 중단하다 **vs. stop to부정사** ~하기 위해 멈추다

· I **stopped smoking** last month. 나는 지난달에 담배를 끊었다.

· I **stopped to smoke** on a street. 나는 담배를 피기 위해 길거리에 멈췄다.

(2) try ~ing ~을 (시험 삼아) 해보다 **vs. try to부정사** ~하려고 애쓰다

· I want to **try playing** tennis this spring. 나는 이번 봄에 테니스를 (그냥) 쳐보고 싶다.

· The police **tried to catch** a consecutive murderer.
  The police tried ~~catching~~ a consecutive murderer. (×)
  경찰은 연쇄살인범을 잡기 위해 노력했다.

  ▷ 두 번째 예문은 '시험 삼아 연쇄살인범을 체포하다'라는 뜻이 되어 틀리다.

(3) forget ~ing ~한 것을 잊다(과거) **vs. forget to부정사** ~할 것을 잊다(미래)

- I don't **forget being** insulted last year.

  I don't forget ~~to be insulted~~ last year. (×)

  나는 작년에 모욕을 당한 것을 잊지 않고 있다.

  ▶ 과거시제를 가리키는 last year가 나오기 때문에 '이전 사실을 잊다'라는 뜻이 되어 동명사가 옳다.

- Don't **forget to lock** the door when you leave. 떠나기 전에 문 잠글 것을 잊지 마라.

(4) regret ~ing ~을 후회하다(과거) **vs. regret to부정사** 유감이지만 ~을 알리다(미래)

- I now **regret leaving** school so young. 너무 어려서 자퇴한 것을 현재 후회한다.

- I **regret to inform** you that your contract will not be renewed.

  당신과의 계약이 갱신되지 않을 것임을 알리게 되어 유감입니다.

11-66
영남대 2009
경기대 2007
한성대 2006
광운대 2005
아주대 2003

(5) remember ~ing ~을 기억하다(과거) **vs. remember to부정사** ~할 것을 기억하다(미래)

- I **remember meeting** her at a party once.

  I remember ~~to meet~~ her at a party once. (×)

  이전에 그녀를 파티에서 만난 것을 기억한다.

  ▶ once(이전에)는 과거의 경험을 가리키므로 과거지향의 동명사가 옳다.

- It's often hard to **remember to take** vitamin pills after a meal.

  식사 후에 비타민 알약을 복용하는 것을 기억하기가 종종 어렵다.

(6) mean ~ing ~을 의미하다 **vs. mean to부정사** ~을 의도하다. ~을 작정하다

- Being tolerant **means** not **being** prejudiced. 관대함은 편견이 없음을 의미한다.

- Whoops! I didn't **mean to step** on your toe. 이런! 너의 발가락을 밟을 의도가 아니었어.

(7) be afraid of ~ing (나쁜 것을) 두려워하다 **vs. be afraid to부정사** (바람직한 것을) 두려워하다

- I **was afraid of upsetting** her. 내가 그녀를 화나게 할까봐 두려웠다.

- Don't **be afraid to ask** for help. 도움을 요청하는 것을 두려워하지 마라.

(8) go on ~ing (중단 없이) 계속하다 **vs. go on to부정사** (중단했다가) 계속하다

- My grandfather didn't answer and **went on reading**.

  내 할아버지께서는 대답하지 않으시고 계속 읽기만 했다.

- After her early teaching career, she **went on to become** a doctor.

  그녀는 어렸을 적 교사 이후에 의사가 되었다.

(9) be sure of ~ing (주어가) ~을 확신하다 **vs. be sure to부정사** (필자의 입장에서) ~임에 분명하다

- He **is sure of coming** to see me.

  그는 나를 보러 올 것이라 확신한다.

- He **is sure to come** to see me.

  = I **am sure that** he will come to see me.

  그는 나를 보러 올 것임에 틀림이 없다.

2. 목적어로 동명사와 부정사를 취하여 의미 차이가 없는 동사

11-70
고려대 2011
경희대 2011

intend 작정하다(=be intent on ~ing)　continue 계속 ~을 하다　cease ~을 중단하다　attempt 시도하다　begin ~을 시작하다　start ~을 시작하다　hate ~을 싫어하다　like ~을 좋아하다　prefer ~을 좋아하다　love ~을 사랑하다

- I **intend going** there.
  = I **intend to go** there.
    거기에 갈 작정이다.

- The members **began laughing** at her.
  = The members **began to laugh** at her.
    멤버들이 그녀를 비웃기 시작했다.

- He **continued ignoring** everything I said.
  = He **continued to ignore** everything I said.
    그는 내가 말했던 모든 것을 계속해서 무시했다.

- I **prefer playing** in defence.　★ 04-27 비교
  = I **prefer to play** in defence.
    나는 수비하는 것을 좋아한다.

11-71
동국대 2005

CHECK |　이미 존재하고 발생한 일은 동명사를 목적어로 취한다.

- Paul lives in Berlin now. He **likes living** there.
                            = He lives there and he likes it.
  Paul은 지금 베를린에서 살고 있다. 그는 거기서 사는 것을 좋아한다.

- Do you **like being** a student?
  = You are a student and do you like it?
    당신은 학생인 게 좋나요?

예제

I couldn't find any vegetables in the refrigerator, which means my wife must have forgotten _____ some on her way home.

① buy　　　　　　　② buying　　　　　　　③ to buy
④ to have bought　　⑤ to be bought

해석 냉장고에서 야채를 하나도 볼 수가 없었는데 이것은 내 처가 집으로 오는 길에 몇 개 사오는 것을 틀림없이 잊어버렸음을 의미한다.

해설 forget 동사는 'to부정사'를 목적어로 취하면 '(기준시제보다 미래의 일을) 잊어먹다'라는 의미이며, '동명사'를 목적어로 취하면 '(기준시제 이전의 일을) 잊어먹다'라는 의미가 된다. 여기서는 부인이 과거(집으로 돌아오는 중)를 기준으로 야채 구입할 것을(과거의 미래) 망각했음을 의미하므로 to부정사가 옳다.

정답 ③

1 동명사의 기본 개념 ~ 2 동명사의 명사적 용법

01 _____ to pump up children's IQs in artificial ways may lead to increased stress on the kids.
① Tried   ② Trying
③ When trying   ④ While they are trying

02 A triangle is a musical instrument which ① can be made by ② to bend a steel rod into the shape of a triangle. Each of the angles of the triangle ③ used in the school orchestra ④ measures 60°.

03 Many students assume ① that textbook writers restrict themselves to facts and avoid ② to present opinions. Although ③ that may be true for some science textbooks, ④ it's not true for textbooks in general, particularly ⑤ in the areas of psychology, history, and government.

04 The weekend ① before Christmas, she had to finish ② to buy gifts, prepare a holiday dinner ③ for ten persons and organize birthday parties for ④ all three of her young children.

05 I ① do appreciate ② you to help me ③ work out the best solution ④ to the thorny problem.

01 ②　해석　인위적인 방법으로 아이들의 지능지수를 높이려고 노력하는 것은 아이들에게 큰 스트레스를 야기할 수 있다.

해설　주어가 없으므로 명사 역할을 하는 동명사가 옳다.

어휘　pump up 증대하다, 강화하다

02 ②　해석　트라이앵글은 강철막대를 삼각형 형태로 구부려서 만들 수 있는 악기이다. 학교 오케스트라에서 이용하고 있는 트라이앵글 각각의 각도는 60도이다.

해설　to bend → bending
　　　전치사 by의 목적어로 올 수 있는 준동사는 동명사이다.

어휘　rod 막대

03 ②　해석　교과서를 저술한 사람들이 사실에만 얽매여서 의견 제시를 피한다고 많은 학생들은 생각한다. 몇몇 과학 교과서의 경우에는 옳은 말일 수 있지만, 특히나 심리학과 역사, 정부 관련 교과서에서는 대체적으로 틀린 말이다.

해설　to present opinions → presenting opinions
　　　avoid는 동명사를 목적어로 취한다.

04 ②　해석　크리스마스 전 주말에 그녀는 선물을 사놓고, 10명의 휴일 파티를 준비하고, 어린 세 자녀들을 위해 생일 파티를 준비해야만 했다.

해설　to buy → buying
　　　finish 동사는 동명사를 목적어로 취한다.

05 ②　해석　내가 그 곤란스러운 문제에 대해 가장 잘 해결할 수 있도록 도와 주셔서 당신에게 감사드립니다.

해설　you to help → your helping
　　　appreciate 동사는 5형식이 불가능하며 '감사하다'라는 뜻으로 쓰일 경우 that절 대신 동명사를 목적어로 취하게 된다. 또한 단순 명사를 목적어로 취할 수 있으나 사람은 위치할 수 없다.

어휘　thorny 곤란한

06 다음 중 어법상 옳은 문장은?

① He refused attending the meeting.

② The boy narrowly escaped to be run over by a car.

③ I would appreciate your keeping it a secret.

④ I have delayed to write to Mr. Kim till now.

07 다음 중 문법적으로 하자가 있는 것은?

① I am not used to being treated like this.

② I had my watch stolen.

③ You might have offered to help me.

④ I enjoyed to read science fiction.

⑤ I could not write properly with an eye bandaged.

08 다음 중 어법상 옳은 것은?

① Does your job involve to meet a lot of people?

② I considered to take the job, but in the end I decided against it.

③ Our neighbor threatened to call the police, if we did not stop making a noise.

④ Ann offered taking care of our children while we were out.

⑤ She admitted to steal the car but denied driving it dangerously.

09 어법상 가장 적절한 것을 고르시오.

① If a man you met the night before and made the worst impression on you loses no time in telephoning you the very next morning, be as busy as possible.

② When I take into consideration all the factors involved, I have neither the inclination nor the insensitivity to interfere.

③ There are usually more men in your life whom you would like to get rid of as those whom you are dying to meet.

④ If you don't mind impolite, you can even say that you have to write a letter or take the dog for a walk.

06 ③   해설 ① attending → to attend
           refuse는 to부정사를 목적어로 취한다.
        ② to be → being
           escape는 동명사를 목적어로 취한다.
        ④ to write → writing
           delay는 동명사를 목적어로 취한다.

07 ④   해설 to read → reading
        enjoy 동사는 동명사를 목적어로 취할 뿐, to부정사를 목적어로 취할 수 없다.

08 ③   해설 ① to meet → meeting
           involve 동사는 동명사를 목적어로 취한다.
        ② to take → taking
           consider 동사는 동명사를 목적어로 취한다.
        ④ taking → to take
           offer 동사는 to부정사를 목적어로 취한다.
        ⑤ to steal → stealing
           admit 동사는 동명사를 목적어로 취한다.

09 ②   해설 ① and made → and who made
           선행사는 a man이고 and로 '(whom) you met the night before'라는 목적격 관계대명사절과
           'who made ~'인 주격 관계대명사절이 병치하고 있다. 주격 관계대명사는 생략할 수 없으므로 who
           가 위치해야 한다.
        ③ as → than
           more가 왔으므로 원급이 아닌 비교급 than이 적합하다.
        ④ impolite → being impolite
           mind 동사 뒤에 형용사가 올 수 없다. 왜냐하면 mind는 2형식 동사가 아니기 때문이다. 따라서 동명
           사를 목적어로 취하고 impolite라는 형용사를 보어로 위치시키는 be 동사를 활용하면 된다.
         어휘 inclination 경향, 기호, 의향

10 Everyone ignored _____ being dead drunk.
① Mary is   ② Mary has
③ Mary was   ④ Mary's

11 ① Unless an athlete is ② physically fit, there is no sense in ③ him sacrificing
④ himself for victory in any game and, therefore, ⑤ facing a lifetime injury.

12 The committee members resented _____ of the meeting.
① the president that he did not tell them
② the president not to inform them
③ the president's not informing them
④ that the president had failed informing themselves

13 Instead of ① eliminating, Jazz ② appreciation must ③ be included in our college
④ curriculum.

14 It is worth ① pointing out that despite ② guiding by an ideal of physicalism, most
philosophers ③ have come to recognize the distinctive aspects of the mind as, in
some way, ④ irreducible.

15 Upon hatching, _____ .
① young ducks know how to swim
② swimming is known by young ducks
③ the knowledge of swimming is in young ducks
④ how to swim is known in young ducks

16 _____ the news true, she began to cry.
① At finding   ② On finding
③ To finding   ④ By finding

10 ④ 　해석　모든 이들이 Mary가 완전히 취한 것을 무시했다.

　　　　해설　ignore는 that절을 목적어로 취할 수 없고, 동명사를 목적어로 취할 수 있는 바, 동명사 being의 의미상의 주어는 소유격이 옳다.

11 ③ 　해석　운동선수가 신체상 건강하지 못하다면 모든 게임에서 승리를 하기 위해 자신을 희생시켜 평생의 부상을 입게 될 때 부질없는 일이 된다.

　　　　해설　him → his
　　　　　　　동명사의 의미상의 주어는 소유격이 옳다.

12 ③ 　해석　위원회 구성원들은 위원장이 회의를 자신들에게 알리지 않은 점에 대해 분노했다.

　　　　해설　resent는 동명사를 목적어로 취하는 타동사로서 동명사의 의미상의 주어는 소유격을 취한다. 또한 부정어는 준동사 바로 앞에 위치해야 한다.

13 ① 　해석　제거할 것이 아니라, 재즈 음악 감상은 대학 교과 과정에 포함되어야 한다.

　　　　해설　eliminating → being eliminated
　　　　　　　주절의 주어인 '재즈 음악 감상(Jazz appreciation)'과 '제거하다'의 관계는 수동이므로 수동형 동명사가 옳다.

14 ② 　해석　물리주의의 이상에 의해 도움을 받고 있음에도 불구하고 대부분의 철학자들은 정신의 특징적 측면들을 어떤 면에 있어서는 더 이상 단순화 시킬 수 없다는 것을 인식하게 되었다는 점을 지적해 보는 것은 가치 있는 일이다.

　　　　해설　guiding → being guided
　　　　　　　귀결절(most philosophers 이하)보다 먼저 앞에 나온 '전치사 + 동명사' 구문의 의미상의 주어는 귀결절의 주어가 된다. 그 주어인 '철학자'와 '조언하다'의 관계는 수동이 된다. 참고로 guide는 명사 목적어가 필요한 타동사인데 그 목적어가 없다면 수동형으로 쓰여야 한다.

　　　　어휘　physicalism 물리주의　irreducible 더 이상 단순화 시킬 수 없는

15 ① 　해석　새끼 오리들은 부화하자마자 헤엄치는 법을 알게 된다.

　　　　해설　주절의 주어와 문두에 위치한 '전치사 + 동명사' 구문의 의미상의 주어가 일치할 경우 동명사의 의미상의 주어는 별도로 오지 않는다. 따라서 부화할 수 있는 주체를 고르면 된다.

16 ② 　해석　그 소식이 사실임을 깨닫자마자, 그녀는 울기 시작했다.

　　　　해설　①, ③ 주절보다 먼저 앞에 at ~ing 혹은 to ~ing 형태는 불가능하며, ④ '소식이 사실임을 알게 됨으로써 (방법과 수단)'는 논리상 하자가 생긴다. 따라서 ② on ~ing(~하자마자)가 논리적으로 적합하다.

17 Most Americans do not themselves enjoy _____ with respect for age or
    position; it makes them uncomfortable.
    ① treating   ② to have been treated
    ③ being treated   ④ having treated

18 He could not help _____ his lot.
    ① satisfy   ② satisfying with
    ③ be satisfied at   ④ being satisfied with

19 On clicking on Clip Art, _____ to incorporate in your document.
    ① you will be presented with a window of pictures and images
    ② it will present you with a window of pictures and images
    ③ you will present with a window of pictures and images
    ④ it will be presented with a window of pictures and images

20 ① Had he not believed that every ② person ③ belongs to history, his story
    ④ would not have been ⑤ worth of telling.

21 다음 우리말을 영어로 가장 잘 옮긴 것은?

그녀는 의사가 그녀에게 햄버거를 먹지 말라고 충고한 것을 잊어버렸다.

    ① She forgot that the doctor was advised not to eat hamburgers.
    ② She forgot the doctor's advising her not to eat hamburgers.
    ③ She forgot the doctor to advise not to eat hamburgers.
    ④ She forgot hamburgers not to be advised by the doctor.

22 다음 중 어법상 올바른 것을 고르시오.
    ① If you intend to climb a mountain, these shoes want repairing.
    ② Last night I was busy to prepare for the examination.
    ③ I little dreamt to see you here.
    ④ I am looking forward to see you here.

17 ③

해석 대부분의 미국인들은 나이 혹은 지위로 대접받는 것을 좋아하지 않는다. 즉, 그것은 그들을 불편하게 할 뿐이다.

해설 enjoy는 동명사를 목적어로 취하며, treat 동사는 '대우하다'라는 뜻을 가진 타동사로서 의미상의 주어인 Americans와의 관계는 수동이므로 수동형 동명사가 옳다.

18 ④

해석 그는 자신의 몫에 만족하지 않을 수 없었다.

해설 '~하지 않을 수 없다'라는 표현은 'cannot help ~ing = cannot (help/ choose) but 동사원형'을 취한다. 또한 의미상의 주어 'he'와 '만족시키다(satisfy)'의 관계는 수동이므로 수동형 동명사가 옳다.

19 ①

해석 클립 아트를 클릭하자마자, 당신은 문서에 끼워넣을 사진들과 이미지들로 된 윈도우 화면들을 제공받을 것이다.

해설 클립 아트에 클릭을 할 수 있는 주체는 사람이므로 '당신(you)'이 주절의 주어로 와야 한다. present는 타동사로서 목적어 없이 전치사 with와 바로 결합할 수 없다.

20 ⑤

해석 만일 그가 개개인이 역사에 속해 있다고 믿지 않았다면 그의 역사는 논할 가치가 없었을 것이다.

해설 worth of telling → worth telling
be worth 뒤에는 능동형 동명사 또는 명사만 올 수 있을 뿐 수동형 동명사, to부정사 또는 전치사 of는 올 수 없다.

21 ②

해설 ① 의사가 충고당한 것이 아니라 충고한 입장이므로 태가 틀렸다.
② 지나간 사실을 잊어버린 경우이므로 동명사 목적어를 취한 형태가 옳다.
③ 의사를 잊어버렸다는 의미가 되므로 틀리다.
④ 햄버거를 잊어버렸다는 의미이므로 틀리다.

22 ①

해설 ② to prepare → (in) preparing
busy는 'with + 명사' 또는 '(in) 동명사' 구문을 취한다.
③ to see → of[about] seeing
dream 동사는 to부정사를 목적어로 취하지 않고 전치사 of/ about ~ing를 취한다.
④ to see → to seeing
look forward to ~ing 형태가 옳다.

4 동명사의 관용적 표현

23 If you are used ① to analyze texts, you will be able to formulate a clear statement of ② what your draft ③ turned out ④ to be about.

24 I was satisfied ① with his devotion to ② get his job ③ done well ④ against all odds.

25 "With the country's growing credit crunch, we do not think lowering the call rate would contribute much _____ the economy," said the governor of central bank.

    ① boost   ② boosting
    ③ to boost   ④ to boosting

26 ① Using a lattice of lasers and ultra-cold temperatures, German scientists ② have made a new type of matter that could ③ overcome an obstacle to ④ make quantum computers.

27 다음 문장 중 문법적으로 틀린 것은?

    ① The girl had no one to turn to for advice.
    ② Please see to that the door is closed.
    ③ He said nothing in reference to his sickness.
    ④ At first they thought the man was dead but soon he came to.
    ⑤ He awoke to find himself in a strange room.

28 Aurelia ① did not have time ② to go to the concert last night, because she was busy ③ to prepare ④ for her trip to Brazil and Chile.

23 ① 해석 만일 당신이 텍스트를 분석하는데 익숙하다면 당신의 원고의 내용이 전하는 게 무엇인지 명확한 설명을 할 수 있을 것이다.

해설 to analyze → to analyzing
be used to ~ing는 '~하는데 익숙하다'라는 뜻이며, be used to부정사는 '~하기 위해 사용되다'라는 의미이므로 본문에서는 문맥상 전자가 옳다.

24 ② 해석 모든 불평등과 부딪히어 자신의 일을 잘 해낸 그의 노력에 나는 만족했다.

해설 get → getting
명사 형태인 devotion은 동사 표현인 'devote oneself to ~ing = be devoted to ~ing'와 마찬가지로 전치사 to ~ing와 결합한다.

25 ④ 해석 "국가의 증가하는 신용 위기와 함께 우리는 콜금리를 낮추는 것이 경제를 활성화하는데 기여할 것이라고 생각하지는 않는다."라고 중앙은행 대표가 말했다.

해설 contribute 동사가 자동사로서 전치사 'to ~ing/ 명사'를 취하면 '이바지하다, 공헌하다'라는 뜻을 가지고, 타동사로서 일반명사를 목적어로 취하면 '기부하다'라는 뜻을 가진다.

어휘 credit crunch 신용 제한

26 ④ 해석 레이저 격자와 초저온 기후를 이용하는 독일 과학자들은 양자 컴퓨터 생산의 방해 요소를 극복해내는 새로운 유형의 물질을 만들어왔다.

해설 make → making
obstacle 명사는 전치사 to ~ing와 결합한다.

어휘 lattice 격자, 격자 모양의 것   quantum 양자

27 ② 해설 ② to → to it
see to it that절: '~을 깨닫다, 유념하다' 표현에서 to만 넣고 it이 빠지면 틀리게 된다.
① turn to: ~에 의존하다
③ in reference to: ~과 관련하여
④ come to: 의식을 회복하다 (이때 to는 부사로 쓰인 경우이다)
⑤ awake to부정사: 깨어나 보니 ~이다

28 ③ 해석 Aurelia는 브라질과 칠레로 여행갈 준비를 하느라 바빴기 때문에 어젯밤에 콘서트에 갈 시간이 없었다.

해설 to prepare → (in) preparing
be busy는 (in) ~ing 또는 with + 명사를 이어서 받을 수 있는데, 전자의 경우 전치사 in은 생략할 수 있다.

29 It is no use ① to attempt to invalidate the ruling ② that Seoul's status as the nation's capital ③ is guaranteed by the customary constitution, ④ if not by the written constitution.

30 There ① is no ② staying home on ③ such a fine day this. What do you say ④ to go with me for a walk in ⑤ the suburbs?

31 Our reason ① the figure is so high is ② that water and woodland mismanagement ③ rendered the soil incapable ④ to absorb large volumes of water.

32 다음을 옳게 영작한 것은?

┌───┐
│ 그녀를 보면 나는 언제나 죽은 누나가 생각이 난다.   │
└───┘

① I never see her but I remind of my dead sister.
② I never see her but I am thought of my dead sister.
③ I never see her without being reminded of my dead sister.
④ I never see her without reminding of my dead sister.

33 The president said that ① persuading the international community and the Japanese public ② is the key to ③ solve the problem, and ④ added the Korean public should ⑤ deal with it calmly and with patience.

34 We _____ Peter out of the hole he had fallen into.
① had trouble to get
② had hard time getting
③ were having a hard time getting
④ had a difficulty getting

362

29 ①

해석   국가 수도로서의 서울의 지위가 성문헌법이 아닌 관습헌법에 의해 보장된다는 헌재의 판결을 무효화하려는 시도는 아무런 소용이 없다.

해설   to attempt → attempting
'~해봤자 소용없다'라는 표현은 'it is no use ~ing = it is of no use to부정사' 구문을 취한다.

30 ④

해석   이렇게 화창한 날에 집에 있을 수 없잖아. 나와 함께 교외에서 산책하는 게 어때?

해설   to go → to going
'~하는 게 어때?' 구문은 동명사를 목적어로 취한다.
cf. What do you say to ~ing? = What about ~ing? = How about ~ing?

31 ④

해석   그 수치가 그렇게 높은 것에 대한 우리의 논리는 물과 숲의 부실 관리로 토양이 많은 양의 물을 흡수할 수 없기 때문이다.

해설   to absorb → of absorbing
incapable은 to부정사와 결합하지 못하며, of ~ing와 결합한다.

어휘   **render** (어떤 상태가 되게) 만들다

32 ③

해설   ① remind of → remember 혹은 am reminded of
'기억하다'라는 표현은 remember = remind oneself of = be reminded of 형태가 옳다.
② am thought → think of
think는 능동태에서 think of 구조를 취한다.
③ 'A하면 B하기 마련이다'라는 표현은 '부정어가 포함된 주절 + but 문장/ 부정어가 포함된 주절 + without ~ing' 구조를 취한다.
④ reminding of → remembering 또는 being reminded of 형태가 옳다.

33 ③

해석   대통령은 국제 여론과 일본 국민들을 설득하는 것이 문제 해결의 핵심이라고 말하며 한국 국민들은 차분하게 끈기를 가지고 대응해야 한다고 덧붙였다.

해설   solve → solving
key/ secret/ answer는 to ~ing와 결합한다. 이때 to부정사가 위치하면 틀린 표현이다.

34 ③

해석   우리는 Peter가 빠진 웅덩이에서 그를 구하려고 힘든 시간을 보내고 있었다.

해설   '~하느라 고생을 하다'라는 표현은 'have a hard time = have difficulty = have trouble' 뒤에 '(in) ~ing' 혹은 'with + 명사' 구조를 취한다. to부정사는 뒤에 올 수 없다.

35 A: Are those two students talking?

B: Yes, tell them to stop _____. This is an examination.

① to talk   ② talk

③ of talking   ④ talking

36 Whether you are writing ① an extended definition or ② relying primarily on some other mode of development, always remember ③ defining any words or terms you use that may be ④ unfamiliar to your readers — particularly any words they must know to understand your meaning.

37 ① Being a good ② flight attendant means ③ to make your passengers feel ④ relaxed.

38 다음 중 문법적으로 틀린 것을 고르시오.

① I stopped buying coffee; it was too expensive.

② I don't remember to mail the letter, but I think I did.

③ I'll never forget meeting Todd. He was so kind.

④ I regret to tell you that you failed the exam.

39 Choose the one that is grammatically correct.

① I believe that what I said was fair. I don't regret to say it.

② "Did you remember to call your sister?" "Oh no, I completely forgot. I'll phone her tomorrow."

③ Ben joined the company nine years ago. He became assistant manager of the company after two years. A few years later he went on becoming manager of the company.

④ We tried putting the fire out, but we were unsuccessful. We had to call the fire department.

35 ④

해석 A: 저 두 학생들이 얘기하고 있지?
　　B: 응. 학생들한테 얘기를 그만하라고 해. 시험 보고 있잖아.

해설 stop은 동명사를 목적어로 취하면 '~을 그만두다'라는 뜻이며, to부정사를 목적어로 취하면 '~하기 위해 멈추다'라는 뜻이다. 문맥상 전자가 옳다.

36 ③

해석 당신이 광범위한 정의를 쓰던지 주로 다른 전개방식에 의존을 하던지 간에, 당신이 사용하는 모든 단어들과 용어들이 당신의 독자들에게는 익숙하지 못한 것일 수도 있다는 점을 언제나 기억해야 한다. 특히나 그 독자들이 당신이 전달하는 의미를 이해하기 위해서는 알아야만 하는 모든 단어들이 그러하다.

해설 defining → to define
remember의 목적어가 동명사를 목적어로 취하면 지난 과거를 기억하는 것이고, to부정사를 목적어로 취하면 미래의 일을 기억하는 것이다. 문맥상 당부의 속뜻을 가지고 있으므로 미래지향적이다. 따라서 후자가 옳다.

37 ③

해석 좋은 승무원이 된다는 것은 당신이 승객들을 편안하게 느끼게 만드는 것을 의미한다.

해설 to make → making
mean이 to부정사를 목적어로 취하면 '~을 꾀하다·작정하다'라는 뜻이며, 동명사를 목적어로 취하면 '~을 의미하다'라는 뜻을 가진다. 문맥상 후자가 옳다.

38 ②

해설 ~ to mail → ~ mailing
but I think I did(내가 보냈다고 생각해)라는 문장의 내용을 보건데 과거에 대한 기억이므로 동명사가 옳다.

39 ②

해설 ① ~ to say → ~ saying
regret 동사는 동명사를 목적어로 취하면 '~을 후회하다'라는 과거지향적이며, to부정사를 목적어로 취하면 '유감이지만 ~하겠다'라는 미래지향적이므로 문맥상 전자가 옳다.
③ ~ becoming → ~ to become
go on이 동명사를 목적어로 취하면 '(기존의 일을 중단하거나 그만두지 않고) 계속 ~하다'의 뜻을 가지며, to부정사를 목적어로 취하면 '(기존의 일을 중단하거나 그만두고) 계속 ~하다'라는 뜻을 가진다. '보조경영자를 그만두고 회사 자체의 본 경영자'가 된 것이므로 후자가 옳다.
④ ~ putting → ~ to put
try가 to부정사를 목적어로 취하면 '~하려고 노력하다'라는 뜻을 가지고, 동명사를 목적어로 취하면 '시험 삼아 ~을 하다'라는 뜻을 가진다. 문맥상 전자가 옳다.

GRAMMAR
HUNTER

GRAMMAR
HUNTER

12 의문사

■ 의문사의 종류 및 간접의문문의 형태

12-01

1. 종류

의문사는 다음과 같은 종류가 있다. 이하에서는 물음표가 있는 의문문은 제외하고 명사절로 쓰이는 간접의문문 위주로 설명하기로 한다.

① 의문대명사	who 누가 whom 누구를 what 무엇이, 무엇을 whose 누구의 것
② 의문형용사	whose 누구의 what 어떠한, 어느 which 어떠한, 어느
③ 의문부사	when 언제 where 어디에 how 어떻게 why 왜 whether 이든지

12-02

2. 간접의문문의 형태

모든 의문사가 이끄는 간접의문문들은 문장의 주어, 목적어, 보어로 활용되며, 물음표가 있는 의문문처럼 도치되지 않는다.

- I want to know whom ~~do~~ they dominate. (×)
- I want to know when ~~will~~ the work be finished. (×)

   ▶ 각각 know라는 타동사의 목적어로 쓰인 명사절이므로, whom과 when 이하에서 도치가 되지 않는다.

② 각종 의문사

1. who

12-03

(1) 의문대명사로만 쓰인다.

who가 의문대명사로 쓰일 경우 선행사가 없으며 해석은 '누가'로 한다.

- I don't know **who** locked the door. 나는 누가 그 문을 잠갔는지 모른다.

- A committee accounted for **who** would represent our company.
  위원회는 누가 우리의 회사를 대표할 것인지 설명해 주었다.

12-04

> **CHECK | 주격의 who인지 여부는 간접의문문 내부를 보고 판단한다.**
>
> - I don't know ~~whom~~ locked the door. (×)
> - A committee accounted for ~~whom~~ should represent our company. (×)
>
> 타동사 know와 전치사 for의 목적어라서 목적격인 whom인 것이 아니며, 의문사 내부절에 locked 동사와 should 조동사의 주어가 필요해서 주격인 의문대명사가 옳은 것이다.

(2) 관계대명사와 비교 ★ 08-04 비교

12-05

① 의문대명사 who는 선행사가 없으며 who 자체를 해석한다.

② 관계대명사 who는 사람인 선행사가 있으며, who 이하를 '~할, ~인'으로 해석한다.

- I know **the man who** locked the door. [관계대명사 who]
  나는 문을 잠근 그 사람을 알고 있다.

- A committee accounted for **the manager who** would represent our company.
  위원회는 우리의 회사를 대표하게 될 그 매니저를 설명해 주었다. [관계대명사 who]

2. whom

(1) 의문대명사로만 쓰인다.

12-06

whom은 의문대명사로 쓰일 경우, 관계대명사와 달리 '누구를, 누구에게'라고 해석해야 한다. 또한 whom 이하에는 타동사의 목적어 혹은 전치사의 목적어가 빠져 있어야 한다.

- I want to know **whom** they nominate. [의문대명사 whom]
  나는 그들이 누구를 지명하는지 알고 싶다.

- A committee accounted for **whom** managers would represent. [의문대명사 whom]
  위원회는 매니저들이 누구를 대표할 것인지 설명했다.

> 타동사 know와 전치사 for의 목적어로서 명사절 내에서 nominate와 represent의 목적어 역할을 하는 의문대명사 whom이
> 이끄는 간접의문문이 위치했다.

12-07

CHECK | 주격, 목적격의 여부는 간접의문문 내부를 보고 판단한다.

- A committee accounted for **who** would represent our company.
  위원회는 누가 우리 회사를 대표할 것인지를 설명했다.

> 전치사 for 뒤에 위치했으므로 목적격인 whom이 맞는 것 같지만, 본 문장은 '누가 우리의 회사를 대표할 것인지'라는 의문
> 사(누가)를 활용한 문장이다. 즉, would의 주어가 빠졌으므로 who가 옳은 것이다.

---

(2) 관계대명사와 비교 ★ 08-10 비교

12-08

① 의문대명사 whom은 선행사가 없으며 whom 이하에 타동사와 전치사의 목적어가 빠져야 한다. 또한 whom 이하를 '누구를, 누구에게'로 해석한다.

② 관계대명사 whom은 선행사가 사람이며, whom 이하를 '~할, ~인'으로 해석한다.

- A committee accounted for **the president whom** managers would represent.
  위원회는 매니저들이 대표할 사장을 설명했다. [관계대명사 whom]

- Michael is **the manager whom** they nominate. [관계대명사 whom]
  Michael은 그들이 지명한 매니저이다.

3. whose

(1) 의문대명사로 쓰일 경우

12-09

whose가 의문대명사로 쓰일 경우 해석은 '누구의 것'으로 해석하며, 이하에 주어, 목적어, 보어 중 하나가 없어야 한다.

- I don't know **whose** this bicycle is. 나는 이 자전거가 누구의 것인지 모르겠다.

> ▶ is 동사의 보어가 빠져 있는데 그 보어 역할을 'whose(누구의 것)'가 하는 것이다.

12-10

(2) 의문형용사로 쓰일 경우

whose가 의문형용사로 쓰일 경우 해석은 '누구의'로 하며 이하에 완전한 문장이 위치한다. 단, whose의 수식을 받는 대상이 이하의 목적어와 보어라 할지라도 whose 바로 뒤에 위치해야 한다.

· I don't know **whose** bicycle this is. 나는 이것이 누구의 자전거인지 모르겠다.
> ▶ 'this is a bicycle'에서 be 동사의 보어인 bicycle이 의미적으로 whose의 수식을 받게 되어 whose 바로 뒤에 위치한 것이다.

12-11

(3) 관계대명사와 비교 ★ 08-15~22 비교

① 의문사 whose는 선행사가 없으며 whose 자체를 '누구의 것, 누구의'로 해석한다.
② 관계대명사 whose는 선행사가 있으며 whose 자체를 해석하지 않는다.

· I don't know **the owner whose** bicycle is outside. [관계대명사 whose]
밖에 있는 자전거의 주인을 모른다.

4. which vs. what

(1) 비교

12-12

1) 양자의 구분을 거의 하지 않는다.

· **Which(=What)** is the hottest city in the world? 지구에서 가장 더운 도시는 무엇입니까?

2) 제한된 선택의 경우는 which를 선호한다.

선택에 있어 수치나 그 범위가 제한된 경우에는 which를 더 선호한다. what은 주로 '막연한' 범위를 나타낸다.

· We've got white or red wine. **Which** will you choose?
화이트 와인과 레드 와인이 있습니다. 무엇을 선택하시려는지요?
> ▶ 앞 문장에서 '화이트 와인과 레드 와인' 둘로 선택의 폭이 한정되어 있으므로 which를 썼다.

3) which는 of와 자주 결합한다.

· According to the passage, **which of** the following is not true?
지문에 따르면 다음 중 사실이 아닌 것은 무엇인가?
> ▶ 독해 문제의 단골 유형이다. 이렇게 of the following(다음 보기 중에서)이라는 '제한된 선택'이 등장했으므로 which를 쓴 것이다.

12-13

영남대 2003

(2) 의문대명사로 쓰일 경우

· I don't know **which(=what)** are the most important crops.
가장 중요한 농작물이 무엇인지 모르겠다.

· No one knows exactly **what(=which)** happened. 어떤 일이 일어났는지 누구도 정확히 모른다.

12-14

한국외대 2014
홍익대 2002

(3) 의문형용사로 쓰일 경우

which와 what이 의문형용사로 쓰일 경우 '어느, 어떠한'으로 해석하고 선행사가 없으며 이하의 주어, 목적어, 보어를 수식한다. 이 경우 목적어와 보어가 주어보다 앞에, 그리고 which와 what 바로 뒤에 위치한다.

· I can guess **which(=what)** size most guests want.
나는 대부분의 손님들이 어떠한 사이즈를 원하는지 짐작할 수 있다.

· I know **what(=which)** language they speak in Greenland.
나는 그린란드에서 사람들이 어떠한 언어를 구사하는지 알고 있다.

각각 want와 speak 동사의 목적어인 size와 language가 의문형용사의 수식을 받아 주어인 guests와 they보다 앞으로 이동했다.

(4) 관계대명사와 비교　　　　　　　　　　　　　　　　　　　　　　　　　　　　　　　`12-15A`

　　① which는 관계대명사의 경우 선행사가 사물, 구, 절로 위치하며 which를 해석하지 않는다. 그러나
　　　의문사의 경우 선행사가 없으며 which를 '무엇, 어느'라고 해석하게 된다. ★ 08-05/ 11 비교
　　② what은 선행사가 없는 점에서는 관계대명사나 의문사가 동일하지만, 관계대명사 what은 '～것'으
　　　로 해석하게 된다. ★ 08-31~36 비교

・ **The Ferrari car which** is made in Italy is called 'a super car.' [관계대명사 which]
　이탈리아에서 만들어지는 페라리 자동차는 '슈퍼 자동차'로 불리어진다.

・ **What** I want to buy is the Ferrari car. [관계대명사 what]
　내가 구입하고 싶은 것은 페라리 자동차이다.

(5) what do you think of/ about ～ ?　　　　　　　　　　　　　　　　　　　　　　　`12-15B`

　'～에 대해 어떻게 생각하느냐?'를 물어볼 때 what do you think of/ about ～?가 옳다. 이 경우 of
　나 about이 없으면 틀리다.

・ **What do you think of** your new school? 새로운 학교에 대해 어떻게 생각하십니까?

5. when

(1) 의문부사로만 쓰인다.　　　　　　　　　　　　　　　　　　　　　　　　　　　　　　`12-16`

　when이 의문사로 쓰일 경우 '언제'라는 의미로 해석하며 when 다음에는 완전한 문장이 와야 한다.

・ I want to know **when** the work will be finished. 나는 그 일이 언제 끝날 것인지 알고 싶다.

`12-17`
한양대 2006

CHECK　|　　의문사 when이 이끄는 절 내에는 완료시제가 쓰일 수 없다.

・ When did you finish your papers? 당신은 언제 서류 작업을 끝냈나요?
　When ~~have you finished~~ your papers? (×)

▶ when은 '언제'라는 의미를 가진 특정 시점을 콕 찍어서 논하므로 과정, 계속을 의미하는 완료시제와 함께 쓰지 않는다.

---

(2) 관계부사 및 접속사와 비교　　　　　　　　　　　　　　　　　　　　　　　　　　　`12-18`
아주대 2014

　　① 관계부사 when은 시간의 속성을 가진 명사인 선행사를 수식하는 형용사절이므로 when 자체를
　　　해석하지 않으며, that으로 대신할 수 있고 생략도 가능하다. ★ 08-50~51 비교
　　② 접속사 when은 미래시제와 함께 쓰일 수 없으며, '～일(할) 때'로 해석하게 된다. ★ 02-02 비교

・ Tomorrow is the day (**when = that**) we will rest. [관계부사 when]
　내일은 우리가 쉬는 날이다.
　▶ 시간명사인 day를 뒤에서 수식하는 when절은 형용사절이므로 미래시제가 쓰인 것이다.

・ **When** we **rest** tomorrow, we will go on a picnic. [접속사 when]
　내일 쉴 때, 우리는 소풍을 갈 것이다.
　▶ 주절보다 먼저 위치한 시간 부사절이므로 미래시제가 쓰일 수 없다.

6. where

(1) 대개 의문부사로 쓰인다.　　　　　　　　　　　　　　　　　　　　　　　　　　　　　`12-19`
계명대 2003

　where가 의문사로 쓰일 경우 '어디에'라는 의미로 해석한다. where 다음에는 완전한 문장이 와야 한다.

・ The police don't know **where** escaped prisoners hide.
　경찰들은 탈옥수들이 어디에 숨어 있는지 모른다.

(2) 관계부사 및 접속사와 비교

① 관계부사 where는 장소의 속성을 가진 명사인 선행사를 수식하는 형용사절이므로 where 자체를 해석하지 않으며, that으로 대신할 수 있다. ★ 08-52~53 비교

② 접속사 where는 that으로 대신할 수 없으며, 부사절을 이끌어서 '~인 곳에서'로 해석한다. ★ 05-41 비교

· **The police don't know the place where escaped prisoners hide.** [관계부사 where]
경찰은 탈옥수들이 숨어 있는 장소를 모른다.

· **I am living where my uncle used to.** [접속사 where]
나는 숙부가 살고 있던 집에서 살고 있다.

(3) 의문대명사로 쓰이는 예외적인 경우

의문사절 내의 전치사의 목적어로서 where는 의문대명사 기능을 가진다.

· **I wonder where Alex is from.** 나는 Alex가 어디 출신인지 궁금하다.
= **I wonder where Alex comes from.**

▶ where는 대개 의문부사로 쓰이지만, 의문문 내에서 전치사의 목적어인 의문대명사로 쓰일 수가 있다.

7. how

(1) 의문부사로만 쓰인다.

how가 의문사로 쓰일 경우 다음에 완전한 문장이 오며 '얼마나, 어떻게, 어떤 방법으로'로 해석한다.

· **I wonder how animals talk to each other.** 나는 동물들이 서로 대화를 어떻게 하는지 궁금하다.

12-22
서울여대 2014
중앙대 2012
한국외대 2011
단국대 2007
세종대 2004
서울여대 2004
계명대 2004

CHECK |

1. how + 형용사/부사

보어 역할을 하는 형용사와 동사를 수식하는 부사, 그리고 형용사의 수식을 받는 명사가 있으면 how 바로 뒤에 위치한다. 형용사의 수식을 받는 명사에 관사가 있다면 'how + 형용사 + a(n)+명사' 어순을 취한다. ★ 18-32 참조

· Parents must know **how tall** their children are. 부모는 자신의 아이들이 얼마나 키가 큰지 알아야 한다.
Parents must know ~~how~~ their children are ~~tall~~. (×)

· Show me **how fast** you can drive. 당신이 얼마나 빠르게 운전할 수 있는지 내게 보여주세요.
Show me ~~how~~ you can drive fast. (×)

· Show me **how fast** a driver you are. 당신이 얼마나 빠른 운전자인지 내게 보여주세요.
Show me ~~how a~~ fast driver you are. (×)

┃ tall과 fast와 같이 각각 보어와 동사를 수식하는 부사로 쓰일 경우 how 바로 뒤에 와야 하며, how 뒤에서 형용사의 수식을 받아 부정관사가 위치한 명사가 온 경우 '형용사(fast) + 부정관사(a/an) + 명사(driver)'의 어순을 취한다.

2. what ~ like = how

· **How** is Ron? = **What** is Ron **like**?
How is Ron ~~like~~? (×)
Ron은 어떠니?

▶ what like는 how와 같은 의미이므로 how ~ like로 쓰이지 않는다.

---

3. the way (in which/ that) 문장 = how 문장

· Look at **how** those cats wash each other.

= Look at **the way (in which/ that)** those cats wash each other.

Look at ~~the way how~~ those cats wash each other. (×)

저 고양이들이 서로를 어떻게 닦아 주는지 보렴.

▷ the way와 how를 함께 쓸 수 없다.

(2) 관계부사와 비교

12-23

the way와 how는 함께 쓸 수 없으므로 관계부사 how를 구분하는 것은 무의미하다.

8. why

(1) 의문부사로만 쓰인다.

12-24

의문부사 why 뒤에는 완전한 문장이 위치하며 해석은 '왜, ~인 이유'로 한다.

· **Why** he told lies is a riddle. 그가 거짓말을 왜 했는지는 수수께끼다.

12-25

CHECK |

1. reason이 주어로 왔을 경우 be 동사의 보어로서 **why**절은 쓸 수 없다.

reason의 주격보어로 because, why절, owing to, on account of, due to 등은 쓸 수 없으며, that절을 보어로 쓸 수 있다. ★ 08-54 참조

· **The reason** why I like her **is that** she is able and honest.

The reason why I like her is ~~because~~ she is able and honest. (×)

The reason why I like her is ~~why~~ she is able and honest. (×)

내가 그녀를 좋아하는 이유는 그녀가 능력이 있으며 정직하기 때문이다.

2. 단, 주어가 **it/ that/ this**일 경우에는 보어로 **why**절, **owing to, on account of, due to** 등을 쓸 수 있다.

· **It/ That/ This is why** she is able and honest.

---

(2) 관계부사와 비교

12-26

① 의문부사 why는 선행사가 없고 that 혹은 for which로 바꿀 수 없으며, why를 '왜'로 해석한다.

② 관계부사 why는 선행사로 the reason을 둘 수 있고, that 혹은 for which로 대신할 수 있고 why 자체는 생략이 가능하며, why를 해석하지 않는다.

· I don't know **why** he told lies. [의문사 why]

나는 그가 왜 거짓말을 했는지 모르겠다.

· I don't know **the reason (why= for which= that)** he told lies. [관계부사 why]

나는 그가 거짓말을 한 이유를 모르겠다.

❸ no matter + 의문사 = 의문사 + ever (비록 ~일지라도, ~하더라도)

12-27

의문사는 no matter와 결합하여 '비록 ~일지라도'라는 뜻을 가지며, 'no matter + 의문사'는 오로지 부사절만 이끈다. 'no matter + 의문사'는 결국 '의문사 + ever'와 같다. ★ 08-59~77 참조

no matter who(=whoever) 누구든지	no matter whom(=whomever) 누구라도
no matter whose(=whosever) 누구의 것이라도	no matter which(=whichever) 무엇이든 간에
no matter what(=whatever) 무엇이든 간에	no matter when(=whenever) 언제든지
no mate how(=however) 어떻든 간에	no matter where(=wherever) 어디든지

- **I will love you no matter what you do.** 당신이 하는 일이 무엇이든 간에 나는 당신을 사랑할 것이다.
- **No matter where you go, I'll follow you.** 당신이 어디로 가든지 간에 나는 당신을 따라갈 것이다.
- **Phone me when you arrive, no matter how late it is.**
  아무리 늦었더라도 당신이 도착할 때 저에게 전화를 주세요.

4 가주어와 가목적어 it

`12-28`

앞에서 공부한 의문사를 이용한 명사절이 주어와 5형식 구문의 목적어로 쓰일 경우, 문두에 주어와 목적어로 it을 두고, 진주어와 진목적어인 의문사절을 문장 뒤로 보내는 경우가 흔하다.

- **It** is a mystery **where** Jane left for. Jane이 어디로 떠났는지는 미스터리이다.
  가주어
  whom Jane loves. Jane이 누구를 사랑하는지는 미스터리이다.
  who loves Jane. 누가 Jane을 사랑하는지는 미스터리이다.
  진주어

5 의문사 + to부정사

`12-29`

① 의문사절 내의 주어와 문장 전체의 주어가 동일하거나, 의문사절 내의 주어가 일반인 주어(people)인 경우에는 '의문사 + to부정사' 형태로 줄일 수 있다.
② 의문사는 준동사 중 to부정사와 결합하며 동명사와는 결합할 수 없다.
③ forget, learn, teach 동사 뒤의 how는 생략이 가능하다.
④ why to부정사 형태는 존재하지 않는다.

의문사 + to부정사를 취하는 타동사	know, discover, wonder, find out, show, explain, understand, tell, discuss, worry

`12-30`

1) 의문대명사 + to부정사

what, which, whom 이하의 to부정사구에서는 목적어가 누락되어 있어야 한다.

- **They are discussing what they will do.** 그들이 무엇을 할 것인지 토론하고 있다.
  = They are discussing **what to do.**
  의·대   부정사

`12-31`

2) 의문형용사 + 명사 + to부정사

what, which, whose + 명사 이하의 to부정사구에는 목적어 혹은 보어가 누락되어 있어야 한다.

- **I don't know what clothes I should take.** 나는 어느 옷을 가지고 가야 할지 모르겠다.
  의·형   목적어   주어   동사
  = I don't know **what** clothes to take.
  의·형   목적어   부정사

`12-32`
동덕여대 2010
국민대 2010
덕성여대 2003

3) 의문부사 + to부정사

how, when, where, whether 이하에는 완전한 to부정사구가 위치해야 한다.

- **She worried when she would meet her boyfriend.** 그녀는 애인을 언제 만날지를 고민했었다.
  = She worried **when to meet** her boyfriend.
  의·형   부정사   목적어

6 일반의문문 + 의문사의문문의 결합형태

(1) Yes/No로 답변이 가능한 경우

12-33
총신대 2005

know, hear, understand 등의 동사의 경우에는 의문사가 동사 뒤에 위치한다.

· Do you know? + What does he want? 그가 원하는 것이 무엇인지 아니?
  = Do you **know what** he wants?
  ~~What~~ do you know he wants? (×)

12-34

> CHECK | 이 경우 의문사절 내에는 도치가 발생하지 않는다.
>
> · Do you know **when your teacher will** retire? 선생님이 언제 은퇴하시는지를 알고 있습니까?
>   Do you know when ~~will~~ your teacher retire? (×)

(2) Yes/No로 답변이 불가능한 경우

12-35
중앙대 2001

believe, guess, imagine, suppose, think 등의 동사의 경우에는 의문사가 문장 맨 앞에 위치한다.

· Do you think? + What does he want? 그가 무엇을 원한다고 생각하니?
  = **What** do you **think** he wants?
  ~~Do~~ you think ~~what~~ he wants? (×)

7 의문사 강조표현 [의문사 + it is that]

12-36
고려대 2002

의문사를 강조할 때 it is that 구문을 이용할 수 있다. 의문사와 it is that의 어순은 '의문사 + it is that'의 순서를 취해야 한다. 이때 how(의문부사)와 what(의문대명사)의 구분이 중요하다. ★ 19-15 참조

· I wonder **how** animals talk to each other. 나는 동물들이 서로 대화를 어떻게 하는지 궁금하다.
  = I wonder **how it is that** animals talk to each other.
  I wonder how ~~is it~~ that animals talk to each other. (×)
  I wonder ~~it is~~ how that animals talk to each other. (×)

  > 간접의문문이므로 is it ~처럼 도치가 되거나, 일반적인 'it is + 의문사 + that'처럼 의문사를 it is와 that 사이에 두면 틀린 표현이 된다.

· No one knows exactly **what** happened. 어떤 일이 일어났는지 어느 누구도 정확히 모른다.
  = No one knows exactly **what it is that** happened.
  No one knows exactly ~~how~~ it is that happened. (×)

  > how는 의문부사이므로 뒤에 완전한 문장이 와야 한다. it is that은 강조표현일 뿐이므로 주어가 없이 자동사 happen이 위치해서 틀린 문장이다.

8 what if(～라면 어쩌지?)와 how come(도대체 왜?)

12-37
광운대 2014

what if와 how come은 Question Mark인 ?가 있어도 도치되지 않는다.

· How come **I meet** you?
  How ~~do I meet~~ you? (×)

  ▶ How come 뒤에서는 의문문이어도 도치되지 않는다.

1 의문사의 종류 및 간접의문문의 형태 ~ **7** 의문사 강조표현

01   A: Please give me your frank opinion.
     B: Do you really want to know _____ about it?
     ① what I think   ② how I think
     ③ what do I think   ④ how do I think
     ⑤ what you think

02   Only the very brave or the very ignorant can say exactly _____
     advertising does in the market place.
     ① it is what that   ② what it is that
     ③ that it is what   ④ that what it is

03   우리말을 영어로 바르게 옮긴 것을 고르시오.

     ┌───┐
     │ 학생들은 사해(死海)가 어디에 있고, 왜 유명한지 알고 싶어 했다.   │
     └───┘

     ① The student wanted to know where the Dead Sea was at and what it was
        famous for.
     ② The students wanted to know where the Dead Sea is and for what it is famous.
     ③ The students wanted to know where the Dead Sea is located at and what it is
        famous.
     ④ The students wanted to know where the Dead Sea is located and why it is
        famous.

04   The purpose of this survey is _____ the residents know about the
     budget of their local government.
     ① finding out how many of   ② how many to find out
     ③ to find out how much   ④ to find how to discover
     ⑤ where to find out

05   다음 중 어법상 가장 적절한 것을 고르시오.
     ① Do you think who the speaker is?
     ② Do you realize how far is it to Hawaii?
     ③ I'm having a real problem figuring out that I want.
     ④ If he had not died in the war, he would be forty now.

01 ①

해석　A: 저에게 솔직한 의견을 말해주세요.
　　　B: 정말 제가 그것에 대해 어떻게 생각하는지 알고 싶으세요?

해설　② 의견을 표명할 때에는 how가 아닌 what do I(you) think of(about) 명사? 형태를 취한다. ③, ④ 간접의문문이므로 도치는 올바르지 못하며, ⑤ 자신의 생각이 논리상 올바르다.

02 ②

해석　오직 매우 용감하거나 매우 무지한 사람만이 정확하게 시장에서 광고가 하는 일이 무엇인지를 말할 수 있다.

해설　It is ~ that 강조구문에서 의문사가 강조될 경우, '의문사 + it is that' 구문을 취한다.
the very ignorant can say what advertising does ~ = the very ignorant can say what (it is that) advertising does ~

03 ④

해설　① at → 삭제 / what it was famous for → why it is famous
　　　의문부사 where가 이끄는 명사절 내부에는 완전한 문장이 위치하므로 전치사 at이 불필요하며 and 이하도 '왜, 이유'를 가리키는 의문부사 why가 이끌어야 한글과 부합한다.
　　② for what it is famous → why it is famous
　　　보기 ①과 같은 설명이다.
　　③ where the Dead Sea is located at and what it is famous → where the Dead Sea is located and why it is famous
　　　where절 이하는 보기 ①과 같은 설명이며, what 이하에는 주어, 목적어, 보어가 빠져야 하는데 완전한 문장이어서 틀렸으며 제시된 한글과도 다르다.

04 ③

해석　이 연구의 목적은 거주민들이 그들의 지방 정부의 예산에 대해 얼마나 알고 있는지 밝혀내는 것이다.

해설　be 동사의 보어로서 주어인 purpose를 설명할 수 있는 준동사는 ① 동명사가 아닌 to부정사가 옳으며, ② 밝혀내는 것이 얼마나 많고 적음이 목적이 될 수 없고, ③ 거주자들이 지방 정부의 예산에 대해 얼마나 많이 알고 있느냐를 밝혀내는 것이 논리상 타당하다. ④ 어떻게 발견했는지를 찾아내는 것이 목적이 될 수 없다. ⑤ 어디에서 찾아내느냐도 마찬가지이다.

05 ④

해설　① Do you think who → Who do you think
　　　think 동사가 의문문의 동사로 쓰였을 경우 의문사가 맨 앞으로 위치해야 한다.
　　② how far is it → how far it is
　　　realize 동사가 의문문의 동사로 쓰여서 조동사 do가 맨 앞으로 위치했을 경우 이하의 의문문 내에서는 도치가 발생하지 않는다.
　　③ that → what
　　　want의 목적어 역할과 구동사 figure out의 목적어까지 기능할 수 있는 의문대명사 what이 옳다.
　　④ 이 문장은 혼합가정법으로 쓰였다.

06 There are as many explanations as to what causes hiccups as there are

_____.

① which they tell how to be rid of
② which they tell how to be rid of them
③ which tell how to be rid of
④ which tell how to be rid of them
⑤ which tell how to rid of them

07 The main reasons ① that tourists flock to Hawaii ② are ③ why ④ it has warm weather and beautiful ⑤ scenery.

08 The cockroach has been around for about 350 million years. ① Found almost everywhere, it is a survivor of the dinosaur age. One reason that roaches have lasted so long is ② why they are very fast and are able to elude enemies easily. Also, very few animals like to eat them because when ③ attacked they give off a terrible odor. If necessary, many of them can fly to save themselves. Not only ④ have roaches been around a long time, but chances are that they'll be on earth even after people gone.

09 She loves her husband, no matter how _____.
① is he crazy   ② he is crazy
③ crazy he is   ④ crazy is he

10 No matter how _____, it is not necessarily worthless.
① dry a desert may be   ② may a desert be dry
③ a desert may be dry   ④ a desert dry may be
⑤ may be a desert dry

11 Choose the one that is grammatically correct.
① How long do you think does it take from Seoul to Tokyo by airplane?
② How many hours do you think it takes to go from Seoul to Tokyo by airplane?
③ Do you think how many hours it takes to go from Seoul to Tokyo by airplane?
④ Do you think how long it will take from Seoul to Tokyo by airplane?
⑤ Do you think how long will it take from Seoul to Tokyo by an airplane?

06 ④　해석　딸꾹질을 없애는 방법을 알려주는 것만큼이나 딸꾹질을 일으키는 원인들에 대한 설명도 많다.

　　　해설　원래 문장은 'There are as many explanations ~ as there are (many explanations) which tell how to be rid of them.'이었다. as ~ as 사이에 many explanations가 비교되므로 종속절 as 이하에는 many explanations가 빠져 있는 것이며, which 이하는 결국 explanations를 수식하고 있는 것이다. ② 주격 관계대명사(which) 이하에는 주어가 없어야 하며, ③ how 이하에는 완전한 to부정사구가 와야 하며, ⑤ rid는 단독으로 of와 결합할 수 없으며, 'rid A of B' 혹은 'be/ get rid of'와 쓰인다.

　　　어휘　hiccup 딸꾹질, 일시적 하락

07 ③　해석　여행객이 하와이에 몰려드는 주된 이유는 그곳의 따뜻한 날씨와 아름다운 경치 때문이다.

　　　해설　why → that
　　　　　　주어가 reason일 경우 be 동사의 보어로서 why 혹은 because는 쓰일 수 없으며, that절로 쓰여야 한다.

08 ②　해석　바퀴벌레는 3억 5천만 년 동안 주변에 존재했다. 거의 모든 곳에서 발견된 바퀴벌레는 공룡 시대에도 살아남았다. 바퀴벌레가 이토록 오랫동안 존속했던 이유 중 하나는 무척 빠르며 적을 쉽게 피할 수 있기 때문이다. 또한 공격을 받을 때 지독한 냄새를 발산하기 때문에 바퀴벌레를 먹고 싶어 하는 동물들은 거의 없다. 필요하다면 상당수의 바퀴벌레는 자신을 보호하고자 비행할 수 있다. 바퀴벌레는 오랜 기간 동안 주변에 존재했을 뿐만 아니라, 아마 인간이 사라진 이후에도 지구에 존재할 것이다.

　　　해설　why → that
　　　　　　주어가 reason일 경우 be 동사의 보어로서 because, why, due to, owing to 등은 위치할 수 없다.

　　　어휘　cockroach 바퀴벌레　elude 피하다　give off (냄새·열·빛 등을) 내다

09 ③　해석　아무리 남편이 미쳤을지라도 그녀는 남편을 사랑한다.

　　　해설　he is crazy 문장에서 보어 역할을 하는 형용사 crazy는 how 바로 뒤에 위치해야 하며 그 이하는 '주어 + 동사' 순서로 나와야 한다.

10 ①　해석　사막이 아무리 건조할지라도 꼭 쓸모없는 것은 아니다.

　　　해설　a desert may be dry 문장에서 보어 역할을 하는 형용사 dry(건조한, 마른)가 how 바로 뒤에 와야 하며, 그 이하는 '주어 + 동사' 순으로 와야 한다.

11 ②　해설　① think 동사의 목적어인 that절 내에 도치가 될 이유가 없다. ③, ④, ⑤ yes, no로 답변할 수 없는 do you think는 의문사보다 뒤에 위치해야 하므로 do you think + how/ what/ when/ where ~? 구조는 틀리다.

12 A: It seems we have just finished buying summer clothes.

B: I never know _____ when I go on a trip.

① what clothes should be take

② what clothes to take

③ what clothes will I take

④ I take what clothes

13 If there is a more nearly perfect exemplar of cultural education gained in the fifties than Sam Shepard, I cannot imagine _____ it might be.

① who

② whom

③ what

④ which

14 _____ simple monument, dedicated to the memory of unknown soldiers, was erected at the foot of the hill is still a mystery even to the villagers.

① As

② Though

③ When

④ Since

12 ②

해석 A: 우린 여름에 입을 옷을 이제 다 산 것 같아요.

         B: 여행갈 때 어떤 옷을 가지고 가야 할지 저는 모르겠어요.

해설 what이 의문형용사로 쓰여서 절을 이끌 경우 그 의문사절의 주어와 주절의 주어가 일치하면 주어를 생략하고 의문사절을 '의문사 + to부정사'로 바꿀 수 있다.

I never know what clothes I will take. = I never know what clothes to take.

13 ①

해석 만일 50대에 문화적 교육을 성취한 Sam Shepard보다 거의 완벽한 모범이 있다면 나는 그가 누구인지 상상할 수도 없다.

해설 imagine 동사의 목적어 역할로서 간접의문문을 이끌고 간접의문문 내의 be 동사의 주격보어 역할을 할 수 있는 의문대명사 who가 옳다.

어휘 exemplar 모범, 전형

14 ③

해석 무명 용사를 기리는 간단한 기념비가 언제 언덕의 기슭에 세워졌는지는 심지어 마을 사람들에게조차 아직 의문으로 남아 있다.

해설 ①, ②, ④ 모두 부사절을 이끄는 종속접속사이므로 문장 전체의 주어 역할을 할 수 있는 명사절의 접속사로 쓰일 수 없다. 따라서 의문부사로서 명사절을 이끌 수 있는 when이 옳다.

GRAMMAR
HUNTER

Chapter

13

가정법

GRAMMAR
HUNTER

13 가정법

❶ 가정법 과거

13-01

1. 개념

가정법 과거는 현재의 사실과 반대되는 가정·상상·소망 또는 실현 가능성이 희박한 현재와 미래의 상황에 대한 가정·상상·소망을 과거시제로 나타내는 것을 말한다.

13-02

2. 일반적 형태

경희대 2013
성균관대 2011
강남대 2010
광운대 2007

종속절 (만일 ~한다면)	주절 (~할 텐데)
If + 주어 + were(인칭에 관계없음) + 동사의 과거형 + could + 동사원형	주어 + would/ should/ could/ might + 동사원형

- **If I were** a bird, **I would fly**.
  If I ~~was~~ a bird, I would fly. (×)
  내가 새라면 하늘을 날을 텐데.

  > 새가 아니어서 하늘을 날 수 없다는 현실과 반대되는 가정적 표현이다. 사람이 새가 될 수는 없는 노릇이므로 가정법이 옳다. 가정법으로 if절을 전할 경우 was는 올 수 없다.

- **He could buy** a house **if he had** more money.
  He could buy a house if he ~~has~~ more money. (×)
  그에게 더 많은 돈이 있으면 집을 살 수 있을 텐데.

  > 돈이 없어서 집을 살 수 없는 현실과 반대되는 가정적 표현이다. 따라서 if절 내에 현재 사실과 반대되는 가정법 과거로서 일반동사의 과거(had)가 옳다.

- **If I could be** of service to you, **I should be** so happy.
  제가 도움이 되어 드릴 수 있다면 기쁠 텐데요.

  ▶ 도움이 되지 못해서 기쁘지 못하다는 현실과 반대되는 가정적 표현이다.

❷ 가정법 과거완료

13-03

1. 개념

가정법 과거완료는 과거 사실에 반대되는 가정·상상·소망을 과거완료시제를 이용하여 나타내는 표현이다.

2. 일반적형태

13-04

성균관대 2013
숙명여대 2010
성균관대 2009
동아대 2007

종속절 (만일 ~했다면)	주절 (~했을 텐데)
If + 주어 + had p.p. + could have p.p.	주어 + would/ could/ might/ should + have p.p.

- **If she had been** kind, **she would** not **have been** criticized.
  그녀가 친절했으면 비난받지 않았을 텐데.

  ▶ 친절하지 않아서 비난받았던 과거 사실과 반대되는 가정적 표현이다.

- **If you had worked** harder, **you would have passed** your exams.
  = **If you could have worked** harder, **you would have passed** your exams.
  If you ~~would~~ have worked harder, you would have passed your exams. (×)
  네가 더 열심히 공부했다면 그 시험에 붙었을 텐데.

  > 공부를 더 열심히 안 했기 때문에 시험에 붙지 못했다는 과거 사실과 반대되는 가정적 표현이다. 가정법 과거완료 if절 안에 would have p.p.는 올 수 없다.

예제

If the CIA _____, something like it would have to be invented.
① did not exist   ② had not existed
③ does not exist   ④ would not have existed

해석 만일 CIA가 존재하지 않으면, 그와 같은 것이 만들어져야 할 것이다.
해설 주절에 가정법 과거를 가리키는 would가 있으므로 if절 또한 과거시제의 동사가 옳다.
정답 ①

3 단순조건절(가정법 현재)과 동사원형을 쓰는 가정법

1. 단순조건절

13-05

특정 시제의 내용과 반대되는 내용이 아니라 그저 가능성을 판단하는 단순조건을 말한다.

종속절 (만일 ~한다면)	주절(~할 것이다)
If + 주어 + 동사 현재형	주어 + will/ can/ may/ shall + 동사원형

- **If it rains** tomorrow, **I will stay** at home.
  내일 비가 온다면 나는 집에 머무를 것이다.

  ▶ 사실의 반대가 아닌 단순조건을 의미할 뿐이다.

if절의 시제가 현재일 경우 주절의 시제는 미래가 일반적이다. 그러나 일반적 습성이나 사실, 진리 등을 가리킬 경우 주절에 현재시제가 올 수 있다.

- If temperature goes below zero, water **is** frozen.
  온도가 영도 이하로 내려가면 물이 언다.
  ▶ 영도 이하로 내려가면 물이 어는 것은 진리이므로 주절에 현재시제가 쓰였다.

2 종속절에 동사원형을 쓰는 경우

주장·제안·요구·명령 등의 동사는 가까운 미래의 바람을 의미하는 가정법을 나타내며, 이들 동사의 목적어인 명사절 또는 이들 동사의 명사 형태에 대한 동격절의 시제는 '(should) + 동사원형'으로 나타낼 수 있다.

(1) 주장·제안·요구·명령·충고·결정동사가 이끄는 종속절에서

13-06

경희대 2012
강남대 2009
한양대 2007
서울여대 2006
홍익대 2005
이화여대 2001

① 제안·충고·소망	suggest, propose, advise, move, recommend, ask, desire	+ that + 주어 + (should) + 동사원형
② 주장·요구·명령	insist, urge, require, request, demand, order	
③ 결정·동의	decide	

- Mark's sister just **suggests** that she **should go** to Mexico this summer.
  = Mark's sister just **suggests** that she **go** to Mexico this summer.
  Mark's sister just suggests that she ~~goes~~ to Mexico this summer. (×)
  Mark의 누나는 이번 여름에 자신은 멕시코로 가야 한다고 주장한다.

  Mark의 누나가 멕시코로 가야한다는 것을 주장하는 가정적 표현이므로 'should + 동사원형' 또는 '동사원형'이 옳다. 아래 문장 또한 같은 논리이다.

- The chairman **moves** that the meeting **(should) be** adjourned.
  The chairman moves that the meeting ~~is~~ adjourned. (×)
  의장은 그 모임의 휴회를 제안한다.

(2) 주장·제안·요구·명령·충고·결정 등 명사 형태의 동격절에서 ★ 05-50 참조

13-07

서경대 2007
경희대 2005

- I deny **the suggestion** that houses **(should) be** built on this site.
  나는 주택들이 이 지역에 건설되어야 한다는 제안을 거절한다.

  suggest의 명사 형태 또한 that절 이하에 should가 빠진 동사원형이 등장하는 동격절을 취할 수 있다. 이 경우 주어의 수와 상관없이 동사원형을 취할 수 있는 것이다. 아래의 경우도 마찬가지 맥락이다.

- The contracts include **the requirement** that he **(should) finish** the work in a month.
  = The contracts **require** that he **(should) finish** the work in a month.
  그 계약에는 그가 한 달 이내에 일을 마쳐야 한다는 필요조건이 포함되어 있다.

CHECK | (should) + 동사원형 형태를 취하지 않는 경우

위에서 언급한 주장·제안·명령·충고동사들이 언제나 that절에서 '(should) + 동사원형' 형태를 취하는
건 아니다. 당위의 내용이 아닌 이전의 사실에 대한 주장, 또는 제안이 아닌 시사의 뜻으로 쓰일 경우에는 이
같은 형태를 취하지 않는다.

· I insist that our democracy **will not be** preserved safely.
  I insist that our democracy (~~should~~) not be preserved safely. (×)
  나는 민주주의가 안전하게 보존되지는 않을 것이라고 주장한다.

  두 번째 문장을 그대로 해석해 보자면 '나는 민주주의가 안전하게 보존되지 말아야 한다고 주장한다.'라는 엉뚱한 해석이 되
  어버린다. 즉, 주장·제안·명령·충고동사들이 당위절을 가리킬 경우에 '(should) + 동사원형' 형태를 취할 뿐, 언제나 that
  절에서 이러한 형태를 취하는 건 아니다. 아래 예문도 마찬가지 맥락이다.

· This information suggests (that) he **is** not guilty.
  이 정보는 그가 죄가 없음을 시사한다.

(3) 이성적 · 감정적 판단의 형용사가 이끄는 진주어절에서

It is +	① necessary 필요한　essential 필수적인　vital 절대로 필요한 important 중요한 ② urgent 긴급한　imperative 긴급한　insistent 고집부리는 ③ right 당연한　natural 당연한　desirable 바람직한　★ 14-45 참조	that + 주어 + (should) + 동사 원형

· It is **necessary** that the patient **(should) have** an operation immediately.
  가주어　　　　　　　　　　　　　　　　　　진주어
  그 환자는 즉시 수술을 받아야만 한다.

  가주어 it is ~ that 구문의 보어로 이성·감정의 판단 형용사가 위치한 경우 진주어인 that절은 가정법 현재를 이끌기 때문에
  'should + 동사원형' 또는 '동사원형'을 취한다. 아래 문장도 마찬가지 맥락이다.

· It is **essential** that Bush administration **(should) withdraw** the army from Iraq.
  Bush 행정부가 이라크로부터 군대를 철수해야 하는 것은 필수적이다.

예제

It is essential that he _____ the director of the English program.
① being　　　　　　　　② will be
③ to be　　　　　　　　④ be

해석 그가 영어 프로그램의 책임자가 되어야 한다는 것은 필수적이다.
해설 이성·감정 판단의 형용사 essential이 이끄는 that절은 '(should) + 동사원형' 형태를 취한다.
정답 ④

4 가정법 미래

1. 개념

가정법 미래란 미래 또는 현재에 대한 강한 의심이나 실현이 불가능한 상황에 대한 불확실한 가정을 나타내는 표현이다. '만일 ~하게 된다면'으로 해석되는 가정법 현재와는 달리 가정법 미래는 '혹시라도 ~하게 된다면'이란 뜻을 가진다.

2. 일반적 형태

	종속절 (혹시라도 ~하게 된다면)	주절 (~할 것이다)
① 강한 의심	If + 주어 + should + 동사원형	주어 + will · would/ can · could/ may · might/ shall · should + 동사원형
② 실현 불가능	If + 주어 + were to + 동사원형	주어 + would/ could/ might/ should + 동사원형
③ 의지·소망	If + 주어 + would + 동사원형	주어 + will · would/ can · could/ may · might/ shall · should + 동사원형

- **If it should snow** tomorrow, I **should stay** at my house and read newspapers.
  (혹시라도) 내일 눈이 온다면 나는 집에 머물러서 신문이나 읽겠다.

  ▶ 미래의 강한 의심이 드는 상황에 대한 가정법 미래 표현이다.

- **If the sun were to rise** in the west, I **would not change** my mind.
  (설사) 해가 서쪽에서 뜨더라도 나는 마음을 바꾸지 않을 것이다.

  ▶ 실현 불가능한 상황에 대한 가정법 미래 표현이다.

- **I would shed** tears of joy, **if Lohan would meet** me.
  Lohan이 나를 만나준다면 나는 기쁨의 눈물을 흘릴 것이다.

  ▶ 주어의 의지·소망을 나타내는 가정법 미래 표현이다.

> **CHECK** | 주절이 명령문일 경우 if절 내에 would가 아닌 should가 쓰인다.
>
> - **If you should see** John, **give** him my best wishes.
>   만일 John을 만나게 되면 안부를 전하여 주게.

5 가정법을 이용한 혼합 구문

가정법이 포함된 혼합 구문에는 ① 가정법 과거완료와 가정법 과거의 혼합된 형태가 있으며, ② 직설법과 가정법이 혼합된 형태가 있다.

13-12
광운대 2009
강남대 2009
영남대 2009
서강대 2007
단국대 2004

1. 가정법 과거완료와 가정법 과거의 혼합 구문

- If he **had not taken** the doctor's advice two years ago, **he might not be** alive now.
  <u>가정법 과거완료</u>   <u>가정법 과거</u>
  만약 2년 전에 그가 의사의 충고를 듣지 않았더라면 그는 지금 살아 있지 못할 수도 있다.

  과거의 사실(의사의 충고를 들은 과거의 사실)에 반대되는 가정(의사의 충고를 받아들이지 않았다는 가정=가정법 과거완료)을 전제로 실현되지 못한 현재의 상황을 가정(그가 살아 있지 않다는 가정=가정법 과거)하고 있는 것이다.

- If a bank **had borrowed** some money then, **I would** not be broke now.

  <u>가정법 과거완료</u>   <u>가정법 과거</u>

  은행이 그때 약간의 돈이라도 빌려 주었더라면 나는 지금 빈털터리는 아닐 것이다.

  > 과거의 사실(돈을 빌려주지 않은 사실)에 반대되는 가정(돈을 빌려주었다는 가정=가정법 과거완료)을 전제로 실현되지 못한 현재의 상황을 가정(파산하지 않은 상태라는 가정=가정법 과거)하고 있는 것이다.

2. 직설법과 가정법의 혼합 구문

(1) 직설법+otherwise/ or (else)+가정법

13-13

앞 문장이 직설법이며 otherwise 다음에 나오는 문장이 가정법임을 주의해야 한다. 직설법 시제가 현재이면 가정법 시제는 과거로 일치시키며, 직설법 시제가 과거이면 가정법 시제는 과거완료로 일치시킨다.		
직설법 현재	+ otherwise/ or (else) +	가정법 과거
직설법 과거	~하지 않다면	가정법 과거완료

- **She is sick now**; otherwise, she **would go** there.

      직설법 현재   가정법 과거

  = If she **were** not sick now, she **would go** there.

      가정법 과거(조건절)   가정법 과거(주절)

  그녀는 지금 아프다. 그렇지 않다면 그녀가 거기에 갈 텐데.

  > 직설법 시제가 now라는 현재를 의미하므로 otherwise 다음은 가정법 과거가 옳다.

- **She was sick yesterday**; otherwise, she **would have gone** there.

        직설법 과거   가정법 과거완료

  = If she **had not been** sick yesterday, she **would have gone** there.

      가정법 과거완료(조건절)   가정법 과거완료(주절)

  그녀는 어제 아팠다. 그렇지 않았다면 그녀가 거기에 갔을 텐데.

  > 직설법 시제가 was라는 과거시제이므로 otherwise 이하의 가정법은 과거완료가 옳다.

(2) 가정법+save/ except/ but/ only (that)+직설법

13-14
영남대 2010

save/ except/ but 등은 '~하지 않는다면(=if ~not)'이라는 의미를 가지고 있고, 뒤 문장이 직설법인 반면 앞 문장은 가정법을 이끈다. 뒤 문장 시제가 현재이면 가정법 시제는 과거로 일치시키며, 뒤 문장 시제가 과거이면 가정법 시제는 과거완료로 일치시킨다.		
가정법 과거	+ save/ except/ but/ only (that)	직설법 현재
가정법 과거완료		직설법 과거

- **I would lend** you some money but (that) **I don't have** any.

      가정법 과거   직설법 현재

  내게 돈이 전혀 없지 않다면, 당신에게 약간의 돈이라도 빌려줄 텐데.

  > 직설법 시제가 현재이므로 가정법 시제는 과거로 일치한다.

- **I would have lent** you some money but (that) **I didn't have** any.

      가정법 과거완료   직설법 과거

  내게 돈이 전혀 없지 않았으면, 당신에게 약간의 돈이라도 빌려줬을 텐데.

  > 직설법 시제가 과거이므로 가정법 시제는 과거완료로 일치한다.

If you had not helped me, I _____ alive now.

① shall not be   ② should not be

③ will not be being   ④ should not have been

해석 당신이 나를 돕지 않았다면, 나는 지금 살아 있지 못할 것이다.

해설 if절이 가정법 과거완료일지라도 주절에 now가 위치했으므로 현재사실과 반대되는 가정법 과거가 옳다.

정답 ②

13-15

⑥ 조건절(if절) 대용어구

조건절에서는 if를 주로 많이 쓰지만, if 대신에 so long as, in case, unless, suppose(=supposing), provided(=providing) 등이 쓰이기도 한다. 이 접속사들이 이끄는 문장 내에서는 미래시제가 쓰일 수 없다.

(1) so long as : ~하는 한, ~하는 동안

· **So long as** any movie is interesting, it will do.
  재미있기만 하다면, 어떠한 영화라도 충분하다.

가톨릭대 2009
국민대 2005
동국대 2004

(2) in case (that) : 만일 ~이면, ~할 경우에 대비하여

· **In case (that)** there is an accident, report it immediately.
  사고가 생기면 즉시 보고하시오.

· Take an umbrella, **in case (that)** it rains.
  Take an umbrella, in case (that) it ~~will rain~~. (×)
  비가 올 경우에 대비하여 우산을 가져가시오.

  ▶ in case가 이끄는 조건 부사절 안에서 미래시제가 쓰일 수 없다.

(3) unless : ~하지 않는다면

· **Unless** he's a complete idiot, he'll understand.
  그가 정말 바보가 아니라면 이해할 것이다.

(4) suppose/ supposing (that) : 만약 ~이라면

· **Suppose/ Supposing (that)** your father knew it, what would he say?
  당신 아버지가 그걸 아신다면 무엇이라고 말씀하실까요?

(5) provided/ providing (that) : 만약 ~이라면

· You may go anywhere, **provided/ providing (that)** you come back by evening.
  어디에 가도 좋다. 단 저녁때까지는 돌아오너라.

(6) on (the) condition (that) : 만약 ~이라면, ~이라는 조건 하에

· Ron lent me the money **on (the) condition (that)** I paid it back within three weeks.
  내가 3주 내에 돈을 갚는다는 조건 하에 Ron은 나에게 돈을 빌려 주었다.

(7) granted/ granting (that) : ~일지라도

· **Granted/ Granting (that)** the test is simple, it is not easy for me to pass.

그 시험이 간단할지라도 내가 합격하기에는 쉽지는 않다.

(8) 각종 구가 가정절을 이끄는 경우

13-16
서강대 2011

명사구, 부사구, 부정사, 분사, 관계사 등이 가정의 표현을 나타낼 수도 있다.

※ 독해 시에 이해가 필요한 경우이다.

· **A true friend would** not disappoint you.

= **If** he **were** a true friend, he **would** not disappoint you.

진정한 친구라면 그는 당신을 실망시키지 않을 것이다.

· **Two minutes later**, we **might have been** burned to death.

= **If** we **had been** two minutes later, we **might have been** burned to death.

2분만 늦었으면 우리는 불타 죽었을 것이다.

❼ 기타 가정법 중요 구문

지금까지는 if 접속사를 이용한 가장 일반적인 가정법 형태들을 보았다. 아래에서는 기타 중요한 가정법 구문들을 살펴보기로 한다.

1. I wish 구문

I wish 이하에는 앞서 공부한 가정법 과거·과거완료·미래의 if절의 시제가 적용되어 소망·아쉬움을 전달하게 된다.	
I wish = I would rather = Would that = If only	+ (that) + 주어 + were/ 과거동사/ could → 가정법 과거
	+ (that) + 주어 + had p.p./ could have p.p. → 가정법 과거완료
	+ (that) + 주어 + would/ should/ were to → 가정법 미래

(1) 가정법 과거

13-17
경기대 2014
서강대 2009
동덕여대 2007
한국외대 2006
경희대 2005
한양대 2005

· I wish I **met** more friends now.

I wish I ~~meet~~ more friends now. (×)

지금 더 많은 친구들을 만났으면 좋겠는데.

현재 시점에서 더 많은 친구들을 만났으면 하는데 그렇지 못하다는 현재 사실과 반대되거나 실현 가능성이 약한 것에 대한 소망을 나타내는 가정법 과거 표현이다.

· I wish she **were** my wife now.

I wish she ~~was~~ my wife now. (×)

그녀가 지금 내 아내였으면 좋겠는데.

현재 시점에서 그녀가 나의 부인이었으면 하는데 그렇지 못하다는 현재 사실과 반대되거나 실현 가능성이 약한 것에 대한 소망을 나타내는 가정법 과거 표현이다.

13-18

한양대 2006
동국대 2003
동아대 2003

(2) 가정법 과거완료

- Jack wishes he **had earned** more money when he was young.

  = Jack wishes he **could have earned** more money when he was young.

  Jack wishes he ~~earned~~ more money when he was young. (×)

  Jack은 젊었을 때 더 많은 돈을 벌었더라면 좋겠다고 생각한다.

  ▶ 젊었을 때라는 과거시제 당시 더 많은 돈을 벌었으면 좋겠다고 과거 사실을 후회하는 가정법 과거완료 구문이다.

13-19

동아대 2003

(3) 가정법 미래

- I wish I **would meet** Chan-ho Park.

  나는 Chan-ho Park를 만났으면 좋겠다.

  ※ 즉, I wish라는 주절의 시제만 가지고서 목적어인 that절 이하의 시제를 통제하는 것이 아니다.

  ▶ 본인의 의지·소망을 밝히는 가정법 미래 표현이다.

13-20

강남대 2010
중앙대 2004
성균관대 2004

2. as if/ as though 구문

	as if 또는 as though절에 were 또는 과거시제의 동사가 위치하면 현재 사실과 반대되는 가정법 과거를 나타내며, had p.p.가 위치하면 과거의 사실과 반대되는 가정법 과거완료를 나타낸다.
as if/ as though	+ 주어 + were/ 과거동사 → 가정법 과거
	+ 주어 + had p.p. → 가정법 과거완료

- My wife behaves as if(=as though) she **were** my mother.
- My wife seems as if(=as though) she **behaved** like my mother.

  내 처는 마치 내 어머니처럼 행동한다.

  ▶ 처가 어머니가 아닌데도 어머니처럼 행동한다는 현재 사실과 반대되는 가정법 과거 표현이다.

- Kenzo behaves as if(=as though) she **had been** a princess.

  Kenzo는 마치 자신이 공주였던 것처럼 행동한다.

  ▶ Kenzo가 공주가 아닌데도 과거에 공주였던 것처럼 현재 행동한다는 과거 사실과 반대되는 가정법 과거완료 표현이다.

13-21

가톨릭대 2010

> **CHECK** | **추측을 가리키는 as if**
>
> 기준 시제와 반대되는 가정이 아니라 단순 추측을 가리킬 경우 직설법 시제가 적용된다.
>
> - It seems **as if** my wife **is** angry.
>
>   나의 부인이 화가 난 것처럼 보인다.
>
> - Kenzo behaves **as if** she **has felt** empty.
>
>   Kenzo가 허기를 느끼는 것처럼 행동한다.
>
>   각 문장의 내용이 기준시제와 반대되는 가정을 말하는 것이 아니라, '화가 나다', '허기를 느끼다'와 같이 외관적 추측을 가리킬 뿐이므로 현재시제 및 현재완료가 쓰일 수 있다.

3. It's time (that) ~ 구문

13-22
국민대 2005
덕성여대 2003

> **It's time (that)** 가정법 구문은 '당연히 할 때가 되었는데 안 하고 있을 때 ~을 해야 할 시간이다'라는 뜻을 가진다. 이 경우 **should를 생략한 채 원형부정사만 올 수 없음에 유념해야 한다.** ★ 04-32 비교

It's (about/ high/ the right/ the very) time	+ (that) + 주어 + should 동사원형 + (that) + 주어 + 과거시제 + (for 명사) + to부정사

- It's time (that) we **should finish** this work.
  = It's time (that) we **finished** this work.
  = It's time (for us) **to finish** this work.
  It's time (that) we ~~finish~~ this work. (×)
  이 일을 끝낼 시간이다.

  ▶ it's time 뒤에 동사원형 혹은 현재시제는 절대 올 수 없다.

4. If의 생략 (=가정법 도치)

가정법 조건절의 경우 동사가 문두에 위치할 경우 접속사 if가 생략이 된다. 즉, 가정법 조건절의 if가 생략되면 were, should, could, had가 문두로 위치하는 도치가 발생한다. 단, would는 앞으로 위치할 수 없다.

(1) 가정법 과거의 도치

13-23
숙명여대 2009

- **Were** Freud alive today, he **would approve** of our methods.
  = **If** Freud **were** alive today, he **would approve** of our methods.
  ~~Was~~ Freud alive today, he would approve of our methods. (×)
  Freud가 현재 살아 있다면 그는 우리의 방법을 찬성할 텐데.

  ▌가정법 조건절은 조동사나 be 동사가 문두로 위치하여 도치가 발생하게 되는데, 주절의 조동사 would를 통해 가정법 과거임을 알 수 있다. 따라서 가정법 과거의 if절 내의 be 동사는 주어와의 수 일치에 상관없이 were가 옳다.

(2) 가정법 과거완료의 도치

13-24
가톨릭대 2012
고려대 2010
경원대 2010
광운대 2009
동국대 2006
성균관대 2005
건국대 2003

- **Had** Dad **not been** here, he **would not have known** what to do.
  = **If** Dad **had not been** here, he **would not have known** what to do.
  아버지가 여기에 계시지 않았더라면 무슨 일을 해야 할지 모르셨을 것이다.

  ▌주절의 조동사 would have known이라는 가정법 과거완료 문형으로 보아 조건절 또한 가정법 과거완료로 위치해야 한다. 과거 완료 형태를 만들어주는 조동사 had가 문두로 위치하여 if가 생략된 형태이다.

(3) 가정법 미래의 도치

13-25
서울여대 2009

- **Should** anyone **call** on me, you **would tell** him I am out.
  = **If** anyone **would call** on me, you **would tell** him I am out.
  ~~Would~~ anyone call on me, you would tell him I am out. (×)
  누가 날 찾으면 외출했다고 전해라.

  ▌원래 가정법 미래 if절 내에는 would라는 조동사가 쓰일 수 있지만, if가 생략될 경우에는 would가 문두로 위치할 수 없고 should를 활용하게 된다.

5. 가정법의 부정

가정법의 부정형은 주절이 가정법 과거이면 조건절에 **if it were not for** 형태를 취하며, '~이 없다면' 또는 '~이 아니라면'이란 의미이다. 주절이 가정법 과거완료이면 **if it had not been for** 형태를 취하여 '~이 없었다면' 또는 '~이 아니었다면'이란 뜻을 가진다.

① 가정법 과거	if it were not for = were it not for = but for = without
② 가정법 과거완료	if it had not been for = had it not been for = but for = without

- **If it were not for** your help, I **would** not **be** rich. [가정법 과거]

  = **Were it not for** your help, I **would** not **be** rich.

  = **But for** your help, I **would** not **be** rich.

  = **Without** your help, I **would** not **be** rich.

  ~~Was~~ it not been for your help, I would not be rich. (×)

  너의 도움이 없다면 나는 부자가 될 수 없을 것이다.

  > 가정법 문장의 경우 조건절의 동사가 문두로 위치하여 도치가 발생할 수 있는데, 이 경우 접속사 if는 생략이 되는 점에 유의해야 한다. 이하의 가정법 과거완료로 마찬가지이다.

- **If it had not been for** your help, I **would** not **have been** rich. [가정법 과거완료]

  = **Had it not been for** your help, I **would** not **have been** rich.

  = **But for** your help, I **would** not **have been** rich.

  = **Without** your help, I **would** not **have been** rich.

  너의 도움이 없었더라면 나는 부자가 못 되었을 것이다.

6. 가정법 관용어구

(1) what if ~ ? : ~하면 어쩌지?

- **What if** Jane and I break up?

  = **What if** Jane and I should break up?

  Jane과 내가 이별하면 어쩌지?

(2) as it were : 말하자면(= so to speak)

- Dr. Hwang is, **as it were**, a swindler.

  Hwang 박사는 말하자면 사기꾼이다.

(3) if ever + 동사 : 혹 있다 해도 극히 드물다

- Her brother rarely, **if ever smokes**.

  그녀의 오빠는 담배를 피운다 해도 아주 드물게 피운다.

(4) if any + 명사 : 만일 있으면, 있다고 하더라도 (극히 적다)

· There is little, **if any, damage.**

　설사 있다 하더라도 해는 거의 없다.

(5) if anything : 오히려, 어쨌든

· Things are, **if anything**, improving.

　사태는 오히려 호전되고 있다.

(6) if at all : 이왕 ~하려면

· Work, **if at all**, hard.

　이왕 하려면 열심히 일해라.

(7) if need be : 만일 필요하다면 (= if necessary, if it is required)

· **If need be,** you may borrow any books.

　필요하다면 어느 책이라도 빌려가도 좋다.

예제

I wish I _____ idle when young.

① was not　　　　　　　　② would not be

③ had not been　　　　　　④ will not have been

해석 어렸을 때 게으르지 않았어야 했는데.

해설 when young이라는 표현이 등장을 하는데 이 종속절은 when I was young에서 주절의 주어와 종속절의 주어가 같
　　　아서 when (being) young으로 축약됐다. when young은 따라서 직설법상 과거시제가 되며 I wish 이하의 가정법
　　　은 과거완료인 had not been이 옳다.

정답 ③

1 가정법 과거

01   I ① would be able to finish ② all my work if the day ③ was thirty ④ hours long.

02   The supporters would earlier urge him to remain in the party if Kim _____

      unification minister.

      ① could not become   ② were not become

      ③ had become   ④ might become

03   If I _____ speak English as well as you do, I'd be very happy.

      ① may   ② can

      ③ will   ④ could

04   Why ① do U.S. golf-club makers still use Chinese factories? "If we ② don't, ③ says Adams, your $400 driver ④ would cost $1,000."

01 ③ 해석 하루가 30시간이라면 모든 일을 끝낼 수 있을 텐데.

해설 was → were
가정법 과거를 가리키는 if절의 be 동사는 주어의 수와 상관없이 항상 were를 취한다.

02 ① 해석 김 의원 지지자들은 김 위원이 통일부 장관으로 임명될 수 없다면 당에 잔류할 것을 촉구할 것이다.

해설 주절의 조동사가 과거인 would이므로 if절 또한 가정법 과거가 옳다. if절 내에 위치할 수 있는 가정법 과거의 조동사는 could가 유일하다.

03 ④ 해석 내가 당신만큼 영어를 구사할 수 있다면 정말 행복할 텐데.

해설 주절이 I'd(=I would)이므로 가정법 표현이다. 가정법 과거 종속절에 쓰일 수 있는 조동사는 could뿐이다.

04 ② 해석 왜 미국의 골프 제조업체들은 중국 공장을 이용합니까? "그러지 않으면 당신의 400달러짜리 드라이버가 1,000달러가 들 겁니다."라고 Adams가 말한다.

해설 don't → didn't
주절의 시제가 가정법 과거인 'would + 동사원형'이므로 if절의 시제 또한 가정법 과거인 didn't가 옳다.

05 I caught sight of her at the play and in answer to her beckoning I went over during the interval and sat down beside her. It was long since I had last seen her and if someone had not mentioned her name I hardly think I _____.

① would have recognized her   ② would recognized her

③ wouldn't have recognized her   ④ wouldn't recognized her

06 _____ him at the right moment, my friend might have failed in that business.

① If you had not been advised   ② If you were not advised

③ If you has not advised   ④ If you had not advised

07 A friend of mine said boastfully that he _____ abroad if he had only wanted to.

① could have gone   ② could have been gone

③ can have gone   ④ could go

⑤ can have been gone

08 Mankind __(A)__ long ago if people had stopped aiding one another. People cannot exist without mutual help. Nobody who has the power __(B)__ help can refuse it without guilt.

(A)	(B)
① will perish	of granting
② would have perished	of granting
③ should have been perished	of having granted
④ has been perished	to have granted
⑤ shall be perished	that may grant

05 ①

해석 나는 그 연극에서 그녀를 보게 되었고 그녀의 손짓에 응해서 휴식 시간에 건너가 그녀의 옆자리에 앉게 되었다. 그녀를 마지막으로 본 것이 오래되어 누군가가 그녀의 이름을 언급하지 않았더라면, 나는 그녀를 알아보지 못했을 것이라는 생각이 든다.

해설 if절 안에 가정법 과거완료가 등장했으므로, 주절 또한 가정법 과거완료인 would have p.p.가 옳으며, '누군가가 그녀의 이름을 언급하지 않았다면 그녀를 알아보지 못했을 것이다'라는 논리가 적합하다. 이미 앞에 판단동사를 부정하는 hardly가 들어갔으므로 부정의 내용은 충족이 된 것이다.

어휘 in answer to ~에 응하여   beckon 손짓하다

06 ④

해석 당신이 적절한 순간에 내 친구에게 조언해주지 않았더라면, 그는 그 사업에서 실패했을 것이다.

해설 주절의 시제가 가정법 과거완료를 가리키는 might have p.p. 형태이므로 주절의 시제 또한 가정법 과거완료를 가리키는 조건절 if + 주어 + had p.p. 형태가 옳다.

07 ①

해석 내 친구는 자신이 외국으로 가기를 원했다면 정말 그렇게 할 수 있었다고 자랑스럽게 말했다.

해설 if절의 시제가 가정법 과거완료를 가리키는 had p.p.이므로 주절의 시제 또한 '조동사의 과거 + have p.p.'가 옳으며 go 동사는 자동사이므로 능동태가 옳다.

08 ②

해석 사람들이 서로를 돕는 것을 중단했다면 인류는 오래 전에 멸종했었을 것이다. 상호 간의 도움 없이는 사람들은 살 수가 없다. 도움을 줄 힘을 갖고 있는 이는 죄를 짓지 않고서는 도움을 거절할 수가 없다.

해설 (A) would have perished
종속절이 if절이며, 시제가 had p.p.라는 가정법 과거완료이므로 주절의 시제 또한 가정법 과거완료가 옳다. should have p.p.는 과거 사실에 대한 강한 유감을 나타내므로 전체 문맥상 어울리지 않는다.
(B) of granting
주절의 현재시제와 동일 시제를 가리키며 일반적인 사실을 진술하므로 완료 동명사보다는 단순 동명사 형태가 옳다.

09   The professors insist ① that Korea ② overcome ③ its own divisions and
      ④ becomes a model for regional decentralization.

10   The witness insisted that ① that major car accident ② take place around the
      corner ③ at about ④ 11 p.m.

11   ① During that terrible landslide, ② the authorities demanded that people ③ stayed
      off Highway 103 except ④ in cases of emergency.

12   North Korea proposed to South Korea that the third round of Red Cross talks
      aimed at discussing the reunion of families separated by the Korean War _____
      this month.
      ① hold   ② be held
      ③ to hold   ④ to be held

13   A: What do you think of Janet? Is she a good student?
      B: I don't think so. I have suggested that she _____ another course.
      ① take   ② will take
      ③ takes   ④ would take
      ⑤ should have taken

14   The judge assented to the suggestion that _____.
      ① both of the criminals will soon be set free
      ② some of the criminals will soon be guilty only
      ③ the prisoner be sentenced to death
      ④ the prisoner shall be sentenced to death

09 ④   해석   교수들은 한국이 분열을 극복하고 지역 분권화의 모델이 되어야 한다고 주장한다.

해설   becomes → (should) become

insist의 목적어 that절의 내용이 당위를 가리킬 경우 'should + 동사원형'의 형태를 취하며, 이때 should는 생략 가능하다.

어휘   decentralization 분권화

10 ②   해석   그 증인은 대형 차량 사고가 오후 11시쯤 모퉁이 주위에서 발생했다고 주장했다.

해설   take place → took place

insist 동사의 목적어 that절이 당위의 내용이 아닌 이전의 사실에 대한 주장일 경우, '(should) + 동사 원형'의 형태가 아닌 내용상 시제 일치를 시켜야 한다.

11 ③   해석   끔찍한 산사태 동안 당국은 사람들이 긴급 상황을 제외하고서는 103번 고속도로에 진입해서는 안 된다고 요구했다.

해설   stayed off → (should) stay off

demand의 목적어 that절의 내용이 당위를 가리킬 경우 'should + 동사원형'을 취할 수 있으며, should를 생략한 채 동사원형만 위치할 수도 있다.

어휘   landslide 산사태   stay off 삼가다, 멀리하다

12 ②   해석   북한은 한국전쟁으로 헤어진 이산가족 재회에 관해 논의할 것을 목적으로 하는 제3차 적십자 회담이 이번 달에 개최되어 야 한다고 한국에 제안했다.

해설   propose 동사가 that절을 목적어로 취해서 당위의 내용을 가리킬 경우 '(should) + 동사원형'의 형태 를 취하며 '적십자 회담'과 '개최하다'의 관계는 수동이다.

13 ①   해석   A: Janet에 대해 어떻게 생각하니? 좋은 학생이니?

B: 그렇지 않다고 생각해. 나는 그녀가 다른 강좌를 들을 것을 제의했어.

해설   suggest 동사의 목적어 that절이 당위를 가리킬 경우 '(should) + 동사원형'의 형태를 취한다.

14 ③   해석   판사는 그 죄수에게 사형 선고가 내려져야 한다는 의견에 동의했다.

해설   주장 · 제안 · 요구 · 명령 · 충고 · 결정을 나타내는 명사(suggestion, demand 등)의 동격절에서 당위의 내용을 가리킬 경우 '(should) + 동사원형'의 형태를 취한다.

어휘   assent 찬성하다

15 I ① intend to move that our committee ② appoints Tom as chairman, and I ③ hope that you ④ will second my motion.

16 A: Can you advise me to buy a car?
B: I advise _____ the secondhand car.
① you not to purchase   ② you to not purchase
③ that you will not purchase   ④ you had better to purchase
⑤ you have not purchased

17 The government ① has recently learned of serious human rights abuses on the island of Xanadu. ② Given the existing situation, we ③ have no choice but to invade the island. If we don't invade, we suggest to the world that the suffering of citizens outside our own borders ④ have no meaning.

18 ① It was necessary ② that all involved ③ are informed of the ④ changes made to the contract.

19 Considering many new housing developments, the city council proposed that a new shopping center _____.
① would be built   ② would build
③ be built   ④ build

15 ②

해석 나는 우리 위원회가 Tom을 의장으로 선임해야 한다고 제의할 생각이며 당신이 내 발의에 찬성해주기를 희망한다.

해설 appoints → (should) appoint
move 동사는 that절을 목적어로 취하며, '제안하다'라는 뜻을 가져 당위의 내용을 가리킬 경우 '(should) + 동사원형'의 형태를 취한다.

어휘 second 지지하다, 찬성하다

16 ①

해석 A: 제가 차 구입하는 것에 조언해주실 수 있을까요?
B: 중고차는 구입하지 마시라고 조언을 드립니다.

해설 ① advise는 목적보어에 to부정사가 위치할 수 있지만 보기 ②처럼 to와 원형부정사 사이에 부정어가 위치할 수 없다. ③, ④, ⑤ advise가 that절을 목적어로 취하여 당위를 가리킬 경우 should라는 조동사가 들어가거나 생략되고 동사원형이 위치한다.

어휘 secondhand 중고의

17 ④

해석 정부는 Xanadu 섬의 심각한 인권 침해에 대해 최근에 알게 되었다. 현 상황을 보건대, 우리가 그 섬을 공격하는 것 외에는 대안이 없다. 우리가 공격하지 않으면 우리의 영토 밖에 있는 사람들의 고통은 중요하지 않다고 세상에 암시하는 것이 될 것이다.

해설 have no meaning → has no meaning
suggest의 목적어인 that절의 의미가 '~해야 한다'라는 의미라면 that절 내의 동사가 'should + 동사원형' 혹은 '동사원형'이 옳겠지만, 단순한 사실을 알리거나 암시할 경우에는 이 원칙이 적용되지 않는다. 만약 당위절로 해석한다면 '우리 영토 외부에 있는 사람들의 고통이 아무 의미가 없어야 한다.'라는 잔인한 주장이 되는 것이다.

어휘 invade 침입하다

18 ③

해석 관련자 모두는 계약의 변경사항에 대해서 알고 있어야만 한다.

해설 are informed of → (should) be informed of
이성 · 감정 판단의 형용사 necessary가 이끄는 that절은 '(should) + 동사원형'의 형태를 취한다.

19 ③

해석 많은 새로운 주택 개발을 고려해 보건대, 시의회는 새로운 쇼핑 센터를 건립할 것을 제안했다.

해설 propose의 목적어인 that절 안의 내용이 '~해야 한다'일 경우 that절 안의 시제는 'should + 동사원형' 혹은 '동사원형'이 옳다. '쇼핑 센터'와 '짓다'의 관계는 수동이므로 수동태가 와야 한다.

20 A: We're in danger now.

B: If you _____ to me, we wouldn't be in danger.

① has listened   ② had listened

③ listen   ④ would listen

21 If I had not missed my bus, I _____ at school by now.

① am   ② were

③ would be   ④ would have been

22 If we _____ a contract in the first place, we might not be involved in this breach of contract.

① signed   ② would have signed

③ had signed   ④ would sign

23 다음 중 문법적으로 옳은 문장을 고르시오.

① The foreigner wants to marry with the beautiful Korean girl.

② We took care his children when he left from Seoul.

③ You had better have that tooth to pull out.

④ Had he not died in the war, he would be 30 years old.

24 I ① would have done the assignment ② earlier, but I ③ had met an old friend of mine ④ on my way home.

25 He cannot be in his right mind; _____, he would not make such wild statements.

① otherwise   ② unless

③ nevertheless   ④ provided

26 A: Why didn't the forester go to the movies?

B: He _____ except he didn't have the money.

① will go   ② would go

③ be going   ④ would have gone

20 ② 해석 A: 우리는 지금 위험해.

B: 네가 내 말을 경청했다면 우리는 위험하지 않을 거야.

해설 '이전에 내 말을 들었어야지 지금 위험하지 않았을 것이다'라는 논리로 현재와 반대되는 가정·상상을 나타내는 주절의 시제는 '조동사의 과거 + 동사원형'이, 과거시제와 반대되는 가정·상상을 나타내는 조건절의 시제는 had p.p.가 옳다.

21 ③ 해석 버스를 놓치지 않았었더라면, 지금쯤 학교에 있을 텐데.

해설 if절은 가정법 과거일지라도 주절의 시제는 현재시제를 알려 주는 by now가 있으므로 가정법 과거가 옳다.

22 ③ 해석 만일 우리가 처음에 계약서에 서명을 했었더라면, 이러한 계약 위반에 연루되지 않을 것이다.

해설 주절이 가정법 과거일지라도 조건절이 주절의 시제보다 앞선 시제를 가리키는 단서인 in the first place(애초에)가 나오므로 가정법 과거완료가 옳다.

어휘 breach 위반

23 ④ 해설 ① marry with → marry

marry는 전치사 없이 목적어를 취하는 타동사이다.

② took care → took care of

'~를 돌보다'라는 뜻은 take care of라는 타동사구가 옳다.

③ to pull out → pulled out

have 동사가 사역동사로 쓰일 경우 목적어와 목적보어의 관계가 수동이라면 목적보어는 과거분사가 위치한다.

24 ③ 해석 집으로 오는 길에 오래된 친구를 만나지 않았었다면 나는 보다 일찍 숙제를 끝냈을 텐데.

해설 had met → met

가정법 시제가 과거완료일 경우 but 이하의 시제는 직설법 과거여야 한다.

25 ① 해석 그는 제정신일 리가 없어. 그렇지 않다면 그렇게 거친 말을 하지 않았을 거야.

otherwise는 직설법 문장 뒤에서 if절을 대신하여 '그렇지 않다면'의 의미를 가진 가정법 문장을 이끈다. 앞 문장은 cannot be로 직설법이며 뒤 문장은 would not make라는 가정법이므로 otherwise가 옳다.

26 ④ 해석 A: 왜 삼림 감독관은 영화를 보러 가지 않았니?

B: 그가 돈이 없지 않았다면 갔을 거야.

해설 except 이하 직설법 시제가 과거일 경우 가정법 시제는 과거완료가 옳다.

27 My fellow-workers ① have all gone to the wedding party. I decided ② not to go with them, ③ yet at present I wish I ④ have gone with them.

28 A: Do you have $10 you could lend me?
   B: _____, but I'm broke.
   ① I wish I can   ② I wish I did
   ③ I wished I had   ④ I wish I have

29 I wish that I _____ with her last year.
   ① go   ② went
   ③ have gone   ④ could go
   ⑤ could have gone

30 It has been raining for several weeks; I wish _____.
   ① it would stop raining before tomorrow
   ② I could stop it raining before tomorrow
   ③ it will stop raining before tomorrow
   ④ it would stop to rain before tomorrow

31 Norza's title is ① curator, as if her design store, ② which sells horns and glass insects, ③ was a ④ natural history museum.

27 ④ 　해석　내 동료들은 모두 결혼식에 갔었다. 나는 그들과 함께 가지 않기로 결정했었지만 함께 갔었다면 좋았을 텐데.

　해설　have gone → had gone
　　　　바라는 현재 시점에서 과거의 반대 사실에 대한 가정을 하므로 가정법 과거완료가 옳다.

28 ② 　해석　A: 10달러를 빌려줄 수 있니?
　　　　B: 있으면 좋으련만, 땡전 한 푼 없어.

　해설　but 이하의 시제가 현재시제이므로 I wish의 목적어 that절의 시제는 현재 사실의 반대를 가리키는 가정
　　　　법 과거가 옳다. 또한 lend라는 일반동사의 대동사는 do가 옳다.

29 ⑤ 　해석　작년에 그녀와 함께 갈 수 있었으면 좋았을 텐데 (가지 못해서 아쉽다).

　해설　직설법상 과거시제만을 통제하는 last year가 위치했으므로 가정법은 과거완료(had p.p. 혹은 could
　　　　have p.p.)가 옳다.

30 ① 　해석　몇 주 동안 비가 내렸다. 내일 이전에 비가 그치면 좋으련만.

　해설　가정법 미래를 가리키므로 종속절의 시제는 would가 옳으며 stop 동사는 동명사를 목적어로 취하여
　　　　'~을 멈추다'라는 의미를 가진다.

31 ③ 　해석　Norza의 직함은 뿔이나 유리곤충을 판매하는 그녀의 디자인 상점이 마치 자연사 박물관인 것처럼 큐레이터이다.

　해설　was → were
　　　　상점이 자연사 박물관이 될 수는 없는 노릇이므로 현재 사실과 반대되는 가정법 과거가 옳다. 따라서 복수
　　　　과거의 형태의 were가 옳다.

32 That American ① speaks Korean ② as fluently ③ as if he ④ is a Korean.

33 Although the notice came ① as a surprise to ② all in the office, everyone tried to do ③ his work ④ as though nothing ⑤ took place.

34 A: My sister is already on the wrong side of thirty.
    B: It's time she _____ a husband and settled down.
    ① find   ② should find
    ③ found   ④ had found

35 _____ the lawyer, please tell him that I am waiting for him in the coffee shop.
    ① Having met   ② Unless you meet
    ③ Will you meet   ④ Should you meet

36 I would never have encouraged you to go into the field _____ it would be so stressful for you. I'm sorry it's been so difficult for you.
    ① had I known   ② and I had known
    ③ should I know   ④ but I knew

32 ④

해석 그 미국인은 마치 자신이 한국인인 것처럼 유창하게 한국어를 구사한다.

해설 is → were

한국인이 아닌데 한국인처럼 행동하는 현재 사실과 반대되는 가정법 과거를 나타낸다. 가정법 과거의 조건절에서 be 동사는 수와 인칭에 상관없이 were가 온다.

33 ⑤

해석 비록 그 통지가 사무실에 있는 모두에게 놀라움으로 다가왔지만, 모든 이들은 아무 일도 없었던 것처럼 자신의 일을 하려고 애썼다.

해설 took place → had taken place

although절의 내용으로 보아 모두가 놀란 것이 사실인데 이러한 과거 사실과 반대되는 가정을 as though 이하에서 하므로 가정법 과거완료가 옳다.

34 ③

해석 A: 내 누이는 나이가 이미 서른이 넘었어.
B: 그녀는 남편을 만나서 정착할 나이야.

해설 It's time (that) 구문은 'should + 동사원형' 또는 '과거시제'가 위치해야 한다. and에 의해서 settled 라는 과거시제가 병치되므로 ③이 옳다.

어휘 on the wrong side of ~살을 넘은

35 ④

해석 변호사를 만난다면 내가 커피숍에서 그를 기다리고 있을 것이라고 전해줘.

해설 원래 문장은 If you should meet the lawyer였으며 접속사 if는 생략되고 조동사 should가 문두로 위치하여 도치가 되었다. 주절이 명령문일 경우 if절 내에는 would가 아니라 should가 사용된다.

36 ①

해석 그 분야에 종사하는 것이 너에게 그토록 스트레스를 주는 것을 알았더라면 나는 결코 그렇게 하라고 부추기지 않았을 거야. 그게 그토록 너를 힘들게 했다니 미안하구나.

해설 주절의 시제가 가정법 과거완료이므로 종속절 또한 가정법 과거완료를 가리키는 had p.p.에서 had가 앞으로 위치하여 if가 생략된 형태가 옳다.

37 _____ the child-care center, I would not have been able to go to the jazz concert yesterday.

① If it has not been for   ② Were It not for

③ If it had not been for   ④ Having it not been for

⑤ Being it not for

38 He did not help me when I needed him. A true friend _____ differently.

① acted   ② would have acted

③ would act   ④ had acted

39 The most famous animal of Antarctica is the Penguin. It struts around the icy beaches as if it _____ a movie star walking down the street.

① is   ② were

③ might be   ④ had been

40 문법적으로 올바른 문장을 고르시오.

① I wish I am as intelligent as he is.

② If it will rain tomorrow, I won't go to school.

③ If I had enough money at that time, I would have lent it to you.

④ Even if the sun were to rise in the west, I would not accept his proposal.

37 ③　　해석　탁아소가 없었더라면, 어제 나는 재즈 콘서트에 갈 수 없었을 것이다.

　　　　　해설　주절의 시제가 가정법 과거완료이므로 '~이 없었다면'을 의미하는 'if it had not been for = but for = without'이 옳다.

38 ②　　해석　그를 필요로 할 때 그는 나를 돕지 않았다. 진정한 친구였다면 다르게 행동했었을 것이다.

　　　　　해설　앞 문장의 직설법 시제가 과거(did)로 등장했으므로 이하의 가정법 또한 과거완료(would have p.p.)가 옳다.

39 ②　　해석　남극 대륙에서 가장 유명한 동물은 펭귄이다. 펭귄은 길거리를 걷는 영화배우인 마냥 얼어붙은 해변을 뽐내며 걷는다.

　　　　　해설　기준시제는 struts라는 현재시제이며 as if 이하에서 '펭귄이 영화배우처럼 걷는다'는 것은 현재 사실과 반대(펭귄은 절대 사람이 될 수 없음)되는 내용이므로 가정법 과거인 were가 옳다.

　　　　　어휘　strut 뽐내며 걷다

40 ④　　해설　① am → were

　　　　　　　　기준시제가 is라는 현재시제이므로 I wish 이하의 가정법 시제는 현재 사실과 반대되는 가정법 과거가 옳다.

　　　　　　　② will rain → rains

　　　　　　　　if 조건절 내에는 미래시제 대신 현재시제가 쓰여야 한다.

　　　　　　　③ had → had had

　　　　　　　　at that time이라는 과거시제 부사가 위치했으므로 가정법 전환 시 가정법 과거완료가 된다. 따라서 if절 내에는 had p.p.가 옳다.

GRAMMAR
HUNTER

GRAMMAR HUNTER

14 형용사

14-01

1 형용사의 종류

대명형용사	① 인칭대명사의 소유격	my, our, your, his, her, its, their
	② 지시형용사	this, these, those, such, the same
	③ 부정형용사	all, most, each, every, any, no
	④ 의문형용사/관계형용사	which, what, whose
수량형용사	⑤ 수사	기수(one, two, three ...) 서수(first, second, third ...) 배수(double, three times ...)
	⑥ 부정수형용사	many, a few, a number
	⑦ 부정양형용사	much, a little, a good deal of
	⑧ 부정 수량 공통 형용사	all, some, any, a lot of, plenty of
성상형용사	⑨ 명사의 성질과 상태를 나타내는 형용사(kind, all 등 대부분의 형용사)	

2 형용사의 용법

14-02

1. 한정적 용법과 서술적 용법

형용사는 명사를 직접 수식하는 한정적 용법과, 주격보어와 목적격보어로 쓰이며 명사를 간접적으로 수식하는 서술적 용법의 기능을 한다. 대부분의 형용사는 이 두 가지 기능을 모두 가지고 있지만, 특정 형용사들은 이 두 용법 중 하나의 기능만 하기도 하며, 용법에 따라 의미가 달라지는 형용사들도 있다.

- **Sophie is a beautiful woman.** [woman을 꾸며주는 한정적 용법]
  Sophie는 아름다운 여성이다.

- **Sophie is beautiful.** [Sophie의 상태를 설명하는 be 동사의 보어로서 서술적 용법]
  Sophie는 아름답다.

- **She is a happy child.** [child를 꾸며주는 한정적 용법]
  그녀는 행복한 아이이다.

- **I will make her happy.** [her의 상태를 꾸며주는 make 동사의 목적격보어로서 서술적 용법]
  나는 그녀를 행복하게 해 줄 것이다.

14-03

홍익대 2005
아주대 2001

2. 한정적 용법으로만 쓰이는 형용사

(1) 명사 앞에서(전치) 수식하는 형용사

이들 형용사는 명사 앞에만 올 수 있을 뿐, 명사 뒤 혹은 서술적 용법으로 쓰일 수 없다.

① 강조 · 한정	sole 유일한 mere 전적인 total 총~ utter 완전한, 전적인 main, chief, principal 주요한
	the entire 전체의 the only 유일한 the very 바로 그 the whole 전(全) the same 같은
② 절대 비교급	inner 안의 outer 외부의 lower 낮은, 하등의 major 큰 minor 작은 former 전자의 latter 후자의 utmost 최대한의
③ 재료 (-en 형태)	wooden 나무로 만든 golden 금으로 만든 earthen 흙으로 만든 woolen 모직의
④ 기타	live 살아 있는 leading 뛰어난 lone 외로운 nearby 근처의 drunken 술에 취한

- A **drunken teenager** was arrested. 술에 취한 10대가 체포되었다.

- This is a **woolen scarf**. 이것은 모직 스카프이다.

- There are experiments on **live animals**. 살아 있는 동물들에게 행해지는 실험이 있다.
  There are experiments on animals ~~live~~. (×)

  ▶ live가 형용사로 쓰일 경우 명사 뒤에 올 수 없으며 명사 앞에만 와야 한다.

(2) 명사 뒤에서(후치) 수식하는 형용사

1) 형용사에 긴 수식어구가 따를 경우   `14-04`
                                                              상명대 2014
- He is wanting in that ambition **peculiar to the X-generation**.
  그는 X세대 특유의 야망이 결핍되어 있다.

- There are many people **interested in SONY's new computers**.
  SONY의 새 컴퓨터에 관심이 있는 사람들이 많다.

2) -thing, -body, -one으로 끝나는 명사는 형용사가 뒤에서 수식한다. ★ 19-85~86 참조   `14-05`
                                                              국민대 2010
- It's time to try **something new**. 무언가 새로운 것을 해 볼 시간이다.   세종대 2009
  It's time to try ~~new~~ something. (×)   동국대 2005

  | anything/ somebody처럼 -thing 혹은 -body로 끝나는 명사를 형용사가 수식할 경우 명사 앞에서 수식하지 못하며, 명사
  뒤에서 수식한다.

3) 최상급/ all the/ every 뒤에 오는 명사를 -able 또는 -ible로 끝나는 형용사가 수식하는 경우   `14-06`

- I was faced with **the greatest difficulty imaginable**.
  나는 상상할 수 있는 한 가장 큰 어려움에 직면했었다.

  | the greatest라는 형용사의 최상급 형태 뒤에 위치한 명사 difficulty를 imaginable이라는 형용사로 수식했으므로 명사 뒤에
  위치한 것이다.

4) 서술적 용법으로 쓰이는 형용사는 명사 바로 뒤에서 수식 가능   `14-07`

- The leaf seemed the face of a **man alive**. 그 잎은 살아 있는 한 사람의 모습 같았다.

  | 원래는 The leaf seemed the face of a man (who was) alive. 문장에서 주격 관계대명사와 be 동사는 함께 생략할 수
  있다는 원칙에 따라 '~ a man alive' 형태로 축약된 것이다. 즉, 서술 용법으로 쓰이는 형용사들은 모두 다 후치 수식 용법이
  가능하다고 보아도 무방하다. 이하의 예문도 마찬가지 맥락이다.

- The **baby asleep** at sofa is very cute. 소파에서 자고 있는 아기가 매우 귀엽다.

5) 관용적으로 후치 수식하는 경우

Asia **Minor** 소아시아	the sum **total** 총계
Alexander **the Great** 알렉산더 대왕	things **American** 미국의 풍물
from time **immemorial** 예로부터	authorities **concerned** 관계 당국

3. 서술적 용법으로만 쓰이는 형용사

다음 형용사들은 명사 뒤 혹은 서술적 용법으로만 쓰이는 형용사들이다. 즉, 명사 앞에 올 수 없다. ★ 01-37~49, 01-77~80 참조

① 'a'로 시작하는 형용사	alive 살아 있는 alone 혼자인 asleep 잠든 awake 잠이 깬 afraid 두려운 alike 같은 aware 아는 ashamed 부끄러운
② 감정형용사	content 만족하는 glad 기쁜 upset 당황한
③ 기타 형용사	liable ~에 책임이 있는 conscious 알고 있는 drunk 취한 cf. drunk는 서술적 용법이고 drunken은 전치 수식을 한다. worth ~의 가치가 있는 cf. worthy, worthwhile은 worth와 달리 명사를 앞에서 수식할 수 있다. unable ~할 수 없는 cf. unable은 사람·사물을 모두 주어로 취하여 서술 용법으로만 쓰이지만 able은 사람만을 주어로 취하여 서술 용법과 한정 용법에 모두 쓰인다.

- I think her grandmother may be **alive**. 나는 그녀의 할머니께서 살아계실 것으로 생각한다.
  I think she may be an a̶l̶i̶v̶e̶ grandmother. (×)

  ▶ 'a'로 시작되는 형용사는 명사 앞에서 전치 수식을 할 수 없다.

- I think his father was **drunk**. 나는 그의 아버지께서 취하셨다고 생각한다.
  I think his father was d̶r̶u̶n̶k̶e̶n̶. (×)

  ▶ drunk는 서술적 용법에 쓰이며 drunken은 명사 앞에서 수식하는 전치 용법으로 쓰인다.

CHECK | 혼동 형용사 정리

의미 구분	어법 구분
alive 살아 있는 live 살아 있는, 생방송의 living 살아 있는 lively 생생한, 활발한	서술적 용법만 명사 앞에서만 명사 앞에서만 서술적 용법, 명사 앞 모두 가능
alone 혼자인 lone 혼자의, 쓸쓸한 lonely 외로운, 쓸쓸한	서술적 용법만 명사 앞에서만 서술적 용법, 명사 앞 모두 가능
drunken 술 취한 drunk 술 취한	명사 앞에서만 서술적 용법만

The hospital, ① alike many others ② across the country, turned to ③ its
④ antiquated loudspeaker system.

해석 그 병원은 국내의 다른 많은 병원들처럼 구식 확성기 장비에 의존했다.

해설 alike many others → like many others
alike는 명사 뒤 혹은 서술적 용법의 형용사 기능만 있으므로 전치사 기능이 있는 like가 옳다.

정답 ①

4. 한정적 용법과 서술적 용법으로 사용될 때 뜻이 달라지는 형용사

14-10
한국외대 2009

certain	한정적: 어떤	I felt a **certain** anxiety. 나는 어떤 불안을 느꼈다.
	서술적: 확실한	I am **certain** of his honesty. 나는 그의 정직함을 확신한다.
present	한정적: 현재의	The **present** situation is gloomy. 현재의 상황은 암울하다.
	서술적: 참석한, 존재하는	I was **present** at the meeting. 나는 그 집회에 참석했다.
late	한정적: 전의, 작고한	The **late** Mr. Jones was a professor. 고 Jones 씨는 교수였다.
	서술적: 늦은	It's getting **late**. 시간이 늦어졌다.
ill	한정적: 나쁜	He was known for **ill** deeds. 그는 악행 때문에 유명하다.
	서술적: 아픈	He was **ill** in bed. 그는 아파서 누워 있었다.
sorry	한정적: 한심한	He is a **sorry** fellow. 그는 한심한 친구이다.
	서술적: 후회하는, 유감스러운	I'm **sorry** for that remark. 나는 그런 말을 한 걸 후회한다.

5. 목적어를 취하는 형용사

목적어를 취하는 형용사는 '전치사적 형용사'라고도 하는데, 서술적 용법으로 쓰일 경우 형용사의 기능과 전치사의 기능을 모두 가지게 된다. 즉, 형용사의 기능으로서 보어의 역할을 하고, 전치사의 기능으로서 명사를 목적어로 삼는다.

(1) like vs. unlike

14-11
성균관대 2012
숙명여대 2010
성균관대 2007
경희대 2006
고신대 2004

like는 명사를 목적어로 취하는 전치사 기능과 동시에 2형식 동사의 보어로서 형용사 기능도 동시에 가질 수 있다. unlike는 그 반대 개념을 가지게 된다.

· The garden looked **like** a jungle.
   The garden looked ~~alike~~ a jungle. (×)
   그 정원은 정글과 같아 보인다.

> 두 번째 문장은 look 동사의 형용사 보어라는 관점으로 보면 옳지만, 다시 a jungle이라는 목적어를 취하므로 전치사 기능이 없는 alike는 틀리다. like는 look과 be라는 2형식 동사의 보어로서 '형용사' 기능과 명사를 목적어를 취하는 '전치사' 기능을 동시에 가지게 된다.

· Ellen was **unlike** any other woman.
   Ellen은 어느 다른 여성과 달랐다.

CHECK | what it is like to부정사 (~이 어떠한지)

- You must know **what** it **is** **like** **to be poor.**
  가주어 V2 보어와 전치사 진주어

  You must know ~~that~~ it is like to be poor. (×)
  당신은 가난이 어떠한지 알아야만 한다.

  > 앞의 it이 가주어이며, like는 is(be 동사)의 보어로서 '형용사' 기능을 발휘하지만, like는 반드시 목적어가 필요한 전치사 기능이 있다. to be poor가 목적어처럼 보이지만 전치사의 목적어로서 to부정사는 쓰일 수 없다. 따라서 전치사 like의 목적어를 선행사로 가지고 있는 what이 옳다.

(2) near vs. nearby vs. nearly

near 가까운, 가까이	형용사와 부사, 전치사 기능 모두 있음
nearby 가까운, 가까이	부사 기능과 명사 앞에서만 수식하는 형용사 기능이 있음
nearly 거의	부사 기능만 있음(=close to, next to, all but, almost)

- They live **near** London. [London을 목적어로 취한 전치사 near]
  그들은 런던 근처에서 산다.

- They promised to contact us again in the **near** future. [형용사 near]
  그들은 가까운 미래에 우리와 다시 연락을 하겠다고 약속했다.

- Our enemies have come **near**. [부사 near]
  우리의 적들이 가까이 왔다.

- My uncle used to live in a **nearby** town. [형용사 nearby]
  내 삼촌이 근처 마을에 살았다.

- They live **nearby**. [부사 nearby]
  그들은 근처에 산다.

(3) worth vs. worthy

worth +	명사/ ~ing(능동)/ while to부정사
	동명사를 목적어로 취할 때 언제나 능동형만 가능하며 to부정사를 목적어로 취할 수 없다. ★ 11-19 참조
worthy +	of 명사/ of ~ing/ to부정사
	worth와 다르게 전치사 of ~ing 또는 to부정사를 모두 목적어로 취할 수 있는데 이 경우 그 태는 문장의 주어와 따져야 한다.

- The movie is well **worth art.** [worth + 명사]
  그 영화는 정말로 예술의 가치가 있다.

- The movie is well **worth seeing.** [worth + 동명사]
  The movie is well worth ~~being seen.~~ (×)
  그 영화는 정말로 관람할 가치가 있다.

  ▶ worth의 목적어로 수동형 동명사는 불가능하다.

- The movie is well **worthy of art.** [worthy + of 명사]
- The movie is well **worthy of being seen.** [worthy + of 동명사]

- The movie is well **worthy to be seen.** [worthy + to부정사]
  The movie is well worthy of ~~seeing~~. (×)

> worthy는 of 동명사 혹은 to부정사와 결합할 경우 준동사의 태를 맞추는 일반적 원칙에 따라야 한다. '영화'와 '보다(see)'의 관계는 수동이므로 수동형 동명사 혹은 수동형 부정사가 옳다.

예제

The improvement of this design is _____ your best efforts.

① worthy　　　　　② value
③ edible　　　　　④ worth

해석 이 디자인의 개선은 당신의 최선의 노력만큼 가치가 있다.

해설 worth는 worthy와 달리 단독으로 직접 명사를 목적어로 취할 수 있는 형용사이다. ① worthy는 전치사 of를 결합하면 옳다.

정답 ④

3 형용사의 어순

1. 일반원칙

두 개 이상의 형용사를 나열하고자 할 경우 형용사들 간의 배열 순서가 있다. 형용사 어순은 명사와 내용상의 관계가 밀접할수록 명사에 가깝게 위치하게 된다.

2. 세부원칙 : 전치한정사 + 한정사 + 수량형용사 + 성상형용사 + 명사

14-15
숙명여대 2009
가톨릭대 2009
계명대 2007
광운대 2003
세종대 2001

전치한정사	한정사 관사 대명형용사	수량형용사 서수	수량형용사 기수	성상형용사 대소	성상형용사 형상	성상형용사 성질	성상형용사 색깔	성상형용사 신구	성상형용사 기원 소속	성상형용사 재료 용도	명사
all both half double 배수사	a(n) the her	first second third	one two three	small big little	round long	soft rich poor	brown gray red green	old new	French	personal	명사
half	the	usual									price
			two	small			red				handbags
	the		three	little			white				rabbits
	her				round	soft	new				cushion
	a			small			green			bamboo	basket

- She paid **half　the　usual**　price.
  　　　　　전치한정사 한정사　성상형용사　명사

  She paid ~~the half~~ usual price. (×)

  그녀는 정상가의 절반을 지불했다.

  ▶ half는 전치한정사이므로 일반 한정사인 the보다 앞에 와야 한다.

- The **first two** runners in the marathon race seemed to be exhausted.
  <u>서수 + 기수</u>
  마라톤에서 처음 들어온 두 명의 선수들은 완전히 지쳐보였다.

  ▶ 서수(first)와 기수(two)의 순서는 서수가 먼저이다.

- My sister bought **two small red** handbags.
  <u>기수</u> <u>대소</u> <u>색깔</u>
  My sister bought two ~~red small~~ handbags. (×)
  내 여동생은 두 개의 작은 빨간 핸드백들을 샀다.

  ▶ 크기(small)와 색깔(red)의 순서는 크기가 앞에 와야 한다.

❹ 한정사

1. 한정사

14-16

(1) 한정사의 종류

관사, 지시사, 부정형용사, 의문형용사 등과 같은 형용사들은 이들이 수행하는 역할이 결국 '명사를 한정'하는 것이므로, 이를 한정사라고 한다.	
① 관사·지시사	a, an, the, this, these, that, those
② 부정형용사	some, any, no, each, every, either, neither
③ 의문형용사	what, whatever, which, whichever
④ 소유격	my, your, her, his, their
⑤ 부정수량형용사	much, many, more, most, little, few, enough, several

14-17
성균관대 2013
서경대 2007

(2) 한정사는 다른 한정사와 함께 쓰일 수 없다.

한 명사 앞에 두 개의 한정사가 동시에 올 수 없다. ★ 16-45 참조

- There is ~~a my~~ dictionary. (×)
- ~~Every the~~ dictionary is mine. (×)

  ▶ a/ the라는 부정관사도 한정사이며, my/ every도 한정사인데 두 개가 동시에 왔으므로 틀린 문장이다.

2. 전치한정사

14-18

(1) 전치한정사의 종류

한정사는 다른 한정사와 함께 쓰이지 못하며 단독으로 오는 것이 원칙이지만, 이에 대한 예외로서 한정사 앞에 위치할 수 있는 다른 한정사를 전치한정사라고 한다.

종류	all, both, half, double, 배수사(twice, two times, three times 등)

(2) 전치한정사는 한정사 앞에 위치한다.

· They were quarrelling **all the** time.

They were quarrelling ~~the all~~ time. (×)

그들은 계속 말다툼을 벌이고 있었다.

> all도 한정사이며 the도 한정사이지만 all은 다른 한정사 앞에 위치하는 기능을 가진 전치한정사이므로 다른 한정사 앞에 위치해야
> 한다. 다음 예문도 마찬가지 맥락이다.

· **Both the** employees are intelligent.

~~The both~~ employees are intelligent. (×)

그 직원 둘 다 총명하다.

(3) 전치한정사는 'every, either, neither, each, some, any, no'와 함께 쓰지 않는다.

· **All students** are intelligent.

모든 학생들은 영리하다.

· **Each student** is intelligent.

각각의 학생들은 총명하다.

~~All each~~ students are intelligent. (×)

> all, both, half, two times 등과 같은 전치한정사는 그 자체가 수량적 개념을 가지고 있으므로 every, either, neither, each,
> some, any, no 등과 결합하지 않는다.

CHECK |

1. all/ both/ half는 대명사 기능이 있어서 전치사 of와 결합할 수 있지만 배수사는 전치사 of와 결합할 수
없다.

· **all of the** students/ **both of my** sons/ **half of the** money

~~double of~~ the price (×)/ ~~two times of~~ the dead (×)

2. all/ both/ half가 대명사 기능으로서 전치사 of와 결합할 경우 of 이하만큼은 the, this, these, my
등이 위치해야 한다. ★ 19-58/ 70 참조

· **all (of the)** students/ **both (of my)** sons/ **half of the** money

~~some of~~ students/ ~~both of~~ sons/ ~~half of~~ money (×)

예제

_____ my friends had come to that great party held in my residence.

① All   ② Whole

③ Most   ④ None

해석 내 친구들 모두는 우리 집에서 열렸던 큰 파티에 왔었다.

해설 my는 인칭대명사의 소유격으로서 한정사에 속한다. 따라서 한정사 앞에 위치할 수 있는 전치한정사 all이 옳다.

정답 ①

5 수량형용사

14-22A

이화여대 2010
건국대 2006
경기대 2002

1. 부정수형용사

부정수형용사는 복수가산명사를 수식하는 형용사를 말한다. 이들 형용사가 단수가산명사 혹은 불가산명사를 수식하면 틀린 표현이 된다.

① few 거의 없는	② a few 다소 있는	
③ a couple of 두 개의	④ several 몇몇의	
⑤ not a few(=quite a few) 많은	⑥ various 다양한	+ 복수가산명사
⑦ (a great/ a good) many (매우) 많은		
⑧ a (good/ great) number of (매우) 많은		

· I have to buy **a few things** at the supermarket. 슈퍼마켓에서 물건 몇 개를 구입해야겠다.
  I have to buy a few ~~thing~~ at the supermarket. (×)

  ▶ a few는 복수가산명사를 수식하므로 두 번째 예문은 틀렸다.

· I saw **(a great) many things** at the supermarket. 나는 슈퍼마켓에서 정말로 많은 것들을 보았다.
  I saw (a great) many ~~thing~~ at the supermarket. (×)

  a great는 강조 표현으로서 부정형용사 앞에 위치하는데 이 경우 단순히 형용사 자체를 강조해 주는 표현일 뿐 문법에 있어서 변화가 생기지 않는다.

14-22B

국민대 2010
한국외대 2007
성균관대 2003

> **CHECK** |
>
> **1.** **many**는 부정관사와 함께 단수가산명사를 수식할 수 있다.
>
> · There is **many a thing** at the supermarket. 슈퍼마켓에 많은 것이 있다.
>
> ▶ many a라는 형용사구는 단수명사를 수식하며 단수 취급한다.
>
> **2.** 'a number of 복수명사(많은 수의 ~)'는 복수 취급하며, 'the number of 복수명사(~의 숫자)'는 단수 취급한다.
>
> · **A number of** flowers **are** beautiful. 많은 꽃들이 아름답다.
> · **The number of** the unemployed **increases**. 실직자 수가 증가하고 있다.
>
> a number of는 복수가산명사를 수식해주는 형용사구이며, the number of는 '~의 수'란 뜻을 가진 명사구 기능이므로 the number에 수 일치를 시켜서 단수 취급한다.
>
> **3.** a number of 표현을 'great/large/good/surprising' 등으로 강조할 수 있다.
>
> · **A great number of** students **wish** to climb a mountain. 대단히 많은 수의 학생들이 등산을 희망한다.

성균관대 2011
경기대 2007

14-23A

영남대 2007
고려대 2006
고려대 2005
아주대 2004
동아대 2004

2. 부정양형용사

부정양형용사는 막연한 양을 가리키며 불가산명사를 수식해주는 형용사를 말한다.

① a little 다소 있는 little 거의 없는	② not a little	
③ a great deal of, a good deal of, a great amount of, a large amount of 많은		+ 불가산명사 ★ 17-09/ 11참조
④ much 많은		

- I had **a little money** to lend you.
  당신에게 빌려줄 약간의 돈이 있었다.

- There was **much rubbish** in the river.

  There were much ~~children~~. (×)

  강에 쓰레기가 많이 있었다.

  > a little과 much는 불가산명사를 수식하는 형용사들이므로 money와 rubbish 같은 불가산명사가 와야 하며 children 같은 가산명사가 올 수 없다.

- I got **a great deal of information**.

  = I got **a great amount of information**.

  나는 상당한 정보를 갖고 있었다.

  ▷ a great deal of 또한 불가산명사를 수식해주므로 information이라는 불가산명사가 왔다.

> **CHECK** | not much of a + 사람 (대단한 ~은 아니다)
>
> 이때의 much는 부정문과 의문문에서 쓰여서, '대단한, 중요한'이라는 뜻을 가질 수 있다.
>
> - He is **not much of a scholar**.
>   그는 대단한 철학자는 아니다.

3. 부정 수량 공통 형용사

14-24

홍익대 2009
세종대 2004

부정 수량 공통 형용사는 가산명사와 불가산명사를 모두 수식하는 막연한 범위의 형용사를 말한다.

① some, any, no	+ 복수명사/ 단수가산명사/ 불가산명사
② all, most 대부분의 plenty of 충분한 a lot of 많은 lots of 많은 enough 충분한 more 더 많은	+ 복수명사/ 불가산명사

- These plants are getting **a lot of sunlight**.
  이 식물들은 많은 햇빛을 받고 있다.

- He has **lots of friends** all over the country.
  그는 전국에 많은 친구들이 있다.

  ▷ a lot of 또는 lots of라는 형용사는 sunlight라는 불가산명사와 friends라는 복수명사를 수식할 수 있다.

14-25

> **CHECK** | 부정형용사들은 대명사 기능도 가진다. ★ 19-84 참조
>
> a few/few/little/a little/much 같은 부정형용사들은 대명사 기능도 가질 수 있다. 전치사 of와 결합할 경우에 of 다음에는 the, this, these, my 또는 인칭대명사의 목적격이 온다.
>
> - Here are **not a few of the** women.
>   꽤 많은 여자들이 여기에 있다.

The mayor ① expressed concern about a large ② amount of ③ people injured at ④ crossings.

해석 시장은 교차로에서 부상을 입은 많은 사람들에 대한 염려를 표명했다.

해설 amount → number
a large amount of는 불가산명사를 수식하며 a (large/ great) number of는 복수명사를 수식한다. people은 무조건 복수 취급하므로 후자가 옳다.

정답 ②

6 수사

1. hundred, thousand, million, ten, dozen의 용법

(1) 구체적인 수를 나타내는 경우

'ten, hundred, thousand, million, dozen, score' 등과 같은 수의 단위(백, 천, 만 등) 앞에 기수 (1, 2, 3, 4 등)가 결합되어 구체적인 수(100개, 200개 등)를 가리킬 경우 그 수 단위는 단수 형태를 취한다.

· **three hundred** players 300명의 선수들　　**three ~~hundreds~~ players** (×)

> three라는 기수와 함께 hundred라는 수 단위가 결합되어 players라는 명사를 꾸미므로 hundred는 형용사로 쓰인 경우로서 복수 형태가 쓰일 수 없다.

(2) 막연한 범위를 나타내는 경우

'수십 명의' 또는 '수백 명의'와 같이 막연한 범위의 수를 나타내고자 할 경우 'tens of, hundreds of, millions of' 등과 같이 수 단위에 복수형을 취한다.

· **hundreds of** people 수백 명의 사람들　　**~~hundred~~ of people** (×)

> 백 명이란 구체적인 수가 아니라 '수백 명' 또는 '수천 명'과 같은 막연한 범위의 수를 가리킬 경우 수 단위의 복수 형태(hundreds)와 전치사 of가 결합된다. 다음 표현들도 마찬가지 맥락이다.

· **two thousand** players 2천 명의 선수들　　**thousands of** players 수천 명의 선수들
· **four million** people 4백만의 사람들　　**millions of** people 수백만의 사람들
· **hundreds of thousands of** people 수십만의 사람들　　**scores of** villagers 수십 명의 주민들

2. '수사 + 단위명사'의 형용사 용법

(1) 명사를 수식하는 경우

'수사 + 단위명사'가 또 다른 명사를 수식하는 경우에는 형용사 기능을 하고 이 경우 단위명사는 단수 형태를 유지한다.

· My daughter is a **ten-year** old girl.
My daughter is a ~~ten-years~~ old girl. (×)
내 딸은 10살의 소녀이다.

ten이란 기수사와 year라는 명사가 hyphen(-)에 의해 연결되어 ten-year라는 복합형용사로 명사 girl을 꾸민다. 이렇게 복합형용사 기능으로 명사를 수식할 경우 그 복합형용사는 단수 형태가 옳다. 이하의 예문도 마찬가지이다.

- a **ten-minute** break 10분간의 휴식
- a **five-dollar** bill 5달러 지폐
- a **five-star** hotel 5성급 호텔

- a ~~ten-minutes~~ break (×)
- a ~~five-dollars~~ bill (×)
- a ~~five-stars~~ hotel (×)

(2) 명사를 수식하지 않는 경우

14-29
홍익대 2004

'기수사 + 단위명사'가 명사를 수식하지 않으면서 old, deep, high, long, wide와 같은 척도의 형용사 앞에 위치할 경우 그 단위명사는 복수 형태를 취한다.

- My daughter is **ten years** old.

　　　　　　　　보어　　척도형용사

  My daughter is ten ~~year~~ old. (×)
  내 딸은 10살이다.

  be동사의 보어로서 기수사(ten)와 명사(years)가 old라는 척도의 형용사 앞에 쓰였으므로 단위명사는 단수 형태가 아닌 복수 형태가 옳다. 이하의 예문도 마찬가지 맥락이다.

- **three hundred feet** high 300피트의 높이
- **230 miles** long 230마일의 길이

three hundred ~~foot~~ high (×)
230 ~~mile~~ long (×)

3. 명사를 수식하는 서수 · 기수의 용법

(1) 순서가 있는 경우

14-30
홍익대 2006
세종대 2005
계명대 2002

① 서수사로 명사를 수식할 경우 'the + 서수 + 명사' 형태 또는 '무관사 명사 + 기수' 형태로 나타낼 수 있다.
② 날짜는 'October 2, October the second, the second of October'처럼 쓰인다.

- **the Second** World War, World War **Two** 제2차 세계대전

  1차 대전, 2차 대전처럼 순서가 있으므로 'the 서수(Second) + 명사(World War)' 또는 '무관사 명사(World War) + 기수(Two)' 형태가 가능하며 이하의 예문도 마찬가지 맥락이다.

- **the third** lesson, lesson **three** 제3과
- **the second** act, act **two** 제2막
- **the fourth** chapter, chapter **four** 제4장

(2) 순서 개념이 없는 경우

계명대 2005

서수사가 명사를 수식할 경우 순서와 상관없는 명사 gate, room, track, flight는 '무관사 명사 + 기수'의 형태만 가능하다.

- Gate **Three** 3번 게이트
- track **two** 2번 트랙

~~The Third~~ Gate (×)
~~the second~~ track (×)

▶ '3번 게이트'와 '2번 트랙'이란 표현은 순서와 무관하므로 '무관사 명사 + 기수' 형태로만 취한다.

14-31 **4. 분모·분자 표현 방법**

세종대 2005

(1) 분자가 1일 경우

분수 표현은 분자가 1일 경우에는 분자는 one 혹은 a(n), 분모는 서수의 단수 형태(second/ third/ fourth)로 나타낸다.

- 1/2, one second, a second 2분의 1
- 1/3, one third, a third 3분의 1

(2) 분자가 2 이상일 경우

반면 분자가 2 이상일 경우에는 분자는 기수(two/ three/ four), 분모는 서수의 복수 형태(thirds/ fourths/ fifths)로 나타낸다.

- 3/4, three fourths 4분의 3   three ~~fourth~~ (×)
- 5/8, five eighths 8분의 5   five ~~eighth~~ (×)

예제

The walls of this building are _____ thick.

① ninth inch   ② nine inch   ③ ninth inches   ④ nine inches

해석 이 건물의 벽은 두께가 9인치이다.

해설 '기수(nine) + 명사(inch)'가 별도의 명사를 수식하지 않으므로, inch는 복수 형태가 옳다. thick은 기준을 설정하는 형용사일 뿐이다.
The walls are nine inches thick. = These are nine-inch thick walls.

정답 ④

---

⑦ 중요 형용사 구문

1. 난이(難易) 형용사 구문 → It is + 난이형용사 + (for 목적격) + to부정사

14-32

(1) 종류

어려운, 쉬운	difficult, hard, easy, tough, dangerous
편리한, 불편한	convenient, inconvenient, pleasant(즐거운, 유쾌한), safe(안전한)
가능한, 불가능한	possible, impossible

14-33

단국대 2008

(2) 가주어 it을 이용한 'it is + 난이형용사 + to부정사' 형태를 취한다.

- **It** is not **easy** for me **to meet** my boss.
  가주어   진주어
  내가 사장을 만나는 것은 쉽지 않다.

- **It** is **convenient** for me **to go** with my brother.
  나는 형님과 함께 가는 것이 편하다.

  ▶ 이 경우 to부정사를 대신할 수 있을 뿐 동명사를 대신할 수 없음이 원칙이다.

426

(3) 사람 또는 to부정사의 의미상의 주어를 문장의 주어로 취할 수 없다.

14-34

- ~~I~~ am not easy to meet my boss. (×)
- ~~I~~ am convenient to go with my brother. (×)

강남대 2009
한양대 2007
경원대 2005

> 난이형용사 구문의 경우 to부정사의 의미상의 주어(for me)를 문장의 주어(I am~)로 쓸 수 없다. 이 원리에 따라 난이형용사 구문의 경우 원칙적으로 사람을 주어로 취할 수 없다는 논리가 등장하는 것이다.

(4) 그러나 to부정사의 의미상의 목적어는 사람이어도 문장의 주어가 가능하다.

14-35

- **My boss** is not easy for me **to meet**.
- **My brother** is convenient for me **to go with**.

> My boss라는 주어 또한 사람을 가리키므로 얼핏 보면 틀린 문장으로 보이지만, 결국 쉽고 어렵고의 문제는 진주어인 to부정사의 내용이므로 to부정사의 목적어는 사람일지라도 문장의 주어로 위치가 가능하다.

(5) 진주어에 that절이 위치할 수 없다.

14-36

- It is not easy ~~that~~ I meet my boss. (×)
- It is convenient ~~that~~ I go with my brother. (×)

대구대 2001

▶ 문장의 형태상 주어 it이 가주어이며, that절 이하가 진주어처럼 보이는데, 이 난이형용사 구문들은 that절을 진주어로 취할 수 없다.

2. 인성(人性)형용사 구문 → it is＋인성형용사＋(of 목적격)＋to부정사

(1) 종류

14-37

사람의 성격	clever, considerate, wise, kind, good, nice, wrong, stupid, foolish(멍청한), cruel(잔인한) ★ 10-34~36 참조

(2) 가주어 it을 이용한 'it is ＋ 인성형용사 ＋ to부정사' 형태를 취한다.

14-38

- **It** is **kind** not **to play** the violin while your baby is sleeping.

  가주어   진주어

  아기가 잠자는 동안에는 바이올린을 연주하지 않는 것이 사려 깊은 행동이다.

(3) to부정사의 의미상의 주어는 'of 목적격(또는 일반명사)'를 취한다.

14-39

- **It** is **kind of you** not **to play** the violin while your baby is sleeping.

  It is kind ~~for~~ you not to play the violin while your baby is sleeping. (×)

세종대 2007

> to부정사의 의미상의 주어를 별도로 위치시킬 경우 for 목적격(for you)을 취하는 것이 원칙이지만, 이에 대한 예외로서 인성형용사의 진주어인 to부정사의 의미상의 주어는 'of + 목적격'을 취한다.

(4) to부정사의 의미상의 주어를 문장의 주어로 둘 수 있다.

14-40

- **You are kind** not to play the piano while your baby is sleeping.

> 인성형용사는 결국 to부정사의 행위를 가한 의미상의 주어에 대한 설명이므로 부정사의 의미상의 주어가 문장의 주어로 위치할 수 있는 것이다.

(5) 진주어에 that절이 위치할 수 없다.

- ~~It is kind that~~ you don't play the piano. (×)

  > 인성형용사는 사람의 성질을 말하는 것이지, 현상이나 상황에 대한 설명을 하는 것이 아니므로 that절이라는 구체적인 상황적
  > 내용을 인성형용사가 수식할 수는 없다.

3. 판단형용사 구문 → It is＋판단형용사＋(for 목적격)＋to부정사

(1) 종류

이성적 판단의 형용사	necessary, urgent 다급한 required, important(=of importance), essential, imperative, vital, right 적합한 natural 당연한 obligatory 의무적인 advisable 바람직한

(2) 가주어 it을 이용한 'it is＋판단형용사＋to부정사 또는 that절' 형태를 취한다.

- <u>It</u> is **necessary** for him **to go** there. 그는 가야만 한다.
  가주어 / 진주어

- <u>It</u> is **necessary that** he **should** go there. 그가 그곳에 가야하는 것은 필수적이다.
  가주어 / 진주어

(3) to부정사의 의미상의 주어를 문장의 주어로 취할 수 없다.

- He is necessary to go. (×)

  ▷ 판단형용사 구문의 경우 진주어인 to부정사구의 의미상의 주어가 문장의 주어로 올 수 없다.

(4) 진주어에 that절이 올 수 있으며, that절에는 'should＋동사원형' 또는 '동사원형'이 온다. ★ 13-09 참조

- It is **necessary that** he **should go** there.
- It is **necessary that** he **go** there.
  It is necessary that he ~~goes~~ there. (×)

  ▷ that절 안의 조동사 should가 생략된 형태이므로 동사원형 go가 와야 하고 goes가 오면 틀린다.

4. high/low를 수식어나 보어로 취하는 명사

다음 명사들은 높고 낮음을 계량하는 수치적 개념을 그 자체에 담고 있으므로 그 정도를 설명할 때 대부분 much, little, expensive와 같은 형용사를 쓰지 않고 high 또는 low를 사용한다.

---
① cost 비용   price 가격   speed 속도   temperature 온도   level 높이, 고도   standard 표준   rate 비율
② pay 보수   income 수입   demand 수요

- Because of their **high price, demand** for these cars is **low.**
  Because of their ~~much~~ price, demand for these cars is ~~little~~. (×)
  가격이 비싸기 때문에 이 차들의 수요는 낮다.

- **The price** of this car is very **high.** 이 자동차의 가격은 매우 비싸다.
  The price of this car is very ~~expensive~~. (×)

  ▷ price와 demand라는 명사에는 이미 수치 개념이 포함되어 있으므로 much, little 대신 high, low를 쓴다.

5. large, small을 사용하여 '수 · 양'을 표시하는 명사

14-47
경원대 2006
광운대 2005

아래 명사들은 그 수와 양을 설명할 때 대부분 many와 much 대신 large와 small을 사용한다.

---

① family 가족   attendance 참석자   population 인구   amount 양   number 숫자
② sale 판매   income 수입   salary 급료   change 잔돈   sum 총액   profit 이익   expense 비용

- My **family** is **large**. 내 가족은 대가족이다.
  My family is ~~much~~. (×)

- How **large** is your **salary**? 너는 봉급이 얼마나 되니?
  How ~~much~~ is your salary? (×)

  ▶ family 같은 집합적 의미의 명사 또는 salary 같은 막연한 수량 명사의 경우에는 many나 much 대신 large와 small을 사용한다.

예제

Unlike Aristotle who is believed ① to have known everything ② there was to know at the time he lived, ③ we are impossible to deal with the voluminous amounts of information ④ which are produced daily.

해석 그가 살던 시대에 알아야 할 모든 것을 알고 있었다고 생각되는 Aristotle과는 달리, 우리는 매일 생산되는 엄청난 양의 정보를 다루기가 불가능하다.

해설 we are impossible → it is impossible (for us)
impossible 형용사는 사람 주어를 취하지 못하는 형용사이므로, 가주어 it을 먼저 위치시킨 후, to부정사의 의미상의 주어를 to부정사 바로 앞에 둔다. 이 경우 일반인이 의미상의 주어인 경우에는 생략할 수 있다.

정답 ③

---

8 유사형태 형용사 (접미어에 따라 뜻이 다른 형용사)

14-48
명지대 2007
한양대 2007
서경대 2007
경기대 2005
홍익대 2005
아주대 2005
경기대 2004
성균관대 2002
경기대 2000

classic 최고의, 표준적인	classical 고전적인
comprehensible 이해할 수 있는	comprehensive 포괄적인
considerable 상당한	considerate 신중한, 사려 깊은
contemptible 경멸할 만한	contemptuous 멸시하는
credible 믿을 수 있는 creditable 칭찬받을 만한	credulous 잘 속는
economic 경제의 economics 경제학; 경제	economical 절약하는, 경제적인
general 일반적인; 장군	generous 관대한
healthy 건강한, 건전한	healthful 건강에 좋은
historic 역사적인, 역사적 의미를 갖는	historical 역사에 관한
imaginable 상상할 수 있는 imaginative 상상력이 풍부한	imaginary 상상에 의한
industrial 산업의	industrious 근면한

ingenuous 순진한	ingenious 재주가 있는, 정교한
intelligible 이해할 수 있는 intellectual 지적인	intelligent 현명한
literary 문학의 literate 글을 읽고 쓸 줄 아는	literal 글자의, 문자의 illiterate 문맹의
momentary 순간적인	momentous 중대한
primary 최우선의	primitive 원시의
regretful 후회하는	regrettable 유감스러운
respectable 존경할 만한, 훌륭한 respective 각자의	respectful 공손한 respected 존경을 받는 respecting ~에 관하여(=concerning)
sensible 현명한 sensual 관능적인	sensitive 민감한 sensuous 감각적인
successful 성공적인	successive 연속적인, 잇따른
variable 변덕스러운, 변하기 쉬운 variant 다른, 상이한	various 다양한

· He was always kind and **considerate**.

  He was always kind and ~~considerable~~. (×)
  그는 언제나 친절하고 신중했다.

· We all went back to our **respective** homes to wait for news.

  We all went back to our ~~respectable~~ homes to wait for news. (×)
  우리 모두는 소식을 기다리기 위해 각자의 집으로 돌아갔다.

예제

It was very _____ of you to give a welcoming speech to the delegates.
① considerate   ② considering
③ considered   ④ considerable

해석 대표들에게 환영 인사를 해주다니 굉장히 사려가 깊군요.

해설 to부정사의 의미상의 주어를 'for 명사'가 아닌 'of 명사'로 쓴 것을 보아 사람의 성격을 가리키는 인성형용사 considerate(사려 깊은)으로 쉽게 유추가 가능하다.

정답 ①

9 형용사 + 전치사 구문

국민대 2014
한양대 2009
한국외대 2009
아주대 2007
고려대 2004
경기대 2003

be + 형용사 + about	anxious, concerned, worried ~을 걱정하다 enthusiastic ~에 열광하다
	I **was concerned about** her health. 나는 그녀의 건강에 대해 걱정했다.
be + 형용사 + at	amazed, astonished ~에 놀라다 good, clever ~에 능숙하다 bad, poor ~에 서투르다
	He **is good at(=in)** several foreign languages. 그는 몇몇 외국어에 능통하다. He **is bad at** English. 그는 영어에 서투르다.
be + 형용사 + for	good ~에 유익하다. 적합하다 bad ~에 해롭다 famous, noted ~로 유명하다 infamous ~로 악명 높다
	What kinds of books do you think **are good for** me? 어떤 책이 나에게 유익할까요? Too much coffee **is bad for** your health. 너무 많은 커피는 당신의 건강에 해롭다.
be + 형용사 + in	assiduous ~에 근면하다 interested ~에 흥미가 있다 instrumental ~에 중요하다 versed ~에 조예가 깊다 buried ~에 몰두하다(=engaged, engrossed, indulged) lacking 부족한
	Jackson **is engaged in** reading books. Jackson은 독서에 몰두한다.
be + 형용사 + of	aware, conscious ~을 알다 confident, convinced ~을 확신하다 ignorant ~에 무지하다 independent ~에서 독립하다 possessed ~에 홀리다
	We need a central bank that **is independent of** the government. 우리는 정부에서 독립된 중앙은행이 필요하다.
be + 형용사 + (up)on	based ~을 기반으로 하다 bent ~에 힘을 쏟다 dependent ~에 의존하다 incumbent ~을 해야 한다 keen ~에 열중하다 contingent ~에 달려 있다
	Norway's economy **is** heavily **dependent on** natural resources. 노르웨이의 경제는 천연자원에 매우 의존한다.
be + 형용사 + to	accustomed ~에 익숙하다 equal ~과 같다 opposite ~의 반대다 similar ~과 유사하다 subject ~에 취약하다(=susceptible, vulnerable)
	Smokers **are** more **subject to** heart attacks than non-smokers. 흡연자들은 비흡연자들보다 심장마비에 더 취약하다.
be + 형용사 + with	commensurate ~에 상응하다 concerned ~와 관련되다 content ~에 만족하다 familiar ~에 익숙하다 preoccupied ~에 몰두하다(=obsessed, occupied)

1 형용사의 종류 ~ **2** 형용사의 용법

01 Fossils in ① 500-million-old rocks demonstrate that life forms in the Cambrian period ② were mostly marine animals ③ capability of secreting calcium ④ to form shells.

02 Animism is the ① belief that objects and natural ② phenomena such as rivers, rocks, and wind are ③ live and have ④ feelings.

03 ① Alive animals are ② greatly diversified ③ in ④ their sizes and shapes.

04 As she grows older, Liza Minelli looks more and more _____ her mother, Judy Garland.
① not alike   ② alike
③ like   ④ likely

05 ① Would you ② care for ③ hot something? We have ④ coffee and tea.

06 ① Most people know ② that it is like ③ to have their blood pressure taken, but few ④ understand the meaning of the numbers ⑤ used to record blood pressure.

01 ③ 해석 5억년이 된 바위에 있는 화석들을 통해 캄브리아기의 생명체들은 대체적으로 껍질을 형성하기 위해 칼슘을 숨기는 능력을 가졌던 해양 동물들이었다고 밝혀졌다.

해설 capability of → capable of
앞의 명사 animals를 후치 수식해서 설명하는 capable이란 형용사 형태가 옳다.

02 ③ 해석 정령 신앙은 사물과 강, 바위, 바람과 같은 자연 현상들이 살아 있으며 느낌을 가진다는 믿음을 말한다.

해설 live → alive
be 동사의 보어로서 서술 용법이 가능한 형용사 alive가 옳다.

어휘 animism 정령 신앙

03 ① 해석 현존하는 동물들은 크기와 형체 면에서 매우 다양하다.

해설 Alive → Living
alive는 2형식 동사 또는 5형식 동사의 보어로서 서술적 용법만 가능하다. 즉, alive는 명사 앞에서 수식할 수 없으므로 living이 옳다.

04 ③ 해석 Liza Minelli가 나이를 먹음에 따라, 그녀의 어머니인 Judy Garland를 보다 더 닮아 보인다.

해설 like는 명사를 목적어로 취하여 전치사구를 만드는데 look 동사의 보어로 형용사 기능도 하게 된다.

어휘 look like ~와 모양이 비슷하다. ~할 것 같다. ~처럼 보이다. 닮다

05 ③ 해석 따뜻한 거 드시겠어요? 커피와 차가 있어요.

해설 hot something → something hot
'~thing'으로 끝나는 명사는 형용사가 뒤에서 수식한다.

어휘 would you care for ~하시겠어요?

06 ② 해석 대부분의 사람들은 혈압을 재는 것이 어떤 것인지를 알고 있지만 혈압을 기록하는데 사용되는 숫자의 의미를 이해하는 사람은 거의 없다.

해설 that → what
전치사 like의 목적어를 선행사로 취할 수 있는 의문사는 that이 아니라 what이어야 한다.

07 다음 중 어법상 옳은 문장을 고르시오.

① This sweater is woolen.

② I met a drunk men on the way.

③ At the seashore the air felt cold, even though the sun was shining brightly.

④ His dog was found died on the street.

⑤ There are very many people in the market.

08 다음 중 우리말 영작이 틀린 것을 고르시오.

① 현재의 시장이 전 시장을 위해서 송별연을 베풀었다.

→ The present mayor held a farewell party in honor of the ex-mayor.

② 그것이 이상하게 들릴는지 모르지만, 그것은 정말 사실이다.

→ Strange as it may sound, it is quite true.

③ 괜찮으시다면, 오늘 오후 5시에 저의 집에 들러 주십시오.

→ Please drop in at my house at five this afternoon if it is convenient to you.

④ 현재의 위원들은 모두 나이가 많다.

→ The members who are present are all very old.

3 형용사의 어순 ~ 4 한정사

09 A: Do you like the Japanese food served in American restaurants?
   B: It's not bad but I prefer _____.

① Japanese food authentically ② Japanese authentic food

③ food Japanese authentic ④ authentic Japanese food

⑤ authentically Japanese food

10 A: Which shoes belong to his father?
   B: The _____.

① blue large five shoes ② five blue large shoes

③ five large blue shoes ④ large five blue shoes

11 The craftsman labored on despite _____.

① his body fatigued and low spirit

② his body fatigue and spirit low

③ his fatigued body and spirit low

④ his fatigued body and low spirit

07 ③   해설 ① is woolen → is made of wool
             woolen은 서술적 용법으로 쓰일 수 없다.
          ② drunk → drunken
             drunk는 서술적 용법으로만 쓰이며, drunken은 한정적 용법으로만 쓰인다.
          ④ died → dead
             was found의 보어가 필요하므로 형용사 dead가 옳다.
          ⑤ very → a great 또는 a good
             many를 very가 수식할 수 없으며 a great 또는 a good이 수식한다.

08 ④   해설 The members who are present → The present members
          present가 서술적 용법으로 쓰이면 '참석한', 명사 앞에서 한정적 용법으로 쓰이면 '현재의'라는 뜻을
          가진다.

09 ④   해석 A: 미국 식당의 일본 요리 좋아하니?
             B: 나쁘지는 않아. 하지만 나는 정통 일본 음식을 좋아해.
          해설 형용사의 어순은 '일반형용사(authentic) + 국적·소속(Japanese)'이 옳다.

10 ③   해석 A: 어떤 신발이 그의 아버지 거야?
             B: 다섯 켤레의 큰 파란 신발이야.
          해설 형용사의 어순은 '기수(five) + 대소(large) + 색상(blue)' 어순을 취한다.

11 ④   해석 그 기술자는 몸이 지쳤고 기운이 없었음에도 불구하고 일했다.
          해설 전치사 despite의 목적어로 명사가 와야 한다. body and spirit이라는 '명사 + 명사'로 병치되었고, 그
             명사를 형용사인 fatigued와 low가 각각 수식하는 형태이다.

12   A: I guess Jones didn't have a chance to win the election.

B: He certainly didn't. _____ the people in the city voted for his opponent.

① Almost all   ② Most all of

③ Most of all   ④ Almost the whole of

13   A: What's the matter with you? You seem restless.

B: I was compelled to pay _____ price for it.

① double of the   ② double the

③ double of   ④ double

14   A: Betty is naughty. It wouldn't be easy to take care of her at the party.

B: Remember. Betty is going to be accompanied by _____ girls.

① three other little   ② other three little

③ other little three   ④ three little other

⑤ little other three

5 수량형용사

15   That class ① has had ② little opportunities ③ for education ④ or advancement.

16   ① Through the years, scientists ② have developed smaller but ③ increasingly more powerful batteries for the growing number of portable electrical ④ device.

17   Choose the sentence which is NOT grammatically correct.

① They each spent one million dollars on the election.

② Fred and Jim have both won a prize.

③ All the students in my school are studying English.

④ A great deal of books on that shelf are written in English.

⑤ Many of the students in our class are very smart.

12 ① 해석 A: 나는 Jones가 선거에 당선될 가능성이 없다고 생각해.
         B: 그는 분명히 가망이 없었어. 시의 거의 모든 사람들이 그의 상대편에게 투표를 했어.
      해설 한정사 the를 전치한정사 all이 수식하고 이 all은 부사 almost가 수식하는 형태가 옳다. almost all the people은 almost all of the people로 바꿀 수 있다.

13 ② 해석 A: 무슨 일 있어? 불안해 보여.
         B: 어쩔 수 없이 그 가격의 두 배를 지불했어.
      해설 배수를 표시하는 double, twice, three times 등은 배수사로서 다음에 'of + 명사' 형태로 연결할 수 없고 한정사인 the 앞에 위치하게 된다.

14 ① 해석 A: Betty는 장난꾸러기야. 파티에서 그녀를 돌보기가 쉽지 않을 거야.
         B: 기억해둬. Betty는 세 명의 다른 여자아이들과 함께 있을 거야.
      해설 other는 한정사이지만 수사 뒤에 위치하며, little과 같은 일반형용사 앞에 위치한다.
      어휘 naughty 버릇없는, 개구쟁이의

15 ② 해석 저 반은 교육이나 발전의 기회를 갖고 있지 못했다.
      해설 little → few
         a little 또는 little은 불가산명사를 수식하므로 복수가산명사(opportunities)를 수식할 수 있는 few가 옳다.

16 ④ 해석 여러 해를 거쳐서 과학자들은 늘어나는 휴대용 전자장비에 필요한 작지만 점차적으로 보다 더 강력해진 건전지들을 만들어왔다.
      해설 device → devices
         the number of 이하에는 복수가산명사가 위치해야 하므로 복수 형태의 명사가 옳다.

17 ④ 해설 deal → number
         a great deal of는 불가산명사(information 등)를 수식하며 a (great/ good) number of는 복수명사(books)를 수식한다.

18　He insists that it is ① I who am mistaken about the ② effect of the order on those who have ③ less responsibilities than ④ I.

19　Blood transfusions from one individual to ① another ② serve ③ to supply ④ various element that the recipient ⑤ lacks.

20　Florida's population is growing faster than that of all _____ other states.
　　① but a few　　　　　　　　　② but few
　　③ except little　　　　　　　④ except for few

21　She was so beautiful that there were _____ who did not turn to look at her as she passed.
　　① not a few　　　　　　　　　② few
　　③ a little　　　　　　　　　　④ little

22　다음 중 문법적으로 옳은 문장을 고르시오.
　　① Much of the ships were wrecked off the coast.
　　② John doesn't like book.
　　③ Many of the mud were sold to China.
　　④ There was little wine left in the bottle.
　　⑤ John bought several furniture.

23　Select the one which is NOT grammatically correct.
　　① Allow me to say a little words on behalf of the association.
　　② Sue spends a lot of money on clothes.
　　③ I have a few friends and we meet quite often.
　　④ Facing the south, my house gets a great deal of sunshine.
　　⑤ We must be quick. We've only got a little time.

24　문법적으로 옳지 못한 문장을 고르시오.
　　① Most of Koreans work on Saturdays.
　　② She is very careful of her health.
　　③ Who presided at the last meeting?
　　④ I have written the letter in ink.

18 ③   해석   그는 나보다 책임이 덜한 사람들에게 내린 명령의 영향에 대해 내가 잘못 생각하고 있다고 주장한다.

       해설   less → fewer

            less는 little이란 부정양형용사의 비교급 형태이므로 복수가산명사를 수식할 수 있는 few의 비교급 형태

            가 옳다.

19 ④   해석   한 사람에게서 다른 사람에게로의 수혈은 수혈을 받는 사람이 갖고 있지 못한 여러 가지 요소들을 공급하는 역할을 한다.

       해설   various element → various elements

            various는 복수가산명사를 수식하는 부정수형용사이다. 따라서 복수가산명사가 옳다.

       어휘   transfusion 수혈   recipient 수령자

20 ①   해석   Florida의 인구는 다른 몇몇 주들을 제외한 나머지 주의 인구보다 더 빨리 증가하고 있다.

       해설   all but은 명사를 수식할 경우 '~을 제외하고서 모두'라는 뜻을 가지며 내용상 부정어 few보다는 '몇몇

            의'라는 뜻을 가진 a few가 옳다.

21 ②   해석   그녀는 너무 아름다워서 그녀가 지나갈 때 그녀를 보기 위해서 돌아보지 않는 사람이 거의 없었다.

       해설   not a few는 '적지 않은, 상당수의'라는 뜻으로 복수 취급을 하며, few는 '거의 없는'이라는 뜻으로 역시

            복수 취급을 한다. 문맥상 후자가 옳다.

22 ④   해설   ① Much → Many

            much는 불가산명사를 수식하는 형용사 또는 대명사 기능을 하므로 복수가산명사 ships를 설명하기

            위해서는 many가 옳다.

            ② book → a book

            book은 가산명사이므로 부정관사가 필요하다.

            ③ Many → Much

            mud는 불가산명사이므로 부정대명사 much가 연결되어야 한다.

            ⑤ several → some

            furniture는 불가산명사 취급을 받으므로 복수가산명사를 수식하는 several은 틀리다. 가산명사와

            불가산명사를 모두 수식하는 some이 옳다.

23 ①   해설   a little → a few

            a little은 부정양형용사로서 불가산명사를 수식한다. 따라서 복수가산명사를 수식하는 a few가 옳다.

24 ①   해설   Most of → Most of the

            most가 대명사 기능으로서 전치사 of와 결합할 경우 of 이하만큼은 the, this, these, my 또는 인칭대

            명사의 목적격이 위치해야 한다.

6 수사

25 I can read a _____ book in a day.
    ① five hundred page   ② five hundreds page
    ③ five hundred pages   ④ five hundreds pages

26 This study book is written ① from the view points of two authors ② who have
    taught online ③ themselves and ④ have trained ⑤ hundred of other faculty to
    teach online.

27 The United Nations ① is accusing the militia ② of blocking emergency food
    supplies to ③ tens of ④ thousand of people in the suburban area.

28 Beavers have been known to use logs, branches, rocks, and mud to build dams
    that are more than a thousand _____.
    ① foot in length   ② feet long
    ③ long feet   ④ lengthy feet

29 The sun seems to ① have been formed ② when the universe was ③ already ten
    billion ④ years.

30 All the details are explained in _____.
    ① sixth chapter   ② chapter the six
    ③ six chapter   ④ chapter six

25 ① 해석 나는 하루에 500페이지가 되는 책을 읽을 수 있다.

해설 수 단위(hundred) 앞에 기수(five)가 결합되어 구체적인 수를 가리킬 경우 그 수 단위는 단수 형태를 취한다.

26 ⑤ 해석 그 학습서는 자신들이 온라인으로 공부하고 수백 명의 다른 선생님들에게 온라인으로 가르치도록 양성해온 두 작가의 관점에서 쓰였다.

해설 hundred → hundreds
'수십 명의' 또는 '수백 명의'와 같이 막연한 범위를 가리킬 경우 tens of, hundreds of, millions of 등과 같이 수 단위는 복수형을 취한다.

27 ④ 해석 국제연합은 교외지역에 있는 수만 명에게 줄 비상 식료품을 차단했다는 이유로 의용군을 비난하고 있다.

해설 thousand of → thousands of
막연한 범위를 가리킬 경우 tens of, hundreds of, millions of 등과 같이 수 단위는 복수형을 취한다.

어휘 **militia** 의용군

28 ② 해석 길이가 천 피트가 넘는 둑을 만들기 위해서 비버들은 통나무, 가지, 바위와 진흙을 이용한다.

해설 '기수사(a thousand) + 단위명사(foot)' 형태가 명사를 수식하지 않으면서 old, deep, high, long, wide와 같은 척도의 형용사 앞에 위치할 경우 단위명사는 복수 형태를 취한다. long은 길이 측정을 나타낼 때 단위명사 뒤에 위치한다.

29 ④ 해석 태양은 우주가 이미 100억 살이 되었을 때 형성되었던 것처럼 보인다.

해설 years → years old
나이를 서술적 용법으로 표현할 때에는 'be 동사 + 수사 + 단위명사 + 형용사(old)'로 쓰이므로 old가 추가되어야 한다.

30 ④ 해석 모든 세부사항은 6장에서 설명된다.

해설 서수사로 명사를 수식할 경우 'the + 서수 + 명사' 형태 또는 '무관사 명사 + 기수' 형태로 나타낼 수 있다. 즉, the sixth chapter 또는 chapter six가 옳다.

31 On arrival at the airport, all passengers should proceed to _____ to pick
   up their new boarding passes.
   ① gate eight   ② gate the eighth
   ③ the eighth gate   ④ gate the eight
   ⑤ eight of the gate

32 다음 중 어법상 틀린 것을 고르시오.
   ① I met a 60-year-old American businessman yesterday.
   ② These last few days have been quite rainy.
   ③ It is impossible for you to beat me in tennis.
   ④ There is a four-lanes highway between the two cities.
   ⑤ She is older than he.

33 다음 중 어법상 올바른 것을 고르시오.
   ① This room is about 10 foot wide.
   ② Children have been kept indoor all winter.
   ③ A drowning man will catch at a straw.
   ④ Are there much money in your pocket?
   ⑤ New York City is facing at a financial crisis.

7 중요 형용사 구문

34 A: What's he like?
   B: He's carefree. _____.
   ① He is easy to work   ② He is easy to work with
   ③ He finds easy to work with   ④ He finds it easy to work under

35 다음 중 어법상 올바른 것을 고르시오.
   ① I will be convenient next Sunday.
   ② I am pleasant at the news.
   ③ He is hard to please.
   ④ She is impossible to solve the problem.
   ⑤ Your both hands are dirty.

31 ①

해석 공항에 도착하는 즉시 모든 승객들은 새 탑승권을 얻기 위해서 **8번** 출구로 가야만 한다.

해설 서수사가 명사를 수식할 경우 순서와 상관없는 명사 gate, room, track, flight는 '무관사 명사 + 기수'의 형태만 가능하다.

32 ④

해설 four-lanes → four-lane
four-lane이 뒤의 highway라는 명사를 수식하므로 복수 형태는 틀리다.

33 ③

해설 ① 10 foot → 10 feet
기수와 측정단위명사가 결합하여 특정명사를 수식하지 않으므로 복수가 옳다.

② indoor → indoors
indoor는 형용사이며 indoors는 부사이므로 이 문장에서는 부사가 필요하다. keep A indoors는 'A를 집안에 머물게 하다'라는 뜻이며 수동태가 된 문장이다.

④ Are → Is
money가 주어이므로 단수가 옳다.

⑤ is facing at → is facing 또는 is faced with
face는 타동사로서 '~에 마주치다'라는 표현은 'face + 명사' 또는 'be faced with + 명사' 형태를 취한다.

34 ②

해석 A: 그는 어떤 사람이니?
B: 태평한 사람이야. 함께 일하기 편한 사람이지.

해설 난이형용사 구문은 사람을 주어로 취할 수 없지만 to부정사의 목적어가 사람일 경우 목적어를 문장의 주어로 위치시키고 to부정사의 목적어가 비어 있다면 옳은 문장이 된다.

35 ③

해설 ① 문장 전체 → It will be convenient to(=for) me next Sunday.
convenient는 사람을 수식할 수 없으며 사람에게 '편하다'라는 표현을 쓸 경우, Is Friday convenient for you?와 같이 for나 to 이하에 사람을 둔다.

② pleasant → pleased
pleasant는 사람을 수식할 경우 '친근한, 호감이 가는'의 의미를 가진다. 이 문장에서는 문맥상 적합하지 못하므로 '기쁜'의 뜻을 가진 pleased가 옳다.

③ 원래 문장은 It is hard to please him.이었으며 to부정사의 목적어가 전체 문장의 주어로 위치한 것이다.

④ 문장 전체 → It is impossible for her to solve the problem.
impossible은 사람을 주어로 수식할 수 없음이 원칙이다.

⑤ Your both → Both your
both는 전치한정사이므로 소유격인 한정사 your보다 먼저 와야 한다.

36   다음 중 어법상 옳은 것은?

  ① What do you say to go out for a stroll?

  ② He objected to treating like that.

  ③ Give this magazine to whomever wants to read it.

  ④ He is pleasant to play with.

8 유사형태 형용사(접미어에 따라 뜻이 다른 형용사)

37   Insects and animals are nearly always busy; preparing for winter, getting ready for spring, cleaning their neats, feeding their young and doing the things that animals and insects do. They are a hundred percent alive and ___(A)___. They also appear to be particularly content. We can learn from animals. To be happy we need to be ___(B)___. When we let things slide, it costs us. Things don't improve where we neglect them.

(A)	(B)
① involved	industrial
② evolved	industrial
③ involved	industrious
④ evolved	industrious

38   다음 중 우리말을 영어로 잘못 옮긴 것은?

  ① 그는 머리가 둔하기보다는 교육을 받지 못했다.

    → He is not so much unintelligent as uneducated.

  ② 그가 배우기에 너무 늙은 것은 아니다.

    → He is not too old to learn.

  ③ 지금쯤 잠자리에 들었어야 할 시간이다.

    → It is time you went to bed.

  ④ 그는 우리에게 했던 무례한 행동을 후회하고 있다.

    → He is regrettable for his rude behavior to us.

39   It is ① considerable of you not ② to play ③ the piano ④ while your mother had a bad headache.

36 ④

해설 ① go → going

what do you say to ~ing?(~하는 게 어때?) 구문으로서 동명사가 옳다.

② to treating → to being treated

의미상의 주어 'he'와 '다루다'의 관계는 수동이므로 수동형 동명사가 옳다.

③ whomever → whoever

복합관계사의 격은 관계사절 내부에서 파악해야 하는데 이하에 주어가 없으므로 주격이 옳다.

④ 난이형용사 구문에서 pleasant는 사람을 주어로 취할 수 없는 형용사이지만 to부정사의 목적어가 사람일 경우 그 사람 목적어를 문장의 주어로 위치시킬 수 있다.

It is pleasant (for us) to play with him.

= He is pleasant (for us) to play with.

~~We~~ are pleasant to play with him. (X)

37 ③

해석 곤충과 동물은 겨울 준비, 봄 준비, 둥지 청소, 새끼에게 먹이를 주는 것 같은 일상적인 일들 때문에 거의 언제나 바쁘다. 그들은 완전히 살아 있으며 열중한다. 또한 특히나 만족스러운 것 같다. 우리는 동물을 통해 배울 수 있다. 행복해지기 위해 부지런할 필요가 있다는 것을. 우리가 소홀히 일을 할 때 희생을 치르게 된다. 우리가 게을리 하는 것에는 상황이 좋아지지 않는다.

해설 (A) involved

빈칸 이하에서 우리가 곤충에게 배울 게 많으며 매사에 소홀히 하면 발전할 수 없다고 했으므로, (A)에는 부지런함과 열중에 대한 표현이 옳다. involved는 '몰두하는, 열중하는'이란 뜻이 있다.

(B) industrious

industrial은 '산업의', industrious는 '근면한'이란 뜻이므로 문맥상 후자가 옳다.

38 ④

해설 regrettable → regretful

regrettable은 '유감스러운(사람 주어를 취할 수 없음)'이라는 뜻이며 regretful은 '후회하는'이란 뜻이다. 문맥상 후자가 옳다.

39 ①

해석 어머니가 심한 두통을 앓고 계신 동안 피아노를 치지 않은 것은 사려 깊은 행동이다.

해설 considerable → considerate

considerable은 '상당한'이란 뜻으로서 문맥과 맞지 않는다. 따라서 considerate(사려 깊은)라는 사람의 성격을 나타내는 인성형용사가 옳다.

40 I was nearly stony-broke then; I had to keep body and soul together somehow
    with the greatest difficulty _____.
    ① imaginative   ② imagining
    ③ imaginable   ④ imaginary
    ⑤ imagery

41 ① Aside from the usual political ② maneuvering, the campaign ③ is almost certain
    to coincide with serious ④ economical problems.

42 John usually eats a ① quick lunch, ② ignoring the question ③ whether ④ what he
    eats is ⑤ healthy or not.

43 Teachers are greatly ① respectful, and although their salary is ② not good, ③ the
    job is much ④ sought after by top college graduates.

446

40 ③

해석 그때 나는 거의 빈털터리였다. 나는 상상할 수 있는 가장 큰 어려움 속에서도 어떻게든 살아나갈 수밖에 없었다.

해설 imaginative는 '상상력이 풍부한', imaginable은 '상상할 수 있는', imaginary는 '상상의, 가상의'란 뜻의 구별이 필요하다.

어휘 **stony-broke** 빈털터리인 **keep body and soul together** 간신히 연명하다

41 ④

해석 통상적인 정치적 책략은 제외하고서라도 그 캠페인은 심각한 경제적 문제점들과 일치함에 거의 틀림이 없다.

해설 economical → economic
economical은 '절약하는'이란 뜻이고, economic은 '경제의'라는 뜻이므로 문맥상 후자가 옳다.

어휘 **maneuver** 책략

42 ⑤

해석 John은 자신이 먹는 것이 건강에 좋은지 아닌지에 대한 문제는 무시한 채 보통 점심을 간단하게 먹는다.

해설 healthy → healthful
healthy는 '(신체가) 건강한'이란 뜻으로 쓰이며, healthful은 '(음식 등이) 건강에 좋은'이란 뜻을 가지는 바 문맥상 후자가 옳다.

43 ①

해석 교사는 상당히 존경을 받으며 비록 그들의 봉급이 많지는 않아도 그 일은 최고 대학 졸업생들이 많이 추구하는 일이다.

해설 respectful → respected
respectful은 '공손한', respected는 '존경을 받는', respectable은 '존경할 만한', respective는 '각자의'란 뜻을 가진다. 문맥상 respected가 옳다.

GRAMMAR
HUNTER

Chapter

15

부사

GRAMMAR
HUNTER

15 부사

15-01

1 부사의 기능

① 동사 수식	You can drive **carefully** all the time. 언제나 운전을 조심스럽게 해야 한다.
② 형용사 수식	This problem was **surprisingly** difficult. 이 문제는 놀라울 정도로 어려웠다.
③ 부사 수식	The patient recovered **very** quickly. 그 환자는 매우 빠르게 회복했다.
④ 구 수식	The door is open **exactly** at 7 a.m. 그 문은 정확히 오전 7시에 연다.
⑤ 문장 전체 수식	**Frankly**, I didn't do anything for her. 솔직히 나는 그녀를 위해서 아무것도 하지 않았다.

2 부사의 형태

1. 일반적인 형태

15-02

국민대 2012
중앙대 2010
숙명여대 2010
서강대 2009
대구대 2009
명지대 2004

① 형용사 + ly	slow 느린 → slowly 느리게 large 큰, 충분한 → largely 크게, 충분히
② 자음 + y로 끝나는 경우 → y를 i로 고친 후 ly를 붙인다.	easy 쉬운 → easily 쉽게 happy 행복한 → happily 행복하게
③ le 또는 ue로 끝나는 경우 → e를 없애고 ly를 붙인다.	whole 전부의 → wholly 전체적으로 true 진실의 → truly 참으로, 진실로
④ ic로 끝나는 경우 → ally를 붙인다.	dramatic 극적인 → dramatically 극적으로

· The program searched important information far more **easily** than anything else.

  The program searched important information far ~~easier~~ than anything else. (×)

  그 프로그램은 그 어느 것보다 더 손쉽게 중요한 정보를 검색했다.

  > search는 3형식 타동사이므로 목적어 뒤에 형용사(목적보어)가 아닌 동사를 수식하는 부사가 옳다. 따라서 easily를 이용한 비교급 more easily가 옳은 것이다.

· The report claimed that the disaster was **wholly** unavoidable.

  The report claimed that the disaster was ~~whole~~ unavoidable. (×)

  그 보고서는 그 재난이 전혀 피할 수 없는 것이었다고 주장했다.

  ▶ 형용사 unavoidable을 수식하므로 부사가 필요하다.

CHECK |

1. 명사 + ly는 부사가 아니라 형용사이다.

lovely 사랑스러운   manly 남자다운   costly 비싼   friendly 친절한   lively 활발한
lonely 고독한   motherly 인자한   brotherly 형제의   cowardly 비겁한   homely 가정적인, 검소한, 못생긴

- He behaves in a **manly** way. 그는 용감하게 행동한다.
  He behaves ~~manly~~. (×)
  ▶ behave는 1형식 완전자동사이므로 형용사 보어가 쓰일 수 없다. 위 문장에서는 manly가 부사인 것처럼 함정을 판 경우이다.

2. 시간명사 + ly는 형용사, 부사로 쓰인다.

hourly 시간마다의; 시시각각   daily 매일의; 매일   weekly 매주의; 주마다   fortnightly 2주일에 한 번의; 2주일마다
monthly 매달의; 매달   yearly 매년의; 매년

2. 형용사와 부사의 형태가 동일한 경우

(1) '-ly' 형태의 부사형 없이 형용사와 부사의 기능을 함께 가지는 경우

early 이른; 일찍	long 긴; 오래	far 먼; 멀리	ill 나쁜; 나쁘게
very 바로 그; 매우	low 낮은; 낮게	fast 빠른; 빨리	straight 곧은; 똑바로
much 많은; 많이	enough 충분한; 충분히	half 반의; 반쯤	well 건강한; 잘; 우물, 근원
still 조용한; 여전히	live 살아 있는; 생중계로		

lowly와 lively는 절대 부사가 아니다. 형용사로서 각각 '비천한', '활기찬'의 뜻을 가진다.

※ 국내 사전은 외국 방언까지 포함시켜서 이 두 개의 단어를 부사로 보기도 하지만 외국 어느 저명 교재에서도 부사로 보지 않는다.

- John is a **fast** mover. John은 빨리 움직이는 사람이다. [mover라는 명사를 꾸미는 형용사]

- John moves **fast**. John은 빨리 움직인다. [moves라는 동사를 꾸미는 부사]
  John moves ~~fastly~~. (×) [fastly라는 부사는 존재하지 않는다]

- The patient will soon get **well**. 그 환자는 곧 건강해 질 것이다. [get이란 불완전자동사의 보어로서 형용사]

- Everything is going **well**. 모든 것이 잘 될 것이다. [동사 is going을 수식하는 부사]

- A lot of the bars have **live** music. 많은 바에서는 생음악을 들려준다. [명사 music을 수식하는 형용사]

- The match will be shown **live** by the BBC. [be shown을 수식하는 부사]
  그 경기는 BBC가 생중계로 방영할 것이다.

(2) '-ly' 형태의 부사가 별개의 의미로 존재하는 경우

15-05

경희대 2009
계명대 2007
경희대 2006
명지대 2005
세종대 2003
전남대 2002

※ 형용사와 부사의 의미를 같이 가지는 기본 단어 외에 -ly 부사 형태가 별개로 존재하고 그 의미 또한 다른 경우이다. 의미의 혼돈에 유의하여야 한다.

① hard 힘든, 열심인; 열심히	hardly 거의 ~않다	⑨ fair 공정한; 공정히	fairly 상당히
② near 가까운; 가까이	nearly 거의	⑩ pretty 예쁜; 매우	prettily 귀엽게
③ late 늦은; 늦게	lately 최근에	⑪ most 대부분의; 가장	mostly 대부분, 주로
④ high 높은; 높게	highly 상당히	⑫ free 자유로운; 공짜로	freely 자유롭게
⑤ deep 깊은; 깊게	deeply 매우	⑬ dead 생명이 없는, 죽은; 완전히	
⑥ right 올바른; 바로	rightly 정당히, 당연히	deadly 치명적인, 치사의; 지독하게	
⑦ close 가까운, 주도면밀한; 가깝게	closely 밀접히	⑭ short 짧은, 불충분한; 갑자기, 무뚝뚝하게	
⑧ just 정당한; 바로, 방금, 막	justly 정당하게	shortly 곧, 이내; 간단히	

- Most of the people found it **hard** to give up smoking. [find의 목적보어인 형용사 hard]
  사람들 대부분이 금연하기가 힘들다는 것을 알았다.

- He **hardly** worked **hard**. [동사 worked를 수식하는 부사 hardly와 hard]
  그는 일을 열심히 하지 않았다.

- Jane was **late** for school. [be 동사의 보어인 형용사 late]
  Jane은 학교에 늦었다.

- Ellen has to work **late** tonight. [동사 work를 수식하는 부사 late]
  Ellen은 오늘 밤 늦게까지 일해야 한다.

- **Lately**, I have had trouble sleeping. [현재완료를 통제하는 부사 lately]
  최근에 나는 잠드는 데 애를 먹었다.

15-06
삼육대 2006

> **CHECK** | 직전과 직후의 right, just, shortly + before/ after
>
> - I saw her **right before** she died.
>   I saw her ~~rightly~~ before she died. (×)
>   그녀가 죽기 직전에 나는 그녀를 보았다.

예제

I can ① <u>hard</u> pick ② <u>up</u> a magazine nowadays ③ <u>without</u> encountering someone's views ④ <u>on</u> our colleges.

해석 내가 요즘 잡지를 집어 들 때마다 우리 대학에 대한 누군가의 의견과 마주치게 된다.

해설 hard → hardly
hardly ~ without ~ing 구문은 '~하면 반드시 ~하다'라는 표현으로서 hard(열심히)라는 부사가 아닌 부정 표현인 hardly가 옳다.

정답 ①

3 주요 부사의 용법과 구분

1. already vs. still vs. yet

① **already**	긍정문	벌써, 이미
	의문문	아니 벌써 (놀라움을 나타냄)
② **still**	긍정문, 의문문	아직도 → be 동사와 조동사 뒤, 일반동사 앞에 위치
	부정문	아직도 → not 앞에 위치
③ **yet**	긍정문	아직도
	부정문	아직도 → not 뒤에 위치
	의문문	이미

(1) already

15-07

- Has she **already** finished it?

  그녀가 벌써 그것을 끝냈다고?

  ▶ already가 의문문에 쓰였을 경우 순수 질문적인 성격이 아니라 놀라움을 나타낸다.

(2) still

15-08

경희대 2008
단국대 2004

- The man **still can't** have a suit.

  The man can't ~~still~~ have a suit. (×)

  그 남자는 아직도 정장이 없다.

- I **still haven't** finished painting the spare room.

  I haven't ~~still~~ finished painting the spare room. (×)

  나는 아직도 남은 방의 페인트칠을 끝내지 못했다.

  ▶ still이라는 부사는 부정어 앞에 위치한다.

(3) yet ★ 05-08~10 비교

15-09

광운대 2012

- I'm amazed that you have **not** told him anything **yet**.

  = I'm amazed that you have **not yet** told him anything.

  I'm amazed that you have ~~yet not~~ told him anything. (×)

  네가 아직도 그에게 아무 말도 하지 않았다는 것에 나는 놀랐다.

  ▶ yet이라는 부사는 부정어 뒤에 위치하거나 문미에 위치하는 것이 일반적이다.

2. too vs. also vs. either vs. neither

긍정 동의	too	주로 '문미'에 위치한다.
	also	'문중'에 위치하여 조동사와 be 동사의 뒤 또는 일반동사 앞에 위치한다.
부정 동의	either	'문미'에 위치한다.
	neither	'문두'에 위치한다. ★ 19-73~76 참조

(1) 긍정 동의

15-10

세종대 2002

- The man **can play** the drum, and I can do it **too**. [문미]

  = and I, **too**, can do it. [문중]

  = and I can **also** do it. [조동사 뒤]

  그 남자는 드럼을 연주할 수 있으며 나도 마찬가지이다.

(2) 부정 동의

15-11

한국외대 2011
경희대 2005
경기대 2003

- The man **can't play** the drum, and I **can't** do it **either**. [문미]

  = and **neither** can I do it. [문두]

  = **nor** can I do it. [nor는 접속사]

  그 남자는 드럼을 연주할 수 없으며 나도 마찬가지이다.

> **CHECK** |
>
> ### 1. neither
>
> (1) 접속사가 아니다.
>   The man can't play the drum, ~~neither~~ can I do it. (×)
> (2) 문두에만 위치한다.
>   The man can't play the drum, and I can do it ~~neither.~~ (×)
> (3) 의문문처럼 도치가 발생한다.
>   The man can't play the drum, and ~~neither I can~~ do it. (×)
>
> ### 2. nor ★ 05-15 참조
>
> (1) 앞 문장이 부정문이어야 한다.
>   The man can play the drum, ~~nor~~ can I do it. (×)
> (2) 의문문처럼 도치가 발생한다.
>   The man can't play the drum, ~~nor I can~~ do it. (×)
> (3) 자체에 부정어를 담고 있으므로 다음에 부정어가 오면 틀린다.
>   The man can't play the drum, ~~nor I can't~~ do it. (×)

3. very vs. much

15-13

광운대 2012
세종대 2008
중앙대 2005
광운대 2001
한성대 2001

(1) 원칙

very	① 형용사와 부사의 원급 수식 (매우) ③ the very 최상급 형태	② 현재분사 수식 (대단히, 매우)
much ★ 14-23 비교	① 형용사와 부사의 비교급 수식 (훨씬) ③ much the 최상급 형태	② 과거분사 수식 (대단히, 매우) ④ 동사 수식

- You will have to be **very careful** next time. [very + 원급]
  당신은 다음에는 매우 신중해야만 한다.

- Here is a **very dazzling** light. [very + 현재분사]
  여기에 매우 눈부신 빛이 있다.

- Peter is **the very tallest** boy in the class. [the very + 최상급]
  Peter는 교실에서 가장 큰 소년이다.

- You will have to be **much more careful** next time. [much + 비교급]
  당신은 다음에는 훨씬 더 신중해야만 한다.

- He is **much addicted** to sleeping pills. [much + 과거분사]
  그는 완전히 수면제 중독이다.

- Peter is **much the tallest** boy in the class. [much the + 최상급]
  Peter는 교실에서 가장 큰 소년이다.

- I **appreciate** your help very **much**. [동사 수식]
  당신의 도움을 정말로 감사히 생각한다.

(2) 예외

1) 과거분사형 형용사는 very로 수식 15-14

과거분사는 원칙상 much로 수식하지만, 감정·심리를 나타내는 'excited, pleased, surprised, tired, boring, bored 등'은 very와 much 둘 다 가능한데 현대 영어에서는 very가 더 일반적이다.

· **I was very tired.** 나는 매우 지쳤다.

· **I was very surprised.** 나는 매우 놀랐다.

> 위의 두 문장 모두 수동태 문형으로 보일지라도 의미상 동작을 당했다기보다 tired와 surprised는 주어의 상태를 설명하는 과거분사형 형용사이므로 very가 어울리는 것이다.

2) 명백한 수동태는 much로 수식 15-15

감정·심리를 가리키는 과거분사일지라도 전치사 by를 동반한 수동태일 경우 much를 사용한다.

· **She was much tired by** work. 그녀는 일 때문에 매우 지쳤다.

3) much too는 원급 형용사·부사를 수식한다. 15-16

숭실대 2008
성균관대 2002
광운대 2001

much는 단독으로는 원급 형용사나 부사를 수식할 수 없지만, too라는 부사와 결합해서는 원급을 수식할 수 있다.

· He was driving **much too fast**. 그는 너무 지나치게 빠르게 운전을 하고 있었다.
  He was driving ~~too much~~ fast. (×)

· The house is **much too big** for one person. 그 집은 한 사람에게는 너무 지나치게 크다.
  The house is ~~too much~~ big for one person. (×)

> 각각 fast와 big이라는 부사와 형용사의 원급을 수식하므로 too much는 틀린 표현이 된다. much가 원급 형용사를 바로 수식할 수 없음을 상기할 것!

15-17

한국외대 2007
고려대 2004
세종대 2000

CHECK | too much

much는 부사와 형용사 기능을 모두 가지므로 too much 등장 시, much의 품사 구별이 중요하다.

1. too (부사)+much (부사) ★ 04-11 참조

· **You worry too much.** 너는 너무 심하게 걱정한다.

▶ 이 경우 too라는 부사가 much라는 부사를 수식하고, much(대단히)가 자동사 worry를 수식하게 된다.

2. too (부사)+much (형용사) ★ 14-23 참조

· **You spend too much money.** 너는 너무나 많은 돈을 쓴다.

▶ 이 경우 too라는 부사가 much라는 형용사를 수식하고, much(많은)가 명사 money를 수식하는 것이다.

---

4. ago vs. before vs. since

(1) ago 15-18

고려대 2004

ago는 과거시제를 통제하는 부사로서 시간표시어구(three months)와 함께 쓰이며 단독으로는 올 수 없다. ★ 02-07 참조

- I saw her **three months ago**. 나는 그녀를 3개월 전에 보았다.
  I ~~have seen~~ her three months ago. (×)
  I saw her ~~ago~~. (×)

15-19
고려대 2008
단국대 2003

(2) before

before는 단독으로 현재완료와 과거시제, 그리고 과거완료에 쓰일 수 있다. 시간표시어구(three months)와 결합할 경우에는 과거완료만 가능할 뿐, 과거시제에는 쓰일 수 없다.

- I **have seen** her **before**. [현재완료]
- I **saw** her **before**. [과거]
- I **had seen** her **before**. [과거완료]
- I **had seen** her **three months before**. [과거완료]
  I ~~saw~~ her three months before. (×)

15-20

> CHECK | before long(조만간) vs. long before(오래전에)
>
> - We shall know the truth **before long**. 머지않아 진상을 알게 될 것입니다.
>
> - I had met her **long before**. 나는 오래전에 그녀를 만났다.

15-21
단국대 2005

(3) since

since는 접속사, 전치사, 부사 기능이 모두 있으며 현재완료 시제만 통제한다. 접속사로 쓰일 경우 부사절 안의 시제는 과거시제이어야 하며, 전치사로 쓰였을 경우 특정시점이 결합해야 한다. 또한 순수 부사 기능도 독자적으로 가지고 있다.

- I **haven't seen** Maggie **since she left**. [접속사]
  Maggie가 떠난 이후로 그녀를 본 적이 없다.

- I **haven't seen** Maggie **since 2006**. [전치사]
  2006년 이래로 Maggie를 본 적이 없다.

- I **haven't seen** Maggie **since**. [부사]
  나는 그 이후로 Maggie를 본 적이 없다.

15-22
국민대 2010
세종대 2009
대구대 2009
경희대 2007
세종대 2005

5. enough

enough가 부사로서 형용사와 부사를 수식할 경우에는 형용사와 부사 뒤에서 수식하며, 형용사로서 명사를 수식할 경우에는 명사 앞에서 수식이 가능하다. 또한 enough는 that절과 결합할 수 없고 to부정사 혹은 for 명사와 결합한다.

- No one would be **foolish enough** to lend him the money. [부사 enough]
  No one would be ~~enough foolish~~ to lend him the money. (×)
  그에게 돈을 빌려줄 만큼 어리석은 이는 없을 것이다.

  ▸ 부사는 형용사 앞에 위치하는 것이 일반적이지만, enough는 부사와 형용사를 수식할 경우 반드시 그 뒤에 위치해야 한다.

- She earned **money enough** to buy a house. [명사 money를 수식하는 형용사 enough]
  = She earned **enough money** to buy a house.
  그녀는 집을 살만큼 충분한 돈을 벌었다.

  ▸ money와 같은 명사를 수식할 경우 enough는 형용사로서 명사 앞 또는 명사 뒤에서 모두 수식이 가능하다.

- There was **so** much smoke **that** they couldn't see across the hallway.

  There was ~~enough~~ much smoke that they couldn't see across the hallway. (×)

  너무나 많은 연기가 있어서 그들은 복도 건너편을 볼 수가 없었다.

  ▶ enough는 that절과 연결되지 못하고 to부정사와 결합하게 된다.

6. 부정부사

15-23
경희대 2013
경기대 2007

부정의 의미를 담고 있는 부사인 'hardly, scarcely, rarely, barely, seldom, neither, by no means'는 같은 절 안에서 다른 부정어인 'no, never, not' 등과 함께 쓰지 못한다.

- I can **hardly** believe anything.

  I can ~~hardly~~ believe nothing. (×)

  나는 아무것도 믿어지지가 않는다.

  ▶ 하나의 단문에 hardly라는 부정부사와 nothing이라는 부정명사가 위치했으므로 틀리다. 이하의 예문도 마찬가지 맥락이다.

- My car had ~~not~~ scarcely broken down. (×)

  내 차는 거의 고장 나지 않았다.

7. 전치사to와 결합이 안 되는 부사

15-24
세종대 2008
경원대 2006

※ 아래 단어는 부사로 쓰인 경우 이미 방향(~으로)의 의미를 내포하고 있으므로 방향의 전치사 'to'와 함께 사용할 수 없다.

home 집으로	abroad(=overseas) 해외로	downstairs 아래층으로	upstairs 위층으로
ahead 앞으로	right 우측으로	left 좌측으로	forward 앞으로, 전방으로
backward 뒤쪽으로	indoors 실내로	outdoors 실외로	there 저 곳으로
here 이곳으로	downtown 시내로		

- She went **home**. 그녀는 집으로 갔다.

  She went ~~to~~ home. (×)

- She went **abroad**. 그녀는 해외로 나갔다.

  She went ~~to~~ abroad. (×)

15-25

> CHECK | 부사로 쓰인 home
>
> home은 명사와 부사로 모두 쓰이지만, 부사일 때 정확한 의미는 '집으로'라는 목적지를 향한 방향성 부사이다. 따라서 목적지를 향한 방향을 의미할 경우 부사로서만 기능을 하게 되며 'to home'이란 형태는 존재하지 않는다.
>
> - I went/ returned/ arrived **home**. 나는 집에 갔다/ 돌아왔다/ 도착했다.
>
>   I went/ returned/ arrived ~~to home~~. (×)
>
>   'go, return, arrive, come, fly, drive' 동사들은 그 의미가 '이동성'을 내포하므로, home은 명사로 쓸 것이 아니라 부사로 쓰여야 한다.

8. most vs. almost vs. a most vs. mostly

① most	'가장'이란 뜻을 가지며 정관사 the와 결합하여 최상급 비교 구문을 이끈다. ★ 16-42 참조 cf. 부사 이외에 '대부분의' 의미의 형용사, '대부분'이란 뜻을 가진 대명사 기능도 가진다. ★ 14-24, 19-83 참조
	The **most** important thing is to stay calm. 차분히 있는 것이 가장 중요하다.
② almost	'거의'라는 뜻을 가진 부사이다.
	Have you **almost** finished? 거의 다 끝나가니?
③ a most	'매우(very)'란 뜻을 가지는 부사이다.
	Sophie is **a most** beautiful woman. Sophie는 매우 아름다운 여자이다.
④ mostly	'주로, 대체로'란 뜻을 가진 부사이다.
	He blamed his parents. **Mostly** he blamed his dad. 그는 부모님을 비난했었는데, 대체로 그의 아버지를 비난했다.

9. even vs. only vs. alone

① **even** 심지어 ~조차도	수식 대상 바로 앞에 위치하며 비교급을 강조하기도 한다.
	Even a child can understand it. 심지어 아이조차도 그것을 이해할 수 있다.
② **only** ~만, 오직, 단지	수식 대상 바로 앞에 위치한다.
	The servant came **only** yesterday. 하인은 겨우 어제 왔을 뿐이다.
③ **alone** 단지, 혼자서	명사를 뒤에서 수식하며 일반부사 기능도 있다.
	She lives **alone**. 그녀는 혼자 산다.

예제

Most foreign students don't like tea, and _____.

① neither don't I

② I do neither

③ either don't I

④ neither do I

해석 대부분의 외국학생들은 차를 좋아하지 않으며, 나 또한 마찬가지이다.

해설 앞 문장에 부정문이 나온 상태에서, neither를 통해 도치를 시켜서 부정 동의를 하는 경우이다. ① neither와 not이 둘 다 부정어이므로 중복 부정이 되며, ② neither가 부정 동의를 할 경우 문두에만 위치해야 한다. ③ either가 부정 동의를 할 경우 부정어 뒤에 위치해야 한다.

정답 ④

◢ 부사 간의 어순

1. 같은 종류의 부사 간 어순

15-28

같은 종류의 부사들이 열거될 경우 작은 범위에서 큰 범위로 이어지는 것이 원칙이다. 즉, 장소부사 간의 경우 '좁은 장소에서 넓은 장소'로 이어지며, 시간부사 간의 경우 '짧은 시간에서 긴 시간'의 부사로 이어진다. 그러나 실제로는 강조하고자 하는 내용을 문미에 쓸 수도 있다.

- Sally met him **at ten, Friday, March 12th, 2008.**
  Sally는 2008년 3월 12일 금요일 10시에 그를 만났다.

- I met him **at a hotel in the city, New York, America.**
  나는 그를 미국 뉴욕 시내에 있는 호텔에서 만났다.

2. 다른 종류의 부사 간 어순

(1) 원칙 : 방법(빈도·양태)부사 + 장소부사 + 시간부사

15-29

서로 다른 성질을 가진 부사 간의 어순은 '방법(빈도·양태)부사 + 장소부사 + 시간부사'로 이루어진다.

- He played the guitar **elegantly** in the hall **yesterday**.
                       방법   장소   시간
  그는 어제 홀에서 우아하게 기타를 연주했다.

(2) 예외

15-30
아주대 2004

문장의 동사가 왕래발착동사인 경우 '장소부사 + 방법(빈도·양태)부사 + 시간부사'의 어순을 취한다.

- She arrived **there safely yesterday**. 그녀는 어제 그곳에 안전히 도착했다.
               장소   방법   시간
  She arrived ~~safely there~~ yesterday. (×)

> go, come, start, leave, arrive, reach, open, end, begin과 같은 왕래발착동사의 경우 부사 간의 어순은 '장소 + 방법 + 시간' 어순을 취하게 되며 이하의 예문도 마찬가지 맥락이다.

- She reached **here very fast last night**. 그녀는 어젯밤 매우 빨리 이곳에 도착했다.
               장소   방법   시간

◤ 부사의 위치

1. 수식 대상의 종류에 따른 부사의 위치

(1) 형용사, 부사, (대)명사를 수식할 경우

15-31

부사는 형용사, 부사, (대)명사를 수식할 경우 이들 앞에 위치하는 것이 원칙이다.

- This is a **very** complicated problem. 이것은 매우 복잡한 문제이다.

- I'd like to thank you **very** much for your advice. 당신의 조언에 매우 감사드린다.

- **Only** he can make my dreams come true. 그만이 내 꿈을 실현시켜 줄 수 있다.

(2) 동사를 수식할 경우

자동사를 수식할 경우 자동사 앞 또는 뒤에 위치하며, 타동사를 수식할 경우 타동사 앞 또는 목적어 뒤 (문미)에 위치한다.

- I smiled **sweetly**. 나는 상냥하게 웃었다.

  = I **sweetly** smiled.

  ▶ smile이라는 자동사를 부사 sweetly가 수식하는 형태로서 자동사 앞·뒤 모두에 위치가 가능하다.

- I **really** appreciate his advice. 그의 조언에 진심으로 감사드린다.

  = I appreciate his advice **really**.

  I appreciate ~~really~~ his advice. (×)

  ┃ appreciate라는 타동사와 his advice라는 목적어가 있으므로 타동사를 수식하는 부사는 타동사 앞 또는 목적어 뒤에 위치해야 한다.

(3) 접속사 혹은 전치사와 직접 연결되는 경우

before, after와 전치사, 접속사들이 시간명사인 four months, thirteen days 등과 결합할 경우 before와 after 앞에 위치하여 before, after 내용을 직접 수식하게 된다. 이 경우 시간명사 앞에는 전치사가 위치하지 않는다.

- I saw her **a few days before** she died. 그녀가 죽기 며칠 전에 나는 그녀를 보았다.

  I saw her ~~in~~ a few days before she died. (×)

  ┃ '그녀가 죽기 전에 나는 그녀를 며칠간 보았다'로 해석하면 틀린다. 이 경우 a few days는 의미적으로 before를 직접 수식하여 '죽기 며칠 전'으로 해야 한다. 이하의 문장도 마찬가지 맥락이다.

- **Ten years after** he bought the painting, Carswell discovered that it was a fake.
  그림을 구입한지 10년이 지나서야, Carswell은 그것이 가짜임을 알았다.

2. 부사의 종류에 따른 부사의 위치

(1) 빈도 · 부정 · 정도부사의 위치

- 빈도부사, 부정부사, 정도부사는 일반동사의 앞, 조동사나 be 동사의 뒤에 위치하며, 조동사와 be 동사의 결합 시 그 사이에 위치하는 것이 원칙이다. 그러나 이 부사들이 실제 강조를 위해서 문미 혹은 문두에 올 수도 있다. 단, always, ever는 불가능하다.
- 부정부사는 강조 시 문두, 조동사 앞에 올 수도 있다.

빈도	always, frequently 종종(=often) usually 보통 ever 이제까지 sometimes 이따금(=occasionally)
부정	never, hardly, scarcely, barely, rarely, seldom
정도	wholly 완전히(=completely, fully) almost 거의(=nearly)

- She **often** works at the weekend. [일반동사 앞]
  그녀는 주말에 종종 일한다.

- It is **often** difficult to translate poetry. [be 동사 뒤]
  시를 번역하는 것은 종종 힘든 일이다.

- You must **always** remember my name. [조동사 뒤]
  당신은 항상 내 이름을 기억해야만 한다.

- If you wash your hair **too often**, it can get too dry. [강조]
  머리를 너무 자주 감으면 머리가 지나치게 건조해질 수 있다.

- You can **never** tell a lie. [조동사 뒤 + 본동사 앞]

  = You **never** can tell a lie. [강조]
    당신을 절대 거짓말을 해서는 안 된다.

(2) 불특정 시점표시 부사의 위치

15-35

불특정 시점표시 부사는 일반동사의 앞 또는 be 동사·조동사의 뒤 또는 문두·문미에 위치하며, 일반동사의 뒤와 be 동사의 앞에 위치하면 틀린다.

불특정 시점표시 부사	recently 최근에 formerly 이전에(=previously) lately 최근에 presently 현재 eventually 결국에 afterwards 나중에 once 예전에

- We **recently** received a letter from him. [일반동사 앞]

  = **Recently**, we received a letter from him. [문두]

  = We received a letter from him **recently**. [문미]
    우리는 그로부터 편지 한 통을 최근에 받았다.

(3) 문장 부사의 위치

15-36

성균관대 2004

문장 부사는 그 위치가 비교적 자유롭다. '-ed'로 끝나는 단어의 어미에 ly가 붙으면 부사가 된다는 정도만 이해하면 족하다.

① 아마	probably, supposedly, presumably
② 틀림없이	certainly, surely, undoubtedly
③ 대개, 일반적으로	generally, mostly
④ 들리는 바에 의하면	reportedly, allegedly
⑤ 기타	apparently 보기에(=seemingly) happily 운 좋게 fortunately 다행히 actually 사실은(=in fact)

- **Certainly** she is aware of the fact. 틀림없이 그녀는 그 사실을 안다.

  = She is **certainly** aware of the fact.

  = She **certainly** is aware of the fact.

예제

The Suwannee River ① has been never ② important for transport and has ③ no significant hydropower ④ potential.

해석 Suwannee 강은 운송 수단으로 전혀 중요하지 않았고 수력 발전의 잠재력 또한 없었다.

해설 has been never → has never been
      never는 본동사의 앞, 조동사의 뒤에 위치하므로 has never been 형태가 옳다.

정답 ①

1 부사의 기능 ～ **2** 부사의 형태

01 The number of students who come _____ has _____ increased.
① late — lately
② lately — late
③ latter — lately
④ latter — late

02 Their discoveries showed that the changes that take place as a language develops and spreads _____.
① regular and consistent
② regularly and consistently
③ regular and are consistent
④ are regular and consistent

03 The population ① of the world has increased ② more significant in modern times than ③ in all other ages of ④ history combined.

04 ① Having spent her childhood ② in Germany, Mary ③ is able to speak German ④ rather good.

05 다음 중 문법적으로 올바른 문장을 고르시오.
① A: How does she behave?
   B: She behaves herself good.
② He drove very fastly to New York, but arrived at the meeting too late.
③ A: Mary works very hard.
   B: But her pay is not good enough.
④ She speaks as clear as you.

06 The female student was ① noticeably ② upset by ③ how indignant her professor ④ responded to her comment.

07 어법상 옳은 것을 고르시오.
① This ship is high praised, but the sea is running highly.
② She is pretty dressed in silks that are prettily expensive.
③ He came lately Sunday night.
④ She went upstairs.

01 ① **해석** 늦게 귀가하는 학생들의 수가 최근에 증가했다.
해설 첫 번째 빈칸: who come은 주어를 수식하는 관계사절로서 '늦게'라는 의미를 가진 late가 옳다. late는 '늦은', '늦게'라는 형용사와 부사 기능을 모두 가진다.
두 번째 빈칸: 주절의 동사 시제가 현재완료이므로 lately가 옳다. lately는 무조건 현재완료시제와 결합한다.

02 ④ **해석** 그들의 발견은 언어가 발달하고 확산될 때 발생하는 변화가 규칙적이고 안정적이라는 사실을 보여줬다.
해설 show 동사의 목적어인 that절 안의 주어는 the changes이며 동사 are와 그 보어인 형용사가 필요하다. that take place는 선행사 changes를 수식하는 관계사절이며, as a language develops and spreads 는 삽입된 부사절이다.

03 ② **해석** 세계 인구는 합쳐진 역사의 모든 시대보다도 근대에 보다 더 상당히 증가했다.
해설 more significant → more significantly
이 문장에서 increase는 자동사로 쓰였으며 이 동사를 수식하기 위해서는 부사 형태가 옳다.

04 ④ **해석** 독일에서 어린 시절을 보낸 Mary는 독일어를 꽤 잘 할 수 있다.
해설 rather good → rather well
speak German이라는 3형식 문형의 부정사구가 성립됐으므로 부사 well이 옳다.

05 ③ **해설** ① good → well
behave oneself는 '처신을 잘하다'라는 뜻으로서 완전한 3형식이 등장했기 때문에 이하에는 부사가 옳다. behave는 본래 자동사이지만 재귀대명사를 목적어로 취하는 예외적인 경우이다.
② fastly → fast
fastly라는 부사는 존재하지 않고 fast 형태만으로, 형용사와 부사 기능을 모두 수행한다.
④ clear → clearly
speak라는 1형식 자동사가 등장했으므로 부사를 통한 원급 비교가 옳다.

06 ③ **해석** 그 여학생은 그녀의 교수가 자신의 질문에 대해서 분개하며 논평을 한 방식에 대해 현저하게 당황했다.
해설 how indignant → how indignantly
how 이하에 완전한 절이 왔으므로 동사 responded를 수식하는 부사가 옳다.
어휘 indignant 분개한

07 ④ **해설** ① high praised → highly praised / running highly → running high
highly(대단히, 매우)와 high(높은, 높이)의 뜻을 구별해야 한다.
② pretty dressed → prettily dressed / prettily expensive → pretty expensive
prettily(귀엽게)와 pretty(예쁜; 매우)의 뜻을 구별해야 한다.
③ lately → late
lately(최근에)는 현재완료 통제부사이므로, '늦게'라는 뜻을 가진 late가 문맥상 옳다.

3 주요 부사의 용법과 구분

08   Until recently, any concern with ① perpetuating the Canadian identity was considered ② fairly absurd since the admired attitude was internationalism and the ③ real only mark of acceptance in every field of endeavor ④ came from the United States.

09   Our records show that _____ 60% of the eligible students chose not to attend the program for financial reasons.
① closely   ② nearly
③ close   ④ near

10   A: There is a very good program on TV at eight tonight.
      B: Maybe we'll get home _____ to see it.
① enough early   ② so early
③ early enough   ④ very early so
⑤ so early enough

11   Larisa Shipman is standing ① in front of a class of Russian teenagers, ② most males, explaining ③ how to cook something ④ few in this country have seen: steak.

12   The scientists ① who are probably ② mostly interested ③ in flights to the moon ④ are geologists.

13   The bus driver was ① not hardly in the mood ② to wait for passengers: he drove off while ③ some passengers were in the store ④ buying souvenirs.

08 ③ 해석 최근까지 캐나다인의 정체성을 영속시키는 모든 관심은 상당히 불합리한 것으로 간주되어졌다. 왜냐하면 존경받는 태도
가 국제주의였으며 모든 분야의 노력에 있어 유일한 승인의 표시는 미국에서 나왔기 때문이었다.

해설 real only → only real
real이란 형용사를 부사 only가 수식하기 위해서는 부사 only가 앞에 위치해야 한다.

어휘 perpetuate 영속시키다

09 ② 해석 우리의 기록에 따르자면 자격을 갖춘 학생들 중 60%가 경제적 이유 때문에 그 학습 프로그램에 참여하지 못한다는 점을
보여준다.

해설 부분 표시어인 60%를 수식하기 위해서는 '거의(nearly, close to)'가 적합하다.

10 ③ 해석 A: 저녁 8시에 TV에서 매우 좋은 프로를 방영해.
B: 아마도 그걸 볼 수 있을 만큼 충분히 일찍 집에 갈 수 있을 거야.

해설 enough가 부사와 형용사를 수식할 때에는 부사와 형용사 뒤에 위치하며 to부정사와 결합한다.

11 ② 해석 Larisa Shipman은 대부분이 남자인 러시아 십대들로 이루어진 반 앞에 서서 이 나라에서는 거의 본 적이 없는 것인
스테이크의 요리법을 설명하고 있다.

해설 most → mostly
who are mostly males 구문에서 주격 관계사와 be 동사가 생략된 구문이다. 문맥상 '대부분의 남성들'
이 아닌 '대게가 · 대체로 남성들인'이란 말이 옳다.

12 ② 해석 아마도 달로 비행하는 것에 대해 가장 관심이 있는 과학자들은 지질학자들일 것이다.

해설 mostly → most
mostly는 '일반적으로'라는 뜻이며 most는 '가장'이란 뜻을 가진 부사이다. 문맥상 후자가 옳다.

13 ① 해석 버스 기사는 승객들을 기다릴 기분이 아니었다. 몇몇 승객들이 가게에서 기념품을 구입하는 동안 그는 차를 몰고 가버렸다.

해설 not hardly → not
하나의 절 안에 두 개의 부정어가 같이 위치할 수 없다. 따라서 hardly를 삭제해야 옳다.

14 A: How was your examination?

B: It wasn't very difficult, but it was _____ long.

① too much ② much too

③ so much ④ very much

⑤ much as

15 Choose the one which is grammatical.

① He got remarried two years after she died.

② He got remarried from two years after she died.

③ He got remarried after two years after she died.

④ He got remarried after two years when she will die.

16 Susan seldom ① pays her bill ② on time, and her roommate who is unemployed ③ at the moment ④ does too.

17 As our ① washing machine ② broke down, my mom took ③ our clothes to a launderette. After a while she was ready to go ④ to home, arms laden with our ⑤ neatly folded laundry.

18 다음 문장 중 문법적으로 어색한 문장은?

① He did the exercise very thoroughly.

② Seldom did I talk with either of them.

③ You had better drive slowly along this road.

④ Mr. Kim worked very hardly this semester.

⑤ He will remain in this country temporarily.

19 By the time he was ① finally captured, the chief ② had spent ③ most all ④ the money he ⑤ had stolen.

20 When the war began ① over twenty years ② before, we found ③ ourselves quite ④ unprepared for it.

14 ②   해석   A: 시험 어땠니?
               B: 너무 어렵지는 않았어. 하지만 너무 오래 걸렸어.
          해설   much는 단독으로 원급 형용사나 부사를 수식할 수 없지만 too와 결합하여 much too 형태로는 원급
                 형용사 · 부사를 수식할 수 있다.

15 ①   해설   ②, ③, ④ 모두 시간명사인 two years가 after를 바로 수식하므로 전치사가 불필요하다. 또한 ④의
                 when 이하에는 미래시제가 쓰일 수 없다.

16 ④   해석   Susan은 좀처럼 제때 청구서 요금을 지불하지 못하며, 현재 무직인 그녀의 룸메이트 또한 마찬가지이다.
          해설   does too → doesn't either
                 앞 문장에서 seldom이란 부정부사가 부정문을 이끌고 있고 and 이하의 문장에서 부정 동의를 하고 있으
                 므로 긍정 동의를 하는 too는 적합하지 않다. 따라서 not either 구문이 옳다.

17 ④   해석   우리 세탁기가 고장이 났을 때, 어머니께서는 우리 옷을 세탁소로 가지고 가셨다. 잠시 뒤 어머니는 집에 갈 준비를 하셨
                 으며, 팔에는 깔끔히 정돈된 세탁물이 있었다.
          해설   to home → home
                 home은 부사로서 '집으로'라는 방향성 기능을 독자적으로 가지고 있으므로 전치사 to와 결합하지 않는다.
          어휘   laden 잔뜩 실은

18 ④   해설   hardly → hard
                 'Kim 씨는 이번 학기에 매우 열심히 공부했다.'라는 논리가 적합하다. hard는 형용사 '열심히 하는, 굳
                 은, 견고한, 어려운'과 부사 '열심히, 견고하게, 단단히' 기능이 모두 있다. hardly는 부사로서 '거의 ~않
                 다'라는 의미이다.

19 ③   해석   마침내 체포될 때까지 그 도둑은 훔친 돈의 거의 대부분을 썼다.
          해설   most → almost
                 all은 전치한정사이므로 그 앞에 '대부분의'란 뜻을 가진 형용사가 또 올 수 없다. 따라서 almost(거의)
                 부사가 옳다.

20 ②   해석   전쟁이 20년 이상 전에 시작됐을 때, 우리는 전혀 그것에 대비가 안 되어 있음을 깨닫게 되었다.
          해설   before → ago
                 before가 시간명사(twenty years)와 결합하면 무조건 그 동사의 시제는 과거완료(had begun)가
                 옳다. 따라서 과거시제만 이끄는 ago가 합당하다.

4 부사 간의 어순

21 다음 빈칸에 알맞은 것은?

> A: What did the mother say?
> B: She said that _____.

① her son went every day to school very slowly

② her son went slowly every day to school

③ her son went every day slowly to school

④ her son went to school slowly every day

22 When the moon is full, a lunar rainbow can sometimes be observed _____

following a brief summer storm.

① after soon dark   ② dark after soon

③ dark soon after   ④ soon after dark

5 부사의 위치

23 ① Without ② a reliable source of ③ priced reasonably electricity, it would be

④ practically impossible ⑤ to maintain a healthy economy.

24 To hold its own ① in the struggle for existence, ② every species of animal must

have a regular source of food, and if ③ it happens to live on other animals, its

survival may be ④ very delicate balanced.

21 ④　해석　**A:** 어머니가 뭐라 하셨니?

　　　　　　B: 자기 아들이 매일 늦게 학교에 간다고 하셨어.

　　　해설　went, arrive, come 같은 왕래발착동사가 쓰인 문형에서 부사의 어순은 '장소(to school) + 방법 (slowly) + 시간(every day)'의 어순을 취한다.

22 ④　해석　달이 차면 짧은 여름철 폭풍우가 끝나고 어둠이 내린 직후에 달 무지개가 가끔 관측된다.

　　　해설　문맥상 '어둠이 내린 직후'란 표현이 합당한데, 부사구 after dark(어둠이 내린 후)를 부사 soon(바로, 이내)이 수식하는 형태가 옳다.

　　　어휘　lunar 달의

23 ③　해석　가격이 정당하게 측정된 전기의 신뢰할 자원이 없다면, 온전한 경제를 유지한다는 것은 실질적으로 불가능할 것이다.

　　　해설　priced reasonably → reasonably priced

　　　　　　부사는 형용사를 수식하므로 과거분사 priced보다 먼저 위치해야 한다.

24 ④　해석　생존을 위한 투쟁에서 자신의 것을 지키기 위해서는 모든 동물들이 일정한 먹이 공급원을 가져야 하며, 만약 다른 동물을 먹고 산다면 그 생존은 매우 정교하게 균형이 잡힐 것이다.

　　　해설　very delicate balanced → very delicately balanced

　　　　　　형용사 기능을 하는 과거분사 balanced를 수식하기 위해서는 부사가 필요하다.

　　　어휘　live on ~을 먹고 살다

25 _____ this kind of machine before?
① Have you repaired ever   ② Ever have you repaired
③ Have ever you repaired   ④ Have you ever repaired

26   A: Is Dave about ready?
     B: Yes, he's _____.
     ① finished dressing nearly   ② finishing nearly dressing
     ③ nearly finished dressing   ④ nearly finishing dressed

27   다음 중 문법적으로 옳은 것은?
     ① To practice summarizing after watching a program, parents can turn off the TV
        and ask how the story was about.
     ② This occurs when a speaker or writer either consciously or unconsciously use
        words to influence your opinion.
     ③ There are also data that tell us that a person's environment can and does affect
        intellectual, cognitive functioning.
     ④ Puritans and Quakers regarded excessive personal debt as a sin, views that
        widely and firmly were held until recently relatively.

25 ④   해석   이와 같은 종류의 기계를 이전에 수리해 본 적이 있으신지요?

           해설   빈도부사 ever는 본동사의 앞, 조동사의 뒤에 위치하므로 Have you ever repaired 형태가 옳다.

26 ③   해석   A: Dave는 거의 다 준비가 됐니?

                  B: 네. 그는 거의 다 입었어요.

           해설   정도부사 nearly의 위치는 조동사의 뒤(has='s), 그리고 본동사(finished)의 앞에 위치한다.

27 ③   해설   ① how → what 혹은 about 삭제

                  전치사 about의 목적어 역할을 할 수 있는 의문대명사 what이 옳다. what about(=how)은 '~은 어떠한지'라는 의미를 가진다. 따라서 about만 제거해서 의문부사 how를 사용해도 좋다.

                 ② use → uses

                  A or B는 B에 위치한 명사의 수에 동사를 일치한다. B 자리에 writer라는 단수명사가 나왔으므로 동사 또한 단수가 옳다.

                 ④ recently relatively → relatively recently

                  의미적으로 '최근에 비교적까지'가 아니라 '비교적 최근까지'라는 표현이 옳다.

GRAMMAR
HUNTER

GRAMMAR HUNTER

16 비교

16-01 **1** 비교의 의의 및 종류

두 개 이상의 성질·정도·수량 등을 설명하기 위하여 형용사와 부사의 어형을 변화시키는 형태를 비교라고 한다. 비교는 그 어형의 변화와 의미에 따라 '원급 비교, 비교급 비교, 최상급 비교'로 분류된다.

1. 원급

· He is **as** tall **as** my brothers.
그는 나의 형들만큼이나 키가 크다.

2. 비교급

· He is **taller than** my brother.
그는 나의 형보다 더 크다.

3. 최상급

· He is **the tallest** boy in our class.
그는 우리 학급에서 가장 큰 소년이다.

2 원급

16-02 1. 개념

서로 다른 두 개 중 대등한 수준에서 비교하는 구문으로서 일반 비교와 열등 비교, 그리고 배수 비교 등으로 그 종류를 구분 할 수 있다. 기본 형태는 'as + 원급 + as'로서, 앞의 as는 지시부사(그만큼), 뒤의 as(~만큼)는 접속사 혹은 관계대명사 역할을 한다.

2. 원급 비교의 종류

16-03A **(1) 동등 비교(긍정) → as + 원급 + as A : A만큼 ~한(하게)**

서울여대 2009
중앙대 2005

두 개의 객체(사람·동물·사물)를 일정한 기준에 비추어 비교하거나 하나의 객체를 전제로 하여 그 객체에 관한 속성·성질을 비교하는 것이다. 긍정의 원급은 as ~ as만 가능할 뿐 so ~ as는 불가능하다.

· John is **as brave as** Susan.
John is ~~so~~ brave as Susan. (×)
John is as brave ~~than~~ Susan. (×)
John은 Susan만큼 용감하다.

▶ 긍정의 원급에서 so ~ as는 불가능하며, as는 than과 함께 쓰일 수 없다. 다음 문장도 마찬가지 맥락이다.

· Susan is **as polite as** brave.
Susan은 용감한 만큼 공손하다.

CHECK | as ~ as 사이에 명사가 올 경우

1. as 형용사 + 부정관사 + 단수가산명사 as

as와 as 사이에 단수가산명사가 올 경우 '형용사 + 부정관사 + 명사' 어순을 취한다.

· This is **as interesting an essay** as that.
This is as ~~an~~ interesting essay as that. (×)
이 수필은 저 수필만큼이나 흥미롭다.

2. as와 as 사이에 명사만 올 수는 없으며 형용사가 꼭 있어야 한다.

· The Japanese eat **as much fish as** Americans.
The Japanese eat ~~as fish as~~ Americans. (×)
일본사람들은 미국사람들만큼이나 생선을 많이 먹는다.

---

(2) 열등 비교(부정) → not so/ as + 원급 + as A : A만큼 ~하지 않은(않게)

동등 비교의 부정 형태로서 앞의 as는 so가 대신할 수 있으며, 이 경우 부정어는 so/ as ~ as 바로 앞에 위치해야 한다.

· John is **not so/ as brave as** Susan.
John은 Susan만큼 용감하지 못하다.

· Susan is **not so/ as polite as** brave.
Susan은 용감한 만큼 공손하지는 못하다.

CHECK |

1. 주어에 부정어가 위치한 경우에는 as 대신 so만 가능하다.

· **No** employee in the company is **so diligent as** he.
No employee in the company is as diligent as he. (×)
그 회사에서 그만큼 근면한 직원은 없다.

▶ 주어가 부정어일 경우 as ~ as가 아니라 so ~ as가 옳다. 다음 문장도 마찬가지 맥락이다.

· **Nothing** is **so** precious **as** time.
시간만큼 귀중한 것은 없다.

2. 두 번째 as 뒤의 반복되는 어구는 생략할 수 있을 뿐만 아니라, 의미 전달에 문제가 없다면 as 이하 전체를 생략할 수 있다.

· Some of the nurses **are paid as** much **as** the doctors (**are paid**).
간호사들 중 일부는 의사들만큼 돈을 받는다.

· The material looks like **silk**, but it's not **as** expensive (**as silk**).
그 소재는 비단처럼 보이지만 그 정도로 비싸지는 않다.

▶ 첫 문장은 공통 관계에 있는 are paid만 생략한 것이며, 두 번째 문장은 원급 연결사 as 이하 전체를 생략한 형태이다.

(3) 배수 비교 (~보다 몇 배나 ~한)

> 아래 배수사들은 추상명사로 전환되어 '배수 + the 추상명사 + of' 구문으로 전환될 수 있다. 즉, '배수 + as + 원급 + as = 배수 + the 추상명사 + of'이다.

| ① deep → depth | ② heavy → weight | ③ high → height |
| ④ large/ big → size | ⑤ long → length | ⑥ wide → width |

- This river is **twice as deep as** that.

  = This river is **twice the depth of** that.

  이 강은 저 강보다 두 배는 더 깊다.

  ▶ 형태는 원급이지만 해석은 비교급(~보다 ~배 더 ~하다)으로 한다.

3. 원급 비교의 정도 표시

> 원급 비교의 정도 표시와 부정어는 원급 약속 틀인 'as ~ as' 바로 앞에 위치한다. ★ 16-32 참조

① 거의	almost, nearly
② 딱	just, exactly
③ 배수	half, twice, two times, three times, four times 등

- He's **almost as old as** I am.

  He's as ~~almost~~ old as I am. (×)

  그는 나 정도의 나이는 거의 됐다.

- Interest rates are **twice as high as** those of our competitors.

  Interest rates are as ~~twice~~ high as those of our competitors. (×)

  이자율이 우리 경쟁업체의 두 배 높다.

  ▶ 정도 표시 부사와 부정어는 원급 비교 구문의 첫 번째 as 바로 앞에 위치해야 한다.

4. 원급 관용표현

(1) as 원급 as + any (other) 단수명사 = as 원급 as + ever 동사 : 어느 누구 못지않게

형태는 원급이지만 내용은 최상급 의미를 담고 있는 구문이다. any는 부정형용사이므로 뒤에 명사가 나와야 하며, ever는 부사이므로 그 다음에는 동사가 온다.

- Pat is **as clever as any (other) boy** in class.

  Pat is as clever as any (other) ~~boys~~ in class. (×)

  Pat은 반에서 누구 못지않게 현명하다.

  ▶ 원급 비교를 이용한 최상급 비교로서 any 이하에는 단수명사가 와야 한다.

- He is **as** great a poet **as ever lived**.

  그는 이제껏 살아온 어느 누구 못지않게 위대한 시인이다.

  ▶ 원급 비교를 이용한 최상급 비교로서 ever 이하에는 동사가 와야 한다.

(2) not so much A as B : A라기보다는 오히려 B

A와 B 자리에는 동일한 문법적 구조나 형태가 와야 한다.

> not so much A as B
> = not A so much as B
> = B rather than A
> = rather B than A
> = more of B than A
> = A less than B

- The boss is **not so much a pessimist as a realist.**
  = The boss is **not a pessimist so much as a realist.**
  = The boss is **a realist rather than a pessimist.**
  = The boss is **rather a realist than a pessimist.**
  = The boss is **more of a realist than a pessimist.**
  = The boss is **a pessimist less than a realist.**
  The boss is not so much a pessimist ~~but~~ a realist. (×)
  사장은 비관론자기보다는 현실주의자이다.

  ▶ not so much는 but이 아니라 as와 결합한다.

(3) as ~ as possible = as ~ as + 주어 + can : 가능한 한

원급 비교를 이용한 동일인 · 동일물의 성질을 비교하는 구문으로서 as ~ as possible 구문에서 possible 대신 부사 possibly를 쓰면 틀리며, 조동사 can은 주절의 동사 시제와 일치해야 한다.

- You had to inform me of your decision **as** soon **as possible.**
  = You **had** to inform me of your decision **as** soon **as you could.**
  You had to inform me of your decision as soon as ~~possibly~~. (×)
  You had to inform me of your decision as soon as you ~~can~~. (×)
  당신은 나에게 당신의 결정사항을 가능한 한 빨리 통지했어야 했다.

(4) as good as = almost = all but = close to : 거의 ~이나 다름없는

- His car seems **as good as(=almost, all but)** new.
  그의 차는 거의 새거나 다름없어 보인다.

(5) as many as + 복수가산명사 vs. as much as + 불가산명사 : ~만큼, 자그마치

as many as(=no fewer than)는 복수가산명사 앞에 쓰여 수를 나타내고, as much as(=no less than)는 불가산명사(무게 · 시간 · 거리 · 가격 등)와 함께 쓰여 양을 나타낸다.

- I ate **as many as three apples.** [as many as + 복수가산명사]
  나는 자그마치 사과를 세 개 먹었다.

- I had **as much as four million dollars.** [as much as + 불가산명사(돈)]
  나는 자그마치 4백만 달러가 있었다.

16-09

고려대 2010
경희대 2010
대구대 2008
광운대 2007
영남대 2005

16-10

한양대 2010
강남대 2004

16-11

홍익대 2000

16-12A

고려대 2001

> **CHECK** | as much vs. as many
>
> as much는 앞서 나온 불가산명사의 양을 가리키며, as many는 앞서 나온 가산명사의 수를 가리킨다. 해석은 '그만큼'으로 한다.
>
> - I ordered some beer, and my wife did **as much**, too.
>   I ordered some beer, and my wife did as ~~many~~, too. (×)
>   나는 약간의 맥주를 주문했으며, 나의 부인 또한 그만큼 주문했다.
>
>   ▶ beer가 단수로 쓰였기 때문에 불가산명사로 취급해야 한다. 따라서 as much가 옳다.

(5) as early as : 이미 ~때에, ~만큼 일찍이 vs. **as late as** : 바로 ~때에, ~만큼 최근에

- **As early as** the nineteenth century, he was prosecuted.
  이미 19세기에 그는 기소됐다.

- **As late as** last week, he was prosecuted.
  바로 지난주에 그는 기소됐다.

예제

This building is _____ that one.
① half high as   ② more high than
③ twice higher than   ④ twice as high as

해석 이 빌딩은 저 빌딩보다 두 배는 더 높다.
해설 ② high는 1음절로서 비교급 전환 시 자체 어미에 변화를 주므로 more과 함께 쓰이지 않는다. ③ twice(배수)는 비교급에는 쓰일 수 없으며, ④처럼 원급 as ~ as에만 쓰인다.
정답 ④

③ 비교급

1. 비교의 형태 변화

(1) 규칙 변화

1) '-er, -est'를 붙이는 경우

① 대부분의 1음절어

   fast → faster → fastest
   small → smaller → smallest

② -y/ -er/ -le/ -ow로 끝나는 2음절어

   easy → easier → easiest
   clever → cleverer → cleverest
   simple → simpler → simplest

- Natalie was **prettier than** her sister.

  Natalie was ~~more pretty~~ than her sister. (×)

  Natalie는 그녀의 언니보다 더 예뻤다.

  ▷ pretty는 2음절어이며 철자가 -y로 끝나므로 more를 이용하지 않고 어미에 변화를 준다.

CHECK | 형용사 + ly로 끝나는 2음절 부사의 비교급 형태

형용사의 어미에 ly가 더해진 부사(cheaply, clearly, kindly, loudly, slowly)는 more와 most를 이용하여 비교급과 최상급을 만든다.

- You ought to eat **more slowly.** 당신은 더 천천히 식사를 해야 한다.

  You ought to eat ~~slowlier.~~ (×)

---

2) more, most를 사용하는 경우 `16-15`

① 서술적 용법으로 쓰이는 형용사

서술적 용법인 'a-'로 시작되는 'afraid, alike, alive, asleep 등'과 'worth, glad, unable 등'은 음절 수에 관계없이 more, most를 붙여서 비교급과 최상급을 이룬다.

afraid → more afraid → most afraid

worth → more worth → most worth

② 어미가 -able/ -al/ -ant/ -ful/ -ing/ -less/ -ous로 끝나는 2음절어

useful → more useful → most useful

diligent → more diligent → most diligent

famous → more famous → most famous

③ 3음절어 이상인 경우

interesting → more interesting → most interesting

difficult → more difficult → most difficult

④ 기타

wrong, right, real, false, strange 등은 1·2음절일지라도 more, most를 붙여서 비교급과 최상급을 이룬다.

wrong → more wrong → most wrong

right → more right → most right

(2) 불규칙 변화

`16-16`

아주대 2014
중앙대 2005
홍익대 2005
계명대 2004
단국대 2001

원급	비교급	최상급
good 좋은 well 건강한	better	best
bad 나쁜 ill 병든	worse	worst
many 많은(수) much 많은(양)	more	most
little 적은(양)	less	least

old	늙은, 낡은	older 더 늙은	oldest 가장 늙은
	(형제간의) 나이가 위인	elder 연장의	eldest 가장 연장의
late	늦은(시간)	later 더 늦은	latest 가장 늦은, 최후의
	뒤의(순서)	latter 후자의, 후반의	last 마지막의
far	먼(거리)	farther 더 먼	farthest 가장 먼
	더한(정도)	further 그 위의, 그 이상의	furthest 가장

- The **latter** part of the play was interesting.
  The ~~later~~ part of the play was interesting. (×)
  연극의 후반부가 재미있었다.

  ▶ '후반부' 또는 '후자'를 가리킬 때에는 latter가 옳다.

- Most of the people want to hear of **further** news.
  Most of the people want to hear of ~~farther~~ news. (×)
  대부분의 사람들은 속보를 듣기 원한다.

  ▶ farther는 '더 멀리 있는'의 뜻이기 때문에 '속보'을 말하기 위해서는 further가 옳다.

16-17
아주대 2005

(3) 비교급·최상급으로 쓸 수 없는 형용사

아래 단어들은 속성 자체가 비교할 수 없는 '절대·수치적·최고' 상태를 의미하므로 비교급이나 최상급 형태로 나타내지 않는다.	
① 절대적인 상태	absolute 절대적인 → more absolute (×) alive 살아 있는 dead 죽은 unique 유일한 square 공평한 impossible 불가능한
② 수량이나 정도	daily → more daily (×) half 반의, 반쯤 several 몇몇의 monthly 매월의, 다달이
③ 최고나 완벽	perfect → the most perfect (×) complete 완전한 final 최후의 favorite 마음에 드는 supreme 최고의 primary 첫째의

- This is my **favorite** music.
  This is my ~~most~~ favorite music. (×)
  이것은 내가 좋아하는 음악이다.

  ▶ favorite는 비교급과 최상급 형태가 불가능한 형용사이다.

2. 비교급 비교의 종류

16-18
단국대 2010
한국외대 2007
영남대 2007
고려대 2004

(1) 우등 비교(긍정) → more ~ than 또는 -er than

more 또는 -er를 이용하여 둘 중 어느 하나가 다른 하나보다 성질·정도가 더 우세하다는 것을 나타내는 구문을 우등 비교라고 한다.

- Nylon is **stronger than** cotton.
  Nylon is stronger as cotton. (×)
  나일론이 면보다 더 튼튼하다.

- She's **more** intelligent **than** her brothers.

  She's ~~much~~ intelligent than her brothers. (×)

  그녀가 오빠들보다 더 영리하다.

  ▶ 비교급(stronger)은 as가 아닌 than과 연결된다. than이 있다면 앞에 반드시 more, -er, less가 있어야 한다.

16-19

숙명여대 2003
경기대 2000

CHECK |

1. 'more + -er' 형태는 중복 표현이므로 틀리다.

- Nylon is ~~more stronger~~ than cotton. (×)

  나일론이 면보다 더 튼튼하다.

2. 비교급 앞에는 정관사 **the**가 올 수 없다.

- She's ~~the~~ more intelligent than her brothers. (×)

  그녀는 오빠들보다 더 똑똑하다.

3. than 뒤에는 주절에 등장한 어구가 생략될 수 있다.

- You **need** that money more than I (**need=do**).

  당신은 나보다 더 그 돈이 필요하다.

---

(2) 열등 비교(부정) → 부정어 + 비교급

16-20

비교급 구문 앞에 부정어가 위치한 형태를 말한다.	
A not more ~ than B = A not -er than B	A가 B보다 더 ~하지는 않다 (A가 B보다 (~이) 떨어지거나 같다는 논리)
A less ~ than B	A가 B보다 덜 ~하다 (A가 B보다 (~이) 떨어진다는 논리)

- Her brothers are **not more** intelligent **than** she.

  그녀의 오빠들은 그녀보다 더 영리하지는 않다.

  ▶ 오빠들의 영리함이 그녀와 같거나 부족하다는 의미이다.

- Cotton is **less** strong **than** nylon.

  면이 나일론보다 덜 튼튼하다.

  ▶ 면이 나일론보다 더 약하다는 의미이다.

16-21

CHECK | 열등 비교 정리

- Cotton is **not so/ as** strong **as** nylon.

  면은 나일론만큼 튼튼하지 못하다. (나일론>면)

- Cotton is **less** strong **than** nylon.

  면은 나일론보다 덜 튼튼하다. (나일론>면)

- Nylon is strong**er than** cotton.

  나일론이 면보다 더 튼튼하다. (나일론>면)

---

(3) 비교급 비교를 이용한 동일인 · 동일물의 성질 간 비교

비교급에서 more를 쓸 것이냐, -er을 쓸 것이냐는 형용사의 음절 수에 따라 정해지는 것인데 동일인
이나 동일물의 서로 다른 성질을 비교할 때에는 형용사의 음절 수에 상관없이 'more + 원급 + than'
형태를 쓰게 된다. ★ 16-44 비교

· He is **more** kind **than** wise. 그는 현명하기보다는 친절한 편이다.
  He is ~~kinder~~ than wise. (×)

> kind는 1음절이므로 kinder가 옳은 것으로 보이겠지만, 동일인(he)의 '친절함'과 '현명함'이라는 성질을 비교하는 것이므로 음
> 절 수에 상관없이 more를 이용하여 비교급을 전하는 것이다. 다음 문장도 마찬가지 맥락이다.

· The child is **more** shy **than** obstinate. 그 아이는 완고하기보다는 수줍어하는 성격이다.
  The child is ~~shier~~ than obstinate. (×)

(4) the 비교급

비교급 앞에는 정관사 the을 위치시킬 수 없지만, 다음 세 가지 경우에는 예외적으로 정관사가 위치한다.

16-23

아주대 2014
숙명여대 2008
중앙대 2006
중앙대 2005
대구대 2005

1) 집단 한정 비교 : the 비교급 + 둘을 가리키는 집단 한정어구

비교의 대상인 둘을 의미하는 어구가 등장했을 경우에는 more 혹은 -er 앞에 정관사가 위치해야 한다.	
the 비교급 +	of the two/ of the twins/ of A and B/ of both/ between A and B of eyes/ of legs/ of arms (눈, 다리, 팔이 두 개로 구성되어 있음을 생각해 볼 것)

· He is **the taller of the two.** 그는 둘 중에서 더 크다.
  He is ~~taller of the two.~~ (×)

> ▶ of the two라는 집단 한정어구에서의 비교이므로 정관사 the가 비교급 앞에 위치해야 한다. 이하의 예문도 마찬가지 맥락이다.

· Shakespeare is **the more** prolific writer **between them.**
  Shakespeare is **the more** prolific writer **of both.**
  Shakespeare is ~~more~~ prolific writer between them. (×)
  Shakespeare는 둘 중에서 더 많은 작품을 저술한 작가이다.

> **CHECK** | 셋 이상의 비교는 최상급이다.
>
> · Shakespeare is **the most** prolific writer **of all the English dramatists.**
>   Shakespeare is ~~the more~~ prolific writer of all the English dramatists. (×)
>   Shakespeare는 영국 극작가들 중에서 가장 많은 작품을 저술한 작가이다.
>
> | 비교급은 둘을 전제로 비교하며, 최상급은 셋 이상을 전제로 비교하므로 주어진 'of all ~ ' 표현은 최상급의 집단(all은 셋
> | 이상을 전제)이 되므로 최상급이 옳다.

16-25

서강대 2009
서강대 2008
성신여대 2007
아주대 2003
동국대 2002
상명대 2001

2) the 비교급 + the 비교급 : ~하면 할수록 더욱 더 ~하다

the 비교급 + the 비교급은 '~하면 할수록 더욱 더 ~하다'라는 뜻을 가지는데, 전자의 the는 '~정도
만큼'이란 뜻의 관계부사이며, 후자의 the는 '그만큼 더'라는 뜻의 지시부사이다. 이 구문에서 be 동사
는 생략이 얼마든지 가능하다.

① 형용사가 the 비교급이 되는 경우

2형식 동사와 5형식 동사의 보어 역할을 하는 형용사가 the 비교급으로 가능하다. 이때 동사 뒤에
위치해야 할 형용사가 주어보다 먼저 앞에 이동해야 한다.

· **The stronger** force is, **the greater** danger is.
   주·보   주어 be동사 주·보   주어 be동사

~~Stronger~~ force is, the greater danger is. (×)

힘이 강해질수록 위험 또한 높아진다.

▶ 주절 맨 앞에 the 비교급이 있기 때문에 종속절도 the가 있어야 한다.

② 부사가 the 비교급이 되는 경우

동사를 수식하는 부사 혹은 형용사를 수식하는 부사가 the 비교급으로 가능하다.

· **The more** we looked at the abstract paintings, **the more** we liked them.
   부사   주어 동사   부사   주어 동사 목적어

The more we looked at the abstract paintings, ~~more~~ we liked them. (×)

우리가 추상적인 그림들을 많이 볼수록 우리는 그 작품들을 더 많이 좋아하게 된다.

▶ 종속절에 the 비교급이 있기 때문에 주절 또한 the 비교급으로 시작해야 한다.

③ 명사가 the 비교급이 되는 경우

형용사의 수식을 받은 명사가 형용사와 함께 'the 비교급 + 명사'로 가능하다. 이때 주어 뒤에 위치
해야 할 목적어와 보어가 주어보다 먼저 앞에 이동할 수 있다.

· **The thicker** a mammal's skin is, **the less hair** it has.
   보어   주어   be동사 형+명(목적어) 주어 동사

동물의 피부가 두꺼울수록 털이 적다.

3) all/ none the 비교급 + 이유 표현

16-26
단국대 2006
대구대 2001

> **이유를 나타내는 어구인 'because (of), owing to, due to, on account of' 등과 결합된 비교 구문은 앞에 the 정관사를**
> **위치시킨다. 이 경우의 the는 '그만큼 더'라는 지시부사이다.**

(all) the 비교급 ~ 때문에 (그만큼) 더욱 ~하다	+ because (of), owing to, due to,
not/ none the 비교급 ~이기 때문에 결코 덜 ~한 것은 아니다	on account of, by, for

· I like her **(all) the better for** her faults.

= I like her **(all) the better because** she has faults.

그녀에게 결점이 있으므로 나는 그녀를 더욱 더 좋아한다.

> for와 because라는 이유를 나타내는 어구와 결합이 된 비교급 구문이므로 비교급 앞에 정관사 the가 위치한 형태이다. 이하의
> 예문도 마찬가지 맥락이다.

· I **don't** like her **the less because of** her faults.

= I like her **none the less because of** her faults.

그녀에게 결점이 있기 때문에 결코 그녀를 덜 좋아하는 것은 아니다.

(5) 라틴계 비교급 + to

어원이 라틴어인 형용사들 중 접미사가 '-or'로 끝나는 형용사들은 more를 쓸 수 없으며, than 대신에 전치사 to가 위치한다.

① superior to 보다 우수한 ↔ inferior to 보다 열등한	④ anterior to 보다 이전의 ↔ posterior to 보다 후의
② senior to 보다 손위의 ↔ junior to 보다 손아래의	⑤ exterior to 외부의 ↔ interior to 내부의
③ major to 보다 많은 ↔ minor to 보다 작은	⑥ prior to 보다 앞에

- This shirt is (much) **superior to** that.
  This shirt is ~~more~~ superior to that. (×)
  This shirt is superior ~~than~~ that. (×)
  이 셔츠가 저것보다 우수하다.

  ▶ 접미사가 '-or'로 끝나는 라틴계 형용사들은 more의 수식을 받지 못하고, than 대신 전치사 to와 결합한다.

- She is four years **senior to** him.
  She is four years senior to ~~he~~. (×)
  그녀가 그보다 네 살 더 연장자이다.

  ▶ 전치사 to이므로 주격이 아닌 목적격과 결합해야 한다.

CHECK | prefer의 어법 ★ 11-70 참조

1. 동명사 · 명사를 목적어로 취할 때에는 전치사 to를 사용한다.

- I **prefer playing** the guitar **to listening** to the music.
  나는 음악을 듣는 것보다 기타를 연주하는 것을 더 좋아한다.

2. to부정사를 목적어로 취할 때에는 rather than을 사용한다.

- I **prefer to play** the guitar **rather than (to) listen** to the music.

---

(6) 점진 비교급 (비교급 + 비교급) : 점점 더 ~

- It is getting **warmer and warmer**.
  날씨가 점점 더 따뜻해지고 있다.

16-30

계명대 2010
성균관대 2007
광운대 2005
명지대 2005
성균관대 2002

3. 비교급 비교의 정도 표시

비교급 비교의 정도 표시와 부정어는 비교급 약속 틀인 '비교급 than' 바로 앞에 위치한다. 또한 very는 비교급을 수식하지 않는다.
★ 16-07, 16-50 비교

① 훨씬	much, even, still, (by) far, a lot, a great deal
② 다소	rather, somewhat
③ 약간	a bit, a little, slightly
④ 배수	two times, three times

- Henry's room is **much bigger than** mine.

  Henry's room is bigger ~~much~~ than mine. (×)

  Henry의 방이 내 방보다 훨씬 더 크다.

  ▶ 비교 정도 표시는 비교급 약속 틀인 more/ -er than 바로 앞에 위치해야 한다.

- The United States has **twice as** many people **as** Japan.

  = The United States has **two times more** people **than** Japan.

  The United States has ~~twice more~~ people than Japan. (×)

  미국이 일본보다 인구가 두 배 더 많다.

  ▶ two times는 원급·비교급 모두를 강조할 수 있지만, twice는 원급에만 쓰일 뿐이다.

4. 비교급 관용표현

(1) no 비교급 than

16-31
광운대 2003

no가 비교급 앞에서 위치하면 부사 기능을 가지게 되어 '조금도 ~하지 않다'라는 의미를 가진다.	
① A no more ~ than B = A no -er than B = A not ~ any more than B	A와 B 모두 ~이 아니다, A가 ~이 아니라는 것은 B가 ~이 아니라는 것과 마찬가지이다. (양자 부정)
② A no less ~ than B	A와 B 모두 ~이다, A가 ~라는 것은 B가 ~라는 것과 마찬가지이다. (양자 긍정)

- I'm **no more** surprised **than** you.

  = I'm **not** surprised **any more than** you. [양자 부정]

  내가 놀라지 않는 것은 당신이 놀라지 않은 것과 마찬가지이다.

- I'm **no less** surprised **than** you are.

  = I'm **as** surprised **as** you are. [양자 긍정]

  나는 당신만큼 놀랐다.

(2) no more than(=only) : 단지 vs. not more than(=at most) : 기껏해야, 많아야

16-32
계명대 2007

no more than이 모두 결합하여 쓰일 경우, '단지, 겨우(=only)'의 뜻이며, not more than은 '기껏해야(=at most)'의 뜻이다.

- I had **no more than** a meal once a day.

  나는 하루 한 끼밖에 먹지 못했다.

- We can pay **not more than** $100 for the product.

  우리는 기껏해야 그 물건에 백 달러만 지불할 수 있다.

  not more than은 'at 최상급'으로 바꿔서 이해하면 된다. 이 원칙에 따라 'at most(=not more than)'와 이하의 'at least(=not less than)'가 성립되는 것이다.

(3) no less than(=as much as) : ~만큼이나 vs. not less than(=at least) : 적어도

16-33

no less than이 모두 결합하여 쓰일 경우 수량을 강조하여 '~만큼이나(=as much as)'의 뜻을 가지며, not less than은 '적어도(=at least)'의 뜻을 가진다.

- He gave me **no less than**(=as much as) $500.

  그는 나에게 500달러나 주었다.

- He will give me **not less than**(= at least) $500.
  그는 나에게 적어도 500달러를 줄 것이다.

16-34

(4) no better than(= much the same, all the same, not good) : ~이나 다름없는

no better than(= much the same, all the same, not good)은 '~에 불과한, ~에 지나지 않는' 이라는 뜻을 가지며, '(속성이) 마찬가지로 좋지 않은'이란 뜻도 가진다.

- If he has no manners, he is **no better than** a mere animal.
  그가 예의를 갖추지 않으면 동물이나 다름없다.

16-35
성균관대 2010
한양대 2006
성균관대 2005
세종대 2000
대구대 2000

(5) much more vs. **much less** : ~은 말할 것도 없고

'~은 말할 것도 없고'라는 뜻을 가지는 비교 구문은 긍정문, 부정문에 따라 쓰이는 개별적인 구문과, 긍정문·부정문 모두에 쓰이는 구문으로 분류할 수 있다.

긍정문에만 쓰이는 경우	much(still, even) more
부정문에만 쓰이는 경우	much(still, even) less
긍정문·부정문 모두에 쓰이는 경우	let alone(= not to speak of, not to mention, to say nothing of)

- My daughter **can speak** French, **much more** Japanese.
  My daughter can speak French, much ~~less~~ Japanese. (×)
  내 딸은 일본어는 말할 것도 없고 불어도 구사한다.

  ▶ 주절이 긍정문이므로 much less는 쓰일 수 없다.

- My daughter **can't speak** French, **much less** Japanese.
  My daughter can't speak French, much ~~more~~ Japanese. (×)
  내 딸은 일본어는 말할 것도 없고 불어도 구사할 수 없다.

  ▶ 주절이 부정문이므로 much more는 쓰일 수 없다.

- My daughter **can speak** French, **let alone** Japanese.
  My daughter **can't speak** French, **let alone** Japanese.

  ▶ let alone은 긍정문, 부정문 모두에 쓰일 수 있다.

16-36
대구대 2009

(6) 최상급을 전하는 비교급 구문

> 비교급 + than any other + 단수명사
> = 비교급 + than all the other + 복수명사
> = 비교급 + than anything/anyone else

- Water is **more** important **than any other** thing.
  = Water is **more** important **than all the other** things.
  = Water is **more** important **than anything else**.
  물은 어느 다른 것보다 더 중요하다.

16-37
고려대 2012

(7) no / none other than : 다름 아닌 바로

- The man was **no(none) other than** the president in our company.
  그 남자가 바로 우리 회사의 사장이었다.

(8) can do no other than : ~하지 않을 수 없다

· The company **could do no other than** fire him.

그 회사는 그를 해고하지 않을 수 없었다.

(9) 기타 비교급 관용어구

16-38
동덕여대 2014
성균관대 2007

> ① other than ~를 제외하고서, ~이외의(=except), ~이 아닌(=not)
> ② rather than ~라기보다는 오히려
> ③ more or less 다소(=in a measure)
> ④ no longer 더 이상 ~하지 않다(=not any longer)
> ⑤ sooner or later 조만간
> ⑥ couldn't be better 더 좋을 수 없다, 가장 좋다
>   (가정법 + 부정어가 포함된 비교급은 최상급의 의미)
> ⑦ no later than ~까지는
> ⑧ no less 조금도 덜 ~한 것은 아니다, 그럼에도 불구하고

· He is **other than** honest.

그는 정직하지 않다.

· I'll send some boy **other than** you.

너 이외의 다른 소년을 보내겠다.

· The **more or less** loud noise comes from the street.

거리에서 다소 시끄러운 소리가 난다.

· Low-inflation economic growth was **no longer** possible.

= Low-inflation economic growth was **not any longer** possible.

Low-inflation economic growth was ~~not longer~~ possible. (×)

저인플레이션 경제 성장은 더 이상 불가능했다.

▶ '더 이상 ~하지 않다'라는 표현의 경우 no longer = not any longer이고, not longer는 틀린 표현이다.

· His speech **couldn't be better.**

= His speech is best.

그의 연설은 더 좋을 수 없다.(= 정말 최고다.)

예제

다음 빈칸에 알맞은 것은?

낯선 사람도 반겨야 하는데 친구야 두말할 필요도 없다.

= You should welcome a stranger, _____ a friend.

① much less　　　　② still more　　　　③ alone

④ to speak of　　　　⑤ nearly close

해설 주절이 긍정문으로 등장했을 경우, '~은 말할 것도 없고'라는 표현은 still(even, much) more를 사용하게 된다.
　　①은 주절이 부정문일 경우에 옳다.

정답 ②

▣ 비교 대상의 병치

16-39
서울여대 2014
이화여대 2011
경희대 2007
숙명여대 2007
성균관대 2005
중앙대 2004
성균관대 2004

1. 원급과 비교급의 병치

원급 구문과 비교급 구문에서 비교 대상은 문법상 같은 역할을 하는 구조나 형태, 그리고 서로 같은 내용으로 위치해야 한다. ★ 20-20 참조

- **Her movements** were as spirited **as a youngman's (movements)**.

  Her movements were as spirited as a ~~youngman~~. (×)

  그녀의 행동들은 젊은이의 행동만큼이나 활발했다.

  > 비교 대상은 '그녀의 행동들(movements)'과 '젊은이의 행동들(movements)'이지 그녀의 행동들과 젊은이가 아니다.
  > a youngman's movements에서 movements가 생략된 형태이다.

- **Behaving is more** important **than thinking**.

  = **To behave is more** important **than to think**.

  ~~Behaving~~ is more important than to ~~think~~. (×)

  생각하는 것보다 행동하는 것이 더 중요하다.

  ▶ 동명사와 동명사, to부정사와 to부정사를 서로 비교해야 하고 동명사와 to부정사를 비교할 수는 없다.

- **She** is **more** intelligent **than he**.

  She is more intelligent than ~~him~~. (×)

  그녀는 그보다 더 똑똑하다.

  ▶ 문장의 주격인 She와 he를 비교하는 것이므로 비교 대상에 목적격인 him이 위치하면 틀린다.

- I love Jane **better than he**.

  내가 그보다(=그가 Jane을 사랑하는 것보다) Jane을 더 사랑한다.

  > 비교 대상은 '내가 Jane을 사랑한다'는 것과 '그가 Jane을 사랑한다'는 것이므로 이 문장은 I라는 주격과 he라는 주격을 비교한 것이다.

- I love her **better than him**.

  나는 그보다도 그녀를 사랑한다.

  > 비교 대상은 '내가 그녀를 사랑한다'는 것과 '내가 그를 사랑한다'는 것이므로 이 문장은 her라는 목적격과 him이라는 목적격을 비교한 것이다.

16-40

2. 이중 비교급

이중 비교급이란 원급 비교인 'as ~ as'와 비교급 비교인 'more/ -er ~ than'이 혼합된 구문을 말하며 다음 세 가지 구문이 가능하다.

경희대 2007
홍익대 2005
성균관대 2001

(1) A as ~ as, or 비교급 than B

이 경우 as와 than은 생략할 수 없고 or 대신 and가 쓰일 수 있다.

- He is **as tall as, or not taller than** his brother.

  He is ~~as tall~~ or not taller than his brother. (×)

  그는 형만큼 크거나 혹은 형보다 더 크지는 않다.

  ▶ 원급 'as ~ as'와 비교급 '-er than'을 병치하므로 원급을 완성해야 한다.

중앙대 2006
아주대 2005
홍익대 2003

(2) A as ~ as, if not 비교급 than, B = A as ~, if not 비교급 than, as B

이 경우 as와 than이 생략되어서는 안 된다.

- He is **as tall as, if not taller than**, his brother.

  = He is **as tall, if not taller than, as** his brother.

  He is as tall as, if not ~~taller~~, his brother. (×)

488

He is ~~as tall~~, if not taller than, his brother. (×)

그는 형보다 더 크지는 않을지라도 형만큼 키는 된다.

▷ 비교 대상인 his brother가 위치했으므로 than과 as가 필요하다.

(3) A as ~ as B, if not 비교급

이 경우 as는 생략되면 틀리며, than은 무조건 생략되어야 한다.

- He is **as tall as** his brother, **if not taller**.

  He is **as tall as** his brother, **if not taller** ~~than~~. (×)

  그는 형보다 더 크지는 않을지라도 형만큼 키는 된다.

  ▷ 비교 대상인 his brother가 앞으로 이동했으므로 than은 불필요하다.

CHECK │ than 없이 비교급 의미를 전하는 표현

다음 표현들은 than이 없지만 해석 자체로 비교 구문을 전하게 된다.

---

differ from ~과 다르다 overtake ~를 앞지르다 outlive ~보다 오래 살다 outgrow ~보다 빨리 성장하다
favor A over B B보다 A를 더 좋아하다

- They **favored** my project **over** hers.

  They favored my project over ~~her~~. (×)

  ▷ favor의 목적어인 my project(나의 계획)과 her project=hers(그녀의 계획)이 비교되어야 한다.

16-40
경기대 2014
한국외대 2014

예제

The elephant relies more on ① its sense of smell than ② for ③ any other ④ sense.

해석 코끼리는 다른 어느 감각보다도 후각에 더 의존한다.

해설 for → on

rely라는 자동사와 연결되는 표현인 'on + 명사'가 비교되고 있으므로 전치사 또한 on이 옳다.

(rely on its sense vs. rely on any other sense)

정답 ②

5 최상급

1. 최상급의 개념

셋 이상의 개체들 중에서 수·양·정도가 가장 많거나, 높거나, 좋은 것을 나타내는 표현을 최상급이라고 한다.

16-41

2. 최상급의 종류

(1) 기본형태 : 집단 한정 비교

16-42
경기대 2009
동국대 2007
경기대 2003
동국대 2001
고려대 2000

원칙적으로 최상급에는 정관사 the가 필요하며 그 범위를 표현할 때에는 'of + 복수가산명사' 또는 'in + 장소·범위'와 같은 전치사구 또는 'ever, could' 등을 이용한다.

the most the 최상급 +	in the world/ in the class/ of all/ among 복수명사 (셋 이상을 가리키는 집단) that ever 동사 (관계사절)

- **Among the three sisters,** Jennie is **the most** beautiful.
  세 여자 형제들 중에서 Jennie가 가장 아름답다.

- Clark is **the cleverest of all the boys.**
  Clark is the ~~cleverer~~ of all the boys. (×)
  Clark이 모든 학생들 중 가장 영리하다.

  > 셋 이상이 모여 있는 집단을 가리키는 'of all the boys, among the three sisters' 범위 어구가 최상급 the cleverest, the most beautiful을 수식하고 있다. all은 셋 이상을 가리키므로 둘 간의 비교인 비교급은 틀리다.

- He is **the tallest in the class.**
  그는 반에서 가장 키가 크다.

  > 셋 이상이 모여 있는 집단을 가리키는 'in + 장소·범위를 가리키는 명사' 범위 어구가 최상급을 수식하고 있다.

- He is **the wisest** man **that ever lived.**
  He is **the wisest** man (that) I've **ever seen.**
  He is the ~~wiser~~ man (that) I've ever seen. (×)
  지금껏 살았던 사람들 중에서 그가 가장 영리하다.

  > 부사 ever를 이용하여 최상급 형태를 만든 구문이다. 관계사절 안에서 ever가 있을 경우 비교급이 아니라 최상급이 옳다.

16-43

> **CHECK** | 'the most + -est' 형태는 중복 표현으로서 틀리다.
>
> - He is the ~~most~~ wisest man. (×)
> - John is the ~~most~~ cleverest of them. (×)

(2) 최상급에 정관사 the를 쓰지 않는 경우

최상급 앞에는 정관사 the를 붙이는 것이 원칙이지만, 아래의 경우에 있어서는 정관사 the를 붙이지 않는다.

16-44
단국대 2004

1) 동일인·동일물의 성질 간 최상급 비교를 할 경우

- **Of these lakes,** this one is **the deepest.** [집단 한정 비교]
  호수들 중에서 이 호수가 가장 깊다.

- This lake is **deepest** at this point. [동일물 비교]
  이 호수는 이 지점이 가장 깊다.

  > 두 문장을 비교해 보자. 첫 문장은 of these lakes라는 여러 호수들 중 가장 깊다는 집단 한정 비교로서 원칙에 따라 정관사 the가 위치한 경우이다. 두 번째 문장은 동일물인 호수 안에 있는 여러 지점 중 가장 깊은 곳을 말하므로 정관사 the을 붙이지 않는 것이다. 아래 예문도 마찬가지 맥락이다.

- She is **happiest** with us.
  그녀는 우리와 있을 때 가장 행복해 한다.

  cf. 비교급 비교를 이용한 동일인·동일물 성질 간 비교의 경우에는 형용사의 음절 수에 상관없이 'more + 원급 + than' 형태를 쓰게 되는 것과 혼동하지 말아야 한다. ★16-22 비교

16-45

2) 소유격의 수식을 받는 경우

'my, your, his' 등과 같은 소유격도 한정사이며 정관사도 한정사이므로, 소유격 뒤에 최상급이 위치할 경우에 한정사는 두 개를 동시에 쓰지 않는 원칙에 따라 정관사는 붙이지 않는다. ★14-17 참조

- Paul is **my best** friend.

  Paul is ~~my the~~ best friend. (×)

  Paul은 나의 최고의 친구이다.

  ▶ my라는 소유격(한정사) 뒤에는 정관사 the 없이 최상급 형태가 와야 한다.

3) 형용사가 아닌 부사의 최상급을 나타낼 경우

16-46

한국외대 2012

- The officer works (the) **hardest** in the office.

  그 직원이 사무실에서 가장 열심히 일한다.

  ▶ hard(열심히)라는 부사의 최상급을 나타내므로 정관사 없이 쓰였다. 단, 미국 영어에서는 정관사를 붙이기도 한다.

4) 서술적 용법의 형용사를 최상급으로 나타낼 경우

16-47

최상급의 형용사가 단독으로 형용사 보어로 쓰일 경우에는 정관사 없이 위치해도 상관없다.

- Winter is (the) **coldest**.

  겨울이 가장 춥다.

- It seems (the) **best** to return good for evil.

  악을 선으로 갚는 것이 최상으로 보인다.

  > cold라는 형용사의 최상급 형태가 is 동사의 보어로 쓰였으며, good이라는 형용사의 최상급 형태가 seems 동사의 보어로 쓰인 경우이므로 정관사 없이 최상급이 위치한 경우이다.

(3) 원급 · 비교급으로 최상급을 나타내는 구문

1) 최상급을 나타내는 원급 ★ 16-08 참조

16-48

> 부정주어 + so ~ as
> = as ~ as any (other) + 단수명사
> = as ~ as ever + 동사

- She is **the most diligent** in the group. [최상급 표현]

  = **No woman** in the group is **so** diligent **as** she.

  = She is **as diligent as any (other) woman** in the group.

  = She is **as diligent a woman as ever worked** in the group.
  She is as diligent as any (other) ~~women~~ in the group. (×)

  그녀는 그 그룹에서 가장 부지런하다.

  ▶ 원급을 이용한 최상급 구문에서 any (other) 뒤에는 단수명사만 위치해야 한다.

2) 최상급을 나타내는 비교급 ★ 16-36 참조

16-49

한성대 2010
이화여대 2008
경원대 2005
경희대 2004
전남대 2002
세종대 2002

> 비교급 + than any other + 단수명사
> = 비교급 + than (all) the other + 복수명사
> = 비교급 + than anyone/anything else
> = 부정주어 + 비교급 + than

- She is **the most diligent** in the group. [최상급 표현]

  = She is **more diligent than any other woman** in the group.

  = She is **more diligent than (all) the other women** in the group.

= She is **more diligent than anyone else.**

= **No woman** in the group is **more diligent than** she.

She is more diligent than (all) the other ~~woman~~ in the group. (×)

그녀는 그 그룹에서 가장 부지런하다.

▶ 비교급을 이용한 최상급 구문에서 (all) the other 이하에는 복수명사가 위치해야 한다.

· She is more diligent than any other ~~women~~ in the group. (×)

▶ 비교급을 이용한 최상급 구문에서 any other 이하에는 단수명사가 위치해야 한다.

· She is more diligent than ~~anyone~~. (×)

▶ 비교급 than 이하에 anyone, anything이 쓰일 경우, else가 추가적으로 반드시 필요하다.

3. 최상급 비교의 정도 표시

16-50
홍익대 2002

최상급의 비교 정도 표시 부사어들은 원급 · 비교급 구문처럼 최상급 약속 틀 바로 앞에 위치한다. 그러나 very의 경우 the very의 형태로 최상급을 수식한다. ★16-30 비교

---

much/ by far/ far and away + 최상급 (정말로/ 단연코 가장 ~한)

· This is **much the most interesting** story.

= This is **the very most interesting** story.

= This is **by far the most interesting** story.

This is ~~very the most~~ interesting story. (×)

This is ~~the much most~~ interesting story. (×)

이것은 단연코 가장 재미있는 이야기이다.

▶ much는 정관사 앞에서 최상급을 수식하지만, very는 정관사 뒤에서 the very의 형태로 최상급을 수식한다.

4. 최상급 관용표현

16-51

(1) **최상급 + but one(=the second + 최상급)** : 두 번째로 가장 ~한

· This is **the most expensive** watch **but one** in this shop.

= This is **the second most expensive** watch in this shop.

이 시계가 이 가게에서 두 번째로 가장 비싸다.

16-52

(2) **even + 최상급** : 아무리 ~한 것일지라도

단순 최상급일지라도 그 자체가 해석상 양보의 속성을 가질 수도 있다.

· **The most expensive** car will sometimes break down.

= **Even the most expensive** car will sometimes break down.

가장 비싼 차일지라도 때로는 고장 날 수 있다.

(3) 기타 관용표현

at (the) most 많아야, 기껏해야	at (the) best 기껏해야, 고작
at (the) least 적어도(=not less than)	at one's best 가장 좋은 상태에서
for the most part 대부분	do one's best 최선을 다하다
not in the least 전혀, 조금도(=not at all)	least of all 가장 시시한 것

· He is twenty **at (the) most.**
  그는 기껏해야 스무 살이다.

· We **did our best** to be polite to guests.
  우리는 손님들에게 최선을 다해 공손함을 보였다.

· I did **not in the least** expect to see you here.
  자네를 여기서 만날 줄은 전혀 예기치 않았네.

예제

He is taller than _____ in his class.
① anyone   ② anyone else
③ any boy   ④ all the boys

해석 그는 반의 어느 다른 학생보다 더 크다.

해설 비교급을 이용한 최상급 의미를 전달할 경우, '비교급 than any other + 단수명사 = 비교급 than (all) the other + 복수명사 = 비교급 than anyone else/ anything else' 구조를 취하며 ①은 else가, ③과 ④는 other가 생략되어 틀렸다.

정답 ②

1 비교의 의의 및 종류 ～ **2** 원급

01 Using a globe can be _____ it is educational.
① enjoyable   ② to enjoy as
③ as enjoyable   ④ as enjoyable as

02 ① Until Napoleon's dreams of empire led him ② into the land of the pharaohs, knowledge of egypt's past was ③ more obscure as the hieroglyphics ④ on its stone facades.

03 A: John, which hotel would you recommend?
B: Well, staying in this hotel costs _____ staying in that one.
① more than twice   ② as twice much as
③ as much as twice   ④ twice as much as
⑤ more twice than

04 ① Small amounts of some mineral are ② just ③ so important to the human system ④ as vitamins are.

01 ④

해석 공을 사용하는 것은 교육적인 것만큼 유쾌할 수 있다.

해설 두 개의 문장을 이어 주면서 앞 문장의 보어까지 설명할 수 있는 as ~ as 원급 형태가 옳다.

02 ③

해석 Napoleon의 제국에 대한 야망이 파라오의 땅으로 그를 인도할 때까지 이집트의 역사에 관한 지식은 바위 표면에 새겨진 상형문자들만큼이나 모호했다.

해설 more → as

이하에 as가 위치했으므로 비교급 more가 아닌 원급 as가 옳다.

어휘 hieroglyphic 상형문자   facade 정면

03 ④

해석 A: John. 어떤 호텔을 추천하고 싶니?

B: 글쎄. 이 호텔에 머무는 게 저 호텔에 머무는 것보다 두 배는 비용이 더 들어.

해설 배수사는 원급 'as ~ as' 바로 앞에 위치하는 것이 원칙이며 twice는 two times와 다르게 원급 비교에만 사용할 수 있다.

04 ③

해석 소량의 몇몇 미네랄은 비타민만큼이나 인체에 중요하다.

해설 so → as

'so ~ as' 원급 비교 형태는 부정문일 때 해당되며 긍정문일 때에는 'as ~ as' 형태가 옳다.

05   The power of wealth is much ① more great in those ② societies ③ that permit a
     ④ considerable inequality of wealth.

06   다음 중에서 어법상 맞는 것을 고르시오.
     ① There are so many guests for me to speak to them all.
     ② The library facilities will be available in more ten minutes.
     ③ How long do you think it will take finishing the job?
     ④ It would be wiser to leave it unsaid.
     ⑤ He departed from home early than before.

07   A: I think he is very wise.
     B: No, he is _____ than wise.
     ① kinder   ② more kind
     ③ more kindly   ④ so kind

08   Jackson is ① the most friendly of the twins, ② yet he has fewer friends than his
     brother who comes ④ very late to school ⑤ every day.

09   The more dangerous the animal, _____.
     ① the higher and sturdier the fence is
     ② the fence is the higher and sturdier
     ③ the higher and sturdier is the fence
     ④ the higher and sturdier the fence

05 ①　해석　부의 힘은 부의 상당한 불평등을 방치하는 저러한 사회에서 훨씬 더 강하다.

　　해설　more great → greater
　　great는 1음절이므로 more없이 -er을 추가하면 된다.

06 ④　해설　① them 생략
　　to의 목적어는 guests이므로 them을 생략해야 한다.
　　② more ten minutes → ten more minutes
　　수량형용사는 more이라는 성질형용사 앞에 위치하므로 ten more minutes가 되어야 한다.
　　③ finishing → to finish
　　'it will take + (사람) + 시간 + to부정사'의 평서문이 의문문과 결합되어, How long do you
　　think it will take to finish ~?로 쓰인 것이다. 따라서 finishing을 to finish로 고친다.
　　⑤ early → earlier
　　비교급 표시 장치 than 앞에 부사 early는 비교급 earlier가 되어야 한다.

07 ②　해석　A: 나는 그가 매우 현명하다고 생각해.
　　　　　　B: 아니야. 그는 현명하기보다는 친절하지.
　　해설　동일 인물(he)의 성질 비교는 음절 수에 상관없이 'more 형용사' 구문을 취한다.

08 ①　해석　Jackson은 쌍둥이 중에서 더 친절하지만 학교에 매일 너무 늦게 오는 그의 형보다 친구가 없다.

　　해설　the most → the more
　　둘을 대상으로 하는 집단 한정어구인 'of the two, of the twins, of A and B' 등이 위치한 비교 구문
　　은 'the 비교급' 형태를 취한다.

09 ④　해석　동물이 위험할수록 울타리는 그만큼 더 높고 튼튼해야 한다.
　　해설　the animal is dangerous + the fence is high and sturdy의 보어인 형용사 dangerous와 high
　　and sturdy를 'the 비교급'으로 만든 경우이다. the 비교급에서 be 동사는 생략이 가능하며 하나의 the
　　비교급에서 be 동사가 생략이 되면 나머지 the 비교급의 be 동사도 일관성 있게 생략되어야 한다.
　　* 현대영어에서 잘 지켜지지 않는 경우이므로, 다른 보기항을 보고 상대적인 선택을 하기 바란다.

10   Although both ① of them ② have tried ③ to get the grant, ④ neither has the
     ⑤ highest grades.

11   The more he ① kept up with ② exercises, the ③ more easy they ④ became and
     the better he felt.

12   ① Admirers of American ballet have made the claim that its ② stars can dance
     ③ as well or ④ better than the best of the Russian artists. ⑤ No Error.

13   ① Most of the telephone ② systems in Vietnam were installed ③ in the 50's and
     60's and are inherently ④ inferior than the modern systems already in use in
     Malaysia and Thailand.

14   In tests, their ① produce was ② far more superior ③ to the vegetables ④ available
     at the market.

10 ⑤　해석　비록 그들 둘 다 장학금을 타려고 노력했으나 둘 다 최고득점을 받지 않았다.

해설　highest → higher
최상급은 셋 이상을 전제로 하지만 비교급을 둘을 전제로 한다. 문장에서 두 사람(both)을 전제로 한 집단 한정 비교이므로 'the 비교급'이 옳다.

어휘　grant 보조금, 장학금

11 ③　해석　그가 운동을 하면 할수록 운동이 점점 더 수월해지고 그의 컨디션은 한결 더 좋아졌다.

해설　more easy → easier
'the 비교급 ~, the 비교급' 구문이며 easy는 -y로 끝나는 2음절이므로 어미에 변화만 주면 된다.

12 ③　해석　미국 발레를 추종하는 사람들은 미국 발레가들이 러시아의 최고 발레가들만큼 훌륭하거나 더 뛰어나다고 주장했다.

해설　as well → as well as
or라는 접속사에 의해서 'as well as' 원급 구문과 'better than' 비교급 구문이 병치되고 있으므로 일관성 있게 as가 추가되어야 한다.

13 ④　해석　베트남 대부분의 전화 시스템은 50년대와 60년대에 설치된 것들이며 말레이시아와 태국에서 이미 이용되는 현대 시스템보다 열등하다.

해설　inferior than → inferior to
라틴계 비교인 inferior, superior 등은 than과 결합하지 못하며 전치사 to와 결합한다.

14 ②　해석　테스트에서 그들의 농산물은 시장에서 살 수 있는 야채보다 더 우수했다.

해설　far more → far
라틴계 비교인 superior는 자체에 more의 개념이 있으므로 more를 삭제해야 한다.

15 다음 우리말을 올바르게 영작한 것은?

> 그녀의 언니가 미인인 것처럼 그녀도 미인이다.

① She is not as beautiful as her sister.
② She is not so much a beauty as her sister.
③ She is no less beautiful than her sister.
④ She is not more beautiful than her sister.

16 I don't suggest that he is negligent, still _____ that he is dishonest.
① more   ② less
③ better   ④ worse

17 You could stay ① at the big ② luxury hotels but the small hotels are ③ very more ④ reasonable.

18 My father likes ① total strangers ② as much, if not ③ more than his friends, his ④ colleagues.

19 다음 중 문법적으로 옳은 문장을 고르시오.

① The journey took very longer than we expected.
② I have no fountain pen to write.
③ He is as rich as or even richer than his brother.
④ This book is three times thicker as that.
⑤ He is three years junior than me but excels me in knowledge and wisdom.

15 ③ 해설 as ~ as 원급을 no와 than으로 바꿔주고, 원급 형태로 되어 있는 형용사와 반대되는 개념의 비교급 형용사로 바꿔주면 양자 긍정의 비교급 비교가 된다.
즉, She is no less beautiful than her sister. = She is as beautiful as her sister.이다.

16 ② 해석 나는 그가 태만하다고 말하지는 않는다. 그가 부정직하다고도 말하지 않는 것도 물론이다.
해설 '~은 말할 것도 없고' 구문은 주절이 긍정문일 경우 'much/ still/ even more' 형태를 취하여, 주절이 부정문일 경우 'much/ still/ even less' 구문을 취한다. 본문의 경우 주절이 부정문이므로 'much/ still/ even less'가 옳다.

17 ③ 해석 당신은 대형 고급 호텔에 머물 수 있지만 소형 호텔들이 훨씬 더 비싸지 않다.
해설 very → much
very는 원급을 수식할 뿐 비교급을 수식할 수 없으므로, much가 옳다.

18 ② 해석 나의 아버지는 낯선 사람을 친구보다는 아닐지라도 동료만큼은 좋아한다.
해설 as much → as much as
원급과 비교급이 공존하는 구문일 경우 원급의 비교 약속 틀인 as ~ as가 생략되어서는 안 된다. 따라서 as much as 형태가 완성되어야 한다.

19 ③ 해설 ① very → much
비교급은 very가 아니라 much가 수식할 수 있다.
② to write → to write with
to부정사구가 후치 수식하여 pen을 수식하는 형태로서 '~을 가지고 쓰다'라는 경우에 write 동사는 자동사로서 전치사 with와 결합한다.
④ thicker as → as thick as
비교급 '-er'은 as와 결합할 수 없다.
⑤ than → to
라틴계 형용사인 junior는 than과 결합하지 못하며 전치사 to와 결합한다.

20 I was disappointed to find that most of my friends were _____ working here.

① any longer
② not more
③ no longer
④ not longer

21 Many company employees say they are ① <u>too busy to study</u> English now, but if they do not study it now, they ② <u>will have to spend</u> more time ③ <u>latter</u> when it becomes ④ <u>even</u> more urgent for their job.

22 우리말을 영어로 옮긴 것 중 옳지 못한 것은?

① 인생이 깊고 강해지기 위해 슬픔과 접촉하고 또 슬픔으로 완화시켜야 한다.
  → Life, to be deep and strong, must be touched and tempered by sadness.
② 나의 자식들이 그들의 피부색에 의해서가 아니라 그들의 인격에 따라 평가되는 나라에서 살게 될 날이 올 것이라는 꿈이 나에게는 있습니다.
  → I have a dream that my children will one day live in a nation where they will be judged not by the color of their skin but by the content of their character.
③ 자본주의는 사람들로 하여금 남들의 욕구를 창조적으로 충족시키도록 유도함으로써 기능한다.
  → The way capitalism does work is by inducing people to satisfy the appetites of others in imaginative ways.
④ 나는 문명이 인간의 마음을 누그러지게 하기보다는 무감각하게 했다고 말하겠다.
  → I would say that civilization has not hardened men's hearts any more than it has softened them.

23 Choose the one which is acceptable for standard written English.

① The population of Seoul is very larger than that of London.
② This book is worth reading careful.
③ They wouldn't let me to attend to the anniversary.
④ The higher the tree is, the stronger is the wind.

20 ③

해석 나는 대부분의 내 친구들이 여기서 더 이상 일하지 않는다는 사실을 알고서 실망했다.

해설 '더 이상 ~하지 않다'라는 표현은 no longer 또는 not any longer 표현을 쓴다.

21 ③

해석 많은 회사 직원들은 지금 영어 공부를 하기에는 너무 바쁘다고 말을 한다. 그러나 지금 공부를 하지 않는다면, 나중에 그 것이 그들의 업무에 보다 더 긴급해지게 될 때 더 많은 시간이 걸릴 것이다.

해설 latter → later

latter는 '(순서상) 뒤의, 후반의'란 뜻이며, later는 '(시간상) 더 늦게, 나중에'라는 뜻이다. 문맥상 후자 가 옳다.

22 ④

해설 문장 전체 → I would say that civilization has hardened men's hearts rather than it has softened them.

A not B any more than C ~ D (=no more ~ than) 구문은 'A가 B가 아니라는 것은 C가 D가 아니라는 것과 마찬가지이다'라는 표현이므로 주어진 한글의 문장과 다르다. 따라서 'B라기 보다는 A'라 는 A rather than B 표현이 옳다.

어휘 temper 완화시키다, 누그러뜨리다   appetite 식욕, 욕구

23 ④

해설 ① very → much

very는 원급 형용사·부사를 수식하므로 비교급 형태의 형용사·부사를 수식하는 much가 옳다.

② careful → carefully

read는 이 문장에서 자동사 기능을 이용한 동명사 구문으로 쓰인 형태이므로 부사가 옳다.

③ to attend → attend

let 사역동사의 목적보어는 목적어와 목적보어의 관계가 능동이면 동사원형을 쓰고, 수동의 관계라면 be p.p. 형태를 취한다. 또한 attend 동사는 '참석하다'라는 뜻이면 타동사, '주의하다'라는 뜻이면 자 동사로서 전치사 to를 수반한다.

4 비교 대상의 병치

24 The public promises of the ruling party _____.

① are as bad as or worse than the opposition party.

② are as bad or worse than the opposition party.

③ are as bad as or worse than those of the opposition party.

④ is as bad or worse than the opposition party.

25 They ① were both fine, honest people; and their children were ② all modest, gentle and wise. I ③ have never seen a more united family than ④ them.

26 Hal's new ① sports car ② costs much ③ more than ④ his friend Joel.

27 다음 우리말을 영작한 것 중 옳은 것은?

한국의 인구는 필리핀의 인구보다 훨씬 많다.

① The population of Korea is much more than that of the Philippine.

② The population of Korea is much larger than that of the Philippine.

③ Korean people are much more than the Philippine people.

④ The population of Korea is much bigger than those of the Philippine.

28 The soldier said ① firmly that he would ② rather kill himself ③ than ④ surrendering to the enemy.

24 ③

해석　집권 여당의 공약들이 야당의 공약들만큼 나쁘거나 더 나쁘다.

해설　원급과 비교급이 공존하는 비교 구문이므로 원급의 약속 틀인 'as ~ as'가 생략되면 안 되며 비교 대상은
공약들(promises)과 공약들(those)이어야 한다.

어휘　the ruling party 여당

25 ④

해석　그들은 훌륭하고 정직한 사람들이었고 그들의 아이들은 모두 겸손하고 상냥하고 똑똑했다. 나는 그들보다 더 화목한
가족을 결코 본 적이 없다.

해설　them → theirs
비교 대상은 'a ~ family'와 '그들의 가족(their family = theirs)'이므로 소유대명사가 옳다.

26 ④

해석　Hal의 새 스포츠카는 그의 친구 Joel의 것보다 값이 더 나간다.

해설　his friend Joel → his friend Joel's
비교 대상은 Hal의 스포츠카와 Joel의 스포츠카이므로 독립소유격 형태가 옳다.

27 ②

해설　① population(인구)은 그 정도를 나타낼 때 many와 much 등을 쓰지 않으며, large와 small로 그
정도를 표시한다. 따라서 many와 much의 비교급 형태인 more는 틀린다.
④ 비교 대상은 the population이므로 단수 형태인 that이 옳다.

28 ④

해석　그 군인은 적에게 항복을 하느니 차라리 자살하겠노라고 단호하게 말했다.

해설　surrendering to → surrender to
would rather A than B 구문으로 kill이 동사원형이므로 병치되는 대상도 동사원형이어야 한다.

어휘　surrender 항복하다

29 Helium is _____ all gases to liquefy and is impossible to solidify at normal
air pressure.
① most difficult   ② more difficult of
③ the most difficult of   ④ more than difficult

30 ① Of the three plants he had in his apartment, only the vine, ② which is ③ the
hardier, ④ long-lived through the autumn.

31 Of all ① social problems, housing shortage continues ② to be ③ a most significant
in its daily impact ④ on household affairs.

32 We needed ① hundreds of pens for the assembly, ② so we bought the
③ less expensive ④ ones we could find.

33 When ① completed, the new plant ② will be the ③ larger facility of ④ its kind in the
nation.

34 The researchers finally came ① to know that the lake was ② the deepest at the
spot ③ where ④ they were trying ⑤ to measure its contamination.

35 Some consider Las Vegas _____ city in the world to live in.
① worse   ② the worse
③ worst   ④ the worst

29 ③

해석　헬륨은 모든 기체 중에서 가장 액화되기가 힘들며 정상적인 기압에서 응결시키는 것은 불가능하다.

해설　최상급에는 정관사 the를 위치시키며 최상급의 범위는 'of + 복수가산명사'라는 집단 한정 어구가 자주 위치한다.

어휘　liquefy 액화되다　solidify 굳어지다

30 ③

해석　그의 아파트에서 키우는 세 개의 식물들 중에서 가장 강한 담쟁이만이 가을 동안에 오래 살아남았다.

해설　the hardier → the hardiest
　　　셋 이상을 전제로 하므로 최상급 형태가 옳다.

31 ③

해석　모든 사회 문제 중에서 주택 부족이 가정사에 미치는 일상 영향에서 가장 중대해지고 있다.

해설　a → the
　　　all은 셋 이상을 전제로 하며 'of all social problems'라는 집단 한정 어구가 있으므로, 최상급이 필요하다. 또한 최상급에는 정관사 the가 필요하다.

32 ③

해석　우리는 집회에 수백 개의 펜이 필요하여 찾을 수 있는 한 가장 저렴한 펜들을 구입했다.

해설　less → least
　　　최상급의 형태는 'the 최상급 + 명사 + (that) can' 구문을 취한다. 따라서 최상급 형태인 least가 옳다.

33 ③

해석　새 공장이 완성되면 그 나라에서 가장 큰 설비가 될 것이다.

해설　larger → largest
　　　집단을 가리키는 'in + 장소·범위를 가리키는 명사(in the nation)' 범위 어구가 최상급을 수식하고 있다.

34 ②

해석　조사단원들은 오염도를 측정하려고 했었던 그 지점에서 이 호수가 가장 깊다는 사실을 마침내 알게 되었다.

해설　the deepest → deepest
　　　최상급은 정관사를 두는 것이 원칙이지만 동일물인 호수 안에 있는 여러 지점 중 가장 깊은 곳을 말하므로 정관사 the을 붙이지 않는 것이다.

35 ④

해석　어떤 사람들은 라스베이거스를 지구에서 가장 살기 나쁜 도시로 생각한다.

해설　빈칸 이하에 in the world가 위치했는데 지구에 존재하는 도시는 당연히 세 개 이상이다. 따라서 최상급이 옳다. 또한 in the world라는 후치 수식을 받으므로 정관사로 한정되어야 한다.

36 Choose the one that is grammatically correct.

① Seoul is larger than any city in Korea.

② The two first days of the week are Sunday and Monday.

③ Many a boy have to join the army.

④ I like her all the better for her honesty.

37 다음 중 의미가 다른 하나는?

① Nothing in life is so important as health.

② Health is the most important thing in life.

③ Nothing is more important than health in life.

④ Health is as important as some other things in life.

⑤ Health is more important than any other thing in life.

38 Choose the one that is NOT grammatically correct.

① This is the very cleanest park around here.

② She spends the most of her time traveling.

③ It was the worst earthquake ever recorded.

④ He is as sincere as any man in the world.

39 다음 중 어법상 틀린 문장은?

① The river is deepest here.

② He is taller than any other boy in his class.

③ Nothing is so precious than time.

④ Of gold and silver, the former is the more precious than the latter.

40 다음을 영어로 가장 적절히 옮긴 것은?

> 둘 중에서 그는 더 비싼 것을 택했다.

① Of the two, he chose the more expensive.

② Of the two, he chose the most expensive one.

③ Of the two, the more expensive one was his favorite.

④ Of the two, he chose the one with the highest price.

⑤ Of the two, the expensiver one was given choice by him.

36 ④ 해설 ① any city → any other city
‘비교급 + than + any other 단수명사’ 구문이므로 other가 빠져서는 안 된다.
② The two first → The first two
‘관사 + 서수 + 기수’의 어순이므로 the first two의 어순이 옳다.
③ have → has
many a 단수명사는 단수 취급해야 옳다.

37 ④ 해설 ①, ③ 부정주어를 이용한 원급·비교급 구문은 최상급을 의미한다.
② 집단을 가리키는 ‘in + 장소·범위를 가리키는 명사’ 범위 어구가 최상급을 수식하고 있다.
④ 단순 원급 비교 (삶에 있어 건강은 다른 것들만큼 중요하다.)이므로 나머지 선택지 문장 (삶에 있어
건강보다 중요한 것은 없다.)과는 차이가 있다.
⑤ ‘비교급 + than any other 단수명사’ 또한 최상급을 의미한다.

38 ② 해설 the most → most
most가 최상급이 아닌 ‘대부분’의 의미로 쓰일 경우에는 관사 없이 쓰인다.

39 ③ 해설 문장 전체 → Nothing is more precious than time. 또는 Nothing is so precious as time.
than이 등장했으므로 비교급 형태인 ‘more ~ than’을 활용한다. 주어가 부정어인 nothing이므로,
원급인 ‘so ~ as’를 활용해도 무방하다.

40 ① 해설 ② the most expensive one → the more expensive (one)
둘을 전제로 하므로 비교급이 옳다.
③ favorite은 ‘가장 좋아하는’이라는 뜻으로 ‘둘 중에서’와 논리적으로 결합이 불가능하다.
④ the highest → the higher
②와 마찬가지 논리이다.
⑤ the expensiver → the more expensive
expensiver라는 비교급 형태는 쓰지 않는다.

GRAMMAR
HUNTER

GRAMMAR
HUNTER

Chapter

17 명사

17-01

❶ 명사의 종류 및 기능

명사는 광의적으로 분류를 한다면 가산명사(셀 수 있는 명사; countable noun)와 불가산명사(셀 수 없는 명사; non-countable noun)로 분류할 수 있다.

1. 가산명사

(1) 종류

1) 보통명사(Common Noun)

일정한 형체를 가지고 있으며 같은 종류에 속하는 개체를 가리키는 경우로서, cat, car, bird, rose, ball, house, friend 등과 같은 명사들을 말한다.

2) 집합명사(Collective Noun)

개개의 사람이나 물건들이 합쳐져서 이루어진 집합체를 가리키는 경우로서, family, audience 등과 같은 명사들을 말한다.

(2) 기능

1) 부정관사 'a(n)'나 수사, 부정수형용사와 함께 쓰인다.

a friend   one friend   many friends

2) 복수형을 만들 수 있다.

friends   families

2. 불가산명사

(1) 종류

1) 물질명사(Material Noun)

일정한 형체가 없는 재료(metal), 음식(sugar), 액체, 기체 등을 말한다.

2) 추상명사(Abstract Noun)

구체적인 형체가 없는 추상적인 관념을 나타내는 beauty(미), peace(평화), love(사랑) 등을 말한다.

3) 고유명사(Proper Noun)

Peter, BMW, Seoul과 같은 특정 사람·사물의 고유 이름을 말한다.

(2) 기능

1) 부정관사 'a(n)'나 수사, 부정수형용사와 함께 쓰일 수 없다.

   an information (×)   many informations (×)

2) 부정양형용사 또는 조수사와 함께 쓰일 수 있다.

   much information   a piece of information

3) 복수형을 만들 수 없다.

   informations (×)

☑ 가산명사

1. 보통명사

17-02

보통명사는 girl, boy, book, tree, teacher, month, event, crime 등과 같이 공통된 이름으로 부를 수 있는 명사를 말하며, 어떤 명사가 보통명사인지에 대한 구분 여부는 전혀 중요하지 않고 관사와 부정수형용사와의 수식 여부 등만 이해하면 족하다.

17-03

한국외대 2008
세종대 2008
서울여대 2006
대구대 2005
세종대 2001

> **CHECK | 시험에 출제된 가산명사**
>
> 가산명사가 단수일 경우 앞에 반드시 한정사(a, the, my, this 등)가 있어야 하며 한정사가 없다면 복수 형태로 쓰여야 한다.
>
> | 종류 | deal, condominium, computer, form, general 장군, peace movement 평화운동, rate, type, plow |
> |---|---|
>
> · They made **a deal** to sell these products abroad.
>   They made **deals** to sell these products abroad.
>   They made ~~deal~~ to sell these products abroad. (×)
>   그들은 해외에 이 상품을 판매하겠다는 계약을 체결했다.
>
>   ▷ deal(계약)은 가산명사이므로 단수일 경우 앞에 한정사(부정관사 a)가 꼭 있어야 한다. 다음 문장도 마찬가지 맥락이다.
>
> · They only pay tax at **a rate** of 5%.
>   그들은 5%의 비율로 세금을 낼 뿐이다.

2. 집합명사

집합명사는 ① Family 형 집합명사, ② the Police 형 집합명사, ③ People 형 집합명사로 구분할 수 있다.

(1) Family 형 집합명사

17-04

1) 개념 및 종류

개념	개개의 사람이나 물건들이 합쳐져서 이루어진 집합체를 가리킨다.
종류	committee 위원회 group 그룹 community 지역사회 family 가족 audience 청중 staff 직원 attendance 출석자 class 학급 nation 국민 team 조, 팀

2) 기능

고신대 2000

① 집합체를 하나의 단일체로 간주할 수 있다.

집합체를 가리키는 명사를 하나의 단일체로 간주하여 보통명사처럼 부정관사를 붙일 수 있고, 복수 형태도 가능하다.

- **My family is** very large.
  내 가족은 대가족이다.

- **This committee consists** of incapable persons.
  이 위원회는 무능한 자들로 구성되어 있다.

  ▶ 가족·위원회라는 집합체 자체를 가리키는 경우이다.

- **One hundred families dwell** in this apartment.
  100세대가 이 아파트에서 산다.

  ▶ 가족이란 집합체 자체의 복수 형태이다.

성균관대 2013
한국외대 2009
고려대 2009
국민대 2007
고려대 2004

② 집합체를 구성하는 구성원들을 전제로 할 수 있다.

이러한 경우 집합명사의 형태 자체는 단수일지라도 복수 취급을 받게 되므로 복수동사를 이끈다. 이는 해석상의 구분이다.

- **The family were** very angry at the scene.
  가족 (구성원들)은 그 모습에 매우 화가 났다.

- **The audience were** greatly moved.
  청중 (구성원들)은 크게 감동받았다.

  > family, audience 명사들은 형태상으로는 단수일지라도 문장의 해석에 따라서 그 집합체의 구성원 하나하나를 설명할 경우에는 복수 취급을 한다. 가족의 구성원들이 화가 났다는 것이며, 청중의 구성원들이 감동을 받은 것이다.

17-05

인천대 2000

(2) the Police 형 집합명사

개념	개개의 사람이나 물건들이 합쳐져서 이루어진 집합체라는 점은 일반 집합명사와 같지만, 정관사 the가 흔히 수반되며 동사의 수는 복수 취급을 받는다. 단, the public(대중), the press(언론)는 단수 취급한다.	
종류	the police 경찰　　the jury 배심원단　　the peasantry 소작민 the clergy 성직자들　　the aristocracy 귀족	+ 복수동사

- **The police have** caught the swindler.

  The police has caught the swindler. (×) [the police는 복수 취급]
  경찰은 그 사기꾼을 체포했다.

17-06

> **CHECK** | 경찰관은 policeman(복수는 policemen)을 사용한다.
>
> - A policeman **has** caught the swindler.
> - The policeman **has** caught the swindler.
> - The policemen **have** caught the swindler.

(3) People형 집합명사

개념	개개의 사람이나 물건들이 합쳐져서 이루어진 집합체라는 점은 일반 집합명사와 같지만, (부)정관사가 위치하지 않으며 동사의 수는 복수 취급을 받는다.	
종류	people 사람들　cattle 소떼　fish 물고기 떼	+ 복수동사

· There **were many people** in the street.
　There ~~was a~~ people in the street. (×)
　그 거리에 많은 사람들이 있었다.

　▷ people이 '사람들'이란 뜻으로 쓰였을 경우에는 부정관사가 위치하지 않으며 동사 또한 복수 취급을 한다.

· The Koreans are **an** industrious **people**.
　한국인들은 근면한 민족이다.

　▷ 문장에서 people이 '민족'이란 뜻으로 쓰여서 일반적인 가산명사로 취급되기 때문에 부정관사가 위치한 것이다.

CHECK |

사람 개개인을 표시할 때에는 person을 사용하며, person의 복수는 'persons = people'이다.

· I saw a **person**.
　나는 한 사람을 보았다.

· I saw **two persons**. (=I saw **two people**.)
　나는 두 사람을 보았다.

예제

In the early days of Rome, cattle _____ for money.

① was used　　　　　　② were used
③ can be used　　　　　④ had been used

해석　로마 초기 시대에는 소는 돈으로 사용되었다.
해설　cattle은 (부)정관사를 두지 않고 복수 형태를 취하지도 않지만 동사의 수는 복수 취급을 받는다. 또한 'in the early days of Rome(로마 초기 시대)'이라는 과거시제를 이끄는 부사가 왔으므로 ③, ④는 틀리다.
정답　②

❸ 불가산명사

1. 물질명사

17-09
중앙대 2009
고려대 2007
한양대 2004

(1) 개념 및 종류

개념	재료, 액체, 기체, 원소 등을 나타내는 물질명사인 불가산명사와 집합을 나타내는 집합적 물질명사인 불가산명사들은 부정관사 · 부정수형용사의 수식을 받을 수 없으며 복수 형태가 불가능하다. ★ 14-22 참조
종류	**순수 물질명사** 재료: wheat stone wood hair 금속: gold silver 원소: hydrogen 수소 oxygen 산소 nitrogen 질소 기체: steam smoke lightning 번개 음식: food rice meat fish 먹는 생선 회 flora 식물
	집합적 물질명사 (매우 중요) baggage(=luggage) 수화물 equipment 장비 furniture 가구 clothing 의류 machinery 기계 mail 우편물 stationery 문구류 pottery 자기류 rubbish 쓰레기 jewelry 보석류 poetry 시 scenery 풍경 weaponry 무기류 merchandise 상품 traffic 교통량 produce 농산물 money 돈 cash 현금

- He need not buy (much/ a little) **furniture**.

  He need not buy ~~furnitures~~. (×)

  그는 (많은/ 적은) 가구를 살 필요가 없다.

- My parents took (a lot of/ some) **baggage**.

  My parents took (~~many/ a few~~) ~~baggages~~. (×)

  나의 부모님들은 (많은/ 약간의) 짐을 가지고 갔다.

  > furniture, baggage는 불가산명사이므로 복수 형태가 불가능할 뿐만 아니라 many라는 복수가산명사를 수식하는 부정수형용사의 수식을 받을 수 없다.

17-10
광운대 2012
성균관대 2010
국민대 2007

(2) 물질명사의 양 표시

물질명사는 불가산명사이기 때문에 부정관사를 쓰지 않으며 복수의 개념이 존재하지 않지만, 그 정도나 양은 'much, little' 같은 부정양형용사나 'a bottle of' 같은 조수사를 이용하여 나타낼 수 있다. ★ 14-23~24 참조

부정양형용사와 부정 수량 공통 형용사	much, (a) little, a great deal of, some, any, no, plenty of, a lot of, lots of	
조수사	**a loaf of** bread 빵 한 덩어리 **a piece of** paper 종이 한 장 **a glass of** water 물 한 잔 **a bottle of** wine 와인 한 병 **a slice of** pizza 피자 한 조각	**an acre of** land 1에이커의 땅 **an ear of** corn 옥수수 한 개 **a crash of** thunder 천둥 한 차례 **a flash of** lightening 번개 한 차례 **a suit of** clothing 의류 한 점

- The player wanted to drink **two glasses of water**.

  운동선수는 두 잔의 물을 원했다.

- The player wanted to drink **some water**.

  운동선수는 마실 약간의 물을 원했다.

  The player wanted to drink two ~~waters~~. (×)

  The player wanted to drink two glasses of ~~waters~~. (×)

  > water는 물질명사로서 수를 셀 수 없는 불가산명사이므로 'a glass of' 같은 조수사나 'some' 같은 부정 수량 공통 형용사의 수식을 받을 뿐 복수명사 형태로 쓰일 수 없다.

2. 추상명사

(1) 개념 및 종류

17-11

경기대 2008
국민대 2007
성신여대 2007
아주대 2006

개념	구체적인 형태가 없는 성질·상태 및 동작·일반적 관념 등을 나타내는 명사를 추상명사라고 하며 모든 불가산명사들과 마찬가지로 부정관사와 부정수형용사의 수식을 받지 못하며 복수 형태가 불가능하다. ★ 14-22 참조
종류	kindness 친절 bravery 용기 honesty 정직 freedom 자유 importance 중요성 ability 능력 beauty 미 contrast 대조 knowledge 지식 peace 평화 information 정보, 지식 courage 용기 news 뉴스 evidence 증거 progress 발전 permission 허가 weather 날씨 music 음악 homework 숙제 starvation 기근

(2) all + 추상명사 = 추상명사 + itself = very + 형용사 : 매우 ~한

17-12

국민대 2008

'all + 추상명사' 또는 '추상명사 + itself' 구문은 '매우 ~한'이라는 형용사 기능을 가지게 된다.

> ① all beauty = beauty itself = very beautiful 매우 아름다운
> ② all attention = attention itself = very attentive 매우 주의 깊은
> ③ all diligence = diligence itself = very diligent 매우 부지런한
> ④ all kindness = kindness itself = very kind 매우 친절한
> ⑤ all confidence = confidence itself = very confident 매우 자신에 찬
> ⑥ all anxiety = anxiety itself = very anxious 매우 걱정하는

cf. 'all + 복수명사'는 '매우 ~한'이란 뜻을 가지는 경우가 있다.

　all ears 경청하는　　all eyes 예의 주시하는　　all smiles 희색이 만연한　　all thumbs 서투른

- Angelina Jolie is **all beauty**. [all + 추상명사]
  = Angelina Jolie is **beauty itself**. [추상명사 + itself]
  = Angelina Jolie is **very beautiful**. [very + 형용사]
  Angelina Jolie는 매우 아름답다.

(3) have the 추상명사 + to부정사 = be 형용사 enough to부정사 : ~하게도 ~하다

17-13

경원대 2005

'have the 추상명사 + to부정사' 구문은 '~하게도 ~하다'라는 뜻을 가지며 이 경우 정관사 the를 생략하면 안 된다.

- The reporter **had the kindness to tell** me much information.
  = The reporter **was kind enough to tell** me much information.
  The reporter had ~~kindness~~ to tell me much information. (×)
  그 기자는 친절하게도 나에게 많은 정보를 말해줬다.

  ▶ to tell me ~라는 to부정사구의 후치 한정수식을 받으므로 정관사 the가 위치해야 한다.

(4) of + 추상명사 = 형용사(구)

'of + 추상명사'는 형용사 기능을 가지게 되며 불가산명사이므로 부정관사가 위치하면 안 된다. 부정 형태는 'of no + 추상명사' 형태를 가지게 된다.

① of use = useful 쓸모 있는	of no use = useless 쓸모없는
② of ability = able 능력 있는	of little use 거의 쓸모가 없는
③ of beauty = beautiful 아름다운	of no importance 시시한, 하찮은
④ of importance = important 중요한	= of no consequence
⑤ of help = helpful 유용한	= unimportant
⑥ of consequence = consequential 중요한	

- The telephone is **of use** in this town.
  전화기는 이 마을에서 유용하다.

- The telephone is **of little use** in this town.
  이 마을에서 전화는 크게 소용없다.

- This is a case **of importance**.
  = This is an **important** case.
  이는 중요한 사안이다.

(5) 기타 전치사 + 추상명사 = 부사(구)

'전치사 + 추상명사'는 부사 기능을 하게 된다.

① at	at random 무작위로 at will 마음대로 at leisure 서두르지 않고
② by	by chance 우연히(=by accident) by luck 운 좋게 by design 고의적으로
③ in	in particular 특히나 in safety 안전하게 in haste 서둘러서 in confidence 비밀리에 in public 공공연히
④ on	on purpose 고의적으로 on occasion 이따금씩 on the contrary 정반대로
⑤ to	to excess 지나치게 to the full 충분히 to the point 적절히 to one's sorrow 슬프게도 to one's joy/ delight 기쁘게도 to one's surprise/ shock/ astonishment 놀랍게도
⑥ with	with kindness 친절히 with ease 쉽게 with difficulty 어렵게 with success 성공적으로 with confidence 자신 있게 with rapidity 신속히 with impunity 처벌받지 않고
⑦ without	without doubt 틀림없이 without fail 반드시 without intention 무심코

- Pia performed well **in particular**.
  Pia가 특히나 공연을 잘했다.

- **To my surprise**, a policeman shot a murderer.
  놀랍게도 경찰관이 살인범에게 총격을 가했다.

(6) 추상명사의 양 표시

17-16

추상명사는 불가산명사이기 때문에 부정관사를 쓰지도 않고 수의 개념이 존재하지 않는다. 따라서 물질명사와 마찬가지로 '부정양형용사' 또는 '조수사'를 이용해 그 정도와 양을 나타낸다. ★ 14-23~24 참조

국민대 2010
국민대 2007
경희대 2005
세종대 2005
경기대 2005
중앙대 2003

부정양형용사와 부정 수량 공통 형용사	much, (a) little, a great deal of, some, any, no, plenty of, a lot of, lots of	
조수사	**a piece of** information 한 가지 정보 **a stroke of** luck 한 가지 행운 **a fit of** anger 한 차례 분노	**a piece of** news 한 가지 소식 **a word of** abuse 한 차례 욕 **a bolt of** thunder 한 차례 천동

· **Much news** is surprising to many people.
많은 뉴스가 많은 사람들을 놀라게 한다.

· **A piece of news** is surprising to many people.
뉴스 하나가 많은 사람들을 놀라게 한다.

· **Two pieces of news are** surprising to many people.
~~A few~~ news are surprising. (×)
~~Many~~ news are surprising. (×)
두 가지 소식이 많은 사람들을 놀라게 한다.

> news는 추상명사라는 불가산명사이므로 복수가산명사를 수식하는 a few/ many의 수식을 받을 수 없으며, 그 자체로서는 무조건 단수 취급한다. 단, 조수사의 수식을 받을 경우 그 조수사가 복수일 경우 동사의 수는 복수가 가능하다.

3. 고유명사

17-17A

개념	인물·지명·서적·천체·달·요일과 같은 '고유한 사람·장소의 이름'으로 쓰이는 명사를 의미하며 첫 글자를 대문자로 쓰고 원칙상 부정관사를 붙이지 않으며, 복수 형태가 존재하지 않는다.
종류	Lincoln(인물) Washington, Busan(지명) Times(서적) Mountain Sorak(산) July(월) Saturday(요일)

· **Hitler** killed himself in 1945.
~~A Hitler~~ killed himself in 1945. (×)
Hitler는 1945년도에 자살했다.

▷ Hitler 실존했던 특정인물인 고유명사이므로 부정관사가 올 수 없다.

17-17B

CHECK | 불가산명사의 통칭적 표현

일반적인 대표로서 불가산명사를 사용할 경우 관사 없이 불가산명사만 표기한다.

· **Rice** is the main crop grown in the area.
~~The rice~~ is the main crop grown in the area. (×)
쌀은 그 지역에서 재배되는 주요 곡물이다.

▷ 불가산명사인 rice가 예문에서 일반적인 쌀을 말하고 있기 때문에 관사 없이 나와야 한다.

---

4 불가산명사의 가산명사화

1. 문제의 소재

하나의 명사가 가산명사와 불가산명사 두 가지 기능을 하는 명사들이 있다. 물질명사 · 추상명사 · 고유명사는 부정관사를 붙이지 못하며, 복수형으로도 사용될 수 없는 것이 원칙이지만, 문맥과 경우에 따라서 몇몇 불가 산명사가 '구체적인 경우와 사례'를 의미하여 뜻이 달라지는 경우에는 가산명사 기능을 가지게 되어 부정관 사를 붙이거나 복수 형태를 취할 수 있다.

2. 가산명사화

① 물질명사의 가산명사화	glass 유리 – a glass 유리잔 – glasses 안경 paper 종이 – papers 신문, 서류 stone 돌 – a stone 돌멩이 fire 불 – a fire 화재
② 추상명사의 가산명사화	reserve 보류, 예비 – a reserve 비축물, 예비물 beauty 미 – a beauty 미인 kindness 친절 – a kindness 친절한 행위 success 성공 – a success 성공작, 성공한 사람 failure 실패 – a failure 실패작, 실패한 사람 authority 권위 – a authority 권위자 – authorities 당국 chance 우연 – a chance 기회, 가능성, 모험

· Many of the children wear **glasses**.
아이들 중 상당수가 안경을 낀다.

· Eva Green is **a beauty**.
Eva Green은 미인이다.

▶ glasses, a beauty가 '유리, 미'가 아니라 '안경, 미인'이라는 뜻으로 쓰이면 가산명사 기능을 한다.

· The mother has done me **a few kindnesses**.
어머니가 나에게 몇 차례 친절한 행위를 베푸셨다.

▶ kindness가 불가산명사로서는 '친절'이란 뜻이지만, 가산명사로서는 '친절한 행위'라는 뜻을 가지게 된다.

> **CHECK |　고유명사의 가산명사화**
>
> · He bought **a BMW** two years ago.
> 그는 2년 전에 BMW 차 한 대를 구매했다.
>
> ▶ BMW라는 회사 이름의 고유명사가 아니라 BMW의 제품을 의미할 때에는 복수 형태와 관사를 취할 수 있다.
>
> · My husband is **a Hitler**.
> 내 남편은 Hitler 같은 사람이다.
>
> Hitler는 고유명사이지만 자신의 남편이 마치 Hitler처럼 가정에서 악명을 떨치는 사람임을 비유적으로 표현하려고 부정관 사를 위치한 것이다.

⑤ 명사의 수

1. 규칙 변화

17-21

(1) 어미가 '자음 + y'인 경우 　→ y를 i로 고치고 es를 붙인다.	army → armies　baby → babies　city → cities　fly → flies
	cf. 어미가 '모음 + y'로 끝나면 s만 붙인다.　boy → boys
(2) 어미가 s, ss, ch, sh, x인 경우 　→ es를 붙인다.	bus → buses　box → boxes
	cf. 무성음인 p, t, k, f, e 뒤에는 s만 붙인다.　stomach → stomachs
(3) 어미가 f, fe인 경우 　→ ves로 변한다.	leaf → leaves　half → halves　wife → wives
	cf. roof → roofs, chief → chiefs와 같은 예외도 있다.
(4) 자음 + o의 어미는 es를 붙이며, 　모음 + o의 어미는 s를 붙인다.	hero → heroes　potato → potatoes　volcano → volcanoes audio → audios　radio → radios
	cf. piano → pianos, photo → photos와 같은 예외도 있다.

2. 불규칙 변화

17-22

(1) 어미가 불규칙하게 변하는 경우

child → children　brother 수도사 → brethren　ox 황소 → oxen

(2) 모음이 불규칙하게 변하는 경우

성균관대 2006
단국대 2001

man → men	woman → women	tooth → teeth	mouse → mice
foot → feet	goose → geese	louse 이 → lice	

· He's six **feet** tall, with blonde hair.
  He's six ~~foots~~ tall, with blonde hair. (×)
  그는 키가 6피트이며 금발이다.

▶ 위에 열거한 명사들은 어미에 's'를 위치시키는 것이 아닌 모음 자체가 변화하게 된다.

(3) 단 · 복수의 형태가 동일한 경우

동덕여대 2010
아주대 2005
세종대 2002

salmon 연어	swine 돼지	sheep 양	series 일련, 연속	species 종
corps 군단	means 수단	aircraft 항공기	Japanese, Chinese, Vietnamese	

· **A species** of birds **is** endangered. [a + 단수명사]
· **Many species** of birds **are** endangered. [many + 복수명사]
· **Other species** of birds **are** endangered. [other + 복수명사]
· **The species** of birds **is/ are** endangered. [the + 단수명사 혹은 복수명사]
  Many species of birds is endangered. (×)
  Other species of birds is endangered. (×)

▶ many와 other 뒤에는 복수명사가 위치하므로 마지막 두 문장에서 species는 복수명사로 쓰였다.

(4) 외래어의 복수 형태

> 외래어의 복수는 'us → i', 'sis → ses', 'um → a', 'on → a'로 규칙 변화를 하게 된다.

fungus 진균류 → fungi	medium 매체 → media
basis 기초 → bases	curriculum 교과 과정 → curricula(=curriculums)
thesis 논제 논문 → theses	bacterium 세균 → bacteria
analysis 분석 → analyses	phenomenon 현상 → phenomena
datum 자료 → data	criterion 기준 → criteria

※ 현대영어에서는 외래어의 복수 형태도 단수 취급하기도 한다.

- The **media say** that many politicians will go to prison.
  The media says that many politicians will go to prison. (×)
  매체는 많은 정치인들이 감옥살이를 할 것이라고 전한다.

  ▶ media는 medium의 복수 형태이므로 동사의 수는 복수가 옳다.

(5) 복합명사의 복수 형태

1) 원칙

> 복합명사는 '용도, 재료, 장소, 시간 등'을 나타내는 앞의 명사가 뒤의 명사를 형용사처럼 수식하는 경우, 복수 취급할 때에는 앞의 명사는 단수를, 뒤의 명사는 복수 형태를 취한다.

a conference room → conference rooms	* conferences room (×)
a car window → car windows	* cars window (×)

2) 예외

개념	복합명사의 복수 형태는 보다 더 중요한 내용을 갖고 있는 단어에 's'를 붙이고, 중요단어가 없을 때에는 단어 끝에 's'를 붙인다. 그러나 일부 단어들은 단어 모두를 복수형으로 만든다.
종류	forget-me-not 물망초 → forget-me-nots touch-me-not 봉선화 → touch-me-nots looker-on 구경꾼 → lookers-on passer-by 통행인 → passers-by	father-in-law 장인 → fathers-in-law son-in-law 사위 → sons-in-law woman-doctor 여자 박사 → women-doctors woman-servant 여자 하인 → women-servants

- **Passers-by** say the noise is from a wedding celebration.
  Passer-bys say the noise is from a wedding celebration. (×)
  통행인들은 결혼식에서 시끄러운 소리가 난다고 말한다.

  ▶ '통행인'이라는 뜻의 경우 '통행'이란 뜻이 더 중요하므로 passer라는 명사에 복수 형태를 취해야 한다.

3. 주의해야 할 명사의 복수

(1) 분화복수명사(= 단수일 때와 복수일 때 뜻이 달라지는 명사)

17-26

광운대 2012
경원대 2010
고려대 2009
대구대 2005
국민대 2004
세종대 2002

> 복수형이 될 경우 단수일 경우와 뜻이 달라지는 명사들이 있다. 이들 명사는 문맥에 따라서 단수와 복수 형태 중 어떤 형태로 쓸지 결정된다.

advice 충고 – advices 통지
arm 팔 – arms 무기
custom 관습 – customs 관세, 세관
glass 유리 – glasses 안경
manner 방법 – manners 예의
paper 종이 – papers 서류, 여권
respect 존경 – respects 인사, 안부
water 물 – waters 바다, 해역
cloth 천 – clothes 옷
cf. clothing 옷 (집합체; 복수형태 불가능)

air 공기 – airs 허풍, 태도
authority 권위(자) – authorities 당국
damage 피해 – damages 피해액
good 이익 – goods 상품
pain 고통 – pains 노력, 수고
regard 존경 – regards 안부
time 시간 – times 시대
work 일 – works 작품
mean 평균 – means 재산, 수단
cf. meaning 의미

· **A customs** officer was running.
세관 공무원이 뛰어가고 있었다.

· Two **customs** officers were running.
두 명의 세관 공무원이 뛰어가고 있었다.

A ~~custom~~ officer was running. (×)

| 첫 문장의 a는 officer를 수식하며, 두 번째 문장의 two는 officers를 수식하는 것이다. '세관'을 의미할 때에는 customs 형태의 복수가 옳다.

(2) 복수 형태로 쓰이는 명사

1) 짝을 이루는 의류 및 각종 도구 → 복수 취급

17-27

개념	좌우가 대칭으로 된 물건이나 의류를 말하는데, 이들 명사들은 복수 취급을 하므로 동사 또한 복수 취급을 한다. 그러나 하나, 둘, 셋 등과 같이 셀 때에는 'a pair of, two pairs of' 등과 같은 조수사를 사용한다. ★ 20-10 참조
종류	gloves 장갑 glasses 안경 spectacles 안경 shoes 구두 scissors 가위 trousers 바지 stockings 스타킹 pants 바지 shorts 반바지

· **Scissors are** on display.
가위들이 전시되어 있다.

  ▶ scissors는 절대 복수명사로서 복수 취급한다.

· **A pair of scissors is** on display.
가위 한 쌍이 전시되어 있다.

  ▶ scissors를 세는 조수사 'a pair of'가 위치했으므로, 이 조수사에 수를 일치시켜서 단수 취급하게 된다.

· **Two pairs of scissors are** on display.
가위 두 쌍이 전시되어 있다.

  ▶ scissors를 세는 조수사 'two pairs of'가 위치했으므로, 이 조수사에 수를 일치시켜서 복수 취급하게 된다.

17-28
중앙대 2007
세종대 2004
경기대 2000

2) 병명 · 게임 · 일부 국가명사 → 단수 취급

개념	병명과 게임, 일부 국가 및 기타 몇몇 명사는 형태는 복수이지만 단수 취급을 한다.
종류	measles 홍역 pancreas 췌장 the blues 우울증 billiards 당구 cards 카드 놀이 bowls 볼링 the United States 미국 the Philippines 필리핀 the Netherlands 네덜란드

- **The Philippines is** comprised of many islands.

  The Philippines are comprised of many islands. (×)
  필리핀은 많은 섬들로 이루어져 있다.

  ▶ The Philippines는 복수 형태일지라도 단수 취급을 하게 되므로 동사 또한 단수이다.

17-29
고려대 2007
총신대 2005
동덕여대 2005
경기대 2001
아주대 2001

3) 학문명 명사 → 학문명일 경우에만 단수 취급

개념	어미가 '-ics'로 끝나는 명사가 학문명의 뜻으로 쓰였을 경우에는 형태는 복수이더라도 단수 취급하게 된다.
종류	economics 경제학(단수); 경제 상황(복수) ethics 윤리학(단수); 도덕(복수) mathematics 수학(단수); 계산 능력(복수) politics 정치학, 정치(단수); 정치적 견해(복수) statistics 통계학(단수); 통계 수치(복수) physics 물리학(단수)

- **Economics is** very difficult for students to study.

  Economics are very difficult for students to study. (×)
  경제학은 학생들이 공부하기에 매우 어렵다.

- **Statistics is** hard for most professors to teach.

  Statistics are hard for most professors to teach. (×)
  통계학은 대부분의 교수들이 가르치기에 어렵다.

  ▶ 위 문장들에서 economics, statistics는 학문명으로 쓰였으므로 단수 취급을 해야 한다.

- The **economics** of Korea **are** very pessimistic now.
  한국의 경제 상황은 현재 매우 비관적이다.

- **Statistics show** that 50% of the new businesses fail in their first year.
  통계 자료에 따르자면 새로운 기업들 중 50%가 첫 해에 실패를 맛본다고 한다.

  ▶ 위 문장들에서는 학문명이 아닌 '경제 상황과 통계 자료'로 쓰였으므로 복수 취급을 해야 한다.

17-30
영남대 2006
경기대 2003

4) 상호복수명사 표현

개념	둘 이상의 복수가 되어야 의미가 통하는 관용어구들로서 명사가 복수 형태를 취한다.
종류	be on good terms with ~와 좋은 사이이다 keep good terms with ~와 좋은 관계를 유지하다 come to terms with ~와 합의를 보다 exchange greetings 인사를 나누다 change flights/ cars/ dresses 비행기/ 자동차/ 옷을 갈아타다(갈아입다)	exchange seats with ~와 자리를 바꾸다 make friends with ~와 친구가 되다 shake hands with ~와 악수하다 take turns -ing 교대로 ~을 하다

- Many people **shook hands with** general Park.

  Many people shook hand with general Park. (×)
  많은 사람들이 Park 장군과 악수를 했다.

  ▶ 악수를 하기 위해서는 두 개의 손이 필요하므로 당연히 복수 형태가 옳은 것이다.

예제

The data, ① which have been submitted ② for publication in ③ the *Astrophysical Journal*, also ④ confirms that the universe is not ⑤ what it seems to human senses.

> **해석** <Astrophysical Journal>에 게재하도록 제출된 그 자료 또한 우주가 인간의 감각으로 보이는 것과 같지 않다는 점을 확인하고 있다.
>
> **해설** confirms → confirm
> datum은 단수 형태이며 data는 datum의 복수 형태이므로 동사 또한 복수가 옳다.
>
> **정답** ④

🖪 명사의 격

1. 소유격

(1) 생물체의 경우

생물체의 소유격에는 ’s 를 붙인다.

my mom's watch   her cat's ear   woman's dress

▷ mom, cat, woman 모두 생물체이므로 소유격을 표기할 경우 ’s를 표기하게 된다.

(2) 복수명사의 경우

어미에 s가 있는 복수명사의 경우 ’(아포스트로피)만을 붙인다.

the girls' bed room   ladies' shoes

▷ 어미에 s가 있으므로 ’(아포스트로피)만이 위치한 경우이다.

(3) 무생물체의 경우

1) 원칙

무생물체의 소유격은 ’s 대신 소유격의 of를 이용한다.

the legs of the table 식탁다리 → the table's legs (×)
the roof of that house 집 지붕 → that house's roof (×)

▷ table과 house는 무생물체이므로 ’s를 이용할 수 없으며 전치사 of를 사용하는 것이 원칙이다.

2) 예외

무생물체의 소유격은 ’s를 사용하지 않는 것이 원칙이지만, 이하의 세 가지 경우는 예외적으로 ’s를 사용하게 된다. 이는 직접적인 수험 대상은 아니다.

① 무게 · 시간 · 거리 · 가격

a pound's weight 1파운드의 무게   today's newspaper 오늘의 신문
twelve miles' distance 12마일 거리   ten dollars' worth 10달러의 가치

② 무생물체라 하더라도 지명 / 천체 / 자연 등은 's를 취한다.

Nature's law 자연의 법칙   fortune's smile 운명의 미소

the earth's surface 지구의 표면

③ 관용어구

at one's fingers' ends ~에 정통한   at one's wit's end 어찌할 바를 몰라

to one's heart's content 마음껏, 실컷   for heaven's sake 제발

by a hair's breadth 간신히

17-35

2. 독립소유격

명사를 생략해도 내용 전달에 하자가 없을 경우 명사를 생략하고 소유격만 남겨 놓는 것을 독립소유격이라 한다.

(1) 앞서 나온 명사가 소유격 뒤에 다시 반복될 때

· **My watch** is costlier than **John's watch.**

= **My watch** is costlier than **John's**

내 시계가 John의 시계보다 더 비싸다.

▶ 주절에 등장한 watch가 than 이하의 John's 이하에서 또 등장하므로 생략할 수 있다.

(2) 장소의 의미를 나타내는 명사가 소유격 뒤에 위치할 때

· My family had a good time at **my cousin's house.**

= My family had a good time at **my cousin's.**

나의 가족은 사촌의 집에서 즐거운 시간을 보냈다.

▶ 장소를 나타내는 명사인 house가 소유격 뒤에 위치하면 생략할 수 있다.

17-36

3. 이중소유격 : 한정사 + 명사 + of + 소유대명사(또는 명사 's)

한정사들은 상호배타적인 특성을 가지므로 두 개의 한정사가 동시에 위치할 수는 없지만, 이중소유격 형태는 가능하다. ★ 14-17 참조

a + Pat's book → a Pat's book (×)

a + her book → a her book (×)

한정사 기능을 하는 부정관사 a(n)와 Pat's 또는 her라는 소유격 기능을 하는 한정사는 함께 위치할 수 없다. 따라서 아래처럼 '한정사 + 명사 + of + 소유대명사(또는 명사's)'라는 이중소유격을 취해야 한다.

· a + Pat's book → **a book of** Pat's

· a + her book → **a book of hers**

· this + Mary's book → **this book of** Mary's

· any + my son's friend → **any friend of** my son's

4. 동격

17-37

동격이란 같은 의미의 명사 또는 명사 상당어구가 이어서 나열될 경우 원래의 명사를 보충적으로 설명하는 요소로서 원래의 명사와 같은 문법적 기능을 가진다.

(1) 명사 + 명사로 연결되는 경우

경희대 2004
영남대 2003

· **Ichiro, the major league player**, got three thousand hits.

메이저리그 선수인 Ichiro는 안타를 3,000개 쳤다.

▶ 명사끼리 동격으로 설명하고자 할 때에는 명사 + 명사 구조를 취하면 된다.

(2) 명사 + 전치사구로 연결되는 경우

· My hometown is **the city of Seoul**.

내 고향은 서울이라는 도시이다.

▶ 전치사 of가 앞서 등장한 the city와 뒤에 등장하는 Seoul을 동격으로 연결한다.

· There is little **chance of getting a baby to stop crying**.

아기가 눈물을 그치게 하는 것은 거의 희박하다.

▶ 명사 chance를 전치사구 of getting ~이 동격으로 설명해주는 것이다.

(3) 명사 + to부정사구로 연결되는 경우

· Obama's **ambition, to be president**, is fulfilled.

대통령이 되겠다는 Obama의 야망은 실현됐다.

▶ ambition이란 명사를 to be president라는 to부정사구가 동격으로 설명해주는 것이다.

(4) 명사 + that절로 연결되는 경우

· I didn't know **the fact that he laughed at me**.

그가 나를 비웃었다는 사실을 나는 몰랐다.

▶ the fact라는 명사를 that절 이하가 동격으로 설명해주는 것이다.

▇ 명사의 종류 및 기능 〜 ▇ 가산명사

01 ① To see more clearly ② what is at stake in knowing about research on such matters, let us look ③ closely at what some conservative Christian ④ child-rearing manuals have to say about ⑤ how child should be raised.

02 The ① entire community ② was saddened ③ to hear of the ④ mayor's sudden resignation.

03 문법적으로 틀린 문장을 고르시오.

① My family is all early risers.

② My family consists of seven members.

③ All the audience were deeply moved.

④ There are thirty families in our village.

⑤ Five years is a long period to a prisoner.

04 Ask several ① peoples who ② were raised in the American culture and ③ some others who were raised in the Japanese culture ④ how they feel about snakes.

05 다음 중 문법적으로 틀린 문장을 고르시오.

① The police wants to interview the man about the robbery.

② My pants are on the table.

③ Physics is my favorite subject.

④ Three days is not long enough for a good holiday.

06 When helicopter pilot Captain Johnson set down in a field, he paid little attention to a nearby _____ of cows and went to look for a pay phone.

① crowd   ② herd

③ school   ④ cattle

⑤ swarm

07 ① According to a recent report, ② the number of sugar ③ that Koreans consume increases ④ from year to year.

01 ⑤   해석   이러한 문제들에 관한 연구를 이해하는데 있어 무엇이 관건이 되는지를 보다 분명히 알기 위해, 일부 보수 기독교 아동교육 입문서는 아이를 키우는 방법에 대해서 뭐라고 하는지 면밀히 살펴봅시다.

      해설   how child → how a child
          child는 가산명사로서 단수 형태이다. 가산명사가 단수로 등장할 경우, 앞에는 'a, the, my, this'와 같은 한정사가 꼭 등장해야 한다.

      어휘   at stake 걸려 있는, 위태로운   child-rearing 자녀 양육

02 ②   해석   사회 전체가 시장의 갑작스러운 사임에 우울해했다.

      해설   was → were
          community(지역사회)는 일반 집합명사로서 집합체 자체를 가리키면 단수 취급을 하며, 구성원 개개인을 설명할 경우 복수 취급을 한다. 슬퍼할 수 있기 위해서는 문맥상 후자가 옳다.

03 ①   해설   is → are
          be 동사의 보어로서 '모두 일찍 일어나는 사람들'이라고 했으므로, 주어인 family 또한 가족 집합체를 의미하는 것이 아니라 가족을 구성하는 구성원들을 설명하므로 복수동사가 옳다.

04 ①   해석   미국 문화권에서 성장한 사람들과 일본 문화권에서 성장한 이들에게 뱀에 대해서 어떻게 느끼는지를 물어보라.

      해설   peoples → people
          people이 '사람들'이란 뜻으로 쓰일 경우에는, (부)정관사가 위치하지 않고 복수 형태를 취하지 않으나 동사 수는 복수 취급을 받는다. 단, people이 '민족'이란 뜻으로 쓰인다면 부정관사를 위치시킬 수 있으며 복수 형태도 가능하다.

05 ①   해설   wants → want
          the police, the clergy와 같이 사회 계층을 나타내는 명사들은 정관사 the를 수반해서 복수 취급한다.

06 ②   해석   헬리콥터 조종사인 Johnson 대위가 들판에 착륙했을 때, 그는 근처에 있는 소떼에 관심을 가지지 않았으며 공중전화를 찾아 다녔다.

      해설   소·돼지와 같은 '짐승떼'를 말할 때에는 'herd'를 이용한다. ① crowd는 '사람'의 무리를 말하며, ③ school은 '물고기' 무리, ④ cattle은 '소·가축' 무리를 말하지만 부정관사 없이 취하므로 틀리다. ⑤ swarm은 '곤충'의 무리를 가리킨다.

07 ②   해석   최근 보고에 따르자면, 한국인들이 섭취하는 설탕량이 해마다 증가한다고 한다.

      해설   the number → the amount
          number는 '수'를 의미하므로, of 이하의 수식 대상 또한 가산명사이어야 한다. 따라서 불가산명사의 '양'을 수식하는 amount가 옳다.

08 ① The reason that I do not want to buy ② a new car is that I don't have ③ a money necessary for ④ such an extravagant expense.

09 Plenty of items of ① clothings and furniture ② are displayed ③ at the fair ④ every Saturday.

10 Select the one which is NOT acceptable for standard written English.
   ① A little knowledge is a dangerous thing.
   ② He gave me many informations on that matter.
   ③ In autumn, much fruit arrives in the markets.
   ④ We wrote for literature on various brands of steel shelving.

11 There ① was more news about Britain, but ② they came ③ under the heading of ④ human interest.

12 Choose the one that is grammatically correct.
   ① This true story provides an evidence of the power of advertising.
   ② There are no reliable evidences to suggest that the situation is improving.
   ③ Would you please send me more informations for the course?
   ④ Would you please give me any information available about summer courses?

13 With the ① right equipments, a small publishing business ② can be ③ operated ④ at home.

08 ③   해석   내가 새 자동차를 구입하기 원하지 않는 이유는 나에게는 그와 같이 사치스런 소비를 위한 돈이 없기 때문이다.

        해설   a money → money

            money는 불가산명사이므로 부정관사가 올 수 없다.

09 ①   해석   많은 의류와 가구 품목들이 토요일마다 박람회에서 전시된다.

        해설   clothings → clothing

            clothing은 집합적 물질명사로서 불가산명사 취급을 받으므로 복수 형태가 불가능하다.

10 ②   해설   many informations → much information

            information은 불가산명사로서 복수가산명사를 수식하는 many와 결합할 수 없으며 복수 형태 또한 못 취한다. 따라서 much의 수식을 받아야 옳다.

11 ②   해석   영국에 대한 보다 많은 소식이 있었으나 그 소식은 인간의 관심이라는 표제를 달고 왔다.

        해설   they → it

            news는 불가산명사이므로 이를 대신하는 대명사 또한 단수가 옳다.

12 ④   해설   ① an evidence → evidence

            evidence는 불가산명사이므로 부정관사가 위치할 수 없다.

            ② evidences → evidence

            evidence는 불가산명사이므로 복수 형태를 취할 수 없다.

            ③ informations → information

            information은 불가산명사이므로 복수 형태를 취할 수 없다.

13 ①   해석   올바른 설비를 갖춘 소규모 출판업은 집에서 운영될 수 있다.

        해설   right equipments → right equipment

            equipment는 불가산명사이므로 복수 형태를 취할 수 없다.

14   There ① are a great number of baggages at the door. I've shown Jerry the place ② where ③ it should be ④ put. Tom, ⑤ would you give him a hand, please?

15   다음 중 어법상 옳은 것은?

   ① Although the hurricane swept through the town, few damage was done.
   ② I guess we will have to buy quite a few furnitures also.
   ③ She went to the airport to get some luggages.
   ④ The learned are liable to look down on the ignorant.

16   The arthropods, including insects and spiders, are _____, economic and medical significance.

   ① both   ② great
   ③ of great   ④ still greater
   ⑤ most great

17   ① What had once been the richest soil in the kingdom became a desert ② of no use. ③ In a despair they decided ④ to make their living among the cities and the people of the ⑤ plains.

18   다음 중 어법상 올바른 것을 고르시오.

   ① Pat bought several furnitures for his younger brother.
   ② Pat bought expensive book for his younger brother.
   ③ Pat had important evidence supporting his hypothesis.
   ④ Pat could not go there because he had many homeworks.
   ⑤ Pat believes that Chineses are thrifty.

14 ①　　해석　문가에 수하물이 많이 있어. 내가 Jerry에게 저것들을 뭐야할 곳을 알려 주었어. Tom, 그를 좀 도와줄래?

해설　are a great number of baggages → is a great deal of baggage
baggage는 불가산명사이므로 복수 형태를 취할 수 없으며, 복수명사를 수식하는 a great number of의
수식을 받을 수 없다. 따라서 단수 형태에 a great deal of의 수식을 받아야 하며 동사의 수 또한 단수가
옳다.

15 ④　　해설　① few damage → little damage
damage는 불가산명사이므로 복수가산명사를 수식하는 few의 수식을 받을 수 없다.
② a few furnitures → a lot of furniture
furniture는 불가산명사이므로 복수 형태를 취할 수 없으며, 복수가산명사를 수식하는 a few의 수식
을 받을 수 없다.
③ luggages → luggage
luggage는 불가산명사이므로 복수 형태를 취할 수 없다.
④ 'the + 과거분사'는 복수 취급을 하므로 동사의 수 또한 복수가 옳다.

어휘　look down on ~을 낮춰 보다, 얕보다

16 ③　　해석　곤충과 거미를 포함한 절지동물들은 경제적, 의학적인 중요성이 상당하다.

해설　'of + 추상명사'는 형용사 기능을 하며, of significance 구문에서 명사 significance를 great,
economic, medical 세 개의 형용사가 수식을 하는 형태이다.

어휘　arthropod 절지동물

17 ③　　해석　한때 왕국에서 가장 비옥한 땅이었던 곳이 쓸모없는 사막이 되었다. 절망하여 그들은 도시와 평원의 사람들 사이에서 생
계를 유지하기로 결정했다.

해설　In a despair → In despair
'전치사 + 추상명사'의 형태로서 despair는 추상명사이므로 부정관사가 위치할 수 없다.

18 ③　　해설　① several furnitures → several pieces of furniture
불가산명사(furniture)는 조수사를 이용해 정도와 양을 표시한다.
② expensive book → an expensive book
book은 가산명사이므로 관사가 위치해야 한다.
④ many homeworks → much homework
homework는 불가산명사이므로 many의 수식을 받을 수 없으며, 복수 형태 또한 취할 수 없다.
work는 '일, 작업'의 뜻일 땐 불가산명사이며, '작품'의 뜻일 때에만 가산명사 기능을 가진다.
⑤ Chineses → Chinese
sheep, deer, aircraft, species, series, means, Japanese, Chinese 등은 단수와 복수가 동일한
형태이다.

19   In the United States, ① inches and ② feets are still used as ③ units of
       ④ measurement.

20   There are ① thousands of varieties of ② fungus, ③ both ④ edible and poisonous.

21   Several ① passer-bys stopped ② to look at the ③ strange car ④ out of curiosity.

22   The authorities said the team captured the ten wild bears in the Russian
       Far East on Sept. 29 for the sake of bringing them to Korea as the _____
       endangered in this country.
       ① specie is   ② species is
       ③ species are   ④ specieses are

23   Physics is a ① demanding field that ② has challenged many ③ people to probe
       ④ their mysteries.

19 ②

해석   미국에서 인치와 피트는 단위로서 아직도 이용된다.

해설   feets → feet
foot의 복수 형태는 feet가 옳다.

20 ②

해석   식용이고 독성도 있는 수천 가지의 다양한 곰팡이들이 존재한다.

해설   fungus → fungi
동사의 수가 are라는 복수이므로 주어 또한 복수이어야 옳다. fungus의 복수 형태는 fungi가 옳다.

어휘   **fungus** 균류, 곰팡이류

21 ①

해석   많은 통행자들이 호기심 때문에 그 생소한 자동차를 보기 위해서 멈춰 섰다.

해설   passer-bys → passers-by
복합명사의 복수 형태는 보다 더 중요한 내용을 갖고 있는 단어에 's'를 붙이고, 중요단어가 없을 때에는 단어 끝에 's'를 붙인다. '통행인'의 복수 형태는 passers-by가 옳다.

22 ②

해석   당국은 팀이 9월 29일 러시아의 극동 지역에서 한국으로 보내기 위한 10마리의 야생 곰을 포획했다고 공표했다. 왜냐하면 한국에서는 그 종이 멸종 위기에 처했기 때문이다.

해설   species는 단수와 복수 형태가 동일하다. 멸종 위기에 처한 대상은 곰 개개의 개체가 아니라 곰이라는 하나의 종이기 때문에 단수 취급하는 것이 옳다.

23 ④

해석   물리학은 많은 이들로 하여금 그 미스터리들을 규명하게끔 도전시켰던 벅찬 분야이다.

해설   their → its
'mathematics, economics, politics' 등이 학문명으로 쓰일 경우 그 형태가 복수일지라도 단수 취급을 한다.

24   The statistics released ① by the state department ② makes the economic
      situation look ③ bleaker than it already ④ is.

25   Before the ① invention of ② railroads, the only ③ mean of land transportation was
      ④ the horse.

26   There are times when I wish ① I had not been born with cerebral palsy, but
      ② crying about it ③ isn't going to do me ④ any goods.

27   As Bush and Quayle ① flew off to ② make a campaign speech in Illinois,
      ③ briefers quickly explained that the Yeltsin talks would center on ④ nuclear arm
      control, not on economic aid for Russia.

28   Medical doctors say ① to people that lung health of smokers will ② improve
      dramatically after only ③ a few weeks of ④ a light hiking.

24 ②

해석 국무부가 발표한 통계 자료들은 경제 상황이 이미 그러한 것보다 더 절망적으로 보이게 한다.

해설 makes → make

statistics가 '통계학'이 아닌 '통계 (자료)'로 쓰인다면 복수 취급을 하게 된다.

어휘 **state department** 국무부 **bleaker** 암울한, 절망적인, 황량한

25 ③

해석 철도가 개발되기 이전에 육상 수송의 유일한 수단은 말이었다.

해설 mean → means

mean은 단수 형태로 쓰일 경우 '중간, 평균'이란 뜻을 가진다. 따라서 복수 형태를 취함으로써 '수단, 재산'이라는 뜻을 가지게 되는 means의 형태가 문맥상 옳겠다. means가 '수단'이란 뜻으로 쓰일 경우 단·복수 취급 모두 가능하다.

26 ④

해석 내가 뇌성 마비를 갖고 태어나지 않기를 소망했던 시간들이 있지만, 그 점에 대해서 우는 것은 나에게 어떠한 도움도 되지 않는다.

해설 any goods → any good

goods는 '물건, 재산'이란 뜻이며, good은 do 동사와 결합해서 '~에게 도움이 되다'라는 뜻을 가지게 된다. 문맥상 후자가 옳다.

어휘 **cerebral palsy** 뇌성 마비

27 ④

해석 Bush와 Quayle가 일리노이에서 선거 연설을 하기 위해 출발했을 때, 보좌관들은 Yeltsin과의 회담이 러시아에 대한 경제 원조가 아니라 핵무기 억제에 중심을 둘 것이라고 서둘러 설명했다.

해설 nuclear arm → nuclear arms

arm은 '팔'이란 뜻이며, arms는 '무기'란 뜻이 있는데 핵과 어울리기 위해서는 후자가 옳다.

28 ④

해석 흡연자의 폐 건강은 가벼운 산책을 몇 주만 해도 현격하게 좋아질 것이라고 의사들이 사람들에게 말한다.

해설 a → 삭제

hiking의 뜻이 '산책'일 경우 불가산명사가 되어 앞에 부정관사가 올 수 없다.

29 As a safety measure, the detonator for a nuclear device may be made of
    _____, each of which is controlled by a different employee.
    ① two equipments   ② two pieces of equipments
    ③ two pieces of equipment   ④ two equipment pieces

30 The first man ① believed to have used a series of ② photograph to produce ③ an
    illusion of movement ④ was Coleman Sellers.

31 In World War II, ① the British used the radar fence ② to make sure ③ incoming
    planes were theirs, not ④ Germany.

32 I saw _____ at the barber's.
    ① my father's a friend
    ② friend of my father
    ③ my father friend
    ④ a friend of my father's

33 Choose the sentence which is grammatically correct.
    ① Monkeys use their foot to eat, to gesture, and to climb.
    ② Any material that is attractive by a magnet is by definition "magnetic."
    ③ About 150 years ago, Charles Darwin shocked the world with his theory that
       humans were relatively to apes.
    ④ One of the longest wars in history were the Hundred Year's War, fought between
       England and France.
    ⑤ The word "scuba" is actually an acronym that comes from the words "self-
       contained underwater breathing apparatus."

29 ③ 　해석 안전 수단으로서 핵폭탄의 기폭 장치는 다른 직원에 의해서 각각 통제되어지는 두 개의 장치로 구성될 수 있다.

　해설 equipment는 불가산명사로서 그 수를 나타낼 때에는 'a piece of equipment/ two pieces of equipment'와 같이 조수사를 이용해야 한다.

　어휘 detonator 기폭 장치

30 ② 　해석 움직이는 환상을 만들기 위해 일련의 사진을 사용했다고 믿겨지는 최초의 사람은 Coleman Sellers였다.

　해설 photograph → photographs
a series of(일련의) 뒤에는 복수명사가 와야 한다.

31 ④ 　해석 2차대전 당시 영국은 입국하는 비행기들이 독일의 것이 아닌 자신들의 것인지를 확인하기 위하여 레이더망을 이용했다.

　해설 Germany → Germany's
앞의 소유대명사 theirs와 비교 대상이 되므로 소유격 Germany's가 옳다.

32 ④ 　해석 나는 이발소에서 내 아버지의 친구를 보았다.

　해설 부정관사, 소유격 인칭대명사, 지시형용사 등의 한정사들은 하나의 명사를 수식할 경우 중복적으로 같이 사용할 수 없으며 소유대명사를 이용하여 이중소유격으로 나타내어야 한다.

33 ⑤ 　해설 ① foot → feet
소유격이 복수인 their이므로 '한쪽 발'이 아닌 '양 발 모두'가 논리상 옳다.

② attractive → attracted
형용사 attractive는 '매력적인, 관심을 끄는, 인력의'라는 의미이다. 하지만 이는 문맥상 부적합하며 '끌어당기다'라는 뜻을 가진 동사 attract를 이용한 수동태가 적합하다.

③ relatively → relative
be 동사의 보어로서 형용사가 옳다.

④ were → was
주어가 one이므로 단수동사가 옳다.

　어휘 ape 유인원(오랑우탄·침팬지 등)　apparatus 기구, 장치

GRAMMAR
HUNTER

GRAMMAR HUNTER

18 관사

18-01

❶ 관사의 종류

관사는 부정관사인 'a, an'과 정관사인 'the'로 나눌 수 있다. 부정관사는 원칙적으로 수를 셀 수 있는 가산명사의 단수 형태 앞에 위치하며, 정관사는 부정관사와 달리 불가산명사나 가산명사 또는 명사의 단수와 복수에 똑같이 위치할 수 있다.

구분	가산명사		불가산명사	
	단수	복수	단수	복수
부정관사(a, an)	O	X	X	X
정관사(the)	O	O	O	O

❷ 부정관사의 용법

18-02
단국대 2004

1. 많은 동종의 것 중 하나의 예를 가리킬 때 또는 '하나의'라는 의미일 때

- You need **a** dictionary. 당신은 사전이 필요하다.

- Call me **a** taxi. 택시를 불러다오.

18-03

> **CHECK | a vs. an**
>
> 1. 부정관사 a는 발음이 자음으로 시작되는 단어 앞에 위치하며, an은 모음으로 시작되는 단어 앞에 위치한다.
>
> **a** concert **a** lawyer **an** idea **an** umbrella
>
> 2. **a**와 **an**의 선택 여부는 철자가 아니라 발음을 기준으로 한다.
>
> 발음기호가 'w, j'로 시작되는 단어들은 자음 취급하므로 'a'가 옳다. 단, hour처럼 스펠링과 달리 발음이 'a'로 시작된다면 'an'이 옳다.
>
> a hour (×)   an hour (○)
> an university (×)   a university (○)
> an yell (×)   a yell (○)
>
> > hour라는 명사는 'h'라는 자음으로 시작되지만 발음은 [áuər]로 이루어지기 때문에 'an'이 위치한 것이며, university라는 명사는 모음 'u'로 스펠링이 시작되지만 발음은 [juːnIvɜ́ːrsəti]로 이루어지기 때문에 'a'가 위치한 것이다. 아래 표현도 마찬가지 맥락에서 이해해야 한다.
>
> **an** MP   **an** HGV vs. **a** useful thing   **a** one-pound coin   **a** one-eyed man

2. 대표 단수로서 전체 집단을 대표할 때

18-04

- **A** dog needs regular exercise. 개들은 규칙적인 운동이 필요하다.

  = **The** dog needs regular exercise.

  = **Dogs** need regular exercise.

  > 첫 문장은 한 마리의 개를 예로 들어서 개 전체를 설명하는 경우이며, 두 번째 문장은 다른 동물과 구별되는 '개'라는 특정 동물을 가리키며, 세 번째 문장은 막연히 여러 마리의 개를 예를 들어서 설명하는 경우이다.

3. '같은·동일한(the same)'을 뜻할 때

18-05

- They are **of an** age. 그들은 동갑이다.

- Birds **of a** feather flock together. 같은 깃의 새들은 함께 모인다.(= 유유상종)

  ▶ of a(n)은 문맥에 따라 '동종의'라는 뜻을 가진다. 현대 영어에서는 부정관사가 'the same'의 뜻으로는 잘 쓰이지 않는다.

4. '~마다(per)'를 뜻할 때

18-06

- I met her once **a** week. 나는 일주일에 한 번 그녀를 만났다.

  ▶ 이 경우의 a는 on, in을 뜻하는 옛 전치사의 an 또는 on의 변형 형태이다.

5. '다소·어느 정도(some)'를 뜻할 때

18-07

- She was taciturn for **a** time. 그녀는 얼마동안 말이 없었다.

- He is intelligent in **a** sense. 그는 어떤 점에서는 영리하다.

  > 'for a time(얼마동안)/ in a sense(어떤 면에서는)/ to a degree(어느 정도는)/ at a distance(얼마간 떨어져서)' 표현에서 쓰이는 부정관사는 '어느 정도·약간(some)'의 뜻을 가진다.

6. 부정관사와 함께 쓰는 관용어구

18-08

all of a sudden 갑자기	keep an eye on ~을 주시하다
as a rule 대체로	have a word with ~와 이야기를 나누다
at a loss 어찌할 바를 몰라	have words with ~와 말다툼하다
in a hurry 급히	have an eye for ~에 대한 안목이 있다
in a moment 바로, 곧장	make a scene 소란을 피우다
come to an end 끝나다	make the scene 등장하다, 참석하다
come to a stop/ a halt/ rest 정지하다	make it a rule to부정사 ~을 규칙적으로 하다
take a walk 산책하다	

예제

Visitors ① must be ② accompanied ③ by a employee when they are ④ in the building.

해석 방문객들은 건물에 있을 때에는 직원과 동행해야 한다.

해설 by a employee → by an employee
employee의 발음은 모음으로 시작되기 때문에 'an'이 옳다.

정답 ③

❸ 정관사의 용법

18-09
단국대 2005

1. 이미 나온 명사를 반복할 때

- I met a man and a woman. **The** man's thirty and **the** woman's forty.
  남자와 여자를 만났다. 그 남자는 서른 살이며, 그 여자는 마흔 살이다.
  ▶ a man과 a woman을 뒤 문장에서 반복하므로 정관사 the가 위치한 경우이다.

18-10

2. 서로 간에 알고 있는 대상을 언급할 때

- You should feed **the** dogs. 넌 개들에게 밥을 줘야 해.
  ▶ 서로 알고 있는 개들에게 밥을 주는 것이므로 정관사 the가 위치한 경우이다.

18-11

3. 유일한 것을 가리킬 때

the sun, the moon, the earth, the world, the Bible, the west, the sea, the wind 등과 같이 이 세상에 하나밖에 없는 유일무이한 것을 가리킬 경우 정관사 the가 위치한다.

- **The** sun is rising. 해가 떠오른다.

18-12

4. 대표 단수로서 전체 집단·종족을 가리킬 때

- **The** dog needs regular exercise. 개는 규칙적인 운동이 필요하다.

18-13
광운대 2009
서울교대 2000

5. 최상급 형용사, 서수, next, same, very 등이 명사를 수식할 때

형용사의 최상급, 서수, next, same, very 등이 명사를 수식하는 경우에는 그 명사는 특정한 사람이나 사물을 가리키게 되므로 정관사 the가 위치한다. ★19-39 참조

- Seoul is **the largest** city in Korea. 서울은 한국에서 가장 큰 도시이다.

- **The first** time I read the book, I was very moved. 그 책을 처음 읽었을 때 나는 매우 감동받았다.

- **The same** thing will happen. 같은 일이 발생하기 마련이다.

18-14
계명대 2010

6. 악기 혹은 발명품 앞에

the piano, the violin, the drum, the guitar, the trumpet, the flute 같은 악기 이름 앞에 정관사가 위치한다. 또한 발명품을 가리킬 때에도 정관사가 꼭 있어야 한다. ★18-23 비교

- **The violin** is more difficult to play than **the piano**. 바이올린이 피아노보다 연주하기에 더 어렵다.
  ~~Violin~~ is more difficult to play than ~~piano~~. (×)
  ▶ piano라는 악기 이름 앞에 정관사 the가 위치한 경우이다. 다음의 발명품도 마찬가지이다.

- When was **the telephone** invented? 전화기가 언제 발명됐습니까?
  When was ~~telephone~~ invented? (×)

18-15
강남대 2008
아주대 2003

7. '무게·시간·거리'로 배분을 나타낼 때 by 뒤에서

① by the hour 시간당	② by the day 일당으로
③ by the pound 파운드 단위로	④ by the year 연 단위로 ★18-24 비교

- You may be paid five hundred dollars **by the hour/ the day/ the month.**
  You may be paid five hundred dollars by ~~hour/ day/ month.~~ (×)
  당신은 시간/ 일/ 월당으로 500달러를 받을 수 있다.
- I sold eggs **by the pound.** 나는 파운드 단위로 계란을 팔았다.
  I sold eggs by ~~pound.~~ (×)

8. 'the＋보통명사'가 추상적인 의미를 나타내는 경우

18-16
명지대 2010

'the + 단수보통명사' 형태가 문맥에 따라서 예외적으로 추상적 관념을 가지게 되는 경우이다. 이 경우 부정관사가 오면 틀린 표현이 된다.

the cradle 유년 시절   the father 부성애   the mother 모성애   the pen 문필의 힘   the sword 무력
the patriot 애국심

- **The pen** is mightier than **the sword.** 문필의 힘이 무력보다 강하다.
  A pen is mightier than a sword. (×)

  '펜(pen)'과 '칼(sword)'이 순수한 의미로 쓰인 것이 아니라 각각 '문필의 힘'과 '무력'이라는 추상적 의미로 쓰일 경우 정관사가 필요하다.

9. 명사 뒤에 수식어구가 따를 때

18-17
서강대 2008
세종대 2008

명사의 종류에 상관없이 '전치사구, 형용사구 또는 형용사절' 같은 한정어구로 제한되어 특정한 것을 가리키면 정관사 the가 위치한다.

- She had **a kindness.** 그녀는 친절함을 베풀었다.

  kindness는 추상명사여서 부정관사가 올 수 없지만, '친절한 행위'라는 뜻으로 쓰일 경우에는 이렇게 가산명사화되어 부정관사가 올 수 있다.

- She had **the** kindness **to show me the way.** [부정사구]
  She had a kindness to show me the way. (×)
  그녀는 친절하게도 나에게 길을 알려주었다.

  ▶ 그러나 to show me the way라는 형용사 기능을 하는 to부정사구가 명사 kindness를 수식하므로 정관사 the가 와야 한다.

- This is **the** wine **he bought for me.** [형용사절]
  This is ~~wine~~ he bought for me. (×)
  이것은 그가 나를 위해서 산 와인이다.

  ▶ wine이 형용사절인 목적격 관계사절의 수식을 받으므로 정관사 the가 와야 한다.

경기대 2001

> **CHECK** | **한정어구의 수식을 받을 때 명사 앞에 소유격은 불가능하다.**
>
> - Little is known about **the** childhood of Beyonce.
>   Little is known about ~~her~~ childhood of Beyonce. (×)
>   Beyonce의 유년 시절에 대해 알려진 바가 거의 없다.
>
>   ▶ of Beyonce라는 후치 수식어가 소유격으로 이미 의미를 전하고 있기 때문에 앞에 소유격이 아니라 정관사가 옳다.

10. the + 분사 / 형용사의 명사화

the + 분사 / 형용사는 그 쓰임새에 따라서 복수보통명사, 단수보통명사 또는 추상명사 취급을 받을 수 있다.		
① 복수 취급만 하는 경우	the living 생존자들 the dead 죽은 자들 the injured 다친 자들 the poor 빈곤자들 the blind 맹인들	the dying 죽어가는 사람들 the wounded 부상자들 the rich 부자들 the deaf 농아들 the disabled 불구자들
② 단수 취급만 하는 경우	the beautiful 미인 the true 진실 the unknown 미지의 것 the unexpected 예기치 못한 일	
③ 단수·복수 취급이 모두 가능한 경우	the accused 피고인 the deceased 고인	

- **The wounded were** carried to the hospital.

  The wounded was carried to the hospital. (×)

  부상자들이 병원으로 후송됐다.

  ▶ wounded는 정관사 the와 결합되면 복수 취급한다.

- **The unknown is** the fact that aliens may live.

  외계인이 살 수도 있다는 것은 알려지지 않은 사실이다.

  ▶ the unknown처럼 추상적 의미를 가지는 것들은 단수 취급한다.

11. 신체의 일부분을 강조할 때

신체의 일부분을 강조할 경우에는 '동사 + 사람 목적어 + 전치사 + the + 신체 부위'라는 구조를 취한다. 전치사 뒤에 정관사 the가 와야 하고 부정관사나 소유격 형태가 오면 안 된다.

(1) catch(붙잡다) 유형 동사 : S + V + 사람 목적어 + by the + 신체 부위

catch, seize, take, hold, grasp와 같이 '붙잡다'라는 속성을 가지는 동사들은 '동사 + 사람 목적어 + by the + 신체 부위' 구조를 취하게 된다.

- My girlfriend **caught me by the arm.**

  My girlfriend caught me by my/ a arm. (×)

  여자친구가 내 팔을 붙잡았다.

  ▶ '전치사 by + the 신체 부위'가 옳고, 소유격이 오면 틀린다.

(2) strike(치다) 유형 동사 : S + V + 사람 목적어 + on the + 신체 부위

strike, hit, pat, tap, touch, kiss와 같이 '치다, 때리다'라는 속성을 가진 동사들은 '동사 + 사람 목적어 + on the + 신체 부위' 구조를 취하게 된다.

- My girlfriend **kissed me on the lips.**

  My girlfriend kissed me on my/ a lips. (×)

  여자친구가 내 입술에 키스를 했다.

  ▶ '목적어 + 전치사 on + the 신체 부위'가 옳고, 소유격이 오면 틀린다.

(3) look(보다) 유형 동사 : S + V + 사람 목적어 + in the + 신체 부위

18-21
강남대 2000

look, gaze, stare 등과 같이 '보다'라는 속성을 가진 동사들은 '동사 + 사람 목적어 + in the + 신체 부위' 구조를 취하게 된다.

- Professor Park **looked me in the face**. Park 교수님이 내 얼굴을 쳐다보셨다.

  Professor Park looked me in ~~my/~~a face. (×)

  Professor Park looked ~~at~~ me in the face. (×)

> 이 문장에서는 look이 타동사이므로 전치사 at과 결합할 수 없으며, '목적어 + 전치사 in + the 신체 부위'가 옳고, 소유격이 오면 틀린다.

12. 고유명사에 정관사를 두는 경우

18-22

고유명사 앞에는 원칙적으로 정관사를 사용할 수가 없지만, 아래의 경우에는 예외적으로 고유명사 앞에 정관사가 온다.

① 강, 바다, 선박, 해협	The pacific 태평양 The Queen Mary 퀸 메리호	The Han River 한강 The English Channel 영국해협
② 반도, 군도, 산맥	The Korean Peninsula 한반도 The Alps 알프스 산맥	The Philippines 필리핀 군도
③ 관공서, 공공건물	The State Department 미 국무성	The Ministry of Education 교육부
④ 철도, 항공기, 신문, 잡지, 학회	The Gyungboo Line 경부선 The Royal Society 영국 학사원	The Times 타임지
⑤ 복수국가명, 특정 지역	The United States of America 미국　　The Netherlands 네덜란드 The Philippines 필리핀 *이들은 단수로 취급한다.	
⑥ 국민, 민족, 집단	The British 영국인　　The Koreans 한국인　　The Americans 미국인	

예제

① A size of the United States Supreme Court ② was the focal point ③ of one of the most famous ④ attacks on the federal judiciary.

해석 미 대법원의 크기는 연방 사법부에 대한 공격의 가장 유명한 초점의 하나였다.

해설 A size → The size
size라는 명사의 한정어구인 전치사구 'of the United States Supreme Court'가 위치했으므로 정관사가 위치해야 한다.

정답 ①

◢ 관사를 생략하고 쓰는 경우

1. 운동, 학과, 언어 등의 이름

(1) 새벽(dawn), 정오(noon), 저녁(night)

18-23
가톨릭대 2010

새벽, 정오, 저녁을 가리키는 dawn, noon, night는 정관사의 수식을 받을 수 없다. 그러나 morning, afternoon, evening은 앞에 정관사가 와야 한다.

- At **night** the temperature drops below zero. 밤이 되면 기온이 영하로 내려간다.
  = In **the evening** the temperature drops below zero.
  At ~~the~~ night the temperature drops below zero. (×)

  ▷ night는 원칙적으로 정관사 the와 결합할 수 없다.

세종대 2007

(2) 운동 경기

tennis, football, soccer, baseball 등과 같은 운동명은 관사 없이 사용되지만 악기명은 the piano, the violin처럼 정관사가 위치해야 한다. ★18-14 비교

- We will play **football** tomorrow. 우리는 내일 축구를 할 것이다.
  We will play ~~the~~ football tomorrow. (×)

  ▷ 운동 앞에는 정관사가 위치하지 못한다.

(3) 학과

English literature(영문학), mathematics(수학), history(역사학), statistics(통계학)과 같은 학과명은 정관사 없이 사용된다.

- Her major is **English literature** and **statistics** is mine.
  그녀의 전공은 영문학이며 내 전공은 통계학이다.

(4) 언어명을 가리킬 때

언어명 자체를 가리킬 때에는 관사 없이 위치하지만, language를 수반하는 경우에는 정관사가 위치한다.

- I will learn **English, Korean,** and **Chinese.** 나는 영어, 한국어, 중국어를 배울 것이다.
  = I will learn **the** English language, **the** Korean language, and **the** Chinese language.

한국외대 2012

CHECK | the + English/ Chinese/ French

the의 수식을 English/ Chinese/ French가 받게 되면 각각 '영국인들/ 중국인들/ 프랑스인들'의 뜻을 가지게 되어 복수 취급한다.

- **The French were** forced to cede some of their lands to **the English.**
  The French ~~was~~ forced to cede some of their lands to the English. (×)
  프랑스인들은 자신의 땅 일부를 영국인들에게 양도하지 않을 수 없었다.

  ▷ the + 언어명(French)은 '(그 나라) 사람들'이 되어 복수 취급한다.

18-24

(5) by + 교통·통신수단을 가리킬 때

by train, by car, by taxi, by canoe 등과 같이 교통수단을 나타낼 때에는 전치사 by 뒤에 관사를 위치하지 않는다. 또한 by telephone, by radio, by letter 등과 같이 통신수단을 나타낼 때에도 전치사 by 뒤에 관사를 위치하지 않는다. ★18-15 비교

- I left for Los Angeles **by train.** 나는 기차로 LA에 갔다.
  I left for Los Angeles by ~~the~~ train. (×)

- The committee notified him of the meeting **by telephone.**

  The committee notified him of the meeting by ~~the~~ telephone. (×)

  그 위원회는 그에게 전화로 모임을 알렸다.

  ▶ 교통과 통신이 by 이하에서 교통, 통신수단으로 쓰일 경우 정관사는 위치하지 못한다.

CHECK |

전치사 in과 on은 'in a bus, in a taxi, on a bus, on a taxi'처럼 관사가 같이 위치할 수도 있다.

---

2. 대구 · 대조를 이루는 구

18-25
광운대 2004

① from A to B	from hand to mouth 입에 풀칠하며 from place to place 여기저기 from cover to cover 처음부터 끝까지	from door to door 집집마다 from top to bottom 온통
② A and B	hand and foot 손발 father and son 부자 body and soul 육체와 영혼	pen and ink 펜과 잉크 day and night 낮밤 man and wife 부부
③ A 전치사 B	arm in arm 팔짱을 끼고 day by day 매일 face to face 마주보고 hand in hand 손에 손을 잡고 step by step 단계적으로	

3. 장소 · 건물 · 가구 등이 본래의 목적으로 쓰일 때

18-26

school, church, hospital의 순수 목적은 수업, 예배, 치료이다. 이것들이 건물이나 장소적 개념이 아니라 본래의 목적이나 용도를 의미하는 경우 이들 명사 앞에 관사가 붙지 않는다. 본래의 목적과는 상관없이 단순히 장소로 쓰일 경우에만 정관사를 둔다.

	본래 목적	순수 장소
school	in school 재학 중인 at school 수업 중인 after school 방과 후에 go to school 공부하러 학교에 가다	at the school 학교에서(단순히 장소로서 학교) go to the school 학교로 가다
church	in church 예배 중인 go to church 예배드리러 가다	in the church 교회에서 go to the church 교회로 가다
hospital	in hospital 입원 중인 leave hospital 퇴원하다 go to hospital 입원하다	in the hospital 병원에서 go to the hospital 병원으로 가다
class	in class 수업 중인 go to class 수업을 들으러 가다	in the class 교실에서
prison	in prison 수감 중인 go to prison 수감되다	go to the prison 형무소에 가다
bed	in bed 취침 중인 go to bed 잠자리에 들다	go to the bed 침대로 가다

- She went **to the prison** to see her father. 그녀는 아버지를 만나기 위해(=면회하기 위해) 교도소에 갔다.
  She went to ~~prison~~ to see her father. (×)

  ▶ 위 예문을 그대로 해석하면 '아버지를 만나기 위해 수감되었다'이므로 어색하다.

- She went **to prison** because she stole much money. 그녀는 많은 돈을 훔쳐서 수감됐다.
  She went to ~~the~~ prison because she stole much money. (×)

  ▶ 위 예문을 그대로 해석하면 '그녀는 돈을 많이 훔쳤으므로 그 감옥으로 갔다(수감된 것이 아니라 제 발로 간 것임).'이므로 어색하다.

18-27
영남대 2001

4. '관직·신분·칭호'를 나타내는 명사가 고유명사의 동격 및 보어로 쓰일 때

관직·신분·칭호를 나타내는 명사가 고유명사 앞의 동격 및 보어로 쓰일 경우에는 관사 없이 쓴다. 고유명사에 정관사를 붙이지 않는 것과 같은 맥락이다. ★18-22 참조

- **President** Obama was elected in 2008. Obama 대통령은 2008년도에 당선됐다.
  ~~The~~ President Obama was elected in 2008. (×)

  ▶ 관직명사 앞에 정관사가 위치하지 못한다.

- **General** Mac Arthur was very eloquent. Mac Arthur 장군은 매우 웅변을 잘했다.

18-28
성균관대 2007
성균관대 2005
세종대 2003
경원대 2001

5. a kind of / a sort of / a type of + 명사

kind, sort, type 등의 명사가 단수이면 전치사 of 다음에 오는 명사 또한 관사 없이 단수 형태로 쓰지만, 복수 형태라면 전치사 of 다음의 명사 또한 복수명사 또는 불가산명사가 위치해야 한다. 이미 관사의 의미가 kind/ sort/ type 자체에 포함되어 있기 때문이다.

> ① a kind of/ a sort of/ a type of + (관사 없이) 단수명사
> ② kinds of/ sorts of/ types of + 복수명사 또는 불가산명사

- I don't like this **type** of thing. 나는 이러한 유형의 것(들)을 좋아하지 않는다.
- I don't like these **types** of **things**.

  I don't like this type of a thing. (×)
  I don't like these ~~type~~ of things. (×)

  ▶ type이 단수이면 전치사 of 다음의 명사도 관사 없이 단수 형태, type이 복수이면 복수 형태 또는 불가산명사이어야 한다.

18-29
광운대 2000

6. '무관사 명사 + as + S + V'의 도치 양보 구문

양보의 의미를 가지는 접속사가 이끄는 부사절의 명사 보어가 문두로 위치하여 도치 구문이 된 경우, 단수 가산명사라 할지라도 관사는 쓸 수 없다. ★05-35 참조

- Though she was a child, she had more sense than her father.
  = **Child as she was**, she had more sense than her father.
  A child as she was, she had more sense than her father. (×)
  그녀는 아이임에도 불구하고 그녀의 아버지보다 더 이해력이 뛰어났다.

  Though가 이끄는 양보 부사절의 명사 보어인 a child가 문두로 나올 수 있는데, 이 경우 단수가산명사라 할지라도 부정관사는 위치할 수 없으며 명사만 단독으로 위치하게 된다.

- Although he was **brave**, he seemed cruel.

  = **Brave as** he was, he seemed cruel.
    그가 용감할지라도 잔인해 보였다.

- Although he behaved **bravely**, he seemed cruel.

  = **Bravely as** he behaved, he seemed cruel.
    그가 용감하게 행동할지라도 잔인해 보였다.

  ▶ 각각 양보 부사절 내의 be 동사의 보어인 brave와 부사인 bravely가 맨 앞으로 위치한 경우이다.

예제

_____ as she was, she had more sense than her mother.

① A child   ② The child

③ Child   ④ Children

해석 비록 그녀는 아이임에도 불구하고, 자신의 어머니보다 더 현명했다.

해설 양보 부사절에서 명사 보어가 문두로 나올 경우, 그 명사가 단수가산명사일지라도 부정관사를 두지 않는다.

정답 ③

7. 동일인 / 동일물인 경우 관사의 생략

동일인이나 동일물을 의미하는 두 개의 명사나 형용사가 and에 의해 병치된 경우에는 첫 번째 명사나 형용사 앞에만 관사를 두고 뒤에는 생략한다. ★ 20-11 참조 그러나 그것이 별개의 인물이나 별개의 물건을 의미하는 경우에는 모두 관사가 붙는다.

     ① A and B + 단수동사: A와 B는 동일인이므로 B 앞에 관사는 생략
     ② A and B + 복수동사: A와 B는 별개의 두 사람이므로 A, B 모두 앞에 관사를 둘 것

a watch and chain 줄이 달린 시계	a horse and cart 마차를 단 말
a needle and thread 실을 꿴 바늘	a cup and saucer 받침잔에 받친 찻잔
a novelist and playwright 소설가이자 극작가	a red and white rose 붉고 흰 장미

- **A red and white rose is** mine. 붉고 흰 장미 한 송이는 내 것이다.

- **A red and a white rose are** mine. 붉은 장미 한 송이와 흰 장미 한 송이는 내 것이다.

  ▶ 전자는 장미 한 송이가 붉은색과 흰색을 모두 띠고 있는 것이고, 후자는 붉은 장미와 흰 장미 한 송이를 각각 설명하는 것이다.

- **A novelist and teacher is** my friend. 내 친구는 소설가이자 선생님이다.

- **A novelist and a teacher are** my friends. 내 친구들은 소설가 한 명과 선생님 한 명이다.

  전자는 소설가와 선생님을 겸하고 있는 내 친구가 한 명이 있는 경우이고, 후자는 소설가 친구 한 명과 선생님 친구 한 명, 총 두 명의 친구가 있는 경우이다.

5 관사의 위치

18-31

1. 원칙 → 관사＋부사＋형용사＋명사

관사의 일반적인 위치는 '관사 + 부사 + 형용사 + 명사'의 어순을 취한다.

- Candidates must have **a very good knowledge** of chemistry.
  Candidates must have ~~very a~~ good knowledge of chemistry. (×)
  후보자들은 매우 뛰어난 화학 지식을 갖추고 있어야만 한다.

2. 예외

18-32
한국외대 2010
고려대 2010
홍익대 2008
단국대 2005
성균관대 2002

(1) so/as/too/how/however＋형용사＋부정관사＋명사

- This is **so good a movie** that most cannot but be excited.
  This is so a good movie that most cannot but be excited. (×)
  이 영화는 너무나 좋아서 대부분의 사람들이 흥분하지 않을 수 없다.

- Picasso is **as great a painter** as ever lived. Picasso는 이제껏 살았던 화가 중 최고이다.
  Picasso is as a great painter as ever lived. (×)

- That is **too difficult a question** to solve. 저것은 풀기에 너무 어려운 문제이다.
  That is too a difficult question to solve. (×)

- **How beautiful a woman** she is! 얼마나 아름다운 여자인가!
  How a beautiful woman she is! (×)

  ▶ so, as, too, how, however가 형용사를 수식할 경우 부정관사는 형용사 뒤에 위치하며, 형용사 앞에 오면 틀린다.

18-33
국민대 2012
경기대 2003

(2) such/many/what (＋부정관사＋형용사)＋명사
####　　　　　　　　　　(＋형용사)＋복수가산명사

- This is **such a good movie** that most cannot but be excited.
  This is such ~~good a~~ movie that most cannot but be excited. (×)

  ▶ such와 부정관사의 어순은 such 바로 뒤에 부정관사가 위치한다.

- **What a beautiful woman** she is!

CHECK | so vs. such

1. so

(1) 형용사·부사를 단독으로 수식할 수 있다.

- The road surface was **so hot**. 도로 표면이 매우 뜨거웠다.

(2) 명사를 수식할 경우 단수가산명사만 수식하는 것이 원칙이며, '형용사＋a(n)＋명사' 어순을 취한다.

- I have never seen **so honest a man**. 나는 그토록 친절한 사람을 본 적이 없다.
  I have never seen ~~an~~ honest man. (×)
  ▶ so는 '형용사 + 부정관사 + 명사' 어순을 취한다.

Like ~~so~~ great artists, he died young. (×)
위대한 예술가들처럼 그도 어려서 죽었다.

▶ 원칙적으로 so는 artists처럼 복수명사를 수식할 수 없다.

It's ~~so~~ important information. (×)
이것은 매우 중요한 정보이다.

▶ information은 불가산명사이므로 so가 수식할 수 없다.

(3) 복수가산명사와 불가산명사라 할지라도 'many, few, much, little'과 같은 수형용사·양형용사가 위치하면 복수가산명사와 불가산명사를 수식할 수 있다.

· Like **so many great artists**, he died young.
· It's **so much important information**.

2. such

(1) 모든 명사를 수식하며 단독으로 형용사나 부사를 수식할 수 없다.

· She was **such an intelligent girl**.
· They were **such intelligent girls**.
· It was **such important information**.

▶ such는 so와 다르게 단수가산명사/ 복수가산명사/ 불가산명사 모두를 수식할 수 있다.

She was ~~such~~ intelligent. (×)

▶ such는 so와 다르게 단독으로 형용사나 부사를 수식할 수 없다.

(2) some/ any/ no/ every/ 기수 + such + 명사

· I saw **two such beautiful girls**. 나는 매우 아름다운 두 여자 아이를 봤다.
  I saw ~~such two~~ beautiful girls. (×)

▶ 한양대에서 출제된 바 있는 상당한 수준의 고급 문법 쟁점으로서, 기수는 such 앞에 위치해야 한다.

(3) quite/ rather + 부정관사 + 형용사 + 명사

18-34

부사 quite와 rather가 부정관사와 결합 시 부정관사는 quite와 rather 뒤에 오는 것이 엄격한 문어체 표현이다.

· It is **quite a good picture**. 이것은 정말 좋은 그림이다.

· She is **rather an old woman**. 그녀는 조금은 나이가 지긋한 여성이다.

예제

It was so beautiful _____ that I did not want to sleep.

① the night   ② a night
③ day   ④ night

해석 너무 아름다운 밤이어서 나는 잠들고 싶지가 않았다.
해설 so는 단수가산명사만을 원칙적으로 수식할 수 있는데, 이 경우 '형용사 + a(n) + 명사' 어순을 취한다.
정답 ②

1 관사의 종류 ～ **2** 부정관사의 용법

01   ① Although people say ② to me that ③ seeing is believing, I still cannot believe that what I saw last night was ④ an UFO.

02   Paul's aunt said that if ① she was late he ② was to wait for her ③ at the airport for at least ④ half a hour.

03   I do not believe that ① I am vindictive man, ② but when the immortal gods take a hand in the matter ③ it is pardonable ④ to observe result with complacency.

04   He earns five hundred dollars _____ month.
      ① in   ② per a
      ③ by   ④ a

01 ④　해석　사람들은 보는 것이 믿는 것이라고 말하지만, 내가 어젯밤에 본 것이 UFO라는 점을 믿을 수 없다.

　　　해설　an → a
　　　　　　UFO의 발음기호는 [jú:efóu] 가 된다. [ju] 발음은 자음 취급하기 때문에 부정관사로서 a가 옳다.

02 ④　해석　Paul의 숙모는 자신이 늦게 되면 그가 적어도 30분 가량은 공항에서 기다릴 거라고 말했다.

　　　해설　half a hour → half an hour
　　　　　　hour의 발음은 [auər] 이다. 즉, 모음으로 시작되는 발음이므로 an이 옳다.

03 ①　해석　내가 악의에 찬 사람이라고 생각지는 않는다. 그러나 불멸의 신들이 그 문제에 개입할 때 자기 만족에 차서 결과를 지켜보는 것은 봐줄만하다.

　　　해설　I am vindictive man → I am a vindictive man
　　　　　　man은 가산명사이자 단수 형태이므로 부정관사가 와야 한다.

　　　어휘　vindictive 앙심을 품은　take a hand in[at] ~에 참여하다. 관계하다　pardonable 용서할 수 있는
　　　　　　complacency 현 상태에 안주함

04 ④　해석　그는 한 달에 5백 달러를 번다.

　　　해설　'~마다(per)'의 의미가 필요할 경우 a가 옳다. ②의 per와 a는 같은 의미이기 때문에 함께 쓰일 수는 없다.

3 정관사의 용법

05 ① Does the terminally ill have the right ② to take their own lives before ③ they suffer great pain or become ④ a burden to others?

06 Although ① many of his songs are well known to the public, ② little is known about ③ his early childhood and college background ④ of country singer Johnny Lee.

07 어법상 옳지 않은 표현이 있는 문장을 고르시오.

① I'll soon be finished with this job.
② More doctors were urgently required to tend sick and wounded.
③ My husband insisted that the new baby be named after his mother.
④ He was firing questions at the politician.

08 Annie Smith Peck was ① first woman to scale the Matterhorn, ② the height and beauty ③ of which have made it the goal ④ of all Alpine climbers.

09 Choose the one that is grammatically correct.

① I was listening the pop music.
② I play violin, but not guitar.
③ The parents told their child not to make a noise.
④ I did not speak loud and clear.

05 ①

해석 죽을병에 걸린 사람들이 엄청난 고통에 시달리거나 다른 이들에게 부담이 되기 이전에 스스로 자살을 할 권리가 있는 것인가?

해설 Does → Do
'the + 형용사(ill)'는 복수보통명사(아픈 사람들)의 기능을 가지기 때문에 일반동사의 의문문 조동사 또한 do라는 복수가 옳다.

어휘 take one's own life 자살하다

06 ③

해석 Johnny Lee의 많은 노래들이 대중들에게 잘 알려져 있을지라도 민요가수인 그의 유년 시절과 대학 배경에 대해서는 알려진 게 거의 없다.

해설 his → the
앞의 선행사 early child hood and college background의 한정어구인 전치사구 of country singer Johnny Lee가 있으므로 같은 의미를 갖고 있는 his가 위치하면 틀린다. 명사의 한정어구인 전치사구가 위치했으므로 정관사가 옳다.

07 ②

해설 sick and wounded → the sick and wounded
타동사인 tend(돌보다)의 목적어로서 형용사인 sick and wounded는 불가능하다. 따라서 정관사 the와 형용사를 결합하여 복수명사로 만들어야 하므로 정관사가 추가적으로 필요하다. ① be finished with는 동사 finish와 같은 표현이며, 그 경우 finished는 형용사일 뿐이다.

어휘 fire questions 질문을 퍼붓다

08 ①

해석 Annie Smith Peck은 Matterhorn 해발을 등정한 첫 여성이었다. 그 해발의 높이와 아름다움은 모든 알프스 산맥 등산가들의 목표가 되게끔 했다.

해설 first → the first
서수가 특정 명사를 수식하는 경우에는 그 서수에 정관사가 위치해야 한다.

어휘 scale (가파른 곳을) 오르다

09 ③

해설 ① listening → listening to
listen은 전치사 to와 결합하는 자동사이다.
② violin → the violin / guitar → the guitar
악기명 앞에는 정관사가 위치한다.
④ loud and clear → loudly and clearly
speak는 자동사로 쓰였으므로 형용사가 아닌 부사가 옳다.

10   ① All of a sudden the young woman ② rose to ③ her feet and struck him ④ on his face.

11   다음 중 문법적으로 옳은 문장을 고르시오.

    ① The Earth travels at high rate of speed around the sun.

    ② A soccer is a ball game played by two teams, each made up of 11 players.

    ③ The workers in America get paid by week.

    ④ She looked me in the face.

12   ① I worked with the poor ② for several years, ③ yet I didn't feel I really understood ④ his problems.

13   다음 중 어법에 맞는 것은?

    ① This is an useful dictionary.

    ② We rented a boat by an hour.

    ③ At the sight of her son, a mother was aroused in her.

    ④ He has the wisdom of Solomon.

10 ④

해석 갑작스럽게 젊은 여성이 일어나서 그의 얼굴을 쳤다.

해설 on his face → on the face
신체의 일부분을 강조할 경우에는 '동사 + 사람 목적어 + 전치사 + the 신체 부위'라는 구조를 취하게 된다. 이 경우 신체 부위 명사 앞에 정관사가 옳지, 소유격은 틀린다.

11 ④

해설 ① high rate → a high rate
rate는 가산명사이다. 가산명사가 단수일 경우 앞에 한정사가 꼭 있어야 한다.
② A soccer → Soccer
스포츠명은 앞에 관사가 올 수 없다.
③ by week → by the week
무게·시간·거리로 단위를 나타낼 때에는 전치사 by 뒤에 정관사가 탈락하면 틀린다.

12 ④

해석 나는 몇 년간 빈곤자들과 함께 일했지만, 나는 그들의 문제점을 실제로 이해한다고 생각지는 못했다.

해설 his → their
④의 소유격은 문맥상 앞의 'the poor(빈곤자들)'를 가리키는데, 'the + 형용사'의 경우 일반적으로 복수 취급하게 된다.

13 ④

해설 ① an → a
useful의 발음은 [júːsfəl] 이므로 a가 옳다.
② an → the
무게·시간·거리로 단위를 나타낼 때에는 'by the 명사' 형태로 나타낸다.
③ a mother → the mother
'the + 단수보통명사 mother'는 추상명사로 뜻이 전환되어 '모성애'를 의미하는데 문맥상 적합하다.

14   It is important ① that, in a kind and caring manner, one ② make clear that you and
      his dad have a special type of love that includes ③ making love, and that ④ when
      he is older he, too, will have that kind of ⑤ a relationship with someone wonderful.

15   ① The English has both regular and irregular verbs. Learn ② the basic verb forms
      of these words ③ in order to form the tenses and avoid ④ mixing tenses in writing.

16   ① The soccer is ② a ball game ③ played by two teams, each ④ made up of 11
      players.

17   A chemical plant explosion that ① occurred on November 13 in the northwest
      province of Jilin has severly polluted one of China's ② the biggest rivers, causing
      water supplies for millions of people to be cut and pollution fears ③ to spread not
      only in the city but also ④ in neighboring Russia.

18   The two main _____ are permanent magnets and electromagnets.
      ① kinds of magnet   ② kind of magnets
      ③ kinds magnets   ④ kinds of magnets

14 ⑤　해석　당신과 아이 아빠는 사랑행위가 포함된 특별한 사랑을 나누며 애도 나이가 들면 누군가 멋진 사람과 그런 관계를 가지게
　　　　　　　　될 것이라는 걸 아이에게 상냥하고 애정에 찬 태도로 분명히 알리는 게 중요합니다.

　　　　해설　a → 삭제
　　　　　　　　kind/ sort/ type이 단수라면 of 뒤에도 관사 없이 단수명사가 위치해야 한다.

15 ①　해석　영어는 규칙 동사와 불규칙 동사를 가지고 있다. 작문을 할 때 시제를 구성하고 혼동된 시제를 피하기 위해서 이 단어들의
　　　　　　　　기본 동사 형태를 배워라.

　　　　해설　The English → The English language 또는 English
　　　　　　　　언어 앞에는 정관사를 쓰지 않는다. 그러나 language가 포함될 경우 정관사 the를 위치시킬 수 있다. ex.
　　　　　　　　Chinese= the Chinese language 중국어

16 ①　해석　축구는 각 팀당 11명의 선수로 구성된 두 팀이 경기를 하는 구기이다.

　　　　해설　The → 삭제
　　　　　　　　운동명(soccer, baseball) 앞에 관사가 올 수 없다.

17 ②　해석　11월 13일 중국 지린성 북서부에서 발생했던 화학공장 폭발 사고는 중국의 가장 큰 강 중 하나를 심하게 오염시켰으며,
　　　　　　　　수백만 명이 이용하는 수돗물 공급이 끊기고, 오염 공포가 그 도시뿐만 아니라 이웃 러시아까지 확산되게 했다.

　　　　해설　the biggest → biggest
　　　　　　　　소유격 China's가 한정사이므로 또 다른 한정사인 the가 함께 올 수 없다.

18 ④　해석　중요한 두 종류의 자석은 영구자석과 전자석이다.
　　　　해설　복수 형태로서 kinds/ sorts/ types of 이하에 위치한 명사는 복수이어야 한다.

19 다음 중 어법상 옳은 것은?

① We emphasize hands-on learning as a best way to teach students.

② The cat bit me on a leg.

③ She begged from the door to the door.

④ The same thing happened to me yesterday.

20 They went down ① the Sangamon ② by a canoe to Jamestown, ③ five miles east of Springfield. Offutt was ④ surprised when he saw Abraham. He did not expect to see a lad ⑤ so young and so tall.

21 다음 중 문법적으로 옳은 것은?

① He seldom goes to church, does he?

② He stared at me in the face.

③ He seized me by my sleeve.

④ A great scholar as he is, he is lacking in common sense.

22 문법적으로 옳은 것은?

① Bush was elected the President of the United States.

② He caught me by my arm.

③ It has passed three years since my father died.

④ The concert is on channel 6 live from Carnegie Hall.

19 ④　해설　① a best → the best
　　　　　　　최상급 best가 명사를 수식할 경우 앞에 정관사가 있어야 한다.
　　　　　　② a → the
　　　　　　　신체 부위에 동작을 가하는 경우 전치사 이하에는 소유격이나 부정관사 대신 정관사가 위치해야 한다.
　　　　　　③ from the door to the door → from door to door
　　　　　　　'from door to door(집집마다)'처럼 대구·대조를 나타내는 구의 경우 관사 없이 쓰인다.

20 ②　해석　그들은 카누를 타고서 Sangamon 강을 따라서 Springfield 동쪽으로 5마일 지점에 있는 Jamestown으로 갔다.
　　　　　　Offutt는 Abraham을 보고서 놀랐다. 그는 매우 젊고, 매우 키가 큰 청년을 보리라고 예상치 못했다.
　　　　해설　by a canoe → by canoe
　　　　　　by car, by taxi, by canoe 등과 같이 교통수단을 나타낼 때에는 전치사 by 뒤에 관사를 위치하지 않는다.
　　　　어휘　lad 사내애

21 ①　해설　② at → 삭제
　　　　　　　stare는 'He stared at me.'처럼 자동사로 쓰인다. 그러나 사람만을 보는 것이 아니라 그 사람의
　　　　　　　신체를 보게 될 때에는 stared me in the face처럼 stare가 타동사로 쓰이게 된다.
　　　　　　③ my → the
　　　　　　　신체 부위에 동작을 가하는 경우 전치사 이하에는 소유격이나 부정관사 대신 정관사가 위치해야 한다.
　　　　　　④ A → 삭제
　　　　　　　양보 부사절에서 명사 보어가 문두로 위치할 경우 그 명사가 단수가산명사일지라도 부정관사를 위치하
　　　　　　　지 않는다.

22 ④　해설　① the President → President
　　　　　　　관직명사가 고유명사 앞의 동격 및 보어로 쓰인 경우에는 관사가 올 수 없다.
　　　　　　② my → the
　　　　　　　신체 접촉을 가리키는 'catch + 사람 + by' 이하에는 'the + 신체 부위'가 옳다.
　　　　　　③ It has passed three years → Three years have passed
　　　　　　　시간 경과 표현은 'It has been/ is three years since my father died. = Three years have
　　　　　　　passed since my father died.'가 옳다.
　　　　　　④ 이 문장에서 live는 형용사로서 '생중계의'라는 뜻이다. on channel 6는 삽입된 전치사구이다.

23 Euthanasia, a practice of ① assisting the death of a person ② suffering from an incurable disease, is ③ so a controversial issue that it is illegal ④ in most countries.

24 A : I wish Bill would drive us to the airport.
   B : He has _____ to take us all.
   ① very small a car   ② a too small car
   ③ such small a car   ④ too small a car
   ⑤ a car such small

25 Choose the one that is grammatically correct.
   ① That's too a hard task for me.
   ② A flowing water isn't frozen so easily.
   ③ The pilot is as a kind man as the stewardess.
   ④ A black and white dog are lying on the lawn.
   ⑤ I don't have so much money as you have.

26 다음 중 문법적으로 알맞은 것은?
   ① Some climbers are so masochists that they actually do this in the depths of winter, but the preferred time is around the summer solstice.
   ② Descendent to nomadic peoples out of north-west Asia, Koreans are among the most ethnically homogeneous populations in the world.
   ③ Through ten-foot barbed-wire fences lining the roads, we saw farmers harvesting rice by hand, men fording a river with bundles on their backs, and families washing clothes in a stream.
   ④ Ancient China's bronze age started later than in some other parts of the world — roughly 2000 B.C. in China, comparing with around 3000 B.C. in south-eastern Europe and the Near East.

23 ③

해석 안락사는 치료할 수 없는 질병 때문에 고통받는 사람의 죽음을 도와주는 행위인데, 너무나 논쟁이 많은 문제이기 때문에 대부분의 국가에서 법으로 허락되지 않는다.

해설 so → such

so가 단수가산명사를 수식할 경우 'so + 형용사 + a(n) + 명사' 어순을 취하지만, such는 'such + a(n) + 형용사 + 명사' 어순을 취한다. 주어진 지문은 후자가 합당하다.

24 ④

해석 A: Bill이 우리를 공항까지 태워다 줬으면 해.
B: 우리 모두를 태우기에 그는 너무 작은 차를 갖고 있어.

해설 too는 단수가산명사를 수식할 경우 'too + 형용사 + a(n) + 명사' 어순을 취한다.

25 ⑤

해설 ① too a hard task → too hard a task
'too + 형용사 + a(n) + 명사' 어순을 취한다.

② A → 삭제
water는 불가산명사이므로 부정관사가 위치할 수 없다.

③ as a kind man as → as kind a man as
'as + 형용사 + a(n) + 명사' 어순을 취한다.

④ are → is
강아지 한 마리가 검정색과 하얀색이 섞여 있다는 설명이므로 동사는 단수가 옳다.

26 ③

해설 ① so → such
so는 'many, much, few, little' 없이는 복수명사 혹은 불가산명사를 수식할 수 없으므로, 어느 명사나 수식할 수 있는 such가 옳다.

② Descendent to → Descendent from
descendent는 전치사 from과 결합하여 '~부터 전해 내려오는'의 뜻을 가진다.

④ comparing → compared
'~과 비교하여'의 의미는 compared with로 쓰이게 된다.

어휘 summer solstice 하지   barbed-wire 철조망   ford (강·냇물을) 건너다

GRAMMAR
HUNTER

GRAMMAR
HUNTER

19 대명사

1 인칭대명사

1. 인칭대명사의 종류

	수/성		주격	소유격	목적격	소유대명사
1인칭	단수		I	my	me	mine
	복수		we	our	us	ours
2인칭	단·복수		you	your	you	yours
3인칭	단수	남성	he	his	him	his
		여성	she	her	her	hers
		사물	it	its	it	-
	복수		they	their	them	theirs

2. 인칭대명사의 용법

(1) 주격보어의 격

3인칭 주격보어 자리에 주격이 위치하는 것은 격식을 갖춘 경우이며, 1인칭 주격보어에는 주격이 아니라 목적격이 위치한다.

· What would you do if you were **she**?
   당신이 그녀라면 어떻게 하실래요?

   ▶ 3인칭 주격보어 자리에 주격이 위치하는 것은 상당히 격식을 갖춘 경우이다.

· "Who broke the window?"

   "It was **me**." (○) It was I. (×)
   누가 창문을 깨뜨렸니?
   저에요.

   ▶ 1인칭 주격보어 자리에 주격이 오면 틀리고 목적격이 와야 한다.

(2) 소유격

소유격은 형용사처럼 명사 앞에 위치하여 '~의'로 해석된다. 단독으로 사용할 수 없으며, 언제나 명사 앞에서 수식하게 된다.

· That's **my** (very important) problem.
   그것은 나의 (매우 중요한) 문제이다.

(3) 목적격

목적격은 타동사와 전치사의 목적어 또는 5형식 동사의 목적보어로서 위치한다.

19-04
서강대 2009
고려대 2009
중앙대 2007
고려대 2004

- It's just business between **us**.

  It's just business between ~~we~~. (×)
  우린 그냥 동업하는 사이에요.

- I know it to be **her** by voice.

  I know it to be ~~she~~ by voice. (×)
  나는 목소리를 통해서 그녀인 줄 알았다.

  ▶ 전치사의 목적어로 쓰인 인칭대명사는 목적격(us)이 옳으며, 5형식 동사인 know의 목적보어도 목적격(her)이 옳다.

(4) 소유대명사

19-05

소유대명사는 '소유격 + 명사'를 대신하여, 주어·목적어·보어로 쓸 수 있다.

- Your suit is much better than **mine**.

  Your suit is much better than ~~my~~. (×)
  당신의 정장이 나의 것보다 더 좋다.

  ▶ 소유격은 명사 기능이 아닌 형용사로 쓰일 뿐이므로, 소유대명사가 주어·보어·목적어로 위치하게 된다.

명지대 2010

> **CHECK | 소유대명사의 수 판단**
>
> 소유대명사인 'mine, ours, yours, his, hers, theirs'는 문맥에 따라 수 판단을 해야 한다.
>
> - His speaking **rate** is very high. But **mine is** relatively low.
>   그의 말 속도는 매우 빠르다. 그러나 나의 말 속도는 비교적 느리다.
>
> - His **clothes** are luxurious. But **mine are** inexpensive.
>   His clothes are luxurious. But mine ~~is~~ inexpensive. (×)
>   그의 옷은 고급스럽다. 그러나 나의 옷은 저렴한 편이다.
>
>   소유대명사는 '소유격(my) + 명사(clothes)'로 바꿔 쓸 수 있다. 이 경우 소유대명사의 수는 앞에 나온 명사의 수를 확인해야 한다.

(5) 비교 대상의 격

19-06
고려대 2009
고려대 2002
계명대 2001

비교 구문에서는 비교 대상이 되는 인칭의 격에 주의해야 한다. ★ 16-39 참조

- **He** is three years older than **I**.

  He is three years older than ~~me~~. (×)
  그는 나보다 세 살 더 많다.

  ▶ 비교 대상은 '그와 나'이므로 목적격 me가 아닌, 주어인 He와 I의 비교가 되어야 한다.

3. 대명사 it

it은 앞에 나온 사물을 받는 것 이외에도 이하의 경우처럼 '명사, 구, 절, 문장, 비인칭주어, 신원 확인'에 있어서 활용된다.

19-07
고려대 2005
아주대 2005

(1) 앞서 나온 명사·구·절·문장을 받을 때

- "Where's **your office**?" 네 차 어디 있니?
  "**It**'s in the garage." 차고에 있어요.

  ▶ 앞의 명사 your office를 it(=the office)으로 받은 경우이다.

- I tried **to get up**, but found **it** impossible.
  나는 일어나려고 애썼지만 불가능하다는 것을 알았다.

  ▶ it은 try의 목적어로 쓰인 to get up(일찍 일어나는 것)을 가리킨다.

- **There were people crying, buildings on fire. It** was terrible!
  사람들이 비명을 지르며, 건물들에 불이 났었어. 끔찍했어!

  ▶ 앞 문장 전체를 가리키며, it이 이처럼 앞 문장 전체를 가리킬 경우에는 상황을 묘사한다.

19-08

(2) 비인칭주어로서 날씨·명암·시간·거리·계절을 나타낼 때

- Is **it** still raining? [날씨]
  아직도 비가 내리고 있니?

- **It** gets dark very early in the winter. [명암]
  겨울에는 일찍 어두워진다.

- **It** was four o'clock and the e-mail still hadn't come. [시간]
  4시인데 그 이메일이 아직도 오지 않았다.

- **It**'s over 200 miles from London to Manchester. [거리]
  런던에서 맨체스터까지는 200마일이 넘는다.

19-09

(3) 성별이 분명하지 않을 때 (신원 확인)

성별이 밝혀지지 않은 사람, 동물, 사물, 아이를 가리킬 경우에는 it을 사용한다.

- A: Who's **it** over there? A: 거기 누구신지요?
  B: **It**'s Robert Morley. B: Robert Morley입니다.

  ▶ 상대방이 누군지 모르는 경우에는 it이 쓰인다.

- Your baby is due next month. What will you call **it** if **it**'s a boy?
  아기가 다음 달에 태어나겠네. 남자면 이름을 뭐라고 부를 거니?

  ▶ 아직 태어나지 않은 아기이므로 성별을 알 수가 없어서 it이 쓰인 경우이다.

(4) 가목적어·가주어 기능을 할 때

19-10
광운대 2014

1) 문제의 소재

- He hopes to marry the stewardess. 그는 승무원과 결혼하고 싶어 한다.
  = He hopes that he will marry the stewardess.

일부 타동사들은 to부정사와 명사절을 목적어로 취할 수 있다. 따라서 5형식 문형에서도 목적어 자리에 to부정사를 위치시킬 수 있을 것이라고 오해할 수 있다.

He <u>found</u> <u>to marry the stewardess</u> <u>difficult</u>. (×)
   동사   목적어   목적보어

He <u>found</u> <u>that he will marry the stewardess</u> <u>difficult</u>. (×)
   동사   목적어   목적보어

위 두 문장은 틀렸다. 5형식 구문에서는 to부정사와 절을 목적어로 둘 수 없기 때문이다. 따라서 5형식 문형에서 to부정사와 that절을 목적어로 쓰고 싶을 경우에는 가목적어 it과 목적보어를 위치시킨 후 뒤에 to부정사와 절을 위치시킬 수 있는 것이다.

2) 가목적어 기능 ★ 10-05 참조

19-11
한국외대 2006
서울여대 2003

위에서 설명했듯이 5형식 동사의 목적어로 to부정사 또는 명사절을 위치시킬 경우, 가목적어 it을 먼저 위치시킨 후 to부정사 또는 명사절은 목적보어 뒤로 보내게 된다.

· I find <u>it</u> <u>difficult</u> <u>to marry her</u>.
          가·목 목·보   진·목

I find it difficult ~~marrying~~ her. (×)

▸ 가주어·가목적어는 to부정사를 대신하며 동명사를 대신할 수 없음이 편입시험의 출제 경향이다.

· I find <u>it</u> <u>difficult</u> <u>that I will marry her</u>.
          가·목 목·보   진·목

I find difficult that I will marry her. (×)

▸ it이 가목적어로 쓰일 경우 생략되어서는 안 된다.

19-12

CHECK | 가목적어 it이 필요하지 않은 경우

목적어인 명사를 후치 수식하는 어구가 위치하여 목적어인 명사구의 길이가 길어질 경우, '동사 + 목적보어(형용사) + 목적어(후치 수식어구를 수반한 명사)' 어순을 취할 수 있다.

· He found <u>the participation</u> in negotiations between labor and management <u>difficult</u>.
                목적어   목·보

= He found <u>difficult</u> <u>the participation</u> in negotiations between labor and management.
             목·보   목적어

그는 노사와 경영진의 협상에 참여하는 것이 힘들다는 것을 알았다.

3) 가주어 기능

19-13
동덕여대 2010
한국외대 2009
서경대 2007

현대영어에서는 to부정사와 명사절을 문장 전체의 주어로 맨 앞에 두는 경향이 줄어들고 있다. 따라서 가주어 it을 맨 앞에 둔 후 진주어를 문장 뒤로 위치시키게 되는데, 이 경우 it은 to부정사와 명사절을 대신할 뿐, 동명사를 대신할 수 없음이 원칙이다.

· **It's** a pity **to kill himself**. 자살하는 것은 유감스런 일이다.

· **It** doesn't matter **who you may love**. 당신이 누구를 사랑하던 문제가 되지 않는다.

· **It's** my ambition **that I will be president**. 대통령이 되는 것이 나의 야망이다.

It's pity ~~killing~~ himself. (×)

~~This~~ is difficult for a woman to be an artist. (×)

▸ 가주어 it이 대신할 수 있는 준동사는 동명사가 아닌 to부정사가 옳고, 이렇게 가주어 역할을 할 경우 this는 불가능하며 it이 옳다.

4) It is ~ that 강조 구문

It is와 that 사이에는 주어와 목적어 역할을 하는 명사(구)와, 장소와 시간과 이유를 나타내는 부사, 또는 부사구가 위치할 수 있다. 이때 that은 관계대명사이며, it is는 해석하지 않는다.

- I met Mr. Cronje in New Zealand yesterday.
  = **It was I that** met Mr. Cronje in New Zealand yesterday. [주어 I 강조]
  = **It was Mr. Cronje that** I met in New Zealand yesterday. [목적어 Mr. Cronje 강조]
  = **It was yesterday that** I met Mr. Cronje in New Zealand. [부사 yesterday 강조]
  = **It was in New Zealand that** I met Mr. Cronje yesterday. [부사구 in New Zealand 강조]
  나는 어제 뉴질랜드에서 Cronje 씨를 만났다.

  It was ~~me~~ that met Mr. Cronje in New Zealand yesterday. (×)

  ▶ that 이하는 주격 I를 강조하는 주격 관계사 기능을 하게 되므로 주격인 I가 옳다.

  It was Mr. Cronje that I met ~~him~~ in New Zealand yesterday. (×)

  ▶ 목적어를 강조할 경우 that 이하의 문장에는 목적어가 생략되어야 한다.

CHECK |

1. it is와 that 사이에는 부사구 또는 부사절을 강조할 수 있다.

it is와 that 사이에 '시간을 가리키는 전치사구'가 강조될 경우 that 대신에 when이 올 수 없다.

- **It was not until 1945 that** World War II came to an end.
  = **Not until 1945** did World War II come to an end.
  It was not until 1945 ~~when~~ World War II came to an end. (×)
  1945년이 되고서야 비로소 2차 세계대전이 끝났다.

  ▶ not until 1945라는 전치사구를 it is와 that 사이에 강조한 것이다. 이 경우 that 대신에 when이 올 수 없다.

2. 강조 받는 명사가 사람이면 who, whom을 쓸 수 있고, 사물이면 which를 쓸 수 있다.

- It's Lawrence **whom(=that)** you should talk to.
  당신은 Lawrence와 대화를 해야만 한다.

- It was this book **which(=that)** you must have bought.
  당신이 구입해야만 했던 것이 이 책이었다.

3. 의문문을 강조할 수도 있다. ★ 12-36 참조

- **Who was it that** scolded my son?
  내 아들을 꾸짖은 사람이 정말로 누구였나요?

  | it is ~ that이 의문문으로 바뀌어 어순이 도치된 형태이며 의문대명사인 who가 강조된 형태이다. was it that을 괄호로 묶어 보면 쉽게 이해할 수 있다.

---

4. 소유대명사

my, your, his와 같은 인칭대명사의 소유격은 형용사로 쓰이는 반면, mine, ours, yours, his, hers, theirs와 같은 소유대명사들은 명사적으로 쓰이게 된다.

(1) 앞서 나온 명사의 반복을 피할 경우   `19-16`

· My belt is more expensive than **yours(= your belt)**.
  내 벨트가 네 것보다 더 비싸다.

(2) 이중소유격의 경우 ★ 17-36 참조   `19-17`

· It was no fault of **yours**.
  그것은 당신의 실수가 아니었다.

(3) one's own   `19-18`

one's own은 명사를 수식하는 형용사 기능을 하며, 명사 기능도 가지고, 이중소유격의 형태 또한 가능하다.

1) 형용사적 용법

· The woman treated the child as if he were **her own** child.
  여자는 그 아이가 자신의 아이인 마냥 대했다.

2) 명사적 용법

· The woman treated the child as if he were **her own**.

  ▶ her own 뒤에 child라는 명사가 쉽게 짐작이 가므로 her own만 쓰였다.

3) 이중소유격

· I need a room **of my own**.
  I need an own room. (×)
  나는 나만의 방이 필요하다.

  ▶ own은 관사 뒤에 위치할 수 없으며 이중소유격에 쓰인다.

② 재귀대명사

1. 종류   `19-19`

재귀대명사는 1인칭과 2인칭의 소유격, 그리고 3인칭의 목적격에 단수 형태로서 self, 복수 형태로서 selves를 붙여서 쓴다.

	단수	복수
1인칭	myself	ourselves
2인칭	yourself	yourselves
3인칭	himself/ herself/ itself	themselves
one	oneself	

2. 재귀대명사의 재귀용법

19-20

국민대 2010
고려대 2009
한양대 2005
중앙대 2003

(1) 일반적 용법

동작을 가하는 자와 동작을 받는 대상, 즉 주어와 목적어가 같을 경우 목적어에 재귀대명사를 활용하게 된다. 재귀대명사는 오로지 타동사와 전치사의 목적어로만 쓰인다.

- Orwell could fairly describe **himself** as an anti-communist.
  Orwell could fairly describe ~~him~~ as an anti-communist. (×)
  Orwell은 자신을 반공산주의자로 꽤나 묘사한 것 같다.

  ▶ 주어와 목적어가 같으므로 himself가 옳다.

- Home schoolers spend much time on the topics that really interest **them**.
  Home schoolers spend much time on the topics that really interest ~~themselves~~. (×)
  자택학습을 하는 학생들은 관심을 가지게 하는 주제에 더 많은 시간을 할애한다.

  > interest가 의미적으로 목적어를 취하는 것은 관계대명사절의 선행사인 topics가 아니라 schoolers이므로 단순 목적격이 옳다.

19-21

경희대 2008

(2) 재귀대명사를 목적어로 취하는 타동사 구문 ★ 01-65 참조

- She **devotes herself to** her own business.
  = She is devoted to her own business.
  그녀는 자신의 사업에 매진한다.

19-22

(3) 재귀대명사의 강조 용법

재귀대명사는 주어 또는 목적어나 보어에 위치한 명사를 강조할 수 있으며, 생략해도 문법상 하자가 있는 것은 아니다. 그 위치는 명사 바로 뒤 또는 문장 맨 뒤 모두 가능하다. 해석은 '직접, 스스로'로 한다.

- **He himself** says so.
  = **He** says so **himself**.
  그 자신이 그렇게 말한다.

19-23A

세종대 2006
대구가톨릭대 2000

(4) 재귀대명사의 관용적 표현

> ① beside oneself 제정신이 아닌
> ② by oneself 혼자서
> ③ between ourselves 우리끼리 말인데
> ④ for oneself 자력으로
> ⑤ in itself 본질적으로, 그 자체가
> ⑥ in spite of oneself 자신도 모르게
> ⑦ of oneself 저절로
> ⑧ to oneself 독점적으로, 혼자서만

- Energy is a means to an end — economic growth — not an end **in itself**.
  에너지는 경제 성장을 위한 수단이지 그 자체가 목적은 아니다.

- I fell asleep **in spite of myself**.
  나도 모르게 잠이 들었다.

CHECK | 장소 · 방향의 전치사의 목적어로 재귀대명사는 쓰일 수 없다.

around, behind, with와 같은 장소 · 방향의 전치사의 목적어로 재귀대명사는 쓰일 수 없다.

- You should bring my baby **with you**.
  You should bring my baby with ~~yourself~~. (×)
  당신은 나의 아이를 데려가야 한다.

예제

It is because of Edison, rather than of any other man _____ the age in which we live is known as "the age of electricity."

① that   ② which   ③ when

④ those   ⑤ this

해석 어느 다른 사람이라기보다는 Edison 때문에 우리가 살고 있는 시대가 '전기의 시대'로 알려진 것이다.

해설 The age in which we live is known as "the age of electricity" because of Edison, rather than of any other man.에서, 'because of Edison, rather than of any other man' 부사구가 'it is'와 'that' 사이에 강조되었다.

정답 ①

❸ 지시대명사

1. this와 that

this와 that은 형용사와 대명사 기능이 모두 있으며, 복수 형태는 these와 those이다.

(1) 공간적 · 시간적으로 가까운 것은 this vs. 먼 것은 that

this는 공간적으로 화자 쪽에 가까운 사람이나 사물 또는 가까운 미래를 가리키며, that은 화자에게서 먼 사람이나 사물 또는 가까운 과거를 가리킨다.

- **This** is very delicious. Would you give me more?
  이거 매우 맛있네요. 더 주시겠어요?

- **That** was delicious. What was it?
  그거 맛있었어. 뭐였니?

(2) 앞 문장을 가리키면 this, that vs. 뒤 문장을 가리키면 this

이미 이전에 언급한 내용은 this와 that(it도 가능)이 가리킬 수 있지만, 뒤의 나오는 문장은 this로만 가리킬 수 있다.

- **You never cared about me.** 당신은 저에게 전혀 관심이 없군요.
  That/ This/ It's not true. 그렇지 않아요.

- **The question is this;** many people worry about president's policy.
  문제인 즉 이렇다; 많은 사람들이 대통령의 정책에 대해 걱정한다.

(3) 대조적으로 가리키면 this는 후자, that은 전자

앞에 나오는 두 명사를 대조적으로 가리키는 경우에 this는 후자(=the latter)를 가리키며, that은 전자(=the former)를 가리킨다.

· I like Jazz and Rock 'n' Roll; **that** helps us rest, and **this** makes us feel excited.
나는 재즈와 로큰롤을 좋아한다. 전자(재즈)는 우리가 휴식을 취하게끔 도와주며, 후자(로큰롤)는 우리를 신나게 한다.

▶ that은 전자인 'Jazz'를 가리키며, this는 후자인 'Rock 'n' Roll'을 가리킨다.

(4) 앞에 나온 명사의 반복을 피하기 위한 that

앞에 나온 명사가 뒤에서 'the + 명사'로 반복되며, 한정어구의 수식을 받는 경우 그 'the + 명사'는 that으로 대신할 수 있다. ★ 16-39 참조

· The poison of the cobra is deadlier than **that** of the rattlesnake.
= The poison of the cobra is deadlier than **the poison** of the rattlesnake.
The poison of the cobra is deadlier than it of the rattlesnake. (×)
코브라의 독은 방울뱀의 독보다 더 치명적이다.

앞의 the poison이 of the rattlesnake라는 후치 수식어구와 함께 위치하기 때문에 that이 옳다. 이 경우 this와 it은 허용되지 않는다. 이하의 문장도 마찬가지 맥락이다.

· Their lives were like the lives of animals and not like **those** of human beings.
그들의 삶은 동물의 삶과 같으며 인간의 삶과는 다르다.

(5) that을 이용한 관용표현

> ① and that(= and ~ at that) 더구나, 그것도
> ② for all that 그럼에도
> ③ that is (to say) 즉, 다시 말하자면(접속부사 기능을 가짐)

· **That is to say**, people are poor because they're poor.
다시 말해 빈민들은 가난하기 때문에 가난을 면할 수 없다.

(6) 형용사·부사로 쓰이는 this와 that

부사로 쓰일 경우 this는 '이렇게', that은 '그렇게, 그 정도로'의 의미가 된다.

· **This** water is too cold, and **that** apple is stale. [지시형용사 this와 that]
이 물은 너무 차갑고, 저 사과는 상했다.

· The table is **this** high and **this** wide. [지시부사 this]
그 테이블은 이 정도로 높고 넓다.

· It was quite a large fish — about **that** long. [지시부사 that]
매우 큰 물고기였다. 거의 그 정도로 길었다.

▶ 마지막 두 문장은 형용사인 high와 wide, long을 수식하는 부사로 쓰였다.

(7) 관계사의 선행사로서 that/those

that과 those는 관계대명사의 선행사가 될 수 있으며, this/they/them/it은 불가능하다.

· **Those** who saw the concert were moved. 그 공연을 본 사람들이 감동받았다.
These who saw the concert were moved. (×)

▶ 관계대명사의 선행사로서 that과 those만 가능할 뿐, this와 these는 불가능하다.

2. so

19-31

(1) 긍정 답변의 so

so는 부사로 쓰이는 경우가 일반적이지만, 인식동사의 긍정 답변을 하는 목적어를 대신하여 대명사처럼 쓰이게 된다.

긍정 답변	I say/ think/ hope/expect/ guess + so

- A: You must be in love with Rita.

  B: I think **so**. (= I think **that** I must **be** in love with her.)

  A: 넌 Rita와 사랑에 빠졌구나.

  B: 그런 것 같아. (= 그녀와 사랑에 빠졌다고 나는 생각해.)

  ▶ 앞 문장의 내용이 think 동사의 목적어로서 긍정 답변이 되기 때문에 that절을 대신하여 so가 위치할 수 있다.

19-32

CHECK |

1. 부정 내용의 목적절을 대신하는 not

부정 내용의 목적절은 I believe not. 형태 혹은 I don't believe so. 형태로 쓰인다.

※ think 동사는 I think not보다는 I don't think so로 더 많이 쓰인다.

고려대 2002

부정 답변	I say/ think/ hope/ expect/ guess + not

- A: Will they marry? 그들이 결혼할까요?

  B: I think **not**. = I don't think so. 안 그럴 것 같은데요.

  = I think that they will not marry.

  = I don't think that they will marry.

2. 완곡 표현의 I am afraid + so/ not

I am afraid는 걱정과 두려움의 부드러운 완곡 표현에 활용되어, '(아무래도) ~인 것 같다'라는 의미를 전달한다. 긍정의 명사절을 대신 할 경우 so를 위치하고, 부정의 명사절을 대신할 경우 not을 위치한다.

강남대 2009

- A: Did he forget to do it?

  B: **I'm afraid so.** (= I'm afraid that he forgot to do it.)

  A: 그가 그 일을 할 것을 잊어버렸을까?

  B: 아무래도 그랬을 것 같네요.(= 그가 그 일을 할 것을 잊었을 것 같네요.)

- A: Will John be there?

  B: **I'm afraid not.** (= I'm afraid that he won't be there.)

  A: John이 저기에 있을까?

  B: 아무래도 아닌 것 같아요.(= 그가 저기에 없을 것 같네요.)

3. so는 앞서 나온 명사·형용사·절을 대신해서 2형식 동사의 보어로도 쓰인다.

계명대 2001

- He is a genius in economics and will remain **so**.

  그는 경제학의 천재이며 그렇게 남을 것이다.

  ▶ remain 동사의 보어로서 a genius를 대신하여 쓰인 것이다.

19-33
(2) 긍정적 동의 : So + 동사 + 주어

가톨릭대 2013

앞 문장에 대한 긍정의 동의를 할 경우, 앞 문장의 주어와 긍정 동의를 하는 문장의 주어가 같지 않은 경우에는 so가 문두로 위치하여 도치가 발생하여 'So + 동사 + 주어'의 형태가 된다.

- A: It's been nice talking to you. I hope we can get together again soon.

  B: **So do I.**

  A: 대화 즐거웠어요. 곧 다시 만나길 바랍니다.

  B: 저도 그래요. (= 저도 다시 만나길 바랍니다.)

  ▶ A 문장의 주어인 I와 B 문장의 긍정적 동의를 하는 문장의 주어인 I가 같지 않으므로 도치가 일어난다.

19-34

CHECK | So + 주어 + 동사

주어가 같은 경우 앞서 등장한 내용에 대해 맞장구를 할 때에는 so가 문두로 위치해도 도치가 발생하지 않으므로 'So + 주어 + 동사' 어순이 된다.

- A: He is too talkative. 그는 너무 말이 많아.

  B: **So he is.** 정말 그래.

---

3. such

19-35
(1) 지시대명사 such

반복되는 명사 앞에 전치사 as가 나올 경우 such를 사용한다.

- If this is not genuine champagne, it should not be labelled **as such.**

  이것이 진품 샴페인이 아니라면 그와 같은 라벨이 부착되어서는 안 된다.

  ▶ such는 앞의 명사 genuine champagne를 대신하는 지시대명사로 쓰인 경우이다.

19-36
(2) such ~ as

서강대 2008
고려대 2007

1) as가 전치사인 경우

such A as B에서 B가 명사일 경우 이때 as는 전치사가 되며, 해석은 'B와 같은 A'로 한다. such A like B는 틀린 표현이다.

- **Such** a poet **as** Dante can be called an eccentric person.

  Such a poet ~~like~~ Dante can be called an eccentric person. (×)

  Dante와 같은 시인은 괴짜로 일컬어질 수 있다.

  ▶ such는 like와 결합할 수 없다.

중앙대 2003

2) as가 관계대명사인 경우

선행사 앞에 such가 있을 경우 관계대명사 who, which, that는 사용하지 못하며 as만 쓸 수 있다. such 자체가 선행사로 쓰일 수도 있다. ★ 08-43 참조

- **Such** people **as** read Dante's poetry may be a few. [지시형용사 such]
- **Such as** read Dante's poetry may be a few. [지시대명사 such]

  Dante의 시를 읽는 사람은 소수일 것 같다.

(3) such ~ that = such ~ as to부정사

such A that ~은 결과 부사절로서 that 이하에 완전한 절이 와야 하며, such A as to부정사와 같은 뜻을 가진다. ★ 05-37 참조

such ~ that = such ~ as to부정사 = so ~ that = so ~ as to부정사

- He is **such** a stylish man **that** he buys various ties.
  = He is **such** a stylish man **as to buy** various ties.
  = He is **so** stylish a man **that** he buys various ties.
  = He is **so** stylish **that** he buys various ties.
  = He is **so** stylish a man **as to buy** various ties.
  = He is **so** stylish **as to buy** various ties.
  그는 너무나 맵시 있는 사람이어서 다양한 넥타이를 구입한다.

(4) such 관용표현

```
① such as it is (=such they are) 변변치 못하지만
② as such 그 자체로서
③ such being the case 이러한 사정이므로
```

- **Such as it is**, you may use my computer.
  변변치 못하지만 제 컴퓨터를 사용하셔도 좋습니다.

- I have never studied statistics **as such**.
  나는 통계학을 그 자체로서 공부한 적은 없다.

- **Such being the case**, you can't believe me.
  사정이 이러하니 나를 믿어서는 안 된다.

4. the same

(1) 지시형용사와 지시대명사의 the same

same이 명사를 수식하거나, 단독으로 대명사로 쓰일 경우에는 the, this, that 등이 same 앞에 위치해야만 한다.

※ the same A as B 구문에서 B가 명사로 등장했다면 이때 as는 전치사가 되며, 해석은 'B와 같은 A 혹은 B와 마찬가지의 A'로 한다.

- Her eyes are **the same** colour as yours. [지시형용사]
  Her eyes are ~~same~~ colour as yours. (×)
  그녀의 눈은 당신과 같은 색이다.
  ▶ same이 명사를 수식할 경우 정관사 the가 생략되면 틀린다. ★ 18-13 참조

- He ordered coffee and I ordered **the same**. [지시대명사]
  그는 커피를 주문했으며, 나도 같은 것을 주문했다.

(2) the same + 명사 + as vs. the same + 명사 + that ★ 08-47 참조

- This is **the same watch as** I lost. [동종]
  이것은 내가 잃어버린 것과 같은 종류의 시계이다.

- This is **the same watch that** I lost. [동일]
  이것은 내가 잃어버린 바로 그 시계이다.

It began to be denied that there is ① such a thing like human nature. ② Rather, man grows and ③ grows into culture; cultures are, ④ as is obvious from the world, ⑤ growths.

해석 인간의 본성과 같은 것이 있다는 사실이 부정되기 시작했다. 오히려, 인간은 문화 속에서 성장하며, 문화는 그 세상에서 명백하듯이 성장이다.

해설 such a thing like → such a thing as
such A as B = A such as B = A like B 구문이 옳다.

정답 ①

❹ 부정대명사

부정대명사(不定代名詞)란 정해져 있지 않은 막연한 범위의 불특정 사람, 사물, 수량을 가리키는 대명사를 말한다. 이 부정대명사가 형용사적 용법으로 쓰인 것을 부정형용사라고 한다.

1. one

(1) 총칭적 일반인

총칭적 일반인을 가리키는 one을 재차 받을 때에도 one, one's, oneself를 쓸 뿐, 복수 형태인 they, them, their, themselves는 틀린 표현이다. 하지만 미국영어에서는 he, his, himself로 쓰기도 한다.

· **One** must not neglect **one's(=his)** duty.
One must not neglect ~~their~~ duty. (×)
사람은 자기 의무를 소홀히 해서는 안 된다.

▶ one을 복수인 their로 받을 수 없다.

· Married **people** tend to live longer than unmarried **ones**.
Married people tend to live longer than unmarried ~~one~~. (×)
결혼을 한 사람들이 그렇지 않은 사람들보다 더 오래 사는 경향이 있다.

▶ 앞서 나온 복수명사 people을 가리키므로 복수인 ones가 옳다.

(2) 'a(n) + 명사'를 대신하는 경우

이미 나온 명사가 'a(n) + 명사'이고 이것이 반복될 때 one이 대신하게 된다. 복수명사를 대신할 때에는 ones를 쓸 수 있다. 따라서 불가산명사를 대신하여 사용할 수 없다.

· A: Have you got a camera?
B: No. You should buy **one**(=a camera).
A: 카메라가 있으신지요?
B: 아니요. 당신이 하나 구입하세요.

CHECK | it vs. one

'a + 명사'는 one으로 받아서 '동일한 종류의 것'을 가리키며, 'the / 소유격 + 명사'는 it으로 받아 '동일한 (바로) 그것'을 가리킨다.

1. a + 명사 → one (동일한 종류의 것)

- A: Have you got **a dictionary**?
  B: Yes, I have **one**. → Yes, I have it. (×)
  A: 당신 사전 있으세요?
  B: 예, (사전이) 있어요.

▶ A가 물어본 사전은 특별한 사전이 아닌 일반적인 사전이므로 아무 사전이든 사전을 가지고 있다고 one으로 대답한 것이다.

2. the / 소유격 + 명사 → it (동일한 그것)

- A: Have you got **the dictionary**?
  B: Yes, I have **it**. → Yes, I have one. (×)
  A: 당신 그 사전 있으세요?
  B: 네, (당신이 말하는) 그 사전 있어요.

A가 물어본 사전은 일반적인 사전이 아닌 서로 알고 있는 특정 사전을 물어본 것이므로 동일한 사전이 있다고 it으로 대답한 것이다. 아래의 문장을 이해해보도록 하자.

- I have lost my dictionary. I think I must buy **one**.
  나는 사전을 잃어버렸다. 하나 사야 할 것 같다. (one = 잃어버린 사전을 대체할 아무 사전)

- I have lost my dictionary. I must find **it**.
  나는 사전을 잃어버렸다. 반드시 찾아야 한다. (it = 잃어버린 그 사전)

(3) one을 쓸 수 없는 경우

1) 불가산명사를 대신해서 쓸 수 없다.

- I want to buy white wine better than red (**wine**).
  I want to buy white wine better than red one. (×)
  나는 적포도주보다 백포도주를 사고 싶다.

▶ wine은 불가산명사이므로 one이 대신해서 쓰일 수 없다. ★17-09 참조

2) 소유격, one's own, 부정관사, 기수, some, several, a few, both 뒤에서

부정대명사 one은 소유격, one's own, 부정관사, 기수 뒤에서 단독으로 위치할 수 없는 것이 원칙이다. 그러나 형용사의 수식을 받는다면 저들 뒤에서 one이 위치할 수 있다.

- My pencil is as good as **five new ones**. [기수 + 형용사 + one]
  My pencil is as good as five ones. (×) [기수 + one (×)]
  내 연필은 다섯 개의 새 연필만큼 좋다.

- I'm looking for a house. I'd like **a small one** with a garden. [a(n) + 형용사 + one]
  I'm looking for a house. I'd like a one with a garden. (×) [a + one (×)]
  저는 주택을 찾고 있습니다. 정원이 있는 작은 소택지면 좋겠네요.

▶ five ones, a one처럼 기수 혹은 부정관사 뒤에 단독으로 one이 위치할 수는 없지만 형용사의 수식을 받는다면 가능하다.

2. another

(1) 부정대명사로 쓰이는 경우

다른 것이 아직 남아 있음을 전제로 하여 남은 것들 중 특정하지 않은(부정) 다른 것을 가리키는 대명사이다. 'another of 한정사 + 복수명사' 구조 형태도 취할 수 있다. 동사의 수는 단수 취급한다.

- A: These apples are delicious.

  B: Would you like **another** (of those apples)?
  A: 이 사과들이 맛있네요.
  B: 한 개 더 드시겠어요?

(2) 부정형용사로 쓰이는 경우

1) 원칙

단수가산명사만 수식하며 아직 남아 있는 것이 있음을 전제로 한다.

- Would you like **another** sandwich? [another + 단수명사]

  Would you like another ~~sandwiches~~? (×)
  샌드위치 더 드시겠어요?

  ▶ another가 형용사 기능을 할 경우 단수명사만 수식하며 부정대명사 기능을 할 경우 단수 취급한다.

2) 예외

그러나 기수 또는 few와 결합 시에는 복수가산명사를 수식할 수 있다.

- **Another** forty nurses are needed in these hospitals. [another + 기수 + 복수명사]
  또 다른 40명의 간호사들이 이 병원들에 필요하다.

  ▶ forty라는 기수가 위치했으므로 another가 nurses라는 복수가산명사를 수식할 수 있게 되는 것이다.

(3) A is one thing and B is another : A와 B는 별개이다

- Love is **one thing** and marriage is **another**.
  Love is one thing and marriage is ~~other~~. (×)
  사랑과 결혼은 별개의 문제이다.

  ▶ 'A와 B는 별개이다'의 표현에서 other는 사용할 수 없다.

(4) each other vs. one another : 서로

each other와 one another는 '서로'의 뜻을 가진 상호대명사이다. 부사 기능은 없으며 목적어와 소유격의 기능만 가진다. 과거 엄격한 문어체에서 each other는 '둘'을 전제로 하며, one another는 '셋 이상'을 전제로 하여 쓰였지만, 현대영어에서는 큰 구분 없이 쓰이는 추세이다.

- A boy and a girl talked with **each other**.
  남자아이와 여자아이가 서로 대화를 했다.

- A boy, a girl, and his mother talked with **one another**.
  A boy, a girl, and his mother talked ~~one another~~. (×)
  남자아이, 여자아이와 그의 어머니가 서로 대화를 했다.

  ▶ one another는 대명사이기 때문에 자동사 talk 바로 뒤에 올 수 없다. 따라서 전치사 with의 목적어로 쓰여야 한다.

3. other

(1) other vs. the other vs. others vs. the others vs. another

19-50
가톨릭대 2013
가톨릭대 2010
서울여대 2005
울산대 2005

① other	형용사 기능만 있음	아직 남은 다른 것이 있음을 전제로 하여 (막연한) '다른'을 의미하며, 복수명사 또는 불가산명사를 수식한다.
② the other	형용사·명사 기능 모두 있음	부정형용사일 경우 단수명사와 복수명사 모두를 수식하며, 부정대명사일 경우 단수 취급하며 나머지 하나를 가리킨다.
③ others	대명사 기능만 있음	아직 남은 것이 있음을 전제로 하여 (막연한) '다른 것들, 타인들'을 가리킨다.
④ the others	대명사 기능만 있음	'나머지 모두'를 가리킨다.
⑤ another	형용사·명사 기능 모두 있음	아직 남은 것이 있음을 전제로 하여 '(추가되는) 또 다른 하나'를 가리킨다.

1) one ~, the other ~ : 하나는 ~, 다른 하나는 ~

19-51
대구대 2009
경기대 2001

the other는 두 개 중 나머지 하나를 대조적으로 가리킨다.

- There are two AUDI cars. **One** is mine and **the other** is yours.
  두 대의 아우디 차가 있다. 한 대는 내 것이며, 다른 한 대는 너의 것이다.

  One is mine and ~~another~~ is yours. (×)

  ▶ another는 추가로 남은 것이 있어야 한다.

  One is mine and ~~other~~ is yours. (×)

  ▶ other는 형용사 기능만 있고 주어로 쓸 수 있는 대명사 기능은 없다.

  One is mine and ~~other cars are~~ yours. (×)

  ▶ one ~, the other는 두 개를 전제로 하는데 내 차 외에 other cars는 남은 차가 여러 대를 의미하므로 틀리다.

2) one ~, another ~, the other ~ : 하나는 ~, 다른 하나는 ~, 나머지 하나는 ~

19-52
가톨릭대 2006

셋을 하나하나 열거할 때 another는 뒤에 언급할 남아 있는 것(the other)을 전제로 해서 다른 하나를 가리키고 the other는 나머지 하나를 가리킨다.

- There are three AUDI cars. **One** is mine, **another** is yours, and **the other** is my wife's.
  세 대의 아우디 차가 있다. 한 대는 나의 것이며, 다른 한 대는 너의 것이며, 나머지 한 대는 내 처의 것이다.

  One is mine, ~~the other~~ is yours, and the other is my wife's. (×)

  ▶ the other는 '남아 있는 하나'를 의미하므로 이런 식으로 쓸 수는 없다.

  One is mine, another is yours, and ~~others are~~ my wife's. (×)

  ▶ others는 남아 있는 불특정 대상을 가리키는데 남은 한 대(와이프 차)는 이미 특정된 것이므로 틀렸다.

3) one ~, the others ~ : 하나는 ~, 나머지는 ~

19-53

the others는 셋 이상 중 하나(one)를 뺀 남은 두 개 이상의 나머지 모두를 가리킨다.

- There are three AUDI cars. **One** is mine, and **the others** are my wife's.
  세 대의 아우디 차가 있다. 한 대는 나의 것이며, 나머지는 내 처의 것이다.

One is mine, and ~~the other~~ is my wife's. (×)

▶ the other는 '남아 있는 하나'를 의미하므로 틀렸다.

One is mine, and ~~others~~ are my wife's. (×)

▶ others는 남아 있는 불특정 대상을 가리키는데 남은 두 대는 이미 와이프의 차로 정해진 것이므로 틀렸다.

19-54

4) one ~, another ~, the others : 하나는 ~, 다른 하나는 ~, 나머지는 ~

the others는 넷 이상을 열거할 때 두 개 이상의 나머지 모두를 가리킨다.

· There are four AUDI cars. **One** is mine, **another** is yours, and **the others** are my wife's.
  네 대의 아우디 차가 있다. 한 대는 나의 것이며, 다른 한 대는 당신의 것이며, 나머지는 내 처의 것이다.

19-55
서울여대 2005
아주대 2003

5) one ~, others ~, the others : 하나는 ~, 다른 것들은 ~, 나머지는 ~

네 개 이상의 것들 중 others는 두 개 이상의 것, the others는 나머지 모두를 가리킨다.

· There are five AUDI cars. **One** is mine, **others** are yours, and **the others** are my wife's.
  다섯 대의 아우디 차가 있다. 한 대는 나의 것이며, 다른 것들(두 대)은 당신의 것이며, 나머지 두 대는 내 부인의 것이다.

19-56
성균관대 2004

(2) other의 어순 → no / any / some / 기수 + other

· **Four other** friends are running.
  ~~Other four~~ friends are running. (×)
  네 명의 다른 친구들이 달리고 있다.

19-57

(3) other 관용표현

the other day 일전에	none other than 다름 아닌, 바로 ~인
in other words 바꾸어 말하자면	no other than ~이지 않을 수 없다
= that is (to say) = namely	one after the other (둘 사이에) 차례대로
= to put it another way	one after another (셋 이상에서) 차례대로

· He is, **in other words**, a living Buddha.
  그는 달리 말하자면 살아 있는 부처이다.

· It was **none other than** my wife.
  그 사람은 다름 아닌 내 아내였다.

예제

Peace and development are not so different as we may think them to be. They are two sides of the same coin: one cannot progress without _____.

① another
② other
③ others
④ the other
⑤ the others

해석 평화와 발전은 우리가 생각하는 것만큼 차이가 있지는 않다. 이것들은 같은 동전의 양면이며, 다른 하나 없이 하나만으로 발전을 이룰 수 없다.

해설 단 두 개(평화와 발전)를 통해 글을 전개하므로, 'one'이 등장했다면 남아 있는 경우는 단 하나이므로, 이때 쓰이는 부정 대명사는 'the other'가 된다.

정답 ④

4. all

(1) 부정대명사로 쓰이는 경우

19-58
서울여대 2009

all은 불특정한 것을 가리키므로 of 다음에는 the, his, my, those 등과 같은 한정사가 붙은 구체적 집단 또는 대명사가 와야 하며, 그 명사에 동사의 수를 일치시킨다.

> ① all of the + 복수명사 → 복수 취급(셋 이상을 전제)
> ② all of the + 불가산명사 → 단수 취급

· **All of the children were** taught to swim.

= **All were** taught to swim.
  그 아이들 모두 수영하는 법을 배웠다.

All of ~~children~~ were taught to swim. (×)

All of the children ~~was~~ taught to swim. (×)

▶ all of 다음에는 한정사(the, my 등)가 와야 하며 of 다음에 온 명사에 동사의 수를 일치시킨다. 아래 예문도 마찬가지 맥락이다.

· **All of the music was** from Italian operas.
  그 음악 모두는 이탈리아 오페라에 기원을 두고 있었다.

· I hope **all goes** well with you.

I hope all ~~go~~ well with you. (×)
  나는 당신의 모든 일이 잘 진행되기를 희망한다.

▶ all이 혼자 쓰여서 '모든 일'을 가리킬 때에는 단수 취급한다.

(2) 부정형용사로 쓰이는 경우

19-59
총신대 2003
명지대 2000

all은 전치한정사 기능을 가지고 있으므로 the, his, those 등과 같은 한정사보다 먼저 위치해야 한다.

★ 14-16~19 참조

· **All** (my) children were taught to swim.

~~My all~~ children were taught to swim. (×)
  내 아이들 모두 수영하는 법을 배웠다.

(3) 부사로 쓰이는 경우 : 전혀, 아주, 전연; (구어) 완전히

19-60

· My friends were **all** excited.
  내 친구들은 완전히 흥분했다.

(4) all but

19-61

① all but + 명사	~을 제외한 모두(=all except)
② all but + 형용사/ 부사/ 동사	거의(=almost), ~이나 다름없다

· He could find out **all but** one of his books.
  그는 한 권 빼고는 책을 모두 찾았다.

· She is **all but** nude.
  그녀는 거의 알몸이다.

5. every

(1) 부정형용사로만 쓰이고 대명사 기능은 없다.

19-62
홍익대 2009
강남대 2006
세종대 2004
서울여대 2002
중앙대 2001

1) 부정형용사 기능

부정형용사 every는 셋 이상을 전제로 하여 단수가산명사만 수식하는 것이 원칙이며, 대명사와 소유격 (his, her) 또한 단수 취급한다. every A and B도 단수로 취급한다.

- **Every car drives** fast.

  Every ~~cars drive~~ fast. (×)

  모든 차량이 빠르게 달린다.

- **Every car and bicycle drives** fast.

  Every car and bicycle ~~drive~~ fast. (×)

  모든 차와 자전거가 빠르게 달린다.

- **Every** guitarist has **his** own playing style.

  모든 기타리스트는 자신만의 연주 스타일이 있다.

  ▶ every는 복수명사를 수식할 수 없기 때문에 동사 및 대명사의 수는 단수로 일치시킨다.

19-63
서강대 2009
숙명여대 2003
광운대 2000

2) 대명사 기능이 없다.

every는 대명사 기능이 없기 때문에, 주어나 목적어 혹은 보어 자리에 단독으로 위치할 수 없다. 그러나 everyone은 대명사로 쓰인다.

> ① everyone of + 사람
> ② every one of + 사람/사물

- **Everyone** knows that greenhouse gases can affect the climate.

  ~~Every~~ knows that greenhouse gases can affect the climate. (×)

  지구온난화 가스가 기후에 영향을 미칠 수 있다는 점을 모든 사람들이 안다.

  ▶ every는 대명사로 쓰지 않기 때문에 주어로서 동사 앞에 단독으로 위치할 수 없다.

- **Everyone of the children** was crying.

  = **Every one of the children** was crying.

  아이들 모두 울고 있었다.

- **Every one of the dogs** was barking.

  모든 개들이 짖고 있었다.

19-64
광운대 2014

(2) every + 기수/ few + 복수명사 = every + 서수 + 단수명사

① every + 기수/ few + 복수명사	매 ~마다 한 번씩
② every + 서수 + 단수명사	

- He went abroad **every six months**. [every + 기수 + 복수명사]

  = He went abroad **every sixth month**. [every + 서수 + 단수명사]

  그는 6개월에 한 번씩 해외에 나갔다.

586

6. each

(1) 부정대명사로 쓰이는 경우

19-65A
한국외대 2006
중앙대 2005

'각각'이란 뜻을 가지며 단수 취급한다. 불특정 내용이므로 of 뒤의 명사만큼은 the, his, my, those 등과 같은 한정사가 위치한 구체적 집단이나 대명사가 위치해야 한다.

· **Each of the members wears** a uniform.

= **Each wears** a uniform.

회원들 각각은 유니폼을 착용한다.

Each of ~~members~~ wears a uniform. (×)

Each of the members ~~wear~~ a uniform. (×)

▶ **each of** 이하의 명사 앞에 한정사가 붙어야 하며 단수로 취급한다.

19-65B
고려대 2010

CHECK | each vs. either

each는 '둘 이상'이며, either는 '둘 중 하나'를 말한다.

· **I-Pad, Galaxy Tab, and Xoom** make our lives more convenient, but **each** of them does some harm to ours.

I-Pod, Galaxy Tab, and Xoom make our lives more convenient, but ~~either~~ of them does some harm to ours. (×)

I-Pad, Galaxy Tab 그리고 Xoom은 우리의 삶을 더욱 편리하게 해준다. 그러나 그것들 각각은 우리의 삶에 약간의 해를 끼치기도 한다.

주어가 셋(I-Pad, Galaxy Tab, Xoom)이므로, 둘 중 하나를 말하는 either가 아니라 둘 이상 중 각각을 말하는 each 가 옳다.

---

(2) 부정형용사로 쓰이는 경우

19-66

'각각의'란 뜻으로, 단수가산명사만 수식하는 것이 원칙이며, each를 가리키는 대명사와 동사의 수는 단수 취급한다.

· **Each member wears** a uniform.

Each ~~members wear~~ a uniform. (×)

각각의 회원들은 유니폼을 입는다.

▶ **each**는 단수명사를 수식하며 동사의 수도 단수로 쓴다.

(3) 부사로 쓰이는 경우 : 각기, 각각

19-67

· We can **each** choose our own subject for research.

우리들은 각각 연구 주제를 선택할 수 있다.

(4) every와 each의 기타 용법

1) each and every : 모두 각각 (every and each는 틀린 표현이다.)

19-68
고려대 2003

· These are issues that affect **each and every** one of us.

이것들은 우리들 각각에 영향을 미치는 사안이다.

2) have every reason to부정사 : ~할 만한 마땅한 이유가 있다

- We **had every reason to** complain.
  우리에게는 불평할 만한 마땅한 이유가 있었다.

7. both

(1) 부정대명사로 쓰이는 경우

both는 둘을 전제로 하며 항상 복수 취급한다. all과 마찬가지로 both of 다음에는 the, his, my, those 등과 같은 한정사가 붙은 구체적 집단 또는 대명사가 와야 한다. ★19-58 비교

- **Both of the leaders hope** that the talks will continue.
  = **Both hope** that the talks will continue.
  두 지도자는 그 회담이 지속되기를 희망한다.

  Both of ~~leaders~~ hope that the talks will continue. (×)
  Both ~~hopes~~ that the talks will continue. (×)

  ▶ of 이하의 복수명사 앞에는 꼭 한정사가 와야 하며 both는 무조건 복수 취급한다.

- **Both of them hope** that the talks will continue.
  그들 둘은 그 회담이 지속되기를 희망한다.

(2) 부정형용사로 쓰이는 경우

both는 all과 마찬가지로 전치한정사 기능을 가지고 있으므로 the, his, those 등과 같은 한정사보다 먼저 위치해야 한다. ★14-18~20 비교

- I like **both these** pictures.
  I like ~~these both~~ pictures. (×)
  나는 이 두 사진을 좋아한다.

(3) both A and B : A는 물론 B

both A and B는 등위상관접속사 기능을 하게 되어 부사, 형용사, 명사, 동사를 모두 수식할 수 있다. 또한 복수 취급한다.

- That actress is **both** skillful **and** beautiful.
  That actress is both skillful and ~~is~~ beautiful. (×)
  그 여배우는 연기도 잘하는데다가 미인이다.

  ▶ both A and B 구문에 의해서 be 동사의 보어인 형용사만 병치되어야 한다.

- **Both** she **and** her sister **live** in New Orleans.
  그녀와 언니 모두 뉴올리언스에 산다.

  ▶ both A and B의 동사는 복수 취급한다.

8. either vs. neither

(1) 부정대명사로서의 기능

① either	둘을 전제로 하여 '어느 한 쪽, 어느 쪽이든'	
② neither	둘을 전제로 하여 '어느 쪽도 아니다'	단수 취급

③ 불특정 내용이므로 either/ neither of 다음에는 the, his, my, those 등과 같은 한정사가 붙은 구체적 집단 또는 대명사가 와야 한다.

- Come on Friday or Saturday. **Either is** possible.
  = Come on Friday or Saturday. **Either of the days is** possible.
  = Come on Friday or Saturday. **Either of them is** possible.
  금요일이나 토요일에 와라. 둘 중 언제든 좋다.

  Either are possible. (×)
  Either of them are possible. (×)
  Either of days is possible. (×)

  ▶ either는 단수 취급하며 전치사 of 다음의 명사 앞에는 꼭 한정사가 위치해야 한다.

- Do not come on Friday or Saturday. **Neither is** possible.
  = Do not come on Friday or Saturday. **Neither of the days is** possible.
  = Do not come on Friday or Saturday. **Neither of them is** possible.
  금요일이나 토요일에는 오지 마세요. 둘 중 언제든 안 됩니다.

  Neither are possible. (×)
  Neither of them are possible. (×)
  Neither of days is possible. (×)

  ▶ neither 또한 단수 취급하며 전치사 of 이하의 명사 앞에는 꼭 한정사가 위치해야 한다.

(2) 부정형용사로서의 기능

① either	어느 한쪽의	
② neither	어느 쪽도 아니다	단수명사만 수식

- Come on Tuesday or Thursday. **Either day** is OK.
  화요일이나 목요일에 오거라. 둘 중 어느 날도 좋다.

- Do not come on Tuesday or Thursday. **Neither day** is possible.
  화요일이나 목요일에는 오지 말거라. 둘 중 어느 날도 안 된다.

- There were any houses on **neither side** of the road.
  길 어느 쪽에도 집은 없었다.

(3) 부사로서의 기능

either는 부정문의 뒤에서 '~도 또한 아니다'라는 뜻으로 쓰이며 부정 동의를 나타낸다. neither는 자체로서 부정어를 담고 있으므로 재차 부정어가 반복되면 안 되며, 부사로 쓰일 경우에는 문두에만 위치할 수 있다는 것을 유의해야 한다. ★ 15-11~12, 20-26 참조

- I haven't seen the movie and my brother **hasn't either.**

 = I haven't seen the movie and **neither** has my brother.

  나는 그 영화를 보지 않았으며 형도 마찬가지이다.

19-76
대구대 2008

(4) either A or B vs. neither A nor B

① either A or B	A 또는 B	B에 수를 일치 ★ 20-04 비교
② neither A nor B	A와 B 모두 아니다	

- **Neither** Oleg's mother **nor** his father **speaks** English.

  Oleg의 어머니와 아버지는 영어를 하지 않는다.

9. none vs. no

19-77

(1) none

부정대명사 기능만 있으며 양을 나타낼 때에는 단수 취급, 수를 나타낼 때에는 셋 이상을 전제로 하여 ★
19-73 비교 단수 취급을 하는 것이 문어체에서 일반적이다. 불특정 내용이므로 of 뒤의 명사만큼은 the, his, my, those 등과 같은 한정사가 위치한 구체적 집단이나 대명사가 위치해야 한다.

- **None** of the money **was** missing.

  그 돈 어느 것도 없어지지 않았다.

- **None** of my friends **phones** me any more.

  내 친구들 중 누구도 나에게 더 이상 전화하지 않는다.

19-78
한국외대 2014

> **CHECK** | none이 가리키는 것이 '수'일 경우에 대해서는 국내 대학교수들 간에 의견이 분분하다.
>
> (1) 단수 · 복수 모두 가능하다는 견해
>
> (2) 단수 취급이 옳다고 주장하는 견해
>
> (3) 복수 취급하는 것이 더 일반적이라는 견해 등
>
> 따라서 실제 시험에서 이것이 쟁점이 되었을 경우에는 상대적으로 정답 보기항 선택을 하기 바란다.
>
> ※ 위 내용은 Oxford에서 발간된 'Practical English Usage'에서 발췌했다.
>
> - **None** of my friends **phones** me any more.
> - **None** of my friends **phone** me any more.
>   = **No one** of my friends **phones** me any more.

19-79

(2) no

some, any와 마찬가지로 단수가산명사, 복수가산명사, 불가산명사 모두를 수식하는 형용사이고, 대명사 기능은 없다. ★ 14-24 참조 또한 한정사이므로 no 뒤에 a(n), any 등과 결합하지 못한다. ★ 14-17 참조

- Larry is **no friend** of mine. (= not a friend of mine)

  Larry is ~~no a / any~~ friend of mine. (×)

  Larry는 내 친구가 아니다.

10. some vs. any

(1) 부정대명사로 쓰이는 경우

19-80

동덕여대 2010
한성대 2010

① some	긍정문	some은 부정문에서는 쓸 수 없다.
	의문문	긍정의 대답을 바라는 권유 의문문에서 쓰인다.
② any	부정문	any는 부정문·의문문·조건문에 쓰이며, '약간, 얼마간'이란 뜻을 가진다.
	의문문, 조건문	
	긍정문	(양보적 의미로서) '어떤 ~라도' 뜻을 가진다.

some과 any 모두 불특정 내용이므로 of 뒤의 명사만큼은 the, his, my, those 등과 같은 한정사가 위치한 구체적 집단이나 대명사가 위치해야 한다.

· **Some of the students attend** the meeting.
그 학생들 중 일부가 그 모임에 참석한다.

· **Any of the students attend** the meeting.
그 학생들 중 어느 누구라도 그 모임에 참석한다.

· **Some of the information is** wrong.
그 정보 중 일부가 잘못되었다.

· **Any of the information is** wrong.
그 정보 중 어느 것이든 잘못되었다.

Some of ~~students~~ attend the meeting. (×)

some/ any of 이하의 명사는 복수명사와 불가산명사가 모두 올 수 있으며, of 다음에는 반드시 한정사가 위치해야 한다. 동사의 수는 of 이하에 위치한 명사와 일치시켜야 한다.

(2) 부정형용사로 쓰이는 경우

19-81

some, any는 no와 마찬가지로 단수가산명사, 복수가산명사, 불가산명사 모두를 수식한다.

· **Some trees** lose their leaves in the autumn.
어떤 나무들은 가을에 잎이 떨어진다.

· **Any child** who breaks the rules will be punished.
규칙을 위반하는 어느 아이라도 벌을 받을 것이다.

(3) 부사로 쓰이는 경우

19-82

① some	(기수 앞에서 부사로 쓰여) 대략(=approximately)
② any	조금(이라)도

· **Some 2,600** jobs are to be eliminated this year.
대략 2,600개의 직장이 올해 사라질 것이다.

· I can't run **any** faster.
나는 조금도 더 빨리 달릴 수 없다.

고려대 2010
성균관대 2009
세종대 2009
경기대 2009
광운대 2008
숭실대 2002

11. most vs. almost

① most	대명사(대부분)	부정형용사와 부정대명사의 기능을 가지며, 후자의 경우 전치사 of 뒤의 명사만큼은 the, his, my, those 등과 같은 한정사가 위치한 구체적 집단이나 대명사가 위치해야 한다.
	형용사(대부분의)	
	부사(가장)	
② almost	부사(거의)	'거의'란 뜻을 가진 부사로서 명사를 수식할 수는 없지만, every나 any 또는 no로 시작되는 everybody/ everyone/ everything/ anybody/ anything/ nobody/ nothing과 같은 대명사는 almost가 바로 수식할 수 있다.

③ most는 all 또는 every와 결합할 수 없지만, almost는 all 또는 every와 결합할 수 있다.

- **Most of the children** play baseball. [most of the + 명사]

  = **Most children** play baseball. [most + 명사]
    그 아이들 대부분이 야구를 한다.

  Most of the children ~~plays~~ baseball. (×)

- **Most of the rubbish** is old. [most of the + 명사]

  = **Most rubbish** is old. [most + 명사]
    그 쓰레기 대부분이 오래 됐다.

  Most of the rubbish ~~are~~ old. (×)

  ~~The~~ most of the rubbish is old. (×)

> most of 다음에는 한정사와 결합한 복수명사와 불가산명사가 모두 올 수 있다. 복수명사가 오면 동사의 수는 복수로, 불가산명사가 오면 단수로 일치시킨다. the most of + 명사 형태도 불가능하다.

- **Almost all** of the children play baseball.

  = **Almost all** (the) children play baseball.
    그 아이들 중 거의 모두가 야구를 한다.

  ~~Most all~~ of the children play baseball. (×)

  ~~All of most~~ children play baseball. (×)

  ▶ 100%에 해당하는 all이 70~80% 정도인 most를 포함하고 있기 때문에 all과 most는 함께 쓰일 수가 없다.

12. 부정수량대명사

many, (a) few, several, much, (a) little은 형용사 기능과 대명사 기능을 모두 가지고 있다. ★ 14-22~23 참조	
① many, (a) few, several	+ of + 한정사 + 복수명사 → 복수 취급
② much, (a) little	+ of + 한정사 + 불가산명사 → 단수 취급

- **Many of our children work** part-time.
    우리 아이들 상당수가 아르바이트를 한다.

- **Little of their wealth** now **remains**.
    그들의 재산 중 현재 남아 있는 것이 거의 없다.

Many of our ~~wealth~~ (×)

Little of their ~~children~~ (×)

▶ many는 of 다음에는 복수가산명사만 올 수 있으며 little of 뒤에는 불가산명사만 올 수 있다.

13. 복합부정대명사 −one/ −body/ −thing

(1) 기본용법

19-85
서강대 2009

somebody/ someone/ everybody/ everyone/ anybody/ anyone/ nobody는 불특정 사람을 가리키며, something/ anything/ nothing은 불특정 사물을 가리킨다. 동사의 수 판단은 단수 취급하는 것이 원칙이며 각각의 기능은 some/ any/ no의 기본용법을 따른다. ★ 19-79~82 참조

· **Nobody has** answered our question.

어느 누구도 우리의 질문에 답하지 않았다.

(2) 관용적 용법

19-86

① somebody/ anybody 대단한 인물	nobody 하찮은 인물
② something 중요한 것	something of a ~ 제법 ~한 인물 cf. not much of a ~ 대단한 ~은 아니다
③ everything 가장 중요한 것	nothing 하찮은 것 cf. for nothing 공짜로, 헛되이
④ anything but 결코 ~이 아니다(=never)	nothing but 단지(=only)
⑤ think nothing of ~을 무시하다, ~을 대수롭지 않게 여기다	

· John is **not much of a** scientist.

John은 대단한 과학자는 아니다.

· Your ground is **anything but** convincing.

너의 논거가 아주 빈약하다.

· He's **nothing but** their puppet.

그는 그들의 꼭두각시에 지나지 않는다.

14. all · both · each의 동격

19-87
홍익대 2008
한국외대 2004
한국외대 2001

all, both, each는 명사 뒤에 위치하여 아래처럼 동격을 나타낼 수 있다. 이 경우 동사의 수에 각별히 조심해야 한다.

① all of them are = they all are
② both of them are = they both are
③ each of them is = they each are

cf. 'each of + 복수명사'는 단수 취급하지만, '복수명사 + each'는 복수 취급한다.

· **All of them like** dancing to Rock 'n' Roll.

= **They all like** dancing to Rock 'n' Roll.

그들 모두가 로큰롤 음악에 맞추어 춤추는 것을 좋아한다.

- **Both of them like** dancing to Rock 'n' Roll.
  = **They both like** dancing to Rock 'n' Roll.
  그들 둘 다 로큰롤 음악에 맞추어 춤추는 것을 좋아한다.

- **Each of them likes** dancing to Rock 'n' Roll.
  = **They each like** dancing to Rock 'n' Roll.
  그들 각각 로큰롤 음악에 맞추어 춤추는 것을 좋아한다.

  They each ~~likes~~ dancing to Rock 'n' Roll. (×)

  | each가 주어로 등장했을 경우에는 당연히 단수 취급을 해야 하지만 명사 뒤에서 동격으로 위치했을 때에는 앞에 위치한 복수명사 (they)가 주어가 되므로 동사의 수는 복수(like)가 옳다.

19-88

> **CHECK** | half는 명사 뒤에 동격으로 위치할 수 없다.
>
> - **Half of them like** dancing to Rock 'n' Roll.
>   ~~They half~~ like dancing to Rock 'n' Roll. (×)
>   그들 절반이 로큰롤 음악에 맞추어 춤을 추는 것을 좋아한다.

5 부정대명사의 부정 구문

19-89

1. 부분 부정

전부의 속성을 가진 all/ both/ every를 부정하면, '모두가 ~인 것은 아니다'라는 부분 부정이 된다.

- **All** the people **don't** like Jazz music.
  모든 사람들이 재즈음악을 좋아하는 것은 아니다. (= 안 좋아하는 사람들도 일부 있다.)

19-90

2. 완전 부정

부분의 속성을 가지고 있는 either 또는 any를 부정하면 완전 부정이 가능하다. 또한 nothing/ neither/ no/ none 또한 완전 부정이 된다.

- I **don't** like **any** of the Samsung-made phones.
  = I like **none** of the Samsung-made phones.
  나는 삼성이 만든 전화기는 어느 것도 좋아하지 않는다.

19-91

3. each는 부정문에 쓰이지 않는다.

- ~~Each~~ man cannot be a musician. (×)
  Every man **cannot** be a musician.
  모든 사람이 음악가가 될 수 있는 것은 아니다.

4. either와 any는 부정문의 주어로 쓰이지 않는다.

either와 any는 부정문의 주어로 쓰일 수 없는 것이 원칙이다. 그러나 either와 any를 후치 수식하는 관계대명사가 있을 때에는 부정문의 주어가 가능하며 완전 부정을 나타내게 된다.

- Either doesn't lend you much money. (×)

  Either **that I know** doesn't you much money. (○)

  내가 알고 있는 누구도 당신에게 많은 돈을 빌려주지 않는다.

- Any doesn't lend you much money. (×)

  Any **that I know** doesn't lend you much money. (○)

  내가 알고 있는 어느 누구도 당신에게 많은 돈을 빌려주지 않는다.

> 첫 문장처럼 either와 any는 단독으로 부정문의 주어가 될 수 없다. 그러나 두 번째 문장처럼 that I know라는 관계사절이 수식을 하고 있다면 부정문의 주어가 가능하다.

예제

_____ had already been there when I arrived.

① Both they　　　　　　　　② All of them

③ All them　　　　　　　　④ They half

해석 내가 도착했을 때 그들 모두가 이미 거기에 있었다.

해설 ① both는 주격이나 목적격 앞에 위치하지 못하며, ③은 주어가 필요하므로 They all이 옳고, ④ half는 주어 뒤에 위치하지 못한다. 따라서 They all = All of them 형태가 옳다.

정답 ②

기출 및 예상문제 총정리 Chapter 19

1 인칭대명사

01 No one ① is expected ② to attend the urgent conference ③ but the section chief and ④ I.

02 The dean wants ① us all — Linda, Peter, ② you, and ③ I — ④ to visit George in the ⑤ nursing home.

03 My opinions are not ① intelligible to ② those who need to understand them. But it is believed that mine ③ needs ④ complementing.

04 Though scholars may in a university ① take refuge from the world, they also acknowledge responsibility ② to the world, the responsibility to communicate ③ freely and fully everything ④ that they discover within the walls of ⑤ his sanctuary.

05 All the great ① causes that are ② our today will have meaning only to the ③ extent that we guarantee other people's right ④ to life.

06 ① If you find ② that it is difficult to concentrate ③ in noisy surroundings, ④ one should try to find a quiet place to study.

01 ④

해석 과장과 나를 제외하고서 누구도 긴급회의에 참가하리라 예상되지 않는다.

해설 I → me
but은 부정어 no one 이하에서 명사 목적어(the section chief and me)를 취할 경우, '~을 제외하고서'라는 뜻을 가진 전치사 기능을 가지게 되므로 목적격이 옳다.

02 ③

해석 학장님은 Linda, Peter, 당신과 나 모두가 요양소에 있는 George를 방문하기를 원하신다.

해설 I → me
want 동사의 목적어 us와 동격이므로 목적격인 me가 옳다.

03 ③

해석 나의 의견들은 이해할 필요성이 있는 사람들에게도 쉬운 것이 아니다. 그러나 나의 의견들은 보완할 필요가 있다고 여겨진다.

해설 needs → need
mine은 my opinions를 가리키므로 동사의 수 또한 복수가 옳다.

04 ⑤

해석 비록 철학자들이 세상에서 대학으로 피난해 있을지라도, 자신들의 성소의 담 안에서 발견한 모든 것을 자유롭고 완전하게 의사소통 해야 하는 세상에 대한 책임 역시 인정한다.

해설 his → their
문맥상 scholars를 가리키므로 their가 옳다.

어휘 sanctuary 보호구역, 성소

05 ②

해석 오늘날 모든 위대한 명분들은 우리의 것이며 이는 우리가 다른 이의 생명에 대한 권리를 보장하는 정도만으로 의미를 가진다.

해설 our → ours
주격 관계사 that 이하에 be 동사가 있는 것으로 보아 소유격 our가 아닌, our causes를 의미하는 소유대명사 ours가 옳다. today는 문장에서 부사로 쓰였을 뿐 our의 수식을 받는 명사가 아니다.

06 ④

해석 당신이 소음 환경에서 집중하기가 힘들다는 것을 안다면 당신은 공부할 조용한 장소를 찾아야만 한다.

해설 one → you
최초 청자를 you로 지시를 했으므로 그 대명사 또한 총칭적 일반인인 one이 아니라 you가 옳다.

07 To the world when it was half a thousand years younger, the outlines of all things seemed more clearly marked ① than to us. The contrast between suffering and joy, between adversity and happiness, appeared more striking. All experience had yet ② to the minds of men the directness and absoluteness of the pleasure and pain of child-life. Every event was still embodied in expressive and solemn forms, which ③ raise them to the dignity of a ritual. ④ For it was not merely the great facts of birth, marriage, and death which, like a journey, a task, a visit, were equally attended ⑤ by a thousand formalities.

08 It is the knowledge of the power ① of the legal structure ② of the corporation that ③ it really gives the rich ④ a vast advantage ⑤ over the poor and the middle class.

09 ① It is the interaction between people, ② rather than the events that ③ occur in their lives, ④ that are the main focus of social psychology.

10 If you ① are wondering ② whom it was ③ who called you earlier in the week, it was ④ he.

11 The welfare state in the United States has also been troubled by racial problems, which began with black slavery before the Civil War of the 1860s and continued with racial segregation in the South until 1960s. Segregation made it difficult for black American _____ to the middle-class culture and its values.

① assimilate   ② assimilating
③ becoming assimilated   ④ to become assimilated

12 The employees were ① dissatisfied with their wages, and when they ② were told to work long hours, ③ they added fuel ④ to the fire.

07 ③　해석　500년 전 지구에게 모든 사물의 윤곽은 우리에게 보다 더욱 분명히 뚜렷했다. 고통과 기쁨, 역경과 행복의 대조는 더욱
　　　　　　현저해 보였다. 모든 경험은 여전히 사람들의 마음에 어린 아이의 삶과 같은 즐거움과 고통의 직접성과 절대성을 가지
　　　　　　고 있었다. 모든 사건은 표현적이고 진지하게 여전히 구현됐으며, 위엄 있는 의식의 수준으로 모든 사건을 세워 놓았다.
　　　　　　왜냐하면 그것은 여행, 일, 방문처럼 동등하게 천 개의 형식에 의해 수반되는 출생, 결혼과 죽음이라는 대단한 사실만은
　　　　　　아니었기 때문이다.

　　　해설　raise them → raise it
　　　　　　raise의 목적어로서 every event를 가리키는데, 'every + 단수명사'는 단수 취급한다. 따라서 it이 옳다.

　　　어휘　embody 상징하다, 구현하다

08 ③　해석　회사의 법적 구조의 힘에 대해 아는 것은 실제로 부유층에게 빈자와 중산층보다 커다란 이점을 준다.

　　　해설　it → 삭제
　　　　　　문장의 주어인 the knowledge of the power of the legal structure of the corporation을 It is
　　　　　　~ that 사이에 강조시켰으므로 that절 이하의 주어는 불필요하다.

09 ④　해석　삶에서 발생하는 사건보다는 사람들 간의 상호작용이 사회 심리학의 중요 초점이 된다.

　　　해설　that are → that is
　　　　　　문장의 주어 the interaction between people을 It is ~ that 사이에 강조시킨 구문이므로 그 that절
　　　　　　이하의 동사 또한 단수가 옳다. 쉼표 뒤에 관계대명사 that은 쓰일 수 없지만, 본문처럼 rather than ~
　　　　　　lives라는 삽입구가 위치했을 때에는 쉼표 뒤에 관계대명사 that이 위치할 수 있다.

10 ②　해석　만일 주 초반에 너에게 연락했던 이가 누구인지 궁금해 한다면, 그였다.

　　　해설　whom → who
　　　　　　타동사 wonder의 목적어는 who called you earlier ~라는 간접의문문이었다. 이 명사절의 의문사인
　　　　　　who를 it was that으로 강조를 할 수 있으며, 의문사 who 또한 사람을 가리키므로, it was that에서
　　　　　　that이 who로 바뀐 형태이다.

11 ④　해석　미국의 복지 수준 또한 인종 문제로 인해 어려움을 겪었는데, 이는 1860년대 남북전쟁 전의 흑인 노예로부터 시작되어
　　　　　　서 1960년대 남부의 인종 분리정책 때까지 지속됐다. 인종 분리정책은 미국의 흑인들이 중산층 문화와 가치에 흡수되는
　　　　　　것을 힘들게 했다.

　　　해설　빈칸 앞의 it은 가목적어, difficult는 목적보어인데 이렇게 가목적어 it이 위치했을 때 진목적어는 to부정
　　　　　　사가 옳을 뿐, 동명사는 틀림이 편입시험의 출제 경향이다.

　　　어휘　segregation 분리(정책)

12 ③　해석　근로자들은 자신의 임금에 만족하지 않았고 더 오래 일을 하라고 명령을 받았을 때, 그 상황은 불에 기름을 붓는 꼴이
　　　　　　되었다.

　　　해설　they → it
　　　　　　문맥상 앞에 나온 종속절의 내용 전체를 가리키므로 상황적 설명을 대신하는 it이 옳다.

2 재귀대명사

13 The property insurance industry has ① flourished because people do not want ② to expose ③ itself to ④ the risk of catastrophic loss.

14 ① Even though home schoolers are not ② under the rigid curricular of traditional schools, they often spend more time ③ on the subjects or topics that really interest ④ themselves.

15 The woman was _____ to see what the bad boys had done to her newly painted walls.
   ① beside herself   ② in spite of herself
   ③ by herself   ④ to herself

16 George Orwell's best work was political, but ① his politics ② were difficult to ③ pin down. Shy in person, though ④ vehement on the page, Orwell could fairly describe ⑤ him as simultaneously a left-wing socialist, and anti-communist and a Tory anarchist.

13 ③　해석　재산보험 산업은 사람들은 자신들이 재앙에 가까운 손실에 노출되기를 원치 않기 때문에 번창했다.

해설　itself → themselves
people은 자체가 복수 취급을 받으므로 문장의 주어인 people에 의해 동사의 행위를 받는 목적어는 같은 복수 취급을 하는 재귀대명사가 옳다.

14 ④　해석　자택 학습자들은 전통적인 학교의 엄격한 교과과정을 받지는 않지만 그들이 정말 흥미를 가지는 과목이나 주제에 보다 많은 시간을 할애한다.

해설　themselves → them
문맥상 과목이나 주제가 자신들을 즐겁게 해줄 수는 없는 것이므로 interest의 목적어는 의미상 home schoolers가 되어야 한다. 따라서 them이 옳다.

15 ①　해석　새로 칠한 담장에 나쁜 아이들이 한 짓을 보고서 그녀는 자제심을 잃었다.

해설　beside oneself는 '(분노, 공포 등으로) 자제심을 잃은, 제정신이 아닌', in spite of oneself는 '무심코', by oneself는 '단독으로'. to oneself는 '혼자서만, 독점하여'라는 뜻이다.

16 ⑤　해석　George Orwell의 최고의 작품들은 정치적이지만, 그의 정치적 견해는 파악하기가 어렵다. 글에서는 격렬하지만, 정작 소심한 Orwell은 자신 스스로를 좌익 사회주의자이며 동시에 반공산주의자이며 토리 당의 무정부주의자라고 명료하게 묘사할 수 있었다.

해설　him → himself
주어 자신에 대한 설명을 목적어에서 설명하므로 재귀대명사가 옳다.

어휘　pin down ~을 정확히 이해하다　vehement 맹렬한　anarchist 무정부주의자

3 지시대명사

17 Often the earliest symptom is a sharp chest pain. But the pain is not like _____ a heart attack.

① much of   ② that of
③ none of   ④ each of

18 ① No one is allowed on the premises ② except employees and ③ them who ④ have a ⑤ valid identification card.

19 Although Aristotle was ① Plato's student, ② his approach to human nature was very ③ different from Plato. ④ Son of a physician of a Macedonian king, Aristotle was born in 384 B.C. in northern Greece.

20 다음 빈칸에 알맞은 말은?

> A: Does your father really have to have the operation?
> B: _____. The doctor says he'll die without it.

① I hope so   ② I'm afraid so
③ No way   ④ That isn't true

21 You must switch the light off and _____ quickly.

① it   ② this
③ that   ④ so

22 The black ① caps and gowns worn by the ② students and faculty in the academic procession have been the traditional costume of scholars since the Middle Ages. The ordinary dress of the scholar, ③ whether student or teacher, was similar to ④ those of a cleric.

17 ②

해석 가장 최초의 증상은 종종 가슴을 에는 고통이다. 그러나 그 고통은 심장마비의 것과 같지는 않다.

해설 앞에 나온 명사인 the pain을 재차 받으면서 후치 수식어구(of a heart attack)의 한정을 받을 때에는 that이 옳다.

18 ③

해석 직원들과 유효한 신분증을 소지한 이들을 제외하고서는 어느 누구도 구내에 입장할 수 없다.

해설 them → those
관계대명사의 선행사로서 them은 불가능하며, that 또는 those가 옳은데 그 수가 복수이므로 those가 옳다.

19 ③

해석 비록 Aristotle가 Plato의 제자일지라도 인간의 본성에 대한 그의 접근은 Plato의 접근과 매우 달랐다. Macedonian 왕의 내과의사 아들인 Aristotle는 기원전 384년 그리스 북부에서 태어났다.

해설 different from Plato → different from that of Plato
비교 대상은 Aristotle의 접근법과 Plato의 접근법이므로 that of Plato가 옳다.

20 ②

해석 A: 아버님께서 정말 수술을 받으셔야만 하나요?
B: (바라진 않지만) 아무래도 그러셔야 할 것 같습니다. 수술을 받지 않으시면 돌아가실 것이라고 의사가 말했습니다.

해설 긍정 답변이 필요하므로 ①, ②가 둘 다 옳지만, 불안한 마음을 완곡하게 표현하는 ②가 옳다.
I hope so. = I hope that he has to have the operation.
아버지가 수술을 해야만 하기를 희망합니다.
I'm afraid so. = I am afraid that he has to have the operation.
아버지가 수술을 받아야만 할 것 같습니다.

21 ③

해석 너는 불을 꺼야 한다. 그것도 빨리 말이다.

해설 and that은 관용표현으로서, '더구나, 그것도'의 의미를 가질 수 있다. ④ and so는 '그리하여'라는 의미를 가진다.
cf. and so on 기타 등등

22 ④

해석 학교 내 행사에서 학생들과 교수들이 행진할 때 입는 검은색 모자와 가운들은 중세 이래로 전통적인 학자들의 복장이었다. 학생이든 교사이든 학자들의 평범한 옷은 성직자의 옷과 비슷했다.

해설 those → that
주어인 단수명사 dress를 가리키므로 that이 옳다. 'of a cleric'이라는 후치 수식어가 있기 때문에 it/this는 쓰일 수 없다.

23 Yesterday I lost my watch in the subway, so I plan to buy _____.
   ① some   ② any
   ③ one   ④ it
   ⑤ the one

24 I don't have a nice bookcase, so I am going to _____.
   ① have it made   ② have that made
   ③ have it be made   ④ have one made

25 The ① first three books are math books, the ② next two ones are psychology
    books and ③ the last ④ one is an art book.

26 Choose the sentence that is NOT correct.
   ① Pam bought two red pencils yesterday and black ones today.
   ② Pam bought red wine yesterday and white one today.
   ③ Pam bought a dictionary yesterday and one today, too.
   ④ Pam bought some books yesterday and some today, too.
   ⑤ Pam bought some rice yesterday and some today, too.

27 Eggs may be ① boiled in ② shell, scrambled, ③ fried, and cooked in countless
    ④ another ways.

28 Let me give you two of the ① consequences of ② which I would guess that one
    will shock you while ③ another may perhaps surprise you more ④ favorably.

23 ③   해석   어제 지하철에서 시계를 잃어 버렸어. 그래서 시계 하나를 구입할 계획이야.

          해설   어제 잃어버린 바로 그 시계를 산다면 it이 옳겠지만, 이는 논리상 부적절하다. 따라서 시계라는 동질물을
               새로 구입한다는 논리가 적합하므로 one이 옳다.

24 ④   해석   나는 좋은 책꽂이가 없어. 그래서 하나 만들려고 해.

          해설   막연한 하나를 의미하므로 one이 옳으며 '책꽂이'와 '만들다'의 관계는 수동이므로 과거분사가 목적보어
               에 위치해야 한다.

25 ②   해석   첫 번째 세 권은 수학책이며, 다음 두 권은 심리학책이며, 마지막 책은 예술책이다.

          해설   next two ones → next two
               one이라는 부정대명사는 기수 뒤에 위치할 수 없다. 따라서 ones를 삭제해야 한다.

26 ②   해설   white one → white (wine)
               one은 불가산명사를 대신할 수 없다. 따라서 white wine 또는 반복되는 wine을 생략한 채 white만
               쓰는 게 옳다.

27 ④   해석   계란은 껍질째 삶고, 으깨고, 튀기고, 다른 수많은 방법으로 요리할 수 있다.

          해설   another → other
               another는 단수명사만을 수식하므로 복수명사를 수식하는 other가 옳다.

28 ③   해석   내가 두 개의 결말을 제시할 것인데 추측하기에 하나는 너에게 충격을 주겠지만 반면에 다른 하나는 너를 기분 나쁘지
               않게 놀라게 할 것이다.

          해설   another → the other
               주절에서 두 개의 결과를 제시했으며, 그 중 하나의 결과를 설명했다면 남은 것은 단 한 개다. another는
               추가로 다른 것이 남아 있음을 전제로 하므로 안 된다.

29   Struggling against fatigue, I forced myself to put one foot in front of _____ .
    ① another   ② others
    ③ other   ④ the other

30   The huge room contained a great number of students, of whom one-third were
    boys and _____ girls.
    ① other   ② the other
    ③ others   ④ the others

31   ① People who want to ② stop smoking usually ③ remind themselves of the
    health risks, the bad smell, the cost, ④ other's reactions to their smoking — the
    drawbacks of smoking.

32   ① Each of James' wives — Wanda, Julie, and Henry — were energetic and
    ② interesting women, very different ③ from the ④ often pessimistic women who
    populate his ⑤ works.

33   ① Skim lengthy reading passages before ② you begin reading to get a general
    idea of ③ what the selection is about. When you skim a reading passage, you read
    the most important parts of it quickly, ④ without reading every words.

34   ① Every knows hospitals are institutions where the sick are treated, ② but how
    many realize that they ③ were once homes for the indigent and the ④ friendless.

29 ④

해석   피로에 견뎌내면서 나는 한쪽 발을 다른 쪽 발 앞에 놓지 않을 수가 없었다.

해설   발은 두 개이므로 남은 발은 '다른 나머지 하나'를 가리키는 the other가 옳다.

30 ④

해석   그 큰 방에 많은 학생들이 있었으며 그 중 1/3은 남학생들이었으며, 나머지는 여학생들이었다.

해설   남학생을 설명했으면 남은 성은 여학생일 수밖에 없으며, 남아 있는 모두 다를 설명해야 하므로 the others가 옳다. 또한 두 문장의 주어가 다른 경우에는 반복되는 두 개의 동사가 생략 가능하다.

       ex) John will take the French course and Peter will take the German course.

          = John will take the French course and Peter the German course.

31 ④

해석   금연을 원하는 사람들 대개는 자신들에게 건강의 위험, 악취, 비용, 흡연의 다른 좋지 않은 작용 같은 흡연의 단점을 상기시킨다.

해설   other's reactions → and others' reactions

      the health risks, the bad smell, the cost, others' reactions 명사 4개를 병치시키는 접속사가 필요하다. 또한 other는 the other와 달리 형용사 기능만 있으므로 소유격 형태로 쓸 수 없다.

32 ①

해석   James의 부인들이었던 Wanda, Julie, Henry 모두 정열적이었고 재미있는 여성들이었으며, 그의 작품에 종종 존재했던 비관적인 여성들과는 매우 달랐다.

해설   Each → All

      'Each of + 복수명사'는 동사의 수를 단수 취급한다. 따라서 동사의 수를 복수 취급할 수 있는 All이 옳다.

어휘   populate ~에 살다, 거주하다, (어떤 장소를) 차지하다

33 ④

해석   작품이 무엇에 관한 글인지 개요를 알기 위해 독서하기 전에 장문의 문장을 대충 읽어라. 당신이 지문을 대충 읽을 때에는 모든 단어를 다 읽지 않고 가장 중요한 부분들을 빠르게 읽어라.

해설   without reading every words → without reading every word

      every는 복수명사를 수식할 수 없으며, 단수명사만을 수식한다.

34 ①

해석   모든 사람들이 병원은 환자가 치료를 받는 기관이라고 알고 있다. 그러나 이전에는 병원이 가난한 사람들과 벗이 없는 자들을 위한 집이었다는 것을 아는 사람들은 얼마나 될까.

해설   Every → Everyone

      every는 형용사 기능만 가질 뿐, 명사 기능을 가지지 못한다. 따라서 대명사 everyone이 옳다.

어휘   indigent 가난한

35 Every man, woman, and child ① in this community ② are now ③ aware of the terrible consequences ④ of the habit of smoking.

36 Delmoor corporation is not responsible for damage caused by misuse, improper care or _____ consumer negligence.
① another   ② the other
③ others   ④ other
⑤ the others

37 Let's compare two slogans, _____ try to get us to think of chocolate products as healthy foods rather than as indulgences.
① both of which   ② of which both
③ either of which   ④ of which either

38 ① Most modern barns are ② both insulated, ventilated, and ③ equipped with ④ electricity.

39 ① Neither of the three applicants ② meets the ③ requirements for this position, so we ④ have decided to leave it ⑤ open.

40 After experiencing one of the worst traffic jams in years, _____ the nation's land transportation returned to normal again when the heaviest snowfall died down yesterday.
① almost   ② most all of
③ most   ④ most of

35 ② 해석 이 지역의 모든 남자, 여자, 아이들은 지금 흡연 습관의 끔찍한 영향을 인식한다.

해설 are → is
'every + 명사, 명사, and 명사' 구조는 단수로 취급한다.

36 ④ 해석 Delmoor 사는 오용, 부적절한 취급 또는 다른 소비자의 부주의에 의해 야기된 피해에 책임지지 않는다.

해설 ① another는 단수가산명사만 수식하는데, negligence는 불가산명사이므로 another가 수식할 수 없다. ② the other는 두 개 중 남아 있는 단 한 개를 수식할 때 쓰인다. ③과 ⑤는 명사이므로 negligence와 결합할 수 없다. ④ other는 복수명사(books) 혹은 불가산명사(negligence)를 수식하므로 옳다.

37 ① 해석 두 개의 선전 문구를 비교해 보자. 두 개 모두 초콜릿 제품을 기호식품이라기보다는 건강식품으로 생각하게끔 한다.

해설 원래 문장은 '~ two slogans, and both of them try ~'였다. 접속사(and)와 대명사(them)는 하나의 단어인 관계대명사 which로 줄일 수 있다. 따라서 '~ two slogans, both of which try ~'로 쓰이게 된 것이다. ③ either는 단수 취급하므로 복수동사인 try와 어울릴 수 없다.

38 ② 해석 대부분의 현대 헛간들은 단열화 되어 있고, 통풍이 되며 전기가 설비되어 있다.

해설 both insulated → insulated
both는 'both A and B'처럼 두 개를 전제로 한다. 따라서 과거분사 세 개가 병치되는 구문과 어울리지 않는다.

어휘 insulate 단열 처리를 하다

39 ① 해석 세 명의 지원자 모두 이 직위를 위한 요구사항을 충족시키지 못해서 그 직위를 공석으로 남겨놓기로 결정했다.

해설 Neither → None 또는 No one
Neither는 둘을 전제로 하므로 of the three applicants라는 전치사구와 어울리지 않는다. 따라서 셋 이상을 전제로 하는 None 또는 No one이 옳다.

40 ④ 해석 몇 해 동안 최악의 교통 체증을 경험한 이후로 그 국가 대부분의 육로운송기관은 가장 심했던 강설이 멈춘 어제 다시 정상으로 돌아왔다.

해설 most는 형용사로서 기능을 할 경우에는 이하에 정관사 the를 수식할 수 없으며, all과 결합할 수 없다. 대명사로서 기능을 할 경우 of 이하에 정관사 또는 한정사가 위치하게 된다.

41 ① Most of babies weigh between 5.5 and 10 pounds at birth. They tend to ② measure between 18 and 22 ③ inches long. Girls tend to weigh a bit less ④ and are shorter than boys.

42 ① Except for children who don't know enough ② not to ask the important questions, ③ little of us spend time ④ wondering why nature is.

43 Choose the sentence that is NOT correct.
    ① Hillary and Bob are both my nephews.
    ② Two thirds of the work was done by his assistant.
    ③ The Koreans like to eat fish.
    ④ The very best of the television play comes at the end.
    ⑤ The players each is participating in a tournament.

44 다음 중 올바른 문장을 고르시오.
    ① She decided starting her own business.
    ② She is the best between the applicants.
    ③ I went up the Eiffel, that is located in Paris.
    ④ Every fourth year, the World Cup Games are held.
    ⑤ An increase in taxes mean less money to spend.

5 부정대명사의 부정 구문

45 ① Anybody had not heard of the plan ② to sell the company ③ before last night's meeting, but today ④ everybody knows.

41 ①
대부분의 아기들은 출생 시 5.5에서 10파운드의 무게가 나간다. 키는 18에서 22인치 가량 측정된다. 여자아이들은 사내아이들보다 무게가 덜 나가고 키도 더 작은 경향이 있다.

해설 Most of babies → Most (of the) babies
most가 대명사로 쓰일 때는 전치사 of 이하의 명사 앞에는 정관사 또는 한정사가 위치해야 한다. 본문의 경우 most가 형용사로서 babies라는 명사를 직접 수식해도 된다.

42 ③
해석 중요한 질문을 하지 않을 만큼 많이 알지는 못하는 아이들을 제외하고서, 왜 자연이 존재하는지 생각하는데 많은 시간을 할애하는 사람은 거의 없다.

해설 little of → few of
of의 목적어가 복수명사인 us이므로 부정대명사 또한 복수 취급하는 few가 옳다.

43 ⑤
해설 is → are
The players each 문장에서 each는 문장의 주어 the players와 동격이므로 동사의 수 일치에 아무런 영향을 미치지 못한다. 따라서 동사는 복수이어야 옳다.

44 ④
해설 ① starting → to start
decide는 목적어로서 동명사가 아닌 to부정사를 취한다.
② the best → the better
최상급은 셋 이상을 전제로 하므로, 둘을 전제로 하는 between 전치사구와 어울릴 수 없다.
③ that → which
관계대명사 that은 계속적 용법으로 쓰일 수 없다.
⑤ mean → means
주어는 an increase이므로 동사 또한 단수가 옳다.

45 ①
해석 어제 저녁 모임이 있기 전에 어느 누구도 회사를 매각할 계획에 대해서 듣지 못했지만 오늘 모든 이가 알게 되었다.

해설 Anybody had not heard → Nobody had heard
any가 들어간 anybody, anything, anyone은 부정문에서 주어로 쓰일 수 없다. 따라서 주어를 부정어인 nobody로 바꾸고 동사를 긍정 형태로 바꾸어야 한다.

GRAMMAR
HUNTER

GRAMMAR
HUNTER

20 특수 구문

❶ 수의 일치

20-01

서강대 2013
경희대 2006
가톨릭대 2006
강남대 2006
고려대 2005
고려대 2001

1. one of + 복수명사 + 단수동사

- **One of my friends speaks** Japanese very well.
  One of my ~~friend~~ speaks Japanese very well. (×)
  내 친구들 중 한 명이 일본어를 잘 구사한다.

  ▶ **one of** 다음에는 '한정사 + 복수명사'가 와야 하며, 동사의 수는 단수 취급한다.

20-02

> **CHECK** |
>
> 'one of + 복수명사'의 관계사절 동사는 복수로 일치시키고, 'the only one of + 복수명사'의 관계사절
> 동사는 단수로 일치시킨다.
>
> - I will meet **one of the students who speak** Japanese well.
>   나는 일본어를 잘 구사하는 학생들 중 한 명을 만날 것이다.
>
> - I will meet **the only one of the students who speaks** Japanese well.
>   나는 그 학생들 중 일본어를 잘 구사하는 유일한 한 학생을 만날 것이다.

20-03

아주대 2006
경희대 2006
고려대 2004

2. There/Here 구문의 경우 뒤에 위치한 주어에 동사의 수를 일치시킨다. ★ 01-32 참조

there · here 다음에 나오는 동사가 seem/ appear/ be said/ be thought/ be found일 경우 to be 뒤
에 있는 명사가 주어가 된다.

- **There seem** to be plenty of **whales** near the island.
  = **There are said** to be plenty of **whales** near the island.
  그 섬 근처에 고래가 많이 있는 것처럼 보인다./ 전해진다.

  There seems to be plenty of whales near the island. (×)
  There is said to be plenty of whales near the island. (×)

  첫 예문의 경우 there가 문두에 위치하면 도치가 발생하므로 주어는 뒤에 위치한 whales이다. plenty of는 형용사일 뿐이므
  로 plenty에 동사의 수를 일치시키면 틀린다. 두 번째 예문의 경우 there 뒤에 인식동사의 수동태 be said/ be believed/ be
  thought가 나올 경우 be동사의 수 판단은 뒤에 나오는 명사와 일치한다. 다음 예문도 마찬가지 맥락이다.

- **There seems** to be lots of **news**.
  = **There is said** to be lots of **news**.
  많은 소식이 있는 것으로 보인다./ 전해진다.

  There seem to be plenty of news. (×)

614

3. 분리 구문 및 등위상관접속사의 수 일치

20-04

① A에 수 일치	A as well as B/ A along with B/ A together with B/ A coupled with B/ A accompanied by B/ A with B
② B에 수 일치	A or B/ either A or B/ neither A nor B/ not only A but also B/ not A but B ★ 05-22~26 참조

중앙대 2011
성균관대 2010
한국외대 2010
한국외대 2008
서울여대 2007
동국대 2007
한양대 2005
한국외대 2004

- **His friends** as well as his father **are** polite.

  His friends as well as his father is polite. (×)

  그의 아버지뿐만 아니라 그의 친구들도 공손하다.

- **Neither** his friends nor **his father is** unkindly.

  Neither his friends nor his father are unkindly. (×)

  그의 친구들과 그의 아버지는 모두 불친절하지 않다.

4. many + 복수명사 → 복수 취급 vs. many a + 단수명사 → 단수 취급

20-05
한국외대 2010

- **Many** wise **men have** been destroyed by greed.

  = **Many** a wise **man has** been destroyed by greed.

  많은 유능한 사람들이 탐욕 때문에 망가져 왔다.

5. a (good/ great) number of + 복수명사 → 복수 취급 vs. the number of 복수명사 → 단수 취급

20-06
한국외대 2010
영남대 2008

- **A good number of citizens are** available in public libraries.

  A good number of citizens is available in public libraries. (×)

  매우 많은 수의 시민들이 공공 도서관을 이용할 수 있다.

- **The number of citizens** who are available in public libraries **has** risen recently.

  The number of citizens who are available in public libraries have risen recently. (×)

  공공 도서관을 이용할 수 있는 시민들의 수가 최근에 증가했다.

6. 무게 · 시간 · 거리 · 가격의 수

20-07
경기대 2005
한성대 2001

무게 · 시간 · 거리 · 가격의 형태가 복수일지라도, 하나의 단위 개념을 의미할 경우에는 단수 취급하며 그렇지 않을 경우에는 복수 취급한다.

- **Eight months is** long enough to pass the examination.

  Eight months are long enough to pass the examination. (×)

  8개월이란 시간은 그 시험을 합격하기에 충분히 길다.

- **Eight months have** passed since I saw him.

  Eight months has passed since I saw him. (×)

  내가 그를 본지 8개월이 지났다.

> 첫 문장의 경우 eight months는 흘러가는 시간이 보태진 것이 아니라 합격하기에 충분한 단위로서의 8개월이란 고정된 하나의 단위 개념으로 쓰였으므로 단수 취급이 옳고, 두 번째 문장의 경우에는 한 달 한 달이 보태져 8개월이 흐른 것이므로 복수 취급해야 한다. 사실상 구분이 쉽지 않으므로 구분이 힘든 경우에는, 전자에는 대부분 동사로 be 동사가 쓰이고, 후자에는 일반동사가 사용되는 것으로 구분하자.

20-08

한국외대 2014
경기대 2012
서강대 2009
경희대 2005
세종대 2005
경기대 2002

7. '부정 수량 공통 대명사＋of'와 '부분 표시어＋of'의 수

'부정 수량 공통 대명사＋of'와 '부분 표시어＋of'의 수는 전치사 of 이하에 위치한 명사의 수에 동사의 수를 일치시킨다. ★ 19-58/ 80/ 83 참조		
① 부정 수량 공통 대명사	some/ any/ all/ most/ enough/ more/ certain	＋of 단수명사 → 단수 취급
② 부분 표시어	half/ the rest/ the majority/ a fraction of/ three fourths/ 20 percent	＋of 복수명사 → 복수 취급

- **Some of the people believe** in life after death.
  Some of the people ~~believes~~ in life after death. (×)
  사람들 중 몇몇은 사후의 삶을 믿는다.

- **The majority of the cars** traveling Phoenix-area roads each day **are** clean burners.
  The majority of the cars traveling Phoenix-area roads each day ~~is~~ clean burners. (×)
  Phoenix 지역을 매일 이동하는 차들 대부분은 무공해 연소차이다.

- **Two thirds of his money was** stolen.
  Two thirds of his money ~~were~~ stolen. (×)
  그의 돈 중 2/3를 도둑맞았다.

20-09A

한국외대 2006
고려대 2005

8. 구와 절은 원칙적으로 단수 취급한다.

- **What** her mother told her to do **is** done without fail.
  그녀의 어머니가 그녀에게 하라고 한 것은 틀림없이 해낸다.

- **To learn** any foreign language in the competitive age **is** useful.
  경쟁 시대에서 외국어를 배우는 것은 유용하다.

  ▶ what절과 to부정사 구문 모두 단수 취급하는 것이 원칙이다.

20-09

한국외대 2014

> **CHECK | more than의 수 판단**
>
> more than의 수 판단은 than 뒤에 있는 명사와 동사의 수를 일치시킨다.
>
> - **More than** a third of residents object to the government's policy.
>   More than a third of residents ~~objects~~ to the government's policy. (×)
>   거주자들 중 1/3 이상이 정부의 정책에 반대를 한다.
>
>   ▶ more than 뒤에 나오는 분수 a third 또한 of 뒤에 나온 명사와 수 일치를 한다. residents가 복수명사이므로 복수동사 object가 옳다.

9. 짝·벌·쌍·연속을 의미하는 명사의 수

20-10

> 짝·벌·쌍을 의미하는 명사(glasses, scissors, trousers 등)의 수는 단독으로 쓰이면 복수 취급하지만, 'a pack of/ a series of/ a group of'와 결합하면 단수 취급한다. 그러나 'two packs of/ two series of/ two groups of'와 결합하면 복수 취급한다. ★ 17-27 참조

① 일반형태	shoes/ scissors/ trousers/ glasses	+ 복수동사
② a ~ of	a pair of + shoes/ scissors/ trousers/ glasses	+ 단수동사
③ two -s of	two pairs of + shoes/ scissors/ trousers/ glasses	+ 복수동사

· These **scissors are** dull.
  이 가위는 무디다.

· My **shoes are** old-fashioned, but **a** new **pair of shoes is** a prize beyond my reach.
  My shoes are old-fashioned, but a new pair of shoes are a prize beyond my reach. (×)
  내 신발은 유행에 뒤처진다. 그렇지만 새 신발은 그림의 떡이다.

· **Two pairs of trousers are** too small for me.
  Two pairs of trousers is too small for me. (×)
  두 벌의 바지가 내게 너무 작다.

  ▶ shoes 같이 두 짝을 갖고 있는 명사의 수는 'a pair of'와 결합하면 단수 취급하며, 'two pairs of'와 결합하면 복수 취급하게 된다.

10. and에 의해 연결된 일체화된 두 개의 명사

20-11
광운대 2001

> 두 개의 명사가 and에 의해 연결되어 '불가분의 관계' 또는 '일체'를 나타내면 단수 취급한다. ★ 18-30 참조

bread and butter 버터 바른 빵 a needle and thread 실이 달린 바늘 the poet and politician 시인이자 정치인 early to bed and early to rise 일찍 자고 일찍 일어나는 것	a watch and chain 줄 있는 시계 curry and rice 카레라이스 all work and no play 놀지 않고 일만 하기 trial and error 시행착오	+ 단수 취급

· **Early to bed and early to rise makes** a man healthy, wealthy, and wise.
  일찍 자고 일찍 일어나는 것은 사람으로 하여금 건강하고, 부유하고, 현명하게 만든다.

11. 명사와 대명사의 수

20-12
성균관대 2011
세종대 2010
가톨릭대 2010
고려대 2010
성균관대 2005
명지대 2003
경기대 2004
동국대 2001

· By virtue of **their** supersensitive electronics, radio telescopes can gather more waves.
  By virtue of its supersensitive electronics, radio telescopes can gather more waves. (×)
  전파 망원경의 고감도 전자공학 능력 덕택에 더 많은 파장을 모을 수 있다.

  ▶ 주절에 나온 명사(radio telescopes)를 종속구나 종속절 안에서 먼저 대명사로 가리킬 수 있다.

① As decision making reached higher levels, half the harvests of the world
② was bought and sold in political and financial ③ deals which ignored the fact
④ that food ⑤ was grown to be eaten.

해석 의사결정이 보다 더 고위층에 달하자 전 세계 수확량의 절반이 식량은 먹기 위해 재배된다는 사실이 무시되는 정치와 금융 상의 거래로 매매되었다.

해설 was → were
half는 전치한정사로서 the보다 앞에 위치했을 뿐 주어는 harvests라는 복수명사이므로 동사 또한 복수가 옳다.

정답 ②

2 병치

1. 등위접속사에 의한 병치

20-13

숙명여대 2008
중앙대 2003
전남대 2002
서울여대 2001

(1) 명사(구) 병치

· A section chief paid attention to the **amount** of debt, the underlying **assets**, and the **prospects** for growth.

A section chief paid attention to the amount of debt, the underlying assets, and ~~whether~~ the company had prospects for growth. (×)

실장은 부채의 총액과 기초자산과 성장 가능성을 주목했다.

▶ 전치사 to의 목적어가 '명사 + 명사 + and 명사'로 일관되게 병치되어야 한다.

20-14

경기대 2008
고려대 2003
홍익대 2003
고려대 2001

(2) 형용사(구) 병치

· I found a store **convenient**, **inexpensive**, and **calm** while I was shopping.

I found a store convenient, which is inexpensive, and with a calm atmosphere while I was shopping. (×)

쇼핑을 할 때 상점이 편리하고 저렴하고 조용하다는 것을 알았다.

find 동사의 목적보어로서 형용사가 일관되게 병치되어야 옳지, 두 번째 문장처럼 '형용사 + 관계사 + and 전치사구'는 병치의 원칙에 위배된다.

20-15

홍익대 2007

(3) 부사(구)의 병치

· We must keep universities running **smoothly** and **efficiently**.

We must keep universities running ~~smooth~~ and efficiently. (×)

우리는 대학들이 순조롭고 효율적으로 운영되게 유지시켜야 한다.

▶ 부사 smoothly와 efficiently가 일관되게 병치되어야 한다.

20-16

서울여대 2010
강남대 2010
홍익대 2010
한국외대 2008
고려대 2006
서울여대 2004
성균관대 2003
경기대 2002

(4) 준동사(구) 병치

· **Teaching is learning** and **seeing is believing**.

Teaching is ~~to learn~~ and seeing is ~~to believe~~. (×)

가르치는 것이 배우는 것이고 보는 것이 믿는 것이다.

▶ 준동사가 주격보어로 위치하면 주어와 정의(=) 관계가 성립되므로, 'to부정사 is to부정사' 또는 '동명사 is 동명사' 형태가 옳다.

- After lunch, she ordered her daughter Sandy **to do** the dishes, **to feed** the cat and **to do** many other chores.

   = After lunch, she ordered her daughter Sandy to **do** the dishes, **feed** the cat and **do** many other chores.

   After lunch, she ordered her daughter Sandy to do the dishes, to feed the cat and ~~do~~ many other chores. (×)

   점심을 먹은 후 그녀는 딸인 Sandy에게 설거지를 할 것과 고양이에게 먹이를 줄 것, 그리고 많은 다른 잡다한 일들을 시켰다.

   > order의 목적보어인 to부정사구가 병치되고 있다. to부정사가 병치될 경우 to가 빠진 원형부정사만 병치가 가능하지만, 이것 또한 통일성 있게 병치되어야 하는 것이다.

(5) 전치사(구)의 병치

`20-17`

- There are many old Buddhist temples **in** and **around** Kyongju.

   경주와 그 근교에는 많은 오래된 절들이 있다.

(6) 절 병치

`20-18`
중앙대 2014
홍익대 2009
한양대 2008
세종대 2006
세종대 2001

- Exposition is the writer's way of presenting facts or of explaining **what a thing means, how it works, or why it is important**.

   Exposition is the writer's way of presenting facts or of explaining what a thing means, how it works, or ~~importance~~. (×)

   주해는 사물이 무엇을 의미하는지, 그것이 어떻게 작용하는지, 또는 그것이 왜 중요한 것인지를 설명하는 작가의 방법이다.

   > 동명사 explaining의 목적어로서 명사절 세 개가 or에 의해서 병치되고 있으므로 명사절이 필요하다.

2. 등위상관접속사에 의한 병치 ★ 05-20~27 참조

`20-19`
성균관대 2009
숙명여대 2003

- He's lived in **both** America **and** Korea. [both 명사 and 명사]

   = He's lived **both in** America **and in** Korea. [both 전치사구 and 전치사구]

   He's lived both in America and ~~Korea~~. (×)

   그는 미국과 한국에서 살았다.

- The authorities are committed **not only to** helping the poor **but also to** raising funds.

   [not only 전치사구 but also 전치사구]

   = The authorities are committed to **not only helping** the poor **but also raising** funds.

   [not only 동명사 but also 동명사]

   The authorities are committed not only to helping the poor but also ~~raising~~ funds. (×)

   당국은 빈자들을 도울 뿐만 아니라 기금도 모으고 있다.

   > 'both A and B/ either A or B/ neither A nor B/ not only A but also B/ not A but B'는 등위상관접속사로서, A와 B는 동일한 문법 기능을 하는 요소이어야 한다. 따라서 'both + 명사 + and + 동사'나 'either + 명사 + or + 전치사구', 'neither + 명사 + nor + 절'과 같은 구조는 취할 수 없다.

3. 비교에 의한 병치 ★ 16-39~40 참조

`20-20`
세종대 2009
경희대 2008
서울여대 2006
고려대 2005
숭실대 2003

- **Selling** goods abroad is no **more** difficult **than selling** to the home market.

   ~~To sell~~ goods abroad is no more difficult than ~~selling~~ to the home market. (×)

   해외에 상품을 판매하는 것은 국내시장에 판매하는 것보다 더 어렵지 않다.

   > 비교 대상은 일치해야 하므로 '부정사와 동명사'의 비교는 틀리다.

- **My ideas** are different from **Linda's**.

  My ideas are different from ~~Linda~~. (×)
  나의 생각들과 Linda의 생각들은 다르다.

  ▶ 나의 생각들(my ideas)과 Linda의 생각들(Linda's ideas)을 비교하므로 독립소유격(Linda's)이 옳지 목적격은 틀리다.

① Neither in his campaign ② nor his acceptance speech ③ did Mr. Morgan acknowledge ④ those whose assistance had won him the nomination.

해석 Morgan 씨는 그의 선거운동뿐만 아니라 후보 수락 연설에서도 그가 후보로 지명될 수 있도록 도움을 준 것들을 밝히지 않았다.

해설 nor → nor in
  등위상관접속사에 의한 병치의 대상은 같아야 한다. 따라서 전치사구와 전치사구가 병치되어야 옳다.

정답 ②

3 도치

1. 의문문처럼 도치

특정부사구가 문두로 위치했을 경우 의문문처럼 도치되는 것을 말한다. 이 경우 주어는 뒤에 위치하므로 그 주어와 동사의 '수, 태'를 조심해야 한다.

```
부정부사
Only
So, Well        +    조동사 + 주어 + 동사원형
긍정 · 부정 동의        do 동사 + 주어 + 동사원형
                        be 동사 + 주어
```

20-21

한국외대 2012
한국외대 2010
경원대 2010
강남대 2010
국민대 2010
아주대 2005

(1) 부정어(구)가 문두에 위치할 경우

부정어인 'not + 부사(구 혹은 절), hardly(scarcely/ seldom/ barely), little, never, under no circumstances, at no time, on no account, no longer' 등이 문두에 위치하는 경우 의문문처럼 도치된다.

- **Hardly can they be** surprised to watch the scene.

  = They can hardly be surprised to watch the scene.
  그들은 그 장면을 보고서도 거의 놀라지 않은 것 같다.

- **Little did I know** that my life was about to change.

  = I little knew that my life was about to change.
  내 인생이 변할 것이라 거의 알지 못했다.

- **Not until 4 June were the submarines** repaired.

  = The submarines were not repaired until 4 June.
  6월 4일이 되고서야 비로소 그 잠수함들이 수리되었다.

CHECK |

1. 부정어가 들어간 전치사구가 문두에 올 경우

부정어가 포함된 전치사구가 문두에 위치해도 의문문처럼 도치가 된다.

· **To none but the wise can wealth** bring happiness.

현명한 사람들을 제외한 누구에게도 부는 행복을 가져다주지 않는다.

> 'To ~ wise'까지 전치사구인데 이 안에 부정어 none이 있다. 이렇게 부정어가 들어간 전치사구가 문두로 오면 의문문처럼 도치가 된다.

2. 다음 표현들은 부정의 의미가 아니기 때문에 문두에 와도 도치가 되지 않는다.

no doubt(의심할 바 없이), not long ago(얼마 전에), not far from(~에서 가까운 곳에)

· **No doubt** she didn't love you.

의심할 바 없이 그녀는 당신을 사랑하지 않았다.

3. ~하고 나서야 비로소 ~하다

> 부정문 + until ~
> = not until ~ + 도치된 문장 = It is not until ~ that 긍정문
> = It is unlikely that 긍정문 + until ~
> = It is not likely that 긍정문 + until ~

· She will **not** return **until** Saturday.

= **Not until** Saturday **will she** return.

= **It is not until** Saturday **that** she will return.

= **It is unlikely that** she will return **until** Saturday.

= **It is not likely that** she will return **until** Saturday.

토요일이 되어야 비로소 그녀가 돌아올 것이다.

(2) Only + 부사(구, 절)이 문두에 위치한 경우

20-23A

서울여대 2010
한국외대 2010
성균관대 2009
동국대 2007
계명대 2005

only가 부사구, 부사절과 결합하여 문두로 위치하면 의문문처럼 도치가 된다.

· **Only then did I understand** what she meant.

= I only then understood what she meant.

Only then ~~I understood~~ what she meant. (×)

그때서야 나는 그녀가 의도하는 바를 이해했다.

> ▶ 'only + 부사'가 문두로 위치할 경우 의문문처럼 도치가 발생해야 한다.

· **Only after** the scientist's death **was I** able to appreciate her.

= I was able to appreciate her only after the scientist's death.

Only after the scientist's death ~~did I~~ able to appreciate her. (×)

그 과학자가 죽고 난 후에야 나는 그녀의 진가를 인정할 수 있었다.

> ▶ able이 형용사이기 때문에 일반동사의 조동사인 did가 아니라 was가 옳다.

CHECK | only가 주어만 강조할 때에는 도치가 되지 않는다.

- **Only you can** save the world. 당신만이 세상을 구원할 수 있다.

 ▷ 주어인 you만 강조하기 때문에 도치되지 않았다.

(3) so + 형용사/ 부사 또는 well이 문두에 위치한 경우

'so + 형용사/ 부사'가 문두에 위치한 경우 의문문처럼 도치가 된다.

- **So quickly does everything happen** that I haven't time to think.

 = Everything happens so quickly that I haven't time to think.

 So quickly ~~do~~ everything happen that I haven't time to think. (×)
 모든 것이 너무 빨리 일어나서 나는 좀처럼 생각할 시간이 없었다.

 ▷ 'so + 부사'가 문두로 올 경우 도치가 발생한다. 주어는 뒤에 있는 everything(단수 취급)이기 때문에 do 동사의 수는 단수가 옳다.

- **Well do I remember** the day when we met. 나는 우리가 만났던 날을 잘 기억한다.

 = I well remember the day when we met.

(4) 긍정·부정 동의를 하는 경우

1) 긍정 동의를 하는 경우

앞 문장에 긍정 동의를 하는 so가 문두에 위치할 경우 의문문처럼 도치가 된다. ★15-10 참조

- A: I complained about government's policy. 나는 정부의 정책에 불평했었어.
 B: **So did I.** 나도 마찬가지야.

- He was ill, and **so was his wife.** 그는 아팠고 그의 부인도 마찬가지였다.

2) 부정 동의를 하는 경우

앞서 등장한 부정문에 부정 동의를 하는 neither 혹은 nor가 문두에 위치할 경우 의문문처럼 도치가 된다. ★15-11 참조

- A: I have no money. 돈이 하나도 없어.
 B: **Neither do I.** 나도 없어.

- Peter wasn't sure of her ability, **nor were his friends.**
 = Peter wasn't sure of her ability, **and neither were his friends.**
 Peter는 그녀의 능력을 확신할 수 없었고, 그의 친구들도 마찬가지였다.

 Peter wasn't sure of her ability, ~~and nor~~ were his friends. (×)
 ▷ and와 nor 모두 접속사이므로 함께 쓰일 수 없다.

 Peter wasn't sure of her ability, ~~neither~~ were his friends. (×)
 ▷ neither는 단독으로 접속사 기능이 없다.

 Peter wasn't sure of her ability, nor ~~weren't~~ his friends. (×)
 ▷ nor와 neither 뒤에 부정어가 올 수 없다.

 Peter wasn't sure of her ability, nor ~~was~~ his friends. (×)
 ▷ 도치가 되었으므로 주어는 뒤에 있는 복수명사 friends이다. 따라서 복수동사가 옳다.

CHECK | 이 경우 대동사의 선택에 조심해야 한다!

- A: I complained about government's policy.

  B: So ~~was~~ I. (×)

  A: 나는 정부의 정책에 불평했었어.

  B: 나도 마찬가지야.

  > 앞서 등장한 문장의 동사인 complain을 대신하는 대동사는 일반동사의 대동사 do가 옳으며 시제 원칙에 따라 did가 적합하다.

2. '동사 + 주어' 어순의 도치

아래의 특정 부사구가 문두에 위치했을 경우에는 일반명사가 주어이면서 동사가 1형식으로 구성됐을 경우에만 도치가 된다.

there/ here	+ be 동사(1형식) + 주어
장소·방향의 부사(구)	+ 자동사 + 주어
보어	+ 조동사 + 자동사 + 주어

(1) there/ here가 문두에 위치한 경우

- **There are a couple of things** we need to discuss.

  우리가 토론해야 할 몇 가지 것들이 있다.

- **Here are some pictures** of John when he was little.

  John이 어렸을 때의 사진들이 몇 장 있다.

(2) 장소 · 방향의 부사(구)가 문두에 위치한 경우

'in/ out/ up/ down/ behind/ in front of/ under/ on/ along/ among + 명사'와 같이 장소 · 방향의 부사(구)가 문두로 나오면 '동사 + 주어' 어순의 도치가 발생한다.

- **Among** the problems <u>remains</u> <u>the unsolved one</u>.

                      동사   주어

  = The unsolved one remains among the problems.

  Among the problems ~~remain~~ the unsolved one. (×)

  그 문제들 중 해결되지 않은 것이 하나 있다.

  > 'among + 복수명사'가 문두로 위치하면 도치가 발생하므로, 주어는 one이 되고 동사의 수는 단수 remains가 옳다.

- **Under** a tree <u>may lie</u> <u>many children</u>.

                   조동사 + 동사   주어

  = Many children may lie under a tree.

  Under a tree ~~may~~ many children ~~lie~~. (×)

  나무 밑에 많은 아이들이 누워 있는 것 같다.

  > 장소·방향의 부사구가 문두에 위치할 경우 조동사가 있다면 '장소·방향부사구 + 조동사 + 동사 + 주어' 어순으로 도치가 된다. 의문문처럼 도치되면 틀린다.

20-31
한양대 2007
서울여대 2007
서울여대 2005
경희대 2005
고려대 2002

(3) be 동사의 보어가 문두에 위치한 경우

- The elegance of this typeface is such that it is still a favourite of designers.

  = **Such is the elegance** of this typeface that it is still a favourite of designers.

  이 서체는 너무 우아해서 아직도 디자이너들의 인기를 받고 있다.

- The man who at the right moment meets the right friend is fortunate.

  = **Fortunate is the man** who at the right moment meets the right friend.

  ~~Fortunately~~ is the man who at the right moment meets the right friend. (×)

  적절한 시기에 올바른 친구를 만나는 것은 운이 좋다.

  ▶ be 동사의 보어가 필요하므로 형용사가 옳다.

> **CHECK** | be 동사 이하의 분사가 문두에 위치해도 마찬가지로 도치가 된다.
>
> - All his three sons were surrounding their father.
>   be + 현재분사(능동태 진행형의 분사)
>   = Surrounding their father **were all his three sons.**

3. 도치 관련 주의 구문

(1) 목적어가 문두로 나온 경우 도치는 일어나지 않는다.

- The scientists had made new discoveries to fight cancer.

  = New discoveries **the scientists had made** to fight cancer.

  과학자들은 암과 싸우기 위한 새로운 발명을 했다.

> **CHECK** | 그러나 부정어를 동반한 목적어가 문두에 위치하면 도치가 발생한다.
>
> - **No** new discoveries to fight cancer **had the scientists made.**
>   과학자들은 암과 싸울 수 있는 새로운 발견을 하지 못했다.

(2) if 종속절의 도치

if절이 도치될 경우 부정어는 함께 앞으로 따라 나오지 않으며 if 접속사는 탈락되고 동사가 문두에 위치한다. ★13-23~25 참조

- If it were not for water, nothing could live any longer.

  = **Were it** not for water, nothing could live any longer.

  물이 없다면 어떠한 동물도 더 이상 살 수 없다.

(3) 도치가 임의적인 경우

원급과 비교급 구문의 종속절, 직접화법을 목적어로 취한 주어와 동사, the 비교급에서 주어가 대명사이면 도치되지 않지만 일반명사가 주어인 경우에는 도치되어도 좋고 도치되지 않아도 상관없다.

- I don't like to study as much as she does.

- I don't like to study as much as **does Henry**.

  = I don't like to study as much as **Henry does**.

    나는 Henry만큼 공부를 좋아하지 않는다.

  I don't like to study as much as ~~do~~ Henry. (×)

    ▶ Henry가 주어이므로 동사의 수 또한 단수가 옳다.

- "What does he mean?" **asked Sophie**.

  = "What does he mean?" **Sophie asked**.

    Sophie는 '그의 의도가 무엇이냐?'고 물었다.

- The greater **is** a microprocessor's **speed**, the more expensive it is.

  = The greater a microprocessor's **speed is**, the more expensive it is.

    마이크로프로세서의 속도가 빨라질수록 비용 또한 높아진다.

(4) 명령형 양보 구문

20-36A
고려대 2011

1) 명령형 + wh-절

- **Say what** you will, I cannot accept your saying.

  = **Whatever** you may say, I cannot accept your saying.

    네가 무엇을 말하더라도 나는 너의 말을 믿을 수 없다.

2) 명령형 + ever so

- **Be it ever so** humble, there is no place like home.

  = **However** humble it may be, there is no place like home.

    제 아무리 초라할지라도 집 같은 곳은 없다.

3) 명령형 + as절

- **Try as** you may, you will not succeed.

  = **However hard** you may try, you will not succeed.

    아무리 노력해도 너는 성공하지 못할 것이다.

4) 명령형 + A or B

- **Be it true or not**, I cannot believe it.

  = **Whether** it is true **or not**, I cannot believe it.

    사실이든 아니든 나는 그것을 믿을 수 없다.

CHECK | 외치

1. 개념

영어는 주부(동사 앞까지의 표현)가 술부(동사 뒤의 표현)보다 길어지는 형태를 피하는 경향이 강하다 보니, ① 진주어 역할을 하는 명사절 혹은 to부정사, ② 동격의 명사절, ③ 관계사절, ④ 후치 수식하는 준동사가 뒤로 보내지는 경우가 많다. 이 부분을 잘 이해한다면 정확한 독해 및 문장완성 풀이에서 많은 도움이 될 것이다.

2. 종류

(1) 진주어가 뒤로 보내지는 경우 ★ 05-46 참조

· **It** happened **that** I was not in my house at that time.

= **That** I was not in my house at that time happened.
마침 그때 나는 집에 없었다.

▶ that절이 주어일 경우 가주어 it을 위치시키고 진주어 that절을 맨 뒤로 보내는 경우가 많다.

(2) 동격이 뒤로 보내지는 경우

· An assumption persists **that** hypnotism is also a medical treatment.

= An assumption **that** hypnotism is also a medical treatment persists.
최면술 또한 치료 수단이라는 가정이 만연하다.

주절의 동사가 1형식 자동사일 경우 주어인 명사를 동격으로 수식하던 that절이 동사 뒤에 위치할 수 있다. 이때 that절을 자동사의 목적어로 봐서는 안 된다.

(3) 관계사절이 뒤로 보내지는 경우

· Nothing can interest me **that** you suggest.

= Nothing **that** you suggest can interest me.
당신이 주장하고 있는 어느 것도 나로서는 흥미롭지 못하다.

주어인 명사를 수식하던 관계사절이 맨 뒤에 위치한 경우이다. 술부가 주부보다 짧아질 경우 주어를 수식하던 관계사절은 맨 뒤로 보낼 수 없다.

· The time will come **when** we will decorate our house for Christmas.

= The time **when** we will decorate our house for Christmas will come.
크리스마스를 위해서 집을 장식 할 시간이 도래할 것이다.

이때 when절은 시간 부사절(~할 때)이 아니라 선행사인 time을 후치 수식하는 관계부사 when이다. 관계부사 when이 이끄는 문장은 형용사절이 되기 때문에 when 이하에 미래시제가 쓰일 수 있다. 이렇게 주어인 명사를 수식하던 관계부사절은 문장 맨 뒤로 보내질 수 있다.

(4) 준동사가 뒤로 보내지는 경우 ★ 10-09~10 참조

· The day will come **to decorate** our house for Christmas.

= The day **to decorate** our house for Christmas will come.
크리스마스를 위해서 집에 장식을 할 날이 도래할 것이다.

주어인 day를 바로 수식하던 to부정사구가 맨 뒤로 보내진 경우이다. 두 번째 문장의 경우 주부가 술부보다 너무 길어지기 때문에 뒤로 보내질 수 있는 것이다.

A few days later, it was Cedric's eighth birthday, and there was a big party at the castle. All the Earl's relatives were present. So _____ the people of Earl's Court, including Mr. Hoggins and his family.

① did   ② had   ③ was   ④ were

해석 며칠 후 Cedric의 8번째 생일이었는데 성에서 대규모 파티가 있었다. Earl의 모든 친척들이 참석했다. Hoggins 씨와 그의 가족을 포함한 Earl의 궁전 사람들도 참석했다.

해설 긍정 동의를 가리키는 so가 문두에 위치하면 의문문처럼 도치가 발생한다. 앞서 나온 문장의 동사를 대신하는 대동사가 활용되는데 앞서 were라는 be 동사가 등장했으며 이하의 주어가 복수 취급하는 people이므로 빈칸은 were가 옳다.

정답 ④

◢ 부가의문문

확인이나 동의를 얻으려 할 때 평서문의 뒤에 위치하게 되는 의문문을 말한다. 주절이 부정이면 부가의문문은 긍정의 형태를 띠며, 주절이 긍정이면 부가의문문은 부정의 형태를 띤다.

1. 주절의 동사가 be 동사인 경우 → 부가의문문도 be 동사를 사용

20-37
홍익대 2002
홍익대 2000

- The sky **was** grey, **wasn't it**? 하늘이 잿빛이었어. 그렇지?
- These **are not** my favourite pictures, **are these**? 이것들은 내가 좋아하는 그림들이 아니야. 그렇지?

2. 주절의 동사가 일반동사인 경우 → 부가의문문에는 do 동사를 사용

20-38

- Erica **slept** all night, **didn't she**? Erica는 밤새 잤어. 그렇지?

3. 주절의 동사에 조동사가 있는 경우 → 부가의문문도 조동사를 사용

20-39
덕성여대 2008
동아대 2003

- She **has** had dark hair and brown eyes, **hasn't she**?
  그녀의 머리는 검정색이고 눈은 갈색이야. 그렇지?
- The student **doesn't** go to church, **does she**? 그 학생은 교회에 가지 않았어. 그렇지?

4. 개별 조동사들의 경우

20-40
한국외대 2000

(1) 주절의 조동사가 had better인 경우 → 부가의문문은 hadn't를 사용

- I **had better** go and get ready, **hadn't I**?
  난 가는 편이 낫겠고 준비가 됐어. 그렇지?

(2) 주절의 조동사가 would rather인 경우 → 부가의문문은 wouldn't를 사용

- We **would rather** open a speech, **wouldn't we**?
  우리는 연설을 하는 게 낫겠어. 그렇지?

(3) 주절의 조동사가 used to인 경우 → 부가의문문은 didn't를 사용

- He **used to** go to our school, **didn't he**?
  그는 우리 학교에 다녔었어. 그렇지?

(4) 주절의 조동사가 ought to인 경우 → 부가의문문은 shouldn't를 사용

- You really **ought to** quit smoking, **shouldn't you**?
  당신은 정말로 담배를 끊어야만 해. 그렇지?

(5) 주절의 조동사가 have to인 경우 → 부가의문문은 don't를 사용

- You **have to** go home tomorrow, **don't you**?
  너는 내일 집에 가야 해. 그렇지?

20-41
한국외대 2000

5. 주절에 판단동사가 위치한 경우

주절에 판단동사인 '1인칭 주어 (I/ we) + think/ believe/ guess/ imagine/ suppose' 등이 위치한 경우에는 목적어인 명사절 안의 동사에 부가의문문을 일치시킨다. 부정어가 주절 또는 명사절 어느 하나에 존재하기만 해도 부가의문문은 긍정 형태를 갖게 된다.

- I think (that) Mary is pretty, **isn't** she?
- I think (that) Mary is not pretty, **is** she?
- I don't think (that) Mary is pretty, **is** she?
  I don't think (that) Mary is pretty, ~~does~~ she? (×)

  주절에 '1인칭(I) + 판단동사(think)'가 위치했으므로 목적어인 that절 안의 주어(Mary)와 동사(is)를 이용한 부가의문문(is she)이 옳다.

20-42

> CHECK | 위와 같은 경우는 주어가 1인칭인 경우에만 해당된다.
>
> - He thinks Mary is pretty, ~~isn't she~~? (×)
>   He thinks Mary is pretty, **doesn't he**? (○)

20-43

6. there 구문의 경우 → 주어가 아니라 there를 부가의문문의 주어로 사용

- **There** seemed to be no doubt about it, **didn't there**?
  그것에 대해서는 의심의 여지가 없어 보인다. 그렇지?

7. 명령 · 제안 · 권유의 부가의문문

20-44
계명대 2001

(1) 직접명령문 : 주절이 긍정이든 부정이든 상관없이 will you?로 받는다.

- Give me a hand, **will you**?
  도와주지 않을래?

(2) 제안문 : let's로 시작하는 주절이 긍정이든 부정이든 상관없이 shall we?로 받는다.

- Let's play baseball, **shall we**?
  우리 같이 야구할래?

628

(3) 권유문 : 주절이 긍정이든 부정이든 상관없이 **won't you?**로 받는다.

- Have a cup of coffee, **won't you**?
  커피 한잔 드실래요?

8. 복문과 중문의 부가의문문

(1) **복문의 부가의문문** : 주절의 동사에 부가의문문을 일치시킨다.

20-45

- **He was** so tired that he could not help but go to sleep, **wasn't he**?
  그는 너무나 지쳐서 잠을 자지 않을 수가 없었어. 그렇지?

(2) **중문의 부가의문문** : 뒤 문장의 동사에 부가의문문을 일치시킨다.

20-46

- I was very busy in cooking lunch and **he made** a cake, **didn't he**?
  나는 점심 만드느라 무척 바빴고 그는 케이크를 만들었어. 그랬었지?

20-47

CHECK |

1. 부가의문문의 부정은 축약 형태로 써야 한다.

- We had better leave now, ~~had not~~ we? (×)
  우리는 지금 떠나는 게 낫겠어. 그렇지?

  부가의문문의 부정은 'hadn't, wasn't'처럼 축약 형태로 써야 한다. 또는 'had we not?'처럼 부정어를 주어 뒤로 보내야 한다.

2. 주절의 주어가 nobody, somebody, everybody인 부가의문문

원칙적으로 nobody, somebody, everybody는 동사와 대명사의 수는 단수 취급하는 것이 원칙이다. 그러나 주절의 주어가 nobody, somebody, everybody인 경우 그 부가의문문의 주어는 they가 옳다.

- **Nobody** knows it, **do they**?
  Nobody knows it, ~~does he~~? (×)
  누구도 그것을 모른다. 그렇지?

한국외대 2011
한국외대 2001

성균관대 2002

예제

A: He hardly has anything nowadays, _____?
B: No, I don't think so!

① has he   ② doesn't he   ③ does he   ④ hasn't he

해석   A: 그는 요즘 가진 것이 거의 없어. 그렇지?
       B: 아니. 난 그렇게 생각하지 않아.

해설   주절에 부정어 hardly가 위치한 채 일반동사 has가 등장했으므로 부가의문문은 긍정 형태에 일반동사의 대동사인 do를 활용해야 한다.

정답   ③

5 강조

20-48

1. 동사의 강조

조동사 do를 이용하여 일반동사를 강조할 수 있으며 명령문에 사용된 be 동사 또한 do 동사로 강조할 수 있다.

- I **do want** to go home. 나는 정말로 집에 가고 싶다.
- **Do be** quiet! 조용히 해라!

20-49
경희대 2013

2. 명사의 강조

재귀대명사 또는 the very(바로 그)를 이용하여 강조한다.

- **She herself** has never been to America. 그녀는 정말로 미국에 결코 가본 적이 없다.
  = **She** has never been to America **herself**.

- Ji-hyun is **the very woman** whom he used to love. Ji-hyun은 그가 사랑했던 바로 그 여자이다.

20-50

3. 의문사의 강조

의문사의 강조는 '도대체, 과연'이라는 뜻을 가진 ever, at all, whatever, on earth, in the world, the devil, the hell 등으로 한다.

- **What in the world** does he mean? 도대체 그 사람의 말은 무슨 뜻인가?

4. 부정의 강조

20-51

(1) 부분 부정

강조의 속성을 가진 'absolutely, always, altogether, completely, entirely, necessarily, quite'가 부정어와 함께 쓰이면 '꼭 ~인 것은 아니다'라는 부분 부정이 가능하다.

- Expensive restaurants **aren't necessarily** the best. 비싼 레스토랑이 꼭 최상인 것은 아니다.

20-52

(2) 완전 부정

'부정어 + at all/ what(so)ever/ in the least/ in the slightest/ a bit/ on any account'를 이용하여, '결코 ~하지 않다(never)'라는 완전 부정의 뜻을 갖게 된다.

- She has shown **no interest whatever** in anything scientific.
  그녀는 어느 과학 분야에 대해서도 결코 관심을 나타내지 않는다.

- I **don't** know him **at all**. 그는 생판 모르는 사람이다.

20-53

5. 비교급 · 최상급의 강조 ★ 16-32, 16-50 참조

- The man was **much older than** I. 그 남자는 나보다 훨씬 연상이었다.

- Lamborghini is **much the most** expensive car. 람보르기니는 정말로 가장 비싼 차량이다.
  = Lamborghini is **the very most** expensive car.

6. It is ~ that 강조 구문 ★ 19-15 참조

20-54

- He didn't get his son until he was forty. 그는 마흔이 되어서야 비로소 아들을 얻었다.
  - = **It wasn't** he **that** got his son until he was forty. [주어 강조]
  - = **It wasn't** his son **that** he got until he was forty. [목적어 강조]
  - = **It wasn't** until he was forty **that** he got his son. [부사절 강조]

6 생략

1. 부사절의 주어와 be 동사의 생략

20-55

부사절과 주절의 주어가 같고 부사절 안의 동사가 be 동사라면 생략이 가능하다.

- A number of machines are dangerous if they are mishandled.
  - = A number of machines are dangerous **if mishandled**.
    잘못 다루면 위험한 장비들이 다수 있다.

2. 반복의 생략

20-56

(1) 앞서 나온 일반동사를 do 동사로 대신하고, 앞서 나온 '조동사 + 일반동사'는 조동사로 대신할 수 있다. 또한 'be 동사 + 형용사/ p.p./ ~ing'는 be 동사만으로 대신할 수 있다.

- He gives the receipts, and I **do**, too.
  - = He gives the receipts, and I give the receipts, too.
    그가 영수증을 주었으며 나 또한 마찬가지이다.
- I thought she was angry, and she **was**.
  나는 그녀가 화가 났었다고 생각했으며 그녀는 실제로 그랬다.

(2) have p.p.는 have만으로 대신할 수 있다.

- I haven't paid. He **hasn't**.
  나는 지불하지 않았으며, 그도 마찬가지이다.

(3) 앞서 나온 동사가 to부정사의 부정사로 위치한다면 to만 쓸 수 있다.

- Come tomorrow if you want **to**.
  - = Come tomorrow if you want to come.
    당신이 원하면 내일 오시오.

(4) 비교 구문의 종속절에서도 비교 대상이 아닌 공통 내용은 생략될 수 있다.

- I found more blackberries than you (**found**).
  나는 당신보다 더 많은 블랙베리를 찾았다.

(5) 등위접속사에 의해서 반복되는 문법적 기능들도 생략될 수 있다.

서울여대 2004

- Among the students, one-third are boys and the others (**are**) girls.
  그 학생들 중 1/3은 소년이며 나머지는 소녀이다.

(6) 부정대명사(all, some, most) 및 부분 표시어(20 percent/ the rest) 뒤에 있던 'of + 명사'가 뒤 문장에서 빠질 경우 동사의 수에 조심한다.

- Here is a glass of water, and some/ 20 percent (**of the water**) **goes** sour.
  여기에 물 한잔이 있는데, 일부/ 20%가 상했다.

⑦ 간결성

영어에서는 가급적이면 같은 의미 및 동일 기능을 하는 어구나 형태가 중복되는 것을 피하고 간단명료하게 표현하는데 이를 간결성 원칙이라고 한다.

1. 동일 의미를 반복하는 경우

아래 표현들은 동일한 의미를 두 번 이상 재차 사용하여 간결성 원칙에 위배되는 표현들이다.	
동사	return back chew and masticate build and construct share in common rise up and go up have and possess
형용사	free and gratis last and final the same and unchanged common and usual short and brief sufficient and enough original and first
명사	cost and expense use and utilization
부사	approximately and around ago and before
기타	how is like both the two whenever always outgrow than repeat again the way how

- I will ~~return back~~ when you are strong. (×)
  당신이 강해질 때 내가 돌아올 것이다.
  ▶ return은 come back의 의미를 가지므로 back이 return 뒤에 올 수 없다.

- The plane will be landing in ~~some approximately~~ 20 minutes. (×)
  The plane will be landing in ~~approximately~~ 20 ~~or so~~ minutes. (×)
  그 비행기는 대략 20분 내에 착륙할 것이다.
  ▶ 대략의 뜻을 가진 some, approximately, about, around, or so는 함께 쓰일 수 없다.

- The reason you were disqualified for the exam was ~~because~~ you were idle. (×)
  The reason you were disqualified for the exam was ~~because of~~ your idleness. (×)
  네가 그 시험에 실격된 이유는 네가 게을렀기 때문이다.
  ▶ the reason의 보어로서 because절이 오게 되면 이유가 두 번 반복되는 것이므로 옳지 못하다.

2. 동일 기능을 반복하는 경우

문법적으로 같은 기능을 하는 요소들을 반복하는 경우 또한 간결성 원칙에 위배된다.

- ~~Although~~ I can't help admiring the man's courage, ~~but~~ I do not approve of his methods. (×)
  나는 그 남자의 용기를 칭찬할지라도 그의 방식을 찬성할 수는 없다.
  ▶ although라는 종속접속사와 but이라는 등위접속사가 두 문장을 함께 연결할 수 없다.

- You don't like it, ~~and nor~~ do I. (×)
  너도 그것을 안 좋아하지만 나도 그렇다.

  ▶ nor가 등위접속사이므로 and라는 등위접속사와 재차 결합할 수 없다.

- ~~The most importantest~~ thing is to stay calm. (×)
  가장 중요한 것은 침착성을 잃지 않는 것이다.

  | 'the most + 형용사' 또는 '형용사 + -est' 형태가 최상급인데, 저 두 개가 같이 쓰일 수는 없으며 important는 3음절이므로 the most가 옳다.

20-58B

세종대 2005
세종대 2003

CHECK |

1. '명사 + 대명사' 구조는 틀리다.

대명사(they, he) 뒤에 명사가 동격으로 나오는 것은 옳지만 명사 뒤에 대명사(they, he)가 동격으로 나오는 것은 틀린 표현이다.

- **They** two philosophers from Harvard University don't believe God.
  Two philosophers from Harvard University ~~they~~ don't believe God. (×)
  하버드 대학 출신의 두 철학자는 신을 믿지 않는다.

  | they에 대한 동격을 two philosophers로 받을 수 있지만 two philosophers 뒤에 대명사 they가 동격으로 올 수 없다.

2. 명사 뒤에 'of + 전치사구'가 있을 경우 명사 앞에 소유격은 올 수 없다.

소유격을 전할 때 명사 뒤에 'of + 명사'인 전치사구가 있으면 명사 앞에 소유격(my, her)은 올 수 없다.

- The last scene **of** the movie *Black Swan* is shocking.
  ~~Its~~ last scene of the movie *Black Swan* is shocking. (×)
  영화 <Black Swan>의 마지막 장면은 충격적이다.

  ▶ of the movie *Black Swan*이 소유격의 의미를 전하고 있기 때문에 소유격 its가 재차 나올 필요가 없다.

동국대 2006

예제

A: I've been to the National Museum today.

B: Oh, _____? What impressed you most?

A: The gold crowns.

① have you　　　　② are you　　　　③ can you

④ haven't you　　　⑤ have been you

해석　A: 나는 오늘 국립박물관에 갔다 왔어.
　　　　B: 그래! 갔다 왔다고? 무엇이 가장 인상적이었니?
　　　　A: 금관들.

해설　영어에서는 앞서 등장한 문장의 내용을 의문문으로 표현하여, 놀라움이나 확인을 전할 수 있다. 앞서 A가 말한 'have been to(~에 갔다 왔다)'를 이용하여, Have you been to the National Museum today?로 물어본 것이다. 단, 반복되는 been 이하를 생략한 것뿐이다.

정답　①

Chapter 20 특수 구문　633

1 수의 일치

01 There ① exist much ② to be learned ③ about the various grains and their value ④ to humans and animals.

02 We would like to know if you are ① one of those women ② who is actively involved in politics because we need someone ③ to campaign for a law legalizing maternity leave for men ④ as well as for women.

03 Most of the information ① received from the reporters in the field ② have to be edited before ③ being ④ considered for publication.

04 ① By virtue of ② its size and supersensitive electronics, ③ modern radio telescopes are able ④ to gather more waves than conventional optical telescopes.

05 Nearly 60% of the world's tropical rain forests ① has been lost, and ② what remains is under extreme pressure from logging and human population growth. And once a forest is cut down, ③ many of the living things it has harbored will be driven ④ to extinction.

06 Each of ① the Medic Alert bracelets ② worn by ③ millions of Americans who suffer from diabetes and drug allergic reactions ④ are individually engraved with the wearer's name.

07 Approximately ① one-fourth of a worker's income ② are paid ③ in taxes and social security ④ to the government.

01 ①　　해석　인간과 동물에게 도움을 주는 여러 가지 곡물과 그 가치에 대해 배워야 할 것이 많다.

해설　exist → exists
유도부사 there가 문두로 오면 도치가 발생한다. 주어는 뒤에 있는 단수명사인 much이므로 동사 또한 단수 형태가 옳다.

02 ②　　해석　우리는 당신이 정치에 능동적으로 참여하는 여성들 중 한 명인지를 알고 싶다. 왜냐하면 우리는 여성뿐 아니라 남성의 출산휴가를 법제화하는 운동을 할 사람이 필요하기 때문이다.

해설　who is → who are
'one of + 복수명사'의 관계사절 동사는 복수 형태를 취한다.

어휘　maternity leave 출산휴가

03 ②　　해석　현장의 리포터들로부터 받은 정보 대부분은 발행을 위해 출판되기 전에 편집되어야 한다.

해설　have to → has to
most of 이하의 명사에 따라서 동사의 수 또한 판단해야 한다. information은 불가산명사이므로 단수 취급해야 옳다.

어휘　consider for ~에 적당한지 생각하다

04 ②　　해석　현대 전파 망원경의 크기와 고감도 전자공학 덕택에 그것들은 재래식 광학 망원경보다 더 많은 파동을 모을 수 있다.

해설　its → their
문맥상 주절의 주어 modern radio telescopes를 대신하므로 복수 형태가 옳다.

어휘　radio telescope 전파 망원경

05 ①　　해석　전 세계 열대 우림 중 거의 60%가 사라졌으며, 남아 있는 것도 벌목과 인구의 증가에 따라 극단적으로 시달리고 있다. 숲이 베어져 나가면 숲에 둥지를 튼 수많은 생명체들이 멸종으로 내몰리게 될 것이다.

해설　has been lost → have been lost
'부분 표시어(60%) + of'의 수 판단은 전치사 of 이하에 위치한 명사에 따른다. forests라는 복수명사가 위치했으므로 동사 또한 복수 형태가 옳다.

06 ④　　해석　당뇨와 약물 알레르기 반응으로 고통 받고 있는 수백만 명의 미국인들이 착용하는 각각의 의학용 경고 팔찌에는 착용한 사람들의 이름이 개별적으로 새겨져 있다.

해설　are → is
'each of the + 복수명사'는 단수 취급한다.

07 ②　　해석　한 근로자의 임금 중 대략 1/4이 정부에 내는 세금과 사회복지기금으로 쓰인다.

해설　are paid → is paid
'부분 표시어 + of 명사'가 주어일 경우 전치사 of 이하에 위치한 명사의 수에 따라서 동사의 수를 판단한다. 이 문장의 경우 income이라는 단수명사가 위치했으므로 동사 또한 단수가 옳다.

08 다음 중 문법적으로 틀린 문장을 고르시오.

① Bread and butter is fattening.

② Slow and steady wins the game.

③ These statistics shows deaths per 1,000 of population.

④ There is someone in the room.

09 Toy-related injuries for last year ① are estimated at about two million. This is bad news, but, there is good news. Part of good news is that this estimate was about one percent less than ② those for the previous year. The other good news is that ③ less than three percent of these injuries required emergency room visits. However, ④ this would suggest millions of these injuries were serious.

10 The earliest messages ① we get about ourselves come from our parents, so how they react to us and ② what they tell us has an enormous effect on the way we view ourselves as adults. ③ Whether we feel good or bad about ourselves depend on how our parents reacted to us as young children. Praise is very important to a young child, and with encouragement and positive reinforcement she will try harder and achieve more. ④ A child who is constantly criticized or compared unfavourably to others will begin to feel worthless, and those feelings can stay with her throughout her life.

11 The director ① of the institute, ② together with some other members, ③ are planning a conference ④ for the purpose of ⑤ changing certain regulations.

12 ① A variety of rock groups and rappers ② from the underground hip-hop community ③ comes together to perform dance and ④ put on an energetic show.

13 Choose the sentence that is correct.

① A majority of accidents in the Alps occurs while climbers are coming down.

② Before the invention of railroads, the only means of land transportation was the horse.

③ A series of talks designed to head off a strike are doomed to failure.

④ Three years are a long time for me.

⑤ Species like snakes, lizards, coyotes, squirrels, and jack rabbits seems to exist quite happily in the desert.

08 ③

해설 shows → show
statistics가 '통계학'으로 쓰이면 단수 취급, '통계 자료'로 쓰이면 복수 취급하는 바, 이 문장에서는 '통계 자료'라는 뜻으로 쓰였으므로 복수 취급해야 옳다.

09 ②

해석 지난해 장난감 관련 부상건수는 약 2백만 건으로 추산된다. 이것은 나쁜 소식이지만 좋은 소식도 있다. 좋은 소식의 일부는 이러한 추정치가 전년도 부상건수보다 약 1% 적은 수치라는 점이다. 다른 좋은 소식이란 이러한 부상 사고 중 3% 이하가 응급실을 찾아야 하는 경우였다. 하지만, 이것은 수백만 건은 이러한 부상건수들이 중상이었다는 것을 시사하는 것일 것이다.

해설 those → that
주어인 estimate가 반복되어 대명사가 쓰인 형태이다. 문맥상 단수인 estimate를 나타내는 것이므로 단수 형태가 옳다.

10 ③

해석 우리가 자신에 관해 가장 일찍 받는 메시지는 부모로부터이다. 따라서 부모님이 어떻게 반응하고 우리에게 무엇을 말하는가는 우리가 성인일 때 자신을 바라보는 방법에 대해 상당한 영향을 미치게 된다. 우리가 자신에게 좋은 감정을 느끼는지 아니면 나쁜 감정을 느끼는지는 우리가 어렸을 때 부모님이 어떻게 대했는지 여하에 달려 있다. 칭찬은 아이에게 매우 중요하며, 격려와 적극적인 기 살리기를 통해 아이는 더 노력하고 더 많은 것을 성취할 것이다. 계속 비난을 받거나 다른 아이들에게 불리한 비교를 당하는 아이는 쓸모없는 존재라고 느끼기 시작할 것이며, 그러한 느낌들은 한평생 머무르게 될 수 있다.

해설 ~ depend → ~ depends
명사절의 동사 수는 단수 취급한다. whether가 이끄는 완전한 문장이 depends의 주어로 위치한 형태이다. 보기 ②에서도 앞에 등장한 how절과 what절이 병치되었는데, 이렇게 명사절이 두 개 이상 병치되어 주어로 쓰인 경우에도 동사의 수는 단수 취급할 수 있다.

11 ③

해석 다른 구성원들과 함께 협회장은 특정 규칙들을 바꾸기 위하여 회의를 계획하고 있다.

해설 are planning → is planning
문장의 주어는 the director이므로 동사 또한 단수가 옳다.

12 ③

해석 언더그라운드 힙합 단체 출신인 다양한 록 그룹들과 래퍼들이 춤을 추고 강렬한 쇼를 연출하기 위해서 모인다.

해설 comes → come
'a variety of + 복수명사'는 복수 취급한다.

어휘 put on 상연하다

13 ②

해설 ① occurs → occur
'a majority of + 복수명사'는 복수 취급한다.
③ are → is
a body of/ a series of/ a total of/ a team of는 전치사 of 앞에 위치한 명사에 수 일치를 시킨다.
④ are → is
무게·시간·거리·가격이 하나의 단위 취급을 받을 경우 단수 취급한다. (동사가 be 동사면 단수 취급, 그렇지 않으면 복수 취급)
⑤ seems → seem
species는 단수와 복수 형태가 같다. 그러나 본 문장에서는 뱀, 도마뱀, 코요테 등 여러 종들을 설명하므로 series는 복수를 의미하는 것이다.

14 The adult mosquito usually lives, ① for about thirty days, ② although the life span varies ③ widely with temperature, ④ humid and other factors of the environment.

15 "Sexual harassment" is a term ① that is used to describe behavior at work that is ② sexually offense or inappropriate. It includes behavior that ③ makes an employee feel uncomfortable because of his or her gender, but it can also include any behavior that is sexual ④ in nature.

16 Teach your teen that the family phone ① is for the whole family. If your child talks on the family's telephone excessively, tell him he can talk for 15 minutes, but then ② he must stay off the phone for at least an equal amount of time. This not only frees up the line so that other family members can make and receive calls, ③ but teaching your teen moderation and discipline. Or if you are not open to the idea, allow your talkative teen his own phone ④ that he pays for with his allowance or a part-time jobs.

17 In order to ① raise public consciousness ② concerning environmental problems, everyone should distribute ③ leaflets, write to ④ his or her Congressman, as well as ⑤ signing the necessary petitions.

18 The climates of Venus and Mars ① are closest to ② the Earth, but they are nowhere near ③ so comfortable as our planet's ④ temperate climate.

14 ④   해석 다 자란 모기들은 수명이 온도와 습도와 다른 환경 요소들에 따라 상당히 다를지라도 대략 30일은 살게 된다.

해설 humid → humidity
and에 의해서 명사들이 병치되고 있으므로 형용사가 아닌 명사 형태가 옳다.

15 ②   해석 '성추행'은 직장에서 성적으로 모욕적이거나 적절하지 못한 행동을 기술하고자 사용되는 용어이다. 그것은 남성 또는 여성의 성별 때문에 고용인들을 불편하게 하도록 만드는 행위를 포함한다. 그것은 또한 실제로 성적인 어떠한 행위도 포함할 수 있다.

해설 sexually offense → sexually offensive
보어 기능을 하는 형용사 offensive와 inappropriate가 등위접속사 or에 의해서 병치되어야 옳다.

16 ③   해석 집 전화기는 가족 모두를 위한 것이라고 십대들에게 가르치시오. 아이가 집 전화기로 통화를 지나치게 한다면 아이에게 15분 동안 통화할 수는 있지만 그러고 나서는 동일한 시간(15분) 동안 전화기에서 떨어져 있어야 한다고 말하시오. 이것은 다른 가족들이 걸고 받을 수 있도록 전화기를 놔두는 것뿐만 아니라, 아이들에게 절제와 규율을 가르치는 것입니다. 만일 당신이 이러한 생각을 받아들일 수 없다면, 통화하기 좋아하는 아이들이 자기의 용돈이나 아르바이트를 통해 전화요금을 지불할 수 있는 아이만의 전화기를 주시오.

해설 but teaching → but teaches
not only A but also B 구문에서 A와 B는 병치 대상이 같아야 한다. A에 본동사 단수 형태인 frees가 나왔으므로 B 또한 teaches가 옳다.

17 ⑤   해석 환경 문제들에 관한 대중의 의식을 고양하기 위해서 모든 이는 필요한 탄원서를 제출해야 할 뿐만 아니라 전단광고를 뿌리고 의원에게 공문을 보내야 한다.

해설 signing → sign
조동사 should의 동사원형 distribute와 write, sign이 등위상관접속사 as well as에 의해 병치되어야 옳다.

18 ②   해석 화성과 금성의 기후가 지구와 가장 유사하다. 그러나 우리 지구의 온화한 기후처럼 평온한 곳은 어디에도 없다.

해설 the Earth → those of the Earth
비교 대상은 금성과 화성의 기후와 지구의 기후이지, 금성과 화성의 기후와 지구가 아니다.

19 Venus ① approaches the Earth ② more closely ③ than any other ④ planet is.

20 Many young people ① would rather ② spend money ③ on what they want than ④ to save for the rainy day.

21 Scientists wonder ① why some of the pictures were painted in areas that are so difficult to ② get to, in caves for example that ③ are 2,400 feet under ground and ④ access only by crawling through narrow passageways.

22 ① Nowhere is the damage ② wrought by racial discrimination and isolation more ③ evident and painful than ④ the schools.

23 다음 중 문법적으로 올바른 문장은?
   ① As we understand it, he appears to be unreasonable anxious about finding her.
   ② Staying in a hotel costs twice as much as renting a room in a dormitory for a week.
   ③ Nobody speaks more clearly than him, but his writing is frequently difficult to make out.
   ④ If you had taken my advice before doing the work, you would have been able to do it more better.

19 ④　해석　금성은 다른 어떠한 행성들보다도 지구에 더 가까이 있다.

해설　planet is → planet does
주절의 일반동사인 approaches를 대신할 수 있는 일반동사의 대동사는 do 동사이다.

20 ④　해석　많은 젊은 사람들이 만일을 위해서 저축을 하려고 하기보다는 그들이 원하는 것에 돈을 쓰려고 한다.

해설　to save → save
would rather A than B 구문에서 A와 B는 동사원형이 위치해야 한다.

21 ④　해석　과학자들은 그 벽화들 중 일부가 접근하기에 너무나 어려운 지역에 그려지게 된 이유를 궁금해 했다. 예컨대, 지하 2,400 피트에 있고 오직 협소한 통로를 기어가야만 도달할 수 있는 동굴들이 그러하다.

해설　access → accessible
and는 형용사 기능을 하는 수사 표현 2,400 feet와 형용사 accessible(도달할 수 있는)을 병치시키고 있다. access는 '접근'이라는 명사이므로 주어인 동굴들과 정의 관계가 될 수 없다.

22 ④　해석　인종차별과 소외로 발생한 피해가 학교보다 더 분명하고 고통스러운 곳은 없다.

해설　the schools → at the schools
장소를 나타내는 부정부사 nowhere와 비교 대상이 되기 위해서는 부사 기능을 하는 전치사구 at the schools가 옳다.

23 ②　해설　① unreasonable → unreasonably
anxious라는 형용사를 꾸며주는 부사 형태가 옳다.
③ him → he
speak는 자동사이므로 비교 대상은 문장의 주어이어야 한다.
④ more → much
well의 비교급 형태인 better가 위치했으므로 more를 또 언급한다는 것은 의미중복이다. 따라서 비교급 정도 표시 부사인 much가 옳다.

3 도치

24 Among the aims of any corporation must _____ the contribution to the welfare of its employees.

① include   ② be included
③ be inclusion of   ④ be including

25 "There is ① no general mythology today", Campbell says, ② "or can there ③ ever be again." Our lives are too ④ greatly various in their backgrounds, aims and possibilities for any single order of symbols to work effectively ⑤ on us all.

26 Never in our history _____ in its abilities than today.
① the leadership in our economic life was more distinguished
② was the leadership in our economic life more distinguished
③ was more distinguished the leadership in our economic life
④ more distinguished was the leadership in our economic life

27 Fingerprint recognition ① has long been used in high-security ② places like FBI headquarters, but only now ③ it is finding a place ④ in the mainstream.

28 A: She did not go to see the drama.
    B: _____.
① Neither did I   ② I also did
③ So I didn't   ④ I didn't neither

29 ① On the desk ② was several notebooks and a book of ③ poetry that had apparently ④ been left in the library.

24 ② 　해석　모든 회사의 목표에는 직원들의 복지에 대한 공헌이 포함되어야만 한다.

　　　해설　'among + 명사구'가 이끄는 부사구가 문두에 위치할 경우 문장의 주어가 일반명사인 경우에는 도치가 발생한다. 문장의 주어는 the contribution(공헌)이며, include(포함하다)와의 관계는 수동이므로 수동태가 옳다.

25 ② 　해석　"오늘날 보편적인 신화는 존재하지 않으며 다시금 있을 수도 없다"라고 Campbell은 말한다. 우리의 삶은 배경, 목표 그리고 상징의 어느 단독적인 질서에 대한 가능성들이 너무나 다양해서 우리 모두에게 효과적으로 작용하지 않는다.

　　　해설　or → nor
　　　　　　앞 문장이 부정문이며 이어서 can there ever be again이라는 도치된 문장이 등장하므로 부정어가 포함된 nor가 옳다.

26 ② 　해석　우리 역사에서 요즘보다 더 우리 경제의 리더십이 두드러진 적은 결코 없었다.

　　　해설　부정어 never가 문두에 위치했으므로 의문문처럼 도치가 발생해야 한다.

27 ③ 　해석　지문 인식은 FBI 본부와 같은 고도의 보안을 필요로 하는 곳에서 오랫동안 이용됐다. 그러나 이제는 사회 전체의 곳곳에서 존재하고 있다.

　　　해설　it is finding → is it finding
　　　　　　only now라는 한정어구가 문두에 위치하였으므로 의문문처럼 도치가 발생해야 한다.

28 ① 　해석　A: 그녀는 연극을 보러 가지 않았어.
　　　　　　B: 나도 가지 않았어.

　　　해설　부정 동의를 하는 부정어가 문두에 위치한 경우 의문문처럼 도치가 발생한다.

29 ② 　해석　책상에 여러 개의 노트와 도서관에 분명히 두고 온 시집이 있었다.

　　　해설　was → were
　　　　　　on the desk라는 장소부사구가 문두에 위치하여 도치가 발생한 경우이다. 따라서 문장의 주어는 notebooks and a book이라는 두 개의 명사이므로 복수이어야 옳다.

30 When Michael Levine of University of Pennsylvania compared college students raised with dogs with those ① raised ② without, he found that women who had owned dogs as children scored higher on tests of self-reliance, social skills, sociability and tolerance ③ than ④ were petless women.

31 Located behind _____ the two lacrimal glands.
  ① each eyelid are   ② is each eyelid
  ③ each eyelid had   ④ each eyelid does
  ⑤ each eyelid which is

32 _____ was the portrait that he made of his second wife, now sixty-eight years old, a lovely and kindly face.
  ① Remarkably   ② To be remark
  ③ Yet more remarkably   ④ More remarkably still
  ⑤ Still more remarkable

33 Not until 1861 _____ awarded for the first time in the United States.
  ① was the degree of doctor of philosophy
  ② the degree of doctor of philosophy was
  ③ when the degree of doctor of philosophy was
  ④ the degree of doctor of philosophy

34 _____ at conveying his underlying messages through topical plots and contemporary characters that by 1960 his novels had sold three million or so copies.
  ① So successful Richard was
  ② So successful Richard
  ③ Such successful, Richard
  ④ Because Richard was so successful
  ⑤ So successful was Richard

30 ④

<u>해석</u> Pennsylvania 대학의 Michael Levine이 개와 함께 자란 대학생들과 개가 없이 자란 학생들을 비교했을 때, 어려서 강아지를 소유한 여자들이 애완견 없이 큰 여자들보다 더 자립심과 사회적 능력, 사교와 인내심 테스트에서 더 높은 점수를 받았다는 사실을 발견했다.

<u>해설</u> were → did

비교급 than 이하의 주어가 대명사가 아닌 일반명사인 경우 도치하든 말든 자유롭다. 앞서 나온 scored 라는 동사를 대신할 수 있는 do 동사의 과거인 did가 옳다.

31 ①

<u>해석</u> 각각의 눈꺼풀에 뒤에는 두 개의 눈물샘이 위치해 있다.

<u>해설</u> 원래 문장 Behind each eyelid the two lacrimal glands are located.에서 be 동사의 보어 located가 문장 앞으로 위치하여 조건 도치가 발생한 문장이다. 따라서 문장의 주어는 lacrimal glands 라는 복수명사이므로 복수 형태의 동사가 옳으며, 'locate(위치시키다)'와 주어 'lacrimal glands(눈물샘)'의 관계는 수동이므로 수동태가 옳다.

32 ⑤

<u>해석</u> 이제 68세가 된 그의 두 번째 아내의 아름답고 인자한 얼굴을 그린 초상화는 훨씬 더 뛰어났다.

<u>해설</u> 원래 문장은 The portrait that he made of his second wife, now sixty-eight years old, a lovely and kindly face was still more remarkable.이었다. 이 문장에서 be 동사의 보어와 그 보어를 수식하는 부사구가 함께 문두에 위치했고 문장의 주어는 일반명사이므로 도치가 발생했다.

33 ①

<u>해석</u> 1861년이 되어서야 비로소 박사 학위가 미국에서 처음으로 수여됐다.

<u>해설</u> 부정어구인 'not until + 명사'가 문두에 위치하면 주절은 의문문처럼 도치가 발생한다.

34 ⑤

<u>해석</u> Richard는 시사적인 줄거리와 동시대의 인물들을 통해 자신의 근원적인 메시지를 매우 성공적으로 전달했기 때문에 1960년까지 그의 소설은 대략 300만부가 팔렸다.

<u>해설</u> 원래 문장 Richard was so successful at ~에서 'so + 형용사'가 문두에 위치하여 도치가 발생한 문장이다.

<u>어휘</u> underlying 근본적인

35 Choose the sentence which is NOT grammatically correct.

① Never did I dream that I could see her again.

② Only if you can solve this problem will you be admitted.

③ They have prepared for the exam so hard, and so I did.

④ Should you need any information, do not hesitate to contact me.

⑤ I was never aware of what was going on in that meeting.

36 다음 중 어법상 옳은 것은?

① Let a man be ever so rich, he shouldn't be idle.

② Those who work mostly often get paid least.

③ I sure felt badly after that criticism.

④ I haven't scarcely time to read even newspapers.

37 Although sleep research has improved our understanding of sleep and ailments about it, researchers still do not know just ① why sleep is necessary. Sleep ② doesn't seem to be essential for health since some people can get along with very little sleep. ③ Nor is sleep merely give us back energy that was depleted during the day. Some of the most significant new studies link sleep to our "body clock," ④ where certain patterns occur in sequence.

38 문법적으로 올바른 보기항을 고르시오.

This ① 200-feet high bell tower is an architectural landmark of San Diego. The tower, ② decorating with ceramic tiles and glass beads, is gracefully divided into three stages similar to the three stages of the tower of the Cathedral of Morelia, Mexico. The stages change from quadrangle to octagon to circle as they rise. The tower is capped by a weather vane ③ shaping like a Spanish galleon. ④ Inside is the 100-bell Ona May Carillion that plays Westminster chimes at noon.

35 ③　해설　so I did → so have I

긍정 동의를 가리키는 so가 문두에 위치했으므로 의문문처럼 도치가 발생해야 하며, 앞서 나온 조동사인 have를 활용해야 한다.

36 ①　해설　② mostly → most

문맥상 '대체로'라는 뜻이 아닌 '가장 많이'란 뜻이 필요하다.

③ sure → surely / badly → bad

feel 동사를 수식하는 부사 surely가 필요하며, feel 동사의 보어인 형용사가 필요하다.

④ scarcely → 삭제

not과 scarcely 모두 부정어이므로 후자는 없어야 한다.

37 ③　해석　수면 연구가 잠과 질병에 대한 우리의 이해력을 향상시켰을지라도 연구자들은 수면이 정말로 왜 필요한지 아직도 알지 못한다. 어떤 사람들은 매우 소량의 수면으로도 지낼 수 있기 때문에 수면은 건강에 필수적인 것으로 보이지는 않는다. 그리고 수면은 낮에 고갈된 에너지를 우리에게 돌려주는 것도 아니다. 가장 중요한 새로운 연구들 중 몇 가지가 잠을 우리의 '신체 시계'와 연결시켰으며 그 신체 시계에서는 어떠한 방식들이 연속적으로 발생한다.

해설　Nor is sleep → Nor does sleep

sleep merely gives us ~ 문장이 nor에 의해 도치된 것이다. give라는 일반동사의 조동사인 do가 옳으며, 주어가 sleep이란 단수이므로 최종적으로 does가 옳다.

38 ④　해석　이 200피트 높이의 종탑은 샌디에이고의 획기적인 건축물이다. 도자기로 된 기와와 유리구슬로 장식된 탑은 멕시코의 모렐리아 대성당 탑의 3층과 같이 우아하게 3층으로 분리되어 있다. 층은 올라가면서 4각형에서 5각형으로 변화한다. 스페인 범선과 같은 형태를 지닌 바람개비로 탑의 지붕은 덮여 있다. 내부에는 정오가 되면 Westminster 차임을 연주하는 100개의 종으로 구성된 Ona May Carillion이 있다.

해설　① 200-feet high → 200-foot high

기수(200)와 단위명사(foot)가 결합하여 별도의 명사(bell tower)를 수식할 경우 그 단위명사는 단수 형태가 옳다.

② decorating with → decorated with

'탑'과 '장식하다'의 관계는 수동이므로 과거분사가 옳다.

③ shaping like → shaped like

'바람개비'와 '만들다(shape)'의 관계는 수동이므로 과거분사가 옳다.

어휘　**weather vane** 풍향계, 바람개비

39 A: What do you think of John?

B: He has no sense _____.

① wherever

② however

③ whatsoever

④ nevertheless

⑤ nonetheless

40 다음 중 우리말을 가장 올바르게 영작한 것은?

① 우리 학교는 언덕에 있기 때문에 전망이 좋다.

→ Locating on a hill, my school commands a fine view.

② 도대체 무엇 때문에 그녀가 그렇게 슬퍼한다고 생각해요?

→ What do you think it is that makes her so sad?

③ 기차를 놓치지 않도록 서둘러라.

→ Hurry up lest you should not miss the train.

④ 그가 6년 전부터 사는 곳은 바로 이 집이다.

→ It is this house that he has lived since six years ago.

41 A: Turn off the light, _____?

B: Of course, I will.

① do you

② will you

③ shall you

④ can you

42 Michael is going to be nominated to receive the Academy Award for best director, _____?

① won't he

② doesn't he

③ didn't he

④ isn't he

43 A: When will he go to see Minji?

B: I think he'll finish the work and go to see her, _____?

① don't he

② would he

③ will he

④ doesn't he

⑤ won't he

39 ③

해석 A: John에 대해 어떻게 생각해?
B: 그 사람은 전혀 분별력이 없는 것 같아.

해설 부정문에 대한 강조는 what(so)ever(조금도)가 한다.

40 ②

해설 ① Locating → Located
'locate(위치를 ~에 정하다)'와 의미상의 주어 'my school'의 관계는 수동이므로 과거분사가 옳다.
③ not → 삭제
lest 접속사 자체에 부정어를 포함하고 있으므로 부정어가 필요 없다.
④ this house → in this house
It is ~ that 강조구문에 전치사구인 in this house를 강조시킨 형태이다. that 이하에 완전한 문장이
위치했으므로 it is와 that 사이에는 문형에 영향을 주지 않는 전치사구(=부사구)가 위치해야 한다.

어휘 **command** 위치에 있다

41 ②

해석 A: 불을 꺼주시겠어요?
B: 예. 물론이죠.

해설 명령문에 대한 부가의문문은 will you가 옳다.

42 ④

해석 Michael이 아카데미 최우수 감독상으로 지명될 것 같아. 그렇지 않니?

해설 주절이 긍정문이므로 빈칸은 부정문이 옳으며 주절의 동사가 be 동사이므로 isn't he?가 옳다.

43 ⑤

해석 A: 언제 그가 Minji를 보러 갈거니?
B: 그가 일을 마치고 그녀를 보러 갈 것 같아, 그렇지 않니?

해설 판단동사인 1인칭 주어 (I/ we) + think/ believe/ guess/ imagine/ suppose 등이 위치한 경우에는
목적어인 명사절의 동사에 부가의문문을 일치시키는데 명사절의 동사는 will finish이므로 조동사 will의
부정 형태가 옳다.

44 다음 중 문법적으로 옳은 문장을 고르시오.

① He'd stayed home tonight, wouldn't he?

② He's writing his parents a letter, wasn't he?

③ I don't think he is smart, is he?

④ Bill can solve the problem, cannot he?

⑤ The police should not do such a thing, should he?

6 생략 ～ 7 간결성

45 Even in the face of national and international adversity, he does not see himself as totally powerless. He does what he _____ the world a better place.

① makes   ② can make

③ can to make   ④ would make to

46 Annual investment in genetic engineering companies _____ down slightly this year because of the world's economic stagnation.

① went   ② reduced

③ declined   ④ jumped

47 문법적으로 하자가 있는 문장을 모두 고르시오.

① To obtain a full refund on your purchase, you must return back the merchandise within ten days.

② To those allies whose cultural spiritual origins we share in common, we pledge the loyalty of faithful friends.

③ Normally, Insulin is produced by the pancreas in the body when the level of glucose rises and goes up in bloodstream.

④ Because of its cost and expense, the program ended up in failure in the area.

⑤ The contractor agreed that he would build the apartment complex without changing the terrain or removing a single tree in no way.

44 ③   해설   ① wouldn't he? → hadn't he?

            주절이 had stayed의 축약 형태이므로 had의 부정 형태인 부가의문문이 옳다.

          ② wasn't he? → isn't he?

            주절의 시제가 is writing이므로 부가의문문 또한 현재시제가 옳다. 's는 has 혹은 is의 축약 형태일 뿐, was의 축약 형태는 되지 못한다.

          ④ cannot he? → can't he?

            부가의문문의 부정 형태는 축약 형태로 쓰여야 한다.

          ⑤ should he? → should they?

            the police는 복수 취급을 하므로 부가의문문의 주어 또한 복수 취급해야 한다.

45 ③   해석   국내외적으로 힘든 역경에 직면했음에도 그는 자신이 정말로 무기력하다고 생각하지 않는다. 그는 세상을 더 나은 곳으로 만들기 위하여 그가 할 수 있는 바를 할 뿐이다.

        해설   He <u>does</u> what he <u>can do</u> to make the world a better place.

          = He <u>does</u> what he <u>can</u> to make the world a better place.

          앞서 등장한 does 동사가 조동사 뒤에서 반복되기 때문에 do를 생략한 것이다. 문장에서 to make 이하는 목적의 to부정사 역할을 수행한다. ② make 이하에 '목적어(the world) + 목적보어(a better place)'가 왔는데 what 이하에는 주어, 목적어, 보어 중 하나가 누락되어야 한다.

46 ①   해석   유전공학 회사들의 연간 투자액은 세계적인 경기침체로 인해 금년에는 약간이나마 감소했다.

        해설   go down과 같은 뜻을 가진 동사로서 reduce와 decline이 있다. 따라서 부사 down과 reduce, decline은 함께 쓰일 수 없다.

47 모두
    틀림   해설   ① return back → return

            return 자체에 back의 의미가 있으므로 back이 불필요하다.

          ② share in common → share

            share 자체에 in common의 의미가 있으므로 in common이 불필요하다.

          ③ rises and goes up → rises

            rise 자체에 go up의 의미가 있으므로 go up은 불필요하다.

          ④ cost and expense → cost

            cost 자체에 expense의 의미가 있으므로 expense는 불필요하다.

          ⑤ no → any

            without 자체가 부정어를 포함하고 있으므로 이하에서 부정어가 재차 위치하면 틀린다.

        어휘   **ally** 동맹국, 협력자   **pancreas** 췌장   **terrain** 지형, 지역

GRAMMAR
HUNTER

사항색인

GRAMMAR
HUNTER